J. C. Nelkenbrecher's allgemeines Taschenbuch der Münz-, Maaß- und Gewichtskunde, der Wechsel-, Geld- und Fondscourse u. s. w. für Banquiers und Kaufleute.

Herausgegeben
von
F. E. Feller, Dr. phil.,
Lehrer an der Handels-Lehranstalt zu Leipzig,
und
mit neuen Münz-Tabellen versehen
von
H. C. Kandelhardt,
Königlich-Preußischem General-Münz-Wardein.

Siebenzehnte Auflage.

Berlin, 1848.
Verlag von G. Reimer.

Vorwort.

Nelkenbrecher's Taschenbuch für Banquiers und Kaufleute erscheint hiermit in der siebenzehnten Auflage. Ein Buch, welches sich eines so andauernden Beifalls und einer so großen Verbreitung erfreut, muß gute Elemente in sich tragen. Wir sind bedacht gewesen, diese zu erhalten, und haben angeführt und hinzugefügt, was die Zeit geändert oder Neues gebracht hat. Der Zweck des Buches ist unverändert der ursprüngliche, nämlich zunächst dem Geschäftsmanne zu dienen, und daher durfte von der einmal eingeführten Einrichtung nicht zuweit abgegangen werden.

Die gegenwärtige Ausgabe zerfällt, wie die früheren, in zwei Abtheilungen.

In der ersten Abtheilung findet man unter der Hauptstadt oder dem Hauptplatz des Landes

1) die Münzen,
2) Wechselcourse nebst Angabe der Wechsel-Usancen, der Respecttage u. dgl. m., Geldcourse, Fondscourse, Erklärungen und Bemerkungen über Fondshandel, Anleihen, Staatspapiere und Actien.
3) die Maaße,

4) das Gewicht,
5) die wichtigeren Handels-Anstalten, namentlich die Banken, und
6) einige Angaben von Messen, Wollmärkten u. s. w.

Dieselbe Einrichtung und Anordnung ist im Allgemeinen überall beobachtet worden, so, daß wenn man sich der Mühe unterziehen will, einen der größeren Artikel, wie Berlin, Paris, London durchzusehen, daraus der Ueberblick für den raschen Gebrauch des Buches sofort wird gewonnen werden. Nur wenige Ausnahmen von der allgemeinen Einrichtung sind anzuführen: New-York und Vereinigte Staaten ergänzen sich einander; und während die einzelnen Städte der Schweiz aufgenommen wurden, findet sich auch ein die Schweiz überhaupt behandelnder Artikel.

Die zur Vergleichung der Maaße und Gewichte nothwendigen Angaben sind immer mehr mit dem, sich immer mehr Geltung verschaffenden, französischen Systeme in Verbindung gebracht worden; obschon zu diesem Behufe die besten Quellen benutzt worden sind, so wird aber dennoch die erforderliche Abrundung und innere Uebereinstimmung der Angaben nicht eher erreicht werden, als bis in allen Ländern gesetzlich bestimmte Angaben vorhanden sein werden.

Die in dieser Ausgabe zuerst gegebenen Preis-Vergleichungen des Getreides auf den wichtigsten Plätzen wird man gewiß als zweckmäßig anerkennen. Außerdem sind zur Erleichterung und bequemeren Uebersicht die wichtigsten Verwandlungsfaktoren berechnet und in der Tabelle VI. zusammengestellt, auf die wir ausdrücklich hinweisen.

Die gegenwärtige Ausgabe unterscheidet sich von den vorangegangenen besonders durch Vollständigkeit und größere Ausführlichkeit in den Nachrichten über Wechsel- und Fondscourse, Staatsschulden und Bankwesen. In dieser Beziehung fühlt sich der Verfasser gedrungen, allen denen, die ihn mit Auskunft und Belehrung unterstützten, hiermit in seinem eigenen, und im Namen der guten Sache aufrichtig und ergebenst zu danken.

F.

Die nachfolgenden, der siebenzehnten Auflage des Nelkenbrecherschen Taschenbuchs beigegebenen Münz-Tabellen zerfallen in zwei Abtheilungen, in ideale oder Rechnungs-Münzen und in materielle oder wirklich geprägte Münzen. Sie durften, ihrer Bestimmung nach, nicht zu weit ausgedehnt werden und daher nur die gegenwärtig im Handel und Verkehr gebräuchlichen Münzen enthalten. Alles, was über die, seit der letzten Auflage v. J. 1841 entstandenen Veränderungen im Münzwesen in Erfahrung gebracht werden konnte, ist hinzugefügt, so wie auch, was nach neuen und genaueren Mittheilungen einer Verbesserung fähig war, abgeändert. Ganz besonders sind überall die gesetzlichen Bestimmungen berücksichtigt und eingeführt, die, aus eigenen und fremden Untersuchungen hervorgegangenen Resultate aber nur aufgenommen, wo entweder die Münzgesetze und Verordnungen nicht bekannt geworden sind oder, wo sie für die Ausführung der gesetzlichen Bestimmungen zeugen sollen.

Durch die im Jahr 1838 in Dresden abgeschlossene Münzconvention haben die sämmtlichen Zollvereinsstaaten, so wie früher und später, bei Einführung des 14 Thalerfußes, auch andere deutsche Staaten, die Preußisch-Kölnische Mark von 233,8555 franz. Grammen als Grundlage des Münzwesens angenommen, worauf denn auch hier die Gewichte solcher Staaten, die nicht eine Kölnische Mark als Münzgewicht haben, zurückgeführt sind. Bei den übrigen wenigen, auch nach Kölnischen Marken die Münzung bestimmenden Staaten, hat jedoch die geringe Verschiedenheit derselben gegen die Vereinsmark nicht berücksichtigt werden dürfen, indem dadurch eine Veränderung in den Münzfüßen zum Vorschein gekommen sein würde. Das Verhältniß des Englischen Münzgewichts ist, nach dem Durchschnitts-Ergebniß von mehreren, Vertrauen verdienenden Untersuchungen, aus den vorigen Tabellen, zu 3609,278 Engl. Troy-Grains = 1 Kölnisch-Preuß. Mark, beibehalten. Von den, nur in Deutschland noch gebräuchlichen holländischen Assen sind, nach Verhältniß des Niederländischen Gewichts zur Preußisch-Köln. Mark, genau genommen 4865,578 holländ. Asse auf eine solche zu rechnen, die in den Comtoiren gebräuchlichen Aß-Gewichte enthalten aber gewöhnlich die Eintheilung der Mark in 4864 holl. Assen, weshalb diese, als praktisch für die Bestimmung des Gewichts der Goldmünzen, ebenfalls beibehalten wurde.

Die Rechnungsmünzen und auch die Silbermünzen sind nach den in Deutschland jetzt bestehenden drei Haupt-Münzfüßen, dem $13\frac{1}{3}$ Thaler- oder 20 Gulden-, dem $24\frac{1}{2}$ Gulden- und dem 14 Thalerfuß bestimmt, wodurch diese Tabellen für alle deutsche Staaten gleich brauchbar geworden sind.

Das im Königreich Preußen durch die Kabinetsorder vom 21. Novbr. 1831 bei den Königl. Kassen eingeführte Werthverhältniß des Preuß. Friedrichsd'or von $5\frac{2}{3}$ Thalern im 14 Thalerfuß, wozu derselbe auch jetzt noch im Verkehr in Preußen, ungeachtet des bedeutenden Schwankens des Goldpreises, angenommen und ausgegeben wird, ist, als ein feststehendes, für alle Goldmünzen zu einer Vergleichung mit dem Friedrichsd'or-Courantwerth, neben der mit gesetzmäßigen Friedrichsd'or-Goldthalern, benutzt und auch bei Bestimmung der Goldvaluten unter den Rechnungsmünzen zu Grunde gelegt worden.

In der Tabelle der Silbermünzen finden sich viele Feingehalte mit einem Sternchen bezeichnet, wodurch angedeutet werden soll, daß hierbei das Probirverfahren mittelst Auflösung des Silbers oder auf nassem Wege, anstatt der bisherigen Gehaltsbestimmung mit Hülfe der Kapelle oder auf trocknem Wege, in Anwendung gekommen ist. Dieses, im Jahr 1830 zuerst in Frankreich neu eingeführte Probirverfahren macht eine größere Genauigkeit und Uebereinstimmung der Gehalte möglich, und giebt den wahren, nämlich: bei feinem Silber um 1 Grän, bei 14löthigem um $1\frac{1}{4}$ Grän, bei 12löthigem um $1\frac{1}{2}$ Grän, bei 10löthigem um 2 Grän, bei 8löthigem um $1\frac{1}{2}$ Grän, bei 6löthigem um 1 Grän, bei 4löthigem um $\frac{3}{4}$ Grän, bei 2löthigem um $\frac{1}{2}$ Grän höheren Silbergehalt, als die Kapelle an. Da jedoch dieses Verfahren, mit wenigen Ausnahmen, im Silberhandel in Deutschland noch nicht eingeführt ist, so haben fast alle, auf Untersuchung gegründete Silber-Gehalte nach der Kapelle jetzt noch angegeben, und diejenigen Münzen, bei denen die neue Gehaltsbestimmung, so viel man in Erfahrung bringen konnte, eingetreten ist, durch das Sternchen bemerklich gemacht werden müssen, welche also auf der Kapelle einen verhältnißmäßig geringeren Gehalt erwarten lassen.

In denjenigen Zollvereins-Staaten, wo man im Jahr 1837 zum 24½ Guldenfuß übergegangen ist, sind die bis dahin im 24 Guldenfuß ausgebrachten 24, 12 und auch wohl 6 Kreuzer-Stücke, mit Beibehaltung ihrer Geltung im Umlauf geblieben. Es ist daher bei diesen Münzen unter dem ursprünglich gesetzmäßigen auch der gegenwärtige Umlaufswerth mit aufgenommen. Eben so ist bei der Silber-Scheidemünze der Realwerth, d. h. der innere Silberwerth, und darunter der Nominalwerth, d. h. ihre Geltung, angezeigt worden.

Im Anhang zu diesen Tabellen findet man endlich noch die Russischen Platina-Münzen aufgeführt.

Berlin, im Februar 1848.

K.

Taschenbuch
für
Kaufleute.

Erste Abtheilung.

Aachen,

(Aix la Chapelle) Hauptstadt des Regierungsbezirks Aachen in der Preußischen Provinz Niederrhein. 49,000 Einwohner. Bedeutende Fabrikation von Wollen-, Stahlwaaren u. s w. eleganter Wagen.

Münzen, Maaße, Gewichte siehe Berlin.

Die frühere Rechnungsweise (bis 1820) lautete auf Reichsthaler à 54 Mark oder Petermännchen à 6 Buschen à 4 Heller; ein solcher (eingebildeter) Reichsthaler war etwa 25 Silbergroschen gleich zu achten. —

Der hier sehr circulirende französische und belgische 5 Francs-Thaler gilt fast allgemein 40 Silbergroschen; der brabanter ganze Kronenthaler 46 Sgr.; der holländische Gulden 17 Sgr.

Wechselcurse und Usanzen werden notirt wie in Köln.

Aachner und Münchener Feuerversicherungs-Gesellschaft seit 1825, deren Versicherungssumme 1846 über 520 Millionen Thaler betrug. Sie hat einen Fond von 3 Millionen Thaler. Die Dividende war 21 Thlr. per Actie à 1000 Thlr. — Die Reserve betrug 1,002,390 Thlr.

Alte Maaße und Gewichte.

Längenmaaß.

Elle = 295,78 pariser Linien oder sehr wenig über $\frac{2}{3}$ Meter.

Baufuß = 127,98 par. Linien. 1 Klafter = 6 Fuß à 12 Zoll.

Landmaaßfuß = 125 par. Linien. 1 Ruthe = 16 Fuß.

Flächenmaaß.

1 Morgen = 150 Quadratruthen oder 1,1968 preuß. Morgen.

Körpermaaß.

Für Getreide. Faß = 1245,6 pariser Kubikzoll oder 24,71 Liter. 1 Malter = 6 Faß à 4 Kopf.

Für Gerste und Hafer. Maaß = 1974 pariser Kubikzoll. 1 Müdt = 6 Maaß = 234,95 Liter.

Weinkanne = 53,74 pariser Kubikzoll oder 1,07 Liter.

Bierkanne = 57,122 pariser Kubikzoll oder 1,133 Liter. 1 Biertonne = 104 Kannen.

Branntweinkanne = 54 pariser Kubikzoll oder 1,07 Liter.

Kölnische Kanne = 66,22 par. Kzoll. 1 Ahm = 104 Kannen.

Gewicht.

Pfund = 467,043 Grammes. 1 Pfund = 32 Loth. 1 Centner = 100 Pfund, zur Fuhre 106 Pfund; das Schiffpfund von 3 Centnern also 118 Pfund.

Am 21. Mai beginnt eine Messe, welche 20 Tage dauert.

Aarau,

Hauptstadt des Kantons Aargau, zählt 5000 Einwohner. Der Kanton hat bedeutende Industrie in Baumwollen-, Seiden- und Halbseiden-Stoffen, Strohhüten, Strohgeflechten u. s. w.

Münzen.

Man rechnet nach Schweizer Franken zu 10 Batzen, den Batzen zu 10 Rappen oder auch nach Gulden zu 15 Batzen à 4 Kreuzer. — 2 Gulden = 3 Schweizer Franken, so daß der neue Louisd'or von 16 Schweizer Franken = $10\frac{2}{3}$ Gulden.

Der brabanter Kronthaler gilt hier $40\frac{1}{2}$ Batzen, wonach etwa $24\frac{13}{18}$ Gulden oder $37\frac{1}{3}$ Schwz. Franken auf die f. Mark gehen; da aber das franz. 5 Francs-Stück zu 35 Batzen gerechnet wird, so gehen nach dieser Annahme $36\frac{1}{4}$ Schwz. Franken auf die f. k. Mark, so daß ein solcher Schwz. Franken auf 13 Sgr. 5 Pf. oder 40 Kreuzer süddeutsche Währung zu stehen kommt.

Wegen der wirklich geprägten Münzen s. d. 2te Tabelle.

In den Wechselcoursen richtet man sich vornehmlich nach Zürich und Basel.

Maaße und Gewichte siehe „Schweiz" Concordat.

Åbo,

Seestadt im Russischen Finland, am finischen Meerbusen, hat einen guten Hafen, etwa 15000 Einwohner, ansehnliche Fabriken, und bedeutenden See- und Landhandel.

Man bedient sich noch der schwedischen Maaße und Gewichte; und rechnet, wie überhaupt im ganzen ehemaligen schwedischen Finland, neben der russischen Währung nach Reichsthalern Species Banco à 48 Schilling à 12 Rundstücke in Papier. Abgaben werden in Rubeln à 100 Kopeken entrichtet.

Maaße und Gewichte siehe „Stockholm."

Abyssinien oder Habesch.

ein Reich in Afrika von 16000 □Meilen und $2\frac{1}{2}$ Million Einwohnern. Adowa, mit 8000 Einwohnern und Fabriken in Wolle und Baumwolle, Gondar an einem Nebenflusse des Nils, und Massua, mit 2500 Einwohnern und sehr besuchtem Hafen am rothen Meere, sind die Hauptmärkte dieses Landes. Ausfuhren bestehen vorzüglich in Gold, Elfenbein, Sennesblättern, Kaffee ꝛc. Ueber Massua geht die Haupt-Ein- und Ausfuhr zwischen Arabien und Abyssinien.

Münzen.

Man rechnet nach Zechinen à 2¼ Patakos à 23 Harfs à 4 Divanis à 10 Kibears à 3 Borjookes, die Zechine also = 6210 Borjookes.

Ein Wakih Gold, etwa 22 Karath fein, gilt jetzt nahe an 12 Patacos oder, die f. Mark zu 216 Thlr. preuß. Courant, etwa 21¾ bis 22 Thlr. oder 38¼ Fl. im 24½ Flfuß.

Eigenthümliche Münzen hat das Land nicht. Es circuliren spanische Piaster, venezianische Zechinen und deutsche Conventionsthaler. Große Zahlungen leistet man in Goldbarren und Goldstaub, und berechnet sie nach dem Wakea oder Wakih, der abyssinischen Unze, welche 400 engl. Troy-Unzen gleich kommt. Als Scheidemünze dienen Glaskorallen (Borjookes) und Steinsalztäfelchen, welche gewöhnlich 1 Fuß lang und 3 Zoll breit und dick sind, und wovon circa 80 einen Wakih ausmachen.

Maaße.

Längenmaaß.

Der Pik = 27 englische Zoll = 304,007 pariser Linien oder 0,686 Meter.

Körpermaaß.

Getreidemaaß. Der Ardeb, zu Gondar = 10 Madegas à 12 Unzen von Kairo und etwa gleich ⅛ Bushel oder 229 pariser Kubikzoll oder 4⅗ Liter. Der Ardeb zu Massua hat 24 Madegas, entspricht etwa 550 pariser Kubikzoll.

Flüssigkeitenmaaß. Der Kuba = 62 englische Kubikzoll = 51,216 pariser Kubikzoll oder 1,016 Liter.

Gewicht.

Der Rottolo = 12 Wakeas à 10 Drachmen, ist gleich 4800 engl. Troy-Grän oder 311 Grammes.

Acapulco,

Stadt der mexicanischen Republik, mit 9500 Einwohnern und großem, sicheren Hafen am stillen Meere, über welchen früher der Handel der spanischen Besitzungen in Ostindien nach Europa betrieben wurde. Die Geschäfte von und nach Peru, Chili und Guatimala gehen über diesen Platz, weil von hier eine gute Straße auf die Hauptstadt Mexico für den Waaren-Transport führt.

Münzen, Maaße und Gewichte wie in Mexico.

Achem oder Acheen,

an der Nordwestspitze von Sumatra in Asien, mit etwa 53000 Einwohnern; einziger Hafen des Reiches gl. N., wo fremde Schiffe zugelassen werden, und wichtig für den ostindischen und bengalischen Handel. Engländer, Holländer, Nordamerikaner und andere Nationen unterhalten hier viele Comptoire. Ausfuhrartikel sind besonders Gold und andere edle Metalle, Salpeter, Kaffee, Indigo, Kampher, Betelnüsse, Schwefel, Reis, Pfeffer, Gewürze u. s. w.

Münzen.

Man rechnet nach Tähls zu 4 Pardohs à 4 Mehs à 4 Kopängs. $2\frac{1}{2}$ Tähl rechnet man auf eine Köln. M. f. Silber, und 1 Tähl hat den Werth von $5\frac{1}{3}$ Thaler preuß. Courant.

Von wirklichen Münzsorten heißt die gangbarste Mehs oder Männa; sie ist eine geringhaltige Goldmünze von der Größe eines Dreiers, 11 Asse schwer, und gilt circa $11\frac{1}{2}$ preuß. Silbergroschen. Die Scheidemünze, Käsch, ist von Blei oder Zinn und man rechnet circa 1600 Stück hiervon = 1 Mehs. Große Zahlungen geschehen mit spanischen Piastern, Rupien und andern ostindischen Münzen.

Beim Goldstaubhandel rechnet man nach einer fingirten Münze, die man Goldtähl oder Goldmehs nennt. 5 von diesen rechnet man = 4 Tähls Cour. 1 Bunkal Gold = 48 Gramm ist = 7 Tähl Gold oder $7\frac{1}{2}$ Tähl in Waaren, und gilt nach den englischen Münzpreisen 6 Pfd. Sterl. $7\frac{3}{4}$ Schilling. — Goldstaub wird $9\frac{1}{4}$ Toques de Malabar (Malabarprobe) oder 22,2 Karat fein gerechnet.

Maaße und Gewichte.

Der Etto (Elle) etwa = 207 pariser Linien. Der Deppo etwa 6 hamburger Fuß oder 762 pariser Linien.

Getreidemaaß ist der Cojäng oder Cojan (Last); es enthält 10 Gunschäs à 10 Nellihs à 8 Bämbuhs à 2 Quarters à 2 Tschopäs, oder 800 Bämbuhs à 4 Tschopäs. Der Bämbuh wird zu 225 pariser Kubikzoll angegeben; man rechnet 708 Bämbuhs auf eine hamburger Last.

Salz wird mit dem Pärah von 25 Bämbuhs oder Punihs gemessen = 5625 pariser Kubikzoll. 1 Maund Reis von 75 Pfund Engl. avoir du poids kommt mit circa 21 Bämbuhs aus.

Betelnüsse werden mit demselben Pärah gemessen; der Preis wird pr. Loräh von 10,000 Stück bestimmt, welche, wenn sie gut sind, 168 Pfund Engl. av. d. p. oder 76,2 Kilogr. wiegen.

Handelsgewichte. 1 Bähar (auch Kandil) hat 200 Kettih oder Cattis à 20 Bunkals à 5 Tähls à 2 Pagoden à 8 Mehs à 4 Copängs. Der Kättih wiegt nach Kruse 960,2 Grammes.

Zeuge werden im Großen Cortschweise von 20 Stück behandelt.

Acre oder Akka,

Saint Jean d'Acre, Hafenplatz in Syrien, 16000 Einwohner. Baumwoll-Ausfuhr.

Münzen s. Aleppo.

Maaße und Gewichte.

Längenmaaß. Der Pik ist 0,677 Meter lang.

Getreidemaaß. Der Reis-Ardeb wiegt 750 livorneser Pfund oder 254,66 Kilogramm.

Gewicht. Der Rottolo für rohe Baumwolle wiegt circa $6\frac{1}{4}$ livorneser Pfund oder etwa $2\frac{1}{8}$ Kilogramm; für baumwollen Garn aber nur 6 livorneser Pfund oder circa 2 Kilogramm. — 100 Rottolo = 1 Cantar.

Aleppo oder Haleb,

wichtige Handelsstadt Syriens, mit etwa 100,000 Einwohnern, bedeutende Ausfuhr, über Alexandrette und Latakia, von persischen Producten.

Münzen.

Man rechnet nach türkischen Piastern, die in 40 Paras oder 80 Asper, auch in 120 Courant-Asper getheilt werden. Kaufleute rechnen auch wohl nach Piastern zu 100 Asper. Im innern Verkehr wird der Piaster in 24 Siani getheilt. Da der spanische Piaster 21—22 hiesige Piaster gilt, so stellt sich der Werth des letztern auf kaum 2 Silbergroschen oder 7 Kreuzer rheinisch, und wenn der östr. Conv. Species zu 21 Piaster genommen wird, auf $5\frac{5}{7}$ Kreuzer östr. Münze.

Maaße und Gewichte.

Längenmaaß, s. Acre.

Getreidemaaß. Der Mokuk wiegt 250 Rottoli und hält circa 756 Liter.

Handelsgewicht. Der Rottolo wird gewöhnlich in 12 Unzen oder 720 Dramm getheilt, und wiegt 2,217 Kilogramm. Für syrische Seide theilt man den Rottolo in 700, für persische Seide in 680 Dramm. Dieses Dramm ist aber in allen Verhältnissen dasselbe, und wiegt $48\frac{7}{8}$ Troy-Grän oder $3\frac{1}{6}$ Gramm. — Eine Oka hat 400 Dramm und wiegt etwas über $2\frac{1}{2}$ Pfund preuß. Zollgewicht.

Alessandria,

Stadt mit 35000 Einwohnern im sardinischen Herzogthum Montferrat; s. Turin.

Alexandrien,

Aegyptisch: Skanderum; türkisch: Iskanderieh; ital.: Alessandria, erhebt sich zum dritten Male als wichtige ägyptische See- und Handelsstadt, die wegen der Ausfuhr von Baumwolle und Levante-Artikeln, sowie für den großen Karavanen-Handel Cairo hinsichtlich der Einfuhr die Fremden interressirt. Der Ort hat einen tiefen Hafen, und ein Kanal des Nils führt von hier in den Hauptstrom dieses Flusses und so auf Cairo; er zählt etwa 30000 Einwohner.

Münzen.

Man rechnet nach Piastern à 40 Paras oder Medini, 100 guten oder 120 Courant-Aspern; in Cairo wird der Piaster auch in 80 Asper oder 33 Medini getheilt; in andern Gegenden in 30, 40, 50, 60, 70 und 73 Medini. Große Zahlungen werden nach Beuteln zu 500 Piastern bestimmt.

Wirkliche Münzsorten sind:

In Gold. Caïrien zu 9 Piastern, Arbeas zu 4 Piastern, sehr geringhaltig und ungleich.

In Silber. Piaster (auch in $\frac{1}{2}$, $\frac{1}{4}$, $\frac{1}{8}$ und $\frac{1}{10}$), arab. Resch oder Risch genannt, von sehr ungleicher Ausbringung. Da der östr. Species (Tallero) auf 20 Piaster tarifirt ist, so gehen jetzt 200 ägyptische Piaster auf die f. M. Silber, so daß ein Piaster = $2\frac{1}{10}$ Silber- oder Neugroschen, oder 6 Kreuzer Conv. Geld zu rechnen ist.

In Kupfer. Borbi zu 8 und Forli zu 6 Medini.

Für fremde Münzen findet sich unter dem 18. Januar 1847 ein Tarif wie folgt:

Guineen	P.	97. 20.
Dublonen	„	313. 29.
Tallari effettivi	„	20. —
Colonnati	„	20. 28.
Venet. Zechinen	„	46. 17.
Ungar. „	„	45. 26.
Haria di Cospoli, alte	„	20. 5.
neue Haria Mahmud	„	17. 10.
desgl. Abdulmedgid	„	17. 10.
ein 5 Francs-Stück	„	19. 10.
ein 20 desgl.	„	77. 6.
sicil. Pezza von 120 Grani	„	19. 22.

Die Wechsel-Course waren im Januar 1847 auf:

London	3 Monat dato.	94½ Piaster für 1 Liv. St.
Marseille	desgl.	5 Francs 10 Centimes für einen spanischen Piaster (Tallaro).
Triest	desgl.	123 Kreuzer für desgl.
Livorno	desgl.	120 Soldi tosc. für desgl.

Malta 31 Tage Sicht 30 Tari 15 Grani für desgl.
Cairo 3 Tage Sicht 101—102 Piaster für 100 Piaster in Kairo.

Maaße.

Der Pik (Elle) hat 26,8 engl. Zoll oder 0,68 Meter.

Der Ardeb wird für Getreide zu 168, für Reis zu 156 Oka an Gewicht gerechnet. — 1000 Ardeb werden in Livorno für 89¼ hamburg. oder 98 amsterd. Last gerechnet, wonach ein Ardeb etwa zu 5⅞ berliner Scheffel anzunehmen wäre. — 100 Ardeb in Rosetta = 356⅘ Stari in Triest.

Gewicht.

Der Cantaro hat 100 Rottoli d'Egytto und wird in Triest = 79⅘ Pfund Wiener Gewicht gerechnet, wonach der Rottolo = circa 446 Grammes hat.

Usanzen beim Verkauf der Ein- und Ausfuhrartikel.

Baumwolle verkauft man nach dem Centner (Cantaro) zu 43¾ Oken (52⅞ Kilogr.), Kaffee (Mokka) und Pfeffer zu 37 (47⅞ Kilogr.), Gummi und Weihrauch zu 43⅓, Lein (Flachs) zu 44, Saffran zu 39½, Wolle und Blei zu 78, Zucker zu 37½, Arsenik zu 54, Eisen zu 82, Stahl zu 44 und Zinn zu 36½ Oken. Indigo und Cochenille nach dem Oka, und Fabrikwaaren nach Stükken oder Piks.

Der Preis der Baumwolle und Kaffees wird in spanischen Thalern, von andern Waaren in Piastern bestimmt. Die Baumwolle gegen baare Zahlung, franco Cairo; Transportkosten bis Alexandrien circa 13 türkische Piaster pr. Ballen und Verschiffungskosten in Alexandrien 4 bis 5%.

Algier,

die Hauptstadt Algeriens in Afrika, ein am mittelländischen Meere liegender Staat der Berberei, welcher über 4200 □Meilen mit etwa 2½ Millionen Einw. hat. Die Stadt Algier, den 5. Juli 1830 von den Franzosen erobert, zählt etwa 60000 Einwohner, hat einen guten durch Kunst stark befestigten Hafen, Ausfuhren in Getreide, Datteln, Mandeln, Wolle, Häute, Strausfedern, Goldstaub, Elfenbein, Korallen u. s. w.

Münzen.

Seit der Besitznahme Seitens Frankreich rechnet man hier nach Francs à 100 Centimes; vorher war die Rechnungs-Einheit der Mozounah oder Musuhn = 0,0775 Francs.

An wirklich geprägten Münzen gab es früher:

In Gold: Die Zechine oder Sultanine, von schwankendem Werth gegen Silber (4½—5 Budschu).

In Silber: Rial Buschu oder Budschu, Piaster von Algier

à 24 Musuhnen = 1 Frank 86 Cent. = 15 Silbergroschen Preuß. Doppelte Budschu $\frac{1}{2}$, $\frac{1}{4}$, $\frac{1}{8}$ Budschu.

In weiß gesottenem Kupfer: der Karubah = $\frac{1}{2}$ Musuhne.

In Kupfer: der Aspre-chique, wovon (nach Blanqui) 29 einen Musuhn gemacht haben sollen (?).

Die französischen Behörden rechnen nach Franken à 100 Centimen. Die französischen Gold- und Silbermünzen coursiren nach einem obrigkeitlichen Tarif, auch bedient man sich der spanischen Piaster als Zahlungsmittel, welche letztere etwa 5 Frs. 35 Cts. oder 70 Musuhn gelten.

Maaße.

Längenmaaß.

Der türkische Pik oder Dzera a torky hält 640, der Dzera a'rabry 480 Millimètres.

Körpermaaß.

Für Getreide. Der Ssaa = 48 Liter.

Das Oelmaaß heißt Metalli, ein Maaß Oel wiegt etwa 16951 Gramm. — Der Kolleh hält 16$\frac{2}{3}$ Liter.

Gewicht.

Die Grundlage für das Gewicht ist die Unze oder Ugyah = 34,13 Gramm, welche sich in 8 Derahem theilt.

16 Unzen = 1 Rothl a'thary oder Waaren-Rottolo.
18 „ = 1 Rothl Khadhary.
24 „ = 1 Rothl Kébyr.

Der Cantar oder Centner hat meist 100 Rottoli, jedoch zuweilen auch, nach Uebereinkunft 110, 166 und 200 Rottoli. — 100 Waaren-Rottoli oder der gewöhnliche Centner ist = 53911 Gramm.

Außerdem wiegt man:

Silber	mit dem	Rothl fedhy	= 497,435 Gramm.
Gold	„ „	Metskal	= 4,669 „
Diamanten	„	Gyrath (Karath)	= 207 Milligramm.

Seit 1834 besteht ein Handelstribunal, eine Börse, eine Colonial-Gesellschaft. — Zur Ausbeutung des hohen Zinsfußes in Algier ist auch eine auf Actien gegründete Caisse algérienne entstanden, mit 2 Millionen Francs in Actien à 1000 Francs. Man hört aber nichts von ihrem Gedeihen.

Alicante,

in der spanischen Provinz Valencia, mit einem Hafen am mittelländischen Meere, 20000 Einwohnern, und einer bedeutenden Ausfuhr von Mandeln, Rosinen, Wolle, Soda, Nüssen, Saffran, Feigen, Wein, Branntwein und anderen Landesprodukten.

Münzen.

Man rechnet, wie in Valencia, nach Pesos zu 20 Sueldos à 12 Dineros Courant.

Dieser Peso, welcher hier gewöhnlich Libra genannt wird, gilt 10 Reales; er ist = dem Peso de Plata (spanischen Wechselpiaster) von 8 Reales oder 272 Maravedis de Plata, oder 512 Maravedis de Vellon. Demnach sind:

11 Reales = 1 alicanteschen Ducado;

11 Libras oder Pesos = 10 alicanteschen Ducados;

85 alicantesche Ducados = 128 Ducados de Vellon.

32 harte spanische Piaster (Peso duro) gelten 425 Reales oder 42½ Libras.

Wechselarten, Uso, Respecttage, siehe Madrid.

Maaße.

Längenmaaß.

Die Vara = 4 Palmos = 337,67 par. Linien oder 0,7617 Meter.

Körpermaaß.

Für Getreide. Der Cahiz oder Cafiz = 12 Barcellas à 8 Medias à 2 Quartillos = 12422 par. Kubikzoll oder 246,4 Liter.

Flüssigkeitenmaaß. Die Cantara = 8 Medias à 2 Quartillos = 538 par. Kubikzoll oder 0,106 Liter. 1 Tonelada = 2 Pipen = 80 Arrobas = 100 Cantaros.

Gewicht.

Der Quintal (Centner) von 4 Arrobas zu 24 großen Pfd. à 18 Unzen, oder 36 kleinen Pfd. à 12 Unzen. Die Unze hat 16 Adarmes à 36 Grän. — 2½ Quintal = 1 Carga.

Das große Pfund ist = 517,29 Gramme, das kleine Pfd. = 344,89 Gr. Das große Pfd. (libra gruesa) zu Mandeln, Anis, Wolle, Nüssen, Früchten 2c., das kleine Pfd. (libra sutil) zu Specerei- und feinen Waaren.

Das Castilianische Pfund von 16 Unzen, welches bei Zoll- und Kronrechnungen gebraucht wird, hält wie unter Spanien 460,086 Grammen oder 9574 holländische As.

Gold- und Silbergewicht wie unter Valencia.

Eine Schiffslast ist = 80 Ballen od. 40 Quintales Mandeln.
in Fässern zu 36 desgl.
= 24—30 Quintales Süßholz.
= 40—50 „ Rosinen.
= 88 Fäßchen à 2 Arrobas desgl.
= 4 Both Wein oder Oel.

Altenburg,

an der Pleiße, Hauptstadt des gleichnam. Herzogthums, mit etwa 12000 Einwohnern und bedeutendem Speditionshandel.

Münzen.

Das Herzogthum rechnet seit 1831 nach Thalern zu 30 Neugroschen à 10 Pfennigen im 14 Thalerfuße.

In Silber: Stücke zu 2, 1 und $\frac{1}{6}$ Thaler, Scheidemünze zu 2, 1 und $\frac{1}{2}$ Neugroschen, in Kupfer 2 und 1 Pfennigstücke (siehe Leipzig).

Wechselarten wie in Leipzig.

Uso ist 14 Tage nach der Acceptation; Respecttäge sind nicht; Wechsel sollen spätestens am nächsten Tage nach der Verfallzeit bezahlt werden.

Eine Landesbank deren innere Verhältnisse nicht bekannt sind.

Maaße.

Längenmaaß.

1 Fuß = 0,284 Meter. 1 Ruthe = 20 Fuß à 12 Zoll.
Die altenburger Elle ist der leipziger gleich.

Flächenmaaß.

1 Acker = 200 □Ruthen = 80000 □Fuß.
1 „ = 400 „ à 144 □Zoll.

Körpermaaß.

1 Scheffel = 146,972 Liter. 1 Scheffel = 4 Siebmaaß, à 4 Metzen, à 4 Mäßchen. 1 Sack = 3 Siebmaaß. 1 Malter = 2 Scheffel.

1 Kanne = 1,123 Liter. 1 Eimer Weinmaaß = 40 Kannen, à 2 Maaß, à 2 Nößel.

Gewicht.

1 Pfund = 466,491 Gramme.

Altona,

eine dänische Stadt an der Elbe, im Herzogthum Holstein, mit 27000 Einwohnern und dem Privilegium eines Freihafens. Sie treibt einen wichtigen Seehandel.

Münzen.

Altona rechnet nebst ganz Holstein, im gewöhnlichen Leben wie im Detailhandel, in Courantgeld nach Reichsthalern à 48 Schilling à 12 Pfennig, oder nach Mark à 16 Schill. à 12 Pf. Von dieser holsteinischen Courantmark rechnete man ursprünglich $34\frac{1}{16}$ auf die f. Mark. Im Großhandel wird Buch und Rechnung geführt in der hamburger Banco-Valuta (ebenfalls nach Mark à 16 Schilling à 12 Pf. hamburger Banco), welches $25\frac{?}{6}$

mehr oder weniger besser als das Courantgeld ist. Es werden auch daher alle auf altonaer Handlungshäuser gezogene Wechsel, die auf Reichsthaler oder Mark Banco lauten, durch die hamburger Bank abgeschrieben, und viele der hiesigen Kaufleute haben zu diesem Behufe Conten in dem hamburger Bankbuche, doch nicht auf ihre eignen Namen, sondern auf die ihrer dortigen Handlungsfreunde, durch welche sie ihre Zahlungen reguliren lassen. Nur Summen unter 400 Mark Banco pflegt man in Courant oder anderen Münzsorten zum Tagescours zu zahlen.

Die Regierung führt ihre Bücher in Reichsbankthalern à 96 Reichsbankschilling.

Von diesen Reichsbankthalern gehen $18\frac{1}{2}$ Stück auf die kölnische Mark fein Silber und ist demnach 1 Reichsbankthaler gerade die Hälfte des früher ausgeprägten, und noch allgemein im Umlaufe sich befindenden schleswig-holsteinischen Speciesthalers (wovon $9\frac{1}{4}$ Stück auf die köln. Mark fein Silber gehen) zu 60 Schilling schleswig-holstein. Courant oder 48 Schilling Species-Valuta, welche letztere jetzt gewöhnlich circa 1 % besser als die hamburger Bank-Valuta gehalten wird.

Es ist also 1 Reichsthaler = 30 Schilling schleswig-holst. Courant, und 16 Reichsbankschilling oder 4 Schilling Species = 5 Schilling Courant oder ein Courantschilling war = $3\frac{1}{5}$ Schilling dänisch Reichsbanko, was aber auf 4 Schilling erhöht werden soll.

Wirkliche Landesmünzen sind in

Gold: Species- und Courant-Ducaten nebst Christians- und Frederiksd'or (s. Kopenhagen), deren Preise wie in Hamburg.

Silber:

Dänische Species	zu	192	Schilling	dänisch	oder	60	Courant.
„ Reichsbankthaler		96	„	„	„	30	„
„ $\frac{1}{3}$	„	32	„	„	„	10	„
„ $\frac{1}{6}$	„	16	„	„	„	5	„
„ $\frac{1}{12}$	„	8	„	„	„	$2\frac{1}{2}$	„
„ $\frac{1}{24}$	„	4	„	„	„	$1\frac{1}{4}$	„

Kupfer: Sechslinge und Dreilinge zu $\frac{1}{2}$ und $\frac{1}{4}$ Schilling.

Alle fremden Münzen, so wie Wechsel die in auswärtiger Valuta lauten, auch Staatspapiere und Actien, werden nach den hamburger Coursen berechnet.

Die Bankzettel, die in Reichsbankthalern ausgestellt sind, haben seit 1837, den festen Pari-Werth; d. h. 1 Speciesthaler = 2 Reichsbankthaler (s. Kopenhagen).

Bei der hiesigen königl. Münze zahlt man für Ausprägung von Species $1\frac{3}{8}$ %, halbe $1\frac{3}{4}$ %, einfache Christiansd'or $\frac{3}{4}$ %, doppelte $\frac{1}{2}$ %. — Die hier geprägten Münzen haben einen Reichsapfel als Münzzeichen.

Der Uso ist bei Wechseln aus deutschen Plätzen 14 Tage nach Sicht; aus England, Frankreich und Holland 1 Monat; Spanien und Portugal 2 Monat; Italien 3 Monat nach Dato.

Respecttage sind 11. Ist nach Ablauf derselben, der Wechsel nicht bezahlt und die Protest-Aufnahme versäumt worden, so verliert der Inhaber des Wechsels das Wechselrecht und kann gegen den Acceptanten nur auf dem Wege des gewöhnlichen Civilprocesses verfahren.

An Actien-Unternehmungen (über die Course s. den hamburger Courszettel) sind zu bemerken:

Altona-Kieler Eisenbahn (König Christian des Achten Ostseebahn) 13½ Meile, Fond: 1,700,000 Species in Actien au porteur à 100 Species oder 200 Rbthlr. Dividende am 1. Mai, 1845 4 %, 1846 5 %.

Glückstadt-Elmshorn, 2¼ Meil. — 1600 Actien à 100 Species. Dividende 1846 2 %.

Rendsburg-Neumünster, 4½ Meilen. — 2600 Actien à 100 Species. Dividende 1846 4 %.

Der hiesige Feuer-Assecuranz-Verein, auf Gegenseitigkeit, trat 1830 ins Leben.

Maaße und Gewichte wie Hamburg.

Getreide wird auch nach der seeländischen Tonne, wovon 25 = 1 hamb. Last, und neuerdings auch nach dem preuß. Scheffel, verkauft. Die Biertonne ist die Hälfte der hamburger.

Amboina,

eine Insel der Molukken, unter niederländischer Herrschaft, von 27 □Meilen mit 69,000 Einw., und wichtig für den europäischen Handel wegen ihrer trefflichen Gewürznelken und Muskatnüsse, welche an Qualität und Werth 12 bis 15 % besser als die von Bourbon und Cayenne gehalten werden.

Münzen.

Man rechnet nach Thalern zu 48 Stüver à 4 Deut Indisch Cour., die köln. Mark fein Silber zu 12,6 Thalern (s. Batavia).

Von fremden Münzsorten gelten in

Gold: Mohurs 480 und Starpagoden 99 Stüver.

Silber: Neue Ducatons 80, alte dgl. 78, spanische Piaster 64, deutsche Kronen 60, Thaler nach dem Reichsfuß 48 und Rupien 30 Stüver.

Maaße und Gewichte.

Der Covid = $18\frac{2}{15}$ englische Zoll = 204 pariser Linien.

Flüssigkeitenmaaß. Die Kanne = 91 engl. Kubikzoll 75,17 par. Kubikzoll.

Als Handelsgewicht ist das holländische Troy und das Chinesische im Gebrauch.

Der Bahar Nelken wiegt 550 Pfund holländisch Troy-Gewicht = 270692 Gramm.

1 Coyang Reis = 25 Pekuls = 2500 Kattys = 3000 Pfund holländisches Troy-Gewicht = 1476503 Gramm.

Gold- und Silbergewicht ist der Katty von 20 Tales à 16 Maces à 4 Logangs. 1 Katty = 12288 holländische As = 590,6 Gramm.

Diamanten- und Perlengewicht ist der Karat = 4 Grän. 1 Karat = 4,096 holländische As = 0,19686 Gramm.

Amsterdam,

die Hauptstadt im Königreiche der Niederlande, an der Amstel und dem Y, mit 200700 Einw., einem Hafen, bedeutendem Handel in Staatspapieren und Wechseln, vorzüglich aber mit Getreide, welches von hier aus nach Spanien, Portugal und England versendet wird.

Münzen.

Man rechnet in Holland nach Gulden à 100 Cents, früher nach Gulden à 20 Stüber à 16 Pf., auch nach Pfund vlämisch à 20 Schilling à 12 Grot. — Ein jetziger Gulden also = 40 Grot.

Seit 1839 soll ein Gulden (von Silber) à 100 Cents 10 Grammen wiegen und 945 Tausendel fein sein, so daß sehr nahe an $24\frac{3}{4}$ Gulden auf die Vereinsmark zu rechnen sind.

Es giebt auch Thaler zu $2\frac{1}{2}$ Fl. und Stücke zu 50, 25, 10 und 5 Cents, alle von gleicher Feinheit und in gleichem Verhältniß.

Die ältern Münzen, worunter auch die Stücke zu 3 Fl., so wie auch die ältern Seeländischen Thaler, insofern sie beschnitten, werden in neuester Zeit zum Theil gegen einstweilige Verausgabung von Münzscheinen eingezogen. Diese Scheine sind zu 5 Fl. roth, zu 10 Fl. kaffeefarbig, zu 100 Fl. blau und zu 500 Fl. olivenfarbig.

Goldmünzen. Ein 10 Guldenstück (Stücke zu 5 Fl. nach Verhältniß) soll 140 As oder 6,729 Grammen wiegen, und 900 Tausendel fein sein, so daß sie etwa $\frac{2}{3}$ % besser zu achten sind, als der preuß. Friedrichsd'or zu $5\frac{2}{3}$ Thlr.

Die holländischen Ducaten sollen gesetzmäßig 72,696 As oder 3,494 Grammen wiegen und 0,983 fein sein; sie werden an den öffentlichen Kassen zu $5\frac{1}{2}$ Fl. in Silber angenommen. Man hat aber durchschnittlich gefunden, daß 67 Stück eine Brutto-Mark zu $23\frac{1}{2}$ Karath fein wiegen, was die feine Mark Gold zu 216 Thlr. in Berlin oder 378 Fl. in Frankfurt a. M. einen Cours von circa $114\frac{4}{5}$ % in Berlin, $105\frac{1}{3}$ % in Leipzig und 5 Fl. $31\frac{1}{2}$ Xr. im $24\frac{1}{2}$ Fl.fuße ergeben würde.

Kupfermünzen giebt es zu 2 und 1 Cent, die erstern sollen 3,845, die letztern 1,922 Gramm wiegen.

Siehe übrigens die Münztabellen am Ende dieses Buchs.

Wechselcourse.

	Veränderliche Val.	Feste Val.
Bordeaux, Paris kurz, auch 2 Monat	57 Gulden	120 Francs.
Madrid, Cadix, Sevilla, Bilbao $1\frac{1}{2}$ Uso	$99\frac{1}{2}$ =	40 Duc. d. Cambio. à 375 Maraved.
bevorstehend:	258 Cents	1 Peso duro.
Lissabon, Porto $1\frac{1}{2}$ Uso	$43\frac{1}{2}$ Gulden	40 Crus. à 400 Reis.
Genua 2 Monat	$46\frac{1}{2}$ =	100 Lire nuove.
Livorno 2 =	40 =	100 Lire tosc.
Neapel 2 =	81 =	40 Duc. di Regn.
Petersburg 2 =	192 =	100 Silber-Rubel.
Wien, Augsburg 6 Wochen	36 =	30 Fl. Augsb. Court.
Frankfurt a. M. 6 =	101 =	100 Fl. im $24\frac{1}{2}$ Flfß.
Hamburg kurz, auch 2 Mt.	35 =	40 Mark Banco.
London desgl.	12 =	1 Liv. Sterl.

Mit Rotterdam, Antwerpen und Brüssel rechnet man in Fl. niederl. nach Procenten, d. h. pari, mit Verlust oder Aufgeld.

Uso bedeutet hier 30 Tage, die bei solchen Wechseln, welche nicht auf Sicht lauten, erst von dem Tage nach der Ausstellung des Wechsels zu zählen sind.

Accept kann gleich bei der Präsentation verlangt werden, doch ist es üblich 24 Stunden zu warten.

Respecttage sind seit 1826 abgeschafft. Geschieht demnach die Zahlung nicht am Verfalltage, so muß den nächsten Tag, und ist dieser ein Sonn- oder Feiertag, den darauf folgenden Tag protestirt werden.

Wechsel-Courtage ist auf London und Hamburg $\frac{3}{4}$ pr. Mille; auf alle andere Plätze 1 pr. Mille.

Geldcours.

Gold in Barren das Kilogramm fein beständig 1442,60 Fl. mit einem veränderlichen Agio. Im April 1847

Gold in Barren	13 à 14 %
Alte Ducaten	5,70 Fl.
Neue Louisd'or	11,16 =
20 Franken	9,55 =
Souverains	12,00 à 12,10 Fl.
Pistolen	9,85 à 9,95 =

Silber das Kilogramm

von $\frac{1000}{1000}$ d. h. fein	104 — 105 Fl.
= 900 à 850	
= 800 à 700	
= 600 à 500	
= 400 à 300	

Piaster	2,55 à 2,65	Fl.
Französische Thaler	2,70 à 2,75	=
Brabanter Thaler	2,68 à 2,70	=
5 Frankenstücke	2,34 à 2,37	=
Preußische Thaler	1,75 à 1,78	=

Fondscourse.

Im März 1847.

Integrale Schuld*) zu $2\frac{1}{2}$ %: $58\frac{1}{4}$ Fl. für 100 Fl. nominal. Zinstermin am 1. Jan. und 1. Juli. Die Appoints sind meist zu 1000 Fl. Nach vollendeter Conversion der ausgestellten und meherer andern Schuldpapiere wird die Masse dieser $2\frac{1}{2}$ % Integralen mehr als 800 Millionen Gulden betragen.

Desgl. zu 3 %: $70\frac{3}{4}$ Fl. für 100 Fl. nominal. Zinsen am 1. März und 1. Sept. Ihre Masse beträgt über 20 Millionen.

Desgl. zu 4 %: $91\frac{1}{2}$ Fl. für 100 Fl. nominal. Zinsen am 1. Apr. und 1. Oct. Die Appoints sind à 1000, 500 u. 100 Fl. Mit Inbegriff der 4 % Oblig. auf Rechnung der Colonien betrug die Masse 1846 nahe an 238 Millionen.

Oblig. des Amortissement-Syndicats zu $3\frac{1}{2}$ %: 88 Fl. für 100 Fl. nominal. Zinsen am 1. Apr. und 1. Oct. Sie entstanden durch Reduction der $4\frac{1}{2}$ % Oblig. des seit 1840 aufgehobenen Amort.-Syndicats. Die Appoints sind zu 1000, 500 u. 100 Fl.

Niederl. Bank-Actien 158—160 Fl. für 100 Fl. nominal. Die Actien sind à 1000 Fl. mit 4 % festen Zinsen, Ende März. Außerdem Dividende (zeither 7—8 %).

Actien der Handels-Gesellschaft (Maatschappy) mit $4\frac{1}{2}$ %: $173\frac{1}{2}$ Fl. für 100 Fl. nominal, vom Staate garantirte Zinsen, am 1. Jan. und 1. Juli. Die Actien sind zu 1000, 500 u. 250 Fl. Die Dividende für 1845 betrug $6\frac{1}{2}$ %.

Actien der Amsterdam-Rotterdamer Eisenbahn (chemin de fer hollandais) 104—105 Fl. für 100 Fl. nominal. Es giebt 6500 Actien à 1000 Fl. mit Divid. am 1. Jan. und 1. Juli (1846 $4\frac{5}{8}$ %).

Oblig. dieser Bahn à $4\frac{1}{2}$ % circa $98\frac{1}{2}$ %.

Desgl. der Arnheimer Eisenbahn (chemin du Rhin) 104—105 Fl. für 100 Fl. nominal. Zinsen $4\frac{1}{2}$ % am 1. Mai und 1. November.

Actien der Over-Yssel Eisenbahn circa 90 %.

*) Die gesammte niederländische Schuld betrug Anfang 1847 circa 1230 Millionen Gulden; die Verzinsung, Tilgung und Verwaltung nimmt die Hälfte der öffentlichen Einnahme in Anspruch.

Oblig. wegen Trockenlegung des Harlemer Sees
zu 5 % 105¼ % } am 30. März 1847.
desgl. " 4½ % 100¼ "
desgl. " 4 % 92½ "
" auf das Stadt-Entrepôt zu 4½ % 102¾ "

Fremde Fonds.

Rußland.
Aeltere holl. Anleihe 5 % circa 104 % für 100 Fl. nominal.
dito von 1828—29 5 % 103 % desgl.
Inscriptionen in Assignaten à 6 % circa 69—70 Rubel od. Gulden für 100 Rubel od. Gulden nominal. — Der Papierrubel wird für einen Gulden gerechnet.
Desgl. in Silber à 5 % circa 97 Rub. od. Guld. für 100 Rub. od. Gl. nominal; der Silber-Rub. zu 2 Fl.
Certificate der Amsterdamer Administration, zu 4 % circa 69 Rub. od. Fl. für 100 Rub. od. Fl. nominal.
Desgl. bei Stieglitz u. Comp. ebenso.
Desgl. in Hamburg 5 % 101—102 %.

Preußen.
Prämienscheine v. 1832 circa 169 Fl. für ein Loos v. 50 Thl.

Polen.
Loose à 300 Fl. von 1829 circa 170 Fl. für ein Loos.
Oblig. à 4 % von 500 Fl. circa 142½ Fl. für eine Oblig v. 500 Fl.

Oesterreich.
5 % Metalliques circa 104¼ Fl. für 100 Fl. nominal, wobei 1 Fl. holl. Conv. Mze. für 1¼ Fl. holl. gerechnet wird.
2½ % desgl. circa 55—56 Fl.
500 Fl. Loose von 1834. 923 Fl. für ein Loos.
250 " " " 1839. 355 " " " "
Austro-holländ. 5 % 102½ % } in holl. Gulden.
dito 4 " 93½ "

Darmstädter Loose à 50 Fl. circa 83 Fl. per Stück.

Badische 35 Fl. Loose circa 36¼ Fl. per Stück.

Sardinische 36 Frs. Loose circa 18 Fl. per Stück (94 Fl. = 200 Frs.).

Dänisch-holländ. Oblig. 4 % circa 99—100 Fl.

Neapel.
5 % holl. Certificate à 1000 Lire (à 2 Lire = 1 Fl.) = 500 Fl. In diesem Falle werden in Neapel 4 Lire 40 Cents auf einen Duc. gerechnet. 92—93 %.
Desgl. Paris-Rothschilder à 500 Duc. oder 2200 Lire oder 1100 Fl.

Belgien.
2½ % Oblig. circa 50—51 Frs. (2 Frs. = 1 Fl.).
4½ " " " 90—91 "

Spanien.

Active Schuld, 5 % 16—17 % (1 Piaster = 2½ Fl.).
dito rückständige Coupons 14—15 %.
dito 3 % 36—37 %.
Innere Schuld, 3 % Oblig. von 6000 Fl. holl. circa 29 %.
Passive Schuld, circa 5¼ %.
Différée " 5⅛ %.
Ardoins 5 % 16—20 %.
Desgl. Coupons 14—17 %.

Portugal.

5 % in Obl. à 100 Lst. od. 1200 Fl. à 3 % circa 37—38 %.
Desgl. à 4 % circa 36—37 %.
Innere Schuld, Obl. zu 2700 u. 1350 Fl. circa 33—34 %.

Brasilien, engl. Anleihe 5 % circa 86—88 % (1 Lst. = 12 Fl.).

Venezuela, eigentlich 6 %, in Wirklichkeit aber nur 2 % circa 41—42 %.
Desgl. différé 12—13 %.

Neu-Granada, 20—21 %.
Desgl. différé 3—4 %.

Ecuador, 2—3 %.

Peru, 6 % Obl. à 100 Lst. (à 12 Fl.) 20—21 %.

Columbische Coupons, 17 Cents per Stück
Mexico, 5 % circa 20½ %
dito différé 12 %
Griechenland, 5 % 5—6 %
Louisiana, 5 % 67—68 %
(1 Lst. = 12 Fl.)

dito rückständige Coupons 74—75 %.

Bank der Vereinigten Staaten, holl. Certif. 4½ %.

Anl. dieser Bank bei Hope u. Comp. 1. Emission	5 %	32¼ %.
desgl. 2. "	5 "	55 "
Desgl. bei Rothschild à 100 Lst.	6 "	41 "
Oblig. der drei amerikanischen Städte	5 "	100 "

Georgetown, Alexandria und Washington. Diese Anleihe von 3¾ Millionen Gulden ist vom Congreß als Unionsschuld anerkannt.

Oeffentliche Handels-Anstalten.

Bank. Die im Jahre 1609 entstandene Girobank, war fast Jahrhunderte hindurch weltberühmt und vielleicht auch das Vorbild aller jetzigen Banken. Während der französischen Revolution aber fing sie bald nach der Einnahme Hollands an, ihre Thätigkeit zu vermindern und ging so, nach und nach, ihrem Ende entgegen, bis sie 1814 ihre Geschäfte gänzlich einstellte. Hierauf wurde unter Vermittelung der Regierung des neuen Königreichs der Niederlande, die jetzt hier bestehende Zettelbank unter dem Namen „Niederländische Bank" mit einem Privilegium auf 25 Jahre errichtet. Das ursprüngliche Capital derselben von 5 Mill. Fl. in 5000 Actien vertheilt, wurde bald darauf verdoppelt und darf den neuen Statuten zufolge bis auf 20 Mill. Fl. erhöht werden. Die Einrichtung dieser Bank ist der von England ähnlich; sie giebt Noten, auf den Inhaber lautend, von 25 bis 1000 Fl. aus; discontirt Wechsel; leiht Gelder auf Staatspapiere und edle Metalle; münzt für Rechnung des Staats, und treibt Handel für eigene Rechnung mit Gold- und Silberbarren und fremden Geldsorten. Jeder andere Verkehr ist ihr untersagt. Im Jahre 1838 ist ihr Freibrief auf 25 Jahre erneuert worden.

Niederländische Handels-Gesellschaft.
(Niederl. Handel-Maatschappy.)

Diese Gesellschaft hat sich zufolge eines Königl. Decrets vom März 1824 auf den Trümmern der ehemaligen ostindischen Compagnie begründet. Ihr Fond der früher auf 24 Mill. Fl. sich belief und im Jahre 1831 auf die Hälfte beschränkt wurde, aber 1847 auf 34,500,000 Fl. angewachsen war, besteht in Actien à 250, 500 und 1000 Fl., die außer der Superdividende 4½ % jährlicher Zinsen tragen, und die vom König, der selbst mit 4 Mill. Fl. an der Spitze der Unterzeichner steht, gesichert worden. Der Zweck der Gesellschaft im Allgemeinen, ist die Beförderung des Handels, der Schifffahrt, des Fischfanges, Ackerbaues u. s. w. und ihre Hauptgeschäfte erstrecken sich meist auf die auswärtigen holländischen Kolonieen. Anfangs war der Gewinn unbedeutend und der König mußte, um Kosten und Zinsen zu decken, ihr zu Hülfe kommen; jetzt sind nicht nur diese Schulden getilgt, sondern die Gesellschaft hat bereits der Regierung Vorschüsse gemacht und die Inhaber der Actien erhalten oftmals ansehnliche Dividenden, die sich nach den Ergebnissen der jährlichen großen Versteigerungen richten. Die Gesellschaft hat Agenturen in den Provinzen und ihr Privilegium reicht bis zum Jahre 1874. Die Dividende betrug 1845 65 Fl., 1846 60 Fl. per Actie von 1000 Fl. (Um die Londoner Auctionspreise mit den holländischen Auctionspreisen zu vergleichen, nimmt man, unter Berücksichtigung aller Gewichts- und Usanz-Differenzen, den englischen Schilling zu 70 Cents an.)

Handels-Usanzen.

Kommissionsprovision beim Ein- und Verkauf. Diese beträgt von Waaren für England und über See 2 %; für Deutschland nur 1½ %. Von Wechseln ohne Unterschied, von Kontanten, von Bullion (Gold und Silber nach dem Gewicht) ist sie ½ %, bei großen Parthieen auch nur ⅓ oder ¼ %. Die Accept- und Trattenprovision ist ⅓ %. Beim Verkauf von Schiffen hängt die Provision von dem Werthe und der Mühe ab, und beträgt 1, 2, auch wohl 3 %.

Ein- und Verkaufsprovision bei Fonds. Diese ist bei kleinen Parthieen ½, ⅓, auch nur ¼ %. Kassiererlohn bei Verkäufen beträgt ⅛ und Courtage ¼ %. Del credere bei Auctionen, wird für Getreide gewöhnlich ½ %, für Kolonialwaaren 1 %, für auf lange Termine zu verkaufende Artikel, als Wein, 2 % oder ½ % pr. Monat gerechnet.

Die jetzige neue Börse wurde 1845 eröffnet. Außerdem giebt es eine Effecten-Societät, zur Abmachung von Geschäften außer der Börse.

Maaße.

Längenmaaß.

Grundmaaß die Elle = 1 Metre = 443,295936 par. Lin.

1 Myl = 100 Roeden = 1000 Ellen oder Meter, so daß also 100 solcher Meilen auf den mittlern franz. Grad des Aequators gehen.

1 Roede	= 10 Ell.	= 100 Palm.	= 1000 Duim	= 10000 Streep.
	1 „	= 10 „	= 100 „	= 1000 „
		1 „	= 10 „	= 100 „
			1 „	= 10 „

Das niederländische Maaß ist dem französischen gleich, und es ist
1 Myl = 1 Kilometer 1 Elle = 1 Meter 1 Duim = 1 Centimeter
1 Roede = 1 Decameter 1 Palm = 1 Decimeter 1 Strp. = 1 Millimeter.

Flächenmaaß.

1 □Elle = 1 □Meter.

1 □Elle	= 10 □Palm	= 100 □Duim	= 1000 □Streep.
	1 „	= 10 „	= 100 „
		1 „	= 10 „

1 Bunder	= 100 □Roeden	= 10000 □Ellen.
	1 „	= 100 „

Körpermaaß.

1 Wisse (Holzmaaß) oder Kubikelle = 29,17385 pariser Kubikfuß = 50412,416 pariser Kubikzoll.

1 Vat, Mudde oder Zack = 5041,246 pariser Kubikzoll oder 1 Hectolitre.

1 Schepel = 504,12416 pariser Kubikzoll.

1 Kan oder Kop = 1 Litre = 50,412416 par. Kubikzoll.

1 Kub. Elle = 100 Kub. Palm à 1000 Kub. Duim à 1000 Kub. Streep.

Für Getreide u. s. w.

1 Mudde	= 10 Schepel	= 100 Koppen	= 1000 Maatjes.
	1 „	= 10 „	= 100 „
		1 „	= 10 „

1 Last = 30 Mudden = 3000 Koppen.

Soviel Mal 100 Fl. für eine Last von 30 Sack bezahlt wird, soviel Mal kostet (unter Benutzung des gesetzlichen Münzwerths)

Baiern	1 Scheffel	7 Fl. 16 Xr.
Berlin	1 „	1 Thlr. ¾ Sgr.

Dresden	1 Scheffel	1 Thlr. 29 Ngr.
England	1 Quarter	16 s. 2 d.
Frankfurt	1 Malter	3 Fl. 45 Xr.
Frankreich	1 Hectolitre	7 Francs.
Hamburg	1 Last	47⅓ Thlr. Court.
Mainz	1 Malter	4 Fl. 11 Xr.
Prag	1 Strich	2 Fl. 30 Xr.
Rußland	1 Tschetwert	3 Rubel 64 Kop.
Schweden	1 Tonne	5 Bancothlr. 2 Schill.
Wien	1 Metze	1 Fl. 38 Xr.

Für Flüssigkeiten:

1 Val = 100 Kannen = 1000 Maatjes = 10000 Vingerhoeds.
1 = = 10 = = 100 =
1 = = 10 =

Alte holländische Maaße.

Längenmaaß.

Der amsterdamer Fuß = 11 Zoll à 8 Achtel = 125,51 par. Linien oder 0,2831 Meter. Beim Messen der Masten im Umfang wurde der Fuß in drei Palmen getheilt. 1 Ruthe = 13 Fuß. 1 Faden = 6 Fuß.

Der amsterdamer rheinländische Fuß = 12 Zoll à 12 Linien = 139,17 pariser Linien oder 0,31395 Meter.

Die amsterdamer Elle = 304,9 par. Linien oder 0,688 Meter.

Die amsterdamer brabanter Elle = 307,8 par. Linien oder 0,694 Meter.

Die brügger Elle = 310,6 par. Linien oder 0,7 Meter.

Die haager Elle = 307,75 par. Linien oder 0,694 Meter.

Von den holländischen Meilen gehen 19, von den nordholländischen 20, von den vlämischen 17,7 auf einen Grad des Aequators.

Flächenmaaß.

1 □Ruthe = 169 amsterdamer □Fuß = 13,5476 □Meter.
1 Morgen = 600 amsterd. □Ruthen = 8128,56 □Meter.

Körpermaaß.

Für Getreide. 1 Schepel = 4 Vierdevat à 8 Koppen. 1 Schepel = 27,814 Liter. 1 Sack = 3 Schepel. 1 Last = 27 Mudden à 4 Schepel.

Weinmaaß. Die Steekan = 19,403 Liter. 1 Steekan = 8 Stoopen, à 2 Mengeln, à 2 Pinten, à 2 Mutsjes. 1 Ahm = 4 Ankers, à 8 Steekan. 1 Oxhoofd = 6 Ankers. 1 Vat = 4 Oxhoofden.

Franzwein wird das Oxhoft zu 180, die Tierze aber zu 120 Mengeln gerechnet.

Spanische und portugiesische Weine werden nach Booten und Pipen verkauft, welche letztere 340 Mengeln enthalten sollen.

Arrac wird per Legger verkauft und enthält 14¾ und 15 Anker.

Das Faß Baumöl wird zu 117 Mengeln gerechnet, und die Mengel wiegt circa $2\frac{1}{3}$ berliner Pfund.

Hanf-, Lein-, Räp- oder Rüböl wird nach der Ahm zu $7\frac{1}{2}$ Steekan, oder 120 Mengeln verkauft, die circa 275 berliner Pfund wiegen. Versendungen davon geschehen gewöhnlich in Quarteelen von circa $2\frac{1}{2}$ Ahm.

Thran wird in Quarteelen von 18 bis 21 Steekan (das Faß zu 12 Steekan à 16 Mengeln) verkauft. Eine Schmaltonne hält 6 Steekan oder 96 Mengeln.

Biermaaß. 1 Tonne = 8 Steekan à 16 Mengeln; 1 Steekan = 19,66 Liter.

Branntweinmaaß. 1 Oxhoofd = 12 Steekan oder 30 Firtel à 6 Mengeln. Die Steekan = 18,75 Liter.

Grobes Seesalz wird nach Hondert, zu 404 Maaten oder circa 7 Last verkauft.

Steinkohlen nach Hoed zu 38 Maaten; 6 Hoed = 5 Chaldrons in Newcastle.

Kalk nach der großen Tonne von 90 Mengeln oder 5417 franz. Kubikzoll.

Gewicht.

1 Pond = 1000 Gramme.

1 Pond	= 10 Oncen	= 100 Looden	= 1000 Wigtjes	= 10000 Korrels.
	1 „	= 10 „	= 100 „	= 1000 „
		1 „	= 10 „	= 100 „
			1 „	= 10 „

Das Korrel wird weiter in Zehntel und Hundertel getheilt.

1 Medicinalpfund = 375 Gramme.

1 Med. Pfd.	= 12 Onc.	= 96 Drachm.	= 288 Scrup.	= 5760 Greinen
	1 „	= 8 „	= 24 „	= 480 „
		1 „	= 3 „	= 60 „
			1 „	= 20 „

Altes holländisches Gewicht.

1 Troy-Pfund = 492,16772 Gramme.

1 Troy-Pfd.	= 2 Mark	= 16 Unzen	= 320 Engelsen	= 10240 As.
	1 „	= 8 „	= 160 „	= 5120 „
		1 „	= 20 „	= 640 „
			1 „	= 32 „

1 Engels	= 4 Vierlinge	= 8 Troisken	= 16 Deusken	= 32 As.
	1 „	= 2 „	= 4 „	= 8 „
		1 „	= 2 „	= 4 „
			1 „	= 2 „

1 Handelspfund = 10280 As = 494,09042 Gramme. 1 Pfund = 32 Loth. 1 Centner = 100 Handelspfund.

1 Medicinal-Pfund = $\frac{3}{4}$ Troy-Pfund = 369,12579 Gramme.

1 Med. Pfd. = 12 Unzen	= 96 Drachm.	= 288 Scrup.	= 5760 Gran.
	1 "	= 8 "	= 24 "	= 480 "
		1 "	= 3 "	= 60 "
			1 "	= 20 "

Das Juwelen- und Perlen-Karat = $\frac{1}{1200}$ Troy-Mark = 0,20507 Gramme.

1 Schiffspfund = 3 Centn., 20 Liespfund, 37½ Stein oder 300 Pfund.

Eine leidensche Tonne Butter = 320, die friesische 328, die mastenbroeker 400, die gemeine holländische 336 Pfund, letztere mit dem Holze.

1 Last Häring, so wie er aus der See kommt = 14 Tonnen; man verkauft sie auch wohl zu 12 und 13 Tonnen.

1 Last Pech = 12, Theer aber 13 Tonnen.

1 Last zur Schiffsfracht = 8 Oxhoft Wein, 5 Stück Branntwein, 14 Stück mit Häringen, 12 Faß Pech, 13 Faß Theer, 7 Quarteel Thran, 4 Pipen Baumöl, 20 Kisten Citronen, 4000 Pfund Reis, Eisen, Kupfer 2c., 3000 Pfund Mandeln, 2000 Pfund Wolle und Federn, 2400 Pfund Pomeranzenschalen, 2000 Pfund Specerei u. s. w.; die Weizenlast wird bei der Fracht 10 pCt. höher als die Roggenlast, und diese 20 pCt. höher, als die Haferlast, und 10 pCt. höher, als die Saatlast gerechnet. Außerdem steht diese Frachtlast von 4000 Pfund mit 2 Tonnen in England und Frankreich gleich.

1 Last Ballast hat nur 2000 Pfund.

100 Felle machen 104 Stück.

100 Planken von Westerwyk haben 124, von Christiana 127, und die Nordischen und Kopperwykschen 132 Stück.

Eichene Planken oder Bohlen, besonders zum Bau der Schiffe, werden zum Theil nach Schocken à 60 Cravelen verkauft, und rechnet man von den Planken

à 2½ Zoll	dick	24 Fuß	auf eine Cravele.
à 3 "	"	15 "	" " "
à 3½ "	"	12 "	" " "
à 4 "	"	10 "	" " "
à 4½ "	"	9 "	" " "

72 Stück 2½ zöllige Planken von 32 Fuß Länge betragen hiernach 1⅗ Schock oder 1 Schock 36 Cravelen. Dieses Cravelenmaaß ist indessen bei den 4 und 4½ zölligen Planken in manchen Handelsplätzen verschieden. Früher war der Preis der Planken 50 bis 60 Gulden für 4 Cravelen mit 1 pCt. Abzug.

Mahagoni und andere amerikanische Bohlen und Bretter zu feinen Arbeiten werden nach □Fußen zu 1 Zoll dick verkauft.

Ancona,

die päpstliche Hauptstadt der Delegation von Ancona, Freihafen am adriatischen Meere, mit 33,000 Einwohnern, ausgebreitetem sehr ansehnlichen Handel mit russischen und ungarischen Produkten, auch englischen und französischen Kolonialwaaren.

Münzen.

Man rechnet nach
Scudi zu 100 Bajocchi, wie Rom, oder auch nach
Scudi zu 20 Soldi à 12 Denari.

Im täglichen Verkehr wird der Scudo auch zu 12 Paoli, auch oft zu 80 Bolognini gerechnet.

Zahlwerth, Münzen und Wechselarten, wie Rom.

Doch notirt man auf Bergamo und Venedig
620 m. o. w. Centesimi für 1 Scudo oder
16 „ Bajocchi „ 1 Lire austr.

Der Uso ist bei Wechseln aus Italien 15, aus Frankreich 40 Tage nach Dato. Bei andern ausländischen Briefen richtet man sich nach dem Uso der Orte, woher sie gezogen werden. Respecttage existiren nicht. Protestgesetze wie in Rom.

Maaße.

Längenmaaß.

Der Braccio = 285 pariser Linien oder 0,643 Meter.

Der Fuß = 173,2 pariser Linien oder 0,391 Meter. 10 Fuß = 1 Pertica.

Körpermaaß.

Für Getreide. Der Rubbio = 14423 pariser Kubikzoll oder 2,73 Hectoliter. 1 Rubbio = 8 Coppe à 4 Provende.

Flüssigkeitenmaaß. 1 Boccale = 90,238 pariser Kubikzoll oder 1,79 Liter.

1 Soma = 2 Barili = 48 Boccali = 192 Fogliette.
1 Barile = 24 „ = 96 „
1 Boccale = 4 „

Gewicht.

1 Handelspfund = 330,08 Gramme. 1 Pfd. = 12 Once.

Angostura,

auch Sanct Thomas de Angostura, oder auch St. Thomas genannt, in der Republik Columbia, am untern Orinoco, Handelsstadt mit 8500 Einwohnern; hat besonders Taback zur Ausfuhr, rechnet wie Columbien, Maaße und Gewichte wie Caraccas.

Anhalt:

Bernburg, Dessau und Köthen, ein in diese drei Linien getheiltes Herzogthum, von 48 □Meilen und 150,000 Einwohnern, liefert zur Ausfuhr Getreide, Hopfen, Rüböl, Schlachtvieh, Wildprett, Taback, Wolle, Obst ɔc.

Münzen.

Man rechnet nach Thalern zu 24 Groschen à 12 Pfennigen. 14 Thaler eine feine Mark.

Wirklich geprägte neuere Münzen sind in Silber Zweithalerstücke (Vereinsmünze), Thalerstücke; an Scheidemünze $\frac{1}{24}$ und $\frac{1}{48}$ Thalerstücke. Vergl. die Tabellen.

An älteren Münzsorten giebt es in

Gold: Pistolen zu 5 Rthlr. und Ducaten von 1826 zu $2\frac{3}{4}$ Rthlr., aus selbst im Lande gewonnenem Golde.

Silber: ganze Species zu $1\frac{1}{3}$ Rthlr., halbe Species zu $\frac{2}{3}$ Rthlr., und 8, 4, 2 und 1 Groschenstücke nach dem Conventions 20 Guldenfuß.

Kupfer: 1, 3 und 4 Pfennigstücke.

Preußisches Geld coursirt gleich dem inländischen und wird von den herzoglichen Kassen angenommen.

An Papiergeld sind 20,000 Thlr. in Cöthenschen Kassenscheinen à 10, 5 und 1 Thlr. in Umlauf.

In Wechselsachen richtet man sich nach den leipziger Coursen. Wechsel die auf Uso gestellt sind, oder gar keine Zeitbestimmung haben, sind (laut W. O. vom 10. Juli 1822 §. 28) am 14. Tage nach deren Vorzeigung zahlbar. Keine Respecttage.

In Dessau besteht, laut Bestätigung vom 13. März 1846, eine Depositen-, Leih-, Giro- und Wechselbank, die anfangs eine große Ausdehnung projectirte, durch Hindernisse aber, die ihr preußischerseits in den Weg gelegt, genöthigt wurde, sich unter dem Namen einer „anhalt-dessauischen Landesbank" mit einem Fond von $2\frac{1}{2}$ Millionen Thaler, in Actien à 200 Thlr. zu constituiren. Es werden 4 % Zinsen gewährt, außerdem Dividende. Betragen Zinsen und Dividende mehr als 5 %, so wird $\frac{1}{10}$ bis $\frac{1}{5}$ des Ueberschusses so lange zur Reserve geschlagen, bis diese $\frac{1}{10}$ des Grundcapitals beträgt. Die Bank giebt Noten aus von 1, 5, 10, 20, 50, 100, 500 und 1000 Thlr. —

Staatspapiere. Es giebt köthensche Obligationen:

1) von einer 4 % Anleihe von 540,000 Fl. im 24 Fl.fuß bei Rothschild, wovon aber nur 268,000 Fl. circuliren.
2) von einer Anleihe von 325,000 Fl. im 24 Fl.fuß zu $3\frac{1}{2}$ % in Oblig. à 1000 und 500 Fl.
3) Anleihe von 1844 à 3 % von 2 Millionen Thaler, wovon aber nur 600,500 Thlr. emittirt sein sollen. Cours im Juni 1847 zu Frankfurt a. M. $67\frac{1}{2}$ %.

Laut Verordnung vom 16. Febr. 1846 wurde der in Frage

gestellte Finanz-Zustand des Herzogthums neu geordnet; und Zinsen und Tilgung die zwar eine Zeit lang ausgeblieben, sind in neuester Zeit wieder eröffnet worden.

Die Gesammtschulden des Herzogthums Köthen belaufen sich auf 4½ Millionen Thaler, deren Verzinsung und Tilgung etwa ¾ der Landes-Einnahmen absorbiren.

Actien der Köthen-Bernburger 2½ Meilen langen Eisenbahn. Fond 500,000 Thlr. in Actien à 100 Thlr. — Das Fehlende von 200,000 Thlr. wurde durch Verausgabung von Papiergeld in Appoints zu 1 Thlr. gedeckt.

In Köthen ist seit 1841 eine auf Gegenseitigkeit gegründete landwirthschaftliche Mobiliar-Feuerversicherungs-Anstalt.

Maaße und Gewichte

sind den Preußischen gleich.

Aeltere Maaße.

Die köthener Elle = 281,9 pariser Linien od. 0,6359 Meter.

Der köthener Scheffel = 2880 pariser Kubikzoll oder 57,13 Liter. 5 gestrichene Scheffel = 4 gehäuften Scheffeln.

Ansbach und Baireuth,

erstere Stadt eine Hauptstadt des Kreises Franken mit etwa 17,000 Einwohnern, und letztere mit 14,300 Einwohnern, der Sitz eines Landgerichts des Mainkreises im Königreiche Baiern, beide mit ansehnlichen Manufacturen und Fabriken.

Münzen, Maaße, Gewichte

wie München.

Wechselcourse richten sich nach denen von Nürnberg.

Aeltere Maaße und Gewichte.

Der ansbacher Fuß = 132,79 pariser Linien od. $\frac{3}{10}$ Meter.

Die ansbacher Elle = 276,5 par. Linien od. 0,624 Meter.

Die baireuther Elle = 266,2 par. Linien od. ⅗ Meter.

Das ansbacher Korn-Simmer = 16994 par. Kubikzoll oder 337,1 Liter. 1 Korn-Simmer = 16 Kornmetzen à 16 Korn-Maaß.

Das ansbacher Hafer-Simmer = 32 Hafermetzen à 18 Hafer-Maaß = 31373 par. Kubikzoll oder 622⅓ Liter.

Das baireuther Getreide-Simmer = 16 Mäß = 4,96 Liter, von rauher Frucht aber 4,94 Liter.

Vom Wein- und Getränkmaaß hielt das Fuder 12 Eimer à 66 Maaß à 2 Seidel à 2 Schoppen. Das Maaß = 68,15 pariser Kubikzoll oder 1,35 Liter.

Das Gewicht von Ansbach und Baireuth war dem Nürnberger gleich.

Antwerpen

(Anvers) eine sehr wichtige Handelsstadt an der Mündung der Schelde, mit einem sehr guten und tiefen Hafen, der an 1000 Fahrzeuge faßt; sie hat etwa 65,000 Einwohner, einen ausgebreiteten Handel, ist ein großer Markt für Häute, Kaffee, Baumwoll, Zucker und viele andere Colonialwaaren.

Münzen.

Antwerpen rechnet, wie Belgien überhaupt nach Franken à 100 Centimen, in welchen Münzen der größte Theil der hiesigen Kaufleute seine Bücher führt. Doch ist noch die niederländische Courant-Valuta, auch Wechselgeld genannt, häufig in Gebrauch: Diese besteht in Florins oder Gulden à 100 Cents, wobei festgesetzt ist, daß 400 Franken = 189 Fl. niederl. Courant gelten sollen. Ehemals ward nämlich hier nach Florinen zu 20 Stüver oder Sous à 12 Deniers brabanter Courant gerechnet. Man bediente sich ferner der (fingirten) vlämischen Valuta (s. Amsterdam). Doch kommt diese jetzt fast gar nicht mehr vor; nur in einigen Coursberichten findet man noch, zum Beispiel: London, in Schilling vlämisch notirt.

Wirklich geprägte Münzen siehe Brüssel.

Tarif fremder und älterer Münzen.

In Gold:					
österreichsche Souveraind'or	zu	16	Francs	91	Cents.
„ Ducaten	„	11	„	43	„
holländisch 10 Guldenstück	„	20	„	72	„
In Silber:					
niederländische Ducaton	„	6	„	31	„
brabanter Kronenthaler	„	5	„	57	„
lütticher Escalin	„	0	„	60	„
luxemburger 12 Sous-Stück	„	0	„	85	„

Wechselcourse.

	Veränderliche Valuta.	Feste Valuta.	Silber-Pari.
Amsterdam, Rotterdam kurz (auch 2 u. 3 Monat)	$\frac{1}{4}$ % perte (Verlust) d. h. 99$\frac{3}{4}$ Fl. baar.	für 100 Fl. in Wechseln auf Amsterdam und Rotterdam.	100
London kurz (auch 2 u. 3 Monat)	25 Francs 75 Cents	" 1 Liv. Sterl.	veränderlich
Paris kurz (auch 2 u. 3 Monat)	$\frac{1}{8}$ % avance (Aufgeld) d. h. 100$\frac{1}{2}$ Francs baar	" 100 Francs in Wechseln. (400 Fr. = 189 Fl.)	100
Cöln kurz (auch 6 Wochen u. 3 Monat)	370 Francs	" 100 Thlr. preuß. Courant	
Hamburg kurz (auch 2 u. 3 Monat)	189 Francs	" 100 Mark Banco	189,19
Frankfurt a. M. kurz (auch 6 Wochen u. 3 Monat)	212 Francs	" 100 Fl. im 24$\frac{1}{2}$ Fl.fuß.	214,28
Wien desgl.	258 Francs	" 100 Fl. Conv. Geld	262,5
Brüssel, Gent, Lüttich	99$\frac{1}{2}$ Francs	" 100 Francs in Brüssel 2c.	

Uso ist ein Monat dato. Da hier das französische Wechselrecht gilt, so finden Respecttage nicht Statt und alle Wechsel müssen am Verfalltage bezahlt oder spätestens den nächsten Tag, und ist dieser ein gesetzlicher Feiertag, den darauf folgenden Tag protestirt werden.

Fondscourse im April 1847.

Alle Staatspapiere werden in Franken oder Gulden, je nachdem ihre Nennwerthe in Fr. oder Fl. lauten, gehandelt, wobei 400 Frs. für 189 Fl. gerechnet werden; die engl.-belg. Anleihe wird zu 25 Fr. 20 Cts., die übrigen fremden Anleihen in England zu 25 Fr. 40 Cts. per Pfund Sterling, der Conv. Gulden zu 2 Fr. 54 Cts., der preuß. Thaler zu 3 Fr. 75 Cts., der span. Piaster zu 5 Fr. 40 Cts. fest angenommen.

Belgische Staatspapiere, siehe Brüssel.

Stadt Antwerpen	5 %	active Schuld	105 %.
dito	4 %	desgl.	95 „
dito		différée	56 „

Im Jahre 1819 hat man die Schuld Antwerpens zur Hälfte in eine active und eine passive getheilt; die erstere giebt 5 % Zinsen und die passive oder différée wird jährlich in die active serienweise durch das Loos umgewandelt. Die 4 % Oblig. rühren von einer spätern Anleihe her. Auch giebt es Obligationen zu 4½ % von einer Anleihe der Provinz.

Actien der Banque commerciale d'Anvers mit 4 % Zinsen und 5 % Certificate, letztere im Mai 1847: 96 %.

Desgl. der Banque de l'Industrie mit 4½ % Zinsen.

Desgl. Antwerpner und belgische Dampfschiffahrts-Actien mit 4 % Zinsen.

Desgl. Kohlenwerke Sacré Madame 5 % Zinsen.

Desgl. Cölner Eisenbahn mit 5 % Zinsen, der Thaler zu 375 Centimes gerechnet.

Fremde Course.

Holland.

Active Schuld (Integrale). Zinsf.: 2½ %, Cours: 49½ Fl. niederl. für 100 Fl. nom., Zinsterm.: 1. Januar und 1. Juli.

Oesterreich.

Metalliques. Zinsf.: 5 %, Cours: 105½ Fl. Conv. M. im 20 Fl. Fuß für 100 Fl. C. M. nom., Zinstermine verschieden.

Loose von 1839. à 250 Fl. Unverz., Cours: 760 Francs für 1 Loos von 250 Fl. C. M.

dito von 1834. à 500 Fl. Unverz., Cours: 305 Francs für 100 Fl. Conv. Geld.

Dänemark.

Anl. von England. Zinsf.: 3 %, Cours: 76¾ Lst. für 100 Lst. nom., Zinsterm.: 31. März u. 30. Sept.

Preussen.

Loose v. 1832 (Prämienscheine). Unverz., Cours: 96 Thlr. Court. für 1 Präm.-Sch. v. 50 Thlr. Court. à 3 Fr. 75 Cts.

Polen.

Loose v. 1829. Unverz., Cours: 360 Francs für 1 Loos v. 300 Fl. polnisch.

Loose v. 1835. Unverz., Cours: 300 Francs für 1 Loos v. 500 Fl. polnisch.

Darmstadt.

Loose v. 1834. Unverz., Cours: 59 Francs für 1 Loos v. 25 Fl. im 24 Fl.Fuß.

Nassau.

Loose v. 1837. Unverz., Cours: 54 Francs für 1 Loos v. 25 Fl. im 24 Fl.Fuß.

Spanien.

Obl. en liquidation. Zinsf.: 5 %, Cours: 18¼ Piaster für 100 Piaster nom. à 5 Francs 40 Cts.

Differée. Unverz., Cours: 11⅜ Piaster für 100 Piast. nom.

Rom.

Anl. v. 1831—1837. Zinsf.: 5 %, Cours: 96—100 Francs für 100 Francs nom., Zinsterm.: 1. Juni u. 1. Dez.

Brasilien.

Anl. b. Rothschild. Zinsf.: 5 %, Cours: 83 Lst. für 100 Lst. nom., Zinsterm.: 1. Apr. u. 1. Okt. 1 Lst. = 12 Fl.

Neapel.

Certific. b. Rothschild. Zinsf.: 5 %, Cours: 100 Francs für 100 Francs nom.

Sardinien.

Loose v. 1845. à 36 Francs, Cours: 36 Fr. für ein Loos.

Die Courtage beträgt 1 pr. Mille, oder auch ⅛ % von dem wirklichen Betrag.

Oeffentliche Handels-Anstalten.

Die Banque commerciale d'Anvers wurde 1836 mit einem Fond von 25 Millionen Francs auf 25 Jahre gegründet. Die Actien sind à 1000 Francs, geben 4 % Zinsen und trugen 1845 10 Fr. 20 Cts.; 1846 10 Fr. 65 Cts. Dividende. Die Bank verrichtet alle die gewöhnlichen Geschäfte einer Zettelbank, und darf Noten ausgeben zu 1000, 500, 250, 100 und 50 Francs bis zum Belaufe ihres Fonds. Außerdem giebt es hier eine Filiale der Banque de Belgique.

Société de Commerce von Antwerpen.

Als nach der Trennung Belgiens von Holland alle Comptoire der niederländischen Handels-Gesellschaft (Maatschappy) aus ersterem Staate zurückgezogen wurden und die Ausfuhr der inländischen Fabrikate sich hierdurch erschwerte, wurde im Jahre 1835 eine Gesellschaft unter dem Namen: Société de Commerce, eine Nachahmung der Handel-Maatschappy, mit einem Fond von 12 Mill. Franken, in 12,000 Actien vertheilt, errichtet, deren hauptsächliches Streben darin bestehen sollte, durch ausgedehnte

Operationen nach allen Weltgegenden, den belgischen Fabriken zu Hülfe zu kommen. Die Actien dieser Gesellschaft sollen mit 4 % verzinst werden.

Banque de l'Industrie.

Diese 1838 gegründete Bank hat einen Fond von 18,000 Actien à 1000 Francs, zum Theil auf den Namen, zum Theil au porteur, mit 4½ % Zinsen und wo möglich Dividende. Der Zweck ist dem der Société de Commerce sehr ähnlich.

Die Phönix-Gesellschaft für die Dampfschiffahrt zwischen Antwerpen und Gent hat ihren Sitz in Gent.

Gutgewicht ist noch bei raffinirten Zuckern üblich und wird vom Nettobetrag gerechnet; Tabacke geben 6 % für Stiele; Cochenille und Indigo 2 % für Staub. Courtage ist ¾ % und trägt der Verkäufer. Commissionsgebühren bei Ein- und Verkäufen sind für England und überseeische Länder 2 %, für Deutschland nur 1½ %. Del credere berechnet man vom gewöhnlichen Ziel (6 Wochen) 1 %, von längeren Terminen ½ % pr. Monat.

Messen sind drei, zu Lichtmeß, Kreuzerhöhung und Mittwoch nach Pfingsten.

Maaße und Gewichte

siehe Brüssel.

Aeltere Maaße und Gewichte.

Längenmaaße.

Der antwerpener Fuß à 11 Zoll = 0,287 Meter. Die Ruthe = 20 Fuß.

Die antwerpener Seidenelle = 0,694 Meter.

Die antwerpener Wollenelle = 0,684 Meter.

Körpermaaß.

Getreidemaaß ist die Last von 37½ Vierteln oder Rasières à 4 Mucken; das Viertel enthält 79,627 Liter.

37½ Rasières = 1 Last.

Die Hafer-Rasière = 99,534 Liter.

Vom Weinmaaß hält das Voth 152, und die Ahm 50 Stoopen, oder nach Kelly 137,4 pariser Liter; der Stoop à 2 Pots, letzterer = 1,4219 Liter.

Die Ahm oder Aime = 142,19 Liter.

Gewicht.

Bei dem Handelsgewicht wurde die Charge zu 2 Ballen oder 400 Pfund, das Schiffpfund zu 300 Pfund, der Centner zu 100 Pfund, der Chariot zu 165 Pfund, der Stein zu 8 Pfund und das Pfund zu 2 Mark, 16 Unzen oder 32 Loth à 10 Engel gerechnet. Dieses Pfund von Antwerpen wiegt 9754 holländische As = 468,8 Gramm (n. Chelius 470,156 Gramm).

Das Gold- und Silbergewicht war die amsterd. Troymark.

Bei der Goldprobe wird die Mark zu 24 Karat à 12 Grän, Silber aber, zu 12 Pfennigen à 24 Grän gerechnet.

Appenzell.

Der Kanton theilt sich in 2 Theile, den Außer-Rhoden mit 41000 und den Inner-Rhoden mit 10,000 Einwohnern. Im Inner-Rhoden wird vornämlich Alpenwirthschaft betrieben, im Außer-Rhoden dagegen herrscht sehr lebhafter Handel und große Gewerbsthätigkeit durch Fabrikation von Baumwollenstoffen, besonders Mousselinen, Stickereien u. s. w. Der Flecken Herisau im Außer-Rhoden zeichnet sich vor allen durch große Betriebsamkeit aus. Die Hauptstadt gleiches Namens hat circa 2000 Einwohner.

Münzen.

Man rechnet nach Gulden à 15 Batzen, à 4 Kreuzer, à 4 Angster im 24 Fl.Fuß. Den schweizer Neuthaler rechnet man zu $2\frac{1}{4}$ Gulden.

Wirklich geprägte Münzen: Ganze, halbe und viertel Neuthaler, besonders aber sehr viel Scheidemünze in Stücke zu 2, 1 und $\frac{1}{2}$ Batzen und zu 3, 1 Kreuzer und 1 Angster.

Wechselgeschäfte, s. St. Gallen.

Maaße und Gewicht.

Der Fuß soll der rheinländische sein. Die lange oder Leinwand-Elle ist 0,734 Meter, die kurze od. Wollen-Elle 0,76 Meter.

Der Getreide-Mütt hat 4 Viertel und ist 1,477 Hectoliter.

Der Eimer à 4 Viertel à 8 Maaß ist = 42,9 Liter.

Das schwere Pfund hat 40 Loth und wiegt 581,663 Grammen, das leichte 465,332 Grammen, so daß 4 schwere = 5 leichten Pfund. 1 Schaff Butter = 18 schwere Pfund; 1 Laib fetter Käse = 50 magere Käse 32 schwere Pfund.

Aragon

oder Aragonien, eine Spanische Provinz mit dem Titel eines Königreichs, und etwa 500,000 Einwohnern.

Münzen.

Man rechnet gewöhnlich nach Libras à 10 Reales, oder 20 Sueldos à 16 Dineros de Plata; die köln. Mark f. Silber zu $10\frac{1}{4}\frac{3}{}$ Libras. 1 Libra (Pfund) hat 640, 1 Sueldo 32, und 1 Dinero 2 Maravedis de Vellon.

In ganzen Zahlen sind:

Aragonische Währung.	16 Libras = 5 alten Wechselpistolen	Castilianische Währung.
	4 dergl. = 5 alten Wechselpiastern	
	75 dergl. = 68 Wechselducaten	
	17 Sueldos = 16 Reales de Vellon	

4 goldne einfache Pistolen 16 silberne ganze Piaster	=	17 Libras oder 170 Reales Aragon.; die übrigen Sorten nach Verhältniß.

Wechselarten, Uso und Respecttage s. unter Spanien.

Maaße.

Längenmaaß.

Die Vara = 341,78 pariser Linien oder 0,771 Meter.

Körpermaaß.

Für Getreide. Der Cahiz = 8 Fanegas = 24 Quartales = 96 Almadas oder Celemines. 1 Fanega = 1147,9 pariser Kubikzoll oder 22,55 Liter.

Für Wein. Der Nietro oder Carga = 16 Cantaras oder Arrobas. Der Cantaro = 502 par. Kubikzoll oder 9,96 Liter.

Oel und Honig werden nach dem Gewicht verkauft.

Gewicht.

Das Pfund = 12 Unzen = 349,8 Gramm.

Der Quintal = 4 Arrobas = 144 Pfund.

Gold- und Silbergewicht. Die Mark = 8 Onças = 32 Quartas = 128 Arienzos = 4096 Granos = 230 Gramm.

Archangel,

die nördlichste unter den wichtigen Handelsstädten unweit des Ausflusses der Dwina ins weiße Meer, ist in der Regel nur vom Mai bis September zu beschiffen, und hat an 24000 Einwohner. Die Ausfuhr von Getreide, besonders Roggen, Fähren-Holz und Dielen, Tauwerk, Hanf, Thran, Pottasche, Talg rc. interessirt den fremden Handel.

Rechnung, Münzen, Maaße und Gewichte, wie Petersburg.

Bei Leinwand, deren Fabrikation hier sehr bedeutend ist, richtet sich der Preis einer Arschine (à 16 Werschock) nach den Pasmen in der Breite; je mehr Pasmen, je feiner und folglich auch theurer. Man hat Gewebe zu 40, 35, 30, 25, 20 und 15 Pasmen, die zu 40 von 17 bis 18, zu 35 von 16 bis 17 Werschock Breite. Es gilt z. B. nach der Feinheit der Gespinnste 1 Arschine à 40 Pasmen (1 Pasme = 60 Faden) 140 bis 275, à 35 Pasmen 90 bis 150, dagegen à 15 Pasmen 35 bis 49 Kopeken in Banco.

Arnstadt,

Hauptstadt der Schwarzburg-Sondershausenschen Oberherrschaft, mit 5000 Einwohnern, treibt viel Gerberei, auch Weberei, und verfertigt in neuerer Zeit viele Brückenwaagen.

Man rechnet hier, seitdem das Fürstenthum zum Münzverein gehört, nach

Thalern zu 30 Silbergroschen à 12 Pfennigen im 14 Thlr. Fuß. so daß 4 Thlr. = 7 Fl. im $24\frac{1}{2}$ Fl. Fuß.

Maaße und Gewichte, s. Leipzig, mit Ausnahme des Getreidemaaßes. Das Getreide-Maaß hat 4 Viertel und ist = 149,033 Liter. Es sind demnach

371 Maaß = 1006 preuß. Scheffel,
1 " = 10 erfurter Metzen.

Astrachan,

im südlichen Rußland an der Wolga, $7\frac{1}{2}$ deutsche Meilen von ihrem Ausflusse ins Caspische Meer, Vereinigungspunkt der Schifffahrt dieser Gewässer, großer Stapelort für persische Waaren, besonders Seide, und wichtig für die große Messe zu Nischnei-Nowgorod höher an der Wolga gelegen, zählt etwa 40000 Einwohner; bei Ankunft von Karavanen gegen jene Messe und bei sonst häufigem Zufluß von Fremden, soll er oft an 70000 Seelen enthalten.

Münzen, Maaße und Gewichte, wie unter Petersburg.

Athen,

Hauptstadt des Königreichs Griechenland, etwa 15000 Einwohner.

Münzen.

Man rechnet seit 1833 nach Drachmen zu 100 Lepta, früher (bis 1828) nach dem Phönix zu 100 Lepta, der aber jetzt 93 Lepta gilt. Die alten Lepta sind auf $80\frac{5}{6}$ devalvirt. Von den Drachmen gehen circa 58 auf d. f. Mark, so daß eine Drachme etwa $7\frac{1}{4}$ Silbergroschen oder $25\frac{1}{4}$ Kreuzer im $24\frac{1}{2}$ Fl. Fuß oder $20\frac{1}{2}$ Kreuzer Conv. zu stehen kommt und den sechsten Theil eines spanischen Piasters ausmacht.

Wirklich geprägte Münzen sind:

Gold-Stücke zu 40 und 20 Drachmen (s. Tabellen).

Silber-Stücke zu 5, 1, $\frac{1}{2}$ und $\frac{1}{4}$ Drachme (s. Tabellen).

Kupfer-Stücke zu 10, 5, 2 Lepta und 1 Lepton ($\frac{1}{2}$ Drachme oder 1,299 Gramm schwer).

Tarif der griechischen Regierung für ausländische Münzen:

Goldmünzen.

1 franz. 20 Fr.-Stück von richtigem Gewicht	22 Dr.	33,50 Lept.
1 engl. Sovereign	28 "	12,06 "
1 holl. Ducaten	13 "	0,25 "
1 österr. "	13 "	6,39 "
1 venet. Zechine	13 "	34,09 "

Silbermünzen.

1 franz. 5 Franken-Stück	5	Dr.	58,40 Lept.
1 = 1 = = ...	1	=	11,68 =
1 engl. Kron. à 5 Sh. seit 1816	6	=	48,50 =
1 = Sh. seit 1816	1	=	29,70 =
1 deutsch. Conv. Thlr. (Spadono genannt)	5	=	77,69 =
1 20 Kr.-Stück nach dem Conv.-Fuß . .	—	=	95,57 =
1 brabant. und bayerisch. Kronenthaler .	6	=	36,19 =
1 span. Piaster (Colonnato) v. 1788 bis 1798	6	=	— — =

Wechselcours.

		Veränderl. Valuta.	Feste Valuta.
Triest / Wien	3 Monat dato	287 Drachmen	für 100 Fl. Conv. Mze.
Paris	31 Tage n. Sicht	112 Dr. 60 Lept.	= 100 Franken
London	61 = = =	28 = 40 =	= 1 Lsterl.

Die hiesigen Course sind jedoch großen Abweichungen unterworfen, je nachdem viel oder wenig Tratten auf das Ausland vorkommen. Man giebt auch bisweilen auf Hamburg und Amsterdam direkt ab, und berechnet die Course auf diese Plätze nach denen wie solche in Triest notirt sind.

Die Anleihen Griechenlands bestehen in:

1) 800,000 Liv. Sterl. bei Orien, Ellice und Hume in London, im Februar 1824 aufgenommen. Die Obligationen bestehen in Abschnitten à 500, 300, 200 und 100 Liv. Sterl. und sollen 5 pCt. Zinsen tragen, zahlbar den 1. Januar u. 1. Juli, doch sind diese seit dem 1. Juli 1826 ausgeblieben.

2) 2 Mill. Liv. Sterl., im Februar 1825, mit dem Hause J. und S. Ricardo in London abgeschlossen. Die Zinsen à 5 pCt., ebenfalls am 1. Januar und 1. Juli fällig, sind seit dem 1. Januar 1827 im Rückstande.

3) 60 Mill. Franken (oder 2,343,750 Liv. Sterl. à 25 Franken 60 Cent.) im Jahre 1833 bei Rothschild in Paris, unter Garantie von England, Frankreich und Rußland. Die Anleihe wurde in 3 Serien, à 20 Mill. Franken, getheilt und dabei ist von den genannten 3 Mächten festgesetzt worden, daß sie sich nicht für die ganze Summe (von 60 Mill. Franken) gemeinschaftlich verbürgen, sondern daß jede Macht ein Drittel jeder Serie besonders garantire. — Bekanntlich sind auch hiervon Verzinsung und Tilgung unterblieben.

Oeffentliche Handels-Anstalten.

Banken.

Im Jahre 1828 wurde zu Aegina eine National-Bank mit einem Fond von 3 Mill. Phönix errichtet. Sie löste sich indeß wieder auf.

Dagegen wurde 1841 eine National-Bank mit einem Fond von 5 Millionen Drachmen in Actien à 1000 Drachmen auf 25 Jahre gegründet. Die Dividende betrug 1842 7 %, 1845 8½ % incl. 3½ % Zinsen, die auch bei Rothschild in Paris und bei Sina in Paris ausgezahlt werden. Es giebt Filialbanken in Nauplia und Petras. — Neuerdings wird eine Staatsbank projectirt.

Maaße.

Die große Elle (Pik) ist 0,686 Meter oder ¾ Yard. 100 große = 108 kleine Ellen.

Der Getreide-Kilos hält 33,148 Liter und soll 24,861 Kilogramm schwer sein.

Flüssigkeiten werden meistens nach dem Gewichte verkauft. Die Oel-Barile wiegt 48 Ocka.

Gewichte.

a) Venetianisches Schwergewicht: 1 Millar hat 1000 Libbras à 477 Gramm. 100 Pfund in Wien = 117 Libbras.

b) Das Ockengewicht: 1 Cantaro hat 44 Ocka à 400 Drachmen. 1 Ocka = 1278,48 Gramm. — 100 bairische Pfund werden für 45 Ocka gerechnet, wonach aber eine Ocka 1244,4 Gramm wiegen müßte.

Augsburg,

eine ehemalige freie deutsche Reichsstadt, jetzt bairische Hauptstadt des Ober-Donaukreises, mit 38000 Einwohnern und bedeutenden Speditions- und Wechselgeschäften zwischen Deutschland und Italien.

Münzen.

Augsburg rechnet bei Wechselgeschäften nach dem 20 Fl.Fuß. (Conventions- oder Courant-Valuta, oder eigentliche Wechselzahlung. 2 Thaler = 3 Fl.). Das Girogeld wurde 1845 abgeschafft.

Wechselcourse.

		Veränderliche Valuta.		Feste Valuta.
Amsterdam	1 (auch 2) Monat	$82\frac{3}{4}$ Fl. Courant	für	100 Fl. niederl.
Hamburg .	1 (auch 2) =	$73\frac{3}{4}$ = =	=	100 Marc Banco.
Wien in 20 Xr.	1 (a. 2 u. 3) =	$99\frac{1}{8}$ = =	=	100 Fl. in 20 Xr.
Frankf. a. M.	1 (a. 2 u. 3) =	$99\frac{3}{4}$ = im $24\frac{1}{2}$ Fl.Fuß	=	100 Fl. im $24\frac{1}{2}$ Fl.Fuß.
Nürnberg .	1 Monat	$99\frac{1}{2}$ = Courant	=	100 Fl. in Nürnberg.
Berlin und Leipzig	1 =	$104\frac{3}{4}$ Xr. im $24\frac{1}{2}$ Fl.Fuß	=	1 Thlr. im 14 Thlr.Fuß.
London . .	1 (a. 2 u. 3) =	9 Fl. 52 Xr. Courant	=	1 Liv. Sterl.
Paris . .	1 (a. 2 u. 3) =	$117\frac{1}{4}$ = = =	=	300 Francs.
Lyon . .	1 (auch 2) =	$117\frac{1}{8}$ = = =	=	300 =
Mailand .	1 (auch 2) =	$60\frac{1}{4}$ Soldi austr.	=	1 Fl. augsb. Courant.
	oder	$60\frac{1}{4}$ Lire =	=	20 = = =
Genua . .	1 Monat	$51\frac{5}{8}$ Soldi nuove	=	1 = = =
	oder	$51\frac{5}{8}$ Lire =	=	20 = = =
Livorno . .	1 Monat	$60\frac{1}{8}$ Soldi tosc.	=	1 = = =
	oder	$60\frac{1}{8}$ Lire =	=	20 = = =
Triest . .	1 Monat	$99\frac{1}{8}$ Fl. Courant	=	100 Fl. in 20 Xr.
Venedig .	1 =	$60\frac{1}{2}$ Soldi austr.	=	1 Fl. augsb. Courant.
	oder	$60\frac{1}{2}$ Lire =	=	20 = = =

Von fremden Münzsorten gelten im 20 Guldenfuß m. o. w.
Kaiserl. und holl. Ducaten zu 5 Fl. 35 Xr. Münze *).
Desgl. al marco à $5\frac{1}{10}$ Fl. mit 8—9 % Agio.
Souveraind'or à $13\frac{1}{3}$ Fl. Conv. Münze mit circa 3 % Agio.
Französ. neue Louisd'or circa 11 Fl. 5 Xr. Münze.
Dergl. al marco 341 Fl. Münze die Brutto-Mark.
Caroline und Maxd'or, al marco circa $287\frac{1}{2}$ desgl.
Friedrichsd'or circa 9 Fl. 46 Xr. Münze per Stück.
20 Francs-Stücke circa 9 Fl. 28 Xr. Münze per Stück.
Holl. 10 Fl. Stücke " 9 " 53 " desgl.
Scheidegold (en bandelettes) circa 5 Fl. 44 Xr. per Ducaten.
Conventions-Thaler circa 101 Fl. Courant (d. h. 20 Fl.Fuß) für 50 Stück.
5 Francs-Thaler circa 2 Fl. 20 Xr. Münze per Stück.
Preußische " " 1 " 45 " desgl.

Silber, fein gekörnt	24 Fl.	48 Xr.	per augsburger Mark **).
" 13 à 14 löthig	24 "	30 "	
" 4 à 8 "	24 "	14 "	

Uso-Wechsel sind 15; ½ Uso, 8; 2 Uso, 30 und 1½ Uso, 23 Tage nach der Acceptation zahlbar. Solche à Uso gezogene Wechsel müssen, sobald sie auf dem Platze ankommen, präsentirt und acceptirt oder protestirt werden. Es ist hier Gebrauch, daß nur an einem Tage in der Woche, und zwar am Mittwoch, gezahlt wird. Ist dieser ein gebotener Festtag, so muß Dienstag vorher bezahlt werden. Wechsel, die nach einem solchen Scontro- oder Zahltage fällig sind, werden am nächsten Mittwoch bezahlt. Die am Zahltage selbst verfallen, nennt man Springer und sind erst am folgenden Scontro-Tage zahlbar. Außer den Zwischen-Tagen (von einem Mittwoch zum andern) finden keine Respecttage statt. Acceptation gewöhnlich 14 Tage vor Verfall.

Dieses wöchentlichen Zahltages wegen, werden die Contocurrenten der Kaufleute und Banquiers, nicht, nach dem allgemeinen Gebrauche, nach Tagen, sondern nach Wochen (Scontri) und das Jahr zu 52 Wochen gerechnet.

Fondscourse (Februar 1847).

Königl. Bair. Staats-Obligationen à $3\frac{1}{2}$ % circa 95 Fl. Münze für 100 Fl. nominal.
Hypotheken- und Wechselbank-Actien à 500 Fl. circa 664 Fl. per Stück (incl. Dividende).
Bank-Promessen mit 76 Fl. Agio.
(wegen dieser bair. Papiere s. München).

---

*) Unter Münze versteht man den $24\frac{1}{2}$ Fl.Fuß; 6 Fl. Münze = 5 Fl. Courant oder 20 Fl.Fuß, eigentlich 49 Fl. Münze = 40 Fl. Courant.
**) Verarbeitetes Silber soll 13 löthig sein und hat einen Tannenapfel zum Zeichen.

Oestr. Metalliques à 5 % circa 108 Fl. Courant für 100 Fl. nom.
Desgl. „ 4 „ „ 99½ „ „ „ desgl.
Desgl. „ 3 „ „ 73½ „ „ „ desgl.
Oestr. 500 Fl. Loose v. 1834 „ 159 „ „ „ desgl.
„ 250 „ „ „ 1839 „ 121 „ „ „ desgl.
Wiener Bank-Actien circa 1560 „ „ „ eine Actie à 1000 Fl. Conv. Münze (incl. Divid.).
Königl. Würtemberg. Staats-Oblig. à 3½ % circa 92 Fl. Münze für 100 Fl. nominal.
Großherzogl. Badische Staats-Oblig. à 3½ % circa 92 Fl. Münze für 100 Fl. nominal.
Großherzogl. Badische Loose a 50 Fl. circa 59 Fl. Münze per Stück.
Desgl. à 35 „ „ 36½ desgl.
Großherzogl. Darmstädtische Loose à 50 Fl. circa 75 Fl. Münze per Stück.

Außerdem kommen noch allerlei Sorten von Eisenbahn- und andern Actien an der Börse vor, deren Cours meistens schwankend ist (s. auch München).

Bank.

Gleich nach Errichtung der Hypotheken- und Wechsel-Bank in München ist hier eine Filiale derselben etablirt worden, welche, in ihrem untergeordneten Verhältnisse, in Beziehung auf das Escompto-, Leih-, Deposito- und Giro-Geschäft, den nämlichen Wirkungskreis wie die Bank selbst hat; so wie auch Banknoten, in beliebigen Summen, bei ihr ein- und ausgewechselt werden können. Ihre Geschäfte sind seit der letzten Zeit immer umfassender geworden.

Maaße und Gewichte siehe München.

Alte Maaße und Gewichte.

Längenmaaß.

Der Fuß = 12 Zoll = 0,296 Meter.
Die kleine Elle = 0,587 Meter.
Die große Elle = 0,606 Meter.

Körpermaaß.

Die Visir-Maaß = 1,177 Liter. 1 Eimer = 64 Visir-Maaß.
Die Schenkmaaß = 1,046 Liter. 1 Eimer = 72 Schenkmaaß.
Das Schaff = 8 Metzen à 4 Vierling. Ein Schaff = 10349,5 pariser Kubikzoll = 205,3 Liter.

Gewicht.

Das Pfund Kram- oder Leicht-Gewicht = 472,423 Gramm. 1 Pfund = 32 Loth.
Das Pfund Frohn- oder Schwer-Gewicht = 490,874 Gramm. 1 Centner = 100 Pfund Schwer-Gewicht.
Silbergewicht. Die Mark = 16 Loth = 64 Quint = 256 Pfennige. Die Mark = 235,9 Gramm.

Bahia,

sonst St. Salvador an der Allerheiligen Bai genannt, ehemalige Hauptstadt Brasiliens, mit einem sichern, geräumigen und tiefen Hafen, hat seit einigen Jahren bereits über 130000 Einwohner und bietet wegen der Ausfuhr von Zucker, Kaffee, Baumwolle, Cacao, Tabak, Rum u. s. w. dem fremden Handel großes Interesse dar.

Münzen, Maaße und Gewichte

wie Rio Janeiro; doch rechnet man

beim Ellenmaaß: 100 französische Aunes = 172 hiesige Covados. 5 Varas = 6 englische Yards oder 8 brabanter Ellen. 27 Covados = 20 englische Yards oder 26 brabanter Ellen.

Beim Getreide kommt der hiesige Alqueire dem englischen Imp. Bushel gleich; er hält 2216 englische oder 1830 pariser Kubikzoll, wird aber = $2\frac{1}{4}$ Alqueiros in Lissabon gerechnet. 1 Moyo Salz von Lissabon liefert hier 18 bis 20 Alqueiros. 1 Alqueire Reis wiegt 68 Pfund.

Bei Flüssigkeiten ist 1 Canada = $5\frac{1}{6}$ Canadas in Lissabon, 2 Alt-Engl. Weingallons, oder 1 Viertel in Hamburg. 1 Pipe Rum hält 72 Canadas; 1 Pipe Molassen = 100 Canadas. 1 Canada ist circa $6\frac{1}{2}$ berliner Quart.

Beim Handelsgewicht rechnet man 100 hiesige Pfund = $94\frac{3}{4}$ Pfund in Hamburg, oder 93 Pfund in Amsterdam, oder $101\frac{3}{4}$ Pfund in London, oder $112\frac{1}{4}$ Pfund in Petersburg, oder 83 Pfund in Triest und 218 Pfund = 1 Kilogramm.

$3\frac{1}{2}$ Arroben = 1 Centner. — Beim Zuckerhandel war es zeither Uso, den Preis durch Angabe derjenigen Summe Reis auszudrücken, welche über die königliche Taxe verlangt wurde, z. B. wenn die Sorte B. B. (branco batido, ord. weißer) 700 S. F. stand, so hieß dies, daß man 700 Reïs per Arrobe von 32 Pfund mehr als die Taxe (sobre os ferros) bezahlte, welche für diese Sorte 900 Reïs betrug. Neuerdings notirt man aber den Preis meistentheils einfach in Reïs per Arroba.

Baireuth,

Stadt in Baiern (Kreis Franken) am rothen Main mit 14000 Einwohnern, welche mancherlei Industrie-Fächer betreiben.

Münzen, Maaße, Gewichte, s. München. — Die ältern sind denen in Anspach gleich. Doch ist

1 hiesige Elle 0,6 Meter = 0,72 bair. Elle.

1 hiesiger Simra für glatte Frucht, à 16 Mäß ist = 2,23 bair. Scheffel, und faßt 4,96 Hectoliter.

1 dergleichen für rauhe Frucht ist = 2,22 bair. Scheffel, und hält 4,94 Hectoliter.

Baltimore,

ein wichtiger Hafen im atlantischen Theile der vereinigten Staaten (Maryland), fast im Hintergrunde der Chesapeak-Bai gelegen, mit 135000 Einwohnern, interessirt Fremde besonders wegen großer Ausfuhr von Taback und Mehl. Der Ort hat eine eigne Bank und handelt nach allen Theilen der Welt.

Geldverhältnisse, Maaße und Gewichte wie New York.

Doch wird hier im gemeinen Leben der Dollar zu 7 Schilling 6 Pence Courant gerechnet, oder 3 Liv. Sterl. = 5 Liv. Courant, so daß der Schilling 13,4 Cents gleich kommt.

Um sich bei der Ohio-Eisenbahn betheiligen zu können, hat die Stadt eine 5 % Anleihe von 3 Millionen Dollars gemacht, deren Zinsen vierteljährlich bezahlt werden.

Bamberg,

im Kreise Franken des Königreichs Baiern, an der schiffbaren Regnitz, mit 20,000 Einwohnern, welche neben großer Industrie bedeutenden Handel treiben.

Münzen, Maaße, Gewichte siehe München.

Alte Maaße und Gewichte.

Der Fuß = 134,7 pariser Linien oder 0,304 Meter.

Der Feldschuh = 124,32 pariser Linien oder 0,281 Meter.

Die Elle = 296 pariser Linien oder ⅔ Meter.

Der Morgen, Tagewerk oder Acker, hält 150 □Ruthen, welche in Feldern zu 400, in Wiesen zu 361, und in Holz zu 441 bamberger □Schuh gerechnet werden.

Vom Getreidemaaß hat der Simra 4 Metzen oder Viertel à 10 Gaißla, und hält zu Korn oder glattem Getreide 3919,7 par. Kubikzoll, zu Hafer und Gerste aber 4851,5 par. Kubikzoll.

Vom Wein- und Getränkmaaß hat 1 Fuder 12 Eimer à 72 Schenk- oder 64 Aichmaaß; das Schenkmaaß hält 68 par. Kubikzoll oder 1,349 Liter und das Aichmaaß 74,15 par. Kubikzoll oder 1,471 Liter.

Das leichte Pfund = 468,384 Gramm. Der Centner = 100 Pfund.

Die Stadt hält jährlich zwei Messen, am Sonntage nach Cantate und am Montage nach Dionysius (9. October).

Banjermassing,

auf der Südseite der ostindischen Insel Borneo, mit dem von den Niederländern besetzten Fort Tatis, liefert vorzüglichen Pfeffer, und rechnet wie Amboina und Batavia.

Der mexikanische Piaster, als gewöhnliches Zahlungsmittel, gilt hier 1¼ Thaler Indisch = 41⅔ preuß. Sgr. oder 31¾ Gr. Conv. Cour.

Der Pecul von 100 Cattis wiegt 125 Pfund holländische Troy = 131,579 berliner Pfund, oder 61,513 Kilogramm, oder 134,624 Pfund londoner av. d. p.

Gold- und Silbergewicht ist der Tail à 16 Mas = 827,4 holländische As, oder 614 englische Grän; Diamantengewicht der batavische Karat von 4 Grän.

Bankok oder Bankasay,

Hauptstadt des Königreichs Siam in Hinter-Indien, mit mehr als 100,000 Einwohnern; mit Hafen, Schiffswerften und vielem Handel.

Münzen.

Man rechnet nach dem Bat oder Tical zu 4 Salungs à 4 Fuangs à 800 Kauris.

Der Tical oder Bat ist ein plumpes fast kugelrundes Silberstück mit mehrern Stempeln, etwa 14½ Loth fein und 14—15 Gramm schwer, wonach der Werth eines Bats auf etwa 24 Sgr. oder 1 Fl. 24 Xr. im 24½ Fl.Fuß, oder 1 Fl. 10 Xr. Conv. Mze., oder 2½ engl. Schilling (= eine Sicca-Rupee) zu stehen kommt. Man rechnet zuweilen 7 Bats oder Ticals für 4 span. Piaster.

Der Picul von 8000 Bats und der Catty von 80 Bats sind nur Rechenmünzen. Die Kauris sind Muscheln; die Angaben, wieviel deren auf einen Tical gehen, sind sehr verschieden.

Bantam,

auf der Westseite der ostindischen Insel Java, im Besitz der Niederländer.

Münzen.

Man rechnet jetzt wie in Batavia. Hier gilt

1 Bahar 10 Utas à 10 Cattis à 10 Laxsans à 10 Peccoes oder Pitjes (eine bleierne Münze), deren 6000 Stück auf 1¼ Pfund holländische Troy gehen; man rechnet auch 25 = 1 holl. Deut oder ⅛ Stüver. Spanische Piaster sind die Hauptmünzsorte, außerdem circuliren Ducaten, Rupien, Dubbeltjees u. a. Münzen.

Gewicht.

Der Bahar = 3 Peculs = 300 Cattis = 179600 Gramm.

Der Bahar Pfeffer von 200 Goelacks (ein Regierungs-Gewicht) wiegt 375 Pfund holländische Troy, oder 184,539 Kilogramm.

1 Coyang Reis rechnet man 200 Gantams à 8 Bamboos à 4 Cattis, oder 8000 Pfund holländische Troy, oder 3937 Kilogramm.

Der Pecul von 100 Cattis zu Cheribon wiegt 125 Pfund holländische Troy (m. s. Batavia).

Gold- und Silbergewicht ist der Tähl von $2\frac{1}{2}$ batavischen Realen oder $1422\frac{2}{3}$ holländische As = 1055 englische Grän, oder 68,351 Gramm.

Barbados,

eine britische Insel der kleinen Antillen in Westindien, von $10\frac{1}{2}$ □Meilen mit 92000 Einwohnern, welche vorzüglich Zucker, Kaffee, Ingwer, Baumwolle, Südfrüchte u. s. w. liefert, und wie Jamaika rechnet.

Der Dollar wird tarifmäßig à 10 spanische Bits angenommen, in Inselcourant $6\frac{1}{4}$ ßl., in Rechnungen des Gouvernements $4\frac{2}{3}$ ßl. und im Handel $4\frac{1}{2}$ ßl. Engl. gerechnet.

In Antigua, St. Kitts, Newis, Montferrat, Tortola, Dominica n. a. englischen Besitzungen würdigt man den Dollar zu 9 ßl. oder 11,13 Franken alt Courant.

Getheilte (in $\frac{1}{2}$, $\frac{1}{4}$, $\frac{1}{8}$, $\frac{1}{18}$ Stücke zerlegte) Dollars gelten $8\frac{1}{4}$ ßl. Courant. Ein zerlegtes Stück, Bit genannt, wog in Berlin 39 holländische As, hatte also einen Werth von circa 3 preuß. Sgr.

Hier in Umlauf befindliche Münzsorten sind:

Gold:	Span. Dublonen	à 16	Dollar	zu 7 Lstrl.	4 ßl.	alt Cour.
	Portug. Johannes	à 8	"	" 3 "	6 "	" "
	Engl. Guineen	à 5	"	" 2 "	5 "	" "
Silber:	Dollar à 12 Bits oder 8 Mocos			zu	9 "	" "
	Getheilte "	à 11	"	" 8 "	3 p.	"

Kupfer: Stamps und Dogs; 4 Stamps oder 6 Dogs = 1 Bit, oder 9 Pf. Cour. $1\frac{1}{2}$ Bit = $\frac{1}{8}$ Dollar, oder 1 Moco, oder $13\frac{1}{2}$ Pf. Cour.

Bit und Moco verwechselt man häufig mit einander; der eigentliche Bit ist der spanische Real = $\frac{1}{8}$ Dollar, während der Moco $\frac{1}{4}$ Dollar ist.

In Wechseln auf London (m. s. Jamaica) rechnet man 200 Liv. Cour. für 100 Lstrl.

Die hier im Bau begriffene Eisenbahn hat ein Stamm-Capital von 12000 Actien à 25 Lstrl.

Barcelona,

die Hauptstadt der spanischen Provinz Catalonien, am mittelländischen Meere, eine alte sehr wichtige Handelsstadt mit einem guten Hafen, und ungefähr 140000 Einwohnern, hat Schiffbau und ansehnliche Fabriken; sie steht besonders im Verkehr mit Frankreich, Italien und der Levante, und interessirt uns wegen ihrer Ausfuhr von Wein, Branntwein, Oel, Wolle, Mandeln 2c.

Münzen.

Man rechnet nach:

Libras zu 20 Sueldos à 12 Dineros catalonisch.

Verhältniß der sämmtlichen catalonischen Rechnungsmünzen:

Libra Catalana.	Reales de Plata Catal.	Reales de Ardites.	Sueldos Catal.	Dineros Catal.	Mallas Catal.
1	$6\frac{2}{3}$	10	20	240	480
	1	$1\frac{1}{2}$	3	36	72
		1	2	24	48
			1	12	24
				1	2

Von eingebildeten Münzen gilt 1 Libra (Pfund) $365\frac{15}{21}$, 1 Real de Ardite $36\frac{12}{21}$, 1 Sueldo $18\frac{6}{21}$ und 1 Dinero $1\frac{11}{21}$ Maravedis de Vellon. Den Zahlwerth bestimmt die köln. Mark f. Silber zu 18 Libras, oder 120 catal. Realen und 180 Reales de Ardites. Hiernach sind:

Catal. Währung.		Castil. Währung.
28 Libras	=	5 Wechselpistolen
7 dergl.	=	5 Wechselpesos
525 dergl.	=	272 Wechselducaten
119 dergl.	=	64 Silberpiaster
7 catal. Reales	=	6 alten Silber-Reales
119 dergl.	=	192 Reales de Vellon
7 Reales de Ardites	=	4 alten Silber-Reales
119 dergl.	=	128 Reales de Vellon

Von den wirklichen spanischen Gold- und Silbermünzen gelten in catalonischer Währung:

Gold: Onças (Unzen) von 16 Piaster 29 L. 15 S.

Escudillos oder Durillos . . . . . . 1 = 17 = $2\frac{1}{4}$ D.

Silber: Pesos Duros . . . . . . 1 = 17 = $2\frac{1}{4}$ =

Reales de Vellon . . . . — = 1 = $10\frac{5}{16}$ =

Kupfer: doppelte und einfache Quartos à $5\frac{1}{4}$ und $2\frac{5}{8}$ Dineros; Ochavos oder halbe Quartos; Maravedis de Vellon und Blancos.

Wechselarten, Uso und Respecttage f. Madrid.

Maaße.

Längenmaaß.

1 Cana (= 8 Palmos = 32 Quartos) hält 1,552 Meter.

Körpermaaß.

Vom Getreidemaaß hält die Salma oder Tonelada $1\frac{2}{3}$ Cargas, 4 Quarteras, oder 48 Cortanes à 4 Picotins.

1 Quartera = 68,419 Liter = 3449,2 pariser Kubikzoll.

1 hamburger Last liefert hier 46½ à 47, und 1 amsterdamer Last 42 Quarteras.

Vom Wein- und Branntweinmaaß hat die Carga 12 Cortanes oder Arrobas, 24 Cortarines, 72 Meitadellas, und hält 123,756 Liter, demnach 6238,8 pariser Kubikzoll.

1¼ Carga rechnet man auf eine frankfurter Ohm, und 4 Carga gleich einer Pipe oder 60 Viertel in Amsterdam; 1 Carga = 16 Cortanes oder 512 Porrones.

Vom Oelmaaß hat die Carga 11 Arrobas, 30 Cortanes, 120 Quartas, und wiegt die Arroba 22¾ Pfund castilianisch.

Die Pipe Oel von Majorca enthält 107 Cortas oder Cortanes; die Corta wiegt 9½ catalonische Pfund.

Gewicht.

Vom Handelsgewicht wird der Quintal zu 4 Arrobas oder 104 Pfund gerechnet; das Pfund von 12 Onças à 4 Quartas à 4 Adarmes à 36 Granos, oder 6912 Granos hält 400,07 Gramm.

Vom catalonischen Gold- und Silbergewicht rechnet man die Mark 8 Onças, 32 Quartas, 128 Arienzos oder Adarmes, à 36 Granos; sie wiegt 1⅛ Mark castil., oder 268,35 Gramm.

Usanzen beim Waarenhandel.

Man bestimmt alle Waarenpreise in harten Piastern zu 20 Realen à 34 Mds. Colonialwaaren verkauft man pr. Quintal und pr. Pfund; Getreidearten pr. Quartera; amerikanisches Mehl pr. Faß von 192 Pfund engl. av. d. p. und französisches pr. Quintal; Branntwein und Weine pr. Pipe von 4 Cargas, circa 58 französische Viertel. -- Alle Waaren in Fässern werden Netto gewogen; man bewilligt jedoch um das Stürzen zu verhüten, auf Butter, Cacao und Kaffee 10 pCt.; auf engl. Vitriol in Kruken 18 pCt.; auf franz. dgl. 25 pCt., und auf Oel in Pipen 20 pCt. für Netto-Tara. Waaren in Säcken werden gewöhnlich gestürzt, wo nicht, so werden 3 pCt. für Tara bewilligt; Havannahzucker in Kisten giebt 13 pCt. Tara. Cacao, gelbes Wachs, Nelken, Indigo, Pfeffer und Piment geben 2 pCt. Rabatt.

Messen giebt es nur eine, welche den 11. Juni anfängt und 8 Tage dauert.

Basel,

Hauptstadt des gleichnamigen Kantons der Schweiz, am Rhein, zählt 21000 Einwohner, führt ansehnlichen Wechsel-, Transit-, Kommissions- und Waarenhandel, dem es, vor allen aber seiner bedeutenden Bandfabrikation, einen großen Reichthum zu verdanken hat.

Münzen.

Man rechnet nach Schweizer Franken zu 10 Batzen, den Batzen zu 10 Rappen, oder auch in Schweizer Livres zu 20 Sols, den Sol zu 12 Deniers.

Im gewöhnlichen Leben rechnet man auch nach Gulden zu 60 Kreuzer à 8 Heller, oder auch nach Gulden zu 15 Batzen à 4 Kreuzer.

In gewissen Verhältnissen kommt auch das Pfund zu 12 Batzen, der Schilling zu $2\frac{2}{5}$ und der Albus zu 2 Kreuzern vor.

Der Werth eines Schweizerfranken und eines Gulden hängt davon ab, ob man ihn a) in Capital- und Wechselzahlung, oder b) in basler Courant oder Waarenzahlung versteht.

Tarif der Geldsorten in Capital und Wechselgeld.

Der 5 Frankenthaler . . .	$33\frac{3}{4}$	Batzen.
Der Brabanterthaler . . .	$38\frac{1}{2}$	"
Das schweizer 40 Batzenstück	39	"
Der schweizer Louisd'or . .	160	"
Das 20 Frankenstück . . .	135	"

In Courant gilt der 5 Frankenthaler 35, der brabanter Thaler 40 Batzen.

Die Wechsel-Course.

	man zahlt	empfängt
Amsterdam . .	141 Schw. Francs	100 Fl. holl.
Augsburg . .	172 " "	100 " Court.
Frankfurt a. M.	$99\frac{1}{2}$ " "	100 Schw. Francs.
	(16 Schw. Francs = 11 Fl. im $24\frac{1}{2}$ Fl.Fuß).	
Genua . . .	99 Schw. Francs	150 Lire nuove.
Hamburg . .	127 " "	100 Banco-Mark.
Leipzig . . .	254 " "	100 Thlr. im 14 Thlr.Fuß.
Livorno . .	57 " "	100 Lire tosc.
London . . .	$17\frac{1}{4}$ " "	1 Liv. Sterl.
Mailand . .	57 " "	100 Lire austr.
Wien . . .	172 " "	100 Fl. Conv.
Zürich rc. . .	$99\frac{1}{2}$ " "	100 Schw. Francs.
Paris, Lyon rc.	$99\frac{1}{2}$ Francs.	100 Francs.
	(40 französ. Francs = 27 Schw. Francs).	

Die Stadt besitzt seit dem 1. Februar 1809 eine Wechselordnung. Laut derselben giebt es kein Uso. Es sollen protestirte Wechsel innerhalb 24 Stunden nach der Präsentation bezahlt werden, widrigenfalls auf Befehl des Gerichts-Präsidenten der schnelle Rechtstrieb und die Obsignation (Versiegelung) erfolgt. — Es giebt keine Respecttage. —

Wechsel, in der hiesigen Messe gezogen, müssen am Tage nach der Einläutung acceptirt, und am Tage vor der Ausläutung bezahlt oder mit Protest belegt werden. — Außer den vier sogenannten Frohnfastenmärkten beginnt am 28. October (Simon Judä) eine wichtige Messe, welche 14 Tage dauert.

Seit 1845 besteht eine Sconto- und Zettelbank, auf Actien, mit einer halben Million franz. Franken; sie giebt Bankscheine aus zu 20 und 100 Fünffrankenthaler.

Maaße und Gewichte siehe Schweiz.

Alte Maaße und Gewichte.

Längenmaaß.

Der Werkschuh = 12 Zoll = 135 pariser Linien oder 0,305 Meter.

Die Elle = 239,28 pariser Linien oder 0,539 Meter.

Körpermaaß.

Getreidemaaß. Das Viertel = 2 Sack, der Sack = 4 großen oder 8 kleinen Sester, der kleine Sester = 4 Köpflein à 2 Becher. Der Sack = 6889,2 pariser Kubikzoll oder 136,66 Liter.

Weinmaaß. Der Saum = 3 Ohm, die Ohm = 8 Viertel oder 32 alten Maaß à 4 Schoppen. Das alte Maaß = 71,686 pariser Kubikzoll oder 1,422 Liter.

Das Oelmaaß = 78,44 pariser Kubikzoll oder 1,556 Liter.

Gewicht.

Der Centner = 100 Pfund à 32 Loth. Man unterschied 1) das schwere Pfund oder Handelsgewicht 493,24 Gramm; 2) das Pfund für den Kleinhandel 486,2 Gramm; 3) zu Messing, Specereien auch Saffran 480,235 Gramm; 4) das Pfund Silbergewicht 467,71 Gramm. Goldgewicht ist die Krone von 3,3707 Gramm.

Bassora oder Basrah,

ein Theil von Irak-Arabi oder dem alten Chaldäa, in der asiatischen Türkei, mit der gleichnamigen Stadt von 60000 Einw., welche als Hauptstapelplatz aller Waaren aus Indien und Constantinopel wichtig ist.

Münzen.

Man rechnet hier nach Mamudis zu 10 Danimes à 10 Flouches.

100 Mamudis = 1 Toman oder 15 Rupien. — Rechnet man den jetzigen Werth eines persischen Tomans 4 Thlr. oder 7 Fl. im $24\frac{1}{2}$ Fl.Fuß, so stellt sich der Werth eines Mamudi auf $1\frac{1}{5}$ Sgr. oder $4\frac{1}{5}$ Xr. im $24\frac{1}{2}$ Fl Fuß.

Von fremden Münzsorten coursiren hier spanische und östr. Thaler und die gangbarsten asiatischen, zu einem sehr veränderlichen Course; in Rupien wird viel gehandelt.

Maaße und Gewichte.

Die Elle, Guz oder Cubit, mißt 37 englische Zoll = 416,56 pariser Linien oder 0,94 Meter.

Handelsgewichte sind der Maund Attary, der Maund Sofy und die Bagdader Oka.

Der Maund Attary hat gewöhnlich 25 Vakias Tary, man rechnet jedoch beim Ein- und Verkauf von Pfeffer, Ingwer und Kaffee 26 Vakias auf den Maund; bei Kardamomen, Benzoe und andern Droguen 25, und bei Zucker und Metallen nur 24 Vakias. Der Maund von 25 Vakias = 28,5 Pfund engl. av. d. p., oder 12926 Gramm.

Der Vakia Tary wiegt 538,6 Gramm. Rattel ist ein Gewicht von 14½ Vakias Tary.

Der Maund Sofy (Bassoraer Maund) hat 24 Vakias Sofy (Vakia ist die Benennung für Oka oder Pfund in Bassora) und wiegt 76 Vakias Tary = 90¼ engl. Pfund av. d. p., oder 40932 Gramm.

Die Oka von Bagdad gilt 2½ Vakias Tary und ist gleich 47,5 Unzen englisch av. d. p. oder 1346 Gramm.

Die Bagdader Oka wird 2½ Vakias Tary gleich gerechnet und ist = circa 3 engl. Pfund, oder genauer 1,3464 Kilogramm = 20017,5 holländische As.

Der Vorschrift nach ist 1 Maund Sofy = 3 Maund Tary = 24 Vakias oder Bassoraer Oken = 30 Bagdader Oken = 75 Vakias Tary = 8000 Miskals oder 12000 Drachmen; dieses Verhältniß wird aber nicht beobachtet, denn man rechnet gewöhnlich den Maund Sofy 76, den Maund Tary aber nach Beschaffenheit der Waaren 24, 25 und 26 Vakias Tary.

Gold und Silber wird nach dem Cheki von 100 Miskals oder 150 Drachmen gewogen. Der Miskal hat in Persien und der Türkei 1½ Drachmen = 4,665 Gramm oder 72 engl. Grän.

Batavia,

Hauptstadt und Sitz des Gouvernements des niederländischen Inselreiches in Indien, wichtiger Hafen auf der Insel Java in einer niedrigen, sumpfigen, und daher ungesunden Gegend, und allgemeine Gewürz-Niederlage der Molukken, mit ungefähr 60000 Einwohnern.

Münzen.

Seitdem 1826 die ältere Rechnungsweise nach Reichsthalern zu 8 Schillingen, oder 48 Stübern, oder nach Gulden à 20 Stübern à 16 Pfennige aufgehoben, rechnet man hier nach

Gulden (auch Silber-Rupien genannt) zu 20 Stuiver oder zu 100 Cents (auch Duiten, Deuten genannt) in dem Münzfuße des Mutterlandes, d. h. zu 24¾ bis 25 Fl. auf die feine Mark. Die Colonie ist aber mit Kupfer- und Papiergeld so überschwemmt, daß das Silbergeld trotz den zeitherigen nicht unbedeutenden Ausprägungen fast eine Seltenheit ist. Selbst die

Bank von Java wechselt ihre Zettel nicht gegen Silber aus. Von den Kupferdeuten sind dem Gewichte nach 230 Stück einen Gulden werth; gesetzlich galt aber zeither ein solcher Gulden 100 Deute, ist aber neuerdings auf 120 Deute in Kupfer erhöht worden.

Die ursprünglich batavischen Gold- und Silber-Rupien, von sehr verschiedener Ausprägung, sind seit 1826 außer Umlauf gesetzt; der König von Bantam (s. d.) prägt keine eigenen Münzen mehr. — Die im Kleinhandel so häufig vorkommenden chinesischen Cashes haben einen veränderlichen Werth.

Von Wechsel-Coursen giebt es:

Auf Amsterdam, 6 Monate auch 60 Tage Sicht 92—98 Cents für 1 Gulden in Amsterdam.

" London, 6 Monate Sicht, 12—13 Fl. für 1 Liv. Sterl. oder 21½ d. für einen Gulden.

" Bengalen, 2 Monate Sicht, 79—80 Sicca-Rupien für 100 Fl.

Maaße und Gewichte.

Der Fuß = 139,17 pariser Linien oder 0,314 Meter.

Die Elle = 27 engl. Zoll = 305 pariser Linien oder 0,688 Meter.

Für Flüssigkeiten. Die Kanne = 91 engl. Kubikzoll oder 75,16 par. Kubikzoll oder 1,49 Liter.

Gewichte. Für den fremden Handel gilt das holländische Troypfund; die hiesigen Gewichte sind der Bahar, der Pecul, der Catti und der Tail. 16 Tails = 1 Catti; 100 Cattis = 1 Pecul; 3 Peculs = 1 kleinen Bahar, und 4½ Peculs = 1 großen Bahar. Der Pecul wiegt 125 holl. Troy-Pfund, oder 61521 Gramm.

Reis und Getreide verkauft man auch nach dem Koyang = 3300 holl. Troypfund oder = 1624 Kilogramm, ferner nach dem Timbang von 5 Peculs oder 10 Sack. 1 Kulack bedeutet 7¼ Cattis und 1 Amat bedeutet 2 Peculs.

Gold- und Silbergewicht ist die holländische Troymark, die in 9 Realen getheilt wird.

Man verkauft die meisten Waaren nach dem Pikol; Thee, Taback, Gewürze nach dem holl. Troy-Pfund. — Reis und Salz nach dem Koyang von 27 Pikols. — Arak per Legger von 388 Kannen. Tara meist Netto, bei Kanaster, Zucker 45 Pfund. — Die meisten Producte werden bekanntlich über Holland bezogen und mehrere in den dortigen Auctionen verkauft.

Die Bank von Java hat einen Fond von nur 1,734,000 Fl.

Bayonne,

französischer Hafen, nahe an der spanischen Grenze, ansehnlicher Handelsplatz von 15000 Einwohnern, der die Fremden wegen der

Ausfuhr von Wein, Branntwein, Essig, Korkholz und andern Produkten interessirt.

Münzen, Maaße, Gewichte wie Frankreich.

Wein wird per Faß à 4 Orhoft à 40 Veltes, und Branntwein per Velte verkauft.

Beaucaire,

einer der wichtigsten Meßplätze in der Welt, ungefähr 3 Meilen von Nismes in Frankreich, an der Rhone gelegen. Die Messe beginnt am 22. Juli, und obgleich sie nur 7 Tage auf offnem Felde unter Zelten dauert, hat sich hier zuweilen ein Zusammenfluß von 80000 Personen gefunden, worunter Kaufleute tief aus Persien gewesen.

Münzen, Maaße und Gewichte wie Paris.

Berbice s. Guiana.

Bergamo,

österreichische Hauptstadt der mailändischen Delegation, mit 35000 Einwohnern, ansehnlichen Fabriken und Handel.

Münzen siehe Mailand.

Sonst rechnete man nach Lire zu 20 Soldi à 12 Denari. Der Ducado hatte $6\frac{1}{3}$ Lire, und wurde die köln. M. f. Silber zu 103 Lire ausgebracht.

Wechselcourse

wie Venedig und Mailand.

Der Wechsel-Uso ist wie in Venedig, nur für Wechsel aus der Schweiz 15 Tage nach der Acceptation.

Die Wechsel-Courtage wird hier mit $\frac{1}{2}$ pCt., sowohl vom Käufer als Verkäufer bezahlt; Waaren-Courtage für Seide ist 1 Soldo für jedes Pfund.

Maaße und Gewichte siehe Mailand.

Alte Maaße und Gewichte.

Der Fuß = 194 pariser Linien oder 0,437 Meter. 1 Cavezzo = 6 Fuß. 1 Pertica = 24 Tavole = 96 Cavezzi.

Die Handels-Elle, Braccio, = 292,27 pariser Linien oder 0,659 Meter.

Getreidemaaß. 1 Carro = 10 Some oder Sacchi à 8 Staja à $1\frac{1}{4}$ Quarte à 4 Capelli. 1 Soma = 1,713 Hectoliter.

Flüssigkeitenmaaß. Die Brenta = 52 Pinte = 70,69 Liter.

Handelsgewicht. Der Peso oder Rubbio hat 10 schwere oder 25 leichte Pfund, oder 300 Oncie. Das schwere Pfund (Libbra grossa oder Lira) von 30 Oncie, zu groben Waaren, hält 812,82 Gramm; das leichte Pfund (Liretta) von 12 Oncie, zu feinen Waaren, als Seide, Cochenille, Indigo, Wachs, Specereien ꝛc., hält 325,129 Gramm.

Die hiesige ansehnliche Messe währt vom 26. August bis 7. September, und werden während derselben die neuen Seidenpreise regulirt. Die Freiheit für ein- und ausgehende Waaren dauert 9 Tage; auch bezahlt man 4 Tage nachher nur die Hälfte der gewöhnlichen Abgaben. — Die Seidenpreise verstehen sich in Lire corrente, wovon 145 = 128 Lire austr. gerechnet werden, und zwar stets franco Cleven (oder Chiavenna), d. h. incl. des ital. Ausfuhrzolls.

Bergen,

wichtige Handelsstadt des Königreichs Norwegen, allgemeiner Marktplatz des Landes, mit einem guten Hafen, 21000 Einwohnern, großem Holz- und Fischhandel.

Münzen, Maaße und Gewichte wie Christiania.

Hier ist ein Filial der Drontheimer Bank.

Mast- und runde Hölzer überhaupt werden in Norwegen nach Palmen zu $3\frac{1}{4}$ engl. Zoll oder 39,4 pariser Linien gemessen; Getreide wird nach der dänischen Last von 12 Tonnen, zu 144 Krügen oder Potts à 48,7 pariser Kubikzoll, verkauft.

Berlin,

die Hauptstadt des Königreichs Preußen mit circa 410,000 Einwohnern, mit den wichtigsten Anstalten für Kunst, Gewerbe und Handel, vielen Fabriken der verschiedensten Art, einem lebhaften Börsen-Verkehr, Buchhandel u. s. w.

Preußische Münzen.

Buch und Rechnung wird seit 1825 in Thalern zu 30 Silbergroschen à 12 Pfennigen geführt. 14 Thlr. = 1 Mark fein Silber.

Wirklich geprägte Münzen sind

In Gold: Doppelte, einfache und halbe Friedrichsd'or. 1 Friedrichsd'or = 5 Thaler Gold. 35 Stück Friedrichsd'or wiegen 1 Mark, und enthalten 260 Grän fein Gold. $38\frac{10}{13}$ Stück Friedrichsd'or oder $193\frac{11}{13}$ Thlr. Gold enthalten daher eine Mark fein Gold *).

*) Mittel-Friedrichsd'or von den Jahren 1755, 56, 57 und 59, auch halbe vom Jahre 1755. Sie sind dicker als die guten, und zeigen an den abgeriebenen Stellen die, niedern Goldlegirungen eigenthümliche, mehr kupfrige Farbe; die guten Friedrichsd'or der Jahre 1755 und 56 haben in der Umschrift: FRIEDERICUS BORUSSORUM REX ein V, während die Mittel-Friedrichsd'or sämmtlich ein U, alle aber den Münzbuchstaben A führen. Die Münze zieht diese gegen Erstattung ihres Werths von circa 3 Thalern 29 Silbergroschen ein und coursiren nur noch wenige.

In Silber: Zweithalerstücke, Vereinsmünze. 6,3 wiegen eine Mark und enthalten 0,9 Mark fein Silber. 7 Zweithalerstücke enthalten demnach 1 Mark fein Silber. — Thaler. $10\frac{1}{2}$ derselben wiegen 1 Mark und enthalten 216 Grän oder $\frac{3}{4}$ Mark fein Silber. 14 Thaler enthalten also eine Mark fein Silber. — $\frac{1}{6}$ Thalerstücke, 14 Thaler in ihnen enthalten eine feine Mark. Im Umlauf befinden sich noch $\frac{1}{2}$, $\frac{1}{3}$, $\frac{1}{4}$, $\frac{1}{12}$ Thalerstücke, werden aber allmälig eingezogen.

In Billon: $2\frac{1}{2}$ Silbergroschenstücke, Silbergroschen und halbe Silbergroschen sind Scheidemünze, im 16 Thalerfuß; es werden davon nicht mehr in Umlauf gesetzt, als zur Ausgleichung erforderlich ist. Mehr als $\frac{1}{6}$ Thaler ist Niemand in Zahlung zu nehmen verbunden.

In Kupfermünze giebt es 4, 3, 2 und 1 Pfennigstücke, $\frac{5}{12}$, $\frac{5}{18}$, $\frac{5}{24}$, $\frac{5}{48}$ Loth an Gewicht.

Goldmünzen dürfen keine Abweichung im Feingehalt haben, im Gewicht höchstens $\frac{1}{4}$ pCt. Bei Thalerstücken darf die Abweichung im Feingehalt höchstens 1 Grän per Stück, im Gewicht $\frac{1}{2}$ pCt. betragen.

Früher wurde nach Thalern à 24 Groschen à 12 Pfennige gerechnet. Daher nennt man noch immer die $\frac{1}{12}$, $\frac{1}{6}$, $\frac{1}{3}$ Thaler Stücke zu zwei, vier und acht gute Groschen.

Laut Kabinets-Ordre vom 21. Dezember 1831 werden bei allen öffentlichen Kassen 100 ℛ in preußischen Friedrichsd'or gleich $113\frac{1}{3}$ ℛ in Courant gerechnet, und stets so angenommen und ausgegeben. Pistolen andern Gepräges (sogenanntes Cassengeld) werden in den Staatskassen nicht angenommen und stehen im Cours circa 2 % niedriger.

Nach obiger Annahme der Friedrichsd'or zu $113\frac{1}{3}$ pCt. oder 5 ℛ 20 Sgr per Stück stellt sich das Verhältniß des Goldes zum Silber wie $1 : 15\frac{7}{13}$.

Papiergeld. Die Cassen-Anweisungen sind zu 1, 5, 50, 100 und 500 ℛ; die Banknoten (s. Bank) zu 25, 50, 100 und 500 ℛ. Nachdem $2\frac{1}{2}$ Millionen Thaler in Cassen-Anweisungen gegen Verausgabung von Banknoten eingezogen worden sind, beläuft sich die Summe der ersteren auf 23,492,347 Thaler. Es sollen noch $3\frac{1}{2}$ Millionen gegen Banknoten umgetauscht werden.

Gesetzlich soll bei allen Zahlungen an die Königl. Kassen wenigstens die Hälfte in Kassen-Anweisungen entrichtet werden.

Wechselcourse.

	Veränderliche Valuta.		Feste Valuta.
Amsterdam kurz (auch 2 Monat)	$142\frac{1}{2}$	Thlr. preuß. Crt.	für 250 Gulden Courant.
Augsburg . . 2 Monat	$102\frac{1}{4}$		„ 150 Guld. augsb. Court.
Breslau . . 2 „	$99\frac{1}{2}$		„ 100 ℛ zahlbar in Bresl.
Frankfurt a. M. 2 „	$56\frac{3}{4}$		„ 100 Fl. im $24\frac{1}{2}$ Fl.-Fuß.

		Veränderliche Valuta.		Feste Valuta.
Hamburg	kurz (auch 2 Monat)	152	Thlr. preuß. Crt.	für 300 Mark Banco.
Leipzig . . .	8 Tage	$99\frac{7}{8}$		= 100 ₰ zahlbar in Leipz.
London . . .	3 Monat	$6\frac{4}{5}$		= 1 Liv. Sterl.
Paris . . .	2 =	81		= 300 Francs.
Petersburg .	3 Wochen	108		= 100 Silber=Rubel.
Wien . . .	2 Monat	$103\frac{1}{4}$		= 150 Fl. im 20 Fl.Fuß.

Der Wechsel=Uso ist 14 Tage, $\frac{1}{2}$ Uso 8 Tage nach der Acceptation. Respecttage sind drei. Fällt der letzte auf einen Sonn= oder Festtag, so muß den Tag vorher, und sind alle drei Festtage, am ordentlichen Verfalltage bezahlt oder protestirt werden. Wechsel unter 8 Tage, und solche die nicht acceptirt sind, genießen keine Respecttage*).

Den Londoner Cours findet man auch mit 2 Monat fix und 1 Monat täglich notirt, d. h. der Käufer kann im 3ten Monat täglich die Ablieferung verlangen.

Der gewöhnliche **Disconto** (auf inländische Wechsel) schwankt zwischen $3\frac{1}{2}$ und 5 % p. a. Auf Wechsel aber, die in fremder Valuta ausgestellt sind, rechnet man jetzt unveränderlich: auf Paris, Wien, Augsburg, Frankfurt a. M., Petersburg, sowie auch auf Leipzig 4 %; auf Amsterdam und Hamburg ist der Disconto zwar abwechselnd, und richtet sich nach dem der dortigen Plätze, hat sich jedoch seit einiger Zeit ebenfalls auf 4 % erhalten. Nur bei Briefen auf London ist er immer noch schwankend zwischen 4 und 5 %.

Beim Wechselhandel wird die im Coursberichte bestimmte Usanz, z. B. 8 Tage, 2 oder 3 Monat, zu Grunde gelegt, und für diejenigen Tage, in welchen die Wechsel, vom Kauftage an gerechnet, etwa früher oder später fällig sind, wird der Disconto je ab oder zu gerechnet. Bei kurzem Hamburger rechnet man 8, bei kurz Amsterdam 10 Tage. Auf entfernte inländische Plätze, wie Cöln, Breslau u. s. w. werden wenigstens für 15, für nähere (wie Magdeburg) wenigstens 12 Tage Zinsen gerechnet. — Der Bank=Disconto ist dermalen, für hiesige Wechsel, $4\frac{1}{2}$ %.

Wechselstempel. Alle Wechsel, im Inlande ausgestellt, oder auf dasselbe gezogen, sind einem Stempel unterworfen. Dieser beträgt laut Kab.=Ordre vom 3. Juni 1830:

von 50 Thlr. Cour. bis mit 400 Thlr. 5 Sgr.
= 400 = = = = 800 = 10 =
= 800 = = = = 1200 = 15 =

*) So wie sich Preußen um den Zollverband, um das deutsche Geld= und Postwesen ꝛc. verdient gemacht, so werden wir ihm, nach zuverlässiger Mittheilung, auch wohl noch ein allgemeines Wechselrecht zu danken haben. Bereits ist ein durch Klarheit und Kürze im hohen Grade sich auszeichnender „Entwurf" nebst Motiven veröffentlicht worden.

und so fort für jede 400 Thlr. immer 5 Sgr. steigend. Dabei werden Friedrichsd'or zu 10 % berechnet.

Fremde Valuten berechnet man nach folgenden Sätzen:

Amsterdam	1000 Fl.	für 571½ Thlr.	
Hamburg	444 Mark Banco	» 56	»
London	1000 Liv. Sterl.	» 6844	»
Paris	300 Francs ...	» 80	»
Wien und Augsburg	150 Fl.	» 100	»
Frankfurt	300 Fl.	» 150	»
Petersburg	30 Silb.-Rub.	» 32	»

Wird ein gezogener Wechsel in mehreren Exemplaren ausgestellt, so ist nur das zum Umlauf Bestimmte stempelpflichtig. Trockne Wechsel, die erst nach 3 Monat zahlbar sind, und Schuldverschreibungen zahlen $\frac{1}{12}$ %, Policen ½ % vom Betrage des Documents; Wechsel hingegen, die vom Auslande und auch auf dasselbe gezogen sind, sind stempelfrei.

Course der Geldsorten.

m. o. w.

Friedrichsd'or, preußische, 113⅓ ℔ Cour. für 100 ℛ in Frd'or à 5 ℛ.
Ausl. Goldmünzen à 5 ℛ 111½ ℛ = = 100 ℛ = =

Ducaten rechnete man früher à 2¾ ℛ mit einem Agio von 15—16 %. Gegenwärtig zahlt man im Einzelnen 96 Sgr m. o. w. per Stück, oder sie werden, namentlich bei großen Beträgen, al marco à 23½ Karath fein berechnet.

Gold al marco wird nicht mehr notirt; im Handel zahlt man für die feine Mark circa 216 ℛ Courant.

Silber al marco wird mit 13¾—13⅞ ℛ per feine Mark bezahlt.

Course der preußischen Fonds.

Staatsschuldscheine, mit 3½ % Zinsen am 1. Jan. u. 1. Juli. — Cours: Anfangs 1843, 103½ %; 1844, 102½ %; 1845, 99½ %; 1846, 98 % und Anfangs September 1847, 93 %. — Die Abschnitte sind zu 25, 50, 100, 200, 300, 400, 500 und 1000 Thlr. Die letztern sind mit Litt. A., die erstern mit Litt. H. bezeichnet; jede Littera beginnt mit Nummer Eins. — An Coupons werden stets für 4 Jahre, also 8 ausgegeben *).

Seehandlungs-Prämienscheine v. 1832. Unverz., Cours am Ende August 1847, 90¾ Thlr. preuß. Cour. für 1 Prämienschein von 50 Thlr.

*) Es ist sehr zu beklagen, daß jedesmal, wenn neue Zinsbogen ausgegeben werden, die Staatspapiere im Original nach Berlin geschickt werden müssen, was, obschon Portofreiheit zugestanden ist, dem Ausländer stets Kosten macht, und überhaupt für jeden Inhaber mit Gefahren verbunden ist. Warum trifft die Regierung nicht die in andern Ländern längst bestehende Einrichtung, daß jedem Zinsbogen ein Talon zur Erhebung neuer Zinsbogen beigegeben ist?

Es wurden am 15. Okt. 1832 über die, durch Zuschlag der Zwischenzinsen erhöhete Summe von 12,600,000 Thlr., von der General-Direction der Seehandlungs-Societät 252000 Stück Prämien-Scheine zu 50 Thlr., welche 2520 Serien, jede zu 100 Prämien-Scheinen bilden, auf den Inhaber lautend, ausgegeben worden, deren jährliche Verloosungen, von 1833 bis 1857, nach einem bestimmten Ziehungsplan dergestalt erfolgen, daß ein Jahr um das andere, abwechselnd, entweder (wenn die Jahreszahl ungerade ist) verschiedene, oder (wenn die Jahreszahl gerade ist) unter sich gleiche Prämien zur Ziehung kommen. Im ersten Falle werden am 1. Juli eine Anzahl (90, 106 zuletzt 108) Serien und dann die dazu gehörigen einzelnen Nummern selbst, nebst ihren Gewinnen, am 15. Okt. und an den darauf folgenden Tagen gezogen, und es enthält der geringste Gewinn, der auf ein herausgekommenes Loos trifft, den Nennwerth des Scheines (50 Thlr.) nebst 4 % einfachen Zinsen; außerdem giebt es Gewinne von 100000, 70000, 65000 Thlr. u. s. w. (In der 15ten Ziehung dieses Jahres 1847 ist der Hauptgewinn 70000 Thlr. und der niedrigste 80 Thlr.). In den 2. Falle findet alljährlich nur eine Ziehung von 108 Serien (nur die zweite machte eine Ausnahme mit 112) à 100 Nummern, am 15. Okt., statt, deren Prämien den Inhabern der Scheine den Nominalbetrag derselben nebst einem Zuschlag von 5 % Zinsen sichern. Die Zahlung der ausgeloosten Prämien geschieht 3 Monat nach der Hauptziehung, also vom 15. Januar an, in Berlin durch die Haupt-Seehandlungs-Kasse. Für die Nummern, welche in den am 1. Juli herausgekommenen Serien enthalten sind, zahlt man in der Zwischenzeit, bis sie einzeln gezogen werden, des möglichen höheren Gewinnes wegen, auch einen bedeutend höheren Cours als für die übrigen noch unverloosten. In den Coursberichten werden sie in der genannten Zwischenzeit als „gezogene Serien" notirt.

Preuß. Bank-Antheilscheine, mit 4 % Zinsen, am 1. Mai und 1. November, Cours am 3. Sept. 1847 104½ Thlr. für 100 Thlr. nominell. — Die Antheilscheine sind auf den Namen des Zeichners ausgestellt, können also nur durch Cession übertragen werden, wobei 1 Thlr. für das erste Tausend und 5 Sgr. für jedes folgende Tausend Thaler, welches auf ein Mal an denselben Käufer cedirt wird, zu entrichten.

Schuldverschreibungen der Kurmark. Zinsfuß: 3½ %, Cours am Ende August 1847, 89¼ Thlr. preuß. Cour. für 100 Thlr. nomin., Zinst.: 1. Mai und 1. Nov.

Coupons und Zinszahlungen wie bei den Staatsschuldscheinen. Abschnitte sind von 25 bis 1000 Thlr.

Diese entstanden durch Convertirung der frühern 4 pCtigen

Obligationen (Bekanntmachung vom 12. April 1839) und sie werden, wenn sie über pari stehen, durch successive Verloosungen al pari eingelöst.

Schuldverschreibungen der Neumark. Zinsf.: 3½ %, Cours am Ende August 1847, 89¼ Thlr. preuß. Cour. für 100 Thlr. nomin., Zinst.: 1. Jan. und 1. Juli.

In Allem wie bei den vorigen.

Sie haben ebenfalls früher 4 % Zinsen getragen, deren Convertirung laut Bekanntm. vom 24. Dez. 1838 erfolgte.

Obligationen der Stadt Berlin. Zinsf.: 3½ %, Cours Ende August 1847, 92½ Thlr. preuß. Court. für 100 Thlr. in Obl., Zinst.: 1. Jan. und 1. Juli.

Coupons, Verloosungen und Abschnitte, wie bei den Schuldverschreibungen. Zinsen werden in Berlin bei der Stadt-Kasse ausgezahlt.

Westpreußische Pfandbriefe. Zinsf.: 3½ %, Cours Ende August 1847, 92½ Thlr. preuß. Court. für 100 Thlr. in Pfandbriefen, Zinst.: 24. Juni und 24. Dez.

Zins-Coupons werden immer acht Stück ausgegeben und die Zinsen entweder zu den angeführten Terminen bei der Provinzial-Kasse, oder, 1 bis 2 Monate später, bei dem Landschafts-Agenten in Berlin erhoben. Diese Zeit wird bekannt gemacht und streng beobachtet. Abschnitte sind 25, 50, 75, 100, 200 bis 1000 Thlr.

Diese Pfandbriefe, entstanden durch Convertirung der früheren 4 pCtgen (Kab.-Ord. vom 24. Febr. 1838), können von Seiten der Landschaft, mit halbjähriger Kündigung, in jedem Termine, den Inhabern, aber nicht von diesen der Landschaft gekündiget werden.

Großherzogl. Posensche Pfandbriefe. Zinsfuß: 4 %, Cours Ende August 1847, 102 Thlr. pr. Crt. für 100 Thlr. in Pfandbr., Zinst.: 24. Juni und 24. Dez.

Hierzu werden alle 5 Jahr 10 Zins-Coupons ausgegeben, deren Zahlungen in Posen und später in Breslau und Berlin bei den Agenten der Landschaft erfolgen. Abschnitte sind von 25 bis 1000 Thlr.

Diese Pfandbriefe können auch von Seiten des Inhabers zum Pari-Course gekündigt werden. Geschieht die Kündigung von der Landschaft, so muß sie solche, wenn sie über pari stehen, zum Mittel-Course (d. h. die Hälfte der Summe der Brief- und Geld-Zahlen) einlösen; doch nicht höher als zu 103 %.

Dito 3½ %. Cours: 93 m. o. w. Zinst.: wie die vorigen.

Ostpreußische Pfandbriefe. Zinsf.: 3½ %, Cours Ende August 1847: 97¼ Thlr. preuß. Court. für 100 Thlr. in Pfandbr., Zinst.: 24. Juni und 24. Dez.

Es werden ebenfalls immer 10 Zins-Coupons ausgereicht; im Uebrigen wie bei den westpreuß. Pfandbr.

Pommersche Pfandbriefe. Zinsf.: $3\frac{1}{2}$ %, Cours Ende August 1847: $94\frac{1}{2}$ Thlr. preuß. Court. für 100 Thlr. in Pfandbr., Zinst.: 24. Juni und 24. Dez.

Die Abschnitte unter 100 Thlr. tragen nur $3\frac{1}{3}$ % Zinsen; in allem Andern wie bei den west- und ostpreuß. Pfandbriefen.

Die Convertirung der 4 pCtigen, laut Kab.-Ord. vom 10. Dez. 1837.

Chur- und neumärk. Pfandbriefe. Zinsf.: $3\frac{1}{2}$ %, Cours Ende August 1847: $94\frac{1}{2}$ Thlr. preuß. Court. für 100 Thlr. in Pfandbr., Zinst.: 1. Jan. und 1. Juli.

Abschnitte sind von 50 bis 1000 Thlr. und Zins-Zahlungen bei den betreffenden Provinzial-Kassen und 1 Monat später in Berlin bei der Haupt-Ritterschafts-Kasse, gegen Coupons, von denen alle 4 Jahre 8 Stück ausgegeben werden.

Hiervon giebt es auch Pfandbr. in Gold (in Frd'or à 5 Thlr.), deren Zinsen ebenfalls in Gold bezahlt werden.

Schlesische Pfandbriefe. Zinsf.: $3\frac{1}{2}$ %, Cours Ende August 1847: 94 Thlr. preuß. Court. für 100 Thlr. in Pfandbr., Zinst.: 24. Juni und 24. Dez.

Abschnitte sind von 25 bis 1000 Thlr.

Die Abschnitte unter 100 Thlr. tragen nur $3\frac{1}{3}$ % Zinsen.

Diese Pfandbriefe haben keine Coupons und müssen zur Zins-Erhebung im Original nach Breslau gesendet werden, wo die Verabreichung der Zinsen durch Abstempelung auf den Pfandbriefen selbst vermerkt wird.

Die $3\frac{1}{2}$ % schles. Pfandbriefe Litt. B. hingegen, ausgegeben vom Credit-Inst. für Schlesien (damals mit 4 %), sind mit Coupons versehen, gegen deren Ablieferung die Zinsen jährlich vom 1. bis 15. Jan., und vom 1. bis 15. Juli incl. in Breslau, bei den Kassen des Instituts, und vom 1. bis 15. Febr. und vom 1. bis 15. Aug. incl. in Berlin durch die Seehandlung gezahlt werden. Jenes Institut ist in Folge einer Allerhöchsten Verordnung vom 8. Juni 1835 errichtet und zugleich verfügt worden, daß die Pfandbriefe B. bis zum Paricours durch Ankäufe, sonst aber mittelst Verloosungen getilgt werden sollen, und daher von den Inhabern nicht gekündigt werden können. Dagegen steht aber auch, mit alleiniger Ausnahme derjenigen Pfandbriefe, welche durch das Loos zur Tilgung gelangen, weder dem Institute, noch den einzelnen Gutsbesitzern die Befugniß zu, dieselbe zur baaren Rückzahlung zu kündigen. Abschnitte sind: 25, 50, 100, 200, 500 und 1000 Thlr. Im Sept. 1841 zahlte man für diese Pfandbriefe ungefähr 95 %.

Alle diese Pfandbriefe sind ritterschaftliche und gehen die Staatsschuld nichts an.

Anmerk. Eine Gesellschaft einer Provinz, die nur aus Rittergutsbesitzern besteht, und unter gemeinschaftlicher Bürgschaft und Verwaltung, gegen Verpfändung bestimmter Güter, Capitalien aufnimmt und verzinst, nennt man ein ritterschaftliches Credit-System, und die über die aufgenommenen Gelder ausgestellte Obligationen ritterschaftliche Pfandbriefe.

Eisenbahn-Actien (Ende August 1847).

Berlin-Potsdam-Magdeburg (4 %) *). — Cours: 95 ℛ für 100 ℛ nominell. Fond: 4 Millionen Thaler, in Actien à 100 ℛ. — Dividende am 1. Januar.

Desgl. Obligationen Litt. A. und B. zum Ankauf der ursprünglichen Berlin-Potsdamer Bahn. — Die Obligationen Litt. B. werden allmälig amortisirt. — Das Ganze betrug 2,367,000 ℛ in Actien (A. und B.) zu 200 ℛ. — Cours: 93½ %. — Zinsen à 4 % am 2. Jan. und 1. Juli.

Desgl. Prioritäts-Obligationen mit 5 % Zinsen am 2. Januar u. 1. Juli; zur Verbindung der alten Potsdamer und neuen Magdeburger Bahn und der Bahnhöfe — 1,632,800 ℛ in Oblig. à 100 ℛ — im Jahre 1847 vermehrt um 1½ Million Thaler. — Cours: 101 %.

Magdeburg-Leipzig (4 %). Cours: 226 ℛ für eine Actie v. 100 ℛ. Fond: 23000 Actien mit Dividende (am 1. März) die 1846 11½ % betrug.

Desgl. Prioritäts-Obligationen mit 4 % Zinsen am 2. Januar und 1. Juli. Cours: 99½ ℛ für 100 ℛ nominell. — Anl. 1,800,000 ℛ in Oblig. à 100 ℛ. — Alljährliche Tilgung bis 1874.

Magdeburg-Halberstädter (4 %). — Cours: 114¼ ℛ für eine Actie von 100 ℛ. — Fond: 17000 Actien mit Dividende (am 1. Januar), 1846 5¼ %.

Magdeburg-Wittenberge mit 4 %, während der Bauzeit. — Cours: 86 %. — Fond: 4½ Millionen Thaler in Actien à 200 ℛ.

Berlin-Anhalt Litt. A. und B. (4 %). — Cours: 111 %. — Ursprünglicher Fond: 3 Millionen Thaler in Actien à 200 ℛ mit Coupons per 1. Juli auf 4 % Zinsen und Dividendenscheinen per 1. Januar. Die letztere betrug 1846 4 %. — Dazu kamen zum Bau der Jüterbock-Risaer Bahn 3 Millionen Thaler Litt. B.

Desgl. Prioritäts-Actien mit 4 % Zinsen am 1. Januar und 1. Juli. — Cours: 95 %. — Anleihe 1½ Millionen Thaler in Actien à 500 und 100 ℛ.

---

*) Die in Parenthese geschlossenen Zins-Procente werden zwar beim Umsatz der Actien in Rechnung gebracht; in Wirklichkeit aber wird nur die jährliche Dividende, wie sie durch Beschluß der General-Versammlungen gewährt wird, an die Actionärs ausbezahlt.

Berlin-Hamburg (4 %). — Cours: 106½ %. — Fond: 25000 Actien Litt. A. und 15000 Litt. B. à 200 ℛ︎. — Der Netto-Ertrag wird so vertheilt, daß vorerst die Litt. A. 4½ %, dann die Litt. B. 3½ % erhalten. Uebersteigt der Ertrag diesen Bedarf, so werden höchstens 80000 ℛ︎ zur Reserve genommen; von dem Reste erhalten ⅝ die Actien Litt. A. und ⅜ die Litt. B., mit welchen letztern ⅜ jedoch die Actien Litt. B. getilgt werden sollen.

Desgl. Prioritäts-Actien mit 4½ % Zinsen am 1. Jan. und 1. Juli. Cours: 101⅛ %. — Anleihe 5 Millionen Thaler in Oblig. à 500, 200, 100 u. 50 ℛ︎. — Tilgung von 1848 an mit mindestens ½ %.

Niederschlesisch-Märkische mit 4 % Zinsen, am 1. Jan. u. 1. Juli, wovon 3½ % von der Regierung garantirt sind. — Cours: 89½ %. — Fond: 8 Millionen Thalern in Actien à 100 ℛ︎, wovon ¼ von der Regierung übernommen wurde.

Desgl. Prioritäts-Actien mit 4 % Zinsen, am 1. Jan. und 1. Juli. Anleihe zum Ankauf der Berlin-Frankfurter Bahn, 4,175,000 ℛ︎ in 28000 Stück Actien à 100 ℛ︎ und 22000 Stück à 62½ ℛ︎.

Desgl. mit 5 % Zinsen am 1. Jan. u. 1. Juli. — Cours: 103 %. Anl. von 3½ Mill. Thaler, wozu 1847 noch 2,300,000 ℛ︎.

Oberschlesische Litt. A. mit 4 % am 1. Januar und 1. Juli. Cours: 107 %. Fond: 1,429,700 ℛ︎ in Actien Litt. A. zu 100 ℛ︎ für Breslau-Oppeln und 2,400,000 ℛ︎ Litt. B. für Oppeln-Berun. Die letztern stehen circa 6 % niedriger als Litt. A., weil sie verloost werden.

Desgl. Prioritäts-Actien mit 4 % Zinsen, am 2. Jan. und 1. Juli. Anl. 370,000 ℛ︎; 1846 1,276,000 ℛ︎ dergl. Litt. B. Neuerdings ist von einer Vermehrung der Stammactien um 823,800 ℛ︎ die Rede.

Berlin-Stettin (4 %) mit Dividendenscheinen per 1. Jan. u. 1. Juli. — Cours: 112 %. Fond: ursprünglich 13620 Actien Litt. A. u. B. à 200 ℛ︎ und halbe zu 100 ℛ︎, später durch Uebernahme des Baues bis Stargardt erhöht auf 4,224,000 ℛ︎ und neuerdings noch um 600,000 ℛ︎. — Divid. 1845 und 1846 1¼ %.

Stargard-Posen, während des Baues mit 4 % verzinset. — Cours: 84 %. — Fond: 5 Millionen in Actien à 100 ℛ︎.

Sagan-Sprottau-Glogau, niederschlesische Zweigbahn, mit 4 % Zinsen, am 1. Januar. — Cours: 58 %. — Fond: 1½ Millionen Thaler in Actien à 100 ℛ︎.

Desgl. Prioritäts-Actien, mit 4½ % Zinsen, am 1. Jan. u. 1. Juli. — Anleihe ½ Million Thaler in Oblig. à 200 und 100 ℛ︎.

Neisse-Brieg, während der Bauzeit 4 % Zinsen. — Cours: 65 %. — Fond: 1,051,000 ℛ︎ in Actien à 100 ℛ︎.

Breslau-Schweidnitz-Freiburg (4 %). — Cours: 100½ %. — Fond: ursprünglich 7500 Actien à 200 Rthlr., 1846 um 3500 Stück und 1847 um 1000 Stück vermehrt. Dividende (am 1. Jan. u. 1. Juli) 1¼ % außer 4 % Zinsen.

Desgl. Prioritäts-Actien mit 4 % Zinsen, am 1. Jan. und 1. Jul. — Cours: 100½ %. — Anleihe 1843 400,000 Rthlr. in Actien à 200 Rthlr.

Krakau-Oberschlesische, mit 4 % Zinsen, am 1. Januar. — Cours: 78 %. — Fond: 1,800,000 Rthlr. in Actien à 100 Rthlr.

Wilhelmsbahn (Cosel-Oderberg), mit 4 % Zinsen, am 1. Januar. — Cours: 83 %. — Fond: 1⅕ Mill. Thaler in Actien à 100 Rthlr.

Desgl. Prioritäts-Actien, mit 5 % Zinsen. — Cours: 102 %. Anleihe 251,000 Rthlr. in Actien à 100 und 50 Rthlr.

Bonn-Cöln, mit 5 % Zinsen, am 1. Januar. — Cours: 127 %. — Fond urspr. 876,000 Rthlr. in Actien à 100 Rthlr. — 1846 um 1752 neue Actien vermehrt. — Dividende 1846: 2½ Rthlr.

Rheinische Eisenbahn (4 %). — Cours: 86 %. — Fond: ursprünglich 4½ Millionen Thaler in Actien à 250 Rthlr. — Div. (am 1. Juli) 3½ % für $18\frac{46}{47}$.

Desgl. Prioritäts-Actien, mit 4 %, am 1. Jan. u. 1. Juli. — Cours: 93 %. — Anleihe 1840: 2½ Millionen Thaler in privilegirten Obligationen à 250 Rthlr. Tilgung von 1846 an jährlich ½ % nebst Zinsersparung.

Desgl. Preferential-Actien, mit 4 %, am 1. Januar. — Cours: 92½ %. — Anleihe 1843: 1¼ Million, 1844: ¼ Mill. Thaler; 3½ % Zinsen vom Staate garantirt.

Desgl. Prioritäts-Stamm-Actien, mit 4 % Zinsen per 1. Januar. — Cours: 92 %. — Anl. 1845: 1 Million Thaler. — Sie nehmen an der Dividende Theil, wenn sie 4 % übersteigt.

Cöln-Minden, mit 4 % Zinsen während der Bauzeit. — Cours: 97 %. — Fond: 13 Millionen Thaler in Actien à 200 Rthlr. — Der Staat übernahm ⅐ und garantirte 3½ %; übersteigt aber die Divid. 5 %, so fällt ⅓ davon dem Staate zu. — Um die noch nöthigen 1⅓ Millionen Thaler aufzubringen, sollen Prioritäts-Actien mit 4½ % Zinsen ausgegeben werden.

Düsseldorf-Elberfelder (5 %). — Cours: 104 %. — Fond: 10278 Actien à 100 Rthlr., mit Dividendenscheinen per 2. Jan. 1847 mit 4 % eingelöst.

Desgl. Prioritäts-Actien, mit 4 %, am 1. Jan. u. 1. Juli. Anleihe 1842: 1 Million Thaler in Actien à 100 Rthlr.

Bergisch-Märkische, mit 4 % während der Bauzeit; nachher 3½ % vom Staate garantirt. — Cours: 85 %. — Fond: 4 Millionen Thaler in Actien à Rthlr., wovon der Staat ¼ übernommen.

Prinz-Wilhelm (Steele-Vohwinkel), mit 4 % Zinsen, am 1. Juli. — Cours: 78 %. — Fond: 1,300,000 ₰ in Actien à 100 ₰.

Halle-Thüringen (mit 4 % am 1. Januar). — Cours: 94½ %. — Fond: 9 Millionen Thaler in Actien à 100 ₰, wovon die betheiligten Staaten ⅓ übernommen, indem sie so lange auf Dividende verzichten, als diese 3½ % nicht erreicht. — 1847 Prioritäts-Anleihe von 4 Millionen Thaler, wovon Preußen die Hälfte, Weimar 600,000 u. Gotha 400,000 ₰ übernimmt, in Act. à 200 ₰ mit 3½ % Zinsen und steigender Prämie.

Cöln-Minden-Thüringer Verbindungsbahn, 4 % während der Bauzeit. — Cours: 72 %. — Fond: 5½ Millionen, in Actien à 100 ₰.

Außerdem kommen noch vielerlei fremde Actien an der berliner Börse vor, worüber das Nähere an geeigneter Stelle zu finden ist. In Berlin rechnet man die holländischen Actien zu 145 ₰ für 250 Fl. holländ.; die östreichischen zu 2 ₰ für 3 Fl. Capital; die Zinsen zu 103 ₰ für 150 Fl. Conv.; die süddeutschen Bahnen zu 4 ₰ für 7 Fl. im 24½ Fl.Fuße; die hamburger zu 2 Mark Banco für 1 ₰; den dänischen Species zu 1½ ₰; die östreichischen und toscanischen Liren zu 2 ₰ für 9 Lire. Der Cours der russischen Actien versteht sich in Thalern für 200 Rubel Banco.

Course der ausländischen Fonds.

Oesterreich.

In österreichischen Fonds werden fast gar keine Geschäfte gemacht; der Cours versteht sich in preuß. Thalern per 150 Fl. und die Zinsen werden zu 103 ₰ = 150 Fl. gerechnet. Die Bankactien werden jedoch in preuß. Thalern per Stück bezahlt und die Zinsen à 3 %, ebenfalls à 103 ₰ für 150 Fl. Die Actie wird à 1000 Fl. angenommen.

Rußland.

Inscriptionen in Silber in hamburg. Certificaten. Zinsf.: 5 %, Cours: 105¾ Rub. Silb. für 100 Rub. Silb. nom., Zinsterm.: 1. März u. 1. Sept., werden ebenfalls nicht mehr notirt.

Kapital zum Cours und Zinsen pari (vom Nennwerthe), wird immer für 93 Rub. Silb. 100 ₰ preuß. Court. gerechnet.

Es wird in Abschnitten von 500 Rub. Silb. gehandelt und Zinszahlungen finden gegen Coupons in Hamburg bei der Administration statt. Die Original-Inscriptionen haben keine Coupons, die Zinsen werden durch Vollmacht in Petersburg eingezogen.

Dito bei Hope u. Comp. (3. u. 4. Serie). Zinsf.: 5 %, Cours: 100½ Silb.-Rub. für 100 Silb.-Rub. nom., Zinst.: 3. Serie 1. Juni u. 1. Dez., 4. Serie 1. Mai u. 1. Nov.

Kapital und Zinsen wie oben. Zinszahlung bei der Administration in Amsterdam, auch in Berlin, auf vorheriges Anmelden und Abstempeln der Coupons, bei Anhalt und Wagner.

Dito 4 % (1. Anleihe). Cours: 93 Rub. Silb. für 100 Rub. nomin. Zinsterm.: 1. Febr. und 1. August.

Dito bei Stieglitz (2. 3. 4. Anl.) 4 % ebenso.

Engl. Anleihe v. 1822. Zinsf.: 5 %, Cours: 109½ £ für 100 £ nom., Zinst.: 1. März u. 1. Sept.

Kapital und Zinsen den £ à 6¾ Thlr. gerechnet. Zinsen werden in Petersburg und in London gezahlt.

Diese Obligationen sind sowohl in £ als in Rub. Silb. (à 37 Pence pr. 1 Rub. Silb.) ausgestellt, und die Abschnitte bestehen in £ à 111, 148, 518, 999 und 1036, und in Silb.-Rub. à 720, 960, 3360, 6480 und 6720.

Polen.

Schatz-Obligationen. Zinsf.: 4 %, Cours: 82 Silb. Rub. für 100 Silb. Rub. nom. Zinst.: 1. April u. 1. Oct. Diese Obl. waren früher in poln. Fl. ausgestellt und haben 5 % Zinsen getragen. Im Jahre 1842 wurden sie in Silb. Rub. umgeschrieben und auf 4 % reducirt. Die Abschnitte bestehen à 500, 150 und 100 Silb. Rub. Berechnung wie bei den russ. Papieren.

Pfandbriefe (alte). Zinsf.: 4 %, Cours: 94¼ Thlr. preuß. Crt. für 600 Fl. poln., Zinst.: 22. Juni u. 22. Dez.

Abschnitte sind: Litt. A. 20000, B. 5000, C. 1000, D: 500 und E. 200.

Dito (neue). Zinsf.: 4 %, Cours: 94 Thlr. preuß. Crt. für 600 Fl. poln., Zinst.: 22. Juni u. 22. Dez.

Bank-Certificate über alte Pfandbriefe. Zinsf.: 4 %, Cours: 94 Thlr. preuß. Crt. für 600 Fl. poln., Zinst.: 22. Juni u. 22. Dez.

Diese Certificate werden von der polnischen Bank, nach einer Bekanntmachung vom 29. März 1833, gegen Uebergabe alter polnischer Pfandbriefe ausgegeben, und gewähren den Inhabern manche Vortheile. Beim Einlösen der verloosten Pfandbriefe nimmt die Bank ½ % Provision. (Siehe Warschau.)

Certific. Litt. A. à 300 Fl. poln. Zinsf.: 5 %, Cours: 95 Thlr. preuß. Court. für 600 Fl. poln., Zinsterm.: 1. Jan. und 1. Juli.

Bei allen diesen polnischen Papieren rechnet man das Kapital zum Cours in preußischem Courant aus, und legt die Zinsen, nachdem sie zu dem festen Satz von 95 ℛ𝓉 preuß. Cour. für 600 Fl. poln., ebenfalls in preuß. Cour. reducirt wurden, hinzu.

Certific. Litt. B. à 200 Fl. zinslose 17 ℛ𝓉 für ein Stück.
dito mit 5 % Zinsen 32½ ℛ𝓉 für ein Stück. Zinst.: 1. Jan. und 1. Juli.

Partial-Obligat. von 1829. Unverz., Cours: 96 ℛ𝓉 pr. Cour. für 1 Loos von 300 Fl. polnisch.

Diese Anleihe besteht in 147000 Obligat. (à 300 Fl.) in 2940 Serien getheilt, und wird in 25 Jahren (bis 1854) dergestalt verlooft, daß der kleinste Gewinn dem Inhaber des Looses den Nennwerth desselben nebst 4 % einfacher Zinsen sichert; außerdem sind aber auch Gewinne von 400000 Fl., 370000 Fl. u. s. w.

Partial-Obligat. von 1835. Unverz., Cours: 79 ℛ𝓉 pr. Cour. für 1 Loos von 500 Fl. polnisch.

Die Anleihe beträgt 150 Mill. Fl. poln., und die darüber ausgestellten 300,000 Obligationen werden in 40 Jahren (bis 1875) auf folgende Weise verlooft: in den ersten 9 Jahren fanden 9 gleiche Ziehungen statt, deren höchster Gewinn 1 Mill. Fl. und niedrigster 750 Fl. war. In der 10. Ziehung (1845) war der Hauptgewinn 1,200,000 Fl. und der kleinste ebenfalls 750 Fl. Von 1846 bis 1875 aber zahlt die Bank den Inhabern der Loose 4 % jährliche Zinsen und für jede gezogene Obligation 700 Fl. Zinsen 1. Jan. und 1. Juli.

Holland.

Integrale. Zinsf.: 2½ %, werden nicht mehr notirt, bei vorkommenden Fällen rechnet man circa 50 Fl. niederl. für 100 Fl. nom., Zinst.: 1. Jan. und 1. Juli.

Kapital zum Cours, nebst Zinsen vom Nennwerthe der Obligationen, immer 145 ℛ𝓉 preuß. Court. für 250 Fl. niederl.

Hamburg.

Feuercassen-Anleihe. Zinsf.: 3½ %, Cours: 85 mℓ Bco. für 100 mℓ nom. Zinst.: 1. Febr. u. 1. Aug. (1 ℛ𝓉 preuß. = 2 mℓ), s. Hamburg.

Staatsprämien-Anleihe, zinslos; dagegen Gewinn-Verloosungen. Der Cours ist 85 mℓ Bco. für 1 Loos von 100 mℓ Bco. (1 ℛ𝓉 preuß. = 2 mℓ Bco.)

Hessen-Cassel.

Prämienscheine à 40 ℛ𝓉 mit 32½ ℛ𝓉 bezahlt.

Baden.

Prämienscheine à 35 Fl. mit circa 20 ℛ𝓉 bezahlt.

Sardinien.

Prämienscheine à 36 Francs mit 9—10 ℛ𝓉 bezahlt.

Sobald andere fremde Anleihen im Handel vorkommen, wird das £ zu 6⅔ ℛ︎, der spanische Piaster zu 1½ ℛ︎ gerechnet.

Usanzen beim Fonds-Geschäft.

Die Fonds-Geschäfte werden an hiesiger Börse unter sehr verschiedenen Bedingungen abgeschlossen, deren hauptsächlichste und gewöhnlichste Bestimmungen folgende sind:

Man kauft Staatspapiere:

per Cassa, per Comptant, Zug um Zug; das sind Geschäfte, die gegen baare Zahlung sogleich abgemacht werden.

Auf Zeit fix nennt man, wenn zum Liefern der Effecten ein bestimmter Tag festgesetzt wird, und weder Verkäufer noch Käufer eher liefern oder verlangen kann, als es ausgemacht ist.

Nach einer Allerhöchsten Kab.-Ordre v. 13. Mai 1840 sind solche Zeitkäufe oder Lieferungs-Verträge nur bei den inländischen Staats- und Communal-Papieren rechtsgültig; genießen aber bei den Ausländischen keinen gerichtlichen Schutz.

Auf Zeit täglich heißt: wenn es dem Käufer frei steht die Lieferung bis zu einer bestimmten Zeit täglich fordern zu können, doch giebt es auch Geschäftsfälle, wo die Wahl der täglichen Lieferung vom Verkäufer abhängt.

Fix und täglich; oder: hier wird der Lieferungstermin in 2 Perioden getheilt. In der ersten Periode darf der Käufer die Aushändigung der Papiere nicht fordern, in der zweiten kann er sie alle Tage fordern.

Nochgeschäfte; da macht sich der Käufer die Bedingung, in der festgesetzten Zeit nach Belieben das doppelte, dreifache u. s. w. der abgeschlossenen Summe vom Käufer verlangen zu können. Mitunter bedingt sich auch der Verkäufer eine höhere Summe liefern zu können.

Prämiengeschäfte sind zweierlei Art: Vorprämie nennt man, wenn der Käufer sich vorbehält eine auf Zeit (fix oder täglich) abgeschlossene Summe in Papieren nicht abnehmen zu dürfen, dafür aber den Verkäufer durch eine Prämie, Reugeld, von ½, 1, 2, 3 % u. s. w. zu entschädigen. Die Rückprämie bedingt sich der Verkäufer zu zahlen, im Fall er seiner Zeit nicht liefern will.

Stellgeschäfte. Hier zahlt — oder verpflichtet sich zu zahlen — einer von den beiden Contrahenten, eine gewisse Prämie, wodurch er sich das Recht erwirbt, eine Summe in Staatspapieren, binnen einer bestimmten Zeit, zu einem bedungenen Course, von dem Andern fordern oder ihm liefern zu können. Im Falle aber keines von beiden geschehen sollte, wird die Prämie als Entschädigung angenommen. Gewöhnlich erfolgt diese Erklärung 1 Tag vor dem Ablauf des festgesetzten Termins.

Die Kündigung bei Zeitgeschäften muß bis 1½ Uhr Nachmittags, die Ablieferung der Papiere längstens bis 6 Uhr Abends erfolgen. Unterbleibt die eingegangene Verbindlichkeit, so kann der andre Theil Protest erheben, und mittelst desselben, und eines Attestes von einem vereideten Mäkler über die Coursdifferenz, seine Ansprüche gerichtlich geltend machen; unterläßt er die Klage in den nächsten 6 Wochen, so ist sein Recht unbedingt erloschen. Ein gleiches findet statt bei den Prämien, auf deren Zahlung ebenfalls durch gerichtliche Klage gedrungen werden kann.

Nach einer Königl. Verordnung vom 24. Mai 1844 ist der Handel mit Eisenbahn-Quittungsbogen oder Interimsscheinen, ebenso wie schon durch die Königl. Verordn. vom 19. Jan. 1836 der Handel mit spanischen Papieren nur dann erlaubt, wenn er von beiden Theilen Zug um Zug (pr. Kasse) erfüllt wird; hingegen ist jeder Abschluß von Zeitkauf- oder Lieferungs-Verträgen über dieselben den Mäklern bei Strafe der Amtsentsetzung untersagt.

Preußische Maaße.

Längenmaaß.

Grundeinheit: der Fuß = 139,13 par. Linien oder 0,31385 Meter.

1 Ruthe	= 12 Fuß	= 144 Zoll	= 1728 Linien	= 20736 Scrupel.
	1 „	= 12 „	= 144 „	= 1728 „
		1 „	= 12 „	= 144 „
			1 „	= 12 „

Auf den in Werkstätten gebräuchlichen Maaßstäben ist der Zoll in Achtel getheilt.

Für das Feldmessen wird die Ruthe in 10 Theile, 100 Theile u. s. w. getheilt, die beziehlich Decimalfuß, Decimalzoll u. s. w. heißen.

1 Elle = $25\frac{1}{2}$ Zoll = 295,65125 par. Linien oder sehr wenig über $\frac{2}{3}$ Meter.

In der Praxis rechnet man:

8 Yard = 11 Ellen, also 100 Yard = $137\frac{1}{2}$ Ellen, anstatt (wie richtig wäre) 137,03 Ellen.

4 Stab = 7 Ellen, also 100 Stab = 175 Ellen, anstatt sehr nahe an 180 Ellen.

7 leipziger Ellen = 6 berliner Ellen, also $116\frac{2}{3}$ Ellen in Leipzig = 100 in Berlin, anstatt 118 = 100.

1 Faden (beim Seewesen) = 6 Fuß.

1 Meile = 2000 Ruthen oder 7532,485 Meter, mithin etwa $1\frac{1}{20}$ % größer als eine geogr. Meile; 15 geogr. = $14\frac{3}{4}$ preuß. Meilen.

1 Lachter (beim Bergbau) = 80 Zoll oder 2,0924 Meter.

1 Lachter	= 8 Achtel	= 80 Zoll	= 800 Primen	= 8000 Secunden.
	1 „	= 10 „	= 100 „	= 1000 „
		1 „	= 10 „	= 100 „
			1 „	= 10 „

Flächenmaaß.

1 □Ruthe = 144 □Fuß = 20736 □Zoll = 2985984 □Linien.
1 „ = 144 „ = 20736 „
1 „ = 144 „

1 □Ruthe = 14,18459 □Meter.
1 Morgen = 180 □Ruthen oder 25,53 Are.

Körpermaaß.

1 Kubikfuß = 1728 Kubikzoll = 2985984 Kubiklinien.
1 „ = 1728 „

1 Kubikfuß = 1558,542384 (..383968) pariser Kubikzoll.

1 Klafter = 108 Kubikfuß. (Wird erhalten in einem körperlichen Raum von 6 Fuß Länge, 6 Fuß Breite, 3 Fuß Höhe, oder 12 Fuß Länge, 3 Fuß Breite, 3 Fuß Höhe). Dient für Brennholz, Erde, Torf, Steine, Mauerwerk u. s. w.

1 Schachtruthe = 144 Kubikfuß = 4,45 Stères.

1 Scheffel = 3072 Kubikzoll = $\frac{16}{9}$ Kubikfuß = 2770,742016 pariser Kubikzoll oder 54,96 Liter. Der Scheffel wird getheilt in 16 Metzen; 1 Metze also 192 Kubikzoll = $\frac{1}{9}$ Kubikfuß = 173,171376 pariser Kubikzoll oder 3,435 Liter. 1 Wispel = 24 Scheffel (zuweilen 25).

1 Last Getreide hat 60 Scheffel.

Soviel Thaler ein preußischer Scheffel kostet, soviel Mal kostet in

Amsterdam	1 Hectoliter	3 Fl. 25 Cts.
„ Baiern	1 Scheffel	7 Fl. 5 Xr.
„ Dresden	1 Scheffel	1 Thlr. 27 Ngr. 4 ₰.
„ Frankfurt	1 Malter	3 Fl. 39 Xr.
„ Hamburg	1 Last	46 ℳ 7 ß.
„ London	1 Quarter	15 s. 8 d.
„ Mainz	1 Malter	4 Fl. 5 Xr.
„ Paris	1 Hectoliter	6 Frs. 82 Cts.
„ Prag	1 Strich	2 Fl. 26 Xr.
„ Rußland	1 Tschetwert	3 Rubel 55 Kop.
„ Schweden	1 Tonne	6 Rthlr. 47 ß.

1 Tonne = 4 Scheffel, oder 192 Quart, oder 7$\frac{1}{9}$ Kubikfuß zu trocknen Waaren, als Salz, Gips, Asche. Die Leinsaat-Tonne = 37$\frac{2}{3}$ Metzen.

1 Quart = $\frac{1}{3}$ Metze = 64 Kubikzoll = $\frac{1}{27}$ Kubikfuß = 57,723792 pariser Kubikzoll oder 1,145 Liter.

Weinmaaß:

1 Oxhoft = 1$\frac{1}{2}$ Ohm = 3 Eimer = 6 Anker = 180 Quart.
1 „ = 2 „ = 4 „ = 120 „
1 „ = 2 „ = 60 „
1 „ = 30 „

1 Eimer hält 3463,43 Kubikzoll (= circa 60 Kubikfuß) oder 68,7019 Liter.

1 Flasche Wein gewöhnlich $\frac{3}{4}$ Quart, 1 Schoppen $\frac{3}{8}$ Quart.

1 Biertonne = 100 Quart = 114,5 Liter.

1 Gebräude	=	9 Kufen	=	18 Faß	=	36 Tonnen	=	3600 Quart.
		1 „	=	2 „	=	4 „	=	400 „
				1 „	=	2 „	=	200 „
						1 „	=	100 „

Spiritus. Die berliner Preise verstehen sich stets für 200 Quart à 54 % oder 10800 % nach Tralles. — Der Oxhoft hat 180 Quart.

Preußisches Gewicht.

Das preußische Pfund ist der 66ste Theil von dem Gewicht eines Kubikfußes destillirten Wassers im luftleeren Raume bei 15° Reaumur.

1 Pfund = 467,711012733 Gramm.

Handelsgewicht:

1 Centner	=	110 Pfund	=	3520 Loth	=	14080 Quentchen.
		1 „	=	32 „	=	128 „
				1 „	=	4 „

1 Zollcentner = 100 Zollpfund = 50 Kilogrammen = 106,9 Pfund preuß., so daß also der Zollcentner um nahe an 3 % leichter ist als der preußische Centner.

1 Schiffslast = 4000 Pfund.

1 preuß. Schiffslast = 1,841 engl. tons
= 1,871 tonneau
= dänische Commerzlasten.

1 Medicinalpfund = 24 Loth = $\frac{3}{4}$ Pfund.

Medicinalpfund		Unzen		Drachmen		Scrupel		Gran		Loth
℔		℥		ʒ		℈		Gr.		
1	=	12	=	96	=	288	=	5760	=	24
		1	=	8	=	24	=	480	=	2
				1	=	3	=	60	=	$\frac{1}{4}$
						1	=	20	=	$\frac{1}{12}$
								1	=	$\frac{1}{240}$

Gold- und Silber-Gewicht ist die Mark = $\frac{1}{2}$ Pfund = 233,855506366 Gramme. Sie wird nach der Maaß- und Gewichtsordnung in 288 Grän getheilt. Zur Bestimmung des Feingehalts theilt man indeß für Silber die Mark in 16 Loth à 18 Grän, für Gold die Mark in 24 Karat à 12 Grän.

Das Juwelen-Karat ist = $\frac{9}{160}$ Quentchen = 0,205537 Gramme.

Von zählenden Gütern rechnet man das Stück Garn zu 20 Gebinden à 40 Faden à $3\frac{1}{4}$ berlin. Ellen; 1 Schock Stroh = 4 Mandel, oder 60 Bund à 20 Pfund; 1 Ballen = 10 Rieß à 20 Buch à 24 Bogen Schreib- und 25 Bogen Druckpapier; 1 Zimmer = 4 Decher à 10 Stück; 1 Groß = 12 Dutzend à 12 Stück.

Auf Messen rechnet man die engl. Yard = $1\frac{3}{8}$ berliner Ellen; die franz. Aune oder Stab zu $1\frac{3}{4}$ berliner Ellen und die leipziger Elle = $\frac{7}{8}$ berliner Ellen oder einen halben franz. Stab.

Das Salz wird auf den Königl. Faktoreien gewogen, und die Tonne à 4 Scheffel enthält 405 Pfund.

Im Wollhandel bedient man sich des Steins von 22 Pfund = ⅕ Centner.

Brennholz wird in Berlin nach Haufen von 4½ Klaftern = 486 Kubikfuß aufgesetzt, 18 Fuß lang, 3 Fuß breit, 9 Fuß hoch. Den Torf mißt man nach Haufen von 240 Körben. Feldsteine werden nach Kummen von 6 Fuß Länge, 4 Fuß Breite, 1 Fuß Höhe = 24 Kubikfuß gemessen.

An die Königl. Magazine muß gewöhnlich der Wispel Roggen und Gerste zu 25, und Hafer zu 26 Scheffel eingeliefert werden, wird dagegen zu 24 Scheffel ausgemessen, und das mehr gelieferte fürs Eintrocknen und Verlust beim Ausmessen gerechnet. Uebrigens soll nach der Maaß- und Gewichtsordnung das niedrigste Gewicht eines preuß. Scheffels Erbsen und Hülsenfrüchte 90¼, Weitzen 85¼, Roggen 80¼, Gerste 55¼ und Hafer 45¼ ℔ sein; 1 Scheffel Mehl soll 75 ℔ wiegen.

Oeffentliche Handels-Anstalten.

Berliner Hauptbank.

Die im Jahre 1765 von der preußischen Regierung errichtete Berliner Haupt- (Staats-) Bank wurde 1846 reorganisirt und erhielt den Namen „Preußische Bank," welche mit dem 1. Jan. 1847 ins Leben trat und mit mehrern Provinzial-Bank-Comtoiren in Verbindung steht. Der Fond besteht aus den Ueberschüssen der alten Bank von 1,197,583 ℛℳ nominell, aus 10 Millionen gegen Privat-Actien à 1000 ℛℳ und aus dem Reservefond, der aber 50 % des Fonds nicht übersteigen darf. Dazu sind der Bank zur Vermehrung ihres Betriebs-Capitals die Depositen der Behörden, Kirchen, Schulen, Stiftungen und andern öffentlichen Anstalten überwiesen. Die Bank ist Disconto-, Leih-, Giro-, Depositen- und Wechselbank, kann bis zu 15 nach drei Jahren bis zu 21 Millionen Banknoten à 25 — 500 ℛℳ Noten ausgeben, concentrirt die Eincassirung der Landes-Einnahme, ist verbunden der Regierung Vorschüsse zu machen, und genießt Stempel-, Sportel- und Portofreiheit.

Die Bank errichtet Commanditen in Memel, Elbing, Stolpe, Posen, Elberfeld. Außerdem werden Bankgeschäfte getrieben von den Regierungs-Hauptkassen in Aachen, Bromberg, Cöslin, Düsseldorf, Erfurt, Frankfurt a. O., Liegnitz, Minden, Oppeln, Stralsund und Trier.

Die General-Direction der Seehandlungs-Societät.

Diese Anstalt wurde im Jahre 1772 von Privatpersonen, jedoch unter Garantie des Staates, errichtet, und ihre Verhältnisse sind durch eine Königl. Kab.-Ord. vom 17. Jan. 1820 im Folgenden genauer bestimmt worden. Die General-Direction der

Seehandlungs-Societät bildet ein für sich bestehendes unabhängiges Geld- und Handlungs-Institut des Staates. Dem Chef, welcher zugleich Königlicher Kommissarius ist, ist die specielle Leitung der Geschäfte der Anstalt mit unumschränkter Vollmacht übertragen. Diese Geschäfte erstrecken sich auf den Ankauf des überseeischen Salzes für Rechnung des Staates, die Einziehung der Salzdebits-Ueberschüsse für die betheiligten Kassen; auf den Chausseebau in der Monarchie, den sie zum Theil unmittelbar selbst ausführt, zum Theil durch ansehnliche Vorschüsse unterstützt (weshalb sie auch im Jahre 1832 ein Prämiengeschäft von 12 Mill. Thlrn. mit mehreren Handlungshäusern abgeschlossen, siehe preuß. Fonds-Course), ferner auf die Geld-Angelegenheiten des Staates im Auslande und selbst die im Inlande, bei denen eine kaufmännische Mitwirkung nicht füglich entbehrt werden kann. Ins Besondere ist dem Institute ein ausschließliches Recht auf die Besorgung aller derjenigen Geschäfte ertheilt, welche die Bezahlung der im Auslande kontrahirten Staatsschuld an Kapital und Zinsen für Rechnung der Haupt-Verwaltung der Staatsschulden, die Einziehung der für den Staat aus irgend einem Grunde im Auslande disponibel werdenden Gelder, und der Einkauf der demselben unentbehrlichen Produkte des Auslandes zum Gegenstande haben. Außer den genannten Geschäften befördert die Seehandlungs-Societät den Absatz inländischer Industrie, indem sie preußische Fabrikate für eigene Rechnung kauft, und nach entfernten Weltgegenden versendet, zu welchem Behufe sie auch im Jahre 1824 ein Comptoir in Stettin etablirt hat. Sie hat, nach vielen vergeblichen Versuchen, eine regelmäßige Dampfschifffahrt zwischen Berlin und Hamburg organisirt und hierdurch die so lang gewünschte Verbindung zwischen der Hauptstadt Preußens und dem ersten deutschen Seeplatze, hergestellt. Sie hat Königl. Leihämter gegründet, die der unbemittelten Klasse zu ihrer Aushülfe weit solidere und billigere Quellen darbieten, als die bisherigen. Sie hält ferner Niederlagen für unverkauft gebliebene Wolle und leistet den Wollproduzenten Vorschüsse darauf, damit sie im Stande sind den Verkauf abzuwarten. Auch nimmt sie Depositalgelder von 50, 100, 150, 200 u. s. w. gegen $3\frac{1}{2}$ % jährlicher Zinsen an und zahlt sie nach 6 monatlicher Kündigung zurück. Die von ihr, so wie von der Bank früherhin ausgegebenen Geldscheine sind in Folge einer Kab.-Ordre vom 5. Dez. 1836 eingezogen und cassirt worden.

Ferner befinden sich hier:

Eine preußische Renten-Versicherungs-Anstalt. Eine Lebens-Versicherungs-Anstalt. Ein Kassenverein, der Jedem, gegen eine Einlage von mindestens 100 Thalern ein Folium eröffnet, worauf er seine Zahlungen durch Ab- und Zuschreiben reguliren kann; der Verein discontirt auch Wechsel und giebt Darlehen auf Staatspapiere und andere derartige Effecten. Eine Feuer-

und eine Hagel-Versicherungs-Anstalt. Gesellschaften für Elb-Schifffahrt und für Oder-Schifffahrt. Beide mit Assecuranzen verbunden.

Außer den genannten giebt es hier noch mehrere Institute und Vereine zur Beförderung des Handels und der Industrie, sowie auch eine vorzügliche von der Regierung begünstigte Handelsschule, dermalen unter der Leitung des Herrn Noback.

Die hiesige Börsenordnung ist vom 7. Mai 1825. — Bei der Königl. Münze zahlt man für 10 und 5 Thalerstücke in Gold $\frac{1}{2}$ %, für Zweithalerstücke in Silber $\frac{9}{10}$ %, für Thaler $1\frac{1}{5}$ %. — An Privatleute giebt die Münze $13\frac{5}{6}$ ℛℓ gemünztes Geld für eine feine Mark ungemünztes Metall.

Der hiesige sehr bedeutende Wollmarkt beginnt mit dem 19. Juni und dauert 5 Tage, den Sonntag ausgeschlossen. Auf dem Markte von 1846 betrug die Zufuhr 80000 Centner.

Bern,

Hauptstadt des gleichnamigen Kantons der Schweiz, zählt 22400 Einwohner. Die Hauptindustrie des Kantons ist die Leinwandfabrikation, auch verfertigt er einige Seidenstoffe. Ein Haupterwerbzweig ist seine Alpenwirthschaft. Die Käse des Emmenthals haben im In- und Auslande einen großen Ruf erlangt.

Münzen.

Man rechnet zwar im Allgemeinen nach

Schweizerfranken oder Livres zu 10 Batzen à 10 Rappen, theilt aber den Livre zuweilen auch in 20 Sous à 12 Deniers. Auch wird mitunter nach Gulden zu 15 Batzen à 4 Kreuzer gerechnet. Hier und da nennt man $2\frac{1}{2}$ Schweizerfranken eine Krone, den halben Gulden auch Pfund, welches letztere sonst in 20 Schillinge getheilt wurde.

Wirklich geprägte Münzen s. die Tabellen.

Geldtarif in Capital und Cassenwerth.

Der Fünffrankenthaler	$34\frac{1}{2}$ Batzen.
Der Brabanterthaler	$39\frac{1}{2}$ =
Das schweiz. 40 Batzenstück . . .	40 =
Der schweiz. Louisd'or	160 =
Das 20 Frankenstück	130 =

Im sogenannten Courantfuß gilt jedoch das Fünffrankenstück 35, der Kronenthaler 40 Batzen.

Die Wechselcourse berechnet er wie Basel.

Die Maaße und Gewichte sind seit 1838 die des Schweizer-Concordats (s. d.).

Seit 1834 besteht in der Stadt Bern eine Bankanstalt unter dem Namen „Kantonal-Bank.“ Sie ist ein Comptoir der Regierung, durch welches diese die öffentlichen Gelder zinstragend macht, indem sie selbige vorzüglich im Kanton auf Sicherheit ausleiht. Die Bank hat Zettel auf 10, 50, 100 Stück franz. 5 Frankenthaler lautend ausgegeben.

Bielefeld,

eine Kreisstadt des preuß. Regierungsbezirks Minden, an der Lutter, mit 7000 Einwohnern, Fabriken in Gingham, Leinen und Damast, und bedeutendem Leinwandhandel.

Münzen, Maaße, Gewichte wie Berlin.

Alte Maaße wie Minden. 8 bielefelder = 7 berliner Ellen.

Bilbao,

Hauptstadt der spanischen Provinz Biscaya mit einem sehr besuchten Hafen am biscaischen Meere, zählt 15000 Einwohner, welche in Wolle, Wein, Oel, Nüssen, Kastanien rc. Handel treiben.

Münzen.

Man rechnet hier nach Reales zu 34 Maravedis de Vellon castilianische Währung.

1 Escudo = 10 Reales; 1 Doblon = 4 Pesos à 8 Reales; 1 Ducado = 11 Reales; 1 Doblon = 512 Quartos à 4 Maravedis de Vellon; 1 Peso = 128 Quartos; 1 Real de Plata = 16 Quartos; 1 Real de Vellon = 8½ Quartos à 17 Ochavos à 2 Maravedis de Vellon.

Man sehe hierüber, so wie über die hiesigen Wechselarten und Respecttage Spanien.

Maaße und Gewichte.

Das Längenmaaß und das Flüssigkeitenmaaß ist das von Castilien, siehe Spanien.

Getreidemaaß. Die Fanega von 12 Celemines = 57 Liter.

Gewicht. Das Pfund wiegt 17 castilianische Unzen oder 489,28 Gramm. Der große Centner (zu Eisen) = 146 Pfund, der kleine Centner 100 Pfund.

Birkenfeld,

das Fürstenthum Birkenfeld, seit 1817 zu Oldenburg gehörig, auf dem linken Rheinufer, mit circa 26000 Einwohnern, rechnet nach Gulden des 24½ Guldenfußes, und hat 1842 die preuß. Maaß- und Gewichtsordnung angenommen.

Birmanisches oder Burmanisches Reich,

das aus den ehemaligen Königreichen Ava, Pegu und Arrakan zusammengesetzte, unter engl. Oberherrschaft stehende Kaiserthum, mit der Hauptstadt Rangoon (20,000 Einw.).

Münzen wurden zwar von Silber in Ava und Arrakan geschlagen, die gewöhnlich Tikals genannt wurden, durchschnittlich 152 engl. Grains wogen und von Marsden einer Sicca-Rupie gleichgeachtet werden. Jetzt bedeutet der Tikal aber ein Gewicht von 255¼ Troy-Grains; 100 Tikals heißen ein Pehtha oder Biß und 1 Tikal hat 4 Mat'hs à 2 Mus à 2 Bais. Diese Gewichte dienen auch als Geld-Einheiten, indem man sich mit Silberstücken nach eben diesem Gewichte ausgleicht. Da aber das Silber von sehr verschiedener Probe ist, so läßt sich der Werth eines Tikals nicht unbedingt festsetzen. Zur Probe von $\frac{95}{100}$ oder 15¼ Loth würden nahe an 14⅞ Tikals auf die f. Vereins-Mark gehen, wornach ein solcher Tikal nicht viel über 28 Sgr zu stehen käme.

Für den Kleinhandel hat man auch Tikals in Blei, die nach Noback im Verhältniß von 500 = 1 gegen Silber stehen sollen.

Bogota (Santa Fé de),

Hauptstadt der Republik Neu-Granada, auf einer fruchtbaren Hochebene gelegen, von der das Flüßchen gleiches Namens sich in den großen Magdalenen-Strom stürzt. Der Ort zählt etwa 40000 Einwohner, und benutzt Honda am Magdalenen-Strom zu seinem Vorhafen, das einen steilen Bergpfad hinunter in nicht großer Entfernung liegt. Der Platz hat Interesse für die Fremden wegen eines ansehnlichen Umsatzes europäischer Industrie-Erzeugnisse.

Münzen, Maaße und Gewichte wie Caraccas.

Als Neu-Granada noch einen Theil des ehemaligen Columbiens bildete, betrug die Schuld dieses Staats in England nahe an 11 Millionen Pfund und die inländische Schuld circa 22 Millionen Dollars, wovon Neu-Granada 50 %, Venezuela 28½ %, Ecuador 21½ % übernahm. Da aber die Zinsen für die ausländische Schuld längst ausgeblieben, so stehen die Papiere in London circa 20 %.

Boliva s. Lima.

Bologna,

die gut gebaute päpstliche Hauptstadt der gleichnamigen Delegation in einer sehr fruchtbaren Ebene, am Fuße der Apenninen, mit 68000 Einwohnern, ansehnlichen Seidenmanufakturen und Ausfuhr von roher Seide, Hanf, Oel, Weinen u. dgl.

Münzen.

Man rechnet nach

Lire zu 20 Soldi à 12 Denari. Die Soldi werden auch Bolognini genannt, und sind eigentlich römische Bajocchi. Denn ein Scudo hat 5 Lire, 10 Paoli, 100 Soldi (500 Quattrini oder 1200 Denari). — Da man 9⅔ Scudi auf die f. Mark rechnet, so würden sonach 48⅓ dieser sogenannten Lire corrente auf dieselbe Mark gehen, so daß eine solche jetzt nur bloße Rechnungsmünze = 8 Sgr 7 ₰ oder einem halben süddeutschen Gulden ziemlich gleich gerechnet werden kann. — Die sonst üblich gewesene Banco-Lira ist wenig mehr im Gebrauch; man bedient sich immer mehr der obigen Corrent-Valuta, welche Fuori di Banco, sonst auch Moneta lunga genannt wird.

Wirkliche päpstliche für Bologna und Rom ausgeprägte Münzsorten sind in

Gold: Zehn-, fünf-, zwei- und einfache, ½ und ¼ Zecchinen, die einfachen zu 10¾ Lire. Pistolen oder Doppien zu 15¾ Lire.

Silber: Ganze und halbe Scudi zu 5 und 2½ Lire. Testoni à 3 Paoli oder 1½ Lire. Lire oder Piastri à 2 Paoli oder 1 Lira. Ganze, halbe und viertel Paoli zu 10, 5 und 2½ Soldi. Murajolle, doppelte und einfache, zu 4 und 2 Soldi. Bolognini oder Bajocchi zu 1 Soldo.

Kupfer: Ganze und halbe Bajocchi zu 5 und 2½ Quattrini, oder 1 und ½ Soldo. Quattrini zu 2½ Denari.

Die älteren päpstlichen Gold- und Silbermünzen sind seit 1787 nach den Münzhäusern verwiesen, wo für

das Pfund von 24 Karat fein Gold 1130 Lire 16⅙ Soldi,
" " " 12 Unzen " Silber 72 " 15⅓ "

gezahlt werden.

Fremde Münzsorten stehen, nach einer Verordnung vom Mai 1786, in folgendem Gewicht und Werth:	Bologneser		
	Carati.	Lire.	Soldi.
Gold:			
Deutsche Ducaten verschied. Fürsten	18½	10	13½
Französische Schildlouisd'or vor dem Oktober 1785	43½	22	19½
Franz. neue Louisd'or seit Okt. 1785	40½	21	11
Genuesische neue Pistolen von 50 Lire	74¾	40	6
Holländische Ducaten	18½	10	13
Mailänd. Zechinen seit 1778	18½	10	17
" Pistolen seit 1778	33¼	17	17
" Souverains seit 1786 und Wiener	29¼	31	15½

Fremde Münzsorten stehen, nach einer Verordnung vom Mai 1786, in folgendem Gewicht und Werth:	Bologneser Carati.	Lire.	Soldi.
Portugiesische Lisboninen Pistolen . .	76	41	—
Savoysche Pistolen, alte vor 1786 . .	51	27	4
" " neue seit 1786 .	48¼	25	16
Span. Pistolen, geränderte seit 1772 .	35¼	19	1
" Picettes oder Goldpiaster . .	9½	5	—
Toscanische Zechinen	18½	10	17
Ungarische oder Kremnitzer Ducaten .	18½	10	15
Venezianische Zecchinen	18½	10	17½
Silber:			
Deutsche Conv. Speciesthaler . . .	150	4	15
" halbe werden nicht angenommen			
Franz. Laubthaler vor 1785	156	5	8
" in 1785. 24 Den. 20 Gr. . .	156	5	6
Mailänd. Scudi seit 1778	122½	4	13
" neue 3 Kronenthaler . . .	156½	5	4
Savoysche neue Scudi	186	6	8
Span. Piaster seit 1772	142½	5	—
Toscan. Franceschini und Leopoldini	140¼	5	—
" Tallari mit 2 Adlern . . .	150	4	15
Venezian. Ducati von 8 Lire . . .	120	3	15

Von diesen Gold- und Silbersorten gelten und wiegen die vier-, drei-, zweifachen, halben und Viertel nach Verhältniß. Dieser Tarif wird übrigens nur bei einzelnen Stücken in täglichen Ausgaben befolgt; bei der Handlung in Summen hingegen gelten sie veränderlich.

Das in Rom gewöhnliche Papiergeld ist hier wenig im Umlaufe, dagegen findet hier Verkehr in römischen und andern italienischen Staatspapieren statt (s. Kirchenstaat).

Wechselcourse.

	Veränderl. Valuta.			Feste Valuta.
Amsterdam 2 Monat D.	39	Bolognini	für	1 Fl. niederl.
Ancona . à Uso	98	"	"	1 Scudi v. 10 Paoli.
Botzen in den Messen	46½	"	"	1 Fl. in Conv. Mze.
Florenz . 3 Tage Sicht	15	"	"	1 Lira florent.
Genua . 8 Tage Sicht	18¼	"	"	1 Lire nuove.
Hamburg 2 Monat D.	33¾	"	"	1 Mark Bco.
Paris 15 Tage Sicht	18½	"	"	1 Frank.
Livorno . 3 Tage Sicht	15	"	"	1 Lira Tosc.
London . 3 Monat D.	460½	"	"	1 Liv. Sterl.
Mailand 15 Tage Sicht	15	"	"	1 Lira austriaca.
Rom . . à Uso	99	"	"	1 Scudi Romano.
Neapel . " "	75	"	"	1 Duc. di Regno.

	Veränderl. Valuta.	Feste Valuta.
Sicilien . à Uso	75 Bolognini für	1 Ducato Courant.
Venedig . 8 Tage Sicht	15 " "	1 Lira austr.
Wien / Augsburg } 14 T. S.	46 " "	1 Fl. Conv. Mze.

Gesetzlich ist der Uso von Rom und Genua 10 Tage, von Mailand, Venedig, Florenz, Pisa, Lucca, ganz Toscana, Ancona, Marca und Romagno 8 Tage, von Neapel 14 Tage, von ganz Sicilien 1 Monat nach Sicht oder nach der Acceptation. Von Frankreich und den Niederlanden 2 Monat, von England und der Levante 3 Monat nach Dato. Man richtet sich jedoch nach dieser Vorschrift nur bei Wechseln die außerhalb Italiens ausgestellt sind; bei den von anderen italienischen Plätzen auf Bologna gezogenen Tratten hingegen ist der Uso gewöhnlich 8 volle Tage nach Sicht oder der Acceptation. Es wird nämlich der Annahme- wie der Zahltag nicht mitgerechnet, und ein Wechsel der z. B. am 1. des Monats angenommen ist, wird erst am 10. desselben bezahlt. Respecttage sind nicht. Wechsel à Vista werden daher gleich bei der Präsentation eingelöst; die aber auf einen bestimmten Tag lauten, werden den Tag nach der Verfallzeit vorgelegt und bezahlt.

Neuerdings ist die Errichtung einer Succursale der römischen Bank hier beschlossen worden.

Maaße und Gewichte.

Der Fuß = 168,497 par. Linien oder 0,38 Meter. 1 Ruthe = 10 Fuß.

Der Braccio (Elle) = 283,727 par. Linien oder 0,64 Meter, mithin etwa 4 % kleiner als die preußische Elle.

1 Biolca = 196 □Ruthen. 1 Tornatura = 140 □Ruthen = 20,8 Aren in Frankreich.

Getreidemaaß. 1 Corba = 2 Staja = 8 Quartaroli = 32 Quarticini oder Cupi. 1 Corba = 3964,7 par. Kubikzoll oder 78,645 Liter. Die Corba zu Früchten hat 3 Staja. Man kann füglich 12 Corbe für 17 berl. Scheffel rechnen.

Flüssigkeitenmaaß. 1 Corba = 4 Quartaroli = 60 Boccali = 240 Fogliette. 1 Corba = 3962 par. Kubikzoll oder 78,59 Liter.

Gewicht. Das Pfund (libbra) = 361,85 Gramm. 1 Peso = 25 Pfund, 1 Pfund = 12 Unzen, 1 Unze = 16 Ferlini; es ist um circa 6¾ % größer als das Pfund in Rom.

Das Gold-, Silber- und Münzgewichtspfund hat die Schwere des vorigen, wird aber in 12 Once, 96 Achtel, 1920 Carati, 7680 Grani eingetheilt. Die Oncia zum Golde wird auch in 24 Denari getheilt.

Juwelen werden nach der holl. Troy-Oncia von 640 holl.

As Schwere gewogen, welche man zu dem Ende in 16 Ferlini, 160 Carati und 460 Grani, die also dem holl. As gleich sind, eintheilt.

Bei dem Medicinalgewicht rechnet man das Pfund zu 12 Once, 96 Dramme, 288 Scrupoli, 6912 Grani; es enthält aber nur 11¼ Once Handelsgewicht.

Bombay,

Hauptort der britischen Präsidentschaft gleichen Namens, am nördlichen Theil der Westküste der Halbinsel, diesseit des Ganges, auf einer Insel hart am festen Lande Indiens gelegen, zählt an 200000 Einwohner, hat einen geräumigen Hafen, lebhaften Verkehr mit Surate und Ausfuhren in Pfeffer, Taback, Reis, Zucker, Baumwolle, Kardomom, Arrac, Perlmutter, Elfenbein, Bambus, Sandelholz rc.

Münzen.

Man rechnet nach Rupien (Compagnie-Rupien) zu 16 Annas à 12 Pice, oder auch nach Rupien zu 4 Quartos à 100 Reïs.

Die Silberrupie wiegt 180 englische Troy-Grän, bei 165 Grän Feingehalt und 15 Grän Zusatz. Nach demselben Verhältniß ½, ⅓, ¼ Rupien.

21,8721 Rupien = 1 Mark fein Silber.

Der Gold-Mohur à 15 Rupien wiegt ebenfalls 180 Troy-Grän bei 165 Grän fein Gold und 15 Grän Zusatz. Doppelte, halbe Mohurs nach Verhältniß.

21,8721 Mohurs = 1 Mark fein Gold.

Danach hat eine Compagnie-Rupie den Werth v. 1 s. 10¼ d., v. 19 Sgr 2,4 ₰ oder 67 Xr. im 24½ Fl.Fuß. Der Mohur soll gesetzlich 15 mal mehr werth sein, was aber, wie dies zwischen Gold und Silber überall der Fall ist, sich nicht immer gleich bleibt. 100,000 Rupien nennt man ein Lac (= circa 10,000 £), 100 Lac wird ein Crore und 100 Crore ein Mas genannt. Ein Crore wird durch 1.00.00.000 ausgedrückt. (Ueber Sicca- und Courant-Rupien s. Calcutta.)

Wechselcours.

	Veränderl. Val.		Feste Val.
Calcutta 30 Tage Sicht	107½ S. Rupien	für	100 Sicca-Rupien in Calcutta.
London 3, 6, 12 Mt. n. S.	22½ Pence St.	=	1 Silb. Rupie.
Paris 3, 6, 12 = = =	210 S. Rupien	=	500 Franken.

Geldsorten.

Holl. Ducaten 485 Silber-Rupien für 100 Stück Ducaten.
Span. Piaster 226½ = = = 100 = Piaster.

Die hiesige Bank hatte Ende 1845 einen Fond von 12 Mill. Rupien und gab 7 % Dividende. Die Oriental-Bank in London hat auch hier eine Commandite. — Im Jahre 1846 bildete sich eine Actien-Gesellschaft zum Bau einer Eisenbahn von Bombay nach Madras und Calcutta. Fond 4½ Millionen Pfund in Actien à 50 £, worauf die erste Einzahlung 5 % betrug.

Die eingebornen Bankiers heißen Kroffs, ihre Wechsel hoondees. — Jetziger Zinsfuß 10 % per Jahr.

Maaße.

Längenmaaß.

Der Haut oder Coviz à 16 Tussoos = 18 englische Zoll (oder ½ Yard) = 202,67125 par. Linien oder 0,457 Meter.

Der Guz à 24 Tussoos = 27 engl. Zoll = 304 par. Linien oder 0,686 Meter.

Körpermaaß.

Getreidemaaß. Der Candy = 8 Parahs à 16 Adowlies à 4 Seers à 2 Tiprees. 1 Candy hält etwa = 44400 par. Kubikzoll und wiegt 358⅔ engl. Pfund a. d. p.

Gewicht.

Das Handelsgewicht ist der Candy von 20 Maunds (Maon) à 28 engl. ℔; der Maund hat 40 Seers, 1 Seer 30 Pice oder Parahs. — 4 Maunds = 1 engl. Centner.

Auch ist hier der Maund von Surate und der von Bengalen im Gebrauch; letzterer wird auch Pucca genannt, und sind beide größer als der hiesige Maund. Man sehe Calcutta und Surate.

Vom Gold- und Silbergewicht hält 1 Tola 40 Vall, 100 Grains à 6 Chows oder Cowls; 24 Tolas sind 1 Seer; 32 Tolas und 13 Valls sind 1 engl. Troypfund oder 373,246 Gramm.

Vom Perlengewicht hält 1 Tank 24 Ruttees à 4 Quarter à 4 Annas und wiegt 72 engl. Grän = 4,6656 Gramm.

Stückgüter werden im Großhandel nach dem Corge von 20 Stück verkauft.

Bordeaux,

einer der wichtigsten Handelsplätze Frankreichs, an der Garonne, im Departement der Gironde, mit ungefähr 120000 Einwohnern, mehreren Assekuranz-Compagnien, starkem Verkehr in Colonialwaaren, großer Ausfuhr von Weinen, Branntwein, Pflaumen, Korkholz ꝛc. und einem Kanal, der aus dem Mittelmeer hierher und so ins atlantische Meer führt.

Münzen, Maaße, Gewichte wie Paris.

Vom Wein- und Branntweinmaaß hält 1 Tonneau oder Faß Wein 4 Barriques oder Oxhoft, 6 Tierçons, 120 Veltes oder Viertel, oder 440 Pots. Das Oxhoft hält 229,93 Litres = 11591 pariser Kubikzoll. — 1 Velte = 7,6 Liter, also über 2 % größer als die richtige pariser Velte.

Branntwein verkauft man in Fässern von circa 50 bis 80 Veltes, und bestimmt den Preis pr. Velte. Die Stärke wird entweder nach der alten, mangelhaften Spirituswaage von Cartier, oder nach der neuen hundertgradigen, ermittelt. Unter der Probe $\frac{3}{6}$ versteht man diejenige, wo 50 % Wasser in 100 % Spiritus befindlich. Unter der holländischen Probe versteht man 19 Grad nach Cartier oder 33 Grad nach dem Hunderttheiligen.

Vom Nutzholz verkauft man hier Balken nach dem Kubikfuß; Masten, Spriete, Sparren und Rücken pr. Stück; Pipen-, Oxhoft- und Tonnenstäbe pr. 1616 Stück; Oxhoft- und Tonnenböden pr. 101 Stück.

Wechselarten

wie in Paris; nur auf Hamburg giebt man 3 Franken für 26 Schilling Banco m. o. w.

Meßwechsel müssen am letzten Meßtage bezahlt werden.

Die Bank in Bordeaux, von einer Actien-Gesellschaft mit einem Fond von 3 Mill. Franken (Actien à 1000 Fr.) errichtet, besitzt das allgemeine Zutrauen und ist für den innern kaufmännischen Verkehr von dem größten Nutzen. Sie giebt Noten von 500 und 1000 Franken, au porteur, aus, discontirt Wechsel, deren Procente und Anzahl der Unterschriften von Zeit zu Zeit durch einen Rath, gewählt von den Direktoren, bestimmt werden und leiht Gelder auf Staatspapiere und andere Effecten.

Ihre Actien tragen 5 % Zinsen. Die Dividenden werden im Juni und Dezember vertheilt.

Die hiesigen beiden Messen, Foire de Mars und Foire d'Octobre, währen jede 15 Tage, und hören an eben dem Wochentage, an welchem sie anfangen, auch wieder auf. Die erste geht den 1. März an und endigt den 15. März; die andere, welche wegen des großen Weinvertriebes die beträchtlichste ist, geht den 15. Oktober an und endigt den 29. Oktober.

Eisenbahnen sind im Bau begriffen, welche Bordeaux mit Paris und Bayonne verbinden sollen.

Borneo,

eine unter dem Aequator belegene Sunda-Insel von 14250 □Meil. und einer Bevölkerung von 5 Millionen Seelen. Die Insel ist reich an Gold, Diamanten, Eisen, Kupfer und bleihaltigem Zinn. Die Vegetation ist üppig, eine Hauptausfuhr Pfeffer und Kampher. Den Haupthandel hierher haben die Chinesen, doch haben auch die Briten und Niederländer Comptoire.

Rechnungsarten in Borneo wie Banjermassing.

In Succadana ist die allein gangbare Münze der spanische Piaster, worin man mit Europäern handelt; außerdem rechnet man nach Tails und Mace.

Gold, Diamanten und andere kostbare Artikel wiegt man mit dem Tail, und theilt ihn in 4 Pahaws oder 16 Mace. 1 Mace hat 4 Copangs oder 3 Busucks.

Bei schweren Waaren bedient man sich des englischen Gewichts, und berechnet solches nach dem chinesischen Pecul.

Boston,

eine große Handelsstadt in den Vereinigten Staaten von Nordamerika (im Staate Massachusets), mit 115,000 Einwohnern. Die Stadt hat einen vortrefflichen 500 Schiffe fassenden Hafen, eine Bank, viele Fabriken, Rumbrennereien, Thran- und Pottaschsiedereien, Wallfischfang u. s. w. Der ausgebreitete Handel und die große Schifffahrt machen überhaupt diesen Ort zu einem wichtigen Markt für alle Colonial-, selbst ostindische Produkte.

Münzen.

In Massachusets und durch ganz Neu-England wird der Dollar in 100 Cents und zwar in 6 ß (oder Reali) à $16\frac{2}{3}$ Cents, in den übrigen amerikanischen Staaten hingegen, in 8 ßl. à $12\frac{1}{2}$ Cents eingetheilt.

Die sämmtlichen 103 Banken, die 1843 im Staate vorhanden waren, beruheten auf einem Capital von 31 Millionen Dollars, mit einer Noten-Circulation von über $9\frac{1}{3}$ Millionen, beinahe an $7\frac{3}{10}$ Millionen Specie.

Die zu discontirenden Papiere werden im Durchschnitt jährlich auf 50 Mill. Dollars und die Dividenden der Banken auf 5 % angeschlagen.

Die Schulden des Staats betrugen 1846 über 6 Millionen Dollars. Die 16 Eisenbahnen im Lande haben über 25 Millionen Dollars gekostet und rentiren zu 6—8 %.

Maaße und Gewichte wie New-York.

Botzen oder Bolzano,

die Hauptstadt der österreichischen gefürsteten Grafschaft Tyrol, an der Mündung der Eisach in die Etsch, mit etwa 9000 Einwohnern, ansehnlichen Seidenmanufakturen und Weinbau, ein wichtiger Handelsplatz zwischen Deutschland und Italien, hat berühmte und sehr besuchte Messen, einen starken Verkehr in Tüchern, Leinwand, Baumwollen-, Specerei-, Stahl- und andern Waaren.

Münzen.

Botzen rechnet wie Insbruck, Roveredo und ganz Tyrol nach Reichsgulden zu 60 Kreuzern à 4 Pfennig.

Die sämmtlichen hiesigen Rechnungsmünzen sind wie in Augsburg, und haben das dort angezeigte Verhältniß.

Der gewöhnliche Zahlwerth ist der alte 24 Fl.Fuß, bei Wechselgeschäften aber der 20 Fl.Fuß, oder der brabanter Thaler zu 2 Fl. 12 Xr. (früher 2 Fl. 15 Xr.).

Die wirklich geprägten Münzen sind die unter Wien angezeigten Conventions-Sorten.

Das ältere tyroler Courant ist 5 % schlechter, so daß der Species 2 Fl. 6 Xr., der Fl. 1 Fl. 3 Xr., das 20 Xr. Stück 21 Xr. u. s. w. gilt.

Fremde Münzsorten werden außer den Messen zu den unter Wien bemerkten Preisen mit 5 % Erhöhung in tyroler Courant ausgegeben.

Wechselcourse.

	Veränderl. Valuta.	Feste Valuta.
Amsterdam . .	205½ Fl. im 20 Fl.Fuß	für 250 Fl. niederl. Cour.
Augsburg . .	99⅞ = = = =	= 100 = augsb. =
Frankfurt a. M.	83½ = = = =	= 100 = im 24 Fl.Fuß.
Bologna . . .	46¼ Bolognini .	= 1 = = 20 =
Paris . . .	116 Fl. im 20 Fl.Fuß	= 300 Franken.
Leipzig . . .	148¼ = = = =	= 100 Rthl. im 14 Rthl. Fuß.
Livorno . . .	99½ = = = =	= 300 Lire.
Hamburg . .	219 = = = =	= 300 mk Bco.
London . . .	9 Fl. 50 Xr. . .	= 1 £.
Rom	47¾ Scudi . . .	= 100 Fl. im 20 Fl.Fuß.
St. Gallen . .	99¼ Fl. im 24 Fl.Fuß	= 100 = i. Carolin à 11 Fl.
Venedig . . .	99½ = = 20 =	= 300 österr. Lire.
Wien . . .	100 = = 20 =	= 100 Fl. in 20 Xr.

Da selten anders als auf die Messen gezogen wird, so ist hier kein Uso üblich. Respecttage sind 2.

Maaße und Gewichte

Der tyroler Fuß = 148,2 pariser Linien oder 0,334 Meter.
Die tyroler Elle = 352,5 pariser Linien oder 0,804 Meter.
Die botzener Elle = 350,3 par. Linien oder 0,709 Meter.
Die botzener Brazze = 243,7 par. Linien oder 0,55 Meter.

Getreidemaaß. Der botzener Star ist der halbe wiener Metzen, also 30¾ Liter. Der tyroler Korn-Star = 1541 pariser Kubikzoll oder 30,58 Liter.

Vom Getränkmaaß soll der Yüren oder Ueren so viel als 1 wiener Eimer, der Ziment so viel als 1 Seidel sein. Das tyroler Getränkmaaß hält aber 40⅞ pariser Kubikzoll oder 0,81 Liter.

Das Oelmaaß soll der Mut sein von circa 124 preußischen Pfunden.

Handelsgewicht ist der Saum von 4 Centnern à 100 Pfund. Das botzener Pfund wiegt 10426 As = 501,1 Gramm.

Das tyroler Pfund = 562,902 Gramm.

Gold- und Silbergewicht ist die wiener Mark.

Die 4 botzener Messen sind Fiera: 1) di Quadrogesima, 2) di Corpus Domini, 3) d'Egidio und 4) di St. Andrea, oder Mitfasten-, Frohnleichnams-, Egidien- oder Bartholomäi- und Andreas-Markt. Die drei ersten gehen den ersten Werktag, nach dem Sonntag Oculi, nach dem Frohnleichnamstag, und nach Mariä Geburt, und die vierte den 1. December an, wenn es kein Sonntag ist. Jede Messe dauert 15 Tage, in welcher Zeit vom 6. bis 12. Tage acceptirt, und vom 13. bis zu Ende rescontirt wird.

Alle auf Botzen gezogenen Wechsel müssen unmittelbar an Jemand zu bezahlen gestellt sein, weil alle indossirten Briefe, und solche, deren Zahlung an mehr als eine Person geleistet werden soll, verboten sind.

Bourbon, Ile.

Eine der maskarenischen Inseln, Colonie der Franzosen, 112 □Meilen, mit nahe an 100,000 Einwohnern. Hauptorte St. Denis und St. Paul.

Die Regierung rechnet zwar nach Francs zu 100 Centimes (s. Paris), im Handel aber nach (spanischen) Piastern à 100 Cents. Der ältere Colonial-Livre hat 20 Colonial-Sous, und 3 solcher Sous gehen auf einen wirklichen Sou, der Sou marqué genannt wird.

Der Piaster gilt eigentlich nur 10, wird aber im Handel gewöhnlich zu 11 Colonial-Livres gerechnet.

Unter Karl X. wurden auch Kupfermünzen zu 10 und 5 Centimes eigens für die Colonien geprägt.

Rechnet man 9¾ Piaster auf die Vereinsmark f. Silber, so stellt sich der Werth eines Colonial-Livre auf 4—4½ Sgr.

Die Maaße und Gewichte sind die des Mutterlandes.

Braunschweig,

ein deutsches Herzogthum von 73 □Meilen mit 252,000 Einwohnern. Die gut gebaute gleichnamige Hauptstadt an der Oker, zählt an 37500 Einwohner, hat ansehnliche und berühmte Fabriken, einen bedeutenden Speditions- und Produktenhandel, Ausfuhren, besonders in Flachs, Wolle, Rübsaamen, Hopfen, Färberöthe, Leingarn 2c.

Münzen.

Man rechnet nach Thalern zu 24 Groschen à 12 Pfennigen, 14 Thaler eine Mark fein.

In Gold: Pistolen à 5 ℛ𝓉. — 35$\frac{1}{6}$ auf d. r. Mark zu 21$\frac{1}{2}$ Karath fein (doppelte und halbe nach Verhältniß).

In Silber: Thaler, 10$\frac{1}{2}$ Stück auf 12 Loth fein.
$\frac{1}{6}$ desgl. 43$\frac{3}{4}$ = = 8$\frac{1}{3}$ = =
$\frac{1}{12}$ desgl. 87$\frac{1}{2}$ = desgl.

In Billon:
$\frac{1}{24}$ oder gute Groschen, 120 Stück auf 5 Loth fein } im 16 ℛ𝓉 Fuß.
$\frac{1}{48}$ = Sechspfenniger 168 = = 3$\frac{1}{2}$ = = } im 16 ℛ𝓉 Fuß.
$\frac{1}{72}$ = Vierpfenniger 252 = desgl. } im 16 ℛ𝓉 Fuß.

In Kupfer: 2 und 1 Pfennigstücke; letztere 96 Stück = 1 Mark.

An Papiergeld giebt es rothe Appoints zu 20 ℛ𝓉 und weiße mit grauer Rückseite zu 5 und 1 ℛ𝓉.

Wechselcourse

werden notirt wie in Berlin.

Der Uso ist 14 Tage nach der Acceptation. Respecttage sind nicht; doch kann der Inhaber des Wechsels dem Bezogenen 3 Tage zugestehen. Die in hiesigen Messen gezogenen Wechsel müssen bis den Freitag Abend der ersten Woche angenommen oder protestirt werden. Die Zahlungen geschehen spätestens am Donnerstag der zweiten Meßwoche.

Von Staatspapieren giebt es Landes- sowie auch Kammerschuld-Obligationen zu 1000, 500, 100 und 50 ℛ𝓉, theils zu 3$\frac{1}{2}$, theils zu 3 $\frac{0}{0}$. Die Zinstermine sind verschieden. Die Landesschulden betrugen 1846 über 6$\frac{1}{4}$ Millionen, die Kammerschulden über 3 Millionen.

Maaße.

Längenmaaße.

Der Fuß (Werkfuß) = 126,5 par. Linien oder 0,285 Meter.
1 Fuß = 12 Zoll = 144 Linien.
1 = = 12 =

Die Elle = 2 Fuß = 253 par. Linien oder 0,571 Meter.
1 Lopp = 10 Gebind = 900 Haspelfäden = 3375 Ellen.
1 = = 90 = = 337$\frac{1}{2}$ =
1 = = 3$\frac{3}{4}$ =

Ein Lachter = 80 Zoll 8$\frac{1}{2}$ Linien = 850,8 par. Linien oder 1,919 Meter.

Lachter		Spann		Lachterzoll		Primen		Secunden.
1	=	8	=	80	=	800	=	8000
		1	=	10	=	100	=	1000
				1	=	10	=	100
						1	=	10

1 Ruthe = 16 Fuß, die Ruthe wird beim Feldmessen in Zehntel, Hundertel getheilt.
1 Meile = 1625 Ruthen = 26000 Fuß.

Flächenmaaß.

1 □Ruthe = 256 □Fuß = 36864 □Zoll.
1 „ = 144 „
1 Feldmorgen = 120 □Ruthen.
1 Vorling = 60 □Ruthen = $\frac{1}{2}$ Feldmorgen.
1 Waldmorgen = 160 □Ruthen.
1 □Meile = 22005 Feldmorgen 25 □Ruthen.
= 16503 Waldmorgen 145 □Ruthen.

Körpermaaß.

1 Kubikfuß = 1728 Kubikzoll.
1 Himten = 2316 Kubikzoll = 1570,083 par. Kubikzoll oder 31,145 Liter.

1 Wispel =	40 Himten =	160 Vierfaß =	640 Metzen.
	1 „ =	4 „ =	16 „
		1 „ =	4 „

1 Quartier = 47,2286 par. Kubikzoll oder 0,937 Liter.

1 Oxhoft =	$1\frac{1}{2}$ Ohm =	6 Anker =	240 Quartier.
	1 „ =	4 „ =	160 „
		1 „ =	40 „

1 Faß Mumme = 100 Stübchen à 4 Quartier.
1 Tonne = 108 Quartier.
1 Malter Brennholz = 80, 1 Karre Holzkohlen = 100, 1 Schachtruthe Steine, Erde u. s. w. = 256, 1 Erz- und Kohlenmaaß = 2 Kubikfuß.

Gewichte.

Das Pfund = 467,711012733 Gramm = dem preußischen Pfunde.

1 Centner =	100 Pfund = 3200 Loth =	12800 Quentchen.
	1 „ = 32 „ =	128 „
	1 „ =	4 „

1 Schiffslast = 4000 Pfund.
1 Medicinalpfund = $\frac{3}{4}$ Pfund.

Med. Pfund	Unzen	Drachmen	Scrupel	Gran.
1 =	12 =	96 =	288 =	5760
	1 =	8 =	24 =	480
		1 =	3 =	60
			1 =	20

1 Mark Münz- u. Probirgewicht = $\frac{1}{2}$ ℔ = 23 3,555 Gramm.

1 Mark =	16 Loth =	64 Quentchen =	256 Pfen ni =	4864 As.
	1 „ =	4 „ =	16 „ =	304 „
		1 „ =	4 „ =	76 „
			1 „ =	19 „

Auch wird die Mark in 288 Grän getheilt.

1 Karath Juwelengewicht = $\frac{8}{100}$ Quentchen = 0,205537 Gramm = dem preußischen Karath.

Altes Gewicht.

Das Pfund = 467,29 Gramm.

Der Centner = 144 Pfund à 32 Loth à 4 Quentchen.

1 Schiffspfund = 20 Liespfund à 14 Pfund.

Außerdem giebt es für einen Theil Braunschweigs das Steuermaaß und Gewicht, in Gemeinschaft mit Hannover, Oldenburg und Lippe, s. Hannover.

Man rechnet die Tonne Butter groß Band zu 280, klein Band zu 224 Pfund netto. Rüböl wird nach der Pipe von 820 Pfund, Baumöl nach dem Centner verkauft.

Von zählenden Gütern kommen noch vor: 1 Schock zu 3 Stiege oder 60 Ellen; 1 Pack Tuch zu 10 Stück, 1 Stück zu 22 Tuch à 32 Ellen; 1 Last Häring zu 12 Tonnen, Salz und Butter aber 18 Tonnen; 1 Groß zu 12 Dutzend à 12 Stück; 1 Decher zu 10, 1 Dutzend 12, 1 Mandel 15, 1 Stiege 20, 1 Zimmer 40 und 1 Schock 60 Stück; 1 ordinair 100 oder 1000, und großes 100 und 1000 von 120 und 1200 Stück. Bundgarn zu 20 Loppen. Der Werklopp = 1000 Haspelfäden à $3\frac{3}{4}$ Ellen.

Von den zwei Messen die hier im Februar und August abgehalten werden, beginnt die erste (Lichtmesse) am Donnerstage derjenigen Woche, in welche Mar. R. Lichtmesse fällt, die zweite (Laurentii-Messe) am Donnerstag der Woche, in welche der Laurentius-Tag fällt. Außerdem finden Wollmärkte statt am 1. Juli und 7. August.

Bremen,

eine deutsche Hanseestadt an der Weser, mit einem Gebiet von $3\frac{3}{4}$ □Meilen und 62000 Einwohnern, gehört zu den vier freien Städten, und nimmt mit Hamburg, Lübeck und Frankfurt a. M. im deutschen Bunde die 17te Stelle ein. Die Stadt selbst zählt 48000 Einwohner, hat ansehnliche Fabriken in Manufakturwaaren, Zucker, Tabak, Cigarren, Leder, Stärke, Bleiweiß 2c., wichtigen See- und Landhandel, eine Börse, viele Assekuranz-Compagnieen und eine Handelsschule.

Münzen.

Bremen, so wie Oldenburg und Delmenhorst, rechnen nach Thalern zu 72 Groten à 5 Schwaren. — $1\frac{1}{2}$ Grote nennt man zuweilen einen Schilling.

Der Zahlwerth ist überhaupt Friedrichsd'or, oder ähnliche Pistolensorten à 5 Thaler, und das in Bremen geschlagene Silbergeld im 20 und $22\frac{1}{2}$ Fl.Fuße wird nur als Scheidemünze betrachtet; man ist nur so viel zu nehmen verpflichtet, als nicht in Golde abgemacht werden kann.

Von ehemaligen wirklichen Stadtmünzen sind selten: Ducaten à 2¾ Thaler; ganze, ½ und ¼ Speciesthaler; wie auch doppelte und einfache Drittelstücke zu 48 und 24 Groten, mehr oder weniger. Neuerdings prägt man Stücke zu 36, 12 und 6 Groten von Silber nach dem Conventionsfuß, Grotenstücke im 15 Thlr. Fuß, so wie 1 und 2½ Schwarstücke von Kupfer (s. Tabellen).

Von fremden Münzsorten coursiren:

In Gold: allerlei Pistolen zu 5 Thlr. Gold; für preußische Friedrichsd'or zahlt man in der Regel 2 Grot mehr. — Ducaten zu 2 Thlr. 60 Grot m. o. w. — Holländische 10 Fl. Stücke 5 Thlr. 2—4 Grot. — Napoleond'or 4 Thlr. 58—60 Grot.

In Silber: ⅔ Stücke zu 48 Grot, holl. Gulden zu 38 Grot, preuß. Thaler zu 63 Grot. (Auf den Courszetteln notirt man preuß. Courant zu 111—112 Thlr. für 100 Thlr. Gold.)

Da hier nur Gold-Valuta (Louisd'or oder Pistolen à 5 Thlr.) ist, so kommen Zahlungen in Silber gar nicht vor; tritt der Fall jedoch ein, daß z. B. ein Wechsel auf hier in Silbergeld gezogen wird, so ist auch der Cours gewöhnlich im Wechsel selbst bestimmt, oder der Bezogene verständigt sich hierüber mit dem Inhaber der Tratte.

Wechselcourse.

	Veränderliche Valuta.	Feste Valuta.
Amsterdam kurz (auch 2 Mt.)	126 Thlr. Louisd'or .	für 250 Fl. niederl.
Augsburg . 2 Mt.	111 „ im 20 Fl.Fuß	„ 100 Thlr. in Louisd'or.
Berlin . . 2 „	112 „ preuß. Court.	„ 100 „ „ „
Breslau . 2 „	112 „ „ „	„ 100 „ „ „
Frankf. a. M. 2 „	50 „ Louisd'or .	„ 100 Fl. im 24½ Fl.Fß.
Hamburg kurz (auch 2 Mt.)	135¼ Thlr. Louisd'or	„ 300 mk Bco.
Leipzig . . 2 Mt.	112 Thlr. im 14 Thlr. Fuß	„ 100 Thlr. in Louisd'or.
London . . 2 „	602 „ Louisd'or .	„ 100 £
Newyork 3 T. Sicht	78 Cents	„ 1 Thlr. Gold.
Paris . . 2 Mt.	17⅛ Grot	„ 1 Frank.
Wien . . 2 „	111 Thlr. in 20 Xr. .	„ 100 Thlr. in Louisd'or.

Der Uso von Wechselbriefen aus Deutschland ist 14 Tage nach Sicht, aus Holland, Frankreich und England 30 Tage nach dato, aus Italien, Spanien, Portugal und andern Ländern 60 Tage nach dato.

Gesetzlich sind 8 Respecttage. Nur a vista, und 2 bis 4 Tage Sicht ausgestellte Wechsel haben keine Respecttage. Es sind aber hier 2 Zahltage in der Woche, nämlich: Mittwoch und Sonnabend eingeführt, und Wechsel, die auf einen Zahltag verfallen, werden auch gewöhnlich an diesem bezahlt, es sei denn, daß der Acceptant sich der gesetzlichen Respecttage bedienen wollte, welches aber nur selten geschieht. Wechsel hingegen die in der Zwischenzeit verfallen, werden am nächsten Zahltage eingelöst. Medio ist der 15te des Monats.

Die revidirte Wechselordnung ist von 1843.

Staatsschulden.

Die ältern bremer Staatspapiere, dermalen zum Belauf von circa $2\frac{1}{4}$ Millionen Thaler Gold, kommen selten zum Verkauf, da sie größtentheils in festen Händen sich befinden. Im Jahre 1835 wurde ihr Zinsfuß von 4 % auf $3\frac{1}{2}$ % herabgesetzt.

Behufs des Baues der von Bremen bis an die hannöversche Grenze zu bauenden Eisenbahn wurde 1846 eine $3\frac{1}{2}$ % Anleihe von 2 Millionen gemacht, in Obligationen von jeder beliebigen Größe von 50 zu 50 ℛ Gold und in beliebigen Zinsperioden. Diese Anleihe soll eben (Mai 1847) zu Hafen- und Schleusenbauten um eine Million erweitert werden. Tilgung 1 % durch das Loos. — Da die Papiere meist in feste Hände übergehen, findet kein Verkehr darin statt, so daß es bis jetzt noch an einem Course derselben fehlt.

In fremden Staatspapieren und Actien werden hier zwar wenig Geschäfte gemacht, doch fängt man hier und da an engl., amerik., span. u. a. m. Effecten zu notiren.

Maaße.

Längenmaaße.

Der Fuß = 128,2677 par. Linien oder 0,289 Meter.

Die Elle = 2 Fuß = 256,5354 par. Linien oder 0,579 Meter.

Die bremer brabanter Elle = $1\frac{1}{2}$ Elle = 307,8424 par. Linien oder 0,694 Meter.

1 Ruthe	=	8 Ellen	=	16 Fuß	=	192 Zoll.
		1 „	=	2 „	=	24 „
				1 „	=	12 „

Auch wird die Ruthe zu 18 Fuß, bei Grabenarbeit zu 20 Fuß gerechnet.

1 Klafter = 6 Fuß.

Flächenmaaße.

1 □Ruthe	=	256 □Fuß	=	36864 □Zoll.
		1 „	=	144 „

1 Viertelpfund Kohlsaat-Einfall = 12 □Ruthen.

Körpermaaß.

1 Kubikfuß = 1728 Kubikzoll.

1 Scheffel = 3735,757 par. Kubikzoll oder 74,1 Liter.

1 Last	=	40 Scheffel	=	160 Viertel	=	640 Spind.
		1 „	=	4 „	=	16 „
				1 „	=	4 „

1 Quart = $\frac{1}{4}$ Last = 10 Scheffel.

1 Bräu Malz hält 45, 1 Tonne Salz 3¼ Scheffel. 10 bremer Last sind circa 9 Last in Hamburg.

1 Stübchen Wein- und Branntweinmaaß = 162,4006 par. Kubikzoll oder 3,22 Liter.

Orhoft	Ahm	Anker	Viertel	Stübchen	Quart	Mengel.
1 =	1½ =	6 =	30 =	67½ =	270 =	1080
	1 =	4 =	20 =	45 =	180 =	720
		1 =	5 =	11¼ =	45 =	180
			1 =	2¼ =	9 =	36
				1 =	4 =	16
					1 =	4

Der Rathsweinkeller liefert den Ahm Rheinwein zu 45 Stübchen, 180 Quart, oder 720 Mengeln. Bei den Franzweinhändlern hält der Ahm 44, das Viertel Franzwein 2⅕, das Viertel Rheinwein 2¼ Stübchen. Das Orhoft Franzwein hält also 1½ Tierze oder Ahm, 6 Anker, 30 Viertel oder 264 Quart. Der Ahm zu 45 Stübchen hat 7308 pariser Kubikzoll und werden 30 hiesige Viertel = 30 Veltes von Bordeaux gerechnet.

Branntwein wird nach Quarten von 4 Mengeln, Franzbranntwein zu 30 Vierteln verkauft.

Ein Ahmfaß soll 178 bis 180 Quart halten, ein Ankerfaß 44 bis 45 Quart, ein Halborhoftfaß 133 bis 135 Quart. Enthalten die Fässer weniger oder mehr, so wird der Verfertiger gestraft.

1 Stübchen Biermaß = 190,1324 pariser Kubikzoll.

1 Tonne Biermaaß =	45 Stübchen =	180 Quart =	720 Mengel.
	1 „ =	4 „ =	16 „
		1 „ =	4 „

1 halbe Biertonne = 23 Stübchen, 1 Vierteltonne = 12 Stübchen.

1 Tonne Thran hält 6 Stekannen à 16 Mengel, und wiegt 216 Pfund netto; zum Verkauf im Kleinen wird ein Pfundmaaß von 27,8 pariser Kubikzoll gebraucht.

1 Reep Brennholz ist ein Haufen, kreisrund und 17½ Fuß und 1 Spann im Umfang messend, aus aufrecht stehenden, gewöhnlich 4½ Fuß langen Kloben zusammengesetzt, etwa = 119 Kubikfuß.

Mahagoniholz wird nach dem Fuß von 12 Zoll Länge und Breite, und 1 Zoll Dicke verkauft.

Sandsteine. Blocken, die über 9 Zoll dick sind, werden nach Fudern zu 30 Kubikfuß, Streckstücke von 7 bis 9 Zoll dick, nach Fudern zu 15 Ellen à 3 □Fuß, und Astrac, unter 7 Zoll dick, nach Fudern zu 15 Ellen à 4 □Fuß gerechnet. Eine Last Bruch- oder Graustein wird beim Befrachten der Schiffe zu 40 Kubikfuß à 100 Pfund, und die Last Salz zu 4000 Pfund gerechnet.

Gewicht.

1 Pfund Handelsgewicht = 498,5 Gramm.

1 Handelspfund = 32 Loth	= 128 Quentchen	= 512 Ort.
	1 " = 4 "	= 16 "
		1 " = 4 "

1 Centner = 116 Pfund Handelsgewicht (wird aber im Handel nicht gebraucht, da die meisten Waaren per ℔ oder 100 ℔ verkauft werden).

Das Frachtpfund = 300 Handelspfund oder auch = 32 Liespfund à 14 Handelspfund.

1 Wage Eisen = 120 Handelspfund.

1 Stein Flachs = 20 Handelspfund.

1 Stein Wolle = 10 Handelspfund.

Rapp- und Leinkuchen werden per 2040 ℔, Lohe per 110 ℔, Thran per 216 ℔ oder 6 Steckkannen verkauft.

Die Tonne Butter bucket Band = 300, schmal Band = 220 ℔ netto.

1 Pfund Krämergewicht = 470,283 Gramm. 106 Pfund Krämergewicht = 100 Pfund Handelsgewicht. 1 Krämerpfund = 32 Loth à 4 Quentchen. Ist nur für den Kleinhandel bestimmt und erlaubt.

Gold- und Silbergewicht ist die kölnische Mark, siehe Köln.

Medicinalgewicht ist das Nürnberger, s. Nürnberg.

Von zählenden Gütern rechnet man: Häring, Salz und Steinkohlen nach Lasten zu 12 Tonnen; Bückling nach Lasten zu 20 Stroh à 125 Stück; Packpapier nach Riem von 2 Rieß; weißes oder graues Maculatur und Löschpapier das Buch zu 18 Bogen; Häring nach der Tonne von 800 bis 900 Stück. Fuchsbälge ꝛc. nach dem Zehnling von 10 Stück; Linnengarn zum Kauf nach dem Lopp oder Stück von 10 Gebinden à 90 Faden à 3¾ Ellen.

Usanzen beim Waarenhandel.

Der Verkauf aller Waaren geschieht hier in der Regel auf Zeit; bei rohen Zuckern sind 4 Monat, bei fast allen andern Waaren aber 3 Monat üblich. Wird ausnahmsweise früher bezahlt, so dekortirt der Käufer gewöhnlich ½ % pr. Monat.

Gutgewicht, wie zum Theil in andern großen Städten, ist hier nicht üblich.

Für die Besorgung von Waareneinkäufen aus dem innern Deutschland, berechnen hiesige Commissionäre ihren Committenten 1½, den überseeischen auch wohl 2 %. Für den Verkauf von Waaren 2 %, und 1 bis 1½ % Delcredere. Wechsel Ein- und Verkauf, Accept-, Tratten- und Incassaprovision ist ⅓ %, Assekuranz ⅛ %.

Seit 1817 giebt es hier eine Discontokasse.

Breslau,

die Hauptstadt der preußischen Provinz Schlesien, am Einflusse der Ohlau in die Oder, wichtiges Depot von Colonialwaaren, mit ansehnlichen Fabriken und bedeutendem Handel in Wolle, Leinen und Tuch, zählt 112,000 Einwohner. Durch die schlesischen Eisenbahnen ist Breslau mit Triest, Hamburg und Leipzig in Verbindung.

Münzen s. Berlin. Die Silbergroschen werden in Schlesien sehr oft Böhmen; der Viertelgroschen zuweilen Gröschel, der Drittelgroschen Kreuzer, ⅔ Silbergroschen früher ein Weißgroschen genannt. Unter einer leichten Mark versteht man 21⅓ Silbergroschen. Sechs Silbergroschen hießen eine Timpfe. Von fremden Geldsorten wird hier notirt:

Ducaten zu circa 95 Silbergroschen, Louisd'or 111—112 %. Polnisch Courant 98—99 ℛ𝓉 (Cours: für 100 ℛ𝓉 oder 600 Fl. poln. Court.). Wiener Banconoten 103 ℛ𝓉 für 150 Fl.

Wechsel-Course, Staatspapiere, Pfandbriefe und Actien s. Berlin. Von städtischen Papieren giebt es 3½ % Stadtobligationen, die jetzt auf 4 % erhöht werden, dabei aber in Seitens der Gläubiger unkündbare convertirt werden sollen. Zinsen am 24. Juni und 24. Dezember. Appoints zu 500, 400, 300, 200, 100, 50 und 25 ℛ𝓉. — Die Schuld betrug Ende 1846 noch 1,162,338 ℛ𝓉. — Jährliche Tilgung 13000 ℛ𝓉 mit Zinsersparung. — Die noch eine halbe Million Thaler betragenden, von Monopol-Ablösungen herrührenden Bankgerechtigkeits-Amortisationsfonds-Obligationen werden wahrscheinlich vom Staate gegen Cassenanweisungen getilgt werden. Sie geben 4½ % Zinsen und stehen circa 96 %.

Usanzen s. Berlin. Meß- und Marktwechsel müssen bis Freitag 12 Uhr in der Meß- und Marktwoche präsentirt sein. — Die Zinsen der poln. Pfandbriefe werden hier nicht per 22sten, sondern 24. Juni und Dezember gerechnet.

Alte Maaße und Gewichte.

Längenmaaß.

Der Fuß = 127,7 par. Linien oder 0,288 Meter.
Die Elle = 2 Fuß = 255,4 par. Linien oder 0,576 Meter.
1 Ruthe = 15 Fuß. Die schlesische Meile = 1500 Ruthen.

Flächenmaaß.

1 Hufe = 30 Morgen = 9000 □Ruthen.

Körpermaaß.

1 Scheffel = 3774,6 par. Kubikzoll oder 74,87 Meter.

1 Malter =	12 Scheffel =	48 Viertel =	192 Metzen =	768 Mäßel.
	1 „ =	4 „ =	16 „ =	64 „
		1 „ =	4 „ =	16 „
			1 „ =	4 „

1 Quart = 34,96 par. Kubikzoll oder 0,693 Meter.
1 Eimer = 80 Quart.

Gewicht.

1 Pfund = 405,538 Gramm (8 hiesige = circa 7 preuß. ℔).
1 Centner = 132 ℔.
1 Stein oder Läp = 24 ℔.

In der Probe wird die Mark Gold zu 24 Karat à 4 Grän, oder à 12 Grän fein, die Mark Silber aber zu 16 Loth à 16 Denar fein, angenommen. Verarbeitetes Silber hält $11\frac{3}{4}$ à 12 Loth fein, und führt das Haupt Johannis auf der Schüssel zum Zeichen.

Der Branntwein-Preis gilt für 1 Eimer à 60 Quart à 80 % nach Tralles.

Von zählenden Gütern rechnet man 1 Schock zu 4 Mandeln à 15 Stück oder Ellen, das Zimmer Füchse zu 20 einzelnen Stück, Zobel 20 Paar oder 40 Stück. Ein Decher zu 10 Stück; 1 Ballen = 10, und 1 Saum = 22 Tücher oder Stücke à 32 Ellen.

Nach der im Jahre 1827 in Schlesien eingeführten neuen Leinwand- und Schleierordnung, dient die Weife (Haspel) fernerhin zum Garnmaaße, welche 3,4554 preußische Ellen im Umfange haben muß. 20 Fäden dieser Länge bilden ein Gebind, 20 Gebind eine Zaspel, 60 Gebind oder 3 Zaspeln eine Strähne, 4 Strähnen ein Stück, und 60 Stücke ein Schock. Alle Haspel müssen geeicht oder als richtig gestempelt sein.

Zur Sicherstellung auswärtiger Käufer der Linnenfabrikate dient die öffentliche Besichtigung oder Schau. Folgende Fabrikate werden als Gegenstände des auswärtigen Handels zur Schau angenommen:

5 und 6 viertelige Schleier und Leinwand von 1,0798 und 1,2958 Ellen Breite; $6\frac{1}{2}$ und 7 viertelige Schleier- und Schock-Leinwand von 1,4037 und 1,5117 Ellen Breite; $7\frac{1}{2}$ und 8 viertelige Stücke Schleier von 1,6197 und 1,7277 Ellen Breite; endlich $6\frac{1}{2}$ und 7 viertelige Weben- und 8 viertelige Schock- und Stück-Leinwand von 1,4037, 1,5117 und 1,7277 Ellen Breite.

Den Waaren, die zum auswärtigen Debit gut befunden, wird der Stempel aufgedrückt. Gewebe, die öffentlich feil geboten werden, müssen auf die halbe Breite gebrochen, in Buchform blätterweise zusammengelegt und mit drei Heften verschlossen sein, die vom Rücken und Sal-Ende mindestens 4 Zoll abstehen und durch Aufziehen der Schleifen leicht geöffnet werden können. Bei jedem Stück muß Breite und Länge angegeben, und daß es fehlerfrei ist angezeigt sein.

Oeffentliche Handels-Anstalten.

Die breslauer Bank hat die Verfassung der berliner und ist derselben untergeordnet. Auch ist hier der Sitz einer schlesischen

Dominal-Privat-Land-Feuer-Societät, wie mehrerer anderer Handels- und Industrie-Vereine. Das schlesische Credit-Institut ist unter Berlin S. 58, 59 erwähnt worden.

Die hiesige Strom-Assecuranz-Compagnie (seit 1827) beruht auf 400 Actien à 250 ℛ︀.

Die breslauer Lätare-Messe fängt den Sonntag Lätare, die Marien-Messe den Montag vor Mariä Geburt, und wenn dieses Fest auf den Montag fällt, an demselben Montag an. Jede Messe währt 8 Tage, nach welchen die Zahlwoche und die Scontrotage anfangen. Der vierte Tag dieser Woche ist Zahltag.

Wollmarkt seit 1829 vom 2. bis 6. Juni, also 5 Tage. Zufuhr zum Markt 1846: 60,000 Centner.

Brody.

Eine österreichische freie Handelsstadt im Königreiche Gallizien, mit 36,000 Einwohnern, besonders wichtig durch seine Speditionen von und nach Rußland, die aber durch die erleichterten Wasserverbindungen auf der Ostsee und der Donau bereits fühlbar Abbruch erlitten. Doch gehen immer noch viele Waaren nach den Jahrmärkten der westlichen und kleinrussischen Gouvernements.

Gesetzlich soll hier eigentlich nach österreichischen Gulden des 20 Fl.Fußes gerechnet werden; man bedient sich jedoch allgemein eines fingirten Silberrubels im Münzfuße des polnischen Courants, den man im größern Verkehr in 100, im kleinern Verkehr aber in 120 Kopeken theilt. Eine solche (kleinere) Kopeke wird = 2 Kreuzer österr. Scheingeld gerechnet.

Der Silberrubel wird hier zu 6 Gulden polnisch, der polnische Gulden zu 15 Kopeken Silber gerechnet, doch ist neuerdings der ältere polnische Gulden in Rußland von 15 buf 14 Kopeken herabgesetzt worden, in Folge dessen russisches Silbergeld ein Agio von 3—4 % genießt. In wiefern sich dies durch die im Mai 1847 von Seiten Rußlands erfolgte Einberufung der polnischen Münzen bis zu 2 Fl. (siehe Warschau) ändern wird, steht zu erwarten.

Das Verhältniß zum österreichischen Gulden ist 100 Gulden Conv. Münze für 60 Silberrubel, mit einem Aufgelde von 4 bis 8 %.

Eine Börse giebt es hier nicht, sondern man richtet sich bei Reduction fremder Wechsel meistentheils nach den Wiener Notirungen; man kann indeß doch folgende Course als hier eigenthümlich annehmen:

Berlin, Breslau, Leipzig, 102½ %, d. h. 100 ℛ︀ Courant für 90 Silberrubel mit 2½ % Aufgeld.

Petersburg, Moskau, Berditschef, Odessa, 103¼ m. o. w. hiesige Rubel für 100 Rubel in Rußland.

Wien $105\frac{1}{4}$, d. h. 100 Gulden Conv. Münze für 60 Silberrubel mit circa $5\frac{1}{4}$ % Agio.

Von fremden Geldsorten werden notirt:

Ducaten zu 20 poln. Gulden mit mehr oder weniger Procent Coursverlust.

Russische Imperials genießen außer dem Agio auf russ. Rubel noch das in Rußland selbst bestehende Gold-Agio von circa 3 %.

Oesterreichische Banknoten $106\frac{1}{4}$ — d. h. 100 Gulden Conv. Münze = 60 Rubel mit $6\frac{1}{4}$ % Aufgeld.

Maaße und Gewichte siehe Wien.

Brügge

oder Bruges mit 42000 Einwohnern, ist die Hauptstadt der belgischen Provinz Westflandern und besonders wichtig durch seinen Leinwandhandel. Es giebt hier eine Börse, ein Handelsgericht, eine Handelskammer und eine Navigationsschule, so wie beträchtliche Schiffswerfte. Es werden zwei Messen gehalten, am 4. Mai und 1. October, jede von 14 Tagen.

Münzen, Maaße und Gewichte siehe Antwerpen.

Die alte brügger Elle war 0,7 Meter.

Die 1837 gegründete Société de Commerce de Bruges hat einen Fond von 3 Millionen Francs in Actien au porteur à 1000 Francs mit $4\frac{1}{2}$ % Zins und Dividende. Die Gesellschaft darf Noten ausgeben bis zum Belaufe von einer halben Million Francs.

Brünn,

Hauptstadt der österreichischen Markgrafschaft Mähren, mit 45000 Einwohnern, besonders wichtig wegen seiner Tuchfabriken. Es giebt hier ein Merkantil- und Wechselgericht.

Münzen, Maaße und Gewichte siehe Wien.

Von den ältern mährischen Maaßen sind noch bemerkenswerth:

Die mährische Elle = 0,7906 Meter, also um 1 % größer als die wiener Elle.

Der mährische Metzen = 70,61 Liter; man kann also 7 hiesige für 8 wiener Metzen rechnen.

Das mährische Maaß = 1,07 Liter; also 3 wiener = 4 hiesige Maaß.

Das mährische Pfund wird dem wiener Pfunde gleich gehalten.

Die hiesige priv. Feuerversicherungs-Anstalt für Mähren und Schlesien hatte 1847 eine Versicherungssumme von 13½ Million Gulden.

Brüssel

(Bruxelles), Hauptstadt des Königreichs Belgien, in der Provinz Süd-Brabant, von vielen Kanälen durchschnitten, welche sie mit der Senne und dem Scheldekanale verbinden, zählt 80000 Einwohner, hat Handel und Fabriken.

Münzen, Maaße und Gewichte wie Paris.

Wechsel-Course s. Antwerpen.

Fonds-Course, belgische, im Mai 1847:

5 % Anleihe von	1840	pari	Francs für 100 Francs nominell.
5 " " "	1842	100¼	
4½ " " "	1844	96½	
4 " " "	1836	88	
3 " " "	1838	68½	
2½ " "	active	55	
2½ " "	1844	53	

Die städtischen Obligationen:

4 % Anleihe von 1832, 3½ Millionen Francs, mit Lotterie verbunden. Cours: 85 Francs für 100 Francs nominell.

5 % Anleihe von 1843, 14 Millionen Francs. Cours: 97 Francs für 100 Francs nominell.

Von den vielerlei Actien die es in Belgien giebt, findet man gewöhnlich nur folgende notirt:

Société générale, im Mai 1847, 1750 Francs für eine Actie von 500 Gulden, incl. Zinsen, die am 1. Januar und 1. Juli mit 5% ausgezahlt werden.

Banque de Belgique, 87 Francs für 100 Francs in Actien.

Mutualité, 495 Francs für eine Actie von 1000 Francs.

Actions réunies, 760 Francs desgl.

worüber das Nähere weiter unten.

Die vom Finanz-Minister nach Bedarf ausgehenden Emissionen von bons royaux (Schatzkammerscheinen) bilden die schwebende Schuld; ihr Zinsfuß hängt vom Geldmarkte ab; ihre Verfallzeit lautet auf 1, 3, 6 oder 12 Monate. Die Staatsschuld beläuft sich auf 586 Millionen, ohne die schwebende, die 1846 29 Millionen Francs ausmachte.

Alte Maaße und Gewichte.

Längenmaaß.

Der Fuß = 122,239 par. Linien oder 0,276 Meter. 1 Fuß = 11 Zoll à 8 Linien.

Die Elle = 308,09 par. Linien oder 0,695 Meter.

Körpermaaß.

Die Rasière für Korn = 2458 par. Kubikzoll oder 48¾ Liter.

Die Rasière für Hafer = 2594,6 par. Kubikzoll oder 51,47 Liter.

Der Weinpot = 68,279 par. Kubikzoll = 1,354 Liter.

Der Bierpot = 65,546 par. Kubikzoll oder 1,3 Liter.

Das Fuder Wein = 6 Ohm à 96 Wein- oder 100 Bierpots.

Der Stoop Bier = 2 Bierpots.

Gewicht.

Das Handelspfund = 467,67 Gramm.

1 Handelspfund	=	16 Unzen	=	128 Gros	=	9216 Grän.
		1 "	=	8 "	=	576 "
				1 "	=	72 "

Das Pfund Markgewicht = 492,1518 Gramm.

Pfund Markgewicht		Mark		Unzen		Esterlin		Felin		As.
1	=	2	=	16	=	320	=	1280	=	10240
		1	=	8	=	160	=	640	=	5120
				1	=	20	=	80	=	640
						1	=	4	=	32
								1	=	8

Oeffentliche Handels-Anstalten.

1. Die Société Générale.

Das hier im August 1822 von der niederländischen Regierung unter dem Namen Société Général des Pays-Bas errichtete Bank-Institut war bestimmt, durch ansehnliche und ausgebreitete Operationen in den Süd-Niederlanden einen stärkeren Großhandel und öffentlichen Verkehr zu erwecken. Diese Gesellschaft hat für die Industrie und den Handel Belgiens große Wichtigkeit erlangt. Sie hat eine Handelsgesellschaft (Société de commerce) gebildet, deren Hauptgeschäft es ist, viele Erzeugnisse des Landes auf die transatlantischen Märkte zu bringen. Im Jahre 1835 hat sie 25 Millionen auf die Errichtung einer Grundbesitzbank (Banque foncière) verwandt, die den Grundbesitzern Belgiens als eine Hypotheken-Kasse dient. Sie hat viele Sparkassen gegründet; in Antwerpen eine Bank zweiten Ranges, so wie in allen Hauptstädten des Reichs Succursal-Banken. Die Société Générale ist Schatzmeisterin des Staats; hat demselben ansehnliche Anleihen, so wie andere Vorschüsse gemacht; sie discontirt Wechsel und giebt Noten aus von 25 bis 1000 Fl. (sie werden jetzt in Franken umgeschrieben), die auf den Inhaber lauten, und die in ganz Belgien als Zahlung gern angenommen werden. Das ursprüngliche Kapital der Bank betrug 50 Mill. Fl. niederl. Courant; nämlich 1) aus 30 Mill. Fl., in 60000 Actien zu 500 Fl. bestehend und 2) aus 20 Mill. Fl., welche die Domainen geschätzt werden, die König Wilhelm zur Bildung der Bank, als Pfand angewiesen hat.

Die Bank zahlt ihre Zinsen von jährlich 5 % in halbjährigen Terminen am 1. Januar und 1. Juli, und ihre jährlichen Dividenden im Monat April. Ihr Freibrief läuft mit dem Jahre 1849 ab.

2. Die Bank von Belgien.

Im Februar 1835 wurde von einer anonymen Gesellschaft, unter den Auspicien der Regierung, die Bank von Belgien errichtet. Das Kapital derselben, von 20 Mill. Francs, wurde durch 20000 Actien à 1000 Francs zusammengebracht, und ihr Privilegium vorläufig auf 25 Jahre festgesetzt. Am 1. Mai des genannten Jahres begann sie ihre Geschäfte als Deposital-, Circulations-, Disconto- und Sparbank. Ihre Zettel lauten auf 50, 100, 500 und 1000 Francs, deren Gesammtbelauf jedoch das Gesellschafts-Kapital und einen stets in ihrer Kasse baar repräsentirten Werth nicht übersteigen darf. Die Bank zahlte bis 1838 ihren Actionären 5 % Zinsen nebst einer bedeutenden Dividende. Am 18. Dezember 1838 war sie genöthigt ihre Zahlungen einzustellen, doch war die Krisis von kurzer Dauer. Einerseits wurde sie von der Regierung durch eine Anleihe von 4 Mill. Francs unterstützt, andererseits hatte die Société générale manche ihrer Verpflichtungen übernommen, und so wurde sie bereits unterm 4. Januar 1839 wieder in den Stand gesetzt, ihre Baarzahlungen zu beginnen. Um ferneren Verlegenheiten vorzubeugen, sind in einer General-Versammlung der Actionäre der Bank, vom 16. März 1841, folgende Beschlüsse gefaßt worden: 1) für 10 Mill. Francs 10000 Stück neuer Actien, à 1000 Francs, und zwar mit der Priorität gegen die alten Actien zu creiren, daß erstere das Risico, welches von den bisherigen Vorschüssen der Bank an andere industrielle Gesellschaften herrührt, nicht mit zu tragen haben, 2) daß die neuen Actien mit 5 % verzinset werden sollen, den Inhabern der älteren Actien aber, statt wie bisher 5 %, einstweilen nur 4 % (die Reduction auf 3½ % ist von der Regierung nicht genehmigt worden) zu zahlen, und das überflüssige 1 % als Reserve-Fonds zur Deckung jener eventuellen Ausfälle zurückzulegen, und endlich 3) die Statuten der Bank in dem Sinn zu modificiren, daß sie künftig nur noch eine bloße Wechselbank, ohne alle Theilnahme an industriellen Unternehmungen, sein soll. In Folge dieser Modification sind die Actien erster Emission um einige pCt. gestiegen. Für die der 2. Emission zahlt man bereits 5 % Agio.

Die Zinscoupons ihrer Actien sind jährlich am 1. Januar und die der Dividenden am 1. April zahlbar.

3. Die Société de commerce (Handels-Gesellschaft).

Diese Gesellschaft verdankt ihre Entstehung der Société générale. Das Grund-Kapital der Société de commerce beträgt 10 Mill. Francs, gebildet durch 10000 Actien à 1000 Francs, die jährlich, im Januar, mit 4½ % verzinst werden. Außerdem ist den Actionären vom reinen Gewinn eine jährliche Dividende, fällig im März, in Aussicht gestellt. Die Bank giebt Vorschüsse auf Waaren, sorgt für den Absatz der Erzeugnisse des Bodens, und soll bei jedem Ankauf und Verkauf mit einem Drittel betheiligt sein. Auch giebt sie Darlehen auf Staatspapiere und andere sichere Documente. Ihre Administratoren beziehen keinen festen Gehalt, sondern eine Tantième vom reinen Gewinn.

4. Die Banque foncière (Grundbesitzbank).

Diese ist ebenfalls, wie bereits gemeldet, von der Société générale gegründet worden. Ihr Kapital von 25 Mill. Francs wird durch 25000 Actien à 1000 Francs repräsentirt, die halbjährlich (Januar u. Juli) mit 4 % p. A. verzinset werden. Die Bank leiht auf alles Grundeigenthum im Lande und giebt Obligationen aus, deren Zinsfuß ebenfalls 4 % ist. Die Zinsen hingegen, die sie von den Grundbesitzern nimmt, betragen 5 %. Die Dividenden werden jährlich im März vertheilt.

5. Die Société nationale.

Auch diese Gesellschaft, gebildet durch die Société générale, hat den Zweck, Handel und Industrie zu befördern; nur beschränkt sie sich nicht auf bloße Unterstützung solcher Unternehmungen, sondern nimmt auch bisweilen directen Antheil daran. Ihr Fond besteht in 15000 Actien à 1000 Francs, deren Zinsen, à 4 % jährlich, am 31. Dezember ausgezahlt werden. Ihr ist gestattet dieses Kapital, durch Anleihen, bis auf 25 Mill. zu erhöhen.

Die Gesellschaft baut Handelsschiffe, besorgt Exporten und betreibt mitunter gewöhnliche kaufmännische und Banquiergeschäfte. Die Direktoren beziehen, wie bei der Société de commerce, anstatt der Gehalte, einen Antheil vom reinen Gewinn. Von diesem Gewinn erhalten die Actionäre jährlich, im März, Dividenden, die jedoch 6 % der Actienbeträge nicht übersteigen dürfen.

6. Die Société de mutualité industrielle (Gesellschaft industrieller Gegenseitigkeit).

Die Société générale hat auch dieses Institut gegründet, und seinen Wirkungskreis vornehmlich dahin gerichtet, sowohl neue industrielle Anlagen und Unternehmungen ins Leben zu rufen, als solche bereits bestehende Anstalten auf jede mögliche Weise zu unterstützen. Der Fond der Gesellschaft beträgt 50 Millionen Francs, und ist in 50000 Actien à 1000 Francs vertheilt. Die Zinsen à 4 % sind am 1. Januar fällig.

7. Die Société des Actions réunies (Gesellschaft der vereinigten Actien).

Sie hat den Zweck, andern industriellen Anstalten dadurch beizustehen, daß sie 1) durch den Ankauf von Actien neuer, erst sich constituirender Gesellschaften die Begründung derselben erleichtern helfe; 2) daß sie die Actien bereits bestehender Korporationen an sich bringe und in ihrem Werthe erhalte, wenn diese Actien in der öffentlichen Meinung zu sinken beginnen. Das Grund-Kapital von 50 Mill. Francs besteht in 50000 Actien à 1000 Francs.

Die jährlichen Zinsen à 4 % sind am 10. Januar und die der Dividenden am 10. April fällig.

Das belgische Staats-Eisenbahnnetz beträgt 115 Lieues und hat 159,714,627 Francs gekostet. Die Einnahmen davon belaufen sich jetzt auf circa 14 Millionen und der Rein-Ertrag auf etwa 4 %.

Buchara,

eine bedeutende Handelsstadt der Provinz Buchara, einem Theile von Turkestan, in der asiatischen Türkei, am Soghd gelegen, mit 70000 Einwohnern, vielen Fabriken, und besonders als Stapelplatz des gesammten Handels von Mittelasien wichtig. Auf sieben verschiedenen Handelswegen treffen oft Karavanen von mehr als 500 Kameelen ein, die hier ihre Ladungen gegen Produkte des Landes umsetzen. Nach früheren Angaben bedient man sich hier folgender Rechnungsmünzen:

1 Tolerdack hat 10 Spinack, 60 Ongul oder 300 Sacki; 8,524 Tolerdack = einer köln. Mark fein Silber, wonach 1 Tolerdack = 49¼ preuß. Silbergroschen, oder circa 141 Xr. im 20 Fl.Fuß, oder 172 Xr. im 24½ Fl.Fuß ist; nach spätern Nachrichten (von 1823) hat man hier wirkliche ausgeprägte Münzsorten in

Gold: Telas (Ducaten), 74 bis 75 = 100 holl. Randducaten, also 1 Tela oder Tilla = 1⅓ Ducaten, oder circa 4 Thaler 10 Silbergroschen preuß., oder 6 Gulden Convent.-Münze, oder 15 bis 16 Rubel Banco.

Silber: Tängas, 21 bis 23 = 1 Tela, also 1 Tänga = circa 6⅛ preuß. Silbergroschen, oder 17 Xr. Conv.-Münze.

Messing: Puls (Pfennige) 54 bis 55 auf 1 Tänga.

Gewicht. Der Batman ist = 127,767 Kilogramme oder 312 russ. Pfund.

Bucharest,

Hauptstadt des Fürstenthums der Wallachei am Flusse Dumbowitza, Stapelplatz der ganzen Wallachei, und Residenz des Hospodars, eines Vasallen der hohen Pforte, zählt 60000 Einwohner, hat bedeutenden Handel mit Getreide und den Landesprodukten, als Wachs, Wein, Obst, Honig.

Münzen.

Man rechnet nach Lëu (Plural Leï, Piaster), zu 40 Paralle (Para).

Man nimmt gewöhnlich den Ducaten zu 32 Piaster an, ferner

den türkischen Skosar (neue)	= 12	= 30	Piaster.
= = = (alte)	= 14	= 20	=
= = Rubei . .	= 6	= —	=
= spanischen Piaster . .	= 14	= 20	=
= Kronthaler	= 15	= —	=
= Conventions Thaler .	= 13	= 32	=
= = 20 Xr. .	= 2	= 12	=
= Silber=Rubel	= 11	= —	=
= türkischen Reslitz . .	= 10	= 20	=
= = Inslutz . .	= 8	= 20	=
= = Ikilitz . .	= 6	= 20	=

Man kann also etwa 140 Piaster auf die f. Mark rechnen, wonach ein Piaster auf 3 Silbergroschen zu stehen kommt.

Maaße und Gewichte.

Die Elle, Halibin, zu Tuch und Seidenwaaren = 310,8 par. Linien oder 0,701 Meter.

Die Elle zu Leinwand, Endere, = 293,6 par. Linien oder 0,662 Meter.

Getreidemaaß. Der Dimerla = 1240 par. Kubikzoll oder 42,6 Liter.

1 Kilo	= 2 Mirze	= 16 Dimerli	= 256 Oken.
	1 =	= 8 =	= 128 =
		1 =	= 16 =

Getränkmaaß. Der Eimer (Viacka) = 10 Oken = 713,34 par. Kubikzoll oder 14,15 Liter.

Gewicht. 1 Oka = 1262,9 Gramm. 1 Cantar = 44 Oken.

Buenos Ayres,

Hauptstadt und Regierungssitz der argentinischen Republik im La Plata Thale, wichtiger Hafen am südlichen Ufer des Platastromes, ungefähr 40 deutsche Meilen von seiner Mündung. Der Ort zählt gegenwärtig mehr als 70000 Einwohner, und interessirt die Fremden wegen einer ansehnlichen Einfuhr von Erzeugnissen europäischer Industrie, und Ausfuhr von Rinds- und Pferdehäuten, Talg, Pferdehaaren, Ochsenhörnern, Hornspitzen, Wolle rc. Es wird meist Tauschhandel getrieben, und halten deutsche Speculanten mit vaterländischen Fabrikaten hier zum öftern einen guten Markt; nur hat der Handel in neuerer Zeit durch die fortwährenden Kriegs-Unruhen sehr an Sicherheit verloren.

Münzen.

Man rechnet hier, so wie in dem ganzen ehemaligen spanischen Amerika, nach dem

Piaster zu 8 Reales de Plata à 34 Maravedis oder 16 Quartos; den Real theilt man auch in Halbe, Viertel und Zehntel.

Der Zahlwerth besteht eigentlich in Silberpiastern, hat sich aber durch die finanzielle Zerrüttung des Landes, und die dadurch herbeigeführte Ueberschwemmung mit Papiergeld, allmälig in Papier-Piaster verwandelt, deren schwankender Werth nur aus dem Course auf London ersehen werden kann. Derselbe hält sich während der Blockade auf $2\frac{3}{4}$ pence für 60 Tage Sicht, steht aber in gewöhnlichen Zeiten $3\frac{1}{2}$ — 4 pence per Papier-Dollar, für Wechsel auf 60 Tage Sicht.

An wirklichen Münzen sind früher geprägt worden:

in Gold: Onzas (Doblones, auch Quadrupel genannt), ursprünglich zu 16, jetzt aber zu 17 Piastern Silber. Sie sind von sehr ungleicher Ausprägung, besonders die neuern National-Dublonen.

in Silber: Piaster oder Pesos mit ihren Unterabtheilungen, s. d. Tabellen.

in Kupfer: Sonst Stücke zu 20, 10, 5 und 1 Decimos; jetzt zu 2, 1 und $\frac{1}{2}$ Realen.

Diese Metallmünzen galten am 8. April 1847:
die Dublone 310, der span. Thaler $19\frac{1}{4}$ Papier-Piaster.

Wechselcours.

	Veränderl. Valuta.	Feste Valuta.
Amsterdam	3 Stüber (= 15 Cents) niederl. Crt.	für 1 Piast. Pap.
Hamburg	$2\frac{1}{4}$ Schilling Hamb. Bco.	» 1 » »
London .	3 Pence Sterl.	» 1 » »
Paris .	32 Centimes	» 1 » »

Staatspapiere.

Die Obligationen der im Jahre 1824 bei Gebr. Baring u. Comp. in London negozirten 6 pCtgen Anleihe, von 1 Mill. Liv. Sterl., stehen jetzt (März 1847) in London nominell 40 %, in Buenos Ayres selbst waren sie am 8. April 1847 mit 96 % notirt. Die Zinsen derselben, fällig am 12. Januar und 12. Juli, sind seit dem 12. Juli 1827 nicht erfolgt.

Maaße und Gewicht.

Längenmaaß.

Die Vara soll 34,161 engl. Zoll halten; 100 portug. Varas = 126 Varas hier.

Flächenmaaß.

140 □ Varas heißen eine Munzana beim Bauwesen und sind gerade 3 franz. arpens oder $3\frac{3}{4}$ engl. Acres.

Beim Länder-Verkauf gilt die Suerta de estancia, welche

= ¾ □legua oder 108 Suerte de chacra à 16 quadras quadratas à 15625 Varas quadratas. — 10,000 □Varas = 7528,9 □Metres oder 75 engl. Acres.

In John Mier's vortrefflichem Werke findet sich folgende Zusammenstellung:

	Leguas	Quadras	Varas	Pies	Pulgadas	Englische Fuß	Französische Mètres	Spanische Fuß
Geographischer Grad	21,37	—	—	—	—	—	—	—
See-Meile	—	—	6411	19234	—	18291,2	5555,5	19952,7
Meile v. Buenos Ayres	1	40	6000	18000	—	17143,38	5206,2	18669
Quadra .	—	1	150	450	—	428,58	130,155	466,72
Vara . .	—	—	1	3	36	2,856	0,8677	3,1115
Piè . .	—	—	—	1	12	0,952	0,2892	1,0371

Körpermaaß.

Die hiesige Fanega theilt sich in 4 Quartillos und hält 591,9 hiesige Kubikfuß, oder 0,1417 Kubikmeter, oder 8528,45 engl. Kubikzoll, also nahe an 4 engl. Imperial Bushels. — Ein Fanega Korn wiegt hier durchschnittlich 210 Pfund, in Santa Fè 240 Pfund.

Der Wein-Barril hält 1232 engl. Kubikzoll oder ziemlich 4½ Gallons. Er wird folgendermaßen eingetheilt:

Pipa		Barril		Quartillo		Frasco		Mediofrasco		Quarto		Octavo.
1	=	6	=	24	=	192	=	384	=	768	=	1536
		1	=	4	=	32	=	64	=	128	=	256
				1	=	8	=	16	=	32	=	64
						1	=	2	=	4	=	8
								1	=	2	=	4
										1	=	2

Häute werden per 35, gesalzene per 60 ℔, Pferdehäute per Stück, Kalbfelle per 35 ℔, Schaffelle und Chinchilla per Dutzend, Nutria per ℔, Abfälle per Quintal, Ochsenhörner per 1000 Stück, getrocknetes Fleisch per Quintal, Talg u. Pferdehaare per 25 ℔, Salz per Fanega verkauft.

Cadix oder Cadiz,

eine feste und seit mehr als zwei tausend Jahren berühmte Handelsstadt in der spanischen Provinz Sevilla, am westlichen Ende der Insel Leon gelegen, wo das Meer einen weiten, schönen und sichern Hafen bildet. Einst der große Mittelpunkt des spanischen Colonialhandels ist der Ort von seiner ehemaligen Größe herabgesunken, zählt jetzt nur 75000 Einwohner, hat Fabriken in Seide und Wolle, Salzwerke und Weinbau, und interessirt die Fremden noch wegen seiner Ausfuhr von Oel, Xeres-Wein und Safran.

Münzen.

Man rechnet nach Reales de Plata antiguas, oder alten Silber-Reales, die man entweder in 34 Maravedis de Plata antiguas, oder in 16 Quartos, auch bei kaufmännischen Rechnungen in acht Theile theilt. Die Wechselpistole hat 4 Wechselpiaster oder 32 alte Silber-Reales, und es vergleichen sich

375 alte Silber-Reales	. . mit	34 Ducados de Cambio.
17 dergleichen	. . =	32 Reales de Vellon.
8 Pesos duros (harte Piaster)	=	85 Silber-Reales.

Der Ducado de Plata hat 11, der Fracht-Ducado aber, wonach man die Fracht von Hamburg auf Cadix bedingt, 12 alte Silber-Reales (castilian. Währung).

$102\frac{4}{5}$ alte Silber-Realen = 1 köln. Mark fein; eine Reale also 49 preuß. Pfennige oder $14\frac{1}{4}$ Kreuzer im $24\frac{1}{2}$ Fl.Fuß.

Wechselcourse

werden wie in Madrid notirt. Auf Barcelona, Madrid, Bilbao und andere spanische Plätze wechselt man mit 1 (m. o. w.) Procent Gewinn oder Verlust. Auf Paris zuweilen 82 Sous für 1 Peso d. p. a.

Uso und Respecttage ebenfalls wie Madrid.

Die 1847 gegründete Bank hat einen Fond von 100 Millionen Realen; sie giebt Noten aus zu 4000, 2000, 1000 und 500 Realen.

Maaße.

Längenmaaß.

1 Vara = 33,384 engl. Zoll = 375,88758 par. Linien oder 0,848 Meter.

1 Vara	= 2 Codos	= 4 Palmos	= 8 Octavas	= 16 Avas.
	1 „	= 2 „	= 4 „	= 8 „
		1 „	= 2 „	= 4 „
			1 „	= 2 „

Auch wird die Vara in 3 Fuß oder 36 Zoll getheilt.

Körpermaaß.

Das Getreidemaaß ist der Cahiz von 12 Fanegas; 5 Fanegas rechnet man circa 1 engl. Quarter. 1 Fanega mißt genauer 56,346 Liter = 2840,5 par. Kubikzoll.

Flüssigkeitenmaaß. Die Arroba von 8 Azumbres à 4 Quartillos. Es giebt aber eine große und eine kleine Arroba. Die große Arroba ist = 4,246 Gallons = 973,356 par. Kubikzoll, die kleine Arroba ist = 3,337 Gallons = 764,328 par. Kubikzoll, 32 kleine Arrobas circa = 25 großen.

Die Bota Wein = 30 großen Arrobas.

Die Pipe Oel = 34 kleinen Arrobas.

Gewicht.

Die Mark gleich der von Castilien = 230,07114 Gramm.
Der Quintal = 4 Arrobas à 25 Pfund à 2 Mark.

Cairo,

Kahira, Hauptstadt von Aegypten, mit circa 300,000 Einwohner, 40 Lieues von Alexandrien entfernt, mit sehr lebhaftem Handel und unter französischem Einflusse gedeihender Industrie.

Man rechnet nach Piaster à 33 Medini oder 80 Asper und prägt Sequins-Mahaboud und Medinis. Wenn man einen Handel in Patacas oder Tallari schließt, muß man den Werth in Medinis zugleich mit bedingen.

Der gewöhnliche Pik (Elle) ist (nach Garnier) ¾ Meter; der Ardeb = 182 Liter; der Cantaro hat 100 Rottoli à 144 Drachmen. Die Oke von 400 Drachmen ist = 1,1973 Kilogramm und wird besonders bei Seide und Cochenille verwendet. Außerdem hat man den Cantaro

zu Pech	= 275	Rottoli.
„ Datteln	= 250	„
„ Eisen	= 233⅓	„
„ Blei = 130, 140 auch	150	„
„ Gummi und Balsam	= 133	„
„ Arsenik	= 125	„
„ Farbeholz	= 120	„
„ Mandeln u. Früchten, auch Elephantenzähnen	= 115	„
„ Gewürzen	= 110	„
„ Kaffee	= 105	„
„ Zucker, Quecksilber, Zinn ꝛc.	= 102	„

Calcutta,

nächst Canton die wichtigste Handelsstadt im Morgenlande, am Hugli, einem Arme des Ganges, in der Präsidentschaft Bengalen, Hauptstadt der britischen Besitzungen in Ostindien und Sitz des General-Gouverneurs. Die Stadt hat in ihrer weiten Ausdehnung einen Umfang von 7 Stunden, und zählt über 800000 Einwohner, hat viele Fabriken, besonders in Baumwolle, Spinnereien, Schiffbau, einen Hafen, welcher Linienschiffe aufnimmt, Handelsbanken und Assekuranz-Gesellschaften, und ist überhaupt der Centralpunkt aller Geschäfte, die in Indien gemacht werden. Ausfuhrartikel sind besonders Baumwolle, Indigo, Salpeter, Zucker und Seide, außer den vielen chinesischen und andern Produkten, welche man hier zu Markte bringt.

Münzen.

Man rechnet nach Rupien zu 16 Annas à 12 Pie. — Drei solcher Pies gehen auf eine Kupfermünze, Pice genannt.

Bis 1835 rechnete man nach Sicca-Rupien zu 16 Annas à 12 Pice, außerdem aber auch nach Courant-Rupien, einer fingirten Valuta, welche 16 % unter den Werth der Sicca-Rupie gestellt war, d. h.

116 Courant-Rupien = 100 Sicca-Rupien, oder
100 " " = 86 " " 3 Annas 3 Pice,

Seit 1835 nach Company-Rupien, welche etwa $6\frac{5}{8}$ % schlechter sind als Sicca-Rupien.

Die Eingebornen rechnen auch wohl im Kleinhandel 1 Courant-Rupie = 4 Cahauns (Kaons od. Kams), 16 Annas, 64 Punnys (Ponnes), 1280 Gundas (Gondas), 2560 Cowries (Kauris), einer kleinen Muschel von der malediviischen Insel: Schneckenköpfe, welche die Zäume unserer Husarenpferde zieren und durch fast ganz Südasien und Afrika als Scheidemünze gehen, jedoch von unbestimmtem Werthe sind.

Die Sicca-Rupie wurde hier seit 1819 zu 175,923 engl. Grän fein, und 15,993 Grän Zusatz ausgeprägt, dies beträgt für die köln. Mark fein Silber 20,51 Rupien; sie hatte also einen Silberwerth von

$70\frac{1}{5}$ Xr. im 24 Fl.Fuß.	$26\frac{1}{2}$ hamburger ß Cour.
$58\frac{1}{2}$ Xr. im 20 Fl.Fuß.	$118\frac{1}{2}$ niederländische Cents.
26,14 englische Pence.	2,92 österreichische Lire.
2,53 französische Francs.	$20\frac{1}{2}$ preußische Silbergr.
$21\frac{2}{3}$ hamburger ß Bco.	$60\frac{2}{3}$ Kopeken Silber.

Die Gold-Rupie: Mohur war hier besser als in Bombay und galt 16 Sicca-Rupien; sie hielt 187,651 Grän fein, hatte 17,059 Grän Zusatz, und sind demnach 19,227 Stück = einer köln. Mark fein Gold; ihr Werth ist (nach der neuen Bestimmung) 33 Schilling $2\frac{1}{2}$ Pence Sterl. Der Gehalt beider Münzsorten ist wie bei dem Englischen $\frac{11}{12}$.

1 Lac bedeutet die Zahl von 100,000, 1 Cror 10,000,000, ist also von 1 Cror Rupien die Rede, so sind es 10 Millionen Rupien; von 1 Cror Pagoden, sind es so viel Pagoden (ungefähr 4 mal so viel als 1 Cror Rupien); ist im Allgemeinen indeß die Rede von Lac und Cror, so versteht man darunter gewöhnlich Silber-Rupien, weil dies die gangbarste Münze durch ganz Indien, und nun selbst in Madras, wo sonst die Pagode galt, eingeführt ist. 55.00.000 bedeutet also jetzt 55 Lacs.

Noch coursiren hier:

Die Benares-Rupie von 168,875 engl. Grän fein und 6,125 Grän Zusatz, davon 21,362 Stück auf die köln. Mark fein Silber gehen.

Die Furruckabad-Rupie; sie ist 165,220 Grän fein, hat 7,780

Grän Zusatz und 21,835 Stück gehen auf eine köln. Mark fein Silber.

Die Madras-Rupie von 165 Grän fein mit 15 Grän Zusatz, also 21,864 Stück auf eine köln. Mark fein Silber.

Die Rupie von Arcat; die ehemals zu Madras geprägten wiegen 176,4 Grän, sind 166,477 Grän fein, und 21,670 Stück gehen auf die köln. Mark fein Silber.

In sämmtlichen Münzstätten Bengalens kann man gegen 2 % Münzkosten und $\frac{1}{4}$ bis $2\frac{1}{2}$ % Raffinirspesen, Barren umprägen lassen.

Bei Zöllen und sonstigen Abgaben gilt:

ein Pfund Sterling .	=	10	Sicca-Rupien.
100 Rupien in Bombay	=	94. 13. 0.	desgl.
100 „ „ Madras	=	93. 1. 8.	desgl.
125 birman. Ticals .	=	100. 0. 0.	desgl.
1 span. Dollar . . .	=	2. 4. 0.	desgl.
1 chines. Tael . . .	=	3. 5. 4.	desgl.
1 Milreïs	=	2. 12. 0.	desgl.
$1\frac{1}{2}$ hamb. Banco-Mark	=	1. 0. 0.	desgl.
$2\frac{1}{2}$ holl. Gulden . .	=	2. 4. 0.	desgl.
24 Francs	=	10. 0. 0.	desgl.
575 Lire tosc. . .	=	202. 0. 0.	desgl.
Ein holländ. Ducat. .	=	4. 11. 3.	desgl.
Eine span. Dublone .	=	32. 8. 0.	desgl.

Wechselcourse.

Bombay, 30 Tage Sicht $99\frac{1}{2}$ R. m. o. w. für 100 R. in Bombay.
Madras desgl.
Mexico, 3—6 Mt. Sicht 216 Comp.-R. für 100 mex. Piaster.
Paris, Bordeaux, 6 Mt. Sicht 200 m. o. w. Comp.-R. für 500 Frs.

London (im Januar 1847)	10 Monat Papier	2 s.	$0\frac{1}{2}$ d.	für eine Comp.-Rupie.
	6 „ „	1 „	11 „	
	4 „ „	1 „	$10\frac{3}{4}$ „	
	3 „ „	1 „	$10\frac{5}{8}$ „	
	2 „ „	1 „	$10\frac{1}{2}$ „	
	1 „ „	1 „	$10\frac{3}{8}$ „	
	à Vista „	1 „	$10\frac{1}{4}$ „	

Beim Verkauf von Tratten auf England ist es sehr gewöhnlich, ein Exemplar des Connaissements und die Versicherungs-Polize mit der gegen die betreffende Waarensendung gezogenen Tratte zusammen zu verkaufen.

Anleihen. Die fundirte und verzinsliche Schuld (1830 circa 265 Millionen Sicca-Rupien) Bengalens besteht in 4, 5 und 6 pCtgen Anleihen, deren Zinsen halbjährlich bezahlt werden. Bei der 6 pCtgen Anleihe von 1822 steht es den europäischen Gläubigern rechtmäßig zu, den Betrag der Zinsen durch Wechsel auf das Direktorium in Ostindien beziehen zu dürfen.

Bei den andern Anleihen hingegen, ist dies nur eine Vergünstigung, die von dem Gutdünken der ostindischen Behörden abhängt.

Maaße.

Längenmaaß.

Der Cubit oder Haut = 18 engl. Zollen = 202,67 par. Linien oder 0,457 Meter.

4 Cubits = 1 Faden als Wegemaaß, und 1000 Faden oder 4000 Cubits machen 1 Coss oder bengalische Meile, ungefähr = 1 engl. Meile.

Flächenmaaß.

5 Cubits lang und 4 breit, sind 1 Chattack, 16 dieser = 1 Cottah, 20 dieser 1 Biggah. 40 Biggahs werden zu Madras 1 Cawney genannt.

Gewicht.

Vom Handelsgewicht hat man den Bazar- oder Indian-Maund und den engl. Faktorei-Maund. Ersteres Gewicht ist 10 % schwerer als letzteres. Von beiden hat der Maund 40 Seers zu 16 Chattacks, oder 80 Siccas, oder Tolahs. Der Faktorei-Maund wiegt 74⅔ ℔ engl. av. d. p., oder 33,864 Kilogramme. Der Bazar-Maund wiegt 82,135 ℔ engl. av. d. p., oder 37,252 Kilogramme.

Gold- und Silbergewicht. 1 Sicca hat 10 Massa à 32 Grän à 4 Punkhos, oder 179⅔ Grän engl. Troy = 11,64 Gramm, 25 Grän = 1 Anna, 16 Annas oder 12½ Massa = 1 Tolah = 14,551 Gramm.

Gegen Sicca-Weights haben die Gewichte in Calcutta und überhaupt in Bengalen nach Bazar- und Faktorei-Seers folgendes Verhältniß:

80 S.-W.	= 1 Calcutta	B.-S.		96 S.-W.	= 1 Luckno	B.-S.
60 "	= 1 Serampore	"		84 "	= 1 Mirzapore	"
82 "	= 1 Hongly	"		96 "	= 1 Allahabad	"
88 "	= 1 Benares	"		72 "	= 1 Calcuttar	F.-S.

Flüssige Dinge werden nach dem Gewicht verkauft, gewöhnlich nach dem Chattack von 5 Siccas; 4 Chattacks werden ein Pouah oder Pice genannt; 4 Pice = 1 Seer, 40 Seers = 1 Maund.

1 Possari (Kanne) hat 5 Seers, und wiegen 8 Kannen 1 Bazar-Maund.

Getreide verkauft man nach dem Khahoon von 40 Maunds, der auch in 16 Soallis à 20 Pallies getheilt wird. Der Pallie hat 4 Raiks, 16 Koonkes oder 80 Chattacks und wiegt 4119 Gramm.

Banken.

1) Die Bank von Bengalen, seit 1809, deren Kapital aus einer Million Pfund in Actien à 400 £ besteht. Die Bank giebt Noten aus bis zu 1 £, die bei allen öffentlichen Kassen angenommen werden; discontirt Gouvernements- und Particulier-Wechsel und leiht Geld auf Unterpfand. Divid. 6 — 14 %.

2) Die Unionbank, seit 1829, priv. seit 1845. Fond: eine Million Pfund, in Actien à 100 £. Ihre Noten und bank post-bill-Circulation beläuft sich 50,000 £. Divid. 5 — 7 %.

3) Die Agra and United Service Bank, welche einen Fond von 55 Lacs in Actien à 500 Rupien hat, gab 1845 eine Dividende von 11 % und besaß einen Reservefond v. 1,00,081—10—1 oder 1 Lac 81 Rupien 10 Annas 1 Pice.

4) Die in London existirende Oriental-Bank hat auch eine Commandite in Calcutta.

Handels-Usanzen.

Ein- und Verkaufsprovision von Waaren ist $2\frac{1}{2}$ %; beim Verkauf von fremden Münzsorten $\frac{1}{2}$ %; für die Assekuranzbesorgung $\frac{1}{2}$ % und Umsatzprovision 1 %.

Frachten von schweren Gütern, als Salpeter, Reis und Zucker, werden per engl. Tonne von 20 Centnern zu 8 Livresterling m. o. w., und für leichtes Gut, als Baumwolle per Tonne von 50 Kubikfuß zu 10 Liv. Sterl. m. o. w. geschlossen.

Der Zinsfuß ist hier gewöhnlich 12 bis 20 % und erschwert daher sehr die Geschäfte mit Europa; wo die baaren Fonds nicht hinreichen, suchen sich große Handlungshäuser durch Wechselabgaben auf London, 6 und 12 Monat nach Sicht (Wechselreiterei) zu helfen, welches Verfahren auf den Handel jedoch nachtheilig wirkt.

Baumwolle verkauft man per Bazar-Maund zu 10 — 36 Sicca-Rupien; Zufuhren aus dem Innern treffen davon besonders im Monat Juli ein; Benareszucker gilt circa 9 — 10 Sicca-Rupien per Bazar-Maund. Aufträge von beiden müssen gewöhnlich 3 bis 4 Monat vorher dem Commissionair mitgetheilt werden. Salpeter gilt 3 bis 5 Sicca-Rupien per Faktorei-Maund; Seide und Indigo in Sicca-Rupien per Faktorei-Maund; von Indigo sind die Preise nach Beschaffenheit der Qualität 120 bis 270 Sicca-Rupien.

Im J. 1828 hat sich hier ein Handels-Verein auf Actien gebildet, an welchem sowohl Ausländer als Eingeborne Theil nehmen. Der Zweck derselben ist den Ackerbau zu befördern, besonders aber den Handel zu beleben. Die Actie kostet 1000 Rupien. — Die Assam-Compagnie bezweckt die Beförderung der Thee-Cultur; die Australien-Association eine sichere und regelmäßige Verbindung mit Vandiemensland.

Die Great-Western-Bengal-Eisenbahn ist auf einen Fond von 80,000 Actien à 20 £ gegründet.

Canada s. Quebeck.

Canton oder Kantong,

eine wichtige Handelsstadt und sonst der einzige den Fremden geöffnete Seehafen in China, am Tahoflusse, der bei seiner Mündung die Bocca-Tigris bildet. Der Ort hat etwa 800,000 Einwohner, deren dritter Theil auf Schiffen lebt, die in einer Länge von fast drei Stunden die Ufer des Taho bedecken, und gleichsam den Anblick einer schwimmenden Stadt gewähren. Canton hat ansehnliche Porzellan- und Seidenfabriken. Fast alle Nationen der Erde halten Agenten daselbst.

Münzen.

Man rechnet hier nach dem Tale oder Tael zu 10 Mace à 10 Candarin à 10 Cash. Unter dem Tael versteht man ein Gewicht = 37,5832 Grammen oder nahe an 580 engl. Troy-Grän schwer; die ungefähre Hälfte desselben wird in kleinen Barren, von den Engländern Schuhe, von den Holländern Böte genannt, im Innern häufig als Zahlung verwendet. Auch bildet man unregelmäßig runde Silberstücke, etwa in Piasterform, welche von jedem Gewerbsmanne durch dessen Hände sie gehen, mit dem Stempel seiner Firma versehen werden, so daß die lange cursirenden ganz mit Stempeln bedeckt sind. Im Verkehr mit Fremden bedient man sich des spanischen Piasters und rechnet 100 derselben für 72 Tael. Sonach kann man den Tael einem Vereins-Zweithaler- oder 3½ Fl.-Stück ziemlich gleichstellen.

Von wirklichen Landesmünzen giebt es hier nur den Cash (Li); alle übrigen sind eingebildet. Der Casch ist eine zu 3 Theilen mit Kupfer und zu 2 Theilen mit Zink vermischte Kupfermünze. In der Mitte mit einem Loch versehen, reihet man sie zu Hunderten auf eine Schnur. Im allgemeinen rechnet man zwar 1000 Cash = 1 Tael, doch bleibt sich dies nicht immer gleich, da der Werth des Silbers schwankt, so daß man zuweilen nur 800, zu anderen Zeiten 1200, ja jetzt sogar 2300 Cash für einen Tael zahlt.

Man hat auch doppelte und mehrfache, auch halbe Cash, sie sind aber selten.

Seit 1830 wird in den Büchern der englisch-ostindischen Compagnie der Tale zu 6 Schilling (früher 6 Schill. 8 Pence) angenommen, aber der eigentliche Werth desselben wird gewöhnlich nach dem Preise berechnet, der in London für spanische Thaler oder Piaster (per Unze) bezahlt wird.

Der Cours auf England wird zu 4 Schilling 8 Pence m. o. w. für 1 Piaster, der Cours auf Bengalen zu 210 Sicca- oder 222 Compagnie-Rupien für 100 Piaster berechnet. Gold in Barren zu 98 Toques (d. h. $\frac{98}{100}$) fein etwa 24 Dollars für den Tael. Sycee-Silber (eigentlich se-sze, feine Seide, so fein ausspinnbar, als Seide) mit 1 à 2 % Prämie auf den Werth des Dollars, besteht in 3—4 Zoll dicken Stücken nach der Form des Schmelztiegels gestaltet.

Maaße.

Der Covid oder Cobre = 14,625 engl. Zoll = 166,08 par. Linien, oder 14,75 engl. Zoll, oder 0,375 Meter. 1 Covid = 10 Punts.

Die Chinesen gebrauchen vier verschiedene Fußmaaße.

Der Fuß des mathematischen Tribunals = 13,118 engl. Zoll = 147,7 par. Linien oder 0,333 Meter.

Der Fuß der Constructeurs, Kongpu, = 12,709 engl. Zoll = 143,1 par. Linien oder 0,323 Meter.

Der Fuß der Handelsleute = 13,322 engl. Zoll = 150 par. Linien oder 0,338 Meter.

Der Fuß der Ingenieurs = 12,65 engl. Zoll = 141,73 par. Linien = 12,588 engl. Zoll oder 0,32 Meter.

10 Ingenieurfuß = 1 Faden. 180 Faden = 1 Li = 575,5 Meter, so daß 200 Li auf den Grad des Meridians gerechnet werden.

Der King oder Fu (Feldmaaß) hat 100 Muh oder 24000 feldmesser □Fuß = 24,53 Aren.

Der Getreide-Sei hat 10000 Tscho und ist 130 Cattys schwer = 122,43 Liter.

Gewichte.

Der Tael oder Tale oder Lyang = 37,57 Gramm.

1 Pecul oder Picol = 100 Cattys à 16 Tales. — 3 Cattys = 4 engl. ℔ av. d. p.

1 Tale = 10 Maces à 10 Candarinen à 10 Cashes.

Der Catty wird auch Gin genannt, der Tale Lyang, der Mace Tachen, der Candarine Twen, der Cash Li.

Die Feinheit des Goldes und Silbers wird nach 100 Theilen, die man Toques nennt, gerechnet; Silber muß 80 Theile (12,8 löthig) und darüber in der Feine haben.

Trockne und flüssige Waaren werden nach dem Gewicht verkauft: Thee per Pekul (133⅓ ℔ engl. av. d. p.) in Tales; Nanking per Ballen von 100 Stück in Piaster; seidene Zeuge per 50 Cobits in Piaster; der Preis der Lebensmittel wird nach Maces und Candorinen bestimmt. Ostind. Opium wird per Kiste, türkischer per Pikol verkauft. Englische Manufacturwaaren entweder nach der engl. Yard oder nach dem Stück. Der Zinsfuß ist

12—18 %; in China soll er gesetzlich 36 % sein. Abgaben an die Regierung werden im Lande in Naturalien, zum zehnten Theil aller Produkte, entrichtet. Wechselgeschäfte wie in Europa giebt es hier nicht. Unter den Einfuhr-Artikeln steht die Baumwolle oben an und wird die von Manila für die beste gehalten. Eben- und Sandelholz haben bald Abnehmer. Perlen, nicht gebohrt, werden gut bezahlt; für die schönsten hält man die aus dem Meerbusen von Manaar. Mit Vogelnestern (die Nester einer Art kleiner Schwalben), wird ein starker Handel getrieben; die besten kommen von Borneo, Yolo, von den Philippinen und aus Cochinchina.

Banken.

Es giebt in China (s. Chinese Commercial Guide) privilegirte und unprivilegirte Banken; der letztern bedienen sich die Regierungs-Beamten, um das Silber, das sie einnehmen, gegen Sycee-Silber, in welchem in neuester Zeit die Abgaben bezahlt werden müssen, zu verwechseln; dieselben Banken nehmen die Abgaben des Landes ein.

Die unprivilegirten Banken treiben so ziemlich die Geschäfte der europäischen Banken; ihr Zinsfuß bewegt sich um 12 %.

Außerdem giebt es viele Geldwechsler (shroffs) und Pfandwucherer. — Spanische Dollars werden fabrikmäßig, in allen Graden der Feinheit, nachgemacht, namentlich im Districte Shuntih.

Capstadt

(Cap de bonne Espérance, Cape of good Hope, Vorgebirge der guten Hoffnung), ein wichtiger Handelsplatz der britischen Kolonie Capland (5715 □Meilen mit 120000 Einwohnern), auf der Südspitze Afrikas, am Fuße des Tafel-, Löwen- und Teufelsbergs, an der Tafelbai gelegen. Der Ort zählt an 20000 Einwohner, worunter 10000 Negersklaven, ist der Sitz des Gouverneurs, hat einen Hafen, eine Börse, ist allen Reisenden zwischen Europa und Indien ein willkommener Ruhepunkt, und interessirt uns wegen der Ausfuhr der hier eigenthümlichen Aloe, Cap- und besonders Cap-Madeira-Weine, deren Anbau vorzüglich in Constanzia kultivirt wird.

Früher rechnete man hier nach holl. Währung, d. h. nach Gulden zu 20 Stüvern à 16 Pfennigen, die köln. Mark fein Silber zu 34$\frac{2}{5}$ capschen Gulden, gegenwärtig jedoch, wo alles auf britischen Fuß eingerichtet ist, nach

Pfunden zu 20 Schillingen à 12 Pence Cap-Sterling. Da der spanische Piaster zu 4$\frac{1}{3}$ Schilling gerechnet wird, so kommt ein capsches Pfund 6$\frac{2}{3}$ ℳ oder 11 Fl. 41$\frac{1}{4}$ Xr. im 24$\frac{1}{2}$ Fl.-Fuß.

Papiergeld besteht in dem ehemaligen holländ. Reichsthaler (Rixdollars) zu 8 Schilling à 6 Stüver, wovon an 4 Millionen (in Scheinen zu 1 Schilling bis 1 Thaler und zu 1 bis 500 Thaler) coursiren. Seit 1824 ist dieser Thaler im täglichen Verkehr zu 1½ Schilling capisches Courant festgestellt und muß zu solchem Werthe in Zahlung genommen werden.

Kaufleute rechnen gewöhnlich 13⅓ Reichsthaler oder 32 Gulden hiesiger Papiervaluta für 1 Liv. Sterling, welches 18 Pence für 1 Thaler macht; zuweilen auch zu 13½ Thaler.

Im großen Verkehr sind spanische Piaster die Hauptmünzsorte, worin alle Zahlungen geschehen. Von fremden Münzsorten gelten in capscher Valuta: spanische Dublonen 4, portugiesische Johannes 3, Mohurs 1¾ Pfund; Starpagoden 8, Zechinen oder Ducaten 9½, spanische Piaster 5 und Rupien 2½ Schilling.

Außer den für die Colonie geprägten ganzen und halben Penny-Stücken von Kupfer giebt es keine Colonial-Münzen.

Wechselabgaben geschehen in der Regel nur auf England, und zwar wird bei Tratten auf das englische Gouvernement das englische Pfund-Sterling mit dem capschen Pfund-Sterling pari gerechnet.

Maaße und Gewichte sind im Allgemeinen die Englischen, mitunter auch die Alt-Holländischen.

4 alte amsterdamer Ellen = 3 engl. Yards.

Vom Weinmaaß hält 1 Legger 4 Ahm; die Ahm 97 Kannen zu circa 67,1 par. Kubikzoll (m. s. Batavia), oder 36 alte engl. Weingallons, oder 129 franz. Liter = 112¾ berliner Quart. Eine halbe Ahm (Alveram) rechnet man 90 Flaschen.

Die hiesige Actien-Bank, 1837 errichtet, soll sehr gute Geschäfte machen.

Caraccas

(San Jago de Leon de), mit dem Vorhafen la Guayra auf einer fruchtbaren Ebene belegen, fast 3000 Fuß über dem atlantischen Meere, an dessen Strande sein Hafen la Guayra 3 Meilen die Höhe hinab liegt, Hauptstadt der Republik Venezuela, mit etwa 50000 Einwohnern (la Guayra 6000), hat ein besonderes Interesse für die Fremden wegen der Einfuhr von europäischen Industrie-Erzeugnissen und der Ausfuhr von Cacao, Indigo, Vanille, Baumwolle, Tabak, Kaffee, edlen Holzarten (Brasilienholz), Chinarinde, Tolu-Balsam und Häuten, welche denen von Buenos-Ayres vorzuziehen sind. Früher rechnete man hier nach dem mexicanischen Piaster zu 8 Reales de Plata, gegenwärtig aber nach dem

Silber-Piaster zu 9 Reales de Plata,

den man beim auswärtigen Handel auch in 100 Cents theilt. Den Piaster in 9 Reales oder Onzas zu theilen, geschieht nur in Caraccas und la Guayra; die Republik nämlich, welche zwar nicht sehr reich an edlen Metallen ist, doch mehr Gold als Silber hat, ließ Dublonen schlagen, die sie zu 18 Piaster rechnete, wovon auch halbe und Viertel-Stücke geprägt wurden, welches die Veranlassung hierzu gab; in den andern Plätzen Columbiens, so wie überhaupt im spanischen Amerika gilt der Piaster 8 Realen, und bei großen Geschäften theilt man ihn auch in Halbe und Viertel.

Die hier geprägten Silberpiaster (pesos macuquina) sind etwa 12 löthig und 9⅗ wiegen eine rauhe Mark, so daß 13 Stück auf die feine Mark gehen und ein Stück 1 ℛ 2¼ Sgr oder 1 Fl. 53 Xr. im 24½ Fl.Fuß werth ist.

Es giebt auch Stücke zu 2 und 1 Real in Silber, so wie kupferne, halbe und Viertel-Unzen oder Realen.

Von auswärtigen Münzsorten haben hier vorzüglich die Mexicanischen und Peruanischen zum vollen Nennwerthe Cours.

Wechselabgaben geschehen

auf London zu 45 Pence }
" Frankreich zu 5,30 Francs } m. o. w. für 1 Silberpiaster;

mit Nordamerika 99 hiesige Piaster für 100 Dollars in Nordamerika, wobei aber 5 pesos macuquina für 4 Dollars gerechnet werden.

Mit St. Thomas: 125 hiesige Pesos für 100 Piaster in Gold (die Onza zu 16 Piastern gerechnet).

Maaße und Gewichte

sind die unter Spanien bemerkten; Engländer und Nordamerikaner, welche hier die größten Geschäfte machen, führen zum Theil ihre Gebräuche ein.

Staatspapiere. Von der ehemaligen columbinischen 6 % Schuld übernahmen Venezuela 28½ % oder 1,888,390 £ an Capital und 1,246,341 £ an rückständigen Zinsen der Schuld in England, so wie etwa 6¼ Millionen jener inländischen Schuld. Seitdem sind aber die Obligationen der engl. Schuld gegen 2¼ % ausgetauscht worden, die bis jetzt regelmäßig verzinset werden; sie stehen jetzt (im Mai 1847) etwa 40 %. Die rückständigen Zins-Coupons wurden gegen deferred bonds eingelöset, welche letztern allmälig in die active Schuld durch das Loos einrücken.

Carlsruhe (Karlsruhe),

die Hauptstadt des Großherzogthums Baden am Hartwalde, zählt an 25000 Einwohner, mit guten Fabriken in Puder und Tabak, Steinschleifereien und einem lithographischen Institut, in der Nähe des neuen Leopoldshafens am Rhein.

Münzen.

Baden rechnet nach Gulden zu 60 Kreuzern à 4 Pfennigen, 24½ (bis 1837, 24) Gulden eine kölnische Mark fein.

An wirklichen Münzen wird jetzt geprägt:

Gold: Rheingold-Ducaten, 63,7 auf die r. Mark zu 22½ Karath fein.

Silber: Stücke zu 3½, 2, 1 und ½ Gulden, auch zu 6 und 3 Kreuzer.

Kupfer: Ganze, halbe und Viertel-Kreuzer, die erstern ¼ Loth schwer.

Fremde Goldmünzen werden bei den Post- und Eisenbahnkassen nach einem Tarif angenommen.

In Wechselgeschäften richtet man sich nach Frankfurt a. M. Das Wechselrecht Badens ist mit einigen Aenderungen dem französischen gleich, so wie das Gesetzbuch des Großherzogthums überhaupt nach dem von Frankreich gebildet ist. Der Uso ist daher 30 Tage nach der Ausstellung des Wechsels, und Respecttage finden nicht statt. Ein Wechsel, unbestimmt in die Messen gezogen, ist den Tag vor dem letzten Meßtage, und wenn sie nur einen Tag dauert, an demselben Tage fällig. Ist der Verfalltag ein Feiertag muß am vorhergehenden Tage bezahlt werden.

Handelspapiere der hiesigen Staatsschulden, die auch auf der frankfurter Börse vorkommen, bestehen in:

1) 3½ pCtgen Rentscheinen und Obligationen, deren Zinsen am 1. April u. 1. Oktober fällig sind, und in Karlsruhe, so wie auch bei Goll u. Söhne in Frankfurt bezahlt werden.

2) in einer neuen Anleihe vom 30. Juli 1840, von 5 Mill. Fl., in 100000 Loosen à 50 Fl., deren Ziehung im September 1865 beendigt sein soll. Der niedrigste Gewinn in der letzten Ziehung ist 75 Fl., der höchste 50,000 Fl. — Cours im Mai 1847: 58 Fl.

3) Eisenbahn-Anleihe von 12 Millionen Gulden in Oblig. à 1000, 500 und 100 Fl. mit 3½ % Zinsen, zahlbar in Karlsruhe und Frankfurt. Tilgung durch das Loos.

Bei dieser Gelegenheit wurden die Post- und Eisenbahn-Finanzen einer besondern Behörde (Eisenbahn-Schuldentilgungs-Kasse) überwiesen.

4) Anleihe von 1845 von 14 Millionen Gulden in Loosen à 35 Fl., oder 50 Francs, oder 20 Thalern Courant, in Serien zu 50 Loosen. Alle drei Monat findet eine Ziehung statt; einen Monat vorher die Serienziehung. Die letzte Ziehung 1885 bietet als niedrigsten Gewinn 65, als höchsten 40000 Fl. Im Mai 1847 standen sie 36¼ Fl.

Das badische Eisenbahn-Netz besteht aus 46¾ badischen Stunden, kostet in runder Summe 28⅔ Millionen Gulden und rentirten bis jetzt etwas über 4½ %.

Maaße.

Längenmaaß.

1 Fuß = 3 Decimeter = 132,9887808 par. Linien.

Ruthe	Fuß	Zoll	Linien	Punkten
1 Ruthe	= 10 Fuß	= 100 Zoll	= 1000 Linien	= 10000 Punkten.
	1 „	= 10 „	= 100 „	= 1000 „
		1 „	= 10 „	= 100 „
			1 „	= 10 „

1 Elle = 2 Fuß.
1 Klafter = 6 Fuß.
1 Meile = 2 Stunden = 8888$\frac{8}{9}$ Meter = 27363,947 par. Fuß = 29629,63 badensche Fuß. 12$\frac{1}{2}$ Meilen = 1 Grad.

Flächenmaaß.

1 □Ruthe = 100 □Fuß = 10000 □Zoll.
1 Morgen = 4 Viertel = 400 □Ruthen = 40000 □Fuß.
1 „ = 100 „ = 10000 „

Körpermaaß.

1 Kubikfuß = 1000 Kubikzoll = 1000000 Kubiklinien.

Getreidemaaß. 1 Malter = 1$\frac{1}{2}$ Hectoliter = 7561,8624 par. Kubikzoll.

Zuber	Malter	Sester	Mäßlein	Becher
1 Zuber	= 10 Malter	= 100 Sester	= 1000 Mäßlein	= 10000 Becher.
	1 „	= 10 „	= 100 „	= 1000 „
		1 „	= 10 „	= 100 „
			1 „	= 10 „

Getränkmaaß. 1 Ohm = 1 Malter.

Fuder	Ohm	Stützen	Maaß	Glas
1 Fuder	= 10 Ohm	= 100 Stützen	= 1000 Maaß	= 10000 Glas.
	1 „	= 10 „	= 100 „	= 1000 „
		1 „	= 10 „	= 100 „
			1 „	= 10 „

1 Schoppen = $\frac{1}{4}$ Maaß.
1 Klafter = 144 Kubikfuß.

Gewicht.

1 Pfund = 500 Gramm.

Pfd.	Zehnling	Centaß	Dekaß	Aß
1 Pfd.	= 10 Zehnling	= 100 Centaß	= 1000 Dekaß	= 10000 Aß.
	1 „	= 10 „	= 100 „	= 1000 „
		1 „	= 10 „	= 100 „
			1 „	= 10 „

Oder 1 Pfund = 32 Loth à 4 Quentchen.
1 Centner = 10 Stein = 100 Pfund.
1 „ = 10 „
Dies ist das Zollgewicht der Vereinsstaaten.

Cartagena,

ein vortrefflicher Hafen in der Republik Columbia, am atlantischen Meere, treibt Perlenfischerei und ist ein ansehnlicher Handelsplatz mit 31000 Einwohnern, der die Fremden wegen Ausfuhr der unter Caraccas aufgeführten Artikel interessirt. Man rechnet hier nach

Piastern zu 8 Realen, und hat Wechsel, Maaße und Gewichte wie unter Caraccas.

Cassel (Kassel),

an der Fulda, Hauptstadt des Kurfürstenthums Hessen, in der Provinz Niederhessen, mit ansehnlichen Fabriken und nicht unbedeutendem Handel, zählt an 30000 Einwohner.

Münzen.

Das Kurfürstenthum Hessen rechnet seit 1841 nach
Thalern zu 30 Silbergroschen à 12 Heller,
im Zahlwerthe des 14 Thalerfußes, vorher nach Thalern à 32 Albus à 16 Heller, angeblich des 20, in Wahrheit aber des 22 Guldenfußes.

Wegen Oberhessen s. Hanau.

Die jetzigen Ausprägungen in Gold und Silber sind den preußischen gleich, nur daß hier, anstatt Stücke zu $2\frac{1}{2}$ Sgr, nur dergl. zu 2 Sgr geschlagen werden. Von den kupfernen Hellerstücken sollen 130 eine Mark wiegen.

In Wechselsachen richtet man sich nach Frankfurt a. M.

Landescreditkasse. Dieses Institut, errichtet im Dezember 1832, steht unter der Mitaufsicht der Landesstände und Garantie des Staates. Die Landescreditkasse nimmt Darlehn an, worüber sie $3\frac{1}{2}$ % zinstragende Obligationen aushändigt, und leiht im Inlande gewöhnlich zu 4 %, mit einigen Ausnahmen, wo sie $3\frac{3}{4}$, $3\frac{1}{2}$, auch nur 3 % nimmt. Der Hauptzweck der Anstalt ist, den Grundbesitzern zu Ablösungen von Diensten, Zehnten und Grundzinsen Kapitalien herbei zu schaffen. Die Obligationen sind in niederhessischer Währung (in preuß. Courant) ausgestellt, und die Zinszahlungen erfolgen halbjährlich am 1. März und 1. September gegen Ablieferung der Coupons, welche in allen Landeskassen an Zahlungsstatt angenommen werden. Die Rückzahlung des Kapitals erfolgt nach sechsmonatlicher Kündigung. Ihr Fond soll 11—12 Millionen Thaler betragen, und von der bekannten Theilung desjenigen Vermögens herrühren, das dem Fürsten und dem Lande aus dem Depositum erwachsen, welches der Kurfürst vor seiner Flucht bei Rothschild niedergelegt hatte.

Maaße.

Längenmaaß.

Der neue kurhessische Fuß = 127,536 par. Linien oder 0,288 Meter (= 11 Zoll preuß.). Der Fuß = 12 Zoll à 12 Linien.

Der alte kasseler Fuß = 126,3 par. Linien oder 0,285 Meter. 1 Fuß = 12 Zoll à 12 Linien.

Die kasseler Ruthe = 14 alten Fuß = 3,989 Meter. Sie dient als Feldmaaß und wird in 10 Decimalfuß getheilt.

Die kasseler Elle = 252,857 par. Linien oder 0,5704 Meter.

Die kasseler brabanter Elle = 307,786 par. Linien oder 0,69431 Meter.

Flächenmaaß.

1 kasseler Acker = 150 kasseler □Ruthen = 29400 alten kasseler □Fuß. 1 kasseler □Ruthe = 196 alten kasseler □Fuß.

Körpermaaß.

1 kasseler Kubikfuß = 1728 Kubikzoll.

1 kasseler Scheffel = 4051,6 par. Kubikzoll oder 80,368 Liter.

Kasseler Viertel		Scheffel		Himten		Metzen		Mäßchen.
1	=	2	=	4	=	16	=	64
		1	=	2	=	8	=	32
				1	=	4	=	16
						1	=	4

Flüssigkeitsmaaß.

1 Fuder = 6 Ohm à 20 Viertel à 4 Maaß à 4 Schoppen. Die Ohm ist = 7862 par. Kubikzoll oder 155,96 Liter; das Maaß also 98,28 par. Kubikzoll oder 1,9495 Liter.

Diese Maaße gelten für Wein, Branntwein und Essig.

Die Bier-Ohm hat 80 Maaß à 4 Schoppen. Das Biermaaß = 110,123 par. Kubikzoll oder 2,184 Liter.

Demnach sind 8 Biermaaß sehr nahe an 9 Weinmaaß.

Für die Weinsteuer bedient man sich der preußischen Ohm.

Das alte Weinmaaß.

Gewicht.

1 neues kurhessisches Pfund = 467,711013 Gramm = dem preußischen Pfund. Für die indirecten Steuern.

1 neuer Centner = 110 Pfund.

1 altes kasseler kölnisches oder leichtes Pfund = 467,812 Gramm. 1 Pfund = 32 Loth.

1 leichter Centner = 108 leichten Pfunden.

1 schweres kasseler Pfund = 484,24 Gramm. 1 Pfund = 32 Loth. Zu Brot, Fleisch 2c.

1 schwerer Centner = 108 schweren Pfunden.

Gold- und Silbergewicht ist die köln. Mark, und verarbeitetes Silber soll hier 13 Loth fein halten.

Das Medicinalgewicht ist das nürnberger.

Messen sind hier: die Frühjahrsmesse, Montag nach Lätare,

und die Herbstmesse, Montag nach Mariä Himmelfahrt; ihre Dauer ist über 14 Tage.

Wollmarkt ist in der Mitte Juni (1847: 23000 Stein).

Cayenne,

französ. Colonie in Guyana, mit etwa 30,000 Einwohnern auf 70 □Lieues und der Hauptstadt Cayenne. Ausfuhr: Zucker, Kaffee, Tabak, Baumwolle, Pfeffer rc.

Man rechnet nach Francs à 20 Sous à 12 Deniers oder auch nach Francs à 100 Centimes in westindischer Währung. — 100 Francs in Frankreich = 185 (vor 1821 nur 150) hiesige Francs, so daß ein solcher westindischer Franc = 4 Sgr 3,9 ₰ oder wenig über 15 Xr. im 24½ Fl.Fuß zu stehen kommt.

Die kupfernen und glockenmetallnen Stücke zu 10 und 5 Centimes, welche im Mutterlande für die Colonien ausgeprägt worden sind, gelten auch hier.

Maaße und Gewichte sind die alten Pariser; doch bedient man sich in neuerer Zeit auch der Kilogramme.

Ceylon oder Ceylan,

eine ohnweit der Küste Coromandel in Asien gelegene England gehörige Insel von 1225 □Meilen mit 800,000 Einwohnern, welche zur Ausfuhr Reis, Zucker, Kaffee, Pfeffer, Manna, Baumwolle, Südfrüchte, den besten Zimmt, Feigen, Mandeln rc. bietet. Die vorzüglichsten Handelsplätze sind: Trinkonomale, Punto de Gale und Colombo.

Münzen.

Man rechnet wie das Mutterland nach Pfunden à 20 Schilling à 12 Pence. Früher, unter holländischem Besitz und auch später unter engl. Herrschaft bis 1825, gab es Ryksdaalders zu 12 Fanams à 4 Pice (Stüver) à 3 Chalies. Die engl. One Rixdollar-Stücke wogen durchschnittlich 8,72 Gramme; halbe nach Verhältniß. Dieser holländische Reichsthaler gilt jetzt 18 Pence.

Von fremden Münzen gilt der spanische Piaster 52 Pence, die Madras-Rupie 23, die Kalkutta-Rupie 25 Pence.

Geprägt wurden 1837 in England £ 504.0.0. in halben Kupferfarthings, die gerade dem Chalie in Ceylon gleich sind und denselben vertreten sollen.

Maaße und Gewichte.

Längenmaaß. Der Covid = 18¼ engl. Zoll = 205,486 par. Linien. Auch bedient man sich der engl. Yard.

Der Getreide-Sihr ist = 1,06 Liter. 288 Sihrs = 1 Amonam oder 203,4 Liter.

Gewicht ist das engl. av. d. poids.
500 ℔ = 1 Candy oder Bahar.

Ein Ballen	Zimmt	wiegt	90 — 95 ℔.
» Parrah	Kaffee	»	30 — 35 »
» »	Pfeffer	»	27 — 30 »
» »	Salz	»	52 — 55 »
» »	Reis	»	42 — 45 »

Die Ceylon-Bank beruht auf einem Fond von 5000 Actien à 25 £ mit 6 % Zins.

Charleston

(Charlestown), Hafen auf einer Landspitze am Meere in den vereinigten Staaten von Nordamerika, im Staate Südcarolina und Hauptmarkt für alle Erzeugnisse der Staaten Süd- und Nordcarolina und Georgien. Der Ort zählt 30,000 Einwohner und interessirt die Fremden wegen Ausfuhr von Reis, Baumwolle, Tabak, Indigo, Orangen u. s. w., hat mehrere Fabriken, Banken und rechnet wie Newyork.

Handelsnotizen. Baumwolle kauft man nach Cents pr. Pfund, Reis nach Dollars pr. 100 Pfund; der lebhafteste Markt für diese Exporten ist vom November bis April. Provision beim Einkauf berechnen hiesige Commissionaire mit 5 %. Man rechnet das hiesige Gewicht 2 % schlechter als das englische, obschon es diesem gleich sein soll.

Chile,

ein südamerikanischer Freistaat von 8437 □Meilen mit 1,200,000 Einwohnern, gehört sowohl des angenehmen Klimas als auch seiner üppigen Vegetation wegen zu den schönsten Theilen Südamerikas. Die wichtigsten Häfen sind: St. Jago de Chile, La Concepcion, Valdivia, Coquimbo u. a. Ausfuhren hauptsächlich edle Metalle, Kupfer und Häute; Sendungen europäischer Industrie-Erzeugnisse realisiren sich hier langsam.

Münzen.

Der Zahlwerth besteht nominell in Dublonen oder Onzas de oro zu $17\frac{1}{4}$ Pesos oder Silberpiaster, also $7\frac{13}{16}$ % höher als in den Ländern, wo die Doblon 16 Pesos gilt. Dieser Unterschied gleicht sich aber dadurch aus, daß die Pesos effetivos gewöhnlich ein Agio von 7 — 10 % gewinnen.

Im Jahre 1835 ist vom damaligen Nationalcongreß die Prägung folgender neuen Nationalmünzen festgesetzt worden:

In Gold: Ganze, halbe und viertel Doblones (Onzas de ora), so wie Thaler oder Goldpiaster (Pesos de ora), die span.

castilianische Mark Gold zu $8\frac{1}{2}$ Doblones, ein jener Doblon im Werthe von 16 Piastern.

In Silber: Piaster zu 8 Reales; Stücke zu 4 und 2 Reales, zu $\frac{1}{2}$ und $\frac{1}{4}$ Reales, die Mark Silber zu $8\frac{1}{2}$ Piaster, jeder Piaster im Werthe von 272 Maravedis.

In Kupfer: Centavos ($\frac{1}{100}$ des Piasters) und halbe Centavos.

Kaufleute theilen schon seit längerer Zeit den Piaster in 100 Centavos.

Maaße und Gewichte.

Längenmaaß. Die Vara soll $33\frac{3}{4}$ engl. Zoll halten, sie mißt aber selten mehr 32—33 Zoll. — 150 □Varas machen die Quadra zum Feldmessen aus, welche ziemlich = 4 engl. Acres.

Hohlmaaß. Der Fanega à 12 Almudes hält 5430,626 Kubikzoll, so daß 100 Fanegas = 244,8 Imperial-Bushels in England; das durchschnittliche Gewicht eines Fanega Korn ist 150 ℔.

Die Wein-Arroba mayor ist 7, die Arroba menos $5\frac{1}{7}$ engl. Gallons; jedoch nicht überall gleich.

Gewicht. Das hiesige (spanische) Pfund (libra) à 2 Marcas oder 16 Onzas ist ziemlich dem engl. av. d. p. Pfunde gleich, denn 122 hier = 123 ℔ in England. — Der Centner (Quintal) hat 100 ℔; die Arroba = 25 ℔.

Das Gewicht der Gold-Marca ist 4800 span. Granos oder 3550,7 engl. Troy-Grän; sie hat 8 Unzen à $6\frac{1}{4}$ Castellanos à 8 Tomines à 12 Granos.

Als Probirgewicht dient der Castellano à 24 Quilates (Karath) à 4 Granos à 8 Partes. — Das hiesige Standard ist 21 Karath.

Das Gewicht der Silber-Marca ist 4608 Granos oder 3408 engl. Troy-Grän. Sie theilt sich in 8 Onzas à 8 Ochavos à 2 Adarmes à 8 Tomines à 12 Granos.

Als Silber-Probirgewicht dient die Marca zu 12 Dineros à 24 Granos. Unter Standard versteht man $10\frac{3}{4}$ Dineros.

Der Preis von 135 Dollars für Gold und $8\frac{1}{4}$ Dollars für Silber versteht sich für 264 Granos (also für $\frac{11}{12}$ Feinheit). — Unter Plata peña versteht man Silberkuchen, die nicht zu einer vollkommen metallischen Festigkeit gebracht worden sind.

Anleihe. Im Jahre 1822 wurde eine Anleihe von 1 Mill. Pfund Sterling mit dem Hause Hullet & Comp. in London abgeschlossen. Diese besteht in 10000 Obligationen à 100 £, deren Zinsen à 6 % halbjährlich am 31. März und 30. September zahlbar waren.

Seitdem wurde am 22. Mai 1842 die Uebereinkunft getroffen, daß Chile neue Obligationen à 6 % für die Schuld selbst und 3 % Obligationen für die rückständigen Zinsen ausgeben sollte. Die Verzinsung der letzteren sollte am 30. Sept. 1847 beginnen. Der Betrag dieser letzteren (deferred bonds) war £ 756,450. — Die 6 % Oblig. standen im April 1847 in London 91½ %.

Nationalbank. Diese wurde im Mai 1834 mit einem Fonds von 1 Mill. Piaster, bestehend in 5000 Actien à 200 Piaster, gegründet.

Käufe und Verkäufe geschehen gewöhnlich auf 4 Monat Zeit, mit 2 % Diskonto pr. Monat. Der Zoll gesteht den Kaufleuten 8 Monat Kredit gegen gute Wechsel und 2 % Diskonto gegen baare Zahlung zu.

Cheribon s. Batavia.

Christiania und Drammen,

erstere die Hauptstadt des mit Schweden unter einem Oberhaupt, aber als selbstständiger Staat, vereinigten Königreichs Norwegen und der Sitz der Regierung, mit 30,000, letzteres mit 7500 Einw. Christiania liegt an einem 12 Meilen ins Land einschneidenden Meerbusen des Kategat, hat einen vortrefflichen Hafen, mehrere Fabriken und nicht unbedeutenden Handel, der sich durch die projectirte 6 Meilen lange Eisenbahn nach dem Mjosen-See noch steigern wird.

Münzen.

Man rechnet nach Speciesthalern à 5 Ort oder Mark à 24 Schilling. Der Zahlwerth ist die kölnische Mark zu 9¼ Species, so daß diese dem hamburger Banco-Thaler à 3 Bco.mk ganz gleich ist.

Wirklich geprägte Münzen sind:

In Silber: ganze, halbe, fünftel, zehntel und funfzehntel Species.

In Billon: 4 und 2 Schillingstücke, in einem Münzfuße zu 10⅓ Species auf die feine Mark.

In Kupfer: doppelte, einfache und halbe Schillinge; 40 Schillinge = 1 ß. Bei Prägungen zahlt man 2 % für ganze und halbe Species, bei den geringern Sorten 2½ %.

Die meisten Zahlungen, so wie die Notirungen aller Waarenpreise und Wechselcourse geschehen in Papiergeld, welches die Reichsbank zu Drontheim ausgiebt. Der Betrag dieser Zettel war im Juni 1847 5,822,500 Spec. in Zetteln von 100, 50, 10, 5 und 1 Spec.-Thaler; die früher ausgegebenen halben und fünftel Thaler werden eingezogen. Der früher unter pari stehende Cours hatte sich bis 1842 so sehr gehoben, daß der Storthing das Pari gesetzlich bestätigte, in Folge dessen die Noten bei allen öffentlichen Cassen und beim Zoll dem Silbergeld gleich geachtet werden (s. Drontheim).

Wechsel-Course

werden regelmäßig auf Hamburg, London und Paris notirt. Im Juni 1847 standen sie:

London .	1 Monat dato	4 ℛ 64 ß	für	1 £
Hamburg	desgl.	100½ ℛ	=	300 mℒ Bco.
Paris .	desgl.	21⅛ ß	=	1 Franc.
Amsterdam	3 Monat dato	93¼ ℛ	=	250 Fl.

Uso findet hier nicht statt. Jeder Wechsel hat nach der Verfallzeit noch 8 Tage zu laufen, und dann noch 3 Respecttage, welche jedoch von der Bank nicht gewährt werden.

Staatspapiere. Von der auswärtigen Schuld ist nur noch ein kleiner Rest der 4 % Anl. von 1828 von 300,000 Species übrig, nachdem die Anl. von 1834 mit 1848 getilgt sein wird. Von der inländischen Schuld sind besonders die Carl Johans Obligationen zu erwähnen, in verschiedenen Obligationen zu 3, 3½ doch meistens zu 4 %. Sie werden durch Ankäufe seitens der Regierung allmälig getilgt. — Die Schloß-Obligationen von 1822, Anleihe von 150,000 Spec. Man tilgt jährlich 3000 Spec.

Maaße und Gewichte

sind die dänischen, s. Kopenhagen. Eine norwegische Theertonne soll 120 dänische Pott 101¼ preuß. Quart haben.

Im Holzhandel wird in den südlichen Häfen bei Befrachtungen nach „Hundert Christiania Standard" gerechnet. Ein solches (großes) Hundert besteht aus 120 Stück Standard Bretter, die 11 Fuß lang, 9 Zoll breit, 1¼ Zoll (engl. Maaß) dick sind. In Drammen hat man außerdem das „Hundert Drammen Battens Standard," d. h. 120 Stück Battens, jedes 9 Fuß lang, 2½ Zoll dick und 7 Zoll breit. Eine Standard ist = 500 laufende Meter. Fuß-Dielen von 3 Zoll Dicke und 9 Zoll Breite engl. Maaß oder = 1200 laufende Meter. — Fuß-Bretter von 1¼ Zoll Dicke und 9 Zoll Breite halten im Standard 105¼ engl. Kubikfuß.

Der Preis wird nach dem Längenmaaß des Landes bestimmt, wohin die Waare gehen soll.

Cleve (Kleve),

eine Stadt der preußischen Rheinprovinz, im ehemaligen westphälischen Kreise, am Kirmsdal in einer angenehmen Gegend, eine Stunde vom Rhein, mit dem sie durch einen schiffbaren Kanal verbunden ist. Der Ort zählt 8500 Einwohner, hat bedeutende Fabriken in Wolle, Baumwolle, Seide u. s. w.

Jetzige **Münzen, Maaße und Gewichte** s. Berlin.

Kleve rechnete früher nach Thalern zu 60 Stüvern, in einer Valuta, in welcher 72 Stüver einen preuß. Thaler ausmachten.

Alte Maaße und Gewichte.

Der Fuß = 139,25 par. Linien = 0,314 Meter.

Die Elle = 254,8 par. Linien (noch Chelius 295,78 par. Linien).

Vom Getreidemaaß hatte die Last Korn 15 Malter, 60 Scheffel, 240 Viertel, 2880 Kannen; der Scheffel aber 2702,4 par. Kubikzoll = 214,43 Liter.

Die Ohm Wein = 4 Anker = 120 Kannen. 1 Kanne = 59,95 par. Kubikzoll = 1,189 Liter.

Das Pfund = 467 Gramm.

Coblenz,

preußische Hauptstadt eines Regierungsbezirks der Rheinprovinz, im ehemaligen Erzstift Trier, am Einflusse der Mosel in den Rhein, mit 16000 Einwohnern, ansehnlichem Handel mit Wein, Steinkohlen, Kalk, Gyps, Pottasche u. s. w. Die Stadt (seit dem 1. August 1831 Freihafen) treibt bedeutende Schifffahrt.

Münzen, Maaße, Gewichte

sind die preußischen, s. Berlin.

Alte Maaße und Gewichte.

Der Fuß = 128,83 par. Linien = 0,291 Meter.

1 Elle = 254,1 par. Linien = 0,573 Meter.

1 Ruthe = 8 Ellen = 16 Schuh à 12 Zoll.

Die Klafter Brennholz = 192 Kubikschuh.

Für Getreide hatte das Malter 8 Sömmer à 4 Sester à 4 Minkel = $3\frac{1}{4}$ berliner Scheffel.

Vom Weinmaaß hatte die Ohm 27 Viertel, oder 108 Maaß à 4 Schoppen. Ein Maaß = 1,409 Liter.

Gewicht. Das Pfund = 466,343 Gramm, das Apothekerpfund = 357,913 Gramm.

Laut Bekanntmachung vom 11. Febr. 1847 macht die hiesige Regierungs-Haupt-Casse für Rechnung des Bank-Comptoirs zu Köln Darlehen auf öffentliche Papiere, ertheilt Anweisungen auf die übrigen Bankanstalten, kauft und verkauft öffentliche Papiere für Behörden und öffentliche Anstalten, und nimmt Capitalien zur Verzinsung an.

Coburg (Koburg),

Haupt- und Residenzstadt des gleichnamigen Herzogthums, an der Itsch, mit etwa 9000 Einwohnern, Lein- und Baumwollen-Webereien, und Handel in Wolle, Tuch- und Leinenfabrikaten, Sämereien und andern Produkten.

Münzen.

Man rechnet nach Gulden zu 60 Kreuzern à 4 Pfennige, 24½ Gulden auf die kölnische Mark.

Wirklich geprägte Münzen giebt es Stücke zu 3½, 1 und ½ Gulden, im 24½ Fl.Fuß, und 6 und 3 Kreuzerstücke im 27 Fl.Fuß.

In Kupfer 3, 2, 1½ und 1 Pfennigstücke.

Staatspapiere.

1) Obligationen zu 3½ % seit der Consolidirung der hiesigen Staatsschuld (1838) zu 1000 und 500 Fl. mit halbjährigen Zinsen (am 30. Juni und 31. Dec.), und zu 200, 100 und 50 Fl. mit jährlichen Zinsen (am 31. Dec.). Jährliche Tilgung circa 25000 Fl.

2) Obligationen einer Anleihe von 1 Million Gulden im 20 Fl.Fuß bei Rothschild in Frankfurt a. M., in Oblig. Litt. A. zu 1000 Fl., Litt. B. zu 500 Fl. und Litt. C. zu 250 Fl. Jährliche Tilgung circa 20000 Fl.

3) Obligationen einer Anleihe von gleicher Summe v. 1838 in Oblig. Litt. D. zu 1000 Fl., Litt. E. zu 500 Fl., Litt. F. zu 250 Fl. Tilgung jährlich circa 20000 Fl.

Maaße.

Längenmaaß.

Der Fuß = 134,75 par. Linien = 0,304 Meter.
Die Elle = 0,586 Meter.
Die Ruthe = 14 Fuß à 12 Zoll.
Auch wird die preußische Ruthe gebraucht.

Flächenmaaß.

1 Acker = 160 □Ruthen.
1 Waldmorgen = dem preußischen Morgen = 180 preußi- □Ruthen.

Körpermaaß.

1 Kornsimmer = 4484 pariser Kubikzoll oder 88,946 Liter. 1 Simmer = 4 Viertel à 4 Metzen.

Hafersimmer = 5568 par. Kubikzoll oder 110,449 Liter.

1 Maaß Bieraiche = 48,739 par. Kubikzoll oder 0,967 Liter. 23 Maaß = 1 Kornviertel. — 80 Maaße = 1 Eimer.

Gewicht.

Das Pfund = 10608 holl. As = 509,855 Gramm.
Gold- und Silbergewicht das kölnische.
Medicinalgewicht das nürnberger.

Cochinchina,

Königreich in Hinter-Indien, mit der Hauptstadt Hueh und dem Hafen Turan (der einzige für Europäer), rechnet nach Kwan zu

10 Mas à 60 Sapeks. Eigentlich sollen $1\frac{1}{2}$ Kwan einen spanischen Piaster ausmachen, diese Reduction ist aber großen Schwankungen unterworfen. Mit den Sapeks verhält es sich wie mit den Cash in China (s. Canton). Größere Zahlungen werden in Barren geleistet.

Maaße und Gewichte wie in China (s. Canton).

Cöln (Köln) am Rhein

(Cologne), preußische Hauptstadt eines Regierungsbezirks der Rheinprovinz, zählt mit Deuz (2270 E.) 95000 Einwohner, hat ansehnliche Fabriken in Wolle, Baumwolle und Seide, Handel mit Landesprodukten, als Wein, Holz, Getreide u. s. w., und das Privilegium eines Freihafens.

Münzen

sind die preußischen (siehe Berlin). Banquiers führen Buch in Thalern zu 100 Centimes.

Geldcourse.

Gold:			
Preußische Friedrichsd'or	5 Thlr	20 Sgr	Preuß. Courant für 1 Stück.
Ausländische Pistolen	5 "	17 "	
20 Frankenstücke	5 "	13 "	
Holl. 10 Guldenstücke	5 "	19 "	
Ducaten, vollwichtige	3 "	5 "	
Silber:			
Franz. Kronenthaler	1 "	17 "	
Brabanter Thaler	1 "	16 "	
5 Frankenstücke	1 "	10 "	
Holl. Gulden	— "	17 "	

Wechselcourse.

	Veränd. Valuta.		Feste Valuta.
Amsterdam kurze Sicht (auch 2 Monat)	140	Thaler preuß. Courant	für 250 Fl. niederl. Cour.
Antwerpen kurze Sicht	$79\frac{3}{10}$		" 300 Francs.
Augsburg " "	$102\frac{1}{2}$		" 150 Fl. im 20 Fl.Fuß.
Berlin " " (auch 2 Monat)	$99\frac{9}{10}$		" 100 Thlr preuß. Cour.
Bremen kurze Sicht	112		" 100 Thlr in Louisd'or à 5 Thlr.
Brüssel " "	$79\frac{2}{10}$		" 300 Francs.
Frankf. a. M. " " (auch 2 Monat)	$85\frac{4}{10}$		" 150 Fl. im 24 Fl.Fuß.
Hamburg kurze Sicht (auch 2 Monat)	152		" 300 mk Bco.

	Veränd. Valuta.		Feste Valuta.
Leipzig 2 Monat	$99\frac{9}{10}$	Thlr. pr. Ct.	für 100 Thlr. im 14 Thlr. Fuß.
London 2 "	$6\frac{23}{30}$		" 1 Liv. Sterl.
Paris kurze Sicht (auch 2 Monat)	$79\frac{4}{10}$		" 300 Francs.
Wien kurze Sicht	$102\frac{3}{4}$		" 150 Fl. im 20 Fl.-Fuß.

Nach dem Code Napoleon, der in den preuß. Rheinprovinzen in Kraft ist, müssen Wechsel am Verfalltage, oder wenn dieser ein Sonn- oder Feiertag ist, den Tag vorher bezahlt werden (Code de Commerce §. 134.). Nach §. 161. muß Zahlung am Verfalltage verlangt werden; nach §. 162. muß den Tag darauf protestirt werden, und ist dieser ein Sonn- oder Feiertag den Tag nachher.

Maaße und Gewichte

sind die preußischen, siehe Berlin.

Alte Maaße und Gewichte.

Längenmaaß.

Der Fuß = 127,4 par. Linien oder 0,287 Meter.
1 Ruthe = 16 Fuß.
Die Elle = 2 Fuß = 254,8 par. Linien oder 0,575 Meter.

Flächenmaaß.

Der Morgen 150 □Ruthen.

Körpermaaß.

Der Malter = 7236 pariser oder 8023 preuß. Kubikzoll = 143,54 Liter.

1 Malter	= 4 Sömmer	= 8 Sester	oder Faß	= 16 Viertel.
	1 "	= 2 "	—	= 4 "
		1 "	—	= 2 "

Die Maaß = 67 par. Kubikzoll oder 1,33 Liter.

1 Fuder	= 6 Ohm	= 156 Viertel	= 624 Maaß	= 2496 Pinten.
	1 "	= 26 "	= 104 "	= 416 "
		1 "	= 4 "	= 16 "
			1 "	= 4 "

Gewicht.

Das Pfund = 467,625 Gramm.
Der Centner = 106 Pfund à 32 Loth.
Die (wahre köln.) Mark = $\frac{1}{2}$ Pfund = 233,8123 Gramm.

1 Mark	= 16 Loth	= 64 Quint	= 256 Pfennige.
	1 "	= 4 "	= 16 "
		1 "	= 4 "

Beim Münzwesen wurde die Mark auch in 65536 Richtpfennigtheilchen getheilt.

Handels- und Industrie-Anstalten.

Ein Bank-Comptoir der berliner Hauptbank.

Die Cölner Dampfschiffahrts-Gesellschaft mit einem Fond von 300,000 ℛ𝓉 in Actien à 200 ℛ𝓉 mit 5 % Zinsen und Dividende, die 1845 2½ %, 1846 5 % betrug.

Die Rheinische Eisenbahn von Cöln über Aachen an die belgische Grenze, 11,4 Meilen, 9⅓ Millionen Baukosten (s. berliner Staatspapier-Courszettel).

Die Bonn-Cölner Eisenbahn, 4,7 Meilen, 1 Million und 51,200 ℛ𝓉 Baukosten. Coupons à 5 %. Dividende 1846: 2½ ℛ𝓉 (s. Berlin).

Die Cöln-Mindner oder Rhein-Weser Bahn, 38 Meilen, 65000 Actien à 200 ℛ𝓉, wovon der Staat ⅐ übernommen hat, welcher auch 3½ % Dividende garantirt hat (s. Berlin).

Die Cölner Stadtschuldscheine sind zu 25, 50 und 100 ℛ𝓉, theils zu 4, 4½ u. 5 %. — Ende 1844 betrug die Schuld 306651 ℛ𝓉 10 Sgr 7 ₰; es stand aber eine Vermehrung um 273458 ℛ𝓉 2 Sgr bevor. Das Activvermögen bestand zu derselben Zeit in 50589 ℛ𝓉 26 Sgr 6 ₰.

Cölnische Feuer-Versicherungs-Gesellschaft (Colonia).

Diese Gesellschaft hat sich zu Anfang des Jahres 1839 mit einem Garantie-Kapital von 3 Mill. Thalern constituirt. Ende 1846 hatte sie 225 Millionen Thaler laufende Versicherungen. Reserve 274,917 ℛ𝓉, Dividende 10 ℛ𝓉 pro Actie à 1000 ℛ𝓉, worauf ⅕ eingezahlt, das mit 4 % verzinset wird.

Columbien, s. Caraccas, Bogota und Quido.

Constantinopel oder Cospoli,

die Hauptstadt des türkischen Reichs, am östlichen Ende Europas, mit mehr als einer Million Einwohner und einem der größten Hafen dieses Welttheils. Dampfschiffahrt nach hier giebt es von Marseille, Triest, Galacz und Odessa.

Münzen.

Die Türkei rechnet nach Piastern (Grusch) à 40 Paras à 3 Asper, und zwar seit 1839 in folgenden Ausprägungen:

in Gold: Stücke zu 100 Piastern à 7,216 Gramme schwer,
" " 50 " à 3,608 " "
in einem Feingehalt von 0,916, mit 2 Milligramm Remedium;

in Silber: Stücke von 20 Piastern à 24,055 Gramme schwer,
" " 10 " à 12,027 " "
" " 5 " à 6,013 " "
" " 2 " à 2,405 " "
" " 1 " à 1,202 " "
in einem Feingehalt v. 0,830, mit 3 Milligr. Rem.;

in Kupfer: Stücke von 5 Paras à 5,362 Gramme schwer,
= = 1 = à 1,072 = =
circa $11\frac{2}{3}$ Piaster auf d. ℔ Zollgewicht v. 500 Gr.

Sonach stellt sich der Werth eines Gold-Piasters in wiener Gold-Valuta à $4\frac{1}{2}$ Fl. per Ducaten auf 5,174 Xr. und in preuß. Gold-Valuta à 5 ℛ per Friedrichsd'or auf 19,68 ₰. Oder der östreichische Ducaten stellt sich auf 52 Piaster 8 Paras, der holländische auf 51 Piaster 33 Paras. Es gehen endlich 3545,7 Piaster auf die feine Mark Gold.

Der Silber-Piaster ist 21,44 preuß. Pfennige, $6\frac{1}{4}$ Xr. im $24\frac{1}{2}$ Fl.Fuß und 5,83 Xr. im 20 Fl.Fuß werth, und es gehen auf die Vereinsmark fein Silber 235,11 Piaster. Das Verhältniß des Goldes zum Silber ist 1 : 15,08.

Nach in Berlin angestellten Untersuchungen sollen aber nur nahe an 3537 Piaster auf die feine Mark Gold, dagegen $234\frac{1}{7}$ Piaster auf die feine Mark Silber gehen, was ein Verhältniß von 15,1 giebt, und einem Course der Friedrichsd'or zu $9\frac{1}{10}$ % gleichkommt. Da dieser nun aber zu $113\frac{1}{3}$ angenommen ist, so folgt daraus, daß das Gold in der Türkei um nahe an 4 % geringer geachtet ist, als in Berlin.

Die ältern Münzen sollen allmälig eingezogen werden, circuliren aber bis jetzt mit den neuen auf gleichem Fuße. Von letztern waren bis Anfang 1847 circa 500 Millionen Piaster ausgeprägt worden. Die Prägekosten will man nach einem fünfjährigen Durchschnitt ermitteln.

Zur Sicherstellung des Credits hat die Regierung mit einem franz. Banquierhause eine Uebereinkunft dahin getroffen, daß der Cours nie über 447 Paras für einen Gulden Conv.-Geld oder über 110 Piaster für ein Pfund Sterling steige, was bis jetzt der Regierung ein jährliches Opfer von 4 bis 5 Millionen Piaster gekostet haben soll.

Das türkische Papiergeld (Schim) trug anfangs 12, jetzt 6 % Zinsen, gewinnt ein Agio von circa 2 % und befindet sich meist in den Händen der Rentiers. Diese Papier-Circulation, in Scheinen zu 200, 100 und 50 Piastern, soll bis jetzt 100 Millionen nicht übersteigen.

Legt man nun die obigen Annahmen zu Grunde, so stellen sich die Wechsel-Course in kurzer Sicht wie folgt:

Amsterdam	358	Paras für einen holländischen Gulden.
Augsburg	447	= = = Gulden augsb. Courant.
Genua .	174	= = eine Lira nuova.
Livorno .	151	= = = = toscana.
Paris Marseille	174	= = einen Franc.
Venedig .	149	= = eine Lira austriaca.
Wien Triest .	447	= = einen Gulden Conv.-Münze.

Petersburg } 5,82 Kopeken Silber } für einen türk. Piaster.
Odessa } 20,37 " Banco }
London . 110 Piaster für 1 £.

Die folgenden hier am meisten circulirenden fremden Münzsorten würden bei den beigesetzten Coursen dem Pari nahe stehen.

Spanische Quadrupel	358 — 360	Piaster das Stück.
Oestr. Ducaten . .	52 — 53	" " "
Säulenpiaster . . .	24 — 25	" " "
Conv. Species . .	23 — 24	" " "

Respecttage giebt es eigentlich drei, sie werden jedoch selten benutzt. Fremde dürfen jedoch die in ihrem Lande üblichen Respecttage in Anspruch nehmen. — Wechsel auf europ. Handelsplätze werden gewöhnlich 3 Monat dato, London in der Regel 31 Tage Sicht abgegeben. Seit 1840 giebt es ein Handelsgericht, seit 1842 einen Ausschuß der Wechsler. Eine Börse ist zu Galata.

Maaße.

Längenmaaß.

Der große Pik, Halebi, Archim = ¾ Yard = 0,686 Meter. Man rechnet 108 Pik für 100 Ellen in Wien.

Der kleine Pik, Andasse oder Endasch = 17 engl. Zoll = 0,653 Meter.

9 Endasch = 8 wiener Ellen.

Der Halebi zum Feldmessen ist 0,7 Meter.

Die Meile (Agatsch) = 5334 Meter oder 20⅞ Agatsch auf den Grad.

Von den Seemeilen gehen 84⅔ auf den Grad.

Körpermaaß.

Für Getreide. Der Killow = 1770 pariser Kubikzoll oder 35,11 Liter. 1 Fortin = 4 Killow.

Für Flüssigkeiten. 1 Almud = 1⅛ engl. Gallon oder 5,237 Liter = 264 par. Kubikzoll.

Eine Almud oder Alma soll 8 Oke wiegen.

Gewicht.

1 Oka = 1278,5 Gramm.
1 Oka = 4 Cheky = 400 Drachmen.
1 " = 100 "
1 Teffé Seide = 600 Drachmen.
1 Batman = 6 Oken.
1 Cantara = 44 oder 45 Oken. Der Cantaro wird in 100 Rottoli getheilt.

Man rechnet

1 Cantar von 44 Oken = 114½ ℔ in Amsterdam,
= 120¾ " " Berlin und Leipzig,
= 113 " " Bremen,
= 116½ " " Hamburg,

= 124½ ℔ in London,
= 138 „ „ Rußland,
= 100¾ „ „ Wien,
= 56½ Kilogrammen.

100 Oken = 102½ Oken in Smyrna.

Bei Gelegenheit des Handelsvertrags von Seiten des Zollvereins mit der Pforte wurde das berliner Pfund zu 146 Drachmen, der preuß. Centner zu 40 Okka 60 Drachmen, 100 Kilo = 60⅓ berliner Scheffel, die Andasse (Endasch, Endaze) = 286 pariser Zoll oder 64½ Centimeter angenommen.

Das Opium-Cheky hat 250 und das Ziegenhaar-Cheky 800 Drammen.

Die Feinheit des Goldes wird nach 24 Karath à 4 Grän, die des Silbers in 100 Karath à 4 Grän bestimmt.

Gold- und Silbergewicht. 1 Cheky = 100 Drachmen à 16 Karath à 4 Grän.

1 Meticale = 1½ Drammen.

Bei gezählten Dingen ist ein Mazzo = 50 Stück.

Die Verkäufe am Platze geschehen gewöhnlich auf 3 mal 15 Tage, oder 3 mal 21, oder 3 mal 31, oder 3 mal 45, oder 3 mal 61, oder 3 mal 91 Tage Zeit, so daß an jedem der drei Termine ein Drittel der Summe bezahlt wird. Dieses sind die gewöhnlichsten Termine für die bessern Käufer, obgleich auch Contantgeschäfte vorkommen. Der Käufer stellt dem Verkäufer eine Schuldverschreibung, Temeßut genannt (Billet de Bazar), aus, welche einem Sola-Wechsel sehr ähnlich ist, und auf deren Rückseite dann die Zahlungen à Conto beglaubigt werden. Diese Temeßut sind erst seit einigen Jahren eingeführt, da ihnen aber die Wechselkraft abgeht, so sind sie nicht in eigentlicher Circulation und werden nur selten an Zahlungsstatt gegeben.

Ein jedes Handelshaus hat einen eignen Haus-Sensal, welcher seinen Platz in dessen Comtoir hat (Noback).

Copenhagen, s. Kopenhagen.

Cork,

bester Hafen und wichtigster Handelsplatz Irlands, auf der Südküste am atlantischen Meere, mit 120,000 Einwohnern, dessen Handel auf Amerika, und dessen Ausfuhr von Produkten der Viehzucht, Getreide und Mehl höchst bedeutend ist.

Cork hat mehrere Privat-Banken, und ist sein Handel vorzüglich auf England gerichtet.

Geld, Maaße und Gewichte wie London.

Corsica,

eine von der Republik Genua im Jahre 1768 an Frankreich abgetretene Insel des mittelländischen Meeres, von 180 □Meilen mit 200,000 Einwohnern, hat schöne fruchtbare Thäler, liefert Wein, Südfrüchte, Baumöl, Kastanien, Sardellen, Austern, Thunfische, Korallen u. s. w. Die Hauptstadt Ajaccio (Ajazzo) an der Westküste am Meerbusen von Ajaccio, hat einen guten Hafen, zählt 7500 Einwohner, treibt Handel mit Inselprodukten, und hat Rechnungsarten wie Frankreich, siehe Paris.

Der franz. Frank wird häufig Lira genannt und in 20 Soldi à 12 Denari getheilt.

Maaße und Gewichte sind zwar die metrischen in Frankreich, der hiesige Pan (Elle) ist aber nur $\frac{1}{4}$ des Meter, der Getreide-Stajo ist circa $1\frac{1}{2}$ $\frac{0}{0}$ kleiner als der Hectoliter, die hiesige Wein-Pipe ist $4\frac{1}{4}$ Hectoliter. Das leichte Pfund (sottile) = 337,759 Gramm.

Coruña, s. Galicien.

Costnitz oder Constanz,

die Hauptstadt des badenschen Seekreises, am Ausflusse des Rheins in den Bodensee mit etwa 6000 Einwohnern, hat lebhaften Speditionshandel und rechnet in Allem wie Carlsruhe.

Alte Maaße und Gewicht.

Die lange Elle = 309,15 par. Linien oder 0,697 Meter, die kurze 261,54 par. Linien oder 0,590 Meter.

Getreidemaaße. Für glatte Frucht hat 1 Malter (= 226,61 Liter) 8 Viertel à 16 Mäßchen, für rauhe Frucht 16 Viertel à 16 Mäßchen = 482,37 Liter.

Getränkmaaß. 1 Fuder hat 30 Eimer à 32 Maaß à 4 Schoppen. Der Eimer = 38,528 Liter.

Gewicht. 1 Centner hat 100 Pfund à 32 Loth Leichtgewicht, aber 40 Loth Schwergewicht; von ersterem wiegt das Pfund 460,56 Gramm und sind 5 leichte Pfund = 4 schweren Pfunden.

Von den zwei hiesigen Messen beginnt die erste am Montag nach Jubilate, die zweite am zweiten Montag nach Maria Geburt.

Cöthen, s. Anhalt.

Cuba, s. Havaña.

Curaçao oder Curassao,

eine niederländische Insel der kleinen Antillen, an der südamerikanischen Küste, von 8 □Meilen mit 16000 Einwohnern, liefert Zucker, Tabak, Baumwolle, Mais, Kokusnüsse, Südfrüchte, Holz u. s. w. Hauptort: Wilhelmsstadt mit dem Freihafen St. Barbara oder St. Annabay.

Münzen.

Man rechnet eigentlich, wie Amsterdam, nach Gulden à 100 Cents, doch sind die Courant Piaster à 8 Realen (Reaalen) oder Schillingen à 6 Stüber noch immer nicht verschwunden. Beim auswärtigen Handel wird der Courant Piaster gewöhnlich in 100 Cents eingetheilt. Der spanische oder mexikanische Silberpiaster soll zu 11 Realen oder Bits gerechnet werden, so daß etwa 13⅓ Courant-Piaster auf die feine Mark gerechnet werden können.

Der Wechselcours auf Amsterdam war 53 Cents hiesiges Courant m. o. w. für 1 Fl. niederländisch, neuerdings circa 97 hiesige Gulden für 100 Gulden in Amsterdam, 2—3 Tage Sicht.

Maaße sind die alten amsterdamer; doch bedient man sich der span. Vara = 0,848 Meter.

Das Pfund = 531,28 Gramm. — 93 Pfund = 100 alte amsterd. Handels-Pfunde.

Curland, s. Libau.

Cypern oder Kibris,

eine türkische Insel, 340 □Meilen, circa 75000 Einwohner, mit der Hauptstadt Nicosia, türk. Lefkoscha und dem Hafen Larnaka.

Münzen, siehe Constantinopel.

Maaße.

Der Pik (Elle = 0,672 Meter), also etwa 2 $\frac{0}{0}$ kleiner als in der Türkei.

Der Getreide-Medimno = ¾ Hectoliter.
" " Coffino = 17,612 Liter.
Der Wein-Kafs = 1¼ engl. Wein-Gallon od. 4,732 Liter.
" " Carica = 10,414 Liter.

Gewicht.

Die Oka (von 400 Drammen) = 1,268 Kilogrammen.
15 Oke = 8 Rottoli.
Oel wird per 2½ Oke verkauft.

Damascus oder Dimischk,

bedeutender Handelsplatz in Syrien, mit circa 150,000 Einw.

Münzen, siehe Constantinopel.

Maaße.

Der Pik (Elle) = 0,582 Meter. — Man kann 5 türkische für 6 hiesige Piks rechnen.

Gewicht.

Der Kantar = 100 Rottoli à 60 Unzen. Der Rottolo = 1785 Grammen.

Gold- und Silbergewicht (auch zu Moschus und Rosenöl verwendet): die Unze = 29¾ Grammen.

Danzig,

eine preußische See- und Hauptstadt des gleichnamigen Regierungsbezirks in der Provinz Westpreußen, am Einflusse der Radaune und Mottlau in die Weichsel, mit einem Weichselhafen bei Neufahrwasser, mit circa 67000 Einwohnern, hat eine Börse, ein Bankcomptoir, ansehnliche Fabriken, Schiffswerfte, Schiffsrhedereien u. s. w., und Ausfuhr von Getreide, Nutzhölzern (Balken, Masten, Dielen, Schiffsbauholz, Stabholz), Pott- und Weidasche, Zink und anderen polnischen Produkten.

Münzen, Maaße und Gewichte

sind die preußischen unter Berlin. Im gemeinen Leben rechnet man den Thaler zu 3 Gulden à 10 Silbergroschen.

Von Münzsorten werden notirt:

	m. o. w.			
Holländische Ducaten, neue	97	Silbergroschen	für	1 Stück.
" " alte	96½	"	"	1 "
Friedrichsd'or (preußische)	170	"	"	1 "
Augustd'or u. a. Sorten	168	"	"	1 "
Russische Rubel	32	"	"	1 "

Wechselcourse im Juni 1847.

	Veränderliche Valuta.	Feste Valuta.
London . 3 Monat	204 Silbergroschen für	1 Lsterl.
Hamburg 10 Tage (auch 10 Wochen)	45½ " "	3 Mark Banco.
Amsterdam 70 Tage	101¼ " "	6 Fl. niederl.
Berlin . . 8 " (auch 2 Monat)	99¾ ₰ . . . . . "	100 ₰ preuß. Cour.
Paris . . 3 Monat	78¾ " . . . . . . "	300 Francs.
Warschau 8 Tage (auch 2 Monat)	99½ " . . . . . . "	600 Fl. poln. Cour.

Uso ist hier 14 Tage nach der Annahme des Wechsels. Respecttage sind 3. Fällt der letzte Respecttag auf einen Sonn- oder Festtag, so muß der Wechsel Tages vorher bezahlt oder protestirt werden. A vista Briefe haben keine Respectfrist, sondern sind 24 Stunden nach der Präsentation, die auch an Sonn- und Feiertagen geschehen kann, einzulösen.

Auch west- und ostpreußische Pfandbriefe, Staatsschuldscheine, Danziger Stadtobligationen, Prämienscheine der Seehandlung werden hier notirt (s. Berlin).

Die Obligationen der Stadt Danzig sind unverzinslich und standen am 30. Juni 1847 48 %. Die Schuld rührt von der freistädtischen Zeit her und beträgt dermalen (Juli 1847) noch 3,182,470 ℛ︁ 24 Sg. — Es wird jährlich für circa 300,000 ℛ︁ getilgt, theils vom Staat, theils vom Gebiet und der Stadt, und zwar so daß seit 1824, wo man die Aufkäufe à $33\frac{1}{3}$ % begann, jährlich $1\frac{1}{4}$ % zugelegt wird.

Alte Maaße und Gewichte.

Von Längenmaaßen hält die alte Elle 254,35 und der Fuß 127,175 pariser Linien. 15 Fuß = 1 Ruthe. Beim Holzhandel bedient man sich des englischen Fußmaaßes.

Der alte Scheffel = 51,7 Liter. Die hiesige Last = $56\frac{1}{2}$ preuß. Scheffel. Die Last Roggen wiegt circa 5400 ℔.

Der alte Wein-Stof = 1,711 Liter. $27\frac{1}{2}$ Stof = 1 Anker.

Beim Weinhandel wird die Last zu 2 Faß à 4 Oxhoft gerechnet.

Die Last Bier hat 2 Faß à 2 Tonnen. Danziger Doppel- oder Joppenbier wird in kleinen Fastagen (Achtel genannt) versandt; man rechnet 80 Achtel auf eine Schiffslast.

Von Franzbranntwein, in Fässern von 50 bis 80 Viertel, werden 32 Viertel = 180 preuß. Quart gerechnet.

Weizenmehl verkauft man in Tonnen zu 190 Pfund engl. Netto av. d. p. und rechnet 20 Tonnen auf die Schiffslast; gewöhnlich wird hier indessen die Fracht pr. Tonne bestimmt. Das Königl. Proviantmehl wird in Tonnen zu 500 Pfund Netto verpackt und 10 Tonnen auf die Schiffslast gerechnet. 1 Faß Pottasche wiegt circa $6\frac{1}{2}$ und 1 Tonne Weidasche 1 Schiffspfund; von letzterer gegen 12 Tonnen auf die Schiffslast.

Das Schiffspfund hat 3 Centner, oder 330 Pfund, oder 10 große Stein à 33 Pfund, eine Gewichtseintheilung, welche beim Hanf, Flachs und Tauwerk üblich ist; bei Materialwaaren, als Zucker, Syrup, Reis u. s. w. rechnet man den Centner 5 Stein à 22 Pfund.

Verarbeitetes Silber ist $12\frac{3}{4}$ à 13 Loth fein, und mit dem danziger Doppelkreuz unter der Krone bezeichnet. Das Pfund Massiv-Drath ohne Seide rechnet man zu 24 Loth.

Von zu zählenden Gütern kommen vor:

1 Last Häring, lüneburger Salz, Honig, Pech, Theer rc. à 12 Tonnen.

1 Tonne Häring 13 Wahl à 80 Stück, oder 1040 Häringe.

1 Sechzig Wagenschoß hat 60 Hundert.

1 Ring 2 kleine Hundert, 4 Schock oder 240 Stück.

1 groß Hundert Klappholz 12 Ring oder 48 Schock.

1 Schock ermeländ. Garn 60 Stück à 20 Gebinde à 40 Draden; doppelt genommen ist der Haspel 46 Zoll engl. lang, in die Runde 3½ berliner Ellen.

1 Schock polnisches Hanfen- und Heeden- (Werg) Garn 4 Stück à 20 Ellen oder 240 Gebinde.

Oeffentliche Handels-Anstalten.

Hier ist eine Zweigbank der Königl. Bank zu Berlin (seit 1839 mit einer Girobank verbunden), ein Kommerz- und ein Admiralitätsgericht, eine Navigationsschule. — Die hiesige Börsenordnung ist vom 12. Jan. 1830.

Von Actien-Gesellschaften giebt es 1) den danziger Strom-Versicherungs-Verein und 2) die Bordings-Rhederei (d. h. Rhederei von Lichterfahrzeugen).

Von den zwei jährlich hier gehaltenen Dominik- und Martini-Märkten ist ersterer der ansehnlichste; derselbe fällt auf den 5. August und währt für Fremde 8 Tage, für Einheimische aber 3 Wochen und darüber.

Wollmarkt findet vom 27. bis 30. Juni, also 4 Tage statt.

Darmstadt,

Haupt- und Residenzstadt des Großherzogthums Hessen, am Anfange der Bergstraße, 3 Stunden vom Rhein, in der Provinz Starkenburg gelegen, mit 21,500 Einwohnern und erheblichen Fabriken.

Münzen.

Das Großherzogthum Hessen-Darmstadt rechnet nach

Gulden zu 60 Kreuzern à 4 Pfennigen. 24½ (sonst 24) Gulden auf die kölnische Mark fein.

Man prägt in Gold: Zehnguldenstücke, 34,65 auf die rauhe Mark zu $\frac{9}{10}$ fein; in Silber: 3½ Gulden- oder 2 Thalerstücke (Vereinsmünze), doppelte und einfache Gulden- und halbe Guldenstücke $\frac{9}{10}$ fein; als Scheidemünze 6 und 3 Kreuzerstücke in Billon und zwar 27 Gulden auf die feine Mark.

Ein Mehreres in den Tabellen.

Eine Verordnung vom Januar 1838 bestimmt für die Annahme fremder Münzsorten folgende Werthe:

Der Kronen-Thaler	2 Fl.	42 Xr.
„ Convent.-Thaler	2 „	24 „

Der Convent.-Gulden	1 Fl.	12 Xr.
„ Sechsbätzner oder das 20 Xr. Stück	– „	24 „
„ Dreibätzner „ „ 10 „ „	– „	12 „
„ preuß. und kurhess. Thaler . . .	1 „	45 „
„ „ „ „ $\frac{1}{3}$ „	– „	35 „
„ „ „ „ $\frac{1}{6}$ „	– „	$17\frac{1}{2}$ „

Bei Erhebung der Rheinzölle wird der Franc zu 28 Xr. gerechnet.

In Wechselgeschäften richtet man sich nach Frankfurt a. M.; auch die Wechselgesetze dieses Platzes sind hier gültig.

Staatspapiere.

1) Die $3\frac{1}{2}$ und 4 % Staatsrenten-Obligationen zu 1000, 500 und 100 Fl.; 2) die $3\frac{1}{2}$ % Staatsschulden-Tilgungskassen-Obligationen; 3) die 4 % Staatsstraßenbau-Obligationen von 1841; 4) die $3\frac{1}{2}$ % desgl. von 1845; 5) die 4 % Provinzialstraßenbau-Obligationen v. 1841; 6) die $3\frac{1}{2}$ % desgl. v. 1838; 7) die $3\frac{1}{2}$ % desgl. v. 1845; 8) die 4 % Staatsstraßenbau-Obl. v. 1846 u. 1847. — Die Zinsen können auch bei Rothschild in Frankfurt erhoben werden.

Die erste Lotterie-Anleihe (1825) von $6\frac{1}{2}$ Mill. Gulden, in Loosen à 50 Fl., durch Ziehungen bis 1876 zu tilgen, wo der kleinste Gewinn 167 Fl., der größte 120,000 Fl., Zahlung 6 Monat nach der Ziehung oder gegen 4 % Discont baar, betragen wird (s. Frankfurter Courszettel).

Die zweite Lotterie-Anleihe (1834) von 2,375,000 Fl. in Loosen à 25 Fl. Die letzte Ziehung 1875, wo der größte Gewinn 50,000 Fl., der kleinste 46 Fl. betragen wird. — Zahlung 3 Monat nach der Ziehung.

Das großherzogl. hessische Staats-Eisenbahnnetz beträgt $25\frac{1}{2}$ Stunden und wurde auf $7\frac{1}{2}$ Millionen Gulden veranschlagt.

Maaße.

Längenmaaße.

Der Fuß = $\frac{1}{4}$ Meter = 110,823984 pariser Linien.

1 Klafter = 10 Fuß = 100 Zoll = 1000 Linien.
1 „ = 10 „ = 100 „
1 „ = 10 „

Die Elle = $\frac{3}{5}$ Meter = 265,977562 pariser Linien.

1 Elle = 2 Halbe = 4 Viertel u. s. w. = 24 Zoll.

Flächenmaaß.

1 □Klafter = 100 □Fuß = 10000 □Zoll = 1000000 □Linien.
1 „ = 100 „ = 10000 „
1 „ = 100 „

1 Morgen = 4 Viertel = 400 □Klafter.
1 „ = 100 „

Körpermaaß.

1 Kubikklafter = 1000 Kubikfuß = 1000000 Kubikzoll.
1 „ = 1000 „

1 Gescheid = 1 Maaß = 2 Liter = 100,8248 par. Kubikzoll.

1 Malter	=	4 Simmer	=	16 Kumpf	=	64 Gescheid	=	256 Mäßchen.
		1 „	=	4 „	=	16 „	=	64 „
				1 „	=	4 „	=	16 „
						1 „	=	4 „

1 Ohm	=	20 Viertel	=	80 Maaß	=	320 Schoppen.
		1 „	=	4 „	=	16 „
				1 „	=	4 „

1 Stecken, Holzmaaß = 100 Kubikfuß.

1 Welle, Reisholz, 5 Fuß lang, 1 Fuß Durchmesser = 3,93 Kubikfuß.

1 Kohlenmaaß = 40 Kubikfuß.

1 Kalkbütte = 10 Kubikfuß.

Alte Maaße.

Längenmaaß.

Der darmstädter Fuß = 127,5 par. Linien oder 0,288 Meter. 1 Fuß = 12 Zoll. 1 Ruthe = 16 Fuß.

Die darmstädter Elle = 242,79 par. Linien od. 0,548 Meter.

Flächenmaaß.

1 darmstädter Morgen = 160 □Ruthen.

Körpermaaß.

1 darmstädter Klafter = 144 Kubikfuß.

1 „ Malter = 5663 par. Kubikzoll od. 112½ Liter.

1 „ Ohm = 7871,3 par. Kubikzoll. 1 Ohm = 90 Weinmaaß à 4 Schoppen.

Gewicht.

1 Pfund = 500 Gramm.

Centner		Pfund		Loth		Quentchen		Richtpfennige.
1	=	100	=	3200	=	12800	=	51200
		1	=	32	=	128	=	512
				1	=	4	=	16
						1	=	4

Münzgewicht ist das köln., Apothekergewicht das nürnberger.

Altes Gewicht.

1 leichtes darmstädter Pfund = 467,937 Gramm.

1 schweres „ „ = 505,372 „

27 leichte Pfund = 25 schwere Pfund.

1 Centner = 100 schweren oder = 108 leichten Pfunden à 32 Loth à 4 Quentchen.

Handelsanstalten.

Neuerdings ist dem Herrn v. Haber in Carlsruhe die Begründung einer Bank in Darmstadt gestattet worden.

Eine Rentenversicherungs-Anstalt seit 1844.

Demerary,

eine vormals niederländische, jetzt englisch-westindische Niederlassung am Flusse Demerara in Guyana, von 230 □Meilen und 110000 Einw., mit der Hauptstadt Stabroeck, jetzt Georgetown, hat zur Ausfuhr Kaffee, Zucker, Baumwolle, Cacao, Rum ꝛc.

Gerechnet wurde ursprünglich nach Gulden zu 15 Stüver, später nach Pfunden zu 20 Schilling à 12 Pence, neuerdings nach Dollars zu 100 Cents, der Dollar zu 4⅙ Schilling oder 3 Gulden. Das Pfund Sterling wird bei den Regierungskassen zu 14 Gulden gerechnet; im gemeinen Leben gilt aber der Stüver einem Penny gleich, was 16 Fl. auf das Pfund Sterling ausmacht.

Geprägt wurden von England noch in neuerer Zeit: Silbermünzen von 3, 2, 1, ½ und ¼ Guldenstücke, so wie Kupferstücke zu 1 und zu ½ Stüver.

Nach engl. Angaben würden 36,824 Gulden auf d. f. Mark gehen, wonach ein solcher Gulden 11 Sgr 4⅞ ₰ oder sehr nahe an 40 Xr. im 24½ Fl.Fuß werth sein würde.

Das frühere Papiergeld von 20 bis 1 Joe (à 22 Gulden) ist wahrscheinlich nun völlig eingezogen.

Der Wechselverkehr erstreckt sich meist nur auf London, à 14 Fl. m. o. w. für 1 Liv. Sterl. und auf Amsterdam à 120 hiesige Fl. m. o. w. für 100 Fl. niederl.

Maaße und Gewichte, sonst die alten holländischen, jetzt mehr die englischen.

Man rechnet 110 ℔ holl. = 100 ℔ englisch.

Banken. Die British Guyana-Bank, 1836 gegründet, Fond: 300,000 £ oder 4½ Millionen Gulden in Actien à 50 £ oder 700 Fl. Außerdem eine Zweigbank der westindischen Colonialbank.

Die Demerary-Eisenbahn ist auf einen Fond von 10,000 Actien à 20 £ begründet.

Preußisches Consulat in Georgetown.

Dessau, s. Anhalt.

Dresden,

die Hauptstadt des Königreichs Sachsen, in einer äußerst romantischen Lage an beiden Seiten der Elbe, die hier die Weiseritz aufnimmt. Als Residenz des Königs, vereinigt der Ort die schätzenswerthesten Kunstsammlungen mit mannigfaltigen wissenschaftlichen und andern Anstalten, treibt Weinbau und Handel, zählt an 80,000 Einwohner, hat Fabriken aller Art. Durch Eisenbahnen ist es zunächst mit Prag, Breslau und Leipzig verbunden; die Oberelbe ist durch regelmäßige Dampfschifffahrten bis Prag belebt.

Münzen, Maaße und Gewichte s. Leipzig.

Der Ein- und Verkauf inländischer Weine geschieht nach Faß à 6 Eimer à 72 dresdner Kannen, welche letztern beim Steuerwesen zu 71,186 dresdner Kubikzoll (der Fuß zu 126,537 pariser Linien) angenommen wird.

Beim Bier wird gerechnet nach Fässern zu 2 Vierteln, oder 4 Tonnen, oder 432 Kannen. — Lagerbiere nach Eimern à 72 Kannen.

Gebräude und Kufe sind als bestimmte Maaße veraltet.

Das zeitherige dresdner Pfund wog 467,08 Grammen (das leipziger 466,8364).

Handelsanstalten.

Eine Rentenversicherungs-Anstalt, die Elbschifffahrts- und Assecuranz-Compagnie und mehrere Actien-Gesellschaften.

Es finden hier drei Jahrmärkte und im Juni ein Wollmarkt statt.

Drontheim (Trondhiem),

nächst Bergen die wichtigste Handelsstadt in Norwegen, in einer der rauhesten Gegenden des Königreichs, an der Mündung des Nid in einen Meerbusen. Der Ort zählt 12000 Einwohner, hat einen guten Hafen, eine Börse, Manufakturen, Salpeterfabriken, Zucker- und Seesalzraffinerien, Handel mit 100 Schiffen, und eine ansehnliche Ausfuhr von Brettern, Holz, Kupfer, Häuten, gesalznem Dorsch, gedörrten Fischen, Häringen und Thran.

Münzen, Wechselcourse, Maaße und Gewichte wie Christiania.

Bank. Die hier im Jahre 1816 von der norwegischen Regierung als Hauptbank des ganzen Staats errichtete Reichsbank, hatte vorzüglich den Zweck, die Masse der umlaufenden Bankzettel, deren Betrag auf 22 Mill. Bankthaler angegeben wurde, mittelst Anleihen und anderer Finanz- und Handels-Spekulationen nach und nach einzuziehen. Die Bank besitzt jetzt einen Silberfond von nahe an 3 Mill. Species-Thalern, wovon $2\frac{1}{2}$ Mill. zu seiner Zeit durch eine eigne Steuer, das Uebrige theils freiwillig von Privaten, theils und vorzüglich von der Staatskasse eingesetzt worden ist. Weder die gezwungenen, noch die freiwilligen Bankeinschüsse können jemals zurückgefordert werden. Dahingegen erhalten die Inhaber der Actien, welche über die eingelieferten Beträge ausgestellt sind, eine jährliche Dividende. Diese betrug 1845: $7\frac{2}{3}$ %. 1846: $8\frac{1}{2}$ %. Zahlbar im März oder April. Sie sind von sehr verschiedenen Beträgen.

Der Wirkungskreis der Bank erstreckt sich ferner auf Leih-, Giro- und Deposital-Geschäfte, und ihre im Betrage von 5 Mill. Species-Thalern circulirende Zettel, deren Cours (Verlust gegen das Silbergeld) bisher alle 3 Jahre durch die norwegischen Stände bestimmt wurde, werden jetzt zu dem ursprünglichen Pariwerth (1 Spec. Silber = 1 Spec. in Zetteln) angenommen (s. Christiania: Papiergeld). Die Bank hat Filiale in Christiania, Bergen, Drammen, Christiansand und Skeen.

Dublin,

Hauptstadt Irlands, mit einem Hafen und 280000 Einwohnern, ein ansehnlicher Handelsplatz, dessen Ausfuhr von Getreide, Mehl, feinen Linnen 2c. die Fremden besonders interessirt, dessen Handel in Landesprodukten sich aber größtentheils auf England beschränkt; die Einfuhr von nordischen Produkten, Weinen und Südfrüchten ist ebenfalls ansehnlich.

Münzen, Wechselcourse, Maaße und Gewichte wie London.

In der 1826 abgeschafften irischen Valuta waren 13 Pfund = 12 £ in England.

Banken.

Die Bank von Irland wurde im Jahre 1783 mit denselben Rechten und Freiheiten wie die Bank von England errichtet. Sie leiht sowohl auf liegende Gründe als gegen bewegliches Unterpfand, nimmt Depositen an, zieht auf London 20 Tage dato und giebt Noten aus, wie die Bank von England. Der gegenwärtige Fond besteht in 3 Millionen Pfund. Cours Anfangs 1847: 206 $\frac{5}{8}$. — Von den übrigen irischen Banken sind die wichtigsten: die Nationalbank, die Provinzialbank, eine neue dergleichen, die Royal of Ireland und die Hibernian. — Die gesammte Noten-Circulation der irischen Banken war im Juli 1847 5$\frac{1}{4}$ Millionen, bei einem Metall-Vorrath von 1$\frac{1}{2}$ Millionen Pfund.

Düsseldorf,

die Hauptstadt des Regierungsbezirks der preußischen Rheinprovinz, an der Mündung der Düssel in den Rhein, Freihafen seit 1831, umgeben von Orten mit blühenden Manufakturen aller Art, namentlich Elberfeld, Barmen (mit einem 2 Stunden langen Flußthale und 30000 industriösen Einwohnern), Solingen (4000 Einw.), Remscheid (10000 Einw.), Lennep (6000 Einw.) und andern; alles wichtige Fabrikstädte Deutschlands, sowohl in Eisen, Stahl und Klingen, als auch in Manufakturwaaren. Düsseldorf selbst zählt 32000 Einwohner, unterhält bedeutende Fabriken, hat einen ausgebreiteten Speditions- und Commissionshandel.

Münzen, Maaße, Gewichte siehe Berlin.

Der Thaler wird auch in 100 Cents getheilt.

Alle Wechselangelegenheiten wie unter Elberfeld.

Alte Maaße.

In den Kreisen Düsseldorf, Mettman, Essen, Elberfeld, Lennep und Solingen gebrauchte man den kölnischen Fuß, das Flächen- und Ackermaaß und Markgewicht; in den Kreisen Neuß, Grevenbroich, Gladbach und Crefeld die französischen Maaße und Gewichte.

Die große Elle = 0,685 Meter, die kleine Elle = 0,591 Meter.

Vom Getreidemaaß hat die Last 20 Malter, und der Malter à 480 Faß, hält 165,84 Liter.

Vom Weinmaaß wird die Ohm zu 26 Viertel, 104 Maaß à 4 Pinten, und die Tonne zu 160 Viertel gerechnet. Das Weinmaaß enthält 1,268 und Biermaaß 1,522 Liter.

Im Jahre 1836 hat sich hier eine Dampfschifffahrts-Compagnie für den Mittel- und Niederrhein gebildet, mit einem Fond von 550,000 ℛ︁. Gewöhnliche Dividende 5 %.

Seit 1837 besteht eine Eisenbahnen-Gesellschaft für die Communication zwischen Düsseldorf und Elberfeld, mit einem Grund-Kapital von 1,027,800 Thalern, in 10278 Stück Actien à 100 ℛ︁ vertheilt. Dividende 1841: 4 %. — Gegen Kündigung einer Prioritäts-Anleihe von 600,000 ℛ︁ wurde 1842 eine andere von einer Million mit 4 % Zinsen eröffnet.

Außerdem ist Düsseldorf mit Aachen durch die Gladbacher Bahn (3½ Million Thaler in Actien à 200 ℛ︁) verbunden. Auch die Cöln-Mindner Bahn berührt Düsseldorf.

Die auf Gegenseitigkeit gegründete rheinpreußische Feuerversicherungs-Gesellschaft ist in der Auflösung begriffen. Dagegen ist 1845 die Allgemeine Versicherungs-Anstalt auf Actien mit einem Fond von vorläufig 500,000 ℛ︁ ins Leben getreten.

Die hiesige königliche Münzstätte prägt jährlich Silber- und Kupfermünzen für Rechnung der Regierung. Die hier geprägten Münzen sind mit B bezeichnet.

Edinburgh,

die Hauptstadt Schottlands, eine Stunde vom Busen Fort entfernt, hat mit seinem Hafen Leith wenigstens 190000 Einwohner. Der Handel ist ansehnlich und interessirt die Fremden vorzüglich wegen Ausfuhr von nordischen, südlichen und vielen Industrie-Produkten Schottlands. In der Nähe der Stadt und besonders zu Leith findet man zahlreiche Fabriken in Wolle, Leinwand,

Zwirn, Segeltuch, Leder, Glas, Seife und Soda; auch einige Meilen davon große Steinkohlengruben.

Münzen, Wechsel, Maaße und Gewichte wie London.

Das sonstige schottische Pfund war nur der zwölfte Theil des englischen; der Penny wird hier in drei Blacks getheilt.

Man notirt hier gewöhnlich 60 Tage dato, 99½ £ m. o. w. in Edinburgh für 100 £ in London.

Von ältern Maaßen und Gewicht ist zu bemerken, daß

180	schottische Fuß	=	181 engl. Fuß.
30	„ Ellen	=	31 Yards.
8	„ Meilen	=	9 engl. Meilen.
3025	„ Acker	=	3844 engl. Acker oder Acres.
100	Weizen-Firlots	=	12,383 engl. Imp.-Quarters.
100	Gersten „	=	18,063 desgl.
11	Wein-Quart	=	10 engl. alte Quart.
35	schott. Troy-℔	=	38 engl. Avoir du poids.

Banken.

Die (alte) Bank von Schottland. Sie ist 1695 durch eine Parlaments-Acte, mit einem Fond von (jetzt) 1½ Million Pfund Sterling, als eine öffentliche National-Anstalt zur Beförderung des Ackerbaues, des Handels, der Manufakturen u. s. w. In ihrem Zweck und ihrer Verwaltung stimmt sie mit der Bank von England in den meisten Beziehungen überein. — Außerdem giebt es in Schottland 17 andere Banken, deren Noten-Circulation Ende 1846 etwa 3 Millionen Pfund betrug, bei einem Metall-Vorrath von circa einer Million.

Die Papier-Circulation Schottlands betrug im Juli 1847 3½ Millionen, bei 1⅓ Millionen Pfund baarem Vorrath.

Elberfeld,

eine der wichtigsten preußischen Fabrikstädte, im düsseldorfer Regierungsbezirk, an der Wipper, gegenwärtig mit mehr als 38300 Einwohnern (Barmen: 35000), welche sehr bedeutende Fabriken und Manufakturen in Linnen, Zwirnspitzen, Wolle, Baumwolle, Seide und Metallen betreiben.

Münzen, Maaße, Gewichte wie Berlin.

Der Thaler wird im Großhandel oft in 100 Cents getheilt. Wegen der ältern Rechnungsweise s. Cleve.

Geldcourse.

Goldsorten:	₰	Sgr	₰
Preußische Friedrichsd'or das Stück	5	20	—
Ausländische Pistolen „ „	5	10	6

Goldsorten:	Thlr.	Sgr.	Pf.
Napoleonsd'or . . das Stück	5	9	3
Carolin . . . . . = = ...	6	9	6
Ducaten vollwichtige = = ...	3	4	9
Holländ. 10 Fl. Stück = = ...	5	18	6
Silbersorten:			
Neue Thaler das Stück	1	16	9
Brab. Thaler $\frac{1}{1}$ = ...	1	16	—
= = $\frac{1}{2}$ = ...	—	22	4
= = $\frac{1}{4}$ = ...	—	11	1
5 Frankenstück	1	10	—

Wechselcours.

	Veränderl. Val.	Feste Val.
Amsterdam } kurze Sicht Rotterdam } (auch 2 Mt.)	$138\frac{7}{10}$ Thlr. pr. Crt.	für 250 Fl. niederl.
Paris kurze Sicht (auch 2 u. 3 Mt.)	$89\frac{8}{10}$ = = =	= 300 Francs.
Antwerpen } kurze Sicht Brüssel }	$79\frac{4}{10}$ = = =	= 300 =
Hamburg kurze Sicht (auch 2 u. 3 Mt.)	$149\frac{5}{10}$ = = =	= 300 Mk Bco.
Bremen kurze Sicht (auch 2 Mt.)	$110\frac{1}{10}$ = = =	= 100 Thlr. in Louisd'or à 5 Thlr.
London 2 Mt. . .	6 Thlr. $23\frac{1}{2}$ Sgr.	= 1 £
Augsburg 1 Mt. . (auch 2 Mt.)	$102\frac{7}{10}$ Thlr. pr. Crt.	= 150 Fl. im 20 Fl. Fß.
Wien 1 Mt. . . . (auch 2 Mt.)	$102\frac{1}{10}$ = = =	= 150 Fl. in 20 Xr.
Mailand 1 Mt. . .	$67\frac{8}{10}$ = = =	= 300 österr. Lire.
Frankf. a. M. kurze S. (auch 2 u. 2 Mt.)	$85\frac{4}{10}$ = = =	= 150 Fl. i. $24\frac{1}{2}$ Fl. Fß.
Berlin kurze Sicht (auch 2 Mt.)	$99\frac{9}{10}$ = = =	= 100 Thlr. in Berlin.
Breslau 2 Mt. . .	$99\frac{2}{10}$ = = =	= 100 Thlr. in Breslau.
Leipzig 2 Mt. . . .	$99\frac{2}{10}$ = = =	= 100 Thlr. im 14 Thlr. Fuß.

Die Wechselgesetze sind die französischen (s. Cöln).

Die vaterländische Feuer=Versicherungs=Gesellschaft wurde 1823 auf Actien mit einem Fond von einer Million Thaler in Actien à 1000 Thlr. begründet. Die Versicherungs=Summe betrug Ende 1846 nahe an 150 Millionen Thaler. Zinsen 5 %. Divid. 1847: 4 %.

Elbing,

eine westpreußische zum danziger Regierungsbezirk gehörige Handelsstadt an der schiffbaren Elbing, die durch den Kraffuhlkanal in die Nogat und das frische Haff geht, mit 25000 Einwohnern, ansehnlichen Fabriken und bedeutendem Seehandel mit preußischen und polnischen Produkten, die sie ausführt.

Rechnungsarten wie Berlin.

Die hiesige Börsenordnung ist vom 24. April 1830.

Die Elbinger Stadtschuld betrug 1839, bei der Reduction der Zinsen auf 3½ % etwas über 400,000 Thlr. — Seit 1843 wird getilgt.

Emden,

die größte hannöversche See- und Handelsstadt der Provinz Ostfriesland, am Ausflusse der Ems in den Dollart und die Nordsee, mit 14000 Einwohnern, einem Hafen, sicherer Rhede, bedeutender Häringsfischerei, und Fabriken in Segeltuch, Leder, Seife und Tabak. Als Stapelplatz von Waaren für einen Theil des nördlichen Deutschlands bemerkenswerth, ist zugleich der hiesige Seehandel neben guten Assekuranzgeschäften nicht unwichtig.

Münzen.

Ostfriesland rechnete bisher nach Reichsthalern zu 54 Stübern à 10 Witten, außerdem nach holländischen Florinen zu 30 Stübern ostfriesisch, und endlich nach ostfriesischen Florinen zu 20 Stübern ostfriesisch.

Während der preußischen Herrschaft hatte man den preußischen Courant-Fuß eingeführt, den Thaler aber in 54 Stüber preuß. oder ostfriesisch eingetheilt. Seitdem in Hannover (1834) der 14 Thaler-Fuß eingeführt ist, stimmt der bisherige Zahlwerth Ostfrieslands mit der neuen Valuta überein. Umlaufende Geldsorten, die auch bei Wechselgeschäften in Anwendung kommen, sind Pistolen (zu 9 Gulden 13½ Stüver holländisch), holl. Courant, preuß. Courant und die eigentliche Landesmünze, gewöhnlich neu hannöver. Courant genannt. Der ostfriesische Florin ist eine fingirte Münze, noch bei einigen Waarenartikeln und Umsetzen von holländ. Wechseln im Gebrauch. Der Stüber ist eine wirklich geprägte Provinzialmünze. Der Ausdruck „holländisch Gold steht mit preuß. Courant pari" bedeutet hier: 100 Fl. holl. Courant = 150 Fl. ostfriesisch Courant, den preuß., oder sogenannten Berliner Thaler zu 1 Fl. 16 Stüb. holl. Courant angenommen.

Von hiesigen Thalern gehen also . .	14 Stück	auf 1	Mark f.
" dem hier gebräuchlichen holl. Cour.	25⅕ Fl.	" 1	" "
" ostfriesischem Courant	37⅘ "	" 1	" "

demnach sind auch 100 Thlr preuß. Cour. = 270 Fl. ostfr. Cour.

Wechselcourse.

Amsterdam 2 Mt., auch kurz, 9 Gulden 12—14 Stüver holländisch für die Pistole v. 5 ℛ Gold.
Bremen desgl. ¼—½ % Aufgeld (Pistolen gegen Pistolen).
Hamburg desgl. 12 gute Groschen bis 12⅓ für die Mark Banco.
London 2 Mt. dato 6 ℛ 15—17 Ggr. im 14 ℛ Fuß für ein £.

Die Wechselgesetze sind die hannöverschen.

Maaße und Gewichte siehe Hannover.

Alte Maaße und Gewichte.

Der Fuß = 129,5 pariser Linien oder 0,292 Meter.
Die Elle = 300,9 pariser Linien oder 0,679 Meter.
Das Feld-Diemat = 56,738 Aren.
Das Gras = 42,554 Aren.
Ein Diemat = 25 Tagewerk.
100 Diemat = 57 Moor-Diemat.

Kornmaaß. Die Last = 15 Tonnen = 30 Sack = 60 Verps = 120 Scheffel = 2160 Krues. Die emdner Last ist der hannöverschen gleich.

Das leichte Pfund = 468,536 Gramm; das alte schwere = 496,851 Gramm. 1 Centner = 100 Pfund à 32 Loth. 1 Schiffspfund = 3 Centner.

Butter wird nach ganzen, ½, ¼, ⅛ und $\frac{1}{16}$ Tonnen verkauft. Das Achtel wiegt 67 ℔ Brutto mit 14 ℔ Tara.

Theer wird zu 12 Stekannen; Oel, die Ohm zu 120 Mingeln, und Branntwein zu 30 Vierteln verkauft.

Die Schiffslast = 4000 ℔, fur Heringe = 12 Tonnen.

In Emden ist eine Seeversicherungs-Gesellschaft, in Norden eine Mobiliar-Brandkasse, auf Gegenseitigkeit 1827 begründet.

Eine Eisenbahn ist projectirt, um Emden zunächst mit Osnabrück zu verbinden, von wo ein Anschluß an die Cöln-Mindner Bahn bewerkstelligt werden soll. Die 33 Meilen lange Bahn soll über 7 Millionen Thaler kosten.

Erfurt,

die Hauptstadt des Regierungs-Bezirks der preußischen Provinz Sachsen, an der Gera. Der Ort zählt 30000 Einwohner, unterhält ansehnliche Fabriken, und treibt nicht unbedeutenden Handel mit Sämereien, Pflanzen, Waid, Safflor, Koriander, Anis, Mohn, Kanariensaamen 2c.

Münzen, Maaße, Gewichte siehe Berlin.

Alte Maaße und Gewichte.

Der Fuß = 125,57 par. Linien oder 0,283 Meter. 1 Feldruthe = 14, eine Bauruthe = 16 Fuß à 12 Zoll.

Die Elle = 249,6 par. Linien oder 0,563 Meter.

1 Scheffel = 59,61 Liter.

Malter		Viertel		Scheffel		Metzen		Viertelmaaß
1 Malter	=	4 Viertel	=	12 Scheffel	=	48 Metzen	=	192 Viertelmaaß.
		1 „	=	3 „	=	12 „	=	48 „
				1 „	=	4 „	=	16 „
						1 „	=	4 „

1 Weinnößel = 0,422 Liter.

1 Eimer Wein	=	21 Stübchen	=	42 Kannen	=	84 Maaß	=	168 Nößel.
		1 „	=	2 „	=	4 „	=	8 „
				1 „	=	2 „	=	4 „
						1 „	=	2 „

1 Fuder = 12 Eimer.

1 Biernößel = 0,511 Liter.

1 Eimer Bier = 18 Stübchen.

Das Pfund war = 2 alten kölnischen Mark. 1 Centner = 110 Pfund, à 32 Loth, à 4 Quentchen, à 4 Pfennig.

Erfurt liegt an der Thüringischen (Frankfurt a. M. mit Leipzig verbindenden) Eisenbahn.

Faröer-Inseln, s. Thorshaven.

Ferrara, s. Bologna.

Fez, s. Marocco.

Fiume,

Seestadt des ungarischen Küstenlandes im Königreiche Croatien, am Einfluß der Fiumara in den Golf von Quarnero, mit einem Freihafen und 10,000 Einwohnern, welche einen lebhaften Seehandel mit ungarischen Landesprodukten, viele Fabriken, Zucker- und Pottaschsiedereien betreiben.

Münzen und Wechselcourse wie Triest.

Maaße und Gewicht

zum Theil wie Wien. Eigenthümlich sind:

Für Getreide. Der Metzen = 2 wiener Kubikfuß = 63,11 Liter.

Weinmaaß. 1 Orna = 2949 wiener Kubikzoll = 53,852 Liter.

Das Pfund = 558,758 Gramm. 1 Pfund = 32 Loth.

Eine Eisenbahn von Fiume nach Pesth ist im Werke.

Florenz,

Hauptstadt des Großherzogthums Toscana, am Arno, mit etwa 100,000 Einwohnern, welche zahlreiche Fabriken in Seide, Wolle, Baumwolle, Sammt, Porzellan, Strohhüten, Tapeten, Kunstblumen u. s. w. unterhalten, und mit ihren Fabrikaten und Landesprodukten, als Wein, Getreide, Oel, Südfrüchten u. s. w. lebhaften Handel treiben.

Münzen.

Man rechnet nach

Lire zu 20 Soldi à 12 Denari,

welches seit 1837 die gesetzliche Rechnungsweise ist. 61,826 Lire = 1 Mark fein; da man aber durchschnittlich 62 Lire auf die Mark rechnen kann, so kommt eine toskanische Lire 81,3 preuß. Pfennige, oder 23,7 Kreuzer im $24\frac{1}{2}$ Fl.Fuß, oder 19,3 Kreuzer im 20 Fl.Fuß. Man rechnete zeither auch nach Scudi (corrente) oder Ducati à 7 Lire; nach Paoli zu $13\frac{1}{3}$ Soldi; nach Fiorini zu 100 Quattrini, und mitunter wohl noch nach Pezze da otto Reali zu $5\frac{3}{4}$ Lire. — Auch wird die Lire in 12 Crazie à 5 Quattrini oder à 20 Denari oder Piccioli eingetheilt.

Verhältnißtabelle aller dieser Rechnungsmünzen.

Scudo	Pezza	Fiorino	Lira	Paolo	Crazia	Soldo	Quattrino	Denaro
1	$1\frac{5}{23}$	$4\frac{1}{5}$	7	$10\frac{1}{2}$	84	140	420	1680
	1	$3\frac{9}{20}$	$5\frac{3}{4}$	$8\frac{5}{8}$	69	115	345	1380
		1	$1\frac{2}{3}$	$2\frac{1}{2}$	20	$33\frac{1}{3}$	100	400
			1	$1\frac{1}{2}$	12	20	60	240
				1	8	$13\frac{1}{3}$	40	160
					1	$1\frac{2}{3}$	5	20
						1	3	12
							1	4

Bis 1837 und auch wohl noch später, unterschied man zwischen moneta buona und moneta lunga, welche letztere 4—$4\frac{1}{2}$ % schlechter war als jene. Im Wechselgeschäfte bedient man sich auch noch der um 7 % höhern moneta d'oro (siehe Coursblatt, London).

Wirkliche toscanische Münzen.

	Werth in	
	Paoli.	Lire.
In Gold:		
Rusponi von 3 Zecchini	60	40
Zecchini Gigliati	20	$13\frac{1}{3}$
Dergl. halbe	10	$6\frac{2}{3}$
Goldstücke zu 80 Fiorini	200	$133\frac{1}{3}$
In Silber:		
Dene	15	10

	Paoli.	Lire.
Francesconi und Leopoldini	10	$6\frac{2}{3}$
Dergl. halbe, Franceschini genannt . . .	5	$3\frac{1}{3}$
Tallari	9	6
Testoni	3	2
Fiorini	$2\frac{1}{2}$	$1\frac{2}{3}$
Dergl. halbe und Viertel nach Verhältniß.		
Lire von 12 Crazie	$1\frac{1}{2}$	1
Dergl. $\frac{1}{2}$ und $\frac{1}{4}$ nach Verhältniß.		
Paoli, doppelte	2	$1\frac{1}{3}$
Dergl. $\frac{1}{1}$, $\frac{1}{2}$ und $\frac{1}{4}$ nach Verhältniß.		

Scheidemünzen in Silber: Doppelte, einfache und halbe Crazie, zu 10, 5, $2\frac{1}{2}$ Soldi und Quattrini.

Kupfermünzen: Soldi zu 3, Duetti zu 2 und einfache Quattrini nebst Piccioli zu 1 Denaro.

Der gesetzliche Cours der Rusponi ist auf 42 Lire 16 Soldi d. Tosc. festgesetzt, welches mit dem bisherigen Agio von 7 % übereinstimmt.

Die etrurischen Silbermünzen von 1801 und 1803 (10, 5 und 1 Lirastücke) sind seit November 1829 außer Cours gesetzt, und werden eingezogen.

Wechselcourse.

		m. d. w.		
Amsterdam	60 Tage	244 Lire tosc.	für	100 Fl. niederl.
Ancona, Bologna, Rom	30 =	105 Scudi rom.	=	100 Francesconi à $6\frac{2}{3}$ Lire.
Genua .	30 =	$98\frac{1}{3}$ Lire d. P.	=	115 Lire tosc.
Paris, Marseille, Lyon	60 =	$98\frac{3}{4}$ Francs	=	desgl.
Venedig, Mailand	30 =	101 Lire tosc.	=	100 Lire austr.
Wien, Triest, Augsburg	30 =	60 Soldi tosc.	=	1 Fl. Conv.
Livorno .	30 =	$99\frac{1}{2}$ Lire in Florenz	=	100 L. in Toscana.
Hamburg	60 =	218 Lire tosc.	=	100 m$ Bco.
London .	90 =	$49\frac{1}{4}$ Denari Sterlini (d. h. pence Sterling) für $5\frac{3}{4}$ Lire tosc. Gold.		

Bei Berechnung irgend einer Summe engl. Geldes in toscanischer Valuta benutzt man die durch den Ansatz:

x = — £ sterl.
1 = 240 pence
— $5\frac{3}{4}$ Lire Gold
100 . 107 in Silber

entstandene feste Zahl: 14,766, die man mit der

gegebenen Anzahl Pfunde Sterling multiplicirt und durch den Cours dividirt. — Ist der Cours (z. B. 46 pence) auf die Silber-Valuta lautend, so ist der Fisso (feste Zahl) 1380.

Im Großherzogthum Toscana gilt der franz. Code de Commerce, wonach der Uso in 30 Tagen nach dato besteht. Respecttage giebt es nicht (s. auch Livorno).

Außer mehreren Gattungen von Eisenhütten, Kohlenwerken und andern industriellen Actien, sind hier besonders zu nennen, diejenigen der

Disconto-Bank in Florenz. Fond: 1½ Million in Actien à 1000 Lire; giebt Noten aus; Divid. circa 12 $\frac{0}{0}$.

Eisenbahn von Florenz nach Livorno, Leopoldsbahn. — Es giebt 30,000 Actien à 1000 Lire.

Desgl. von Florenz nach Pistoja, 8000 Actien à 1000 Lire.

Desgl. der toskan. Centralbahn, 10,000 Actien à 1000 Lire.

Desgl. der Lucca-Pisa-Pistoja, 2500 Actien à 1000 Lire.

Desgl. Livorno-Grosseto, 32,000 Act. à 1000 Lire (suspendirt).

Desgl. der Strada-Carbonifera, 3800 Actien à 1000 Lire.

Desgl. der Stravezza-Bahn (in die Marmorbrüche), 1500 Actien à 1000 Lire.

Die Centralbahn wird dadurch die wichtigste, weil sie durch die nach Rom führende Strada Pia Cassia ein Glied der großen italienischen Centralbahn abgeben wird.

Maaße.

Längenmaaß.

Der Braccio = 258,73 par. Linien oder 0,584 Meter.

1 Parcetto = 2 Braccia.

1 Canna oder Pertica = 5 Braccia.

1 Braccio = 20 Soldi à 12 Denari.

1 florentiner Miglia (Meile) = 2833⅓ Braccia; 67,19 Miglie auf einen Grad des Aequators.

Flächenmaaß.

1 Stioro = 12 Panori = 48 □Canne.

1 Saccata = 10 Stajole à 66 □Pertiche.

Körpermaaß.

Der Stajo = 1228,2 par. Kubikzoll oder 24,363 Liter.

1 Sacco = 3 Staja. Der Stajo hat 2 Mine, 4 Quarti, 16 Mezzette, 32 Quartucci.

1 Stajo Salz wiegt circa 72 Pfund.

Der Barile da vino = 2298 par. Kubikzoll od. 45,584 Liter.
1 Barile da vino hält 20 Fiaschi, 80 Mezzette, 160 Quartucci.

Der Barile da olio = 1685,23 par. Kubikzoll oder 33,429 Liter, und wiegt 88 libbre oder etwa 62 berliner Pfund.
1 Barile da olio = 16 Fiaschi = 64 Mezzette = 128 Quartucci.

Gewicht.

Das Pfund (libbra) = 339,542 Gramm. — 100 Libbre = 1 Centinajo.

Das Pfund hält 12 Unzen, 288 Denari, 6912 Grani.

Das Probirgewicht ist das eben erwähnte Pfund, zu 24 Carati à 8 Ottavi fein Gold, und zu 12 Once à 24 Denari fein Silber gerechnet.

Juwelen werden mit dem Karath von 4 Grani gewogen.

Apothekergewicht ist ebenfalls das oben angegebene Pfund, wobei der Denaro für 1 Scrupel, und 3 Denari für 1 Drachma genommen werden.

Frankfurt am Main,

eine deutsche freie Stadt mit 53000 (das Gebiet $4\frac{1}{4}$ □Meilen und 62000) Einwohnern, Sitz des Bundestages, in dessen Versammlungen sie an der 17ten Stelle Theil nimmt, und wichtig als Handelsplatz für Commissions-, Speditions-, Wechsel- und Staatspapier-Geschäfte. Es ist bereits durch Eisenbahnen mit Mainz und Wiesbaden, mit Darmstadt, Carlsruh, Basel ꝛc. verbunden; auch steht die Vollendung der Eisenbahnen nach Hanau, Cassel, Leipzig und nach Offenbach, Bamberg ꝛc. bevor. Der Ort zählt Fabriken aller Art, und ist die Hauptniederlage für alle Rhein- und Frankenweine.

Münzen.

Man rechnet hier nach Gulden der Münz-Convention von 1837, im $24\frac{1}{2}$ Guldenfuße, der Gulden à 60 Kreuzer à 4 Heller (oder Pfennige).

Die Eintheilung des Guldens in 15 Batzen ist nun ebenso veraltet als die Rechnung nach Thalern à 90 Kreuzer à 4 Heller. Von dem abgeschafften Wechselgelde rechnete man

92 Thaler = 165 Gulden im (damaligen) 24 Fl.Fuße.
oder 46 Gulden = 55 " desgl.

auch wird noch zuweilen, bei Tratten die von Frankreich aus auf Frankfurt in Francs ohne den Beisatz „effectiv" gezogen werden, die alte Rechnungsart zu 640 Francs für 297 Gulden angewendet, obschon diese zu 640 Francs nur $281\frac{2}{3}$ Fl. ausmachen, wenn man das 5 Francs-Stück, wie dies allgemein üblich, zu 2 Fl. 20 Xr. rechnet.

Wirklich geprägte Münzen sind, in Folge der Münz-Conventionen von 1837, 1838 und 1845

in Silber, Vereinsmünze: Stücke zu $3\frac{1}{2}$ Gulden im $24\frac{1}{2}$ Fl.Fuß oder zu 2 Thaler im 14 ℛ Fuße, 7 Stück auf d. f. Mark.
Stücke zu 2 Gulden im $24\frac{1}{2}$ Fl.Fuße.
" " 1 und dergl. zu $\frac{1}{2}$ Gulden desgl.

Stücke zu 6 und 3 Xr. im 27 Fl.Fuße.
" " 1 Kreuzer, etwa 32 Gulden auf d. f. Mark;
in Kupfer: Heller, 150 Stück aus einer Mark Kupfer, und nimmt man das Pfund Kupfer zu 60 Fl. Werth an, in einem 96 Guldenfuße.

Es vergleichen sich demnach 24½ Gulden mit 14 ℛℊ in Preußen, oder 4 ℛℊ = 7 Fl., oder 1 ℛℊ = 1 Fl. 45 Xr.

Von fremden Münzen sind hier besonders in Umlauf und dienen als gesetzliche Zahlungsmittel: Kronthaler zu 2 Fl. 42 Xr. — Stücke à 5 Francs zu 2 Fl. 20 Xr., preuß. Thaler zu 1 Fl. 45 Xr., auch Conventions-Species zu 2 Fl. 24 Xr., so wie man dann überhaupt das alte, vom 24 Fl.Fuß herrührende Verhältniß, zu 5 Fl. Conv. für 6 Fl. im 24½ Fl.Fuß noch immer in Anwendung findet.

Fremde Goldmünzen werden entweder al marco oder nach dem Stücke bezahlt. Im letztern Falle gilt beim Wiegen des einzelnen Stücks jedes fehlenden Ducaten-As 5 Xr., bei andern Münzen aber nur 4½ Xr. Siehe den Courszettel.

Ende Mai kostete eine Mark feines Gold 381 Fl. und eine Mark feines Silber 24 Fl. 26 Xr., woraus sich ein Handels-Verhältniß von 1 : 15,32 ergiebt.

Wechsel-Course seit 1843.

		im 24½ Fl.Fuß.		
Amsterdam	kurze Sicht / 2 Monat	97 — 99 Fl.	für	100 Fl. holl. Courant.
Augsburg	desgl.	120 Fl. m. o. w.	"	100 Fl. augsb. "
Berlin	desgl.	105 " "	"	60 ℛℊ preuß. "
Bremen	desgl.	96 " "	"	50 ℛℊ in Ld'or à 5 ℛℊ.
Hamburg	desgl.	88 " "	"	100 m℔ Banco.
Leipzig	kurze Sicht / in d. Messe	105 " "	"	60 ℛℊ im 14 ℛℊ Fuß.
London	kurze Sicht / 2 Monat	120 " "	"	10 £.
Paris / Lyon	kurze Sicht / 2 Monat / 3 "	93 " "	"	200 Francs.
Mailand	kurze Sicht / 2 Monat	101 " "	"	250 östr. Lire.
Wien	kurze Sicht / 3 Monat	120 " "	"	100 Fl. Conv. Mze.

Course der Geldsorten und Barren, am 29. Mai 1847.

Neue Louisd'or, franz., à 24 Livres,	11 Fl.	5 Xr.	das Stück.
Süddeutsche 10 Fl.-Stücke . . .	9 "	58—59 Xr.	"
Louisd'or, Wilhelms- u. Augustd'or ꝛc.	9 "	52½ Xr.	"
Desgl. preußische und kurhessische . .	9 "	57 "	"
Holländ. 10 Fl.-Stücke	9 "	58 "	"

Ducaten	5 Fl.	37 Xr.	das Stück.
20 Francs-Stücke	9 =	33½ =	= =
Engl. Souveraind'or	12 =	— =	= =
Laubthaler, ganze	2 =	43 =	= =
= halbe	1 =	16 =	= =
Preuß. Thaler	1 =	45½ =	= =
= = in Scheinen	1 =	45⅝ =	= =
5 Francs-Stücke	2 =	20½ =	= =

Gold al marco . . . . . . 381 Fl. die feine Mark.
Silber, hochhaltig . . . . 24 = 26 Xr. desgl.
= gering und mittelhaltig 24 = 18 =

Der Wechsel-Uso ist 14 Tage nach der Acceptation; in der neuern Zeit aber kommen solche Tratten nur selten vor; man trassirt gewöhnlich auf bestimmte Tage, auf Wochen oder Monate. Respecttage sind 4, mit Ausschluß der Sonn- und Feiertage. Wechsel hingegen: 1) die auf Sicht oder einige Tage nach Sicht gestellt sind, 2) die keinen Acceptanten haben, 3) domicilirte Wechsel und endlich 4) diejenigen, welche nach dem Protest von einem Dritten intervenirt werden, genießen keine Respecttage. Die Acceptation der Wechsel muß, wenn diese nicht in die Messen lauten, bei der Präsentation erfolgen, doch darf man dem Bezogenen eine Frist von 1 bis 2 Posttagen gestatten. Briefe in die Messen gezogen, unbestimmt oder auf die zweite oder dritte Woche, müssen bis Dienstag Vormittag 9 Uhr der zweiten Woche, was auf die erste Woche lautet, am Montag dieser Woche angenommen oder protestirt werden. Bei Tratten von Plätzen, wo die Acceptation gesetzlich erst 14 Tage vor der Verfallzeit geschieht, als z. B. aus dem Königreich Bayern, wird bisweilen auch hier, gegenseitig, nicht früher acceptirt. Alle angenommenen Wechsel müssen am Sonnabend der zweiten Woche bezahlt sein, sonst muß noch vor Abend Protest aufgenommen werden. Ausgenommen solche Briefe, die ausdrücklich auf die dritte Woche zahlbar gestellt sind.

Jeder hier zahlbare Wechsel muß gestempelt sein, diese Stempel-Abgabe beträgt für Summen unter 150 Fl. 3 Xr.

unter	150 Fl.	3 Xr.
von	150 — 250 =	6 =
=	250 — 350 =	9 =
		u. s. w.

wobei fremde Valuten wie folgt angenommen werden:

Conv.-Gulden	zu 1⅕ Fl.	— Xr.	im 24½ Fl.Fuße.
Silberrubel	= 1⅘ =	— =	=
Preuß. Thaler	= 1¾ =	— =	=
Engl. Pfund	= 12 =	— =	=
Die Banco-Mark	= — =	52½ =	=
Ein Franc	= — =	28 =	=

Ein Schweizerfranc	zu —	Fl. 42	Xr. im 24½	Fl.Fuße.
„ Gulden in Zürich . . .	„ —	„ 66	„	„
„ Lira austr.	„ —	„ 24	„	„
„ Bancorubel	„ —	„ 32	„	„
„ Ducato d. R.	„ 2	„ —	„	„
Eine Oncia von Sic. . . .	„ 6	„ —	„	„
Ein Dollar, Piaster, Scudo	„ 2	„ 30	„	„

u. s. w.

Ein Protest kostet incl. Stempel 2 Fl. 54 Xr., so lange der Wechsel 1000 Fl. nicht erreicht, von da an aber 4 Fl. 24 Xr. — Das Notiren eines Wechsels kostet 30 Xr. — jede Aufforderung einer Nothadresse und jede Intervention 30 Xr. — für jedes dabei sich befindliche Duplicat und für eine Alonge 20 Xr.

Die Wechsel-Courtage beträgt 1 per Mille, bei Discontowechseln ½ per Mille für beide Theile.

Beim Ein- und Verkauf von Wechseln von verschiedener Verfallzeit wird jetzt meist der Cours von kurzer Sicht zu Grunde gelegt, und die Zeitdifferenz mittels eines zu bedingenden Discontfußes regulirt, wobei aber noch auszumachen, was man unter kurzer Sicht (ob 5, 8 oder 10 Tage) verstehen will.

Dem hiesigen Rechenei- und Renten-Amt steht die Behandlung aller den Handel betreffenden Gegenstände in administrativer Hinsicht zu, so wie die Aufsicht über das Münzwesen. Die Handelskammer vertritt dagegen die allgemeinen Interessen des hiesigen Handelsstandes.

Die hiesige Münze wurde 1840 von Neuem wieder eröffnet und ist mit einer Scheideanstalt für Gold und Silber verbunden.

Die jetzige neue Börse wurde 1843 eröffnet, zu welcher Zeit auch eine neue Börsenordnung erschien. Die bei dieser Gelegenheit gemachte unverzinsliche Anleihe von 145,000 *fl* besteht in Partial-Obligationen à 100 Fl. — Außer der Börse besteht auch eine Effecten-Societät, um auch außer der Börsenzeit Geschäfte machen zu können.

Von der Wechsel-Ordnung erschien 1845 eine officielle Ausgabe.

Course der Staatspapiere.
Ende Mai 1847.

Namen d. Effekt.	Zinsf. pCt.	Cours m. o. w.	Erklärung.
Oesterreich.			
Metalliques	5	107	für 100 Fl. Conv. Crt. nom. Zinst. verschieden.
dergl.	4	97¾	für 100 Fl. Conv. Crt. nom. Zinst. verschieden.
dergl.	3	70	für 100 Fl. Conv. Crt. nom. Zinst.: 1. Juni u. 1. Dez.
dergl.	2½	56	für 100 Fl. Conv. Crt. nom. Zinst.: 1. Jan. u. 1. Juli, auch 1. Febr. u. 1. Aug.
dergl.	1	23½	für 100 Fl. Conv. Crt. nom. Zinst.: 1. Jan. u. 1. Juli.
Oblig. d. Bethmann . .	4½	100	für 100 Fl. Conv. Crt. nom. Zinst. verschieden.
dergl.	4	96½	für 100 Fl. Conv. Crt. nom. Zinst. verschieden.
Bankactien .	3	1935	Fl. im 24 Fl.Fuß für 1 Act. von 1000 Fl. Conv. Cour. — Die Zinsen, fällig am 1. Jan. u. 1. Juli, werden v. Nennwerth berechnet u. im 24 Fl.Fuß reducirt.
Loose v. 1834 à 500 Fl. Conv. Court. . .	—	155	Fl. Conv. Court. für 100 Fl. Conv. Cour. nom.
Loose v. 1839 à 250 Fl. Conv. Court. . .	—	120	Fl. Conv. Court. für 100 Fl. Conv. Cour. nom.
Preußen.			
Staatsschuldscheine . .	3½	94	ℛ𝓉 preuß. Crt. für 100 ℛ𝓉 nom. Zinst.: 1. Januar u. 1. Juli. Fester Cours: Kapital u. Zinsen à 103 Xr. im 24 Fl. Fuß für 1 ℛ𝓉 preuß Crt.
Prämienscheine à 50 ℛ𝓉. .	—	96	ℛ𝓉 preuß. Crt. für 1 Prämienschein. (1 ℛ𝓉 = 105 Xr. im 24 Fl.Fuß.)
Baden.			
Obligationen	3½	94	für 100 Fl. im 24 Fl.Fuß nomin. Zinst.: 1. April u. 1. Okt.
Loose à 50 Fl. von 1840 .	—	58	für 1 Loos v. 50 Fl. im 24 Fl.Fuß.

(Österreich, Metalliques to Oblig. d. Bethmann: Florin Conv. Courant.)

(Bei allen österr. Staatspapieren (ausgen. Bankactien) werden Kapital und Zinsen im 20 Fl.Fuß berechnet und der Betrag im 24 Fl.Fuß (5 Fl. 20 Fl.Fuß = 6 Fl. 24 Fl.Fuß) reducirt.)

(Baden: 24 Fl.Fuß)

Namen d. Effekt.	Zinsf. pCt.	Cours m. d. w.	Erklärung.
Loose à 35 Fl. von 1845.	—	36½	(Fl. im 24 Fl.Fuß) für 1 Loos v. 50 Fl. im 24 Fl.Fuß.
Frankfurt.			
Stadt-Oblig. von 1839.	3½	96	für 100 Fl. im 24 Fl.Fuß nominal. Zinst.: 1. Jan. u. 1. Juli; auch 1. April u. 1. Okt.
desgl. v. 1846	3½	92	desgl.
Belgien.			
Obligationen	4½	96½	Francs für 100 Francs nominal.
Desgl. . .	2½	51	Francs desgl.; den Franc zu 30 Kr. im 24½ Fl.Fuß gerechnet.
Bankactien .	4	96½	Francs desgl.; zum festen Cours von 94 Gulden für 200 Francs.
Desgl. engl.	4½	97	£ für 100 £ nominal; 1 £ = 12 Fl.
Bayern.			(Fl. im 24 Fl.Fuß)
Liquid. Oblig.	3½	92½	für 100 Fl. im 24 Fl.Fuß nominal. Zinst.: 1. Mai u. 1. Nov.
Bankact. (ohne Divid.) .	3	659	für 1 Actie v. 500 Fl. im 24 Fl.Fuß. Zinst.: 1. Jan. u. 1. Juli.
Darmstadt.			
Obligationen	4	98½	für 100 Fl. im 24 Fl.Fuß nominal. Zinst. verschieden.
Desgl. . .	3½	90	desgl.
Loose à 50 Fl.	—	77	für 1 Loos v. 50 Fl. im 24 Fl.Fuß.
" à 25 "	—	27½	" 1 " v. 25 " " " "
Nassau.			
Obl. b. Rothsch.	3½	91½	für 100 Fl. nominal.
Loose à 25 Fl.	—	25½	für 1 Loos v. 25 Fl. im 24 Fl.Fuß.
Rußland.			
Certif. b. Grunelius & Co.	6	70	für 100 Rub. Bco. nominal. Zinst.: 1. Jan. u. 1. Juli. Fester Cours: 1 R. Bco. = 1 Fl. im 24 Fl.Fuß.
Oblig. b. Hope	4	88	desgl.
dgl. b. Stieglitz	4	88	desgl.
Holland.			(Fl. niederländ.; Kapital u. Zinsen: 1 Fl. nied. = 1 Fl. im 24 Fl.Fuß.)
Integralen .	2½	57¼	für 100 Fl. niederl. nominal. Zinst.: 1. Jan. u. 1. Juli.
Obligationen	3	71	für 100 Fl. niederl. nominal. Zinst.: 1. April u. 1. Okt.
Syndic. dergl.	3½	88	für 100 Fl. niederl. nominal. Zinst.: 1. April u. 1. Okt.
Dergl. . .	4	90	für 100 Fl. nominal.

Namen d. Effekt.	Zinsf. pCt.	Cours m. o. w.	Erklärung.
Würtemberg.			
Obl.b.Rothsch.	4	100¾	für 100 Fl. im 24½ Fl.Fuß nominal.
Desgl. . .	3½	89	desgl.
Sardinien.			
Partialloose à 36 Francs	—	35½	Francs für 1 Loos, der Franc zu 28 Xr.
Spanien.			
Anl. d. Ardoin incl. 13 Coup.	5	23½	Piaster für 100 Piaster Kapital.
Ausländische	3	36	Piaster für 100 Piaster nominal.
Inländische	3	29	Piaster desgl. (1 Piast. = 2½ Fl. im 24 Fl.Fuß.)
Polen.			
Oblig. d. Gebr. Bethmann	4	77½	Rubel Silber für 100 Rubel Kap. — (1 Rub. Silb. = 2 Fl.)
Loose zu 300 Fl.	—	96	Thaler preuß. Courant à 105 Kreuzer im 24½ Fl.Fuß für ein Loos.
Obl. à 500 Fl.	4	80	Thaler desgl.
Portugal.			
Obligat. engl.	3	36	£ für 100 £ nominal; 1 £ = 12 Fl.

Außerdem giebt es noch eine große Mannichfaltigkeit standesherrlicher Anleihen, von denen die wichtigsten etwa folgende sind:

Die Esterhazyschen Loose von 1842. — Anleihe von 7 Millionen Gulden in Loosen à 40 Fl. — Letzte Ziehung 1868, größter Gewinn 60,000 Fl. — kleinster 72 Fl. — Cours im Juni 1847: 63½ Fl.

Die 4½ % Oblig. v. Batthyani, Orzy, Esterhazy u. v. a. standen Anfangs Juni 1847: 93—96 %.

Die 4 % Oblig. v. Esterhazy, Palffy, Erzherzog Carl, Sandor, Strachwitz u. v. a. 88—92 %.

Die 4 % Oettingen, Erbach, Fugger, Ferdinand Coburg. 98 bis 99 %.

3½ % Leiningen in Baiern 96 %. Die Leiningen-Baden 91, Neuwied 92½, Solms-Lich 90, Ysenburg 94 % u. m. a.

Auch Oblig. von Lucca und Cöthen (s. d. Länder).

Actien-Course.

Taunusbahn, 360 Gulden für eine Actie v. 250 Fl. Fond: 12,000 Actien à 250 Fl. Divid. 1846: 17 Fl. — Außerdem eine 3½ % Anleihe von 500,000 Fl.

Ludwigs-Canal (kommen jedoch wenig vor).

Phönix-Actien, 3 %, 102½ Gulden für 100 Fl. nom. (s. weiter unt.)

Lebensversicherung, desgl. desgl.

Friedrich-Wilhelm-Nordbahn, 72 ℛ für 100 ℛ nom. (s. Cassel) 1 ℛ = 105 Xr.

Frankfurt-Hanau, 3½ %, 800,000 Fl. in 3200 Actien à 250 Fl. (fast ohne Werth).

Höchst-Soden. Fond 1250 Actien à 200 Fl. — Schuld an Gebr. Bethmann 200,000 Fl.

Außerdem kommen hier besonders folgende Actien vor: Ludwigshafen-Berbach (s. Mannheim), Cöln-Aachen und Cöln-Minden (s. Cöln), Wien-Gloggnitz (s. Wien) u. v. a.

Die Staatspapier- und Actien-Geschäfte sind hier, wie überall von der größten Mannichfaltigkeit. Die Courtage beträgt gewöhnlich 1 per Mille von der wirklichen Kaufsumme, nicht von dem Nominalwerthe. Bei der Zinsrechnung wird der Tag des Verkaufs nicht mitgerechnet. — Etwaige Dividenden oder Superdividenden, wenn sie nicht in festen Procenten angegeben sind, verstehen sich stillschweigend im Cours begriffen.

Städtische Anleihen. Seit 1822 Obligationen à 1000, 500, 300, 150 und 100 Fl. mit 3½ %, theils am 1. Januar und 1. Juli, theils am 1. April und 1. October. — Etwa 8 Millionen Gulden.

Zum Bau des frankfurter Antheils an der Frankfurt-Offenbacher- und Main-Neckarbahn, Anleihe 1843, von 2 Millionen Gulden in Obligat. à 1000, 500, 300 und 100 Fl. — Zinsen à 3 % am Dezember.

Anleihe von 1846. 5 Millionen Gulden, Zinsen à 3½ % am 1. April und 1. October. Oblig. wie vorher.

Zur Begegnung des 1837 eingetretenen Mangels an Tauschmitteln wurden allmälig zwei Millionen Gulden in Recheneischeinen ausgegeben, à 500 Fl., gegen Deponirung von Barren oder Münzen. Sie sind unverzinslich, werden aber in allen öffentlichen Cassen, mit Ausnahme der Zollvereins-Abgaben, als baares Geld angenommen.

Die Wasserleitungs-Obligationen und diejenigen der israelitischen Gemeinde werden regelmäßig getilgt.

Von industriellen und ähnlichen Anstalten giebt es hier:

Die 1844 ins Leben getretene, auf Actien gegründete Lebensversicherungs-Anstalt. Fond: 3 Millionen, worauf jedoch nur 10 % eingezahlt sind.

Der deutsche Phönix, 1845 entstanden aus der Vereinigung der seit 1843 bestandenen Mobiliar-Versicherungs-Anstalt und dem badischen Phönix. Fond: 5½ Millionen in Actien à 1000 und à 500 Fl. auf den Namen, und dergl à 250 Fl. au porteur, welche letztere ganz eingezahlt sind, auf erstere aber nur 20 %. Zinsen 3 %. Extra-Dividende 1846: 6 Fl. per Actie von 1000 Fl. Die Feuerversicherungen betrugen nahe an 196 Millionen, die Wasserversicherungen nahe an 65 Millionen Gulden.

Die Gasbereitungs-Gesellschaft, Fond: 500,000 Fl. in Actien à 250 Fl. Divid. 1846: 7½ Fl.

Wegen der Maindampfschiffahrt s. Würzburg. — Die frankfurter Main- und Rheinschiffahrts-Gesellschaft trat 1844 mit einem Fond von 500,000 Fl. in Actien zu 250 Fl. ins Leben.

Maaße *).

Längenmaaß.

Der Fuß, Schuh, Werkschuh = 126⅙ pariser Linien oder 0,28461 Meter.

Der Fuß = 12 Zoll = 144 Linien.
1 „ = 12 „ od. 1 Fuß = 8 Achtelzollen.

1 frankfurter Elle = 242,616 par. Linien = 0,5473 Meter.

1 frankfurter brabanter Elle = 309,953 par. Linien = 0,6992 Meter.

1 Stab = 523,976 par. Linien = 1,182 Meter.

1 Feldruthe = 12½ Werkschuh.

1 Feldruthe = 10 Feldschuh = 100 Decimalzoll = 1000 Decimallinien = 3,55763 Meter.

1 Waldruthe = 1999,6 par. Linien = 4,51075 Meter.

Die Waldruthe wird in 10, auch in 16 Theile getheilt.

1 Klafter = 6 Werkschuh.

Flächenmaaß.

1 □Fuß = 144 □Zoll = 20736 □Linien.
1 „ = 144 „

1 □Feldruthe = 156¼ □Fuß
= 100 □Decimalfuß.

1 Flächenruthe, für Maurer und Steinsetzer, = 156 □Fuß.

1 Feldmorgen = 4 Viertel = 160 □Feldruthen = 79,31427 preuß. Morgen.

1 Hufe = 30 Feldmorgen.

1 Waldmorgen = 4 Viertel = 160 □Waldruthen = 32,5499 Morgen.

Körpermaaß.

1 Kubikruthe = 1953⅛ Kubikschuh, 1 Kubikschuh = 1728 Kubikzoll.

Das Malter oder Achtel = 5783,74 pariser Kubikzoll = 114,729 Liter.

1 Malter = 4 Simmer = 16 Sechter = 64 Gescheid.
1 „ = 4 „ = 16 „
1 „ = 4 „

1 Meste = 8 Gescheid.

1 alte Maaß, Eichmaaß, = 1 Gescheid = 90,371 par. Kubikzoll = 1,792634 Liter.

---

*) Diese Angaben sind dem musterhaft gearbeiteten frankfurter Geschäftshandbuche von Hauschild (1845 bei Streng) entlehnt.

Ohm		Viertel		alten Maaß		alten Schoppen.
1	=	20	=	80	=	320
		1	=	4	=	16
				1	=	4

1 Stück = 8 Ohm, auch $8\frac{1}{16}$ Ohm. 1 Fuder = 6 Ohm. 1 Zulast = 4 Ohm. 1 Oxhoft oder Piece = 1½ Ohm.

1 junge Maaß, Zapfmaaß, = 80,33 par. Linien = 1,593452 Liter. 1 junge Maaß = 4 jungen Schoppen.

1 Baumöl-Maaß von 1 Pfund = 26,093 par. Kubikzoll = 0,5176 Liter.

1 Stecken, Holzmaaß, ist 3,554 Schuh breit und hoch, während die Scheitlänge 3 Fuß beträgt, mit einer Zugabe, die im Stadtmagazin 2, am Mainufer 6 Scheite ausmacht. Ein Magazin-Stecken = circa 39, ein Main-Stecken circa 41¼ Kubikschuh.

1 Gilbert = 2 Stecken.

Ein Gilbert 3schuhiges Tannenscheitholz für Bäcker, am Main gemessen, hat 3 Stecken = 123,71 Werkschuh = 2,852 Sterne.

Eine gestrichene Kohlenbütte = 6110 pariser Kubikzoll = 121,2 Liter.

Eine gestrichene Kalkbütte = 7156 par. Kubikzoll = 141,948 Liter.

1 Ruthe Mauersteine = 312 Kubikschuh.

1 Ruthe Pflastersteine = 288 „

Gewicht.

1 altes Pfund leichtes Handelsgewicht, oder Silbergewicht = 467,914, ein neues 467,711 Gramme.

Leichtes Pfund		Mark		Loth		Quentchen		Pfennigen.
1	=	2	=	32	=	128	=	512
		1	=	16	=	64	=	256
				1	=	4	=	16
						1	=	4

1 altes Pfund schweres Handelsgewicht = 505,347, ein neues 505,128 Gramme.

1 schweres Pfund = 2 Halbe, 4 Viertel u. s. w.

27 leichte Pfund = 25 schweren Pfunden.

1 Centner Handelsgewicht = 108 leichten Pfunden = 100 schweren Pfunden.

1 Zoll- oder Krahnwaagen-Centner = 50 Kilogramm = circa 107 ℔ Leichtgewicht = circa 99 ℔ Schwergewicht.

Eine Waage Eisen = 120 ℔ Leichtgewicht.

1 Centner Stadtwaage-Specerei-Gewicht = 109½ leichten Pfunden. Er wird in 100 schwere Specerei-Pfunde getheilt.

1 Centner Stadtwaage-Speckgewicht (auch zu Heu) = 117¾ leichten Pfunden. Er wird in 100 schwere Speckgewichtspfunde getheilt.

1 Schweinwieger-, Fleisch-, Buttergewichtspfund = 33 Loth Leichtgewicht.

1 Pfund Mehl-, Malz- und Getreidegewicht = $32\frac{9}{16}$ Loth Leichtgewicht.

1 Pfund Fischgewicht = 35 Loth Leichtgewicht.

Eine Mark Gold- und Silbergewicht = 233,8555 Grammen hat 16 Loth à 4 Quent à 4 Pfennige.

Für Silber wird die Mark in 16 Loth à 18 Grän getheilt, für Gold theilt man die Mark in 24 Karat à 12 Grän. Für Juwelen und Perlen theilt man die Mark in 1135,81 Karat à 4 Grän. Ein solches Karat wiegt 20,5894 Centigramme. Endlich wird die Mark auch in 65536 Richtpfennigtheilchen (wovon eins = 3,5683517 Milligramme) getheilt, in neuester Zeit aber lieber in Tausendtheilchen oder Zehntausendtheilchen. Ein Juwelenkarat = 0,205894 Gramm.

Apothekergewicht war das nürnberger. 1 Pfund = 357,854 Gramm; statt dessen hat man jetzt das preuß. Medicinalpfund = 350,783 Gramm.

Verarbeitetes Gold ist 18 und 14 karatig, und muß mit dem Stempel 18 und 14 versehen sein; es wird nach Kronen gewogen, von welchen $69\frac{1}{2}$ eine kölnische oder hiesige Mark wiegen; eine Krone hat das Gewicht von 943 Richtpfennigtheilchen oder 3,3648 Grammen.

Verarbeitetes Silber ist mit dem einfachen Adler bezeichnet, und soll zwar 13 Loth fein halten, wird aber nur zu 12 Loth $2\frac{3}{4}$ Quent fein befunden. Nach Verordnung müssen alle hier zum Kauf stehenden und zu den Messen anher gebrachten Silberwaaren 13 Loth fein halten.

Bei Ducaten rechnet man 67 Stück à 60 As auf die hiesige Mark; die Mark also zu 4020 As. 1 Ducaten-As wiegt 16,3 Richtpfennige oder 5,82 Centigramm. 128 Kronen wiegen 120700 und 128 Ducaten 125203 Richtpfennige.

Bei Schiffsladungen wird die Last zu 2 Tonnen, die Tonne aber zu 20 Centner oder 2000 Pfund gerechnet; die Last grobes Seesalz hält 18 Tonnen; Heringe, Theer, Thran, Pech u. s. w. 12 Tonnen.

Von zählenden Gütern hat ein groß Tausend 12 große Hundert à 120 Stück; ein Groß 12 Dutzend à 12 Stück, ein Wall 80 Stück, ein Schock 4 Mandel à 15 Stück, ein Zimmer 40 Stück, eine Stiege 20 Stück und ein Decher 10 Stück.

In Bergwerksrechnungen hat die Zeche 4 Schichten zu 8 Theilen oder Stämmen à 4 Kure, oder 128 Kure.

Von Papier hat der Ballen 10 Ries à 20 Buch à 24 Bogen Schreib- und 25 Bogen Druckpapier.

Bleche: weiß oder verzinnt, hält das Fäßchen 300 auch 450 Blatt; englisch Weißblech in Kisten 240 und Eisen- oder Schwarzblech 450 Blatt.

Courtage im Waarenhandel, gesetzmäßig $\frac{1}{2}$ %, die der Verkäufer zu bezahlen hat.

Die zwei großen Messen, welche in Frankfurt jährlich gehalten werden, und von denen jede 14 Tage bis 3 Wochen dauert, sind:

1) die Ostermesse welche am Osterdienstag anfängt;
2) die September- oder Herbstmesse; sie fängt den Sonntag vor Mariä Geburt an, wenn dieses Fest auf den Montag, Dienstag oder Mittwoch trifft, fällt es später, so geht die Messe den Sonntag nachher, und wenn es auf einen Sonntag trifft, denselben Tag an.

Seit 1829 ist hier jeden Mittwoch Kornmarkt. Einfuhren sind zollfrei, Ausfuhren zahlen 2 Xr. pr. Malter.

Frankfurt an der Oder,

Hauptstadt eines preußischen Regierungsbezirks der Provinz Brandenburg, zählt an 25000 Einwohner, hat ansehnlichen Handel, der besonders durch die Schifffahrt und jährlichen Messen sehr gefördert wird. Durch die Niederschlesische Bahn ist es zunächst mit Berlin und Breslau verbunden.

Rechnungsarten in Allem wie Berlin.

Wechselangelegenheiten wie Berlin.

Nach der revidirten Meßordnung für Frankfurt, vom 31. März 1832, ist die Verfallzeit der auf die hiesigen Messen unbestimmt lautenden Wechsel auf Dienstag der 2ten Meßwoche festgesetzt worden.

Die Einlösung der Meßwechsel muß spätestens am 4ten Tage der genannten Woche erfolgen.

Die drei Messen, welche hier jährlich gehalten werden, sind: Reminiscere-, Margarethen- und Martini-Messe. Sie gehen den Montag nach diesen Festen, im Februar oder März, im Julius und November an, und sollen 8 Tage dauern, werden aber gemeiniglich auf 14 Tage verlängert. Die dabei vorkommenden Wechselgeschäfte werden wie in Berlin behandelt.

Da fremde Verkäufer gewöhnlich vor dem Montag der Meßwoche eintreffen, so ist seit 1831 verordnet, daß der Handel in Gewölben und Buden nur auf die Meßwoche beschränkt bleibt, und Schilder, womit man die Verkaufsstätte bezeichnet, nicht vor dem Einläuten, bei 2 bis 10 Thaler Strafe, ausgehängt werden dürfen. Ebenso sollen Großhändler vor der Meßwoche nicht früher als Mittwoch ihre Collis bei 2 bis 10 Thaler öffnen, und bei 10 bis 50 Thaler Geldbuße nur von dem darauf folgenden Donnerstage an verkaufen.

In Frankfurt besteht ein Comptoir der berliner Hauptbank.

Freiburg oder Fryburg,

Hauptstadt des gleichnamigen Kantons der Schweiz, zählt 9000 Einwohner. Sein Handel ist nicht bedeutend. Es fabrizirt Strohhüte u. s. w. Seine vorzüglichen Käse unter dem Namen Grupeeren oder Greyerzer Käse werden in bedeutender Menge ausgeführt.

Geldtarif und Wechselcourse wie Bern.

Maaß und Gewicht siehe Schweiz, Concordat.

Der alte freiburger Fuß ist = 0,9775 des neuen schweizer Fußes, die alte Elle = 1,7827 neue; der Getreide-Sack = 0,8516 neue schweizer Malter. Der Centner hat 100 ℔ Poids de fer oder Krämergewicht; 1 ℔ = 1,0576 neues Gewicht.

Fulda,

eine kurhessische Provinz mit dem Titel eines Großherzogthums, in welcher die gleichnamige Hauptstadt an der Fulde 9500 Einwohner zählt, und Fabriken in Tabak, Salpeter, Leinwand, Wolle und Holzwaaren hat.

Münzen siehe Hanau.

Maaße.

Längenmaaß.

Der fuldaer Fuß = 0,283 Meter.

1 Ruthe = 12 Fuß = 144 Zoll = 1728 Linien.
1 " = 12 " = 144 "
1 " = 12 "

Die fuldaer Elle = 2 Fuß = 0,566 Meter.

Flächenmaaß.

1 fuldaer Morgen = 160 fuldaer □Ruthen.
1 Tagewerk = 2 Morgen.

Körpermaaß.

1 Malter = 175,578 Liter.
1 Malter = 8 Maaß = 32 Metzen = 128 Köpfchen.
1 " = 4 " = 16 "
1 " = 4 "

557 fuldaer gelten officiell = 611 kasseler Viertel.
1 Maaß = 1,82 Liter.

1 Fuder = 6 Ohm = 12 Eimer = 480 Maaß = 1920 Schoppen.
1 " = 2 " = 80 " = 320 "
1 " = 40 " = 160 "
1 " = 4 "

Gewicht.

Das neue kasseler Pfund = 467,711013 Gramm = 1 preußischem Pfunde.

Das fuldaer Pfund = 509,996 Gramm = dem nürnberger.
1 fuldaer Centner = 100 Pfund à 32 Loth.
Auch bedient man sich des frankfurter Leichtgewichts.

Die Weife oder Garnhaspel ist bei dem Leinwandhandel zu 26 Weiffäden, welche $5\frac{1}{4}$ fuldaer Ellen halten müssen, für 1 Gebind, und 20 Gebind für 1 Zaspel oder Strang bestimmt.

Wolle wird nach Centnern von 5 Glied à 21 Pfund oder 105 Pfund nürnbergisch verkauft; in Hammelburg aber erhält man nur 100 Pfund nürnberger für 1 Centner.

Flachs wird roh nach Globen von 15 Kanten à 6 Hände voll, verkauft.

Leinwand nach Schocken von 60 Ellen; und

Leder nach Dechent oder Decher von 2 Polst oder Stück.

Galacz (in der Moldau),

Stadt und Hafen am linken Ufer der Donau, Ibrail gegenüber, hat circa 10,000 Einwohner, durch die Dampfschiffahrt mit Wien und Constantinopel verbunden, Lagerplatz vieler englischer Fabrikate, Ausfuhr-Hafen von Getreide, Häuten, Holz ꝛc.

Münzen.

Man rechnet im Allgemeinen wie Jassy und Bukarest, d. h. nach Piastern oder Lee zu 40 Paralle, doch ist der Werth des Piasters hier ein anderer; da nämlich

$8\frac{3}{8}$ Piaster für einen österr. Gulden,
$13\frac{1}{2}$ " " " Silberrubel,
$39\frac{1}{2}$ " " " wichtige Zechine,
100 " " $38\frac{1}{3}$ franz. Franken

gerechnet werden, so wie 100 Piaster in Constantinopel für 87 Piaster hier, so gehen so etwa $172\frac{1}{2}$ Piaster auf die f. Mark, und ein Piaster ist sonach $2\frac{2}{3}$ *Sgr* oder $9\frac{1}{3}$ Xr. im $24\frac{1}{2}$ Fl.Fuß. — Nach dem neuesten Münzfuß in der Türkei würden aber 100 hiesige Piaster = 137 in Constantinopel sein.

Maaße.

Ein Kilo von Ibrail ist circa 18 Kilos von Constantinopel,
9 Sacchi in Livorno,
$7\frac{9}{10}$ Staro in Venedig,
$3\frac{1}{8}$ Tschetwert,
4 Charges in Marseille,
$5\frac{1}{2}$ Mine in Genua.

Das Kilo in Galacz ist circa $\frac{2}{3}$ des Kilo in Ibrail.

Gewicht.

100 Ocche von Ibrail und Galacz = 8 Puds in Rußland.
800 desgl. = $2\frac{1}{2}$ Centner in Wien.

Manche rechnen 44 Ocche für 100 ℔ in Wien.

Einkaufs- und Verkaufs-Courtage	1 %.
Wechsel-Commission	1 %.
Delcredere	2 %.
Zinsen auf Vorschüsse	12 %.
Provision auf Ein- und Verkäufe	3 %.

Die Assecurazione Generale Austro-Italica in Triest hat hier eine Agentur.

Die Haupt-Einkäufe geschehen im Mai und Okt., wo man den Zusammenfluß der Fremden wie eine Messe ansehen kann.

Galicien,

spanische Provinz am atlantischen Meere, mit 1,142,000 Einwohnern, und den Seehäfen Corunna, Ferrol und Vigo, liefert vorzüglich Sardellen, auch Kastanien, Weine u. a. Produkte.

Münzen.

Man rechnet nach Reales zu 34 Maravedis de Vellon castilianischer Währung, deren Zahlwerth, so wie überhaupt die ganze Münzverfassung unter Spanien angezeigt sind.

Mit Paris wird häufig in franz. Franken verkehrt, wobei ein Franc = 4 Reales de Vellon gerechnet wird.

Maaße und Gewichte.

Elle, Vara, s. Madrid. — Die galicische Leinwand-Vara = 1,085 Meter.

Die Getreide-Fanega von 4 Ferrados zu Ferrol = 1⅓ castilianische Fanega; die Fanega in Corunna ist 12 % kleiner.

Weinmaaß ist der Moyo von 4 Cañadas, 16 Ollas, 68 Azumbres, 272 Quartillos, 5440 Onças. — Die Cañada = 156,761 Liter.

Vom Handelsgewicht hat die Arroba 25 Pfund, das Pfund aber 20 castilianische Onças, und wiegt 575,625 Gramm; wonach 4 hiesige Pfund = 5 castilianischen.

Galizien, s. Lemberg.

Gallipoli,

eine sicilianische Stadt mit etwa 10,000 Einwohnern, in der Provinz Otranto, am Busen von Tarent und Stapelplatz der Naturerzeugnisse Apuliens, mit Baumwollen-Fabriken und Ausfuhren von Olivenöl, pugliefer Mandeln, Kapern, Manna u. s. w., rechnet, zahlt und hat eben die Münzverfassung und Wechselarten wie Neapel.

Maaße und Gewichte.

Vom Oelmaaß hat die Salma 10 Staja à 32 Pignatte; sie hält 161 Liter und wiegt circa 300 berliner Pfund; bei Schiffsfrachten werden 11 Salme auf die Last gerechnet. Eine Pipa ist $2\frac{4}{5}$ Salme.

Vom Handelsgewicht wiegt der Rottolo 452,121 Gramm.

Genf,

(Genève) Hauptstadt des gleichnamigen Schweizer Kantons am Ausflusse der Rhone aus dem Genfer-See, zählt 30,000 Einwohner; hat beträchtliche Fabriken von Uhren und Bijouterien, und macht ansehnliche Geld- und Wechselgeschäfte.

Seit jener Zeit, wo es einen Theil des französischen Kaiserreichs bildete, hat es den französischen Code de Commerce, auch theilweise das metrische Decimalsystem neben dem Local-Maaße und Gewicht beibehalten. Seit dem 1. Jan. 1839 hat es den französischen Münzfuß angenommen, und prägt in Billon: Stücke zu 25, 10, 5, 4 und 1 Centimen.

Der ältere Münzfuß bestand theils in Livres zu 20 Sous à 12 Deniers Courant, theils in Florins à 12 Sous à 12 Denier en petite monnaie. Von ersterem konnten $32\frac{1}{4}$ Livres, von letzterem $113\frac{1}{3}$ Florins auf die f. Mark gerechnet werden, so daß 2 Livres Courant = 7 Florins kamen.

Der Schweizer-Neuthaler galt 3 Livres $12\frac{1}{2}$ Sous Courant, oder $12\frac{3}{4}$ Florins en petite monnaie. — Brabanter Kronenthaler 3 Livres $10\frac{3}{4}$ Sous oder 12 Florins $4\frac{1}{2}$ Sous. — Die 5 Francs-Stücke 3 Livres $1\frac{3}{4}$ Sous oder $10\frac{5}{6}$ Florins.

Von ältern wirklich geprägten Münzen gab es besonders:
in Gold, Pistolen seit 1752 zu 10 Livres Courant;
= Silber, Neuthaler zu $12\frac{3}{4}$ Florins ausgeprägt;
= Billon, Stücke zu 15, 10, 5, $1\frac{1}{2}$ und 1 Sou (letzterer ist als Kupfermünze zu betrachten).

Wechselcourse.

	Veränderl. Valuta.	Feste Valuta.
London . .	25 franz. Fr. für	1 Liv. Sterl.
Paris, Marseille, Lyon, Bordeaux .	$99\frac{3}{4}$ = = =	100 Francs in Frankreich.
Hamburg .	$187\frac{1}{2}$ = = =	100 Mark Banco.
Amsterdam .	$209\frac{1}{2}$ = = =	100 Fl. niederl.
Wien, Triest . .	$254\frac{1}{2}$ = = =	100 Fl. in 20 Xr.
Genua . .	$99\frac{1}{2}$ = = =	100 piemont. Lire.

	Veränderl. Valuta.	Feste Valuta.
Livorno . .	84¼ franz. Fr. für	100 tosc. Lire.
Mailand . .	85¼ = = =	100 österr. =
Venedig . .	85 = = =	100 = =
Neapel . .	432 = = =	100 Duc. d. Regno.
Rom . . .	539 = = =	100 röm. Scudi.
Turin . . .	99½ = = =	100 neue Lire.
Frankfurt a. M.	214½ = = =	100 Fl. im 24 Fl.Fuß.
Basel . . .	99½ = = =	100 franz. Fr. in Basel. (27 schweiz. Fr. = 40 franz. Fr.)
Zürich . . .	234 = = =	100 Fl. (27 Fl. = 64 franz. Francs)
St. Gallen .	215 = = =	100 Fl. im 24 Fl.Fuß (297 Fl. = 640 franz. Fr.)

In manchen Coursberichten werden die Course auf Frankreich, Genua und Turin nach Procenten, und zwar entweder mit der Bezeichnung B. (Bonification, Aufgeld) oder mit P. (Perte, Verlust) notirt.

Man wechselt hier auf Venedig, Rom, Turin und die Schweiz 10 Tage nach Sicht; auf alle übrigen Plätze 30, auch 90 Tage dato.

Uso ist 30 Tage nach dato. Respecttage sind nicht.

Gold-Preis.

Im Gehalt von $\frac{900}{1000}$ 95¼ franz. Francs m. o. w. für 1 Once poids de Marc = 30,594 Grammes.

Maaße, ältere.

Der Fuß = 0,488 Meter; die pariser Aune und die genfer Leinwand-Aune = 1,144 Meter.

Die Getreide-Coupe = 78,95 Liter.

Der Wein-Quarteron = 2¼ Liter. — 288 Quarterons = 1 Setier.

Gewicht.

1) Das Pfund gros poids hat 18 Onces à 24 Deniers und ist = 550,6941 Grammes,

2) Das Pfund petit poids (für Seide) = 458,912 Grammes.

3) Das Pfund Poids de marc, das alte pariser Pfund, à 16 Onces = 489,5058 Grammes.

Man vergleicht 5 schwere mit 6 leichten Pfunden.
8 = = 9 Pfund Markgewicht.
16 leichte = 15 desgl.

Feines Baumöl und Branntwein werden nach dem Centner zu 104 und ordinäres Oel nach der Charge zu 230 schweren Pfunden verkauft.

Bei Bestimmung der Feinheit des Goldes theilte man zeither die Mark in 24 Karath à 24 (oder auch 32) Theile, beim Silber in 12 Deniers à 24 Grän, doch hat auch hierin das franz. System die Oberhand gewonnen.

Das Pfund Medizinal-Gewicht wiegt 500 Grammes.

Es besteht eine Giro-Bank unter dem Namen „Caisse de dépôts et virements." Sie dient einzig zur Vereinfachung des Geldverkehrs für Jeden, der gegen Vergütigung von $\frac{1}{4}$ p. Mille für Incasso Provision sie als seine Casse benutzen will. Sie giebt keine Zettel aus, macht auch keine Sconto-Geschäfte, sondern einzig Anleihen auf Gold und fremde Geldsorten auf wenige Wochen, so oft der Stand ihrer Casse es erlaubt.

Genua,

eine sardinische Handelsstadt im Herzogthum gl. N., mit einem Seehafen am mittelländischen Meere, der gegenwärtig befestigt wird, 85000 Einwohnern und Ausfuhr von gutem Olivenöl, Citronen, roher Seide, schönem Sammet, ächten Korallen u. s. w.

Münzen.

Man rechnet nach Lire nuove zu 100 Centesimi. 51,9679 Lire nuove = 1 köln. Mark fein Silber.

Der Feingehalt der Münzen ist 0,9, demnach der Münzfuß genau der französische, und 1 Lira nuova = 1 franz. Franken.

Wirkliche sardinische Nationalmünzen (moneta decimali dello stato) sind in

Gold: Doppie d'oro zu 80, 40 und 20 Lire nuove.

Silber: Scudi d'argento zu 5 Lire nuove; Stücke zu 2 und 1 Lira nuova, zu 50 und 25 Centesimi.

Kupfergeld: Stücke zu 5, 3 und 1. Centesimo.

Nach einer Verordnung vom 8. Juni 1832 werden keine Stücke von 80 und 40 Lire nuove mehr geprägt, sondern Stücke von 100, 50, 20 und 10 Lire nuove.

Das Papiergeld besteht in Noten zu 20, 10 und 5 Scudi.

Früher rechnete man nach Lire zu 20 Soldi à 12 Denari.

Der Zahlwerth war theils Banco-Valuta, die kölnische Mark fein Silber zu 50,094 Lire und theils fuori di Banco, auch Moneta buona genannt, die K. M. f. Silber zu 63 Lire, welche Valuta 25 pCt. schlechter als Banco gerechnet ward. Zur Bestimmung der Wechselpreise bediente man sich ferner der Pezza oder Piaster von $5\frac{3}{4}$ Lire fuori di Banco, so wie des Scudo di Cambio von $4\frac{3}{5}$ Lire fuori di Banco.

Unter moneta abusiva verstand man eine um circa 5 pCt. geringere Valuta als moneta buona.

Seit 1827 haben die alten Verhältnisse aufgehört. Man rechnet noch zuweilen 5 Lire nuove = 6 franz. Franken.

Von älteren einheimischen Münzsorten coursiren und gelten gesetzlich in Lire nuove und Centesimi:

	L.N.	Cts.
Gold:		
Doppioni di Savoja (Piemont. Dublonen) . . .	28	45
Quadrupli di Genova	79	—
Silber:		
Scudi di Savoja (6 Lire seit 1775)	7	06
= di Genova (von 8 Lire fuori di Banco) .	6	56
Scheidemünze in Silber:		
Stücke zu 8 Soldi di Piemonte	—	40
= = 4, $2\frac{1}{2}$ und 1 nach Verhältniß.		
= = 6 Denari di Piemonte	—	$02\frac{1}{2}$
= = 4 Soldi di Genova	—	16
= = 2 = = = ...	—	08
= = 8 Denari di Genova	—	02
Alte Parpajole di Genova	—	05
Doppelte = = = ...	—	10
Scheidemünze in Kupfer:		
Stücke zu 2 Soldi di Piemonte	—	10
= = 1 Soldo = = ...	—	05
= = 2 Denari di = ...	—	01
= = 4 Denari di Genova	—	01
= = 4 und 2 Soldi von 1814, während der von Lord Bentinck wiederhergestellten Republik geschlagen.		
Fremde Münzsorten haben folgenden Tarif:		
Gold:		
Französische Louisd'or (24 Livres-Stücke) . . .	23	55
= 20 Francs	20	—
20 Lire des vormaligen Königreichs Italien . . .	20	—
20 = = Herzogthums Parma	20	—
Doppie Sovrane vecchie (alte Souverainď'or) . .	34	81
= = nuove (neue dergl.)	35	02
Zecchini d'Austria (Kaiserl. Ducaten)	11	64
= d'Ungheria (Kremn. Ducaten)	11	66
= di Venezia (Venez. Zech.)	11	82
= d'Olanda (Holl. Duc.)	11	59
= di Toscana (Toscan. Zech.)	11	79
= di Pio VII. (Röm. Zech.)	11	61
Doppie di Pio VI. (Röm. Pistolen)	16	93
= = = VII.	16	80
= = Portogallo (Dobras zu 12800 Reïs) .	89	70
Spanische Quadruplos von 1772 bis 1785 . . .	82	52
= = seit 1785	80	22

Gold:	L.N.	Cts.
Toscanische Rusponi	35	59
Sicil. Once di 3 Ducati seit 1818 (Onzias) . .	12	95
" " " " 1748	13	10
Silber:		
Französische Scudi vecchi (6 Livres-Stücke) . .	5	72
" Scudi da 5 franchi (5 Francs) . . .	5	—
Scudi zu 5 Lire des vormaligen Königr. Italien .	5	—
" " " Herzogthums Parma . . .	5	—
Talleri d'Austria (Speciesthaler)	5	02
Scudi vecchi di Milano (Mail. Thaler seit 1778)	4	48
Crocioni da 3 corone (Mail. neue 2 Kronthaler)	5	56
Scudi nuovi Lombardo-Veneziani	5	10
Toscanische Francesconi (Pisis)	5	40
Colonati della Penisola (Säulenpiaster)	5	28

Mehrfache und Brüche werden nach Verhältniß berechnet.

Die Goldmünzen werden außer ihrem tarifmäßigen Werthe als eine Waare betrachtet, und gelten in Lire nuove veränderlich.

Wechselcourse.

		Veränderliche Valuta. (Centesimi di Lira nuova.)	Feste Valuta.		
Paris, Lyon, Marseille	1 auch 3 Monat	99½	für	1	Franken.
London .	3 Monat	2506	"	1	Liv. Sterl.
Amsterdam	2 "	209½	"	1	Fl. niederl.
Hamburg .	2 "	187½	"	1	Mark Banco.
Frankfurt .	1 "	254	"	1	Fl. Wechs. Zahl.
Augsburg, Wien, Triest	1 auch 3 Monat	255	"	1	Fl. im 20 Fl.Fuß.
Venedig .	1 Monat	84	"	1	Lira austr.
Mailand 1 a.	3 "	85⅖	"	1	" "
Turin . .	1 "	99⅗	"	1	Lira nuova.
Livorno 1 a.	3 "	84½	"	1	" di Toscana.
Florenz .	1 "	84$\frac{7}{10}$	"	1	" " "
Bologna, Ancona, Rom .	1 "	541	"	1	Scudo Romano.
Neapel 1 a.	3 "	429	"	1	Ducato.
Messina, Palermo .	2 "	1280	"	1	Oncia.
Barcelona	2 "	274	"	1	Libr. Catal.
Cadix, Madrid .	2 "	380	"	1	Peso d. pl. ant.
Lissabon .	3 "	560	"	1000	Reïs.

Die Wechselgesetze sind die französischen.

Maaße.

Mit dem 1. Januar 1846 sind die französischen Maaße und Gewichte hier eingeführt worden. Die zeitherigen waren:

Längenmaaß.

1 Palmo = 0,249 Meter.
1 Canna = 2,491 Meter.
1 Braccio = 0,581 Meter.

Körpermaaß.

Getreidemaaß. 1 Mina = 116,56 Liter.
1 Mina = 8 Quart = 96 Gombette.
1 „ = 12 „
1 Mondino Salz = 8 Mine.

Weinmaaß. 1 Barile = 79,016 Liter.
1 Mezzarola = 2 Barili = 100 Pinte.

Oelmaaß. 1 Barile = 64,843 Liter.
1 Barile = 4 Quarti = 128 Quarteroni. Er wiegt 7½ Rubbj.

Gewichte.

1 Pfund Peso grosso = 348,687 Gramm.
1 „ Peso sottile = 316,968 „
1 Rubbio = 7,9195 Kilogramm.
1 Cantaro = 47,517 „

Beim Zoll gebrauchte man schon längere Zeit die französ. Kilogramme.

Handelsgewicht ist das schwere Gewicht und ist
1 Peso = 5 Cantari = 30 Rubbj = 500 Rottoli = 750 Libbre = 900 Once.

Gold- und Silbergewicht ist das leichte Gewicht und wird 1 Pfund = 12 Once = 288 Denari = 6912 Grani gerechnet.

Bei dem Probirgewicht wird das Pfund zu 24 Carati à 8 Ottavi für Gold, und zu 12 Once à 24 Denari für Silber gerechnet.

Die Last zur Schiffsfracht wird zu 20 Kisten Citronen und dergleichen, 26 Barili Oel und 44 Barili Wein gerechnet. —

Banken.

Die berühmte St. Georgen-Bank wurde bei der Vereinigung der Republik mit dem französischen Reiche aufgehoben. Die sardinische Regierung hat eine neue, ähnliche Anstalt, und eine Staats-, Deposital- und Leihbank unter dem Namen Casa di San Giorgio ins Leben gerufen. Sie ist auf Actien gegründet, für deren Sicherheit einige Gefälle des Herzogthums angewiesen sind.

Zu dieser Bank gehört ein Zollhaus, worin alle zu Wasser und zu Lande ankommenden Waaren deponirt werden müssen, und wo sie vier Jahre ohne alle Abgaben liegen bleiben konnten.

Anleihen.

1) Piemontesische Loose. Außer den ältern 5 pCtigen Schulden hat der sardinische Staat im Mai 1834 mit dem turiner Hause Barborour & Tron eine Anleihe von 27 Mill. Lire nuove abgeschlossen. Obligationen au porteur zu 1000 Lire nuove, und gewähren den Inhabern, außer einem regelmäßigen Zins-Ertrage von 4 % (den 1. Januar und 1. Juli fällig), noch Prämien, zu deren Vertheilung, so wie zur Tilgung der Schuld, halbjährige Verloosungen statt finden. Die letzte Ziehung ist den 1. Nov. 1870, wo der größte Gewinn 50,000 Lire, der kleinste 1000 Francs beträgt. Diese Loose sind insofern den eigentlichen Lotterieloosen ähnlich, als man auch nur mit 180 Francs herauskommen, mithin 820 Francs verlieren kann. Cours (Juni 1847) 1120 Francs.

2) Lotterie-Anl. von 1844 von 3,600,000 Francs in Loosen à 36 Francs. Die letzte Ziehung ist den 1. Mai 1869, wo der größte Gewinn 50,000, der kleinste 48 Francs beträgt. Cours im Juni 1847: 35½ Francs per Stück.

Es giebt auch 5 % Staatspapiere, die aber getilgt werden sollen.

Usanzen im Waarenhandel.

Alaun, Kupfer, Häute, Eisen, Blei, Reis und Zinn in Stangen verkauft man pr. Cantaro von 100 Rottoli, oder 150 Pfd. Peso sottile, mit der wirklichen Tara. Zimmt, Chinarinde, Cochenille, Cacao, Kaffee, Nelken, Droguen, Gummi, Indigo, Liquiritiensaft, Muscatnüsse, Tabak und Thee (pr. Pfund) geben 6 Pfund (von 106) außer der wirklichen Tara. Baumwolle, Stockfische, Cabeljau werden pr. Cantaro sottile mit 4 % Tara verhandelt. Auf Zucker bewilligt man Tara: von Brasilian. in Kisten 20 %, St. Domingo in Oxhoften 13 %, Martinique 11 %, Havanna 14 %, Britt.-Westind. Moscovaden 14 %, sämmtlich mit 6 % Gutgewicht. Auf Brotzucker vergütet man für Papier und Bindfaden 2 %. Der Uso bei Waarenzahlungen ist 40 Tage oder 1 % Disconto, und bei Verkäufen von 3 bis 6 Monat Zeit ½ % monatlich für baare Zahlung.

Es sind Eisenbahnen, zunächst nach Mailand, im Werke. — Zur Förderung der Handelswissenschaften hat die hiesige Handelskammer einen unentgeldlichen Lehrcursus des Handels- und Wechselrechts eingeführt, welcher drei Mal die Woche von einem besondern Professor ertheilt wird.

Gera,

Hauptstadt der reußischen Herrschaft Gera, welche der Reuß-Ebersdorf und der Reuß-Schleizischen Fürstenlinie gemeinschaftlich gehört. Die Stadt hat über 12000 Einwohner und ansehnliche Fabriken in kammwollenen Waaren.

Münzen.

Seit 1841 rechnet man hier nach Thalern à 30 Silbergroschen à 12 Pfennigen im 14 Thalerfuße, nachdem bis dahin der preußische Thaler zu 26—27 guten Groschen in der Landesscheidemünze angenommen worden war.

Wirklich geprägt sind seitdem worden:

in Silber, Vereinsmünzen zu 2 ℛ︀ oder 3½ Fl. im 24½ Fl.Fuß, von allen drei Linien des reußischen Fürstenhauses.

in Billon, ganze und halbe Silbergroschen, von Schleiz und Ebersdorf.

in Kupfer, Stücke in 3 und 1 Pfennig, desgl.

Maaße.

Der Baufuß à 12 Zoll = 0,287 Linien; die Elle hat 2 solcher Fuß und ist etwa um 1⅗ % größer als die jetzige leipziger Elle.

Die Ruthe = 16 Fuß. Der Scheffel (Aussaat) = 120 □Ruthen.

Der Scheffel = 106,16 Liter.

Der Eimer hat 72 Kannen und ist = 66,346 Liter. Das Faß Bier hat 6 Eimer.

Gewicht, s. Leipzig.

Ein Stein von 22 Pfund Handelsgewicht macht 21 Pfund Fleischergewicht in der Stadt und 20 Pfund Fleischergewicht auf dem Lande aus.

Gera soll durch eine Zweigbahn mit der thüringischen Bahn bei Weißenfels verbunden werden.

Gibraltar,

britische Stadt und Festung an der gleichnamigen Meerenge, auf der Landspitze der spanischen Provinz Sevilla, mit etwa 17000 Einwohnern, einem sehr besuchten Hafen und bedeutendem Handel mit britischen Colonial- und Manufakturwaaren, rechnet in allem wie London; gewöhnlich aber nach dem harten spanischen Piaster, Cob oder Dollar (9$\frac{23}{43}$ auf eine köln. Mark fein Silber), den man hier in 12 Realen à 16 Quartos theilt, und nach ihm Alle auswärtigen Course berechnet. Im Handel gilt dieser Piaster 4½ engl. Schilling; da sie sich aber von allen fremden Münzsorten, deren hier sehr viele im Umlauf sind, vorzüglich zur Ausfuhr eignen, so gelten sie oft 2 bis 5 % Agio. Man vergleicht 3 hiesige Realen mit 5 span. Reales de Vellon.

Der früher üblich gewesene und wohl auch noch vorkommende Courant-Piaster hatte 8 Realen à 16 Quartos. Es machen demnach 128 harte (jetzige) Dollars oder Cobs 192 Courant-Piaster, oder 2 schwere = 3 Courant-Piaster.

Wirklich (in England für Gibraltar) geprägte Münzen sind:

in Silber (geringhaltig), 2 Quartos-Stücke = 1 engl. halfpenny;

in Kupfer, 2 und 1 Quarto-Stücke, letztere = 1 engl. Farthing; und unter der Königin Victoria auch Stücke von einem halben Quarto, von den Engländern Chovies genannt.

Wechselcourse.

	m. o. w.	
London (auf Privaten)	$49\frac{1}{2}$ Pence Sterl.	für 1 harten Piaster
Paris (u. Frankr. überh.)	5 Fr. 10 Cent.	„ 1 „ „
Genua	5 Lire n. 15 Cents.	„ 1 „ „
Madrid (u. Span. überh.)	3 % Verlust, d. h. 97 harte Piaster in Gibraltar m. o. w. für 100 Piaster in Spanien.	

Wechselabgaben von hier auf London geschehen gewöhnlich auf dortige Privaten 90 Tage, auf die Schatzkammer 60 Tage nach Sicht zu $47\frac{3}{4}$ Pence.

Respecttage sind 3, ausgenommen wenn der Wechsel auf einen bestimmten Tag gestellt ist, welches in der Regel durch Beifügung des Wörtchens: fix geschieht.

Maaße

sind theils die castilischen, theils die altenglischen. Abweichend ist nur der Wein-Gallon, der um $9\frac{2}{5}$ % größer ist als der alte engl. Wein-Gallon. Ein Pipa = 116 alte engl. Wein-Gallons.

Eine Oel-Arroba = $3\frac{1}{3}$ altengl. Gallons = 26 ℔ av. d. p.

Fünf (gestrichene) Fanegas = 8 engl. Winchester Bushels.

Gewicht.

Ein Quintal = 100 libras = $101\frac{1}{4}$ ℔ engl. av. d. p.

In Ansehung der hier beim Waarenhandel üblichen Tara, und andern Usanzen, ist es nothwendig, bei etwaigen Geschäften auf diesen Ort, sich vorher mit den hiesigen Waarenlisten bekannt zu machen.

Glarus,

dieser Schweizerkanton zählt 30,000 Einwohner, sein gleichnamiger Hauptort, mit 4000 Einwohner, treibt eine verhältnißmäßig sehr große Industrie, besonders von gedruckten Baumwollenstoffen. Weit bekannt ist der Glarner Schabzieger und seine Schreibtafeln.

Seine Wechselgeschäfte macht er vornehmlich mit Zürich, von wo es auch meistentheils die für seine Fabrikation benöthigte sehr bedeutende Baarschaft bezieht.

Seine alte Rechnungsmünze ist der Gulden in Neu-Louisd'or zu 10½ Glarner Gulden, zu 50 Luzerschillinge (zur Unterscheidung von dem Züricher Schilling zu 4 Rappen) und der Luzerschilling zu 3 Rappen gerechnet, — in einem 23⅓ Guldenfuße.

Wirklich geprägte Münzen sind: Billon-Stücke zu 15 und 3 Schillinge, welche nominell 64 und circa 13, nach ihrem Metallwerthe aber nur 54 und $7\frac{7}{10}$ preußische Pfennige werth sind. — Ein 5 Batzenstück gilt hier 16, ein Batzen 3 Schillinge.

Geldtarif.

Das 20 Francs-Stück zu	8 Fl.	48 Luzerschill.
Der brabanter und französische 6 L. Thaler, so wie der Neuthaler	2 =	29 =
Der Fünffranken-Thaler	2 =	11¾ =
Der Reichsgulden	— =	48 =

Auch nach Reichsgulden wird häufig gerechnet und die Bücher, besonders der größeren Handelshäuser, werden mehr nach Reichsgulden als nach Glarner Gulden geführt. Eben so ist auch die Rechnung nach Batzen hier sehr bekannt.

In Bezug auf Wechselcourse richtet sich Glarus nach Zürich.

Maaße und Gewicht, siehe Artikel „Schweiz" Concordat und Zürich.

Glasgow,

das sich für große Schiffe als Vorhafen Greenocks bedient, mit ausgebreitetem Handel nach allen Theilen Amerikas, und wichtigste Fabrikstadt Schottlands (mit seinen Nachbarstädten Paisley, Renfrew und Lanerk) am großen Canal gelegen, welcher von der Clyde in den Firth of Forth bei Leith vorüber in die Nordsee, und so quer durch Schottland führt, zählt gegenwärtig an 200,000 Einwohner und ist nicht allein einer der ersten Plätze für Manufakturwaaren, sondern auch ein großer Markt für Colonialwaaren.

Münzen, Maaße und Gewichte wie London.

Das alte Glasgower Pfund wog 9842 engl. Troy-Grän, war also 40 % schwerer als das engl. av. d. p.

Von den bereits unter Edinburgh im Allgemeinen erwähnten Banken, ist in Glasgow die 1809 begründete City of Glasgow-Bank wohl die wichtigste, obschon die Thistle- (1761) und die Shipbank (1746) älter sind. Die Noten-Circulation der erstern bewegt sich um 133—140,000 £. Die Actien geben 4 % feste Zinsen, standen aber im Januar 1847 15 % über Pari.

Glasgow ist durch eine Eisenbahn mit Edinburgh verbunden, so wie anderseits mit Air und Greenock; die ersten beiden Eisenbahnen rentirten zeither zu 6, die letztere zu 2 %.

Goa,

Hauptstadt der 1510 entstandenen portugiesischen Colonie an der Westküste von Vorder-Indien, mit Hafen und circa 25,000 Einwohnern, auf einer Insel des Mandaveflusses, bekannt durch seinen Arac de Goa; rechnet nach dem Pardo zu:

	4 guten	oder	6 schlechten	Tangas
	16	= =	20 =	Vintims
	300	= =	375 =	Bazarucas (v. Zinn)
oder auch zu	240	= =	300 =	Reïs.

Die St. Thomas-Pagode gilt hier 11 gute Tangas, der spanische Piaster 550 Bazarucos (engl. Budgerooks).

Geprägt sind: Pardos Xerafins zu 5, und gewöhnliche Pardos zu 4 Tangas.

Rechnet man die k. Mark f. Silber zu 8800 Reïs, so gehen $36\frac{2}{3}$ Pardos auf d. Mark, und ein Pardo ist etwa $11\frac{1}{2}$ Sgr oder $41\frac{1}{2}$ Xr. im $24\frac{1}{2}$ Fl.Fuß werth.

Maaße und Gewichte wie Lissabon; zum Theil werden auch die ostindischen gebraucht, z. B. das Candy = $224\frac{1}{2}$ Kilogr.

Perlen werden nach dem Chego oder nach dem Mangelin (= 5 Grän europ. Juwelen-Gewicht) verkauft.

Gotha,

Stadt des Herzogthums Koburg, an der Leine und der thüringischen Eisenbahn gelegen, mit 16000 Einwohnern, mehreren Fabriken in Wolle, Baumwolle, Leinwand, Porzellan u. s. w.

Münzen.

Man rechnet seit 1841 nach Thalern zu 30 Groschen à 10 Pfennigen im 14 Thalerfuße.

Wirklich geprägte Münzen wie das Königreich Sachsen, s. Leipzig.

Vor 1841 galt gesetzlich der 20 Gulden-Fuß in Thalern à 24 Groschen à 12 Pfennige, die nun à $2\frac{1}{7}$ % in das neue Courant tarifirt sind. — Im gewöhnlichen Verkehr wurde der Species zu 1 ℛ 10 gute Groschen gerechnet, was einem Münzfuße zu $14\frac{1}{8}$ ℛ auf die f. Mark gleich kam.

Im Wechselverkehre richtet man sich nach Leipzig.

Staatspapiere. In Folge der Konsolidirung der ganzen bisherigen kündbaren Schuld der Landschaft des Herzogthums Gotha, im Betrage von 860,000 ℛ Conv. Cour., wurden statt der frühern kündbaren $3\frac{1}{2}$ pCtgen Obligationen, für eine gleiche Summe 5400 unkündbare Schuldbriefe, in Abschnitten zu 1000, 500, 200, 100 und 50 ℛ, ebenfalls $3\frac{1}{2}$ % Zinsen tragend, ausgegeben, denen vorläufig 20 halbjährige-Zinscoupons beigesellt sind. Die Schuld wird durch 42 aufeinander folgende jährliche Verloosungen (von 1838 an) getilgt.

Eben so sind statt der bisherigen kündbaren Schuldbriefe der Kammer des Herzogthums Gotha, im Belaufe von 800,000 ℛ Conv. Cour., 3100 Obligationen in Abschnitten zu 1000, 500, 200, 100 und 50 ℛ, à 3½ % Zinsen, ausgegeben worden. Die Obligationen sind mit Zinscoupons auf 10 Jahre versehen und werden längstens in 44 Jahren durch Verloosungen getilgt sein.

Hierzu kam 1845 zur Aufbringung des gothaischen Antheils an der thüringischen Eisenbahn das sogenannte „stille Anlehen der Landschaft des Herzogthums Sachsen-Gotha" von 600,000 ℛ in Obligationen à 1000, 500 und 100 ℛ — à 3½ %. Tilgung bis 1907. — Diese Anleihe wird, wegen fernern Bedarfs zur Eisenbahn, wahrscheinlich um 400,000 ℛ erhöht werden.

Maaße.

Längenmaaß.

Der Bau- oder Werkfuß = 0,288 Meter.

1 Feldruthe = 14 Werkfuß = 168 Zoll = 2016 Linien.
1 " = 12 " = 144 "
1 " = 12 "

1 Waldruthe = 16 Werkfuß.

1 Elle = 0,563 Meter.

Flächenmaaß.

1 Feldacker = 140 □Feldruthen.

1 Waldacker = 160 □Waldruthen.

Körpermaaß.

1 Malter = 12684 gothische Kubikzoll = 174,647 Liter.

Malter	Scheffel	Viertel	Metzen	Mäßchen	Rößel.
1 =	2 =	4 =	16 =	64 =	384
	1 =	2 =	8 =	32 =	192
		1 =	4 =	16 =	96
			1 =	4 =	24
				1 =	6

1 Eimer = $\frac{5}{12}$ Malter = 5285 Kubikzoll = 72,77 Liter.
Eine Kanne = 1,819 Liter.

1 Eimer = 40 Kannen = 80 Maaß = 160 Rößel.
1 " = 2 " = 4 "
1 " = 2 "

1 Fuder Wein = 12 Eimer. 1 Oxhoft = 3 Eimer. 1 Anker = ½ Eimer.

1 Faß Branntwein = 110 Kannen.

1 Tonne Bier = 24 Stübchen = 48 Kannen.
1 " = 2 "

1 Bierlast = 12 Tonnen.

1 Holzklafter = 108 leipziger Kubikfuß. 6 Fuß lang, 6 Fuß hoch, 3 Fuß tief.

1 Malter Kohlenholz = $42\frac{7}{8}$ Kubikfuß. $3\frac{1}{2}$ Fuß lang, tief und hoch.

1 Kohlenstutz = 6 Viertel. 1 Bergscheffel Steinkohlen 2920 gothaer Kubikzoll.

Gewicht.

1 Pfund = 467,7113 Gramme, also dem preuß. Pfunde gleich.

1 Centner = 110 Pfund à 32 Loth.

Die gothaer köln. Mark = $\frac{1}{2}$ Pfund = 233,85565 Gramme.

Medicinalgewicht das nürnberger.

Oeffentliche Anstalten.

Hier ist: 1) eine auf Gegenseitigkeit gegründete Feuerversicherungsbank für Deutschland, deren Versicherungssumme im Jahre 1847 die Höhe von circa $317\frac{1}{2}$ Mill. Thalern erreicht hat. Die Dividende für das genannte Jahr betrug für die Theilnehmer 65 %.

2) Eine Lebensversicherungsbank für Deutschland. Der Gesammtfond der Bank betrug im Jahre 1847 nahe an $4\frac{3}{4}$ Millionen Thaler, die Versicherungs-Summe ziemlich $22\frac{1}{2}$ Millionen Thaler und die vertheilte Dividende 25 %.

Gothenburg oder Götaborg,

schwedische See- und Handelsstadt, nach Stockholm die größeste des Königreichs, an der Mündung der Gotha-Elf in die Nordsee, mit 30,000 Einwohnern und Sitz levantischer, ost- und westindischer Handelsgesellschaften. Der Ort interessirt den fremden Handel wegen einer ansehnlichen Ausfuhr von Eisen, Dielen, Holz, Theer und andern Produkten der Waldungen, Heringen (die indeß hier zu manchen Jahren ausbleiben), Bergmoos u. s. w. In Eisen werden nach entfernten Weltgegenden, besonders aber nach England starke Geschäfte gemacht.

Münzen, Maaße und Gewichte wie Stockholm.

Oeffentliche Handels-Anstalten.

Hier sind zwei Comptoire der schwedischen Reichsbank zu Stockholm, welche Vorschüsse auf Waaren geben und Wechsel discontiren.

Die schwedisch-ostindische Gesellschaft, im Jahre 1731 gestiftet, hat seit 1806, zu welcher Zeit sie neu fundirt wurde, ihren Sitz in Gothenburg. Sie sendet jährlich einige Schiffe nach Ostindien und China, und zahlt für jede Reise 75000 Thaler Silbergeld an die Krone.

Graubündten,

Schweizerkanton, zählt 100,000 Einwohner, sein Hauptort Chur 6000 Einwohner. Alpenwirthschaft, Viehzucht und Waarentransport sind die vorzüglichsten Erwerbsquellen.

Münzen.

Die alte Rechnungsmünze ist der bündtner Gülden zu 70 Blützgern oder 60 bündtner Kreuzern oder 15 bündtner Batzen.

Wechselgeschäfte macht Graubündten vornehmlich mit Zürich.

Geldtarif.

Der schweizer und französische Neulouisd'or	13⅗	Gulden.	
" Brabanterthaler	3⅓	"	
" Fünffrankenthaler	2	"	52 Kr.
Das 24 Kreuzerstück	35	Blützger.	
Der Reichsgulden	90	"	
Ein Schweizerbatzen	6	"	

Da diese Tarifirungen unter einander nicht übereinstimmen, so muß man 30—32 bündtner Gulden auf die f. Mark rechnen.

Wirklich geprägte Münzen bestehen in Stücken zu 10, 5 und 1 Schweizerbatzen, so wie zu 3 und 1 Blützger (= ½ und ⅙ Batzen). Die halben Batzen sind 1⅞ löthig und 1355 auf die feine Mark gefunden worden, also etwa 50 % ihres nominellen Werths.

Maaße und Gewichte.

Der hier übliche churische Fuß hält 0,3 Meter oder 133 pariser Linien. Die churische Elle hält 294 pariser Linien oder 0,663 Meter.

Von Getränkmaaßen wird 1 Saum Wein zu 90 Maaß gerechnet. 1 Fuder hat 8 Zuber, 80 Viertel, 640 Maaß, 2560 Quärtlein. Das Maaß 67 pariser Kubikzoll oder 1,329 Liter.

Beim Getreidemaaß enthält 1 Lädi 8 Mütt, 44 Viertel, 176 Quartanen, 704 Mäßlein. 1 Mütt enthält 164,96 Liter.

Gewichte hat man hier zweierlei, nämlich:

Schweres Gewicht, wovon der Centner 112½ leichte Pfunde, oder 75 große Krinnen, oder 6 Rupp wiegt. 1 große Krinne wiegt 48 Loth; 1 kleine Krinne oder 1 schweres Pfund wiegt 36 Loth, oder 520,429 Gramm.

Leichtes Gewicht, wovon der Centner 100 leichte Pfunde zu 32 Loth hat; ein solches Gewürzpfund enthält 462,609 Gramm.

Ein Stein Hanf hält 4 Krinnen. Das Fleischpfund hält 60, das Fischpfund 36 und das Gewürzpfund 32 Loth, das Loth zu 4 Quentchen à 4 Drachmen à 2 Heller. Ein Faß Reis unter dem Stadtsiegel wiegt 5 schwere Centner.

Grönland,

eine dänische Besitzung in Nordamerika, zwischen dem 60sten und 80sten Grad nördlicher Breite, 40 Meilen von Island entfernt. Die Dänen führen Fische, Thran, Felle, Häute und Eiderdaunen aus, und erstrecken sich die von ihnen angelegten Colonien von 59° Breite bis 72° 30′. Die wichtigsten sind: Upernawick, Umanack, Christiansbaab, Holsteinberg, Julianenhaab und Goodhaab; von den Herrnhutern sind angelegt: Neuherrnhut, Lichtenfels und Lichtenau.

Rechnungsarten u. s. w. sind die dänischen.

Guatemala,

eine Republik der vereinigten Staaten von Mittelamerika (den Landstrich begreifend, welcher Mexico mit Columbien verbindet), mit der Hauptstadt Guatemala la nueva oder St. Jago di Guatimala. Der Ort ist vermöge seiner Lage unfern des stillen Meeres der wichtigste Handelsplatz Central-Amerikas, zählt an 50000 Einwohner, welche seidene, wollene und baumwollene Waaren, Leder, Fayence u. s. w. verfertigten, und interessirt den fremden Handel wegen seiner Ausfuhr von Indigo (erster Qualität), Cochenille, Chiapapfeffer, Cacao, Vanille, Reis, Tabak, Specereiwaaren, Seesalz, edlen Holzarten u. s. w., und der Einfuhr von europäischen Industrie-Artikeln. Man rechnet hier nach

Piastern zu 8 Reales de Plata à 34 Maravedis, oder à 16 Quartos, wie Mexico.

Centro-Amerika, von welchem Guatemala die wichtigste Provinz ausmacht, prägt Piaster und Stücke zu 2 und 1 Reale. Früher prägte Guatemala für sich allein, s. d. Tabellen.

Maaße und Gewichte wie Cadix.

Von der in England gemachten Anleihe von 1825 in Obl. à 500, 250 und 100 £ sind nur 167000 £ emittirt worden. Die Zinsen (à 6 $\frac{0}{0}$) sind seit 1827 ausgeblieben.

Guayaquil und Quito,

ersteres ein vortrefflicher Hafen der Republik Columbien am stillen Meere mit 25000 Einwohnern, dessen sich das 10 deutsche Meilen davon entfernte Quito (Ort von 70000 Einwohnern, dem fremden Handel wegen seiner Ausfuhr von gutem Cacao, Chinarinde u. s. w. und einer ansehnlichen Einfuhr von europäischen Industrie-Artikeln wichtig) zum Hafen bedient.

Münzen, Maaße und Gewichte wie Caraccas. Den Piaster theilt man hier in 8 Realen.

Guernsey und Jersey,

zwei von den zu England gehörigen Inseln an der Küste der Normandie, die erstere von 30 engl. □Meilen und 40,000 Einwohnern, die letztere von 62 □Meilen mit 50,000 Einwohnern, welche beträchtliche Handelsgeschäfte und Schifffahrt betreiben. Auch der Schiffbau ist wichtig.

Münzen.

Die Inseln rechnen seit dem Gesetz vom 18. Sept. 1834 gesetzmäßig wie England, doch sind die ältern Münzverhältnisse noch nicht ganz aufgegeben, da sie z. B. in Strafgeldern noch vorkommen, und die dortige Kupferscheidemünze auf dieselben noch gegenwärtig gegründet ist. Das ältere Geld wird order money genannt und besteht in dem Livre tournois, zu dem Werthe von 14 Livres auf ein Pfund Sterling. Auch jetzt noch kann franz. Geld zum Cours von 26 Francs per Pfund in Zahlung genommen werden.

Das Pfund aber zu 14 alte Livres à 20 Sous gerechnet, giebt für den Sou den Werth von $\frac{6}{7}$ penny, für den engl. Schilling aber 14 Sous. Da man aber den engl. Silberschilling hier nur zu 13 Sous nimmt, so ist ein Sou = $\frac{1}{13}$ Schilling, ein halber Sou = $\frac{1}{26}$ Schilling, und in der That werden noch gegenwärtig für Jersey Kupfermünzen geprägt, mit der Aufschrift $\frac{1}{13}$ und $\frac{1}{26}$ Schilling.

Für Guernsey werden noch gegenwärtig einfache, doppelte, vier- und achtfache Doubles von Kupfer geprägt. Die letztere Münze entspricht dem englischen Penny. Der einfache Double ist ursprünglich, wonach 16 Livres auf Guernsey einem Pfd. Sterl. gleich kommen, das doppelte des alten französischen Denier.

Auf Guernsey hat man auch Pfundnoten einer hiesigen Bank.

Maaße und Gewichte.

Das Längenmaaß ist jetzt das englische.

100 Jersey Bushels = 73,574 Imperial Bushels. 100 Jersey Gallons (à 2 Potts) = 90,88 Imperial Gallons.

8 Guernsey-Gallons = 9 engl. Wein-Gallons.

Das Jersey-Pfund ist = 7544 Grains Troy, also 100 ℔ in Jersey = 107,771 ℔ av. d. p.

Ein engl. Centner von 112 ℔ = 103,923 ℔ in Jersey.

Auf Jersey wird eine Eisenbahn gebaut; 1500 Actien à 20 £.

Guiana, s. Demerary, Cayenne u. Surinam.

Guinea,

ein großes westafrikanisches Küstenland, reich an Gold, Silber, Elfenbein, Häuten, Pfeffer, Reis, Mais, Zucker, Tabak, Indigo,

Südfrüchten, Baumwolle u. s. w., von welchem die Goldküste mit dem Reiche Tonauwah oder Ashanti (660 □Meilen und gegen 1 Mill. Einwohner), und der Hauptstadt Coomassie (15000 Einwohner) äußerst wichtig ist. Die Engländer besitzen hier als Hauptplatz ihres Handels Cabo Corso (Cape Coast); die Niederländer Elmina und die Dänen Christiansburg. An der Westküste haben die Engländer die bekannte Colonie Sierra Leone, von Reisenden das Beinhaus von Afrika genannt.

Der Handel ist im Ganzen Tausch europäischer Waaren gegen Landesprodukte; der Rechnung, welcher die Neger im Handel sich bedienen, liegt der dänische Thaler, hier Moeo genannt, zu Grunde.

1 Moeo hat 48 Dame (Stüver), 96 Pah oder Tabo (dän. Schilling) à 20 Boß oder Kauris (Schlangenköpfe von der Maledivischen Insel). 2 Thaler heißen ein Cabes, 8 ein Gua, 16 ein Guenno und 32 ein Bendo. Man rechnet den Werth derselben 25 $\frac{2}{3}$ geringer als dänisch Grobcourant, also circa $14\frac{1}{8}$ ₰ auf eine kölnische Mark fein Silber; in Cabes wird besonders der Preis der zu verhandelnden Gegenstände bestimmt. Nach Kelly rechnen Eingeborne nach Macutas zu 2000 Kauris oder Zembis, 109,069 auf eine köln. Mark f. Silber, wonach ein Macuta in Sierra Leone u. a. Gegenden = 4,91 engl. Pence oder $3\frac{4}{5}$ preuß. Silbergroschen ist.

Von fremden Münzsorten sind hier vorzüglich spanische Piaster, oder Dollars, die man in 100 Cents theilt, im Umlauf.

England hat auch Silbermünzen zu 10 Cents (Makute), 20, 50 und 100 Cents (Dollars) geschlagen, die Makute zu $4\frac{3}{4}$ pence (circa 13 löthig; 110 auf die f. Mark). — Auch Kupfermünzen zu 5 Cents (= 1 Penny) und 1 Cent.

Ellenwaaren verkauft man nach dem Jacktan von 12 englischen Fußen, oder nach dem Pik von 0,578 Meter.

Vom Handelsgewicht hält 1 Benda 8 Pisos oder Usanos (Unzen), oder $989\frac{1}{4}$ engl. Grän, oder 64,114 Gramm.

Der Gummi-Cantar à 5 Gamellen = 979 Kilogramm. Der Preis des Gummis wurde sonst nach Guineas gerechnet, d. h. Stücken baumwollenen Zeugs 7—8 Zoll lang, $\frac{1}{2}$ Elle breit.

Gold berechnet man nach Unzen und Ackeys; 16000 Kauris oder 6 Ackeys machen eine Unze, welche Berechnung besonders in Andrah, Whidah und Popo im Lande Benin gilt. Eine Unze = 20,396 Gramm.

Haïti,

eine amerikanische Insel, sonst St. Domingo genannt, von 1385 □Meilen und an einer Million Einwohner, ehemals der französischen und spanischen Herrschaft unterworfen, welche Zucker, Kaffee, Indigo, Ingwer, Cacao, Baumwolle, Häute, Tabak,

Rum, Syrup, kostbare und feste Holzarten, Farbehölzer, Früchte u. s. w. zur Ausfuhr hat. Die vorzüglichsten Häfen sind: Port au Prince (20,000 Einw.), Cap Hayti, Santo Domingo, Jacmel und Aux Cayes.

Münzen.

Man rechnet hier nach Gourdes (harten span. Piastern oder Dollars) zu 100 Cents, circa 9¾ Stück auf die feine Mark, im Lande auch nach Gourdes zu 4 Gourdins à 2 Escalins à 6 Sous à $2\frac{1}{12}$ Cents.

Wirkliche haïtische Münzsorten sind:

Gourdes oder Dollars	zu 100 Cents.			
Halbe dergl.	= 50 =			
Gourdins	= 25 =	oder ¼ Piaster.		
Escalins	= 12½ =	= ⅛ =	(Realen).	
3 Sousstücke	= 6¼ =	= $\frac{1}{16}$ =	(½ Real);	

diese Münzsorten kommen aber nur beim innern Verkehr vor und haben oft nicht die Hälfte des Nominalwerths.

Kupfermünzen zu 2 und 1 Centimes, von denen in neuerer Zeit große Summen in Europa geschlagen worden sind.

Papiergeld besteht in Scheinen zu 2 und 1 Gourde, nachdem die Zettel zu 4 Gourden in neue à 1 und 2 Gourden umgewandelt worden, hat aber in neuerer Zeit nur den Werth von 10 %.

Beim Eingangs-Zoll sollten zeither haïtische Münzen gar nicht angenommen werden, sondern nur fremde, die nach dem spanischen Piaster valvirt sind. Seit dem 1. Januar 1847 nimmt man jedoch ¾ des Zolls in inländischem Gelde an, jedoch nach einer auf den spanischen Piaster sich stützenden Tarifirung. Papiergeld konnte zeither zur Hälfte in Zahlung gegeben werden, neuerdings ist es auf das Viertel gesetzt worden.

Von fremden Tratten kommen meist nur Briefe auf Neu-York vor und man zahlt dabei 100 spanische Piaster in Domingo m. o. w. für 100 Dollars in Neu-York.

Wechselgesetze sind die französischen.

Maaße und Gewichte

sind die alten französischen, jedoch mit folgenden Ausnahmen:

Die Caballiera (Feld-Hufe) hat 10 Carreaux à 129,263 Aren.

Der Wein-Tierçon hat 60 Gallons à 2 Pots. Ein Gallon = 3,785 Liter.

Anleihen.

Als im Jahre 1825 die Unabhängigkeit Haïtis von Frankreich anerkannt, und die an diesen Staat zu zahlende Entschädigungssumme auf 150 Mill. Franken (späterhin auf die Hälfte reducirt) festgesetzt wurde, schloß Domingo mit mehreren Bankhäusern von Paris ein Anlehen von 30 Mill. Franken, um die erste Theilzahlung berichtigen zu können. Diese Summe wurde in 30,000 Obligationen (Annuitäten) à 1000 Franken, mit 50 Zinscoupons à 6 % p. A., den 1. Januar und 1. Juli in Paris zahlbar, ausgegeben. Nachdem man später die Zinsen auf 3 % und die Obligation auf 600 Francs reducirt hatte, wurden neue Annuitäten mit Jouissance, per 1. Januar ausgegeben. Seitdem sich aber das ehemalige spanische Haïti als eine getrennte Republik constituirt hat, ist jede weitere Entschädigungs-Zahlung suspendirt worden, und die an die franz. Gläubiger verpfändeten Staatswaldungen sollen verkauft werden, um das Deficit von 1845 von 1½ Million Gourden zu decken. Einer neuerdings abgeschlossenen Uebereinkunft gemäß soll der halbe Ertrag der Zolleinnahmen nach Frankreich monatsweise remittirt werden. Die neue dominicanische Republik hat auch schon eine 5 % Anleihe von einer Million Pfund Sterling à 65 % bei Gowan & Max in London gemacht.

Neuerdings wird eine inländische Anleihe von 2 Millionen Gourden in 3 Serien à 5 und 4 % zur schnellen Einziehung des Papiergelds proponirt.

Ferner hat Haïti, 1828, 37½ Mill. Franken bei Perée & Gillot und Gisque & Comp. in Paris aufgenommen. Die Obligationen sind in Abschnitten à 500 und 1000 Franken und die Zinsen à 5 % halbjährlich in Paris zu erheben.

Handels-Usanzen.

Einkäufe von Kaffee, Cacao, Baumwolle und Tabak, geschehen in Gourdes pr. 100 ℔, von Färbehölzern pr. 1000 ℔. Kaffee und Cacao werden in des Versenders Säcke umgestürzt und Nettogewicht gegeben; bei Baumwolle wird der Sack mit als Baumwolle gerechnet. Tabak giebt 8 % Tara. Das Zollamt wiegt den Kaffee Brutto und rechnet für den in Säcken 2, in Fässern aber 10 % Tara. Zufuhren von Kaffee sind am häufigsten vom Dezember bis Mai, von Baumwolle im November. Patentsteuer für Europäer, als Commissionaire die an sie addressirten Waaren im Großen verkaufen zu können, beträgt jährlich 1600 bis 2000 Gourden. Die frühere außerordentliche Begünstigung der französischen Flagge hat seit 1830 aufgehört.

Halifax,

Hauptstadt der engl. Provinz Neuschottland in Nordamerika mit 20,000 Einwohnern, wo sich zwei Banken befinden.

Münzen, Maaße, Gewichte s. Quebeck.

Es existiren auch hier Provincial-Treasury-Bills (s. Quebeck).

Hamburg,

eine der vier freien Städte Deutschlands, mit einem Gebiet von 7 □Meilen und 175000 Einwohnern, nimmt auf der Bundesversammlung an der 17ten Stelle Theil, und steht mit Lübeck und Bremen im hanseatischen Bunde. Die Stadt selbst, der blühendste und wichtigste deutsche Handelsplatz, liegt an der Elbe, Alster und Bille, zählt an 150,000 Einwohner, hat zwei Häfen, Fabriken aller Art und bedeutende Zuckersiedereien, treibt starken Wechsel-, Commissions- und Speditions-, Gold- und Silberhandel.

Münzen.

Man rechnet nach Mark zu 16 Schilling à 12 Pfennigen.

1 Thaler = 3 Mark = 48 Schilling.

Es finden aber zwei Valuten statt, die Courant-Valuta und die Bank-Valuta.

Die Courant-Valuta ist die der wirklich geprägten Münzen, und es gingen zeither in ihr 34 Mark oder 11⅓ Thaler auf die kölnische Mark fein Silber. Man ist jedoch im Begriff zu einem 35 Markfuß überzugehen, um dem preuß. Courantfuß gleichzukommen. Bei der hier gewöhnlichen Annahme des preußischen Thalers zu 40 ß Courant gehen nach dem zeitherigen Münzfuße mehr als 3 % für Hamburg verloren.

Die Bank-Valuta ist fingirt. Es können bei der hamburger Bank (s. weiter unten) Silberbarren niedergelegt werden, und die Bank schreibt dem Eigenthümer für jede kölnische Mark fein Silber 27¾ Mark Banco gut, läßt sich aber bei Wiederherausgabe 1 pro Mille vergüten.

Die Courant-Valuta dient für den täglichen kleinen Verkehr. In der Bank-Valuta werden größtentheils Buch und Rechnung geführt, fast alle Handelsgeschäfte geschlossen und seit 1823 die meisten Waaren notirt. Ausgenommen sind Wein, Heringe, Rum, Sprit, Mehl, Graupen u. e. a., deren Preise man in Courant bemerkt, und dann auf Banco reducirt.

Für den innern Verkehr wird das Getreide in Thalern Courant, für das Ausland aber in Thalern Banco à 3 Mark berechnet. —

Die feine Mark Silber zu 27¾ Bancomark und 34 Courantmark gerechnet, giebt ein Pari zwischen beiden Valuten von 100 Bco. mℋ = $122\frac{58}{111}$ Ct. mℋ. — Nach wirklicher Annahme des 35 mℋ Fußes wird sich dies auf 100 : $126\frac{14}{111}$ verändern.

Von der ehemaligen fingirten vlämischen Valuta, in welcher 1 Liver 20 Schillinge zu 12 Grot oder Pfennige vlämisch hatte, besteht nur noch der Grot, und zwar zur Bestimmung der Zuckerpreise und einiger Wechselcourse von fremden Plätzen auf hier. Ihr Verhältniß zu dem Banco-Geld ist 1 Lvls. = $7\frac{1}{2}$ m℔ Bco. 3 m℔ Bco. = 8 ß vls., 1 ß vls. = 6 ß Bco., 1 ß Bco. = 2 ₰ vls. (Grot vlämisch).

Die hier ausgeprägten Münzen *) sind in

Gold: Doppelte und einfache Ducaten nach dem Reichsfuß; und als Schaumünzen ganze, $\frac{1}{2}$ und $\frac{1}{4}$ Portugalöser, zu 10, 5 und $2\frac{1}{2}$ Ducaten schwer.

Silber: 2 und 1 Mark, desgl. 8, 4 und 2 Schillingstücke.

Schilling-, Sechsling- und Dreilingstücke, zu 12, 6 und 3 Pfennig.

Es sind bei bevorstehender Annahme des preußischen Münzfußes folgende Ausprägungen beantragt:

Vierzigschillingstücke = 1 ℛ preuß. und hamburgisch Courant ganz nach der preuß. Münzordnung (vielleicht auch Vereinsthaler à 80 ß oder 2 ℛ).

Als Scheidemünze sollen die vorhandenen Stücke zu 16, 8, 4, 2, 1, $\frac{1}{2}$ und $\frac{1}{4}$ Schilling beibehalten werden; sollten neue Ausprägungen von Scheidemünzen nothwendig werden, so sind in Antrag:

Markstücke im 36 Markfuße }
8 ß Stücke desgl. } als Scheidemünze.
Schillinge desgl. }
Sechslinge im 38 Markfuße }

Auch Kupfermünzen à 6 Pfennige sind beantragt.

Die dänischen Grob-Courantmünzen à 12 ß würden auf 11, die von 4 ß auf $3\frac{1}{2}$ devalvirt werden.

Neue Zweidrittel sollen zu 29 ß Court. angenommen werden.

Von Goldmünzen sind außer den zeitherigen Ducaten (67 Stück auf $23\frac{1}{2}$ Karath) auch Pistolen (35 Stück auf $21\frac{1}{2}$ Karath) beantragt, ohne feste Werthbestimmung in Silber.

Bei Umrechnung der zeitherigen Valuten wird man ungefähr $3\frac{1}{4}$ % auf 2 und 1 Markstücke, 2 % auf 8 und 4 ß Stücke, $1\frac{3}{4}$ % auf dänisch Grob-Courant und $\frac{3}{4}$ % auf Neue $\frac{2}{3}$ vergüten müssen.

Fremde hier coursirende Münzen.

Course im März 1847.

Louis- und Friedrichsd'or, entweder: 11 m℔ $1\frac{1}{2}$ ß Banco.
oder: 13 „ $15\frac{1}{4}$ „ Courant.
oder: $35\frac{3}{16}$ % schlechter als Bco.,
d. h. ein Louisd'or = 15 m℔ leicht Geld, und
$135\frac{3}{10}$ m℔ leicht Geld = 100 m℔ Bco.

*) Seit der Einführung des Courantgeldes (1725) sind ausgeprägt worden: circa $16\frac{1}{2}$ Millionen Mark Courant, über eine halbe Million in Scheidemünze, und seit 1815: 298820 Stück Ducaten.

Ducaten entweder 101 ß Banco das Stück.
oder 7 m℔ 15 ß Courant das Stück.
Schlesw.-Holst. Species $1\frac{1}{4}$ Avance, d. h. 1 Species = 3 m℔ Bco. und 100 m℔ in Species = $101\frac{1}{4}$ m℔ Bco.
oder: $123\frac{7}{16}$ m℔ Courant (60 ß = 1 Spec.) für 100 m℔ Bco.
Hamburger 1 und 2 Markstücke $122\frac{3}{8}$ m℔ in solchen Sorten für 100 m℔ Bco.
Desgl. 4 und 8 Schillingstücke 123 m℔ desgl.
Dänisch grob Courant, d. h. dänische und schleswig-holsteinische 12 und 4 Schillingstücke, $123\frac{5}{8}$ m℔ in solchen Sorten für 100 m℔ Bco.
Schillingstücke, $125\frac{1}{2}$—126 m℔ in Schillingen für 100 m℔ Bco.
Neue $\frac{2}{3}$ für voll, d. h. sogenannte $\frac{2}{3}$ Stücke von Hannover, Braunschweig, Mecklenburg ꝛc., die hier zeither für 31 ß Cour. allgemein circulirten, werden im Cours zu 2 m℔ leicht Geld angenommen, und $129\frac{3}{4}$ m℔ dieses leichten Geldes = 100 m℔ Bco.
oder: $125\frac{11}{16}$ m℔ Cour. (31 ß = 1 neues $\frac{2}{3}$ Stück) für 100 m℔ Bco.
Preuß. Thaler, $150\frac{7}{8}$ ℛ für 300 m℔ Bco.
Preuß. $\frac{1}{6}$ und $\frac{1}{3}$ ℛ, $151\frac{1}{4}$ desgl.

Metalle und Münzen al marco.

Gold al marco, Bco. m℔ 432 — für die Mark fein.
Bei Münz-Verkäufen al marco rechnet man:
1000 Stück verschiedene deutsche Pistolen auf 28 Mark $5\frac{1}{2}$—$6\frac{1}{2}$ Loth zu 21 Karath 6 Grän.
1000 Stück 20 Francsstücke = 27 Mark 6 Loth zu 21 Karath 6 Grän fein.
Auf 47 köln. Mark portugiesisches Gold zu 22 Karath fein rechnet man 2948 Ducaten, — auf 43 Mark portugiesisch Gold zu $21\frac{31}{34}$ Karath rechnet man 2692 Ducaten.

Silber, grob, 8—11 löthig	27 m℔	$14\frac{1}{2}$ ß.	
12—15 „	27 „	$11\frac{1}{2}$ „	
fein	27 „	12 „	
Säulen-Piaster	27 „	14 „	(zu 14 Lth. 6 Grän fein)
Mexican. u. südamerik. dito	27 „	13 „	(„ 13 „ 5—6 dito).

Man versteht unter Gold al marco alle in Hamburg umlaufenden Goldmünzen, vorzüglich aber die Ducaten und Pistolen, in sofern dieselben nach dem Gewichte (al marco) und nicht nach dem Stück (al peso) gehandelt werden.

Wechselcourse.

	Veränderl. Val.	Feste Val.
Paris kurze Sicht (auch 2 Monat)	189 Francs	für 100 m℔ Bco.

	Veränd. Valuta.	Feste Valuta.
Bordeaux . 2 Monat	190 Francs	für 100 Mk Bco.
Genua . . 3 „	191½ Lire nuova	„ 100 „ „
Livorno . . 3 „	227 Lire di Toscana	„ 100 „ „
Petersburg 2 „	34½ ß Bco.	„ 1 Rb. Silb.
London kurze Sicht (auch 2 Monat).	13 Mk 6 ß Bco.	„ 1 £.
Madrid, Cadix, Bilbao . 3 Monat	46 ß Bco.	„ 1 Silber-Piaster.
Lissabon, Porto . 3 „	46¼ ß Bco.	„ 1 Millreïs.
Amsterdam kurze Sicht (auch 2 Monat)	36 Fl. 15 Cent. niedl.	„ 40 Mk Bco.
Antwerpen kurze Sicht (auch 2 Monat)	36 Fl. 18 Cent. niedl. (400 Frs. = 189 Fl.)	„ 40 „ „
Augsburg . 6 Wochen	148½ Fl. Augsb. Cour.	„ 200 „ „
Frankf. a. M. 6 „	89¾ Fl. im 24½ Fl.Fß.	„ 100 „ „
Prag, Wien, Triest . . 6 „	148½ Fl. in 20 Xr.	„ 200 „ „
Breslau . 6 „	151 Thlr preuß. Cour.	„ 300 „ „
Berlin . . 2 Monat	151¼ Thlr „ „	„ 300 „ „
Copenhagen kurze Sicht	200 Reichsbk. Thlr.	„ 300 „ „
Leipzig . . 6 Wochen	151¾ Thlr im 14 Thlr Fuß	„ 300 „ „

Der Uso ist bei Wechseln von deutschen Plätzen 14 Tage nach Sicht, von England, Frankreich und den Niederlanden ein Monat nach dato; von Portugal, Spanien, Italien und Triest 2 Monat nach dato. Respecttage sind 12, Sonn- und Feiertage mitgerechnet; bei Wechseln à dato, incl. des Verfalltages, bei Wechseln auf Sicht, incl. des Acceptationstages.

Der Wechselstempel ist 1843 auf Wechsel, die aufs Ausland gezogen, aufgehoben, dagegen der auf Hamburg gezogenen Wechsel auf ⅝ pro Mille erhöht worden; Solawechsel über 100 Mk zahlen 1 ß.

Course der Staatspapiere.
Ende Mai 1847.

Namen d. Effekt.	Zinsf. pCt.	Cours m. o. w.	Erklärung.		
Oesterreich.					
Metalliques	5	108½	Fl. im 20 Fl. Fß.	für 100 Fl. nomin.	Kapital u. Zinsen zum festen Crs.: 146 Fl. i. 20 Fl.Fß. = 200 Mk. Bco.
dergl.	4	99¼		„ 100 „ „	
dergl.	3	79½		„ 100 „ „	
Bankactien .	3	1570		für 1 Act. v. 1000 Fl. i. 20 Fl.Fß. (ohne Div.)	

Namen d. Effekt.	Zinsf. pCt.	Cours m. o. w.	Erklärung.
Dänemark.			
Engl. Anleihe von 1825 .	3	75	[Liv. Sterl.] für 100 £ nomin. Kapital u. Zinsen: 1 £ = 14 mℳ Bco.
Rußland.			
Engl. Anleihe.	5	105	[Liv. Sterl.] für 100 £ nomin. Kapital u. Zinsen: 1 £ = 14 mℳ Bco. Diese Oblig. lauten auf £ u. Rub. S.
Inscription. in Silb. 1. Ser.	5	101½	[Silber Rubel] für 100 Silb. Rub. nomin. [Fester Cours: 1 Silb. Rub. = 36 ß Bco.]
dgl. in Hamb. Certificaten.	5	100½	[Silber Rubel] für 100 Silb. Rub. nomin. [Fester Cours: 1 Silb. Rub. = 36 ß Bco.]
Inscript. 3. u. 4. Serie. .	5	95¼	[Silber Rubel] für 100 Silb. Rub. nomin. [Fester Cours: 1 Silb. Rub. = 36 ß Bco.]
Certificate 3. u. 4. Serie	5	95¾	[Silber Rubel] für 100 Silb. Rub. nomin. [Fester Cours: 1 Silb. Rub. = 36 ß Bco.]
Certif. d. Hope & Comp. der Anl. v. 1840 u. d. Stieglitz	4	87	[Silber Rubel] für 100 Silb. Rub. nomin. [Fester Cours: 1 Silb. Rub. = 36 ß Bco.]
Holland.			
Certificate .	3	75	Fl. niedl. für 100 Fl. nom. [Fester Cours: 35 Fl. niedl. = 40 Mk. B.]
Integralen .	2½	57	Fl. niedl. für 100 Fl. nom. [Fester Cours: 35 Fl. niedl. = 40 Mk. B.]
Preußen.			
Prämienscheine von 1832 à 50 ℛ. . .	—	190	mℳ Bco. für 1 Prämienschein.
Staatsschuldscheine . .	3½	92	ℛ für 100 ℛ à 150 ℛ für 300 mℳ.
Polen.			
Partial-Obl. à 300 Fl. .	—	190	mℳ Bco. für eine Obligat. oder Loos von 300 Fl.
Obligationen von 1844 .	4	78	polnische Thaler à 6 Gulden; 1 ℛ = 2 mℳ Bco.
Schweden.			
Hypoth.-Cassa-Anleihe . .	4	96	mℳ Bco. für 100 mℳ Bco. nomin.
Portugal.			
Engl. Anleihe.	5	30	£ für 100 £ nomin. [Fester Cours: 1 £ = 14 mℳ Bco.]
dergl.	3	36	£ für 100 £ nomin. excl. der rückständigen Coupons. [Fester Cours: 1 £ = 14 mℳ Bco.]

Namen d. Effekt.	Zinsf. pCt.	Cours m. o. w.	Erklärung.
Spanien.			
Anl. v. Ardoin	5	17	£ für 100 £ nom. (85 £ = 400 Piaster) excl. der rückständigen Coupons.
Inländische	3	28	Piaster für 100 Piaster nom. — 1 Piaster = 3 mℬ Bco.
Mecklenburg von 1843 .	3½	92	mℬ Bco. für 100 mℬ Bco. nom.
Hamburg.			
Feuer-Cassen-Anleihe . .	3½	85	desgl. } s. weiter unten.
Staats-Prämien-Anl.	—	85½	desgl. } s. weiter unten.

Actien-Course im März 1847.

Altona-Kieler Eisenbahn, 108½ Species für 100 Species nomin. à 3 mℬ Bco.

Glückstadt-Elmshorn . .	70	desgl.
Rendsburg-Neumünster .	99	desgl.
Copenhagen-Rothschild .	67	desgl.
Mecklenburger	70½	₰ für 100 ₰ nomin. zu 150 ₰ für 300 mℬ Bco.
Magdeburg-Wittenberge	87	desgl.
Berlin-Hamburger . .	98¾	desgl.
Hamburg-Bergedorfer .	96	mℬ Bco. für 100 mℬ nomin., s. weiter unten.

Die Geschäfte in Fonds geschehen hier entweder pr. Cassa, oder auf Zeit (siehe Berlin: Usanzen im Fondgeschäft), und, in diesem Falle, gewöhnlich pr. ultimo des laufenden, oder des nächsten Monats. — Bei Berechnung der Zinsen wird der Tag des Verkaufs in der Regel mitgerechnet.

Hamburger Anleihen.

Außer den mancherlei ältern Obligationen, von welchen das dortige Adreßbuch eine Uebersicht giebt, und deren Betrag circa 14 Millionen Mark ausmachen soll, giebt es seit dem Brande:

1) Oblig. der Feuer-Cassen-Anleihe von 34,400,000 mℬ, in Abschn. von 2000 und 1000 mℬ, Zinsen zu 3½ % am 1. Februar und 1. August. Zur Verzinsung und Tilgung ist jährlich 1,445,000 mℬ bestimmt. Cours im April 1847: 85 %.

2) Loose der hamb. Staats-Prämien-Anleihe von 9 Mill. mℬ in Loosen à 100 mℬ. Tilgung durch 48 Prämien-Ziehungen, deren letzte 1894 als größten Gewinn 120,000 mℬ und als kleinsten 200 mℬ gewährt.

Die Schuld Hamburgs beläuft sich auf 70 Millionen, die Einnahme und Ausgabe circa 6 Millionen mℬ Bco.

Maaße.

Längenmaaß.

Der hamburger Fuß = 0,2866 Meter.

1 hamburger Fuß = 3 Palmen = 12 Zoll = 96 Achtelzoll.
1 " = 4 " = 32 "
1 " = 8 "

1 Marschruthe = 14 hamburger Fuß.
1 Geestruthe = 16 " "
1 Klafter = 6 " "

1 hamburger rheinl. Fuß = 139,13 par. Linien oder 0,31385 Meter = dem preußischen Fuß.

1 rheinl. Ruthe = 12 rheinl. Fuß à 12 Zoll.

1 hamburger Elle = 2 Fuß = 0,573 Meter.

1 hamburger brabanter Elle = 0,6877 Meter; im gewöhnlichen Verkehr rechnet man 5 brab. = 6 hamb. Ellen; 3 Yards = 4 brab. Ellen.

Die hamburger Meile ist der preußischen gleich.

Flächenmaaß.

1 □Marschruthe = 196 hamburger □Fuß.
1 □Geestruthe = 256 hamburger □Fuß.
1 Morgen Marschland = 600 □Marschruthen.
1 Scheffel Saatland = 200 □Geestruthen.

Körpermaaß.

1 Faß Getreide = 3872 hiesige Kubikzoll = 52,734 Liter.

1 Faß = 2 Himten = 8 Spint = 32 großen Maaß = 64 kleinen Maaß.
1 " = 4 " = 16 " " = 32 " "
1 " = 4 " " = 8 " "
1 " " = 2 " "

Man verkauft Weizen, Roggen und Erbsen nach der Last zu 3 Wispel, 30 Scheffel, 60 Faß; Gerste und Hafer aber nach der Last zu 2 Wispel, 20 Scheffel, 60 Faß; Gerste auch besonders nach Stock zu 3 Wispel, 30 Scheffel, 90 Faß. Dem Gewichte nach rechnet man den Scheffel Weizen 86, Roggen 81, Gerste 68, Hafer 52, Erbsen 100, Bohnen 108 und Malz 63 Pfund.

Ursprünglich rechnet man die Last = 57 preuß. Scheffel = 25 dänische oder 21$\frac{4}{7}$ schwedische Tonnen, 16$\frac{1}{2}$ Tschetwert, 11$\frac{1}{4}$ engl. Imp. Quarters, 31 — 31$\frac{1}{2}$ Hectolitres, 44$\frac{1}{2}$ Sacchi in Livorno u. s. w. **Neuerdings wird aber auch sehr viel nach der preuß. Last verkauft** (s. Berlin).

Soviel mal eine Last von 60 preuß. Scheffeln 100 Thaler Banco oder 100 Thaler Courant kostet, soviel mal kosten folgende Maaß-Einheiten die beigesetzten Preise.

	bei 100 ℛ Bco.	bei 100 ℛ Court.
Ein Imperial-Quarter .	39 s. 2 d.	32 s. —
" Tschetwert	8 R. 95 K.	7 R. 30 K.
" Berliner Scheffel .	2 ℛ 15$\frac{1}{2}$ Sg	2 ℛ 1$\frac{2}{3}$ Sg

	bei 100 ℛ︎ Bco.	bei 100 ℛ︎ Court.
Ein Magdeburger Wispel	60 ℛ︎ 16 Sgr	49 ℛ︎ 12 Sgr
" Malter in Mainz .	10 Fl. 17 Xr.	8 Fl. 23 Xr.
" Dresdner Scheffel .	4 ℛ︎ 25 Ngr.	3 ℛ︎ 28 Ngr.
" Wiener Metzen . .	4 Fl. 2 Xr.	3 Fl. 17 Xr.
" Prager Strich . .	6 Fl. 8 Xr.	5 Fl.
" Bairischer Scheffel .	17 Fl. 52 Xr.	14 Fl. 35 Xr.

Durch die Revision der alten Kornordnung von 1737, welche 1843 in Wirksamkeit trat, sind die Usanzen beim Kornmessen sehr verbessert, auch ist jetzt an die Stelle des Häufens das Abstreichen getreten, und eine Normal-Kornwaage wurde auf dem Commerz-Comptoir aufgestellt, so wie auch ein Reglement darüber veröffentlicht.

1 Stübchen = 266 hamburger Kubikzoll.

1 Viertel	= 2 Stübchen	= 4 Kannen	= 8 Quartier	= 16 Oeßel.
	1 "	= 2 "	= 4 "	= 8 "
		1 "	= 2 "	= 4 "
			1 "	= 2 "

1 Eimer = 4 Viertel.

1 Anker = 5 Viertel.

1 Ohm = 4 Anker = 5 Eimer = 20 Viertel = 144,8 Liter.

1 Fuder = 16 Ohm.

1 Tonne Bier hält 48, 1 schmale Tonne 32 Stübchen. 1 Quarteel Thran ist 2 Tonnen, und die Tonne hält nach dem Gewicht 224 ℔ netto.

1 Faß Wein hat 4 Oxhoft, oder 6 Tierzen. 1 Oxhoft aus Bordeaux hat 30 Viertel. 1 Pipe Portwein = 70 bis 75 Viertel. 1 Both Malaga 60 bis 64 Viertel.

Bei Rheinwein ist hier das rheinländische Viertel gebräuchlich, welches etwas kleiner als das französische Viertel ist. 100 französische Viertel (Veltes) = 105 rheinl. Viertel.

1 Oxhoft Branntwein hält 30 Viertel, oder 60 Stübchen.

Die Tonne Essig hält 30 Stübchen.

Anmerk. Franzbranntwein und Weine in Fässern von ungleicher Größe, werden gewöhnlich geroyet oder visitirt. Das eigentliche Maaß ist die französische Velte oder Viertel; sie wird zwar dem hamburger Maaße gleich geachtet, ist aber in etwas verschieden, denn ein Velte ist = 8⅕ hamburger Quartier, die gewöhnlich für 8 Quartier gerechnet werden, welche circa 6½ berliner Quart gleich sind.

Ein Faden, Holzmaaß, 6¾ hamburger Fuß breit und hoch, Ein Faden mißberger Maaß 6¾ hamburger Fuß breit, 8 Fuß hoch. Der Inhalt bestimmt sich durch die Klobenlänge.

Gewicht.

1 hamburger Pfund = 484,60945 Gramm.

1 Pfund = 32 Loth à 4 Quentchen, oder $33\frac{5}{32}$ solcher Lothe von denen 16 auf die Normal-Bank-Mark gehen.

1 Centner = 112 Pfund (wird fast gar nicht gebraucht).

1 Schiffspfund = $2\frac{1}{2}$ Centner = 20 Liespfund = 280 Pfund.
1 „ = 14 „

1 Schiffspfund zur Fuhre = 20 Liespfund = 320 Pfund.
1 „ = 16 „

1 Stein Flachs = 20 Pfund.

1 Stein Wolle, Federn = 10 Pfund.

In der Praxis rechnet man den engl. Centner = $104\frac{1}{2}$ ℔ in Hamburg.

Die hamburger köln. Mark ist nur 0,61 Milligramm leichter als die Vereins-Mark, der letztern also gleich zu achten.

1 Pfund Krämergewicht für den Kleinhandel (unter 10 ℔) = dem kölnischen Pfund.

Um Ducaten, Louisd'or oder Friedrichsd'or in Partien zu wiegen, hat man hier ein besonders dazu eingerichtetes Einsatzgewicht von $\frac{1}{32}$, $\frac{1}{16}$, $\frac{1}{8}$, $\frac{1}{4}$, $\frac{1}{2}$, 1, 2, 4, 8, 16, 32, 64, 128 Ducaten oder Louisd'or schwer.

Beim Probiren wird Gold zu 24 Karath à 12 Grän fein, und Silber zu 16 Loth à 18 Grän fein gerechnet. Verarbeitetes Silber soll 12 Loth 3 Grän fein halten, ohne Arbeitslohn das Loth 25 Schilling $10\frac{1}{4}$ Pfennig hamburger Courant werth sein, und hat zum Zeichen drei Thürme.

Das Juwelen- und Perlen-, wie auch das Apotheker- und Medicinalgewicht, ist das berliner. 17 ℔ Handelsgewicht = 23 ℔ Apothekergewicht.

Die Tonne Butter schmal Band hat 224, bucket Band aber 280 ℔ netto.

Die Pipe Oel 820 ℔ netto; grüne Seife $\frac{1}{4}$ Tonne 60 ℔ netto.

Eine Schiffslast wird bei Befrachtung der Schiffe zu 80 Kubikfuß gerechnet.

Eine Last lüneburger Salz von 12 Tonnen liefert in Hamburg 16 Tonnen à 8 Himten, oder circa 400 ℔.

Eine Tonne englische Steinkohlen hält $8\frac{1}{5}$ Kubikfuß; Kalk, 3 Faß oder 6 Himten; Häring, 800 Stück m. o. w.

Eine Last spanisch, portugiesisch, französisch und anderes grobes Salz hat 18 Tonnen, oder circa 4800 ℔.

Ein franz. Hundert Salz ist ungefähr in Hamburg $11\frac{1}{2}$ Last.

Ein Webe Leinen rechnet man 72 hamburger Ellen.

Magahonihölzer verkauft man nach Quadratfußen zu ein Zoll dick.

Stabholz verkauft man nach Ringen, den Ring zu 4 Schock à 62 Stäbe, und zwar in Sortimenten nach folgenden Dimensionen: Pipenstäbe zu 5 Fuß, Oxhoftstäbe zu 4 Fuß, ganze Faßstäbe zu 4½ Fuß, halbe Faßstäbe zu 3½ Fuß, Tonnenstäbe zu 2⅔ Fuß, und Bodenstäbe zu 2 Fuß und darüber lang, 1 bis 1½ Zoll und darüber dick, und 4 bis 5 Zoll und darüber breit; die 2 Ueberstäbe über 60 rechnet man für die etwa darunter befindlichen Wrackstücke. Im Kleinen vergleichen sich hier 3 Oxhoftstäbe mit 2 Pipenstäben, und 2 Tonnen- oder 4 Bodenstäbe mit 1 Pipenstab.

Eichene Bohlen oder Planken verkauft man nach Schocken zu 60 Kravelen, und rechnet von denen, welche 2½, 3, 3½, 4, 4½ und 5 Zoll dick sind, 24, 15, 12, 10, 9 oder 8⅓ Fuß lang auf eine Kravele.

Zählende Güter: 1 großes Tausend = 1200 und 1 kleines Tausend = 1000 Stück; 1 großes Hundert = 120 und 1 kleines Hundert = 100 Stück; 1 Ring 240; 1 Schock 60; 1 Stiege 20; 1 Webe 72; 1 Zimmer 40; 1 Decher 10; 1 Dutzend 12; 1 Gros = 12 Dutzend; 1 Ballen 10 Rieß à 20 Buch à 25 Bogen Druck- und 24 Bogen Schreibpapier.

Oeffentliche Handels-Anstalten und Unternehmungen.

Hamburger Bank.

Dieses bereits im Jahre 1619 errichtete Institut ist die einzige reine Girobank, welche noch in der Welt besteht.

In der jetzigen Zeit nimmt die Bank nichts anders als Silberbarren, die wenigstens auf 15 Loth 12 Grän fein raffinirt sein müssen, an, und schreibt Jedem, der ihr eine Mark fein Silber übergiebt 27¾ m℔ Bco. zu gut, bringt aber 1 pro Mille, bei Zurückzahlungen, in Abzug. Jeder Großbürger in Hamburg kann ein Conto im Bankbuche haben, und da jede Zahlung, die in der Bank-Valuta gemacht wird, durch bloßes Uebertragen von der Rechnung des Einen auf die des Andern geschehen kann, so stellt die Bank gewissermaaßen eine allgemeine Kasse der hiesigen Kaufleute vor, durch welche sie ihre Gelder auf eine sehr bequeme Weise entrichten und empfangen können. Die kleinste Summe die in der Bank angenommen oder umgeschrieben wird, ist zwar auf 100 m℔ Bco. festgesetzt; jedoch können an gewissen Tagen (welche die Bank durch Bekanntmachungen vorher anzeigt) auch geringere Posten durch sie gezahlt werden. — Die Bank macht auch Vorschüsse auf Piaster und andere Valuten zu 27 m℔ 5 ß per feine Mark auf 3 Monat gegen 1 ß per Mark Zinsen; auf Kupfer zu 37½ m℔ für 100 ℔.

Der neue Vorschuß-Verein.

Eine 1829 entstandene Actien-Gesellschaft, die dermalen noch bis 1848 bestehen soll. Fond: 400,000 m℔, der aber bis auf eine Million erhöht werden konnte. — Zweck: Vorschüsse auf Waaren, Staatspapiere u. a. G. — Es verbindet sich damit auch eine Spar- und Depositenkasse.

Das Schädtlersche Anleihe-Institut hat den Zweck den Handel durch Lagerscheine zu erleichtern, welche die umzutauschenden Produkte und Fabrikate in Natura repräsentiren. Näheres über dieses Unternehmen ersieht man aus dem Prospectus (Leipzig, Gebhardt und Reisland, 1846).

Das Versicherungswesen bildet in Hamburg einen der wichtigsten Zweige der Geschäftsthätigkeit. Außer vielen Privatassecuratoren giebt es jetzt 24 Actiengesellschaften mit 4475 Actien. Die hier namentlich gegen Gefahren beim See-, Fluß- und Landtransport geschlossenen Versicherungen beliefen sich 1846 auf mehr als 288 Millionen Mark Banco. — Darin ist jedoch nicht begriffen die Lebens- und Pensionsversicherungs-Gesellschaft „Janus," mit einer Million Fond, so wie die General-Hypotheken-Anstalt.

Die hanseatische Dampfschifffahrt (Hamburg-Hull), Fond: 600,000 m℔ in Actien à 1000 m℔. Dividende 1845: 11½ %. — Neuerdings ist die Rede von einer Dampf-Verbindung mit New-York. — Schon jetzt ist Hamburg durch regelmäßige Dampffahrten mit London, Hull, Amsterdam, Havre und Magdeburg verbunden, so wie durch Eisenbahnen mit Holstein, Berlin, Magdeburg, Hannover ꝛc.

Die Hamburg-Bergedorfer Eisenbahn, 2⅛ Meilen, eröffnet 1842, Fond: 1½ Millionen Mark in Actien à 300 m℔, wozu noch eine 4½ % Anleihe von 300,000 m℔. Der Betrieb ist 1845 der Berlin-Hamburger Compagnie übergeben worden. Die letztere gewährt den Actionären 4 % Zinsen, so wie 5 Jahre lang 45, später 50 % der Brutto-Einnahme der Bahn. Zum Ausbau wurden 5160 neue Actien creirt, die der Staat al pari übernahm, um sie allmälig zu tilgen.

Die Börse, 1841 neu eröffnet, enthält zugleich die von v. Hoßtrup gegründete bekannte „Börsenhalle," die Commerz-Bibliothek und einstweilen auch die Bank.

Dem hiesigen Dispache-Comptoir ist neuerdings eine Frist von 2 Monaten zur Ablieferung einer Dispache gestellt worden.

Usanzen.

Rabatt. Der Rabatt von 8⅓ % auf Rohzucker und 4⅔ % auf Raffinat wurde schon 1840 abzuschaffen versucht; da dies aber nur theilweise gelang, so gab es zweierlei Preise, die alten in Grot vlämisch mit obigem Rabatt, und den neuen in Schillingen Banco ohne Rabatt. Jetzt eben (1847) ist eine dritte Notirungsweise des Rohzuckers aufgekommen, nämlich nicht per ℔, sondern per 100 ℔, und zwar in Banco-Mark, mit 1 % Gutgewicht (anstatt der frühern ¾ %). Es erschien am 1. Juli 1847 deshalb eine Reductionstabelle.

Twiste und engl. Manufacturen werden in englischem Gelde meist nach dem Londoner 2 Monat-Course berechnet.

Gutgewicht, als Ersatz beim Einwiegen im Detailverkauf, wird gegeben von Waaren, die im Preiscourant pr. Pfund notirt sind, ½ %, von solchen hingegen, die man pr. 100 ℔ notirt, 1 %, vom Hundert und vom Bruttogewicht gerechnet.

Bei Waaren-Committirungen von hier ist es nothwendig sich vorher mit den hiesigen Preiscouranten in Rücksicht der dabei üblichen Usanzen bekannt zu machen.

Die hiesigen Commissionäre geben ihren Committenten gewöhnlich 2 Monat Kredit, berechnen für den Einkauf nach Deutschland 1½, zur See 2 % Provision; für die Assekuranzbesorgung ⅓ und mit Delkredere ¾ bis 1 %; für Trattenaccept ½ %, Wechsel Ein- und Verkauf ⅓ % und für Waarenverkäufe incl. 1 % Delkredere, 3 %. Spediteure rechnen Stückweise, z. B. von 1 Oxhoft von 7 bis 800 Pfund 1 Mark; andere Waaren nach Verhältniß der Schwere, des Raums, der Behandlung, auch wohl des Werths.

Hanau,

kurhessische Hauptstadt der gleichnamigen Provinz an der Mündung der Kinzig in den Main, mit etwa 15,000 Einwohnern, welche große Fabriken in Gold, Silber, Seide, Wolle, Porzellan unterhalten, und lebhaften eigenen und Speditionshandel treiben.

Münzen wie Frankfurt a. M.

Maaße.

Längenmaaß.

Der Fuß à 12 Zoll = 127,18 par. Linien oder 0,287 Meter.
Die Elle = 241,06 par. Linien oder 0,544 Meter.
Die hanauer brabanter Elle = 0,695 Meter.

Flächenmaaß.

1 Morgen = 4 Viertel = 160 □Ruthen = 20,386 Aren.

Körpermaaß.

1 Malter oder Achtel = 122,12 Liter.

Malter		Simmer		Sechter		Geschéid
1 Malter	=	4 Simmer	=	16 Sechter	=	64 Gescheid.
		1 „	=	4 „	=	16 „
				1 „	=	4 „

1 alte Maaß oder Aichmaaß = 1,8654 Liter.

Fuder		Ohm		Viertel		alte Maaß		alte Schoppen.
1	=	6	=	120	=	480	=	1920
		1	=	20	=	80	=	320
				1	=	4	=	16
						1	=	4

1 junge Maaß à 4 Schoppen = 1,6089 Liter.
69 alte = 80 junge Maaß.
Die Ohm = 149,23 Liter.

1 Ruthe der Steinbrecher = 288 Kubikfuß. 12 Fuß lang, 6 Fuß breit, 4 Fuß hoch.

Die Ruthe der Maurer = 144 Kubikfuß.

1 Klafter Brennholz = 144 Kubikfuß, 6 Fuß hoch und breit, und 4 Fuß lang.

Gewichte.

1 Pfund Silber- oder Handelsgewicht = 467,914 Gramm = dem frankfurter Pfund Silbergewicht.

1 Ctr.	Hausgewicht	= 100 ℔	Hausgewicht	= 108 ℔ Hdlsgw.
1 „	Stadtwagegew.	= 100 „	Stadtwageg.	= 109 $\frac{3}{16}$ ℔ „
1 „	Heugewicht	= 100 „	Heugewicht	= 120 ℔ „
1 „	Fettgewicht	= 100 „	Fettgewicht	= 118 $\frac{3}{4}$ ℔ „
1 „	Fisch- u. Butterg.	= 100 „	Fisch- u. Butt. g.	= 110 ℔ „
1 „	Fleischgewicht	= 100 „	Fleischgewicht	= 103 $\frac{1}{8}$ ℔ „
1 „	Wollg. = 5 Kleuth	= 90 „	Wollgewicht	= 112 $\frac{1}{2}$ ℔ „

Gold- und Silbergewicht ist die kölnische Mark. Verarbeitetes Gold ist 14, 16 und 18 karäthig. Silber 12 und 13 löthig und muß mit einem Fabrikstempel versehen sein.

Das Apothekergewicht ist das nürnberger.

Messen giebt es hier zwei, 8 Tage nach Pfingsten und zu Martini.

Wegen der Frankfurt-Hanauer Eisenbahn s. Frankfurt a. M.

Hannover,

ein in der Krone von Großbritanien und Irland erbliches Königreich von 695 □Meilen und 1,580,000 Einwohnern, dessen Harzbergwerke, noch mehr die Salzwerke, Vieh- und Bienenzucht, reichlichen Ertrag gewähren, mit der gleichnamigen Hauptstadt an der schiffbaren Leine, welche 30,000 Einwohner zählt, Manufakturen und Fabriken besitzt, und nicht unbedeutenden Handel treibt.

Münzen.

Man rechnete früher nach Thalern zu 36 Mariengroschen à 8 Pfennigen, seit 1817 aber nach Thalern zu 24 Groschen à 12 Pfennigen, und zwar zu 14 Thaler auf die köln. Mark fein.

Wirklich geprägte Münzen sind:

in Gold, Ernst-Augustd'or à 5 ℛ Gold (auch doppelte und einfache), 35 Stück auf 21 $\frac{2}{3}$ Karath.

„ Silber, Thalerstücke, 10 $\frac{1}{2}$ Stück auf 12 Loth fein. (die Thalerprägung von feinem Silber und die der feinen $\frac{2}{3}$ zu 17 $\frac{7}{8}$ Stück auf 15 Loth 16 Grän fein, ist seit 1842 eingestellt)

$\frac{1}{6}$ Thaler 43 $\frac{3}{4}$ auf 8 $\frac{1}{3}$ Loth.

$\frac{1}{12}$ „ 87 $\frac{1}{2}$ „ 8 $\frac{1}{3}$ „

in Billon, Gute Groschen, 120 Stück auf 5 Loth } im
6 Pfennigstücke, 168 „ „ $3\frac{1}{2}$ „ } 16 ₰ Fuß.
4 „ 252 „ „ $3\frac{1}{2}$ „ }

in Kupfer, 2 und 1 Pfennigstücke; früher auch zu 4 und 3 ₰; 96 Pfennige wiegen eine Mark.

in Papiergeld, der Stadt Hannover, 200,000 ₰, welche 1847 zu 5 und 1 ₰ ausgegeben wurden.

Von fremden Münzen circuliren hier namentlich deutsche Pistolen à 5 ₰ von allerlei Gepräge, mit circa 10 % Aufgeld. — Feine $\frac{2}{3}$, sonstiges Cassengeld, mit circa $14\frac{1}{2}$ % Aufgeld. Conv. $\frac{2}{3}$, mit 3 — $3\frac{1}{2}$ % Aufgeld. — Andere Münzen werden per Stück notirt. Fremde Ducaten sind verboten.

An den Cassen der Regierung wird die Pistole zu 5 ₰ 14 Ggr. angenommen; das ehemalige Conventionsgeld wird zu $2\frac{7}{9}$ % berechnet, mit Ausnahme der Zwölftel, welche auf den 14 Thalerfuß devalvirt worden sind.

Wechselcourse werden hier nicht notirt; bei auswärtigen Tratten richtet man sich nach den nächsten großen Handelsplätzen, als: Hamburg, Bremen und Leipzig.

Uso ist 14 Tage nach der Acceptation. Respecttage sind bei Uso- und Dato-Wechseln 8; bei andern Tratten finden keine statt, und man muß bei ausgebliebener Zahlung am Verfalltage unverzüglich protestiren. Fällt der letztere Respecttag auf einen Sonn- oder Feiertag, oder bei Kaufleuten jüdischer Religion auf einen Sonnabend, so muß die Zahlung Tags zuvor, und wenn auch dieser ein Festtag ist, an dem ihm vorhergehenden Werktage erfolgen. Wechsel die auf Messen oder Jahrmärkte im hiesigen Lande lauten, müssen am ersten Tage der Messe oder des Jahrmarkts eingelöst oder protestirt werden, wenn nicht die Usanze des Zahlungsortes einen bestimmten Zahlungstag festsetzt.

Die Acceptation muß binnen 24 Stunden erfolgen.

Staatspapiere.

1) Domanial- und Landesschulden-Obligationen à $3\frac{1}{2}$ %. — In Abschnitten von 5000 bis zu 100 ₰ mit vierteljährlicher Zinszahlung. — Tilgung unbestimmt.

2) Obligationen der Eisenbahn-Anleihe von 1846 von 6 Millionen Thaler in Abschn. zu 5000 bis zu 100 ₰, theils in Gold, theils in Courant. — Zinsen à $3\frac{1}{2}$ % am 2. Januar und 1. Juli. — Tilgung von 1847 an in 38 Jahren.

Die Eisenbahncassen-Angelegenheiten werden besonders verwaltet.

3) Obligationen der 5 % Eisenbahn-Anleihe von 4 Millionen Thaler in Oblig. von 5000 bis zu 100 ₰, theils in Gold, theils in Courant, so wie auch zu 500 Pfund Sterling à $6\frac{2}{3}$ ₰ Courant. Zinsen können binnen der ersten neunzig Tage nach jedem

2. Januar oder 1. Juli auch bei den Agenten in Hamburg, Bremen, Frankfurt, Berlin und London erhoben werden. Tilgung bis 1852 durch Ankauf, dann durch Verloosung; und zwar 1½ % nebst Zinsersparung bis 1855, später unbeschränkt.

Die Regierung ertheilte im April 1847 der Stände-Versammlung folgende Auskunft über die zum Bau der in Hannover erforderlichen 75 Meilen Eisenbahnen bis dahin geliehenen Summen:

5,564,000	à 3½ % al pari	
3,094,000	dito	à 92 — 94 %
4,600,000	à 5 %	circa 98 %
13,258,000 ℛ		

Der Verkehr mit ausländischen Lotterie-Anlehenloosen wurde 1846 untersagt.

Maaße und Gewichte (seit 1836).

Längenmaaß.

Der Fuß = 11½ engl. Zoll = 129,4844 par. Linien oder 0,292 Meter.

1 Ruthe	= 16 Fuß	= 192 Zoll	= 2304 Linien.
	1 "	= 12 "	= 144 "
		1 "	= 12 "

Beim Feldmessen darf die Ruthe in Zehntel, Hundertel u. s. w. getheilt werden.

Die Elle = 2 Fuß = 23 engl. Zoll = 258,9688 par. Zoll oder 0,584 Meter.

1 Klafter = 6 Fuß.

Das Lachter zu 8 Spann à 10 Lachterzollen. — 67 preuß. Lachter = 73 Klausthaler Lachter.

1 Meile = 1587½ Ruthen = 25400 Fuß; 14,976 auf den Grad.

Flächenmaaß.

1 □Ruthe = 256 □Fuß.

1 Morgen = 120 □Ruthen und ist = 26,21 franz. Aren.

1 Vorling = ½ Morgen. 1 Drohn ¾ Morgen.

1 kahlenberger Waldmorgen = 160 □Ruthen.

Ein großes Himptsaat = 60, ein kleines = 40 □Ruthen.

Körpermaaß.

1 Himten = 1¼ Kubikfuß = 2160 hannöv. Kubikzoll = 31,152 Liter.

1 Last	= 16 Malter	= 96 Himten	= 384 Metzen	= 1536 Sechzehntel.
	1 "	= 6 "	= 24 "	= 96 "
		1 "	= 4 "	= 16 "
			1 "	= 4 "

1 Fuder = 4 Oxhoft = 6 Ohm.

1 Brau Bier = 43 Faß à 4 Tonnen à 26 Stübchen.

1 Vierup = 2 Kubikfuß = 49,483 Liter (Ostfriesland).

1 Last	= 15 Tonnen	= 60 Vierup	= 120 Scheffel	= 2160 Krug.
	1 "	= 4 "	= 8 "	= 144 "
		1 "	= 2 "	= 36 "
			1 "	= 18 "

1 Stübchen = $\frac{1}{8}$ Himten = 3,894 Liter.

Ohm	Anker	Stübchen	Kannen	Quartier	Nößel.
1	= 4	= 40	= 80	= 160	= 320
	1	= 10	= 20	= 40	= 80
		1	= 2	= 4	= 8
			1	= 2	= 4
				1	= 2

1 Fuder = 4 Oxhoft oder 6 Ohm. 1 Ohm = 155,758 Liter.

Beim Zollwesen (Hannover, Oldenburg, Lippe und zum Theil Braunschweig) wird das Steuer-Quartier = $\frac{9}{10}$ preuß. Quart angenommen, oder 100 hannöv. = 103,9116 Steuer-Quartier.

Bei demselben gilt der hannöversche Himten und das hannöversche ℔.

Auch wurde durch die Elbschifffahrts-Verträge von 1844 festgesetzt, daß bei Erhebung des Staderzolls das rheinische Fußmaaß, der preuß. Scheffel und der Vereins-Zollcentner von 50 Kilogramm gelten sollen. Der Verordnung darüber ist nun zwar eine Vergleichung dieser Maaße und Gewichte mit mehrern ausländischen beigegeben; der Zoll wird aber stets nach den in den Ladungspapieren angeführten fremden Maaßen und Gewichten ermittelt.

Gewicht.

Das Pfund = 467,711012733 Gramm = dem preuß. Pfund.

1 Centner = 100 Pfund. Alle übrigen Gewichte und Gewichtseintheilungen stimmen mit den preußischen überein (s. Berlin). — Bei den Eisenbahnen bedient man sich auch des preuß. Zollgewichts.

Das Apothekerpfund ist $\frac{3}{4}$ ℔ des Handelsgewichts wie in Preußen.

Das Münzgewicht ist die Vereinsmark.

Von zählenden Gütern wird das Stück Leinengarn zu 10 Gebind à 90 Faden à $3\frac{3}{4}$ Ellen (oder 1 Haspel) im Umfang gerechnet. —

In Hannover befindet sich eine Börse und eine Münzstätte. In letzterer wird das hannöv. Gold, in Clausthal dagegen der größte Theil des hannöv. Silbers geprägt. Sie kauft Gold zum Preise von 195 ℛ Gold, Silber zu $13\frac{5}{6}$ bis $13\frac{11}{12}$ ℛ für die feine Mark.

Eine Lebensversicherungs-Anstalt auf Gegenseitigkeit besteht hier seit 1829. Eine Rentenversicherungs-Anstalt trat 1843 ins Leben; damit verband sich 1847 eine Capitalversicherungs-Anstalt, die erste ihrer Art in Deutschland. Die Anstalt sichert dem Beitretenden nach beliebiger Zeit und gegen tarifmäßige Prämie irgend ein Capital zwischen 50 und 5000 ℛ zu.

Wollmarkt am 5. 6. 7. Juli (2800 Centr. 1847).

Havannah (Havana),

bester Hafen im ganzen vormaligen spanischen Amerika, und höchst wichtiger Handelsplatz auf der spanischen Insel Cuba, mit etwa 130,000 Einwohnern, für den fremden Handel von hohem Interesse wegen Ausfuhr des besten Rohzuckers, Cigarren, Kaffee, Wachs, Rum, Honig, Häuten u. s. w., und Einfuhr von Linnen, europäischen Industrie-Artikeln, Nutz- und Stabholz u. s. w.

Münzen.

Man rechnet nach Piastern oder Dollars zu 8 Reales fuertes à 34 Maravedis oder zu 100 Cents.

Für den innern Verkehr wird der Piaster auch in 10 Reales sencillos getheilt. Von beiden giebt es medios, von letztern auch quartillos und ochaves, die aber nicht geprägt werden, daher sich die Krämer ihrer eignen Blechmarken als Scheidemünzen bedienen.

Von den Pesetas fuertes gehen 4, von den Pesetas sencillas gehen 5 auf den Piaster.

Die Säulenpiaster gewinnen oft ein Agio v. 12 %. — Spanische Onzas gelten 17, mexikanische und ähnliche 16 Piaster mit 1—2 % Agio.

Die Rimessen in Dollars, welche von Mexico nach England gehen, begleitet man häufig mit Connossamenten, die auf Southampton oder Havannah lauten, wodurch sich die Absender die Möglichkeit sichern, die Piaster unterwegs in Wechsel auf London umsetzen zu können, wenn dies rentirt.

Die hier umlaufenden Münzen sind vorzüglich spanische, mexicanische und nordamerikanische Gold- und Silbermünzen zu veränderlichen Coursen; m. s. Cuba.

Man wechselt hier

auf London (und England überhaupt)	10—15 %	Prämie,
= Paris (und Frankreich =)	1—3 =	=
= Madrid (und Spanien =)	2—4 =	=
= die vereinigten Staaten . . .	2—3 =	=

welches folgendermaßen zu verstehen ist:

Man giebt für Briefe auf London (nach obigem Cours) 110 Liv. Sterl. m. o. w. für 100 Liv. Sterl. in Wechseln, wobei der feste Werth angenommen ist: 100 Liv. Sterl. = 444 Piaster (statt à 4½ Schill. pr. Liv. Sterl., 100 Liv. Sterl. = 444$\frac{4}{9}$ Piaster); also für 100 Liv. Sterl. in Briefen auf London 488,40 Piaster.

Auf Paris zahlt man 103 Francs m. o. w. für 100 Francs in Pariser Wechseln, wobei feststehend: 1 Piaster = 5 Francs, also 20,60 Piaster für 100 Francs.

Auf Spanien und die vereinigten Staaten wird Piaster für Piaster, oder Dollar für Dollar gerechnet, und man giebt resp. 104 und 102 Piaster oder Dollars für 100 Piaster oder Dollars in Wechseln.

Hier sind 5 % Schuldscheine im Umlaufe, welche von der spanischen Regierung auf die Einnahmen der Insel Cuba ausgestellt sind. Auch giebt es 6 % Obligat. einer engl. Anleihe.

Man kauft europäische Manufakturwaaren auf 3 bis 6 Monat Zeit; Exporten gegen baare Zahlung. Verkaufsprovision ist 5 %, für Retouren an den Kommissionär 2 bis $2\frac{1}{2}$ %.

Maaß und Gewicht wie Cadix;

im praktischen Gebrauch pflegt man

108 Varas = 100 Yards oder 160 hamb. Ellen;
140 Varas = 100 Aunes;
81 Varas = 100 brab. Ellen;
1 Fanega = 3 engl. Bushels;

die Arroba oder 25 ℔ auf Hamburg nur zu 23, bei weißem Zucker zu 22, und bei braunem Zucker zu $21\frac{1}{2}$ ℔, wegen Verlusts an der Tara zu berechnen.

1 Bocoy Honig hat 6 Barriles, wiegt 12 Arrobas oder 294 preuß. Pfund.

Einfuhrartikel verkauft man im Großhandel nach dem Maaße der Länder, woher sie kommen.

Havre de Grace und Rouen,

zwei wichtige Häfen Frankreichs, und Vorhäfen von Paris, ersterer am Meere auf der rechten Seite der Seinemündung, mit 30,000 Einwohnern, Arsenälen, Schiffswerften, Fabriken; ein großer Markt und Entrepôt für Colonialwaaren, Baumwolle, Getreide, Mehl in Fässern; letzterer 18 Seemeilen höher hinauf am Flusse, mit nahe 96,000 Einwohnern, vielen Fabriken und ausgebreitetem Handel. Rouens Hafen eignet sich nicht für große Schiffe, weshalb Verschiffungen größtentheils von Havre aus bewirkt werden.

Münzen, Course, **Maaße und Gewichte** wie Paris.

Auf New-York notirt man circa 5 Francs für 1 Dollar, 60 Tage dato.

Die Waaren-Courtage beträgt $\frac{1}{4}$ %, sowohl vom Verkäufer als vom Käufer; die Wechsel-Courtage $\frac{1}{8}$ %, ebenfalls von beiden Theilen; die Courtage für Assecuranzen wird mit 1 pr. Mille vom Versicherten bezahlt, die Prov. $\frac{1}{3}$ %.

Man verkauft hier meist auf 3 Monat oder 15 Tage, oder baar gegen ½ % Discont per Monat. Beim Calcul der Baumwolle in Liverpool rechnet man den penny = 12,56 Centimes (zum Cours von 25. 65. für 3 Monat).

Havre ist durch eine Eisenbahn mit Rouen und Paris verbunden (s. Paris), so wie durch regelmäßige Dampf- und Segelschiffe mit New-York, Hamburg, Petersburg, Rotterdam, Southampton u. s. w. Die Dampfschifffahrt auf der Seine dürfte wohl der Concurrenz mit der Eisenbahn unterliegen.

Bank. Im März 1837 ist hier eine Zettel-Bank mit einem Kapitale von 4 Mill. Francs (2000 Actien à 1000 Francs) gegründet worden.

Es giebt hier eine Börse, ein Handelsgericht, eine Handelskammer, so wie mehrere Actien-Gesellschaften für Schiffahrt, Fischfang, Versicherungswesen rc. Auch ist Havre der Sitz von Consuln fast aller handeltreibenden Nationen.

Heidelberg,

badische Stadt des Neckarkreises, am Neckar, in einer an Obst, Getreide, Hopfen, Wein, Tabak, Krapp u. s. w., fruchtbaren und reizenden Gegend, am Fuße des Königsstuhls, mit 13,000 Einwohnern, wichtigen Fabriken und starkem Handel mit ihren Produkten, welcher durch die hier beginnende und nach Darmstadt führende Bergstraße belebt wird.

Münzen, Maaße, Gewichte wie Carlsruhe.

Alte Maaße und Gewichte.

Der Stadtfuß = 0,3035, der Werkfuß = 0,279 Meter; 2 Werkfuß machten eine Elle.

Der Morgen = 37,735 Aren.

Die alte Holzmäß = 0,5244 neue badische Klaftern.

Das Malter für glatte Frucht = 111,416, für rauhe = 125,343 Liter. Das Viernsel 27,854 Liter.

Das Stück Wein = 12½ kleine Ohm à 12 Viertel, die große Ohm = 20 Viertel; das Fuder = 10 kleine oder 6 große Ohm. — Die kleine Ohm = 96,576 Liter.

Das leichte Pfund war 467,970 Grammen. Der alte Centner = 100,876 neue badische Pfunde. Das schwere Pfund = 505,408 Grammen.

Heidelberg ist durch Eisenbahn zunächst mit Mannheim, Frankfurt und Carlsruhe verbunden.

Helsingoer,

dänische Seestadt mit 7000 Einwohnern, an der schmalsten Stelle des Sundes, in dem Stifte Seeland, wo der öresundische Zoll von den Schiffen, die nach der Ostsee gehen, oder aus derselben kommen, für Dänemark erhoben wird. Der Ort hat einen mittelmäßigen Hafen, eine Rhede, viele Fabriken, ansehnlichen Handel, und rechnet in Allem wie Kopenhagen; bei dem öresundischen Zoll aber nach einer fingirten Valuta: sundische Species. Dieser Zoll Species-Reichsthaler à 48 Stüber, nach welchem der öresunder Zoll im Tarif berechnet ist, wird jetzt mit 2 dänischen Bankthalern bezahlt.

472 sundische Species = 459 wirkl. dänischen Species.

Hessen-Homburg,

eine Landgrafschaft am Rhein, circa 24,000 Einwohner mit der Hauptstadt Homburg von der Höhe.

Rechnet nach Gulden à 60 Xr. à 4 ₰ im 24½ Fl.Fuß und prägt wie Hessen-Darmstadt.

An **Maaßen und Gewichten** giebt es seit 1825 zwei Systeme!

1) Für das Amt-Homburg:

Längenmaaß wie in Frankfurt a. M.

Der Morgen = 19,0647 Aren.

Die Klafter = 3,3198 Steren.

Getreide- und Flüssigkeitsmaaß wie in Frankfurt a. M.

Das Pfund ist das frankfurter Leichtgewicht. Das hiesige Pfund Schwergewicht à 33 Loth ist dem frankfurter Victualien-Pfunde gleich.

2) Für das Amt Meisenheim.

Der Fuß à 10 Zoll à 10 Linien = ⅓ Meter. — 2 Fuß = 1 Elle.

Die Ruthe = 5 Meter.

Der Morgen = 25 Aren.

Die Klafter = 3 Steren.

Das Malter à 4 Faß à 4 Sester à 4 Mäßchen = 1 Hectoliter.

Die Ohm hat 80, das Lögel 25 Maaß à 4 Schoppen. Die Maaß = 2 Liter.

Der Centner hat 100 ℔ à 32 Loth à 4 Quentchen. Ein Pfund = 500 Gramm.

Anleihe von 1829 bei Rothschild in 2 Abtheil. à 500,000 und 675,000 Fl. in Oblig. à 1000, 500 und 100 Fl. mit 3½ % Zinsen.

Hildburghausen, s. Meiningen.

(4 hildburg. Malter = 5 meiningische.)

Hildesheim,

die Hauptstadt der hannöverschen Provinz gleiches Namens, an der Innerste, mit 15,500 Einwohnern, starkem Garn- und Leinwandhandel, besonders nach Bremen.

Maaße und Gewichte wie Hannover.

Alte Maaße und Gewichte.

Der Fuß = 124,2 pariser Linien = 0,280 Meter.
1 Ruthe = 16 Fuß = 192 Zoll.
1 " = 12 "
Die Elle = 2 Fuß = 248,4 par. Linien = 0,560 Meter.
Der Morgen Land = 120 □Ruthen.

Getreidemaaß. Der Malter = 3 Scheffel, 6 Himten oder 24 Metzen; der Himt = 26,447 Liter.

Weine wurden nach Fudern zu 4 Oxhoft, 6 Ohm, 120 Viertel, 240 Stübchen à 4 Quartier gerechnet. Die Ohm = 133,3 Liter.

Biermaaß. Das Faß = $2\frac{1}{2}$ Tonnen, oder 100 Stübchen à 3,77 Liter, die Tonne also = 15,084 Liter.

Das Oxhoft Thran = 2 Tonnen à 6 Stechkannen à 16 Mingel.

1 Last = 12 Tonnen, spanisch Salz 18 Tonnen, und Bücklinge 20 Stroh. 1 Schock hat 3 Stiege à 20 Stück oder Ellen.

Vom Handelsgewicht hatte das Pfund schwer 300 ℔, das Schiffspfund 20 Liespfund à 14 ℔ oder 280 ℔. Der Centner hatte 110 ℔, die Waage Eisen 120 ℔, der Stein Wolle 10 ℔. Das Pfund = 466,98 Gramm.

Gold- und Silbergewicht die köln. Mark.

Bei vorkommenden ausländischen Tratten richtet man sich, in Hinsicht der Course, nach Braunschweig und Leipzig.

Der hiesige Wollmarkt fällt Ende Juni (1847: 5000 Centn.).

Hohenzollern,

bestehend aus dem Fürstenthum Hechingen mit 20,000 Einw. und dem Fürstenthum Sigmaringen mit 45,000 Einw.

Rechnet wie Baden, nach Gulden à 60 Xr. à 4 ₰ im $24\frac{1}{2}$ Fl.Fuße. Geprägt haben beide Fürstenthümer seit Ablegung des Conventionsfußes Stücke zu $3\frac{1}{2}$, 1 und $\frac{1}{2}$ Gulden, Scheidemünze zu 6 und 3 Xr.

Maaße und Gewichte sind in Sigmaringen seit 1825 die würtembergischen, in Hechingen giebt es (nach Noback) keine gesetzlichen Bestimmungen. Der hechinger Scheffel = 176,469 Liter, wird dem würtembergischen gleichgehalten.

Anleihe des Fürsten von Hechingen von 1829, 260,000 Fl. in Oblig. à 1000 und 500 Fl. Es werden jährlich 3—4000 Fl. geloost.

Holstein, s. Altona.

Jamaica,

die wichtigste englische Insel in Westindien, zu den großen Antillen gehörend, zählt auf 269 □Meilen 385,000 Einwohner, und liefert Kaffee, Baumwolle, Ingwer, Rum, Zucker, Färbehölzer, Mahagoni u. a. edle Holzarten, Gewürze, Brod- und Südfrüchte, Indigo, Tabak, Sago, Kampher ꝛc. Außer der Hauptstadt St. Jago de la Vega oder Spanish Town, dem Sitz des Gouvernements, sind als Handelsplätze wichtig: Kingston, Stadt mit 40,000 Einwohnern, und einem Seehafen, welcher den Fremden nur unter gewissen Beschränkungen geöffnet wird; Port Royal mit 16,000 Einwohnern, liegt jenem schräg gegenüber an derselben Meeresbucht, und dient gegenwärtig als Festung und Marktplatz. Die eigentliche Hauptstadt ist Spanish Town (oder San Jago de la Vega) mit nur 6000 Einwohnern.

Man rechnet nach Pfunden à 20 Schilling à 12 Pence westindisch Courant.

100 £ sterling = 140 £ westindisch Courant
1 £ " = 28 Schilling "

Da aber der span. Dollar = $6\frac{2}{3}$ Schill. Courant gerechnet wird, so stellen sich 100 £ sterl. auf $153\frac{11}{13}$ £, und mithin 1 £ sterl. auf $30\frac{10}{13}$ Schill. hiesiges Courant. Sonach ist ein hiesiges Pfund etwa 4 Thlr $10\frac{1}{4}$ Sgr oder 7 Fl. 36 Xr. im $24\frac{1}{2}$ Fl.Fuße werth.

Das Papiergeld besteht in den Island Checks des Receiver General oder Anweisungen auf den Board of Accounts.

Von fremden Münzsorten gelten in Courant:

Gold: spanische Dublonen 5 £ Courant; portug. Johannes $5\frac{1}{2}$ £ Cour. und Moid'ore 2 £ Cour.; englische Guineen $1\frac{5}{8}$ £ und Sovereigns $1\frac{3}{5}$ £ Cour.; $\frac{1}{2}$, $\frac{1}{4}$ ꝛc. nach Verhältniß, nicht vollwichtige weniger.

Silber: Dollars $6\frac{2}{3}$ ß; spanische Bits (10 = 1 Piaster) $7\frac{1}{2}$ pence; Pistereens oder 2 Bitstücke $1\frac{1}{4}$ ß; englische ganze und halbe Schillinge werden als Pistereens oder Bits gerechnet.

Hier sind auch Silbermünzen im Umlaufe, die England nach dem Maaßstabe der englischen Münzen für seine Colonien hat prägen lassen.

Durch einen Befehl vom 23. März 1825 ist dieses Silbergeld das gesetzliche Zahlungsmittel für alle britische Colonialbesitzungen.

Durch denselben Befehl wird der Werth des Dollars auf 4 Schilling 4 Pence britisches Silbergeld für alle Colonien festgesetzt.

In diesem britischen Silbergeld werden die Wechsel auf das Schatzamt in London, und zwar mit 103 £ für 100 £ in London, bezahlt.

Bei Wechseln auf Privaten in England, die in Dollars bezahlt werden, verlieren dieselben (da sie à 6¼ Schilling gerechnet werden) oftmals 20 % mehr oder weniger.

Maaße und Gewichte wie England.

Die Jamaica South Midland Junction Eisenbahn ist auf einen Fond von 20,000 Actien à 15 £ begründet.

Japan,

ein aus unzähligen fruchtbaren und unfruchtbaren Inseln bestehendes Reich in Asien, welches auf einem Flächenraum von 12569 □Meilen mit 33 Millionen Seelen bevölkert sein soll. Landesprodukte sind: Gold, Silber, Kupfer, Zinn, Eisen, Diamanten, edle Holzarten, Thee, Südfrüchte, Baumwolle, Tabak, Reis u. a. Getreidearten, Perlenmuscheln, Korallen ꝛc. Hauptinseln sind: Niphon (5000 □M.), Kiusiu oder Ximo (1300 □M.) und Jesso (2900 □M.). Auf Niphon ist die Hauptstadt und Residenz des Kubo von Japan, Jeddo oder Eddo wichtig; sie liegt an beiden Ufern des Tonkay, hat über ½ Mill. Einwohner, worunter viele Kaufleute und Handwerker, und einen Seehafen. Ferner Miako oder Kio, Residenz des Dairi (geistlichen Oberhaupts) am Flusse Miakos, mit 5000 Tempeln und 700,000 Einwohnern, Hauptsitz des Handels und vieler Fabriken. Auf Kiusiu ist die Handelsstadt Nangasaki, mit einem Seehafen und 60,000 Einwohnern, darum bemerkenswerth, weil dies der einzige Ort ist, wo Chinesen und Niederländer Geschäfte treiben können.

Münzen.

Man rechnet hier nach Tales à 10 Maces oder Monme à 10 Condorinen, die ursprünglich = 3½ Fl. holl. gerechnet wurden. Da aber jetzt die köln. Mark fein Silber zu 14,97 Tales anzunehmen, so ist 1 Tale

1,67 Fl. niederländisch oder 2¾ englische Schilling
3,47 französ. Francs = 28 preuß. Sgr gilt.

Von wirklich geprägten Münzsorten giebt es sehr viele, die man zum Theil als Seltenheiten kauft und aufbewahrt; die gangbarsten sind in

Gold: Neue Cobangs zu 60 Maces und darüber, besonders zu Batavia und im Handel gangbar; ihr innerer Werth ist 12 Fl. niederl., oder 22½ engl. ß, oder 25,63 franz. Francs, oder $6\frac{9}{10}$ ₰ preuß. Courant; sie werden aber oft noch höher bezahlt.

Neue Itsybu oder Itjibs zu 15 Maces, oder 5½ engl. ß, oder 6,40 franz. Francs, oder 53 preuß. Sgr.

Kosjukinen zu 5½ Fl. niederl. inneren Werths, also = 10$\frac{1}{12}$ engl. ß, oder 11,74 Francs, oder 3⅛ Thlr. preuß.; hiervon giebt es ½, ¼, ⅛, auch noch kleinere Sorten zu 12½ Maces und geringer.

Silber: Itaganne oder Tjoo-gin (holl. Schuit) zu 62 Maces, oder 7,45 Fl. niederl. inneren Werths, also = 13⅔ engl. ß, oder 15,91 Francs, oder 4 Thlr. 8½ Sgr. preußisch.

Nandioginen zu 7½ Maces, an Werth etwa 1 Fl. oder 96 Cents niederländisch.

Kodamos zu 3,8 Maces, 2,9 M., 1,9 M., 1,7 M. u. a., oder zu 10⅔, 8$\frac{1}{12}$, 5⅓ und 4¾ preuß. Sgr.

Kupfer und Eisen: Simoni-Seni, von 4 Seni oder Cashes (etwa 1 holl. Cent an Werth); ½ und ¼ nach Verhältniß.

Diese Münzsorten cirkuliren fast durchgängig im Handel; die meisten der Gold- und Silbermünzen haben aber keinen festen Werth und werden deshalb von Kaufleuten gewöhnlich nur nach dem Gewicht genommen. — Auch an Papiergeld soll es nicht fehlen.

Maaße und Gewichte.

Die Elle heißt Inck, Ickje oder Tsjov, hält nach Kruse 641,7, nach Gerhard 939 pariser Linien, und wird von Kelly zu 74,9 engl. Zoll oder 1,9 Meter = 833,2 par. Linien angegeben.

Von den japanischen Meilen (Ri) gehen nahe an 27 auf den Grad. Der Quadrat-Tsjov soll 109,3 Aren gleich sein.

Der Kok (Hohlmaaß) wird zu 173,86 Liter angegeben.

Das Handelsgewicht: Picul oder Pecul hält 100 Cattis, und nach Kelly 130 ℔ engl. av. d. p. = 57,962 Kilogramm, 1 Catti aber 9100 engl. Grän oder 12269 holl. As. Nach Gerhard ist der hiesige Pecul dem chinesischen von 125 ℔ holl. Troy gleich, wonach 1 Catti = 12800 holl. As; nach einer Untersuchung von 1782 aber wiegt es nur 12352,2 holl. As.

Nach neuern Angaben heißt das japanische Pfund Kin à 160 Monme und wiegt 280 Gramm.

Beim Gold- und Silbergewicht hat 1 Tale (16 = 1 Catti) 10 Maces à 10 Condorinen; nach Kelly 766,8, nach Kruse 782,8 und nach Gerhard 800 holl. As.

Jonische Inseln, s. Zante.

Kanarische Inseln,

zwölf an der Zahl, dem Könige von Spanien gehörend, liegen im atlantischen Meere, Afrika gegenüber, haben eine Oberfläche von circa 200 □Meilen, sind mit 230,000 Seelen bevölkert, und liefern Wein, Zucker, Honig, Wachs, Baumöl, Baumwolle, Häute, Südfrüchte, Salz ꝛc. Die stärkste Ausfuhr besteht in Wein, Orseille, Soda u. s. w. Vornehmste Inseln sind: Kanaria (mit 50,000 Einw.), Teneriffa (die größte von allen mit 80,000 Einw.), Fortaventura (mit 9000 Einw.), Lancerota (mit 10,000 Einw.), Gomera (mit 9000 Einw.), Ferro (mit 5000 Einw.) und Palma (mit 22,600 Einw.). St. Cruce, der Haupthafen auf der Insel Teneriffa, mit 8500 Einwohnern, ist ein wichtiger Ankerplatz für die Ost- und Westindienfahrer, und der Mittelpunct des Handels der kanarischen Inseln mit Europa und Amerika. Eben so ist Ciudad de las Palmas, Hauptort der Insel Kanaria, mit 9500 Einwohnern und einem Hafen, seines Handels wegen berühmt.

Münzen.

Man rechnet hier nach dem Peso zu 8 Reales de Plata, oder 15 Reales-corrientes à 8 Quartos, oder auch zu 20 Reales de Vellon à 34 Marav. Im gemeinen Leben rechnet man auch nach einem Peso corriente von 10 Realen à 16 Quartos. Es gehen auf 4 solche Courant Pesos 3 schwere Piaster, mithin ein Courant-Piaster = $3\frac{1}{4}$ Sgr.

Von spanischen Münzen gelten in

Gold: Einfache Pistolen zu 4 Piaster, $53\frac{1}{3}$ Reales-corrientes.

Silber: Der harte Piaster $1\frac{1}{3}$ Peso-corr., $10\frac{2}{3}$ Reales de Plata, $13\frac{1}{3}$ Reales-corr., oder 20 Reales de Vellon.

Kupfer: Quartos, 10 auf 1 Real de Plata und 8 auf 1 Real de Vellon.

Papiergeld lautet auf Reales-corrientes oder Reales de Vellon.

Eine wirkliche Landesmünze ist der Real de Plata von 10 Quartos; 2 gelten $\frac{3}{16}$ mexicanische Piaster. Weiteres s. unter Madrid.

Die meisten Wechselgeschäfte werden über Cadix gemacht, wobei der Peso-corriente (10 Reales-corr.) zu 8 Reales de Plata ant. gerechnet, und dann auf letztere noch ein Agio von $1\frac{5}{6}$ m. o. w. vergütigt wird.

Auf England wechselt man zu 40 Pence Sterl. m. o. w. für 15 Reales de Vellon (= 1 Peso-corriente).

Auf franz. Plätze wechselt man 387—90 Centimes für einen Peso-corriente.

Nach anderen Coursberichten hat England die feste Valuta mit 1 Liv. Sterl. für 90 Reales de Vellon m. o. w., welches dasselbe Verhältniß ist, wie 40 Pence für 1 Peso-corriente.

Fremde Schiffe, die hier wegen Ausbesserung oder Einkauf von Lebensmitteln einlaufen, sind von allen Hafenabgaben frei.

Maaße und Gewichte

sind gesetzlich die spanisch-castilianischen, weichen aber zum Theil etwas ab.

Die Elle oder Vara von 3 Fuß hält 33,10 engl. Zoll, oder 0,8407 Meter. $2\frac{1}{8}$ Varas = 1 Brazado (Braza) oder Klafter.

Der Fuß ist der castilianische von 12 Zoll, mißt $11\frac{1}{30}$ engl. Zoll = 0,28 Meter.

Man rechnet gewöhnlich 11 Varas für 10 engl. Yards.

Das Feldmaaß ist die Fanegada von 12 Almudas = 1600 □Brasadas oder 6400 □Varas = 45,236 Aren.

Die Pipe Wein oder Sect von 12 Barriles à 40 Quartillos hält circa 120 alte engl. Weingallons und nach Everhard 380 berliner Quart; 4 solcher Pipen werden auf eine Schiffslast gerechnet.

Getreide mißt man mit der Fanega von 12 Almudas à 4 Quartillos, Weizen gestrichen und andere Getreidesorten gehäuft; $4\frac{1}{2}$ gestrichene Fanegas rechnet man circa 1 engl. Quarter, wofür man richtiger 5 Fanegas annehmen kann.

Das Handelsgewicht ist der Centner (Quintal) von 100 ℔, oder 4 Arrobas à 25 ℔, und ist das Pfund gleich dem castilianischen = 460,5 Gramm.

Khiwa,

Chiwa oder Kiwa, Hauptstadt eines tartarischen Khanats mit 10,000 Einwohnern; wichtige Handelsstadt südlich von der Hauptstadt Neu-Urgendsch.

Man rechnet nach dem Tilla (oder Tela) zu 14 Abass à 2 Tenga à 40 Pul oder Karapul.

Da man 8 Tenga auf einen Silberrubel rechnet, so ist der Tilla etwa 3 ₰ 23 Sgr werth. Der letztere ist eine Goldmünze. Der Abass ist eingebildet, der Tenga von Silber, der Pul von Kupfer oder Messing.

Der holländische Ducaten gilt gewöhnlich 10 Abassen (siehe übrigens Bukhara).

Gewicht. Der Batman = 48 russ. Pfunden.

Kiel,

dänische Stadt des Herzogthums Holstein, in einer herrlichen Gegend an einem Busen der Ostsee, der kieler Fiörd genannt, und einen bequemen Hafen bildend. Der Ort zählt 12,000 Einwohner, treibt lebhaften Speditionshandel zwischen Hamburg und Kopenhagen, führt viel Getreide und Mehl, Bücklinge und Sprotten aus, und rechnet wie Altona und Kopenhagen.

Die hiesige Getreidetonne von 3 Scheffeln soll jedoch 5976 pariser Kubikzoll oder 118,54 Liter enthalten.

Kiel ist mit Altona und Glückstadt durch eine Eisenbahn verbunden, so wie durch Dampfschifffahrt mit Copenhagen und Gothenburg.

Die jährliche Messe, der kieler Umschlag genannt, beginnt am 6. Januar uud dauert bis zum 2. Februar.

Kirchenstaat, s. Rom.

Königsberg,

die Hauptstadt (70,000 Einw.) des gleichnamigen Regierungsbezirks der Provinz Ostpreußen, am Pregel, der eine Meile unterhalb der Stadt sich in das frische Haff ergießt, bedient sich für große Schiffe Pillau's (Stadt mit 4500 Einw.) zum Vorhafen, und hat für den Handel als Stapelplatz aller ostpreußischen und polnischen Landeserzeugnisse großes Interesse. Der Ort hat eine Börse, zahlreiche Fabriken, Schiffswerfte und Ausfuhr von Getreide, Hanföl, Hanf- und Leinsaamen, Wolle, Talg, Pottasche, Borsten 2c.

Münzen.

Königsberg rechnet wie Berlin, nach Thalern zu 30 Silbergroschen à 12 Pfennigen im 14 Thalerfuß. Im gemeinen Leben bedient man sich noch, der früheren Münz-Eintheilung gemäß, des Guldens à 10 Sgr; 3 Gulden machen einen Thaler.

Geldcourse.

	m. o. w.	
Ducaten v. 1840 . .	97 Sgr preuß. Cour.	für 1 Stück in diesen Münzsorten.
„ v. 1828—1839	96 „ „ „	
„ alte . . .	95 „ „ „	
Friedrichsd'or (preuß.)	170 „ „ „	
Augustd'or	161 „ „ „	
Albertsthaler . . .	43 „ „ „	
Rubel (neue) . . .	32 „ „ „	
Polnisch Courant . .	99 Thlr preuß. Crt. für 100 Thlr poln. Crt.	

Wechselcourse.

	Veränderl. Valuta.	Feste Valuta.
London 3 Monat	200 Sgr preuß. Cour. für	1 £
Amsterdam 71 Tage	$100\frac{1}{2}$ „ „ „ „	6 Fl. niederl.
Hamburg 9 Wochen	$44\frac{5}{8}$ „ „ „ „	3 mk Bco.
Berlin 2 Monat	$99\frac{1}{2}$ Thlr „ „ „	100 Thlr in Berlin.

Uso und Respecttage wie in Berlin.

Die Präsentation eines Wechsels, auf die hiesigen Märkte lautend, muß am 1. oder 2. Markttage, und die Zahlung desselben spätestens am 5. Tage der Zahlwoche geschehen.

Magistrats- und Stadt-Schulden-Papiere. Diese Obligationen wurden 1808 wegen der an die Franzosen zu zahlenden Kriegs-Contributionen ausgestellt; deren Betrag ist gegenwärtig (1847) noch 1,622,000 ℛ︎ in Abschnitten zu 50 bis 1000 ℛ︎. Die Zinsen (seit 1843) zu $3\frac{1}{2}$ % werden am 1. Januar und 1. Juli bezahlt. Tilgung jährlich circa 44,000 ℛ︎, wozu die Commune dermalen 28 % der Staat 72 % beisteuert.

Die **Brauschuld-Obligationen** entstanden durch Ablösung der Brau-Privilegien; die à 4 % verzinslichen sind à 300 ℛ︎, die unverzinslichen à 140 ℛ︎. Die Ueberschüsse der Malz- und Braucasse werden zu $\frac{2}{3}$ auf die Tilgung der verzinslichen, und zu $\frac{1}{3}$ auf die der unverzinslichen verwendet.

Maaße und Gewicht

sind die preußischen, s. Berlin.

Von alten Maaßen hält die Elle 0,575 und der Fuß 0,308 Meter.

Brennholz wird nach Faden oder Klaftern von 36 □Fuß preuß. Maaßes und 2 bis 3 Fuß Klobenlänge verkauft.

Getreide, Hanf, Leinsaat ꝛc. wird nach der Last von 24 Tonnen, $56\frac{1}{2}$ Ausmaaß oder neuen berliner Scheffeln, 60 Einmaaß oder alten Scheffeln (à 51,4 Liter), 240 Vierteln, 960 Metzen verkauft, und soll an Roggen 4560 ℔ wiegen. Hanf- und Leinsaat wird eigentlich nach Tonnen verkauft.

Vom Weinmaaß wird ein Both zu $1\frac{1}{3}$ Pipe, 2 Oxhoft, 4 Ohm, oder 12 Anker, der Anker aber zu 30 berliner Quart gerechnet. Das Quart enthält 67,723 pariser Kubikzoll; der ehemalige Stoof 72 pariser Kubikzoll oder 1,43 Liter.

Vom Biermaaß wird die Last zu 6 Faß oder 12 Tonnen, und die Tonne zu 100 berliner Quart gerechnet.

Vom Handelsgewicht hat 1 Schiffspfund 3 Centner, 10 große, $16\frac{1}{2}$ kleine Stein, 20 Liespfund, 330 berliner Pfund. Das königsberger Pfund war = 281,238 Gramm, die alte Silbermark = 190,619 Gramm.

Es ist üblich, daß, wenn Königsberger von Polen kaufen, diese den ersteren 4 bis 5 % Gutgewicht zugestehen.

Nach Schiffspfd. verkauft man Pott- und Waidasche, Eisen, Stockfisch ꝛc.; nach dem großen Stein Flachs, Hanf und Hanfwerg, Wachs, Talg, Blei und Zinn.

Gold- und Silbergewicht ist die preußische Mark. Verarbeitetes Silber, mit 2 Kronen und einem Kreuz bezeichnet, hält 12 Loth fein.

Von zählenden Gütern rechnet man:

1 Last Flachs oder Hanf zu 6 Schiffspfund oder 60 großen Stein.

1 Last span. oder franz. Salz, lose aus dem Schiff 18, aus dem Speicher gepackt aber 16 Tonnen, oder auch 60 Centner à 100 ℔, oder 6000 ℔.

1 Last Asche, Bier, Dorsch, Häring, Honig, Fleisch, Meth, Pech, Theer, hat 12 Tonnen.

1 Last grüne oder schwarze Seife 3 Tonnen oder 12 Viertel.

1 Tonne Häring 13 Wahl à 80 Stück oder 1040 Häringe.

1 Tonne Meth 4 Viertel oder 100 Quart.

1 Tonne Butter 4 Viertel oder 8 Achtel, und 1 Achtel zu 40 ℔ mit Holz, Tara 7 ℔, also 33 ℔ netto.

1 Zimmer Zobel oder Marder zu 40 Stück.

1 Spuhl Garn 2 Stück, 4 Toll, 40 Gebinde, 1600 Faden.

Die öffentlichen Handels-Anstalten bestehen hier in: einem Bank-Comptoir der berliner Haupt-Bank; einem Comptoir der Seehandlungs-Societät zu Berlin und einem Commerz- und Admiralitäts-Collegium.

Wollmarkt am 24. Juni (1847: 9000 Ctr.).

Kopenhagen

(Kiöbenhaven), die Hauptstadt des Königreichs Dänemark, auf der Insel Seeland, am Sund und an beiden Ufern der Meerenge zwischen Seeland und Amak, mit einem Seehafen, 127,000 Einwohnern, vielen großen Fabriken, Zuckersiedereien und Branntweinbrennereien, ist der Mittelpunkt des dänischen Handels, welcher zu Lande und zur See, sowohl mit ost- als auch westindischen und andern Produkten lebhaft betrieben wird.

Münzen.

Kopenhagen rechnet, seit 1814 wie ganz Dänemark, nach Reichsbankthalern (Rigsbankdaler) à 6 Mark à 16 Schilling. — Zwei Reichsbankthaler = 1 Species. — Da $18\frac{1}{2}$ solcher halben Species auf die f. Mark gehen, so ist der Werth eines Stücks $22\frac{3}{4}$ Sgr, oder 1 Fl. $19\frac{1}{2}$ Xr. im $24\frac{1}{2}$ Fl.Fuß, oder $1\frac{1}{12}$ Fl. im 20 Fl.Fuße.

Wirklich geprägte Münzen sind seit 1813:

in Gold, Doppelte und einfache Christiansd'or, von letzteren $39\frac{1}{3}\frac{3}{}$ auf die f. Mark Gold — also angeblich dem preuß. Friedrichsd'or gleich.

in Silber, Species (= 192 ß oder 60 ß Courant) $9\frac{1}{4}$ Stück auf die f. Mark.

Halbe Species nach Verhältniß.

32 Reichsbankschillingstücke desgl.

16 desgl.

8 desgl.

in Billon: 4 Reichsbankschillingstücke } zu 10¼ Species auf die f. Mark.
3 desgl.
2 desgl.
in Kupfer: 1 und ½ Reichsbankschillinge. — 64 Schillinge wiegen 1 ℔ köln. — Die ältern Bankzeichen à 16 und 12 ß wurden 1839 eingezogen.

Von dem frühern Münzsystem kommen auch Stücke zu ⅔ Species = 128 Reichsbankschillingen vor, desgl. zu ⅓, ⅕, $\frac{1}{12}$ Species; ferner

24 Schillingsstücke dänisch Courant = 38 Reichsbankschillinge.
16 " " " = 24 "
12 " " " = 16 "

Ueber das in den Herzogthümern Schleswig-Holstein noch bestehende ältere Münzsystem s. Altona. Die in Kopenhagen geschlagenen Münzen haben eine Krone als Münzzeichen.

Ein Remedium und Schlagsatz ist angeblich nicht gestattet.

Papiergeld besteht in den Zetteln der hiesigen Nationalbank (s. unten); es wurde 1845 dem Silber ganz gleich gestellt. Die dermalige Circulation beläuft sich auf 20 Millionen Reichsbankthaler in Abschnitten zu 5, 10 und 20 (blau), 50 (hellbraun) und 100 (dunkelbraun).

Wechselcourse werden regelmäßig nur auf Hamburg notirt und zwar: Hamburg à Vista (worunter man 14 Tage dato versteht).

200 Reichsbankthaler m. o. w. für 300 mℬ Bco.

Wechsel auf fremde Valuten lautend, werden gewöhnlich nach den hamburger Coursen in Mark Banco berechnet und diese dann zum Tagescours in Reichsbankthalern reducirt. Doch notirt man zuweilen auch folgende Course:

Amsterdam 2 Mt.	183½ Reichsbankthlr.	für	250 Fl. niederl.
Paris à Vista .	33½ Reichsbk. ß	"	1 Franc.
London 2 Mt. .	8 Rbthlr. 80 ß	"	1 £.
Species . . .	200 " —	"	100 Spec.$ in Silber.
Norweg. Zettel .	197½ " —	"	100 Spec.$ in Zetteln.
Schwed. " .	47¼ Reichsbk. ß	"	1 $ Rigsg.

Uso ist hier nicht eingeführt. Die Präsentation und Acceptation der Dato-Wechsel geschieht gewöhnlich erst 8 Tage nach der eigentlichen Verfallzeit und dann können noch 3 Respecttage benutzt werden. Ist der letzte derselben ein Sonn- oder Feiertag, so muß die Zahlung den Tag vorher geschehen. Wechsel à Vista gezogen müssen binnen 24 Stunden eingelöst werden.

Die Königl. Obligationen coursiren hier in verschiedenen Sorten; der größte Theil aber zu 4 %, auf Species, à 2 Reichsbankthaler, lautend, und mit halbjährigen Zinszahlungen.

Die 3 % Anleihe bei Wilson & Comp. (jetzt Rothschild & Söhne), ursprünglich 5½ Mill. Liv. Sterl., auf 60 Jahre, vom 31. März 1825, wird durch contractmäßige jährliche Ankäufe getilgt. Die Abschnitte sind zu 1000, 500, 250 und 100 Liv. Sterl. und diese werden zum festen Cours von 14 m$\not{k}$ Bco. berechnet. Die Zinsen sind ult. März und ult. Sept. fällig.

Die hiesige Nationalbank hat folgende Obligations-Schuld:

1) Reichsbankthaler, unkündbare, wovon noch circa 2 Mill. Reichsbankthaler im Umlaufe sind und deren Zinsen (à 4 %) einmal des Jahres erhoben werden.

2) Anleihe von 1820, worauf ebenfalls circa 2 Millionen Rbkthlr. noch restiren. Jährlich werden 200,000 Rbkthlr. durch Verloosungen getilgt, die Zinsen (à 4 %) aber halbjährlich bezahlt.

3) Eine 3 % Anleihe in Oblig. à 200, 500, 1000 und 2000 ℛ Silber, so wie auch zu 1500 und 3000 Bco. m$\not{k}$.

4) Bankactien. Gegen die zur Begründung der Bank geleisteten Einschüsse (s. Nationalbank), wurden den damaligen Gläubigern der Bank Quittungen ertheilt, auf welche jetzt Actien (auf jede beliebige runde Summe, von 200 Rbkthlr. an) erhoben werden können. Diese Actien tragen keine Zinsen, nehmen aber in 3 bis 4 Jahren Antheil an der Ausbeute der Bank. Der Cours stand am 16. Juli 1847 in Kopenhagen 178 für 100 Nominal.

Außer den vorstehenden giebt es mehrere andere dänische Obligationen, von kleineren Anleihen herrührend, die der Staat in Frankfurt a. M., Genua, Amsterdam und Antwerpen abgeschlossen hat und die von der Regierung durch Ankäufe nach und nach getilgt werden. Da sie sich aber meistens im Auslande in festen Händen befinden, so kommen sie hier selten vor.

Die Courtage beträgt für Wechsel und Fonds 1 pr. Mille, für Actien $\frac{1}{4}$ %.

Folgendes war der Stand der Course aller hier in Circulation befindlichen Staatspapiere und Actien; am 10. Juli 1847:

4 % königl. Obligationen à 1000 Rbd.	105 %
desgl. kleinere	106½ %
4 % Anl. b. Hambro & Sohn von 1828	100½ „
3 % engl. Anleihe bei Rothschild	84½ „
4 % schwedische Hypothekenkassen-Oblig. von 1835 u. 39	96 %
4 % Creditskassen-Oblig.	105 „
4 % Ostgothländische Pfandbriefe	95 „

(exclusive der laufenden Zinsen).

Actien der Nationalbank	177 %	
„ „ seeländischen Eisenbahn	60 „	
„ „ Mobiliar-Brandkasse à 125 Thlr.	300	Thlr. per Actie.
„ „ königl. Assecuranz	800	„ „ „
„ „ Centralkasse	250	„ „ „
„ von Tivoli und Vauxhall	28	„ „ „
„ der Wassercur-Anstalt	23	„ „ „
„ des Langebro Badehauses	105	„ „ „
„ der helsingör Dampfschifffahrt	100	„ „ „
„ des Casino	14	„ „ „

Maaße.

Längenmaaß.

1 Fuß = 139,13 pariser Linien, oder 0,314 Meter = dem preuß. Fuß.

1 Elle = 278,26 par. Linien, oder 0,6277 Meter = 2 Fuß. Die Elle wird in Halbe, Viertel u. s. w. getheilt.

1 Ruthe	=	5 Ellen	=	10 Fuß	=	120 Zoll	=	1440 Linien.
				1 "	=	12 "	=	144 "
						1 "	=	12 "

1 Faden = 3 Ellen = 6 Fuß.

1 Meile 2400 Ruthen = der preuß. Meile.

Flächenmaaß.

1 □Ruthe = 25 □Ellen = 100 □Fuß à 144 □Zoll à 144 □Linien. — Die Tonne Aussaat = 55,162 Aren.

Körpermaaß.

Der Kubikfuß (= 1728 Kubikzoll) ist dem preußischen gleich.

1 Pott = 54 Kubikzoll = 48,70445 pariser Kubikzoll = 0,966 Liter.

1 Tonne, Getreidemaaß, = 144 Pott = 7013,441 pariser Kubikzoll = 139,1213 Liter.

1 Tonne	=	8 Scheffel	=	32 Viertel	=	64 Achtel	=	128 Sechzehntel.
		1 "	=	4 "	=	8 "	=	16 "
				1 "	=	2 "	=	4 "
						1 "	=	2 "

1 Last = 22 Tonnen.

Weinmaaß:

1 Fuder = 6 Ohm = 24 Anker = 465 Kannen = 930 Pott = 3720 Pezel. — 1 Ohm = 149,749 Liter.

1 Stückfaß = 7½ Ohm = 30 Anker.

1 Faß = 2 Pipen = 4 Oxhoft = 6 Tierzen = 24 Anker = 930 Pott.

1 Biertonne = 136 Pott. Nach derselben werden auch Mehl, Butter, Talg, Seife, Thran, Fleisch ꝛc. verkauft.

Die Last Oel, Butter, Häring und andere fette Waaren, hat 12 Biertonnen.

Die nordische Theertonne = 120 Pott.

Brennholz mißt man nach Faden von 6 Fuß Länge, Breite und Höhe.

Französisches Salz und Kalk werden nach der Last von 12 Tonnen à 144 Pott verkauft.

Spanisches Salz und Steinkohlen werden nach der Last von 18 Tonnen à 8 Schipp à 22 Pott gerechnet.

Norwegisches Salz wird nach dem Gewichte verkauft; die Tonne von 10 dänischen Scheffeln wiegt 250 Pfund.

Gewicht.

1 ℔ Handelsgewicht = 500 Gramm.

℔		Unz.		Lth.		Quentch.		Ort		Es.
1 ℔	=	16 Unz.	=	32 Lth.	=	128 Quentch.	=	512 Ort	=	8192 Es.
		1 „	=	2 „	=	8 „	=	32 „	=	512 „
				1 „	=	4 „	=	16 „	=	256 „
						1 „	=	4 „	=	64 „
								1 „	=	16 „

1 Es = 8 Gran.
1 Centner = 100 ℔.
1 Wag oder Wage = 3 Bismarkpfund = 36 ℔.
1 „ = 12 ℔.
1 Schiffspfund = 20 Liespfund = 320 ℔.
1 „ = 16 ℔.
1 Last = 16¼ Schiffspfund = 52 Centner = 5200 ℔.

1 Last = 1,32 holl. Lasten = 1,39 preuß. Commerzlasten = 2,52 engl. Tons.

1 ℔ Silbergewicht (köln. ℔) = 470,588 Gramm. 17 ℔ Silbergewicht = 16 ℔ Handelsgewicht.

1 ℔ Silbergewicht = 2 Mark = 16 Unzen ꝛc.

1 Mark = 234,969 Gramm. Als Probirgewicht für Silber die Mark = 16 Loth à 18 Grän, für Gold die Mark = 24 Karath à 12 Grän. Verarbeitetes Silber soll 13⅓ Loth fein halten, und führt im Stempel 3 Thürme.

Apothekergewicht ist das nürnberger.

Bei zählenden Gütern rechnet man ein großes Tausend zu 1¼ kleinen, 10 großen und 12 kleinen Hundert, 20 Schock, 30 Zimmer, 60 Snese oder Stiegen, 120 Decher, 1200 Stück. Ein Gros hält 12 Tylt à 12 Stück. Ein Oll oder Wall 80 Stück Häringe oder Eier.

Nationalbank.

Die dänische Nationalbank zu Kopenhagen begann, als Privatbank, ihre Wirksamkeit am 1. August 1818, nachdem die 5 Jahre früher errichtete Reichsbank aufgehoben worden war. Das Kapital der letzteren, durch eine Auflage auf alles unbewegliche Eigenthum in den dänischen Staaten zusammengebracht, ging auf die neue Nationalbank über, und so wurden alle Grundeigenthümer im eigentlichen Dänemark, deren Bankhaft (Guthaben) mindestens 100 ℛ𝓉 Silber betrug, Interessenten der Bank. Die Bank erhielt ein Privilegium auf 90 Jahre und verpflichtete sich dagegen: 1) die Consolidirung des Geldwesens im Lande im Allgemeinen zu bewirken; 2) die Reichsbankzettel durch allmälige Einlösungen auf den ursprünglichen Paricours zu bringen und zu erhalten (man vergleiche hiermit was wir oben über Papiergeld berichtet haben); 3) die übernommenen Schulden zu verzinsen und abzutragen und 4) durch Depositen-Annahme, Darlehn und Disconto dem Handel beförderlich zu sein. — Das Kapital der Bank beläuft sich dermalen auf 15 Millionen Reichsbankthaler.

Koromandel,

die östliche Küste Vorder-Indiens, vom Cap Comorin bis zur Mündung des Kistna-Flusses, sandig am Strande, desto fruchtbarer aber im Innern und vorzüglich reich an Baumwolle, fast ganz im Besitz der Briten, zur Präsidentschaft Madras gehörend. Die Eingebornen liefern viele baumwollne Zeuge und Tücher in seltner Schönheit der Farben, besonders in Roth und Blau, und treiben lebhaften Handel damit. Die engl. ostindische Compagnie kaufte 1845 von den Dänen Trankebar für 12½ Lak Rupien. Dort sind viele Baumwollenfabriken und Arrakbrennereien; die Franzosen besitzen, als Mittelpunkt ihres indischen Handels, Pondichery (s. das.).

Münzen.

Man rechnet hier nach

Pagoden zu 36 Fanams à 80 Cash.

Hiesige Münzsorten sind

in Gold: Pagoden zu 3¾ Rupien; sie gelten gewöhnlich 3½ Rupien.

- Silber: Rupien zu 10 Fanams à 8 Pice, die in Madras und andern Gegenden für 16 Annas gangbar und den Werth von 19¼ preuß. Silbergroschen haben, und Fanams.

- Kupfer: Picestücke (m. s. in den Tabellen der Gold- und Silbermünzen: Asien).

Maaße und Gewichte.

Die Elle, Covid, = ½ Yard.

Die Maaße zu trockenen Waaren heißen Garssa, Mercal und Olcke, sind aber überall von ungleicher Größe; in Pondichery rechnet man 1 Garssa = 600 Mercals und soll der Mercal Weizen circa 12 franz. Pfund wiegen.

Gewichte sind die unter Malabar; 1 Kandil zu 20 Maunds à 40 Seyras oder Seers.

Beim Gold- und Silbergewicht hat 1 Seer 8⅓ Paloins à 10 Pagoden = 5796 holl. As; auf öffentlichen Märkten rechnet man nach Paloins von 713 holl. As.

Der Kandil ist nach Kruse = 460 hamburger Pfund, wiegt also 467,644 preuß. Pfund, oder 491,3 Pfund engl. av. d. p., oder 222,831 Kilogramm. Zu 5796 holl. As für 1 Seer, wiegt der Kandil 463,68 preuß. Pfund; jenes Gewicht ist also circa 1 $\frac{3}{5}$ schwerer als dieses.

In Pondichery wiegen die Franzosen nach dem Kandil, der $5\frac{1}{7}\frac{0}{0}$ schwerer als der unter Malabar ist; in Madras hingegen wiegen die Engländer mit dem Kandil von 500 Pfund engl. av. d. p. = 485 preuß. Pfund, welches Gewicht die Indianer vorziehen, weil es circa $3\frac{1}{2}\frac{0}{0}$ schwerer als das von Malabar ist. Beim Indigo-Handel hat der Kandil oder Candy 480 dortige Pfund.

Beim Gold- und Silbergewicht hält die Pagode $71\frac{1}{5}$ holl. As, und 68,2 Pagoden = 1 köln. Mark. Das Juwelengewicht ist der Mangal von $\frac{3}{8}$ batav. Karath = 5,632 holl. As.

Krakau,

eine Provinz Oestreichs von $23\frac{1}{4}$ □Meilen mit 118,000 Einwohnern, von 1815 bis 1847 Freistaat. — Die Hauptstadt Krakau zählt mehr als 30,000 Einwohner, liegt an der Weichsel und Rudawa, hat Tuch- und Lederfabriken, und führte zeither einen beträchtlichen Handel mit preußischen Fabrikaten und Producten, dem aber durch die Einverleibung mit Oestreich so ziemlich ein Ende gemacht worden ist. Durch eine Eisenbahn ist es mit Warschau, Wien und Breslau verbunden.

Obschon die zeitherigen Münzen, Maaße und Gewichte wohl bald den östreichischen gleichgestellt werden möchten, so soll der zeitherigen Verhältnisse noch hier gedacht werden.

Münzen.

Der zeitherige Freistaat rechnete nach Gulden à 30 Groschen, zu 86,688 Gulden auf die f. Mark (s. Warschau).

Wirklich geprägte Münzen sind:

Gulden, gesetzmäßig	$75\frac{1}{4}$	auf d. r. Mark zu	14 Loth fein.
Stücke zu 10 Groschen	$79\frac{5}{32}$	" " " " "	3 " "
" " 5 "	$158\frac{5}{16}$	" " " " "	3 " "

Diese beiden letzten Münzsorten sind demnach Scheidemünze zu $281\frac{1}{3}$ Gulden auf d. f. Mark.

Im gemeinen Leben wird aber der preußische Thaler zu 6, der österr. Gulden zu 4 Gulden gerechnet. Der hiesige Gulden gilt 15 Kopeken Silber.

Wechselcourse.

		m. o. w.			
Amsterdam	2 Monat	$146\frac{1}{3}$ ℛ︎	à 6 Fl.	für	250 Fl. niedl. Court.
Augsburg	2 "	107 "	"	"	150 " Conv. Mze.
Berlin u. Breslau	2 "	$102\frac{1}{2}$ "	"	"	100 ℛ︎ Courant.
Hamburg	2 "	156 "	"	"	300 Bco. mℒ.
Leipzig	nach Sicht	$102\frac{3}{4}$ "	"	"	100 ℛ︎ im 14 ℛ︎fuße.
London	3 Monat	$42\frac{1}{2}$ Gulden		"	1 £.

Paris	2 Monat	510 Gulden	für	300 Francs.
Warschau	2 „	99½ „	„	100 poln. Gulden.
Wien	2 „	108 „	„	150 Fl. Conv. Mze.

Cours der Geldsorten.

Ducaten	circa	19¾ Gulden	per Stück.
Friedrichsd'or . . .	„	34—35	desgl.
Deutsche Pistolen . .	„	33—34	desgl.
Ruff. (halbe) Imperialen	„	34 Gulden	desgl.
Silberrubel	„	6⅔ „	desgl.
Oestr. Banknoten und Conv. Münze .	„	107 „	für 100 Fl.
Preuß. Courant . .	„	102—103	„ 100 „ (6 Fl.=1 ℛ︁).

Maaße und Gewichte (seit 1836).

Der Fuß, Stopa, = 0,288 Meter.

Die Elle, Lokiec, = 0,576 Meter.

Vom Getreidemaaß hält die Laszt (Last) 30 Korcy (Korzec oder Scheffel) à 4 Cwierci (Viertel) à 8 Garcy (Garnitzen) à 4 Kwarty (Quart), und ein Korzec = 123 Liter.

Vom Getränkmaaß hält die Beczka (Tonne) 36 Garniec, oder 144 Kwart. 60 Garniec rechnet man auf 1 Oxhoft. Der Garniec = 3,844 Liter.

Vom Handelsgewicht rechnet man den Stein (bei Wolle 2c.) zu 32 Pfund, und bei Colonialwaaren 24 Pfund. Das Pfund wiegt 404,93 Gramm. Eisen verkauft man nach dem Centner von 100 und 128 Pfund; auch bedient man sich hier des Wienergewichts und rechnet 1 wiener Centner = 138, und 1 berliner Centner = 126⅔ hiesige Pfund.

Vom Gold- und Silbergewicht hat das Pfund 2 Mark à 16 Loth; die Mark wiegt 4138 holl. As = 198,885 Gramm.

Das Apothekerpfund ist das nürnberger.

Kurland, s. Libau.

Lauenburg,

ein zu Dänemark gehöriges Herzogthum von 22 □Meilen mit circa 45,500 Einwohnern und der Hauptstadt Ratzeburg. Die Stadt Lauenburg mit 4300 Einw., an der Mündung der Stecknitz in die Elbe, hat 116 eigene Schiffe. Hier wird ein Elb- und Stecknitzzoll erhoben. Eine Zweigbahn der Hamburg-Berliner Eisenbahn wird Lauenburg mit Büchen und Lübeck verbinden. Eine andere Zweigbahn von Lüneburg nach Lauenburg wird beabsichtigt.

Münzen.

Im Herzogthume wird gerechnet
nach Thalern zu 48 Schilling à 6 ₰.
und zwar nach folgenden Annahmen:

a) bei königl. Cassen gilt der preuß. Thaler 39 Schilling.
das ⅔ Stück 30 „

b) bei städtischen Abgaben gilt d. preuß. Thlr. 41 „
das ⅔ Stück 32 „

c) im gemeinen Leben gilt der preuß. Thlr. 42 „
das ⅔ Stück 32 „

Hamburger und dänisches Courant gilt hier gleich. Der Species gilt 1 ℛℳ 14 ß.

Zwar ist nicht nur in frühern Zeiten, sondern auch erst 1830 lauenburgisches Geld in ⅔ Stücken geschlagen worden, es ist aber wenig oder gar nichts davon in Circulation. Man bedient sich des mecklenburgischen, dänischen und hamburgischen Geldes, besonders aber des preußischen. Die hannöverschen Pfennige gelten für hiesige.

Nimmt man den preuß. Thaler, wie er meist im Verkehr gilt, zu 42 Schilling an, so gehen 12¼ lauenb. Thaler auf die feine Mark, und 1 ℛℳ ist = 1 ℛℳ 4¼ Sgr oder Netto = 2 Gulden in Süddeutschland.

In Wechselsachen richtet man sich meist nach Hamburg. — Hypothek geht vor Eingebrachtes.

Maaße.

Die hiesige Elle à 2 Fuß à 12 Zoll ist die sogenannte kleine hamburger, wie in Lüneburg. — 978 alte calenberger Fuß, seit 1689 hier üblich, geben 1000 hamburger Fuß. — Eine Ruthe = 256 □Fuß. — Ein Morgen = 120 □Ruthen.

Der Getreide-Himten ist der hannöversche. Ein Scheffel = 1½ Himten. Eine Last hat 24 Sack à 4 Scheffel.

Ein Himten Roggen wiegt circa 40, ein Scheffel Weizen circa 75—80 ℔.

Auch bedient man sich der Drömbt oder Drehmaad zu 12 Scheffel à 6 Spint à 4 Metzen. — Der Scheffel wird auf dem Lande auch in 4 Faß getheilt. — Der Tönnchen-Himten Kartoffeln hat 30 Spint.

Eine Tonne hat 33 Stübchen oder 132 Quartier, welches letztere dem hamburger gleich sein soll. — Ein Oxhoft hat 120 Kannen à 2 Quartier.

Gewicht.

Das Gewicht ist das hamburger. Der preuß. Centner = 106 ℔ und 100 Zoll℔ = 103½ ℔ hiesig.

Das Apothekergewicht ist, wie in Hamburg, das berliner.

Lausanne,

Hauptstadt des Kantons Waadt mit 15000 Einwohnern.

Münzen.

Man rechnet nach Schweizerfranken zu 10 Batzen oder 20 Sous, den Batzen zu 10 Rappen.

Da der brabanter Kronenthaler hier 39½ Batzen gilt, so kann man (9⅕ Kronenthaler auf die f. Mark) circa 36⅓ solcher Schweizerfranken auf die f. Mark rechnen, und ein Schweizerfranken = 11 Sgr 6,7 ₰, oder 40,46 Xr. im 24½ Fl.Fuß, oder 100 preuß. Thaler = 259,52 Schweizerfranken, oder 100 Fl. im 24½ Fl.Fuß = 148,30 Schweizerfranken.

Wirklich geprägte Münzen sind: Silber oder Billon zu 20, 10, 5, 1 und ½ Batzen. Die Untersuchung der Batzen hat ergeben, daß in ihnen 57 und in den halben 68 Schweizerfrancs auf die f. Mark gehen.

Geldtarif.

Der Brabanterthaler	. zu	39½	Batzen.
" Fünffrankenthaler	. "	34½	"
Das Zwanzigfrankenstück	"	138	"

Wechselcourse.

	man zahlt		empfängt
Amsterdam	29 Sous	m. o. w.	1 Fl. Corrent.
Augsburg	35 "	"	1 " "
Basel .	101½ L. schw.	"	100 L. Wechs. Z. in Basel.
Frankfurt	100¾ " "	"	100 L. u. 16 L. für 11 Fl. C. M.
Hamburg	25 Sous 6 D.	"	1 mk Bco.
London .	17 L. 50 Rapp.	"	1 £.
Mailand	58 L. schw.	"	100 L. österreichische.
Paris, Lyon, Genf, Genua	99½ L. schw.	"	100 L. schw. und 34½ Batzen für 5 Franken.

Der Kanton besitzt seit 1829 eine Wechselordnung, deren Hauptbestimmungen dem französ. Code de commerce entnommen sind.

Maaße.

Schon im Jahre 1822 wurde in diesem Kanton, in welchem die größte Maaß- und Gewicht-Verschiedenheit in der Schweiz geherrscht hatte, ein geordnetes Maaß- und Gewichtssystem eingeführt, welches von dem neuen schweizerischen nur in wenigen Beziehungen abweicht, wie folgende Uebersicht zeigt:

Der waadtländische Fuß ist gleich dem schweizer Fuß.

Der waadtländ. Stab (aune) ist gleich dem schweizer Stab oder 2 Ellen.

Der Längenklafter hält 10 Fuß, und daher der □Klafter = 100 □Fuß = 1 schweizer □Ruthe.

Le Fossorier (als kleineres Feldmaaß) hält 50 □Klafter.

La Pose (als größeres Feldmaaß) hält 10 Fossoriers oder 500 □Klafter = 50000 □Fuß = 1¼ schweizer Juchart.

Der Kubikklafter ist ein Würfel von 10 Fuß Seite, also 1000 Kubikfuß Inhalt, zur Messung bei Bauten, Steinbrüchen u. s. f.

Der Kubikklafter für Heu und Brennholz ist ein Würfel von 5 Fuß Seite, also 125 Kubikfuß Gehalt. Er ist demnach der 8te Theil des obigen ganzen Kubikklafters.

Hohlmaaße für trockene Gegenstände.

1 Muid (Zuber) = 10 Sac (Sack) = 100 Quart (Viertel) = 1000 Immine (Immi) = 10000 Copat (Becher) = 50 Kubikfuß = 90 schweizer Viertel.

Es machen also 10 waadtländische Viertel genau 9 schweizer Viertel.

Hohlmaaße für Flüssigkeiten.

1 Char (Fuder) = 16 Setiers (Eimer) = 48 Brocs (Stütze) = 480 Pots (Maaß) = 24 Kubikfuß = 432 schweizer Maaß.

Es machen also 10 waadtl. Maaß 9 schweizer Maaß.

Gewicht.

Das waadtl. Pfund ist gleich dem schweiz. Pfund. 100 ℔ machen einen Centner (Quintal). Das Pfund hat folgende Eintheilung:

1 Livre (Pfund) = 16 Onze (Unze) = 128 Gros (Quintli) = 9216 Grain (Gran).

Leipzig,

eine berühmte Handelsstadt im Königreich Sachsen am Zusammenflusse der Elster, Pleiße und Parde, zählt über 56000 Einwohner, besitzt Fabriken in Wachstuch, Rüböl, Pianofortes, Spielkarten, mechanischen Instrumenten, künstlichen Blumen, Hüten, Cigarren u. s. w., und viele und bedeutende Buch-, Stein-, Kupfer- und Stahldruckereien. Der Handel wird durch drei jährliche Messen und einen Wollmarkt, durch mehrere hier einmündende Eisenbahnen, durch eine Bank, durch ein Handelsgericht und eine Börse belebt und befördert. Auch der Wechsel- und Actienverkehr ist nicht unbedeutend. Leipzig ist endlich der Hauptstapelplatz des deutschen Buchhandels.

Münzen.

Leipzig rechnet, wie ganz Sachsen, seit dem 1. Januar 1841 nach Thalern zu 30 Neugroschen à 10 Pfennigen im 14 Thalerfuß. — Bis dahin rechnete man im Conventions- oder 20 Guldenfuße, nach Thalern zu 24 Groschen à 12 Pfennigen. Für alle künftige Umrechnungen ist ein gesetzliches Agio von $2\frac{7}{9}$ pCt. festgesetzt. Die ehemaligen Conventions $\frac{1}{6}$, $\frac{1}{12}$ und $\frac{1}{24}$ Stücke, so wie die alte Scheidemünze wurden allmälig auf den jetzigen Münzfuß devalvirt.

Wirkliche Landesmünzen sind:

In Gold: Augustd'or in $\frac{2}{1}$, $\frac{1}{1}$ und $\frac{1}{2}$, zu 35 Stück in der rauhen köln. Mark (à 233,8555 Gramm schwer) und zu $21\frac{2}{3}$ Karath fein. — Ein Remedium ist nur am Gewicht, und zwar nur bis zu $\frac{1}{4}$ % gestattet. — In den Cassen der Regierung wird aber Gold in Zahlung nicht angenommen.

In Silber: (in Folge des Zutritts Sachsens zu dem deutschen Münzvereine) Stücke zu zwei Thalern, wovon 7 Stück eine feine, oder 6,3 Stück eine rauhe Mark à 14 Loth $7\frac{1}{5}$ Grän fein wiegen. — Remedium ist $\frac{3}{1000}$ am Feingehalt und $\frac{3}{1000}$ am Gewicht.

Thalerstücke zu 14 in der feinen, oder $10\frac{1}{2}$ in der rauhen Mark à 12 Loth fein. — Remedium 1 Grän im Feingehalt; $\frac{1}{2}$ % im Gewicht.

Einsechstelthalerstücke, wovon 84 in der feinen, oder $43\frac{3}{4}$ in der rauhen Mark à $8\frac{1}{3}$ Loth fein enthalten sein sollen. — Wegen Prägung von $\frac{2}{3}$ und $\frac{1}{3}$ Thalerstücken, so wie von Ducaten, hat sich die Regierung das Weitere noch vorbehalten. — Für letztere soll dann ein Remedium von $1\frac{1}{2}$ Grän am Feingehalt und 1 % am Gewicht statt finden.

Als Scheidemünze giebt es:

In Silber: Doppelte, einfache und halbe Neugroschen in Billon, 16 Thaler auf die Mark fein.

In Kupfer: Zwei- und Einpfennigstücke; der Centner zu 100 ℛ︀ℳ︀ ausgebracht.

An Papiergeld. Cassenbillets zu 10, 5 und 1 Thlr. (zusammen 7 Millionen Thaler). Ferner circuliren hier, ohne jedoch an den Cassen der Regierung angenommen zu werden: 1) Eine halbe Million einzelne Thalerscheine von der Dresden-Leipziger Eisenbahn; sie sind als erste Hypothek auf die Bahn fundirt. 2) Noten der leipziger Bank zu 20, 50, 100, und 500 ℛ︀ℳ︀ (1846 über 5 Mill. Thaler). Dazu kommt neuerdings 3) das verzinsliche Papiergeld der Chemnitz-Riesaer Eisenbahn (s. weiter unten). — Außerdem ist Sachsen der Sammelplatz aller Arten Papiergeld, z. B. berliner und dessauer Banknoten, hannöverscher Stadt- und bernburger Eisenbahnscheine, preußisches, braunschweigisches, cöthensches rc. Staats-Papiergeld; auch wiener Banknoten sind zum Tagescours leicht zu haben und anzubringen.

An fremden Münzen coursiren hier:

in Gold, Ducaten, Pistolen, holl. und süddeutsche 10 Guldenstücke, 20 Francsstücke, russ. Imperialen;

in Silber, sämmtliche im 14 Thalerfuß geschlagene Courantsorten Deutschlands, in $\frac{2}{3}$, $\frac{1}{3}$, $\frac{1}{6}$, so wie leider noch immer viele ältere, ursprünglich als Conv. Geld ausgegebene, später aber auf den 14 Thalerfuß devalvirte $\frac{1}{12}$ Stücke, obschon dieselben bei den Geldwechslern nur mit 1 — 2 % Verlust gegen Courant ausgewechselt werden können.

Auch sieht sich Sachsen ungeachtet ausdrücklicher Verbote mit fremder Scheidemünze überschwemmt, namentlich mit preuß. $2\frac{1}{2}$ Silbergroschenstücken, mit hessischen, herzoglich sächsischen, anhaltischen, schwarzburgischen, waldeckischen, reußischen 2c. ganzen und halben Silbergroschen, und mit Kupfergeld aller in Groschen und Pfennigen rechnenden Länder.

Wechselcourse im Juni 1847.

	Veränderliche Valuta.		Feste Valuta.
Amsterdam . .	142 ℛ	im 14 Thalerfuß.	für 250 Gulden holl. Courant.
Berlin, Breslau . .	100 =		= 100 ℛ in Berlin.
Augsburg . .	$102\frac{1}{2}$ =		= 150 Fl. augsb. Courant.
Bremen . . .	112 =		= 100 ℛ in Louisd'or à 5 ℛ.
Frankfurt a. M.	57 =		= 100 Fl. im $24\frac{1}{2}$ Fl.Fuß.
Hamburg . .	152 =		= 300 mℬ Bco.
London . . .	$6\frac{2}{3}$ =		= 1 £.
Paris . . .	$80\frac{1}{2}$ =		= 300 Francs.
Wien	$103\frac{1}{2}$ =		= 150 Fl. Conv. Münze.

A Uso gezogene Wechsel (die aber wenig oder gar nicht vorkommen) sind 14 Tage nach der Acceptation zahlbar. Fällt der Zahltag auf einen Sonn- oder Festtag, so ist den Tag darauf Zahlung zu leisten. — Unter Medio versteht man den 15. eines Monats. — Acceptation muß bei Präsentation erfolgen. — Erhebung des Protests ist nur bis Abends 7 Uhr gültig. — Respecttage sind nicht üblich. — Protestkosten betragen hier: gewöhnlich 2 Thlr., incl. 15 Ngr. für Stempel. (Ueber Meß-Wechsel siehe weiter unten.)

Der Wechselstempel ist				Ngr.	Pf.
bis		100 Thlr.	—	2 Ngr.	5 Pf.
von 100	=	250 =	—	3 =	8 =
= 250	=	500 =	—	7 =	5 =
= 500	=	750 =	—	11 =	3 =
= 750	=	1000 =	—	15 =	— =
und sofort für jedes		1000 =	—	15 =	— =

Von Münzsorten werden auf dem Courszettel notirt:

Sächs. Augustd'or, Preuß. Friedrichsd'or	à 5 ℛ Gold mit $13\frac{1}{3}$ ℛ m. o. w. Agio.
Ausländische Louisd'or	= 12 = =
Holl. und kaiserl. Ducaten à 3 ℛ .	= $6\frac{1}{2}$ = =

Breslauer Ducaten, $65\frac{1}{2}$ Aß . . . mit 6 ₰ m. o. w. Agio.
Passir-Ducaten, 65 Aß . . . . . . = $5\frac{1}{2}$ = =
Conventions-Species und Gulden }
Oestr. 20 und 10 Xr. Stücke } = 3 = =

Seltner kommen vor und werden nach dem Stück gerechnet:

Oesterreichische Souveraind'or . . zu 9 Thlr. 10 Ngr.
Engl. Sovereigns . . . . = 6 = 23—24 Ngr.
Nordamerikanische Eagles . . . . . = 14 = m. o. w.
Dänische Ducaten à 12 Mark . . . = 2 = 10—12 Ngr.
Goldgülden, deutsche . . . . . . = 2 = 5—7 =
Caroline, deutsche . . . . = 6 = 15—20 =
Mard'or . . . . = 4 = 10—15 =
Spanische Quadrupel . . . . . . = $21\frac{3}{4}$—$22\frac{1}{2}$ Thlr.
Portugaleser . . . . = $11\frac{2}{3}$ Thlr.
Französische Laubthaler . . . . . = $1\frac{1}{2}$ = das Stück wenn 2 Loth schwer; sonst auch zu $12\frac{1}{3}$ Thlr. m. o. w. die Mark.
Brab. Kronenthaler, ganze, $2\frac{1}{4}$ % besser als Courant, halbe und viertel circa $\frac{1}{2}$ % schlechter als Courant.
Rubel, neue . . . . zu 1 Thlr. 2 Ngr. m. o. w.
Feine $\frac{2}{3}$ Stücke . . . . = — = 23 =
5 Frankenstücke . . . . = 1 = 10 =
Holländische Gulden . . . . . . = — = 17 =
Spanische Piaster . . . . = 1 = 11 =
Alte feine sächs. Species . . . . = 1 = 15 =
Neue oder Conventions-Species, etwa $3\frac{1}{2}$ % Gewinn gegen Courant.
Schwedische und dänische, so wie auch ältere Kaiserl. zu 1 Thlr. 14—15 Ngr.
Polnisches Courant mit etwa 3 % Verlust gegen Courant.
Neue süddeutsche Gulden . . . . — Thlr. 17 Ngr.
Schweizer Neuthaler . . . . 1 = 17 =

Von Gold und Silber gilt die feine Mark:

Gold . . . . 219 Thlr. m. o. w.
Silber . . . . 14 = = = =

Im Staatspapierhandel kommen besonders vor:

1) inländische Papiere:

3 % Steuer-Credit- und Staatsschulden-Kassenscheine zu 1000, 500, 200, 100, 50, 25 ₰. Zinsen am 1. April u. 1. Okt. — Cours im August 1847: 91 %. — Tilgung durch Verloosung.

4 % Staatsschulden-Kassenscheine von 1847 à 500 ₰. Zinsen am 1. April und 1. Okt. — Cours Medio August 1847: $101\frac{1}{2}$ %. Die Anleihe war nominell 10 Millionen stark; da aber die Hälfte in Landrentenbriefen und 3 % Oblig. in Zahlung angenommen wurde, so beträgt sie in Wahrheit nur 5 Millionen.

$3\frac{1}{3}$ % Landrentenbriefe zu 1000, 500, 100, 50, 25 und $12\frac{1}{2}$ ℛ︦. Zinsen am 1. April u. 1. Okt. — Cours im Aug. 1847: $92\frac{1}{2}$ %.

Hierher können auch gerechnet werden:

Die leipzig. Stadt-Oblig. à 1000, 500, 200, 100, 50 und 25 ℛ︦ mit Zinsen à 3 % am 1. Jan. und 1. Juli. — Cours im Aug. 1847: $90\frac{1}{2}$ %.

$3\frac{1}{3}$ % sächs. erbländische Pfandbriefe à 500, 100 und 25 ℛ︦. — Zinsen am 2. Jan. u. 2. Juli. — Ausloosungen beginnen 1850. — Cours Medio August 1847: 93 % (Domicil: Leipzig).

3 % oberlausitzische Pfandbriefe zu 100, 50, 20 und 10 ℛ︦. — circa 87 % } Aug. 1847.

$3\frac{1}{2}$ % desgl. zu 1000, 500, 100 u. 50 ℛ︦. circa 99 % } Aug. 1847.

2) **Fremde Staatspapiere:**

$3\frac{1}{2}$ % preuß. Staatsschuldscheine. — Zinsen am 1. Jan. u. 1. Juli. Cours im Aug. 1847: 93 %.

3 % preuß. Steuer-Credit-Cassenscheine im 20 Fl.Fuß. Appoints bis zu 50 ℛ︦ herab, Cours im Aug. 1847: 87 %.

Oesterreichische Bank-Actien und Metalliques. Bei diesen versteht sich der Cours stets in Thalern des 14 Thalerfuß für 150 Fl. Conv. Geld. Die Zinsen werden fest zu 103 ℛ︦ für 150 Fl. regulirt.

$3\frac{1}{2}$ % hamburger Feuer-Cassen-Anleihe, 85 %.
(1 ℛ︦ = 2 mℛ︦ Bco.).

Außerdem finden Geschäfte per contant und auf Lieferung statt in:

Leipziger Bank-Actien (s. unten) à 250 ℛ︦ im 14 Thalerfuße. Zinsen à 3 % am 28. Febr. und 31. August. Die Extra-Dividende wird im Mai publicirt (1847: $9\frac{1}{2}$ ℛ︦ per Actie). Der Cours (am 16. August 1847: 167 %) versteht sich für 100 ℛ︦ nominell.

Leipzig-Dresdner-Eisenbahn-Actien à 100 ℛ︦ im 14 Thalerfuß. Zinsen à 4 % am 1. April und 1. Okt. Dividende wird im März publicirt (1847: 1 ℛ︦ per Actie, also zus. 5 %). Der Cours (Aug. 1847: 117 ℛ︦) versteht sich per Actie von 100 ℛ︦.

Leipzig-Dresdner-Eisenbahn-Partial-Obligationen zu 100 und 50 ℛ︦. Sie tragen $3\frac{1}{2}$ % Zinsen, welche vom Ertrage der Bahn zuerst bedacht werden. Die Tilgung erfolgt mit einer jährlich um 1 % steigenden Prämie bis 1922. — Cours im Aug. 1847: $103\frac{3}{4}$ ℛ︦ für eine in diesem Jahre wenigstens 109 ℛ︦ werth seiende Obligation. — Die Leipzig-Dresdner Eisenbahn ($15\frac{1}{2}$ Meilen) beruht auf einem Fond von $4\frac{1}{2}$ Millionen Thaler in Actien und $1\frac{1}{2}$ Million Thaler in Partialen, außer einer halben Million Thaler in unverzinslichen Eisenbahnscheinen à 1 ℛ︦.

Magdeburg-Köthen-Halle-Leipziger-Eisenbahn-Actien à 100 ℛ𝓉 (s. Berlin). Aug. 1847: 228 %.

Sächsische-Bairische Eisenbahn-Actien à 100 ℛ𝓉. — In Folge des Uebergangs dieser Eisenbahn in Staatshände durch Vertrag vom 1. April 1847 sind die ursprünglichen 45000 Actien à 100 ℛ𝓉 in Staats-Obligationen verwandelt, die bis 1855 zu 4 %, später nur mit 3 % verzinset werden.

Sächsisch-Schlesische Eisenbahn-Actien. Die Verbindung zwischen Dresden und Görlitz (13¾ Meilen) wurde im Aug. 1847 vollendet. — Außer den 2 Millionen, die der sächs. Staat beigetragen, giebt es 40,000 Actien à 100 ℛ𝓉 mit 4 % Zinsen, welche vom Staat auf 5 Jahr nach Vollendung garantirt sind. Zinsen am 1. Jan. und 1. Juli. — Cours am 16. Aug. 1847: 102¾.

Chemnitz-Risaer Eisenbahn (9½ Meilen). — 40,000 Actien à 100 ℛ𝓉, wovon aber ein Viertel vom Staat übernommen. Zins 4 % vom 1. April und 1. Okt. — Dazu 1847 eine Anleihe von zwei Millionen Thaler in mit 4 % verzinslichem Papiergeld, in Scheinen à 10 ℛ𝓉. — Cours der Actien im Aug. 1847: 60 %.

Löbau-Zittauer Eisenbahn (4½ Meilen). 20,000 Actien à 100 ℛ𝓉 Litt. A., wovon ¼ vom Staat übernommen; Zins 4 % am 1. Jan. und 1. Juli. — Dazu 1847 ½ Million Thaler in Actien Litt. B. à 25 ℛ𝓉 jetzt mit 5 %, später immer ein Procent mehr Zinsen als Litt. A. — Cours der Actien Litt. A. im Aug. 1847: 58½ %.

Maaße und Gewichte *).

(Aus dem Staatshandbuche für 1847.)

Die dermalen bestehende Einheit des Längenmaaßes ist die dresdner Elle, welche in 24 Zolle, jeder zu 12 Linien getheilt wird. Der leipziger Fuß wird gemeinhin zu der Hälfte dieser Elle angenommen. Ueber beide Längeneinheiten besteht aber keine völlige Gewißheit. Ursprünglich sollte die leipziger Elle eine genaue Copie der dresdner Elle ausmachen, und es ist kaum zu bezweifeln, daß die messingene Handelle Churfürst Augusts vom Jahre 1519, die beim mathematischen Salon aufbewahrt wird, und von welcher der Fuß 125,897 pariser Linien enthält, als Normal-Elle gelten sollte.

Die verschiedenen Ellenmaaße, die indessen jetzt bei den Behörden sich vorfinden, sind mehrentheils etwas kürzer, jedoch auch unter einander nicht von gleicher Länge. Nach sorgfältigen Un-

*) Wäre es nicht zweckmäßiger gewesen, wenn sich das Staatshandbuch, anstatt die mißbräuchlichen Verschiedenheiten indirect zu sanctioniren, unter Hinweisung auf die ursprünglichen Gesetze, insofern deren vorhanden, zu Feststellungen herbeigelassen hätte, die dem In- und Auslande als Norm dienen könnten?

tersuchungen ihrer unterschiedenen Längen ist deren Hälfte oder Fuß gefunden worden zwischen 125,47 und 126,10 pariser Linien, und die Angaben einiger zuverlässigen Metrologen, gehen sogar bis 125,23 pariser Linien herab.

Diese Abweichung unter den verschiedenen Ellen veranlaßte im Jahre 1811 den Vorschlag, die sächsische Elle so zu reguliren, daß 13100 solcher Ellen genau einer geographischen Meile (15 auf einen Grad) entsprächen.

Der Fuß dieser Elle enthält 125,537 pariser Linien und ist bei Vermessung der Staatsgüter, und bei dem neu eingeführten Zoll- und Steuer-System angenommen worden. Der richtigste Durchschnitt unter den vorhandenen Fußgrößen dürfte die Länge von 125,60 par. Linien oder 283⅓ Millimeter ergeben.

Das Feldmaaß ist die Ruthe; sie ist 7 Ellen 14 Zoll lang, und 300 □Ruthen geben einen sächsischen Acker.

Beim Straßenbau sind Ruthen von 8 Ellen Länge im Gebrauch, 2000 solcher Ruthen oder 16000 Ellen machten bisher eine Post- oder Polizeimeile aus.

Seit dem Jahre 1841 ist jedoch eine neue Postmeile = 7500 französischer Meters oder 13241,987 obiger dresdner Ellen eingeführt worden.

Für den Bergbau besteht als besonderes Längenmaaß das Lachter. Die Länge des Lachters war früher zu 7 dresdner Fuß festgesetzt. Unterm 14. April 1830 erfolgte jedoch die allerhöchste Anordnung, das Lachter in der Länge genau 2 französischen Meters gleich zu setzen, wonach demnach jeder Lachterfuß $\frac{2}{7}$ Meter oder 126,6559817 par. Linien groß ist.

Noch weniger genau, als über das Längenmaaß, ist dermalen über das Hohlmaaß gesetzliche Bestimmung vorhanden.

Die Einheit der Flüssigkeitsmaaße ist die dresdner Kanne, 72 derselben bilden einen Eimer, 6 Eimer ein Faß beim Wein. Beim Biere bilden 420 Kannen ein Faß, 210 ein Viertel, 105 eine Tonne. Ueber die eigentliche Größe der dresdner Kanne sprechen sich jedoch die Gesetze nicht aus, sondern verweisen blos auf die beim Rathe zu Dresden deshalb vorhandenen Normalmaaße. Diese weichen aber merklich unter sich ab. Die zuverlässigeren Bestimmungen darüber wechseln zwischen 71,209 und 73,431 Kubikzollen. Die bei den verschiedenen Obrigkeiten des Landes aufbewahrten Normalkannengemäße dagegen variiren von 70,95 bis 79,77 Kubikzoll. Der muthmaßlich richtigste Durchschnitt dürfte zu 72,3538 Kubikzoll anzunehmen sein.

Bei den Zoll- und Steuer-Ausmessungen hat man die Größe der Kanne zu 71,186283711 dresdner Kubikzollen (des Fußes von 126,537 par. Linien) angenommen, in der Voraussetzung, daß sie dem Raume von 2 Pfund destillirtem Wasser von 15° Reaum. (das Pfund 467,08616 Grammen gerechnet) im luftleeren Raume gleich sei.

In den meisten Orten des sächsischen Erzgebirges, namentlich in Stollberg, Zöblitz, Thum, Schneeberg, Zwickau, Wolkenstein 2c., ist eine größere Kanne, die ehemalige leipziger Visirkanne, welche in der Regel $1\frac{1}{4}$ dresdner Kannen faßt, noch im gewöhnlichen Gebrauche, doch auch hierunter wesentliche Verschiedenheit vorhanden.

Als Getreidemaaß ist der Scheffel die Einheit, deren 12 ein Malter, 24 einen Wispel ausmachen. Der dresdner Scheffel soll, nach dem Generale vom 7. Dezember 1803, 7900 Kubikzoll fassen, was auch mit dem Durchschnitt aus den über das Normalmaaß des dresdner Stadtrathes vorhandenen zuverlässigeren Messungen ohngefähr zusammentrifft, welche zwischen 7861,2 und 8010 Kubikzollen schwanken.

Außerdem sind aber in sehr vielen Orten und Gegenden des Landes noch besondere, theils merklich größere, theils kleinere Scheffelgrößen wenn auch nicht im gesetzlichen, doch im lokalen Gebrauch, insbesondere bei Zins- und Decem-Abschüttungen. Man kennt auf 80 dergleichen verschiedene Lokalscheffelgrößen, welche von $8\frac{3}{16}$ Metzen bis zu $33\frac{1}{2}$ Metzen des dresdner Scheffelmaaßes wechseln.

Nach dem dresdner Scheffel oder einer Tonne, gleich zwei Scheffeln, werden auch der Kalk und die Stein- und Braunkohlen gemessen. In Zwickau ist das gebräuchliche Maaß für Steinkohlen 1 Karren, gleich 5 Scheffeln.

Beim Eisenstein ist eine Tonne = 5 Kubikfuß und 1 Fuder = 5 Tonnen.

Die Klafter Holz ist 3 Ellen lang und 3 Ellen hoch, bei beliebiger Scheitlänge.

Wegen der großen Verschiedenheiten und Ungewißheiten in den Längen- und Holzkohlenmaaßen steht eine systematische Regulirung derselben bevor.

Eine solche ist bereits zwischen Regierung und Ständen vereinbart, hinsichtlich des Gewichts.

Das bisherige leipziger oder Kramer-Pfund von 32 Loth à 4 Quentchen ist nach verschiedenen Wägungen der dafür vorhandenen Normalgewichte, insbesondere der in Dresden und Leipzig vorhandenen Exemplare der kölner Mark, welcher das halbe leipziger Pfund gleich sein soll, zwischen 466,936 und 467,644 Grammen gefunden worden. Bei Bestimmung und Vergleichung des Zollgewichtes ist es jedoch, laut der Verordnungen vom 8. und 9. Oktober 1838 nur zu 466,8364 Grammen angenommen.

110 leipziger Pfund machen den gemeinen Centner, 22 Pfd. den Stein aus. Der nehmliche Centner wird beim Fleischergewicht in 102 Fleischerpfunde getheilt. Das 12 Unzen haltende Pfund des Medicinal-Gewichts ist, dem preußischen gleich, 350,78348 Grammen schwer.

Bei der Zoll- und Steuer-Regie ist, übereinstimmend mit den übrigen Zollvereinsstaaten, das Zollgewicht eingeführt, wonach der Centner 100 Pfund hat, und das Pfund = 500 Grammen schwer ist, mithin ganz nahe $1\frac{1}{14}$ Kramerpfunden gleich. Seine Eintheilung erfolgt dekadisch.

Um mit diesem Zollgewicht das gemeine bürgerliche Gewicht in Uebereinstimmung zu bringen, zugleich die Unsicherheiten in dem Pfundgewicht und die Verschiedenheiten der Centner, der Fleischpfunde und dergleichen zu beseitigen, und das Gewichtsystem des Landes auf eine übersichtliche, unter sich und mit dem künftig zu organisirenden Maaßsystem übereinstimmende und gegenseitig ableitbare Weise zu ordnen, wird das Zollgewicht als allgemeines und ausschliesliches Landesgewicht in der Art gesetzlich eingeführt werden, daß das Pfund von 500 Grammen oder $\frac{1}{2}$ Kilogramm die Grundlage dieses Systems bildet. 100 Pfund machen 1 Centner, 20 einen Stein, 10 einen Halbstein. Das Pfund wird in zehntheiligen Abstufungen bis zum $\frac{1}{10000}$ oder As herab getheilt, jedoch im Verkehr des gemeinen Lebens auch ferner noch dessen Eintheilung in 32 Loth à 4 Quentchen nachgelassen werden. Für gewöhnliche Umrechnungen werden 100 Zollpfunde mit 107 bisherigen leipziger Pfunden gleichgesetzt.

Neues Maaß-System.

Durch Decret der Regierung wurde 1841 den Landständen eine neue, auf das Decimalsystem gegründete, Maaß- und Gewichts-Einrichtung vorgelegt worden, die nun zwar noch nicht ins Leben getreten ist, deren Verwirklichung aber nicht ausbleiben wird. — Nach dieser ist

1) die neue Elle $\frac{2}{3}$ des franz. Meter = 265,97756 par. Linien; demnach sind 100 neue Ellen =

106,19	alte leipziger Ellen.	50,00	franz. Aunes.
87,58	leipzig. brabant. Ellen.	84,39	russ. Arschinen.
65,64	engl. Yards.	77,00	wiener Ellen.
70,75	castil. Varas.	89,96	berliner Ellen.

Man wird also vergleichen können:

7 leipzig. brab. Ellen	=	8	neue leipzig. Ellen.
3 Yards	=	4	desgl.
1 Aune	=	2	desgl.
9 berliner Ellen	=	10	desgl.
7 wiener Ellen	=	9	desgl.

Die Elle wird 2 Fuß, die Klafter 6 Fuß halten. Der Fuß wird 12 Zoll à 12 Linien à 12 Puncte halten. Ein Fuß also = 132,98878 par. Linien. — Die Berglachter ist 2 Meter, die Feldruthe beim Straßenbau 3 Meter, die Meile 7416 Meter.

Der Acker hält 640 □Ruthen und ist abgetheilt in 2 Scheffel oder Morgen à 2 Halbe à 2 Viertel à 4 Metzen à 4 Mäßchen à 5 □Ruthen.

2) Die Einheit des Hohlmaaßes ist der franz. Liter gleich 50,4124 par. Kubikzoll, der im gemeinen Leben Kanne genannt werden soll.

1 Oxhoft = 1½ Ohm = 3 Eimer = 6 Anker = 210 Kannen.
1 " = 2 " = 4 " = 140 "
1 " = 2 " = 70 "
1 " = 35 "

1 Fuder = 2 Faß = 4 Oxhoft.

Beim Biermaaß ist nachgelassen:
105 Kannen eine Tonne.
210 " das Viertel.

Im Kleinverkehr darf die Kanne in ½, ¼, ⅛ u. s. w. getheilt werden.

Als Getreidemaaß dient der Scheffel à 100 Liter. Es sollen 12 Scheffel einen Malter, und zwei Malter einen Wispel ausmachen. Der Scheffel darf in 4 Viertel à 4 Metzen à 4 Mäßchen getheilt werden. — Eine Tonne (Gyps, Kalk, Kohlen ꝛc.) = 2 Scheffel.

Gewicht.

Als Handelsgewicht dient der (als Zollpfund, $\frac{1}{100}$ Zollcentner, schon früher eingeführte) halbe Kilogramm = 500 Gramm, unter dem Namen Pfund. Dabei findet folgende Eintheilung statt. 1 Centner = 10 Halbstein = 100 Pfund = 1000 Millas = 10,000 Centas = 100,000 Decas = 1,000,000 As.

Für den Kleinverkehr ist die Eintheilung des Pfundes in 32 Loth à 4 Quent à 4 Pfennige nachgelassen.

Außerdem ist noch die Schiffslast zu 40 und das Schiffspfund zu 3 Centnern angenommen. Es vergleichen sich 100 neue Pfunde mit

106,90 ℔ in Berlin.	89,29 ℔ in Baiern.
100,28 " " Bremen.	50 Kilogramme in Frankreich oder Pond in Holland.
103,22 " " Hamburg.	
107,10 alten ℔ in Leipzig.	89,27 ℔ in Wien.

Für das Gold- und Silbergewicht ist die 1838 durch Münz-Convention angenommene Mark von 233,8555 Gramm beibehalten worden.

Als Juwelengewicht dient das Karath zu 4 As.

Oeffentliche Handels-Anstalten.

Seit 1839 besteht hier eine auf Actien gegründete Bank unter Oberaufsicht des Staats. Zu ihrem Geschäftskreise gehören 1) Annahme fremder Gelder, sowohl zur Verwahrung, als zur Verzinsung. 2) Discontogeschäfte. 3) Ankauf ausländischer Wechsel und Bankactien. 4) Vorschüsse gegen sichere Bürgschaft; auch gegen Pfand und Hypothek. 5) Aufbewahrung werthvoller Gegenstände. Die Bank giebt in der Regel 1 % weniger Zinsen als sie nimmt. — Das Actien-Kapital besteht vor der Hand aus 1½ Million Thalern im 14 Thalerfuß, in 6000 Actien à 250 ℛ. — Zinsen à 3 % Ende Februar und August. Dividende 1847: 9½ ℛ per Actie. — Die Bank hat das Recht Banknoten bis zu ⅔ des Bankfonds auszugeben. Die kleinsten Noten sind zu 20 ℛ im 14 Thalerfuße (s. oben Papiergeld).

Börse täglich, Courszettel am Montag und Freitag, in der Messe auch Mittwochs. — Oelbörse.

Leipzig ist der Sitz des Directoriums der Leipzig-Dresdner und sächs.-bair. Eisenbahn, der sächs. Fluß-Assecuranz-Compagnie, einer Feuer-, einer Hagel- und einer Lebensversicherungs-Gesellschaft, des erbländisch ritterschaftlichen Creditvereins, einer Asphalt-Compagnie, so wie derjenige vieler Agenturen fremder Gesellschaften.

Die hiesige von der Kramer-Innung und dem Handelsstande 1830 gebildete Handels-Lehranstalt zerfällt in zwei Haupt-Abtheilungen: die eine für Lehrlinge in hiesigen Handelshäusern, die andere für junge Leute, die sich durch eine wissenschaftliche Vorbildung auf die kaufmännische Praxis vorbereiten wollen. Der ganze Cursus dauert drei Jahre.

Handelsnotizen. Ein- und Verkäufe bei Colonialwaaren geschehen gewöhnlich per 3 Monat Zeit oder per contant mit 1¼ % Discont. Manufaktur- und Fabrikwaaren werden in der Regel von einer Messe zur andern bezahlt, wobei ein Rabatt (auf 100) von 10—20 % unter dem Namen Meßzahlung üblich ist. Bei Verkäufen gegen contante Zahlung in Courant ist ein Discont von 2 % sehr gewöhnlich; wenn die Zahlung in Gold geschieht, so nimmt man die Goldsorten meist um etwa 2 % über Cours. — Die Waaren-Courtage ist ½ %, Wechsel-Courtage 1 % von beiden Seiten.

Der Wollmarkt findet Ende Mai oder Anfang Juni statt und wird vorher bekannt gemacht. Die Verkäufe geschehen per Stein à 22 Pfund Handelsgewicht, per Kasse in Courant (1847: 70,000 Stein).

Die drei großen Messen,

welche in Leipzig jährlich gehalten werden, und deren jede drei Wochen dauert. Mit der ersten (sogenannten Böttcherwoche) beginnt das Aushängen der fremden Firmen. Die zweite Woche ist die eigentliche Meßwoche, mit welcher der fremde Detailhandel beginnen darf, und während welcher der Personal-Arrest gegen Wechsel-Schuldner suspendirt ist. Die dritte ist die sogenannte Zahlwoche, d. h. diejenige, in welcher die Meßwechsel zahlbar werden.

Die mittelste Woche der Neujahrsmesse wird am 1. Januar eingelauten, und am 8. Januar ausgelauten; fällt der erste Januar auf einen Sonntag, so fängt die Meßwoche den Montag an und hört den 9ten auf. Der Zahltag ist der 12te Januar, und ist dies ein Sonntag, der 13te, für Anweisungen der 14te desselben Monats. Die Acceptation ist spätestens bis den 8. Januar Vormittags 10 Uhr zu leisten.

Die mittelste Woche der Ostermesse beginnt am Sonntage Jubilate, also 3 Wochen nach Ostern.

Die mittelste Woche der Michaelismesse beginnt den Sonntag nach dem 29. September (Michaelis); ist dies ein Sonntag, so beginnt die mittelste Woche (diejenige der Einläutung) den Sonntag darauf.

Die Acceptation der Oster- und Michaelis-Meßwechsel wird in den ersten 4 Tagen nach der Einläutung gesucht.

Lemberg,

am Peltewflusse, die Hauptstadt und wichtigster Handelsplatz des Königreichs Galizien, führt Getreide, Häute, Talg, Wachs und Honig aus, hat Fabriken in Tuch, Leder und Leinwand, zählte 1831 gegen 60,000 Einwohner, und rechnet wie unter Galizien.

In Wechselangelegenheiten richtet man sich nach Wien auch nach Brody.

Uso bedeutet hier, so wie im ganzen Königreiche Galizien, 14 Tage, $\frac{1}{2}$ Uso 7 Tage, $1\frac{1}{2}$ Uso 21 Tage u. s. f. Respecttage sind 3. Wechsel hingegen, die à Vista oder auf einige, bis 7 Tage nach Sicht oder nach Dato, oder diejenigen, die auf einen bestimmten Tag lauten, haben keine Respecttage. Eben so muß bei Wechseln, welche erst nach der Verfallzeit präsentirt werden, binnen 24 Stunden die Zahlung erfolgen. Ist der letzte Respecttag ein Sonn- oder Feiertag, so wird am nächst folgenden Tage bezahlt.

Oestreichische Staatspapiere werden nach den wiener Coursen berechnet.

Maaße und Gewichte.

Der lemberger Fuß = 131,64 par. Linien = 0,297 Meter.

Die " Elle = 2 Fuß = 263,29 par. Linien = 0,594 Meter.

Vom Getreidemaaß wird der Korzec oder Scheffel in $\frac{1}{2}$, $\frac{1}{4}$, $\frac{1}{8}$, $\frac{1}{16}$ und $\frac{1}{32}$ eingetheilt; $\frac{1}{32}$ Korzec = 1 Garnitz, und $\frac{1}{4}$ Garnitz = 1 Quart. Ein Korzec hält demnach 32 Garnitz oder 128 Quart, und mißt 6200,67 par. Kubikzoll = 123 Liter.

Ein Bierfaß hat 36 Garnitz oder 144 Quart und ist = $128\frac{3}{8}$ Liter.

Das Pfund = 420,009 Gramme. Der Centner = 100 ℔ = 75 ℔ wiener Gewicht. Bei Tabaksgefällen, Zoll- und Kassenämtern bedient man sich des wiener Gewichts.

Hier ist der Sitz einer galizischen Hypothekenbank. — Die Pfandbriefe sind à 5000, 1000, 500 und 100 Fl. und au porteur. — Zinsen à 4 % ult. Juni und Dezember gegen Coupons. Die Gesammtsumme solcher Pfandbriefe betrug am 1. Juli 1845 nahe an 4½ Million Gulden. — Verloosung Anfangs Juni und Dezember.

Libau,

Stadt in Kurland, an dem schiffbaren See gleichen Namens und an der Mündung der Libau in einen Ostseebusen; 7000 Einwohner, Seebad, Hafen mit Leuchtthurm, beträchtlicher Handel mit Getreide, Butter u. s. w.

Münzen.

Libau rechnet wie ganz Rußland, nach Rubel Silber à 100 Kopeken Silber.

Ein Kaiserl. Ukas vom 13. Juli 1839 befiehlt, daß vom 1. Januar 1840 an, diese russische Silbermünze die Hauptzahlmünze des ganzen Reiches sein soll, und demgemäß alle Bücher, Rechnungen und Wechsel nur in Silber-Rubeln und Silb.-Kop., und nicht wie bisher auch in Bank-Assignationen, geführt und ausgestellt werden müssen.

Dieser Ukas setzt zugleich den Silber-Rubel auf den unveränderlichen Werth von 3½ Rubel Assignationen fest, siehe Petersburg.

Vorher rechnete Kurland nach Albertsthaler à 20 Sechser, Livland aber theilte den Albertsthaler in 90 Groschen. Der Albertsthaler wurde auch in 3 Albertsgulden oder 4 Oerter getheilt. Man rechnet 15 auf ein rigaer Pfund à 14 Loth fein, so daß circa 9⅙ auf die f. Mark gingen und der Albertsthaler 142 Kopeken Silber werth war. Jetzt gilt er gesetzlich 133 Kopeken Silber.

Im täglichen Verkehr rechnete man aber nach dem Courantthaler, der in gewissen fremden Münzsorten bestand, die folgendermaßen angenommen wurden:

Ein Courantthaler bestand entweder in:
16 Fünfer, d. h. $\frac{1}{12}$ Thaler verschiedener deutscher Länder,
oder 20 Sechser, = 6 poln. Groschenstücken,
= 40 Mark, = 3 dito.
= 80 Ferdingen = silberne schwed. Oerstücke,
= 120 poln. Groschen à 3 Schillingen,
= 360 kupfernen Schillingen,
welche Annahmen aber so verschieden an innerem Werthe sind, daß der Werth eines Courantthalers zwischen 82 und 135 Kopeken Silber schwankt.

Der preuß. Thaler gilt 90 Kopeken Silber. Der Silbergroschen (hier Mark genannt) 3 Kop. Silb.; das $\frac{1}{12}$ $7\frac{1}{2}$ Kop. S. und 13 Fünfer rechnet man auf einen Silberrubel.

Wechselcourse.

	Veränderl. Valuta.	Feste Valuta.
Amsterdam 65 Tage	126 Kop. Silber fur	$2\frac{1}{2}$ Fl. niederl.
Hamburg 65 „	136 „ „ „	3 mk Bco.
London 3 Monat	615 „ „ „	1 £.
Holländ. Ducaten	296 „ „ „	1 Stück Ducaten.

Größtentheils werden die Wechselgeschäfte über Königsberg gemacht.

Maaße.

Die Elle à 2 Fuß = 0,756 russ. Arschinen od. 0,538 Meter.

Die Last Weizen, Roggen und Gerste hat 48 Loof.

Die Last Hafer und Malz hat 60 Loof.

Die Tonne Getreide, Leinsamen, Kalk hat 2 Loof. Das Loof = 68,863 Liter (s. Riga).

Gewicht.

Das Schiffspfund hat 20 Liespfund à 20 Pfund à 32 Loth. Das Pfund von Libau wiegt 417,860, das von Mitau 418,612 Gramm.

Der kurländische adliche Creditverein besteht seit 1830. Die Pfandbriefe sind à 100, 500, 1000 und 5000 Silb.-Rubel mit 4 % Zinsen am 12. Juni und 12. Dezember in Mitau zahlbar. Es giebt deren auf den Namen und au porteur.

Lima,

die Hauptstadt von Peru, mit ihrem, eine starke deutsche Meile entfernten Vorhafen Callao, eine wichtige südamerikanische Handelsstadt in Hinsicht ihrer ansehnlichen Ausfuhr von Gold, Silber, Droguerien, und Einfuhr feiner europäischer Industrieartikel, zählte vor dem fürchterlichen Erdbeben, welches vor mehrern Jahren einen großen Theil Südamerikas heimsuchte, an 80,000 Einwohner, meist Nachkömmlinge in früherer Zeit reich gewordener Familien, mit ansehnlichen Manufakturen in Silber, und Fabriken in Baumwolle nnd Leder.

Münzen.

Man rechnet hier nach dem Piaster zu 8 Realen, durchschnittlich $9\frac{1}{4}$ Stück in die f. Mark. Doch besteht die peruanische Circulation meist in Gold, die Onza de oro oder Doblone zu 17 anstatt zu 16 Piaster ($8\frac{3}{4}$ Stück auf $20\frac{3}{4}$ Karath).

Wirklich geprägte Münzen giebt es in Gold: Unzen, in Silber: Piaster in $\frac{1}{1}$, $\frac{1}{2}$, $\frac{1}{4}$ und $\frac{1}{8}$, so wie auch halbe und viertel Realen. — Es giebt Münzen mit dem Gepräge für das ganze Land, und solche die das Gepräge der Hauptstadt Lima tragen.

Wechselcourse wie Caraccas.

Die Waaren werden hier meistens auf Zeit verkauft; bei baarer Zahlung aber bewilligt der Verkäufer oftmals 3 % pr. Monat. Der Disconto ist hier gewöhnlich 30 % und oft noch mehr.

Anleihen.

Peru hat in den Jahren 1822, 1824 und 1825 drei Anleihen in London von nahe an 2 Mill. £ gemacht. Die Obligationen (à 100 £ mit 6 % Zinsen) werden gegenwärtig (Juni 1847) auf der londoner Börse mit 36 % nominell notirt.

Seit Oktober 1825 sind keine Zinsen (fällig am 15. April und 15. Oktober) bezahlt worden.

Maaße und Gewichte

sind die castilischen (s. Madrid). — Der Fanega Weizen wiegt 135 ℔.

Ueber das Gedeihen der dortigen Dampfschifffahrts-Gesellschaft für Südamerika, so wie der peruanisch-asiatischen Handels-Compagnie ist nichts Bestimmtes bekannt.

Lippe-Detmold,

ein deutsches Fürstenthum von 20¼ □Meilen und 77,000 Einwohnern, worin die Hauptörter Detmold an der Werre mit 3000 Einwohnern, und Lemgo an der Bega mit 4000 Einwohnern, mit Meerschaumpfeifenkopfschneidereien und Handel.

Münzen.

Man rechnet nach Thalern zu 30 Groschen à 12 Pfennigen. 14 Thaler auf die Mark fein.

Wirklich geprägte Münzen sind den preußischen gleich.

Vom 1. Febr. 1847 an wurden die früheren lippeschen Courant- und Scheidemünzen für unzulässig erklärt.

Die vorherige Rechnung war nach Thalern à 36 Mariengroschen à 6 Pfennige à 2 Heller im 20 Guldenfuß.

Maaße.

Längenmaaß.

1 Fuß = 128,34 par. Linien oder 0,289 Meter. 1 Fuß = 12 Zoll à 12 Linien.

1 Elle = 2 Fuß = 256,68 par. Linien oder 0,579 Meter.

1 Ruthe = 16 Fuß, wird decadisch getheilt.

Flächenmaaß.

1 Morgen = 120 □Ruthen = 25¾ Aren.

1 Scheffel Saatland = 80 □Ruthen.

Körpermaaß.

1 Roggen- oder Hartkorn-Scheffel = 3154 lippesche Kubikzoll = 2232,8575 par. Kubikzoll oder 44,29 Liter.

1 Hartkornscheffel = 6 gr. Metzen = 8 kl. Metzen = 24 Mahlmetz.
1 " " = $1\frac{1}{3}$ " " = 4 "
1 " " = 3 "

1 Haferscheffel = $1\frac{1}{6}$ Hartkornscheffel = 2604,99 par. Kubikzoll oder 61,634 Liter.

1 Haferscheffel = 7 großen Metzen.

1 Kanne = 98 lippische Kubikzoll = 1,376 Liter.

Oxhoft		Ohm		Anker		Viertel-Visirmaaß		Kannen.
1	=	$1\frac{1}{2}$	=	6	=	30	=	162
		1	=	4	=	20	=	108
				1	=	5	=	27
						1	=	$5\frac{2}{5}$

1 Kanne = 4 Ort.

1 Bierohm = 100 Kannen.

Gewicht.

1 Pfund = 467,41 Gramm.

1 Centner = 108 Pfund à 32 Loth.

Medicinalgewicht ist das preußische.

Lippe-Schaumburg oder Bückeburg,

ein deutsches Fürstenthum von $9\frac{1}{4}$ □Meilen mit 27,000 Einwohnern; Hauptstadt Bückeburg an der Aue mit 2300 Einwohnern und einer Zuckerfabrik.

Münzen wie Lippe-Detmold.

Maaße.

Längenmaaße.

1 Fuß = 128,34 par. Linien oder 0,289 Meter. 1 Fuß = 12 Zoll à 12 Linien.

1 Ruthe = 16 Fuß, wird auch decadisch getheilt.

1 Elle = 2 Fuß = 256,68 par. Linien oder 0,579 Meter.

Flächenmaaß.

1 Morgen = 120 □Ruthen = 25,749 Aren.

1 Scheffel Saatland = 80 □Ruthen.

Körpermaaß.

Der Hartkorn-Scheffel hat 6 große oder 8 kleine Metzen, 3154 lippesche Kubikzoll = 44,2917 Liter.

Der Haferscheffel = 51,674 Liter. 7 Hartkorn- = 6 Haferscheffel.

1 Oxhoft = 6 Anker = 168 Maaß = 672 Ort.
1 " = 28 " = 112 "
1 " = 4 "

Die Ohm hat 4 Anker oder 108 Kannen. Die Kanne hält 98 lippesche Kubikzoll = 1,376 Liter.

Der Wein-Ohm = 148,63 Liter, der Bier-Ohm = 137,62 Liter.

Gewicht.

Das Pfund ist dem preuß. gleich, der Centner = 108 ℔.

Lotterie-Anleihe zum Bau der das Land durchschneidenden Strecke der Hannover-Mindener Eisenbahn, 1846, von 1½ Millionen Thaler im 14 Thalerfuße. Die Loose sind à 25 ℛ und werden in 40 Jahren getilgt sein. Der niedrigste Gewinn in der letzten Ziehung (1886) ist 58 ℛ der höchste 20,000 ℛ.

Lissabon

(Lisboa), Hauptstadt des Königreichs Portugal, am rechten Ufer des 1½ Meilen breiten Tajo, hat einen mit doppelter Einfahrt versehenen und durch drei Castelle geschützten Hafen, einige Fabriken, wichtige Schiffswerfte, doch gegen früher sehr gesunkenen Handel. Die Stadt zählt 250,000 Einwohner, hat Ausfuhren in Wein, Oel, Seide, Kork, Seesalz ꝛc.

Münzen.

Portugal rechnet nach Reïs, von denen tausend ein Milreïs, eine Million ein Conto, eine Billion ein Conto de Contos ausmachen. Man schreibt z. B. 36825712 Reïs folgendermaßen: 37:825$712. Anstatt des amerikanischen Dollarzeichens setzt man auch ∅ oder $.

Den wahren jetzigen Werth eines Milreïs zu bestimmen ist deshalb schwierig, weil die Gold- und Silber-Circulation durch Papier- und Kupfergeld so ziemlich verdrängt ist. Indeß läßt sich Nachstehendes mit Sicherheit aufstellen:

Werth eines Milreïs

	in Preußen.	in Oestreich.	im $24\frac{1}{2}$ Fl.Fuß.	in Hamburg.
a) in Gold:	in Gold.			
vor 1835, 23,775 Moedors zu 4800 Reïs auf die f. Mark	1 ℛ 21 Sgr	2 Fl. 41 Xr.	3 Fl. 20 Xr.	$60\frac{1}{2}$ ß
nach 1835, 26,6805 Coroās zu 5000 Reïs auf die f. Mark	1 ℛ $13\frac{1}{2}$ Sgr	2 Fl. 18 Xr.	2 Fl. 51 Xr.	52 ß
b) in Silber:	in Silber.			
vor 1835, 17,425 Crusaden zu 480 Reïs auf die f. Mark	1 ℛ $20\frac{1}{5}$ Sgr	2 Fl. $23\frac{1}{2}$ Xr.	2 Fl. 59 Xr.	53 ß
nach 1835, 8,6156 Coroās zu 1000 Reïs auf die f. Mark	1 ℛ $18\frac{3}{4}$ Sgr	2 Fl. 19 Xr.	2 Fl. 51 Xr.	$51\frac{1}{2}$ ß
c) nach dem Course von London auf Lissabon zu 54 pence (Gold) per Milreïs, in kurzer Sicht	1 ℛ $15\frac{1}{2}$ Sgr (1 £ = $6\frac{3}{4}$ ℛ)	$2\frac{1}{4}$ Fl. (1 £ = 10 Fl.)	$2\frac{7}{10}$ Fl. (1 £ = 12 Fl.)	$48\frac{3}{4}$ ß (1 £ = $13\frac{1}{2}$ mß)

Wirklich geprägte Münzen:

in Gold,	Dobras oder Pistolen . .	12800 Reïs	s. die Tabellen.
	Joaos (Johannes) . . .	6400 „	
	halbe dergl.	3200 „	
	Escudos	1600 „	
	halbe	800 „	
	Crusados velhos	400 „	
	seit 1835 Coroās . . .	1000 „	
in Silber,	Crusados (in $\frac{1}{1}$, $\frac{1}{2}$, $\frac{1}{4}$) zu 400 u.	480 „	
	Testaos oder Testonen . .	100 „	
	Vintems	20 „	
	seit 1835 Coroās (auch in $\frac{1}{2}$, $\frac{1}{5}$, $\frac{1}{10}$)	1000 „	

in **Kupfer**, Stücke zu 40, 20, 10, 5, 3 und 1½ Reïs.
in **Papier**, Noten von 20,000 bis 1200 Reïs, auch auf Gold lautend zu 50, 20, 10, 4 und 1 Moedor. — Außerdem Banknoten (s. Banken). — Der Werth dieses Papiergeldes ist jedoch sehr gesunken und steht oft unter 50 %.

Ueber die Colonial-Ausprägungen ist an geeigneter Stelle das Nöthige angeführt.

Von **fremden Münzen** circuliren hier namentlich englische Sovereigns und spanische Piaster, jedoch gegen inländisches Papiergeld zu einem sehr schwankenden Werthe.

Gold in Barren wird per Unze zu 21¾—22 Karath, Silber aber per Unze fein berechnet.

Wechselcourse (in Silbergeld).

	Veränderl. Valuta.		Feste Valuta.
Amsterdam	43 Grot vlämisch (1 Fl. niedl. = 40 Gr. vl.)	für	1 Cruzado v. 400 Reïs.
Hamburg .	48½ ß Bco.	„	1000 Reïs.
oder . .	38½ Grot vlämisch (1 mk Bco. = 32 Gr. vl.)	„	400 „
Genua . .	540 Reïs	„	3 Lire.
Livorno .	146 „	„	1 Lira d. Tosc.
Paris . .	540 „	„	3 Francs.
Madrid, Cadix, Bilbao .	950 „	„	1 Peso duro.
Triest, Wien . .	50 „	„	1 Fl. in 20 Xr.
Venedig .	141 „	„	1 Lira austr.

Nach der Wechselordnung vom September 1833 sind alle auf Zeit gestellte Wechsel am Verfalltage zahlbar. Ist dieser ein Sonn- oder Feiertag, so muß die Zahlung den Tag zuvor geschehen. Wechsel, die à Vista lauten, müssen bei der Präsentation, und zwar bis zum Sonnenuntergang, bezahlt oder protestirt werden. Uso bedeutet 30 Tage.

Wechsel, die in die Messen gezogen sind, müssen am letzten Meßtage, und wenn die Messe nur einen Tag dauert, an demselben Tage eingelöst werden.

Anleihen.

1) Convertirte Obligationen. Diese entstanden durch das Gesetz vom 17. Oct. 1840, durch welches alle älteren ausländischen Schuldpapiere, sowie die bis dahin rückständigen Coupons, gegen neue Papiere ausgetauscht werden sollten, die anfangs 2½ %, von 1849 an 3, später 4, 5, 6 und von 1885 an 5 % Zinsen beziehen sollten. — Es sind aber bis jetzt die Zins-Zahlungen ausgeblieben.

2) Permanente 4 % Fonds. — Diese wurden 1845 creirt, um die obigen Papiere mit veränderlichem Zins gegen neue mit festem Zins à 4 % zurückzuziehen. — Die Obligationen sind in portugiesischer, englischer und französischer Sprache, und lauten auf 1000, 500, 100 und 50 £. Die Coupons sollen, falls sie in London oder, zu 55 Pence per Milreïs in Lissabon nicht bezahlt werden sollten, beim Zoll in Zahlung genommen werden. — Cours in London, Juli 1847: 33 %.

3) Annuitäten, eigentlich 1855 ablaufend. Da aber auch gegen die Inhaber dieser Verbriefungen eben so wenig Wort gehalten worden, als gegen alle andern, mit Inbegriff der inländischen Inscriptionen und Apolicen, so können auch sie, wie alle portugiesische Papiere, als Non-Valeurs angesehen werden. Die 5 % inländischen Papiere werden in Amsterdam mit 30 % nominell notirt.

Maaße und Gewichte.

Längenmaaß. Der Palmo de Craveiro ist = 0,22 Meter und theilt sich in 8 Pollegadas à 12 Linhas à 12 Pontos. — Der Pé (Fuß) ist = $1\frac{1}{2}$ Palmos. — Die Vara im Großhandel hat 5 Palmos, so daß 5 Varas = 6 engl. Yards, und 10 Varas = 11 Mètre.

Der Covado = 3 Palmos; der Covado im Kleinhandel ist etwas größer, denn 32 große sind 33 kleine Covados. — Man rechnet gewöhnlich 20 Yards = 27 (kleine) Covados.

Die Braça (Klafter) hat 2 Varas. — Der Passo geometrico = $1\frac{1}{2}$ Varas oder 60 Zoll (Pollegadas). Der Estadio = $1173\frac{1}{3}$ Palmos.

Die Meile (Milha) = 8 Estadios; 3 Milhas = 1 Legoa. Man rechnet gewöhnlich 54 Milhas oder 18 Legoas auf den mitteln Grad.

Beim Flächenmaaß gebraucht man die Vara, und rechnet 4840 □Varas = 1 Geira, oder Acker von 58,258 Aren, oder 1,44 engl. Acres, oder 2,2817 preuß. Morgen. In den Provinzen bestimmt man indessen die Größe der Länder auch nach der Aussaat, welcher sie bedürfen.

Von Getreide- und Salzmaaßen wird 1 Moyo zu 15 Fanegas, 60 Alqueires, 240 Quartos, 480 Ontavas, oder 1920 Selamis gerechnet. Der Getreide-Alqueire hält 13,841, die Fanega also 55,365 Liter.

Man nimmt den franz. Hectoliter für 7 — $7\frac{1}{4}$ Alqueires; 1 Cadizer Fanega = 4 Alqueires; die hamburger Last = 234 bis 236 Alqueires; den triester Staro für $5\frac{3}{4}$ — 6 Alqueires; den engl. Quarter = 22 Alqueires.

Von Wein- und Oelmaaßen wird 1 Tonelado zu 2 Pipas oder Botas, 52 Almudes, 104 Alqueires oder Potes, 624 Canadas, 2496 Quartilhos gerechnet. Der Almuda = 16,74 Liter. Die Canada enthält also 70⅓ pariser Kubikzoll.

Der Almude Oel hat 30 Almudas und wiegt 33—34 ℔.

Das Kohlenmaaß besteht in einem Sack, 1 Vara 3 Zoll lang, und 1 Covado 3 Zoll oder 27 Zoll im Umfang.

Vom Handelsgewicht hat 1 Quintal 4 Arrobas à 32 Libras à 2 Marcas. Das Pfund (Libra oder Arratel) wiegt 459,1002 Gramm.

Das Apothekerpfund hat von vorstehendem 1½ Mark oder 12 Unzen.

Der Gold-, Silber- und Münzgewichts-Marco hält 8 Onças, 64 Ontavas, 192 Escrupulos, 4608 Granos, und ist = 229,55 Gramm.

Das Probirgewicht ist eben diese Mark, zu 24 Quilates à 4 Granos fein Gold, und zu 12 Dinheiros à 24 Granos fein Silber gerechnet.

Beim Juwelengewicht wird der Quilat oder Karat zu 4 Granos gerechnet; ein solcher Karat wiegt 0,2058 Gramm; 151 hiesige Karat rechnet man 1 Unze engl. Troy, oder 31,1038 Gramm.

Verkauft wird: Heu und Stroh nach dem Gewichte von 4 Arroben à 32 Pfund; Kaffee, Reis, Cacao, Zucker nach Arroben; Baumwolle, Indigo, Pfeffer nach Pfunden; Oel nach dem Almude; Wein nach Pipen; Getreide nach dem Alqueire, Kalk nach dem Moyo von 50, und Kalksteine nach dem Moyo von 30 Alqueires.

Von zählenden Gütern rechnet man 1 Tonelada zur Fracht für 52 Almudes flüssiger und 54 Arrobas trockener Waaren: 1 Last aber zu 4 Kisten Zucker, 4 Pipen Oel, 4000 Pfund Tabak, 3500 Pfund Schmack. — Papier wird in Ballen zu 32 Ries à 17 Maños und 3 Bogen verkauft. Der Maño = 5 Cadernos à 5 Bogen. — Ein Doppelries hat aber 434 Bogen. — Südfrüchte per Küste, Feigen per Korb.

Oeffentliche Handels- und Industrie-Anstalten.

Im Jahre 1822 wurde hier eine Nationalbank mit einem Kapital von 5000 Millionen Reis (oder Conto de Reïs) in Actien zu 500 Milreïs begründet. Sie ist Leih-, Hypotheken- und Discontobank, kauft und verkauft Silber und Gold, auch Staatspapiere und Actien, und unterstützt die Regierung mit Darlehen. Dieser letztere Umstand hat sie früher und auch neuerdings wieder genöthigt ihre Zahlungen zu sistiren. — Diese Nationalbank ist mit der Confiança-Compagnie, die einen Fond von 8000 Contos hat, worauf aber nur 47½ % eingezahlt sind, nicht zu verwechseln. Auch sie ist neuerdings, durch zu große Vorschüsse an die Regierung, in Stockung gerathen.

Ferner giebt es eine Lissaboner Privatbank, eine Ackerbau-Gesellschaft, die Unias commercial, welche letztere drei Compagnien (Fischerei, Assecuranz u. Seidenbau) umschließt u. s. w. Wohl nirgend treibt Agiotage und Wucher ein so arges Spiel als in Lissabon.

Lissabon hat eine Börse, eine Münze und Schiffswerfte.

Livorno,

Freihafen und beste Handelsstadt des Großherzogthums Toscana, in der Provinz Pisa, am mittelländischen Meere, mit 80,000 Einwohnern, einem Doppelhafen, und vorzüglichem Niederlageort aller Waaren aus der Levante, Italien u. s. w. Die meisten Kaufleute dieses Platzes sind Fremde, und die meisten Mäkler Juden oder Armenier. Den beträchtlichsten Handel hat England.

Münzen wie Florenz.

Ein großherzogliches Decret vom 28. Dezember 1836 setzt unter andern folgendes fest:

Vom 1. Januar 1837 an dürfen keine Waaren- oder Wechselgeschäfte mehr in den fingirten Münzen vollzogen werden.

Für die kaufmännischen Geschäfte existirt keine andere Münze mehr als die wirkliche florentiner Lira (Lira florentina oder Lira di Toscana), welche die bisherige Moneta buona ist, in welcher allein, und mit Ausschließung jeder andern Münze, die Ein- und Verkäufe der Waaren und die Wechsel-Operationen stipulirt werden dürfen.

Es ist erlaubt die Scripturen in Lire und Centesimi, oder in Lire, Soldi und Denari zu führen.

In den kaufmännischen Geschäften wird der Ruspone auch fernerhin den gesetzlichen Cours von 42 Lire 16 Soldi florentini haben, welcher Preis ganz im Verhältniß mit den 7 $\frac{6}{8}$ Agio steht, welche jene Goldmünze bisher hatte.

Die Zahlungen werden auch fernerhin in Franceschini und Rusponi geleistet wenn sie gleich in Lire stipulirt sind.

Wechselcourse am 2. August 1847.

		Veränderl. Valuta.	Feste Valuta.
Amsterdam	90 T. n. D.	247 Lire d. Tosc. für	100 Fl. niederl.
Ancona	30 = = =	628 = = = =	100 Scud. nom.
Hamburg	90 = = =	219 = = = =	100 mk Bco.
Augsburg	90 = = =	298½ = = = =	100 Fl. Court.
Madrid / Cadix	60 = = =	460 = = = =	100 Pes. d. pl. ant.*)
Florenz	90 = = =	97½ = = = =	100 Lire in Flor.
Genf	30 = = =	116½ = = = =	100 franz. Francs.

*) Für 100 Pesos duros würden circa 640 Lire auszuwerfen sein.

		Veränderl. Valuta.	*Feste Valuta.
Genua, Turin	30 T. n. D.	$117\frac{3}{4}$ Lire d. Tosc.	für 100 Lire d. Piem.
Neapel	30 = = =	515 = = =	= 100 Duc. d. Regno.
Lissabon	90 = = =	7 Lire 10 Centes	= 1000 Reïs.
London	90 = = =	29 = 75 =	= 1 L.
Paris, Lyon, Marseille	30 = = =	118 Lire d. Tosc.	= 100 Francs.
Wien, Triest	30 = = =	303 = = =	= 100 Fl. in 20 Xr.
Venedig	30 = = =	$101\frac{1}{4}$ = = =	= 100 Lire austr.
Rom, Bologna, Ancona	30 = = =	635 = = =	= 100 Scud. rom.
Mailand	30 = = =	$99\frac{1}{2}$ = = =	= 100 Lire austr.
Palermo, Messina	30 = = S.	15 Lire 40 Centes	= 1 Oncia.
Petersburg, Odessa	90 = = D.	474 Lire d. Tosc.	= 100 Rubel Silber.
Barcellona	30 = = =	328 = = =	= 100 Libras catal.
Berlin	30 = = =	446 = = =	= 100 preuß. Thaler.
Malta	30 = = =	246 Centes.	= 1 Scudo v. 12 Tari.
Corfu, Zante	30 = = =	633 =	= 1 span. Piaster.
Constantinopel	30 T. S.	$26\frac{1}{2}$ =	= 1 türk. =

Geldsorten in moneta buona.

Spanische Doblonen .	99 Lire.		
Genuesische = .	94 =	13 Soldi	4 Denari.
Doppie di Roma . .	20 =	5 =	— =
20 Francs-Stücke . .	23 =	18 =	4 =
Rusponi	42 =	16 =	— =
Sovrani imperiali . .	41 =	13 =	4 =
Colonnati	6 =	9 =	— =
Talleri di Francesco .	6 =	3 =	— =
= = Maria Teresia	6 =	3 =	4 =
Bavare	6 =	1 =	— =
5 Francs-Stücke . .	5 =	18 =	4 =

Actien-Course.

Bank von Livorno 118, dito von Florenz 210, Eisenbahn von Livorno nach Florenz $93\frac{1}{2}$, dito Centrale 71, dito Siena 73, dito Grosetto 97, Appeninenbahn 91, dito Maremmana $97\frac{1}{4}$, dito Lucca-Pistoja 94, lucchesische Anleihe von Toscana garantirt 102 % (s. Florenz).

Der Uso bedeutet für Wechsel gezogen

aus	Amerika, Portugal, Spanien, England, Schweden, Dänemark, Norwegen, Rußland und Preußen	3 Mt. nach Dato;
=	Hamburg, Lübeck, Bremen, Belgien und den Niederlanden	2 = = =
=	den übrigen deutschen Ländern und der Schweiz	15 Tage n. Sicht
=	Aegypten, der Levante und der Türkei .	31 = = =
=	Sicilien, Sardinien, Malta und von den jonischen Inseln	30 = = =
=	Italien, mit Ausnahme von Toscana .	8 = = =
=	einem toscanischen Platze	3 = = =
=	Frankreich und allen andern hier nicht genannten Plätzen	1 Mt. nach Dato.

Respecttage giebt es hier nicht. Es besteht unter der Kaufmannschaft eine Einrichtung: La Stanza genannt, eine Art von Börse, wo wöchentlich dreimal gezahlt wird, nämlich Montag, Mittwoch und Freitag von 11 bis 2½ Uhr, und wo alles, was Wechselverhandlungen betrifft, zur Sprache kommt. Wechsel, welche verfallen und nicht den ersten Stanzatag eingelöst, auch nicht Tags vorher protestirt sind, müssen noch am Zahltag protestirt werden; diejenigen aber, die am Zahltage verfallen und nicht eingelöst werden, braucht man erst den darauf folgenden Tag protestiren zu lassen.

Wechselbriefe, die hier bereits acceptirt sind, müssen bezahlt werden, wenn sich der Acceptant nicht als Fallit erklären will, und es wird, wenn nach einem vorangegangenen Protest, nach der Frist von 24 Stunden keine Zahlung erfolgt, die Wechsel-Execution sowohl gegen die Person als gegen das Vermögen des Schuldners vollzogen. Diejenigen aber, die nach der Zeit acceptiren, in welcher der Trassent bereits fallirt hat, bezahlen nach hiesigen Gesetzen nicht, wenn sie es nicht zur Ehre eines Indossenten mit dem gewöhnlichen Interventions-Protest thun wollen. Auf allen Fall deponiren sie also den acceptirten Betrag bei den Gerichten bis zu ausgemachter Sache, und sobald erwiesen ist, daß der fremde Trassent vor der Acceptation fallirt hat, erhalten sie nach den Gesetzen die deponirte Summe wieder zurück.

Im Jahre 1834 wurden alle früheren Eingangszölle aufgehoben, wogegen der Handelsstand von Livorno der Regierung jährlich 300,000 Lire florent. zahlt. Bei Committirungen von hier ist es nothwendig sich vorher mit den noch immer ziemlich complicirten Usanzen der Waarenlisten bekannt zu machen. Bei Aufträgen auf hier rechnet der Commissionär 2 % Provision, ½ % Courtage und bei Verkäufen 2 % del credere.

Maaße und Gewichte

wie Florenz, doch weichen die Angaben der hiesigen Gewichte in den Preislisten, gegen die wirklichen unter Florenz angeführten, zum Theil bedeutend ab. So rechnet man:

100 ℔ von Amsterdam	hier	140	statt	150½ ℔.
100 ℔ = Hamburg	=	136	=	142,6 ℔.
100 ℔ = London	=	133⅓	=	133,56 ℔.
100 ℔ = Wien	=	160	=	164,9 ℔.
1 russisch Pud	=	45½	=	48,2 ℔.

Man rechnet auch

100 ℔ Liv. = $33\frac{1}{10}\frac{3}{6}$ Kilogramm.
75½ ℔ in London.
71 = = Hamburg.
61 = = Wien.
74 = = Berlin.

1 Centinajo = 100 libbre.

1 Barile Oel wiegt 88 ℔.

1 Tonne englisch zu 2900 hiesigen Pfunden, und 1 Last Weizen zu 40 Säcken.

Bei Schiffsbefrachtungen werden 5600 ℔, 20 Kisten Früchte, 26 Barili Oel, 44 Barili Wein für 1 Last gerechnet.

Banken.

Die Bank oder das Disconto-Contor von Livorno wurde 1837 auf einen Fond von 2 Millionen Lire gegründet, in Actien à 1000 L. Die Noten-Circulation bewegt sich um 3 Millionen Lire. Dividende am 1. Jan. 1841: 61. 14. 8; 1842: 33. 13. 4; 1843: 42. 13. 8 u. s. w.

Es giebt außerdem noch eine kleine Bank in Siena mit 150,000 L Fond, in Actien à 2000 L, und noch einige andere Actien-Unternehmungen, namentlich Versicherungsgesellschaften. — Die Eisenbahnen siehe unter Florenz.

Auch eine Handelskammer und ein Handelsgericht.

London,

die Hauptstadt des britischen Reichs, etwa 30 engl. Meilen von der Mündung der Themse bei Gravesend, mit nahe an 2 Mill. Einwohnern; der Centralpunkt des Welthandels, der größte und reichste Handels-, Wechsel- und Hafenplatz. Die Marine des Reichs bestand 1844 aus 31,320 Schiffen von 3⅓ Millionen Tonnen-Gehalt.

Münzen.

Großbritanien und Irland rechnen nach

Pfunden Sterling à 20 Schilling à 12 Pence.

Dieses Pfund besteht seit 1816 in einer Goldmünze, Sovereign genannt; vorher war es nur eine Rechnungsmünze, da die bis dahin übliche Guinea nicht 20 sondern 21 Schilling galt. Noch jetzt werden gewisse Geschäfte in Guineen abgemacht.

Der Zahlungswerth in England besteht also aus Gold, im übrigen Europa aber meist in Silber; da aber der Werth des einen dieser beiden Metalle in dem andern selten fest steht, so kann auch der Werth eines Pfundes Sterling in Silbergeld nicht immer bestimmt angegeben werden.

Da gesetzlich 1869 Sovereigns 40 Pfund Troy (1 Pfund = 372,246 Gramm) wiegen sollen, und die Feinheit des Metalls aber zu $\frac{11}{12}$ angegeben wird, so ergiebt sich folgender Werth eines Pfundes Sterlings (oder Sovereigns) in der Gold-Valuta einiger anderen Länder:

in Preußen . . 6 Thlr 2 Sgr 1 Pf in Thaler Gold ($\frac{1}{5}$ des Friedrichd'ors).
" Oestreich . . 9 Fl. 35 Xr. in Gulden Gold ($\frac{2}{3}$ eines östr. Ducaten).
" Süddeutschland 12 Fl. 3 Xr. in Gulden Gold ($\frac{1}{10}$ des süddeutschen 10 Guldenstücks).
" Frankreich . . 25 Fs. 22 Cts. in Francs Gold ($\frac{1}{20}$ des 20 Francs-Stücks).
" d. Niederlanden 12 Fl. 09 Cts. in Gulden Gold ($\frac{1}{10}$ des 10 Guldenstücks).
" Rußland . . 6 R. 10 Kop. in Rubel Gold ($\frac{1}{5}$ der halben Imperiale).
" Spanien . . 4,947 Piaster in Piaster Gold ($\frac{1}{16}$ der neuen Doblone).
" Nordamerika . 4,867 Dollars in Dollars Gold ($\frac{1}{10}$ des Eagle's).

Insofern nun diese Goldmünzen etwa gegen das Silbergeld des Landes ein Agio gewinnen, muß auch der Werth eines englischen Pfundes gegen Silber höher sein, als die oben angegebenen Werthe in Gold, z. B.

in Preußen, der Friedrichsd'or zu $5\frac{2}{3}$ Thlr = 6 Thlr 26 Sgr 4 Pf
in Wien, die Ducaten zu 3 % Agio = 9 Fl. 52 Xr.
in Frankfurt, der Ducaten zu 5 Fl. 36 Xr. = 12 Fl.
in Hamburg, d. Friedrichsd'or zu 11 mk Bco. = 13 Bco. mk $5\frac{2}{3}$ ß.

Das Silbergeld, welches in ganzen und halben Kronen, und ganzen und halben Schillingen besteht (s. weiter unten), wird in England als Scheidemünze betrachtet, und Niemand ist gezwungen mehr als vierzig Schilling Silber in Zahlung anzunehmen. Da aus einem Pfunde Silber, das $\frac{37}{40}$ fein ist, 66 Schilling geschlagen werden, so stellt sich der Werth eines Pfundes in Silber auf 6 Thlr 7 Sgr 10 Pf im 14 Thalerfuße, 8 Fl. 57 Xr. im 20 Fl.-Fuße, 10 Fl. 57 Xr. im $24\frac{1}{2}$ Fl.-Fuße. Das Silbergeld ist also um 6 — 7 % geringer als das Goldgeld.

Verbindet man die ältern noch nicht ganz verschollenen

Münzen und Rechnungs-Einheiten mit den oben erwähnten neuern, so ergiebt sich folgende Zusammenstellung:

Guinea	Pound	Mark	Angel	Noble	Crown	Shilling	Groat	Penny	Farthing
1	$1\frac{1}{20}$	$1\frac{23}{40}$	$2\frac{1}{10}$	$3\frac{3}{20}$	$4\frac{1}{5}$	21	63	252	1008
	1	$1\frac{1}{2}$	2	3	4	20	60	240	960
		1	$1\frac{1}{3}$	2	$2\frac{2}{3}$	$13\frac{1}{3}$	40	160	640
			1	$1\frac{1}{2}$	2	10	30	120	480
				1	$1\frac{1}{3}$	$6\frac{2}{3}$	20	80	320
					1	5	15	60	240
						1	3	12	48
							1	4	16
								1	4

Wirklich geprägt werden aber jetzt nur folgende Münzen:

in Gold, Sovereigns, doppelte, einfache und halbe (s. die Tabellen).

in Silber, Crowns zu 5 und Halfcrowns zu $2\frac{1}{2}$ Schillingen. Ganze und halbe Schillinge (letztere Sixpence genannt). Groats zu 4 Pence.
Stücke zu 3, 2, $1\frac{1}{2}$ und 1 Penny, letztere unter dem Namen Maundy Money, weil es am grünen Donnerstag zur Vertheilung an Arme bei Hofe verwendet wird.

in Kupfer, Penny-Stücke, Halfpenny-Stücke und Farthings — 24 pence aus einem Pfunde Kupfer. Es giebt auch halbe, drittel und viertel Farthings, die jedoch nur zur Circulation in den Colonien bestimmt sind. — Die früher geprägten Twopenny-Stücke kommen selten vor. — Außerdem giebt es eine große Mannigfaltigkeit von Kupfer-Tokens, d. h. Penny-, Halfpenny- und Farthing-Stücke, die von einzelnen Gemeinden, Banken, Fabriken und Privatpersonen geschlagen werden. — Früher gab es auch silberne Provinzial- und Städtemünzen, besonders ganze und halbe Schillinge, die jedoch nur noch selten in der Circulation vorkommen. — Bei Zahlungen braucht man nicht mehr als 12 Pence in Kupfer anzunehmen.

Münzungsverhältnisse. Die Münze zahlt für die Unze Standard-Gold, d. h. Gold zu $\frac{11}{12}$ fein 77 Schilling $10\frac{1}{2}$ Pence, was folgenden Goldpreisen gleichkommt:

in Paris, nouveau tarif, 1000 fein: 1,86 pro Mille in Gold,
" Berlin, die feine Mark 219 ℛ 20 Sg Courant,
" Wien, die feine wien-köln. Mark 367 Fl. 18 Xr. in Gold,
" Hamburg, die feine Mark Gold 426 m℔ 6 β Banco
(1 Louisd'or à 11 Bco. m℔),

wozu aber, in Betreff der eben angeführten Preise in Paris und

Wien, zu bemerken, daß zu denselben das jedesmalige Agio auf das Gold addirt werden muß, wenn man den Goldpreis in Silbergeld haben will.

Wer wenigstens 15 ℔ Standard-Gold zur Münze bringt, erhält einen Monat darauf den Gegenwerth in Sovereigns, unter Abzug der Schmelzungs- und Probirungskosten.

Für die Unze Standard-Silber zahlt die Münze 62 Pence, behält also (da die Unze zu 66 Pence ausgeprägt wird) 4 Pence, was, wie schon oben angeführt, einen Prägeschatz von circa 6 % darbietet.

Von Kupfermünze wurden z. B. 1844 32 Tons 7 Cwt zum Preise von 81 £ 15 s. per Tonne ausgeprägt, was also 2644 £ 12 s. 3 d. an Metall-Auslage gekostet hat; da nun 24 Pence ein Pfund wiegen, so sind aus der erwähnten Quantität Kupfer 7246 £ 8 s. — geschlagen worden, was einen Schlagschatz von 174 % abwirft.

Das Gewicht beim Ein- und Verkauf der feinen Metalle ist das Pfund Troy-Gewicht (s. weiter unten). Die Feinheit derselben wird auf folgende Weise bestimmt. Unter Standard versteht man denjenigen Grad der Feinheit, welcher beim englischen Münzwesen zu Grunde gelegt ist, beim Golde also 22 Karath, beim Silber $11\frac{1}{10}$ Unzen, d. h. in 24 Karath brutto sind 22 Karath, und in 12 Unzen Silber sind $11\frac{1}{10}$ Unzen feines Metall enthalten. Das Pfund wird beim Golde in 24 Karath à 4 Grain, beim Silber dagegen wird die Unze in 20 Pennyweight à 24 Grain getheilt. Eine Qualität Gold, mit B 0. 2. bezeichnet, ist 2 Grain besser (better) als Standard, mithin $22\frac{1}{2}$ karäthig; Silber, mit W (worse) 1 dw. 6 gr. bezeichnet, ist 1 dw. 6 gr. schlechter als Standard, also anstatt 11 Unzen 2 dw. nur 11 Unzen 18 Grain fein, welches letztere nach deutscher Bezeichnungsweise durch 14 Loth $12\frac{3}{10}$ Grain ausgedrückt würde.

Das Remedium beträgt beim Golde 12 Grän auf das Pfund Troy und $\frac{1}{2}$ Grän auf die Feinheit; beim Silber 24 Grän auf das Pfund Troy und $\frac{1}{240}$ an der Feinheit; beim Kupfer $\frac{1}{40}$.

Das Verhältniß des Goldes zum Silber (1:14,288) ist deshalb in England von wenig Interesse, weil, wie schon oben erklärt, das Silbergeld hier nur als Scheidemünze betrachtet wird.

Papiergeld hat England sehr reichlich in den Noten nicht nur der Bank of England (s. unten), sondern auch der zahlreichen andern Zettelbanken. Im April 1847 belief sich die Noten-Circulation, mit Inbegriff von Schottland und Irland, auf mehr als 38 Millionen Pfund. Außer in diesen Noten findet die Circulation noch große Hülfsmittel in den Anweisungen (cheques), Post-bills (Anweisungen einer Post-Anstalt auf die andere) und in den Short-Bills der Banken. Auch das Clearing- oder Scontir-System das in London eingeführt ist, ersetzt einen beträchtlichen Werth von Circulationsmitteln.

Wechselcourse.

In den kleineren Privat-Cours-Berichten wird gewöhnlich notirt:

	Veränd. Valuta.		Feste Valuta.
Amsterdam 3 Mt. dato (auch 3 T. Sicht)	12 Fl. 1½ Stüber (1 Stüb. = 5 Cents)	für	1 Liv. Sterl.
Paris 3 Mt. dato (auch 3 T. Sicht)	25 Frcs. 45 Cents.	für	1 = =
Hamburg 3 Mt. dato	13 mk 6½ ß Bco.	=	1 = =
Antwerpen 3 = =	25 Frcs. 75 Cents.	=	1 = =
Frankf. a. M. 3 = =	120 Fl. im 24½ Fl.-Fuß.	=	10 = =
Augsburg 3 = =	10 Fl. 2 Xr. Court.	=	1 = =
Petersburg 3 = =	38¼ Pence Sterl.	=	1 Rubel Silb.
Wien 3 = =	10 Fl. ½ Xr. in 20 Xr.	=	1 Liv. Sterl.
Triest 3 = =	10 = 1 = = = =	=	1 = =
Livorno 3 = =	30 Lire 30 Centes.	=	1 = =
Genua 3 = =	25 = 62 =	=	1 = =
Neapel 3 = =	40½ Pence Sterl.	=	1 Duc. d. Regn.
Madrid, Cadix, Bilbao 3 = =	48 = =	=	1 Peso duro.
Lissabon, Porto 60 Tage dato	53 = =	=	1 Milreïs Silb.

In den Börsen- und andern ausführlichern Coursblättern, werden auch folgende Plätze aufgenommen:

	Veränderl. Valuta.		Feste Valuta.
Marseille, Bordeaux .	25 Francs 80 Cents.	für	1 Liv. Sterl.
Altona . .	13 mk 7 ß hamb. Bco.	=	1 = =
Berlin . .	6 ℛ︀ 24 Sgr pr. Court.	=	1 = =
Bremen . .	6¼ ℛ︀ Louisd'or	=	1 = =
oder	625 = =	=	100 = =
Kopenhagen .	9¼ Reichsbank-Thaler	=	1 = =
Leipzig . .	6 ℛ︀ 26 Neugroschen	=	1 = =
Mailand, Venedig .	48 Pence Sterl.	=	1 Lire austr.
Rom . . .	52½ = =	=	1 Scud. rom.
Palermo . .	124 = =	=	1 Oncia.
Gibraltar .	45 = =	=	1 span. Silberpiaster.
Rio Janeiro, Bahia	28 = =	=	1 Milreï Papiergeld.
Buenos Ayres	3 = =	=	1 Piaster Papiergeld.
Calcutta . .	24 = =	=	1 Sicca Rupie.
Bombay . .	23 = =	=	1 Bombay =
Madras . .	23 = =	=	1 Madras =
Canton . .	47½ = =	=	1 span. Silberpiaster.

	Veränderl. Valuta.	Feste Valuta.
Mexico . .	48½ Pence Sterl.	für 1 Dollar.
Neu-York .	48½ = =	= 1 =
Dublin . .	99¼ = =	= 100 L. Sterl. in Dubl.
Cork . . .	99 = =	= 100 = = = Cork.

Die Börsen-Preise der Metalle standen am 16. April 1847 wie folgt:

Fremdes Gold in Barren	3 £	17 s.	9 d.	für die Unze Standard.
Spanische Dublonen .	3 =	17 =	5 =	für die Unze.
Fremdes gemünztes Gold	3 =	16 =	3 =	desgl.
Dollars	— =	4 =	10½ =	desgl.
Silber in Barren . .	— =	5 =	10¼ =	für die Unze Standard.

Der Uso ist bei Wechseln aus Deutschland und den Niederlanden 1 Monat, aus Spanien und Portugal 2 Monat, aus Italien 3 Monat, aus Frankreich 30 Tage nach dato. A Vista Briefe müssen gleich bei der Präsentation bezahlt oder protestirt werden, alle anderen Wechsel hingegen haben 3 Respecttage und werden auch nicht eher als verfallen betrachtet und vorgezeigt, als am letzten Respecttage. Ist dieser ein Sonn- oder Feiertag, so muß die Zahlung oder der Protest den Tag zuvor erfolgen. Die Präsentation und der Incasso der Sicht-Wechsel geschehen zwischen 9 Uhr Morgens und 6 Uhr Abends. Sind die Wechsel in diesem Zeitraume nicht bezahlt, so werden sie gewöhnlich notirt oder die Zahlung durch einen Notar gefordert. Ausländische Wechsel müssen am folgenden Tage protestirt werden. Inländische Wechsel werden selten protestirt, es ist nicht einmal nothwendig sie notiren zu lassen. Jeder inländische Wechsel muß mit einem Stempel versehen sein; der Mangel desselben bewirkt die Ungültigkeit des Papiers und zieht überdies noch Strafe nach sich.

Die Wechsel-Courtage beträgt 1 pr. Mille vom Käufer wie vom Verkäufer.

Course der Staatspapiere am 16. April 1847.

Die Zinsen des laufenden Semesters werden dem Käufer gratis geliefert, wo dies nicht geschieht, wird es gewöhnlich durch die Vermerkung: „excl. Dividende" besonders angezeigt.

Namen der Fonds.	Cours m. o. w.	Erklärung.	Dividende zahlbar:
England.			
3 % Consols (od. consolidirte Annuitäten)	85	£ für 100 £ nomin.	5. Jan. u. 5. Juli.
3 % Reducirte	85	= = 100 = =	5. April u. 10. Okt.
3½ % Annuität.	87	= = 100 = =	5. = = 10. =

Namen der Fonds.	Cours m. v. w.	Erklärung.	Dividende zahlbar:
Bank=Stocks	195	£ für 100 £ nomin.	5. April u. 10. Okt.
Südf.=Stocks	97	= = 100 = =	5. Jan. u. 5. Juli.
Südsee=Annuitäten . .	84½	= = 100 = =	5. April u. 10. Okt.
Desgl. neue	85	= = 100 = =	5. Jan. u. 5. Juli.
India=Stocks	240	= = 100 = =	5. = = 5. =
India=Bonds	10	ß Präm. auf 100 £ nom.	31. Mrz. u. 30. Spt.
Excheq.-Bills	1—4	= = = 100 = =	— —
Lange Annuitäten bis 1860	8½	£ für 1 £ jährl. Rente.	5. April u. 10. Okt.
Desgl. neue bis 1860 . .	8½	= = 1 = = =	5. = = 10. =
Desgl. bis 1859	9	= = 1 = = =	5. = = 10. =
Oesterreich.			
5 % Obligat. v. 1823 . .	106	Fl. Conv. Crt. für 100 Fl. C. C. nom. Fester Satz: 1 £ = 10 Fl. C. C.	verschieden.
Belgien.			
4½ % Obligat. v. 1831 .	89	£ für 100 £ nomin.	1. Mai u. 1. Nov.
2½ % Scrip. .	53	Frcs. für 100 Francs (1 £ = 25 Fs. 40 C.)	1. Jan. u. 1. Juli.
Dänemark.			
3 % Obligat. v. 1825 . .	86	£ für 100 £ nomin.	31. März und 30. Septbr.
Frankreich.			
5 % Rente .	117	Frcs. 40 Cts. für 100 Frcs. Capital.	22. März und 22. Septbr.
3 % = .	77	= 80 = = 100 Frcs. Capital. (1 £ = 25 Frs. 40 C.)	22. Juni und 22. Decmbr.
Griechenl.			
5 % Obligat. v. 1824—25.	?	£ für 100 £ nomin.	1. Jan. u. 1. Juli. D. Z. rückständig v. 1. Juli 1826.
Holland.			
2½ % Integral.	58½	Fl. niedl. für 100 Fl. nied. nom.	1. Jan. u. 1. Juli.
3 % Obligat.	70	= = = 100 = =	1. April u. 1. Okt.

Namen der Fonds.	Cours m. v. w.	Erklärung.	Dividende zahlbar:
4 % Ostindische Obligat. .	91	Fl. niedl. für 100 Fl. nied. nom. (1 £ = 12 Fl. niederl.)	1. April u. 1. Okt.
Neapel.			
5 % Obligat.	95	£ für 100 £ nomin. (1 £ = 25 Frs. 65 C. u. 4 Frs. 40 C. = 1 Duc.)	1. Jan. u. 1. Juli.
Spanien.			
5 % Obligat.	25	£ für 100 £ nomin.	(mit allen rückständigen Coupons.)
Différés . .	11½	= = 100 = =	— —
Passive . .	5¼	= = 100 = =	— —
3 % inl. Schuld.	36	= = 100 = =	30. Juni und 31. Decbr.
Portugal.			
5 % Obligat.	79	= = 100 = =	1. Juni u. 1. Decbr.
4 % Obligat.	32	= = 100 = =	1. = = 1. =
3 % Obligat.	20	= = 100 = =	1. Jan. u. 1. Juli. (Zins. neuerdings ausgeblieben.)
Rußland.			
5 % Obligat. v. 1822 . .	109	= = 100 = =	1. März u. 1. Sept.
Brasilien.			
5 % Obligat.	83	= = 100 = =	1. April u. 1. Okt.
Buenos-Ayres.			
6 % Obligat. v. 1824 . .	?	= = 100 = =	12. Jan. u. 12. Juli. D. Z. rückständ. v. 12. Juli 1827.
Chile.			
6 % Obligat.	91	= = 100 = =	31. März und 30. Septbr.
3 % desgl. .	52½	= = 100 = =	D. Z. rückständ. v. 30. Sept. 1826.
Mexico.			
6 % Obligat.	21	= = 100 = =	1. Jan. u. 1. Juli, auch 1. April u. 1. Okt. D. Z. rückst. v. 1. Juli 1832.

Namen der Fonds.	Cours m. o. w.	Erklärung.	Dividende zahlbar:
Peru.			
6 % Obligat.	20	£ für 100 £ nomin.	15. Apr. u. 15. Okt. D. Z. rückständ. v. 15. Okt. 1825.
Cuba.			
6 % Obligat.	?	= = 100 = =	5. März u. 5. Sept.
Venezuela.			
6 % Obligat.	42	= = 100 = =	Zinsen rückständig.
2½ % desgl. .	?	= = 100 = =	
Granada.			
6 % Obligat.	20	= = 100 = =	
Ecuador.			
6 % Obligat.	2	= = 100 = =	

Auch die Schuldverschreibungen der nordamerikanischen Staaten werden hier notirt, so standen z. B. am 16. April die 5 % Pennsylvania, deren Zinsen am 1. Febr. und 1. Aug. fällig sind, 67 Dollars à 4½ Schilling = 100 Dollars nominal. Die Scheine sind eigentlich auf den Namen, können aber leicht bei den amerikanischen Loan Offices zu London, Hamburg, Amsterdam in Obligat. au porteur umgetauscht werden, wo auch die Zinsen, gegen ½ % vom Betrag derselben, erhoben werden können (siehe Vereinigte Staaten).

Ferner coursirt an der lond. Börse eine große Anzahl Actien von Privat-Unternehmungen; namentlich der Pivat-Banken, der Dampfschifffahrts- und Versicherungs-Gesellschaften; Actien über öffentliche Wege, Kanäle, Eisenbahnen u. dgl. mehr, die jedoch das Ausland wenig interessiren.

Die Fondsgeschäfte werden hier, wie an andern großen Handelsplätzen, per Cassa, oder auf Lieferung (Zeitkauf) abgeschlossen; letzteres wird an gewissen Tagen, welche ein Ausschuß der Börsenbesucher festsetzt und die Abrechnungstagen (Settling days) heißen, abgemacht.

Die Courtage ist bei den verschiedenen Staatspapieren nicht gleich, beträgt größtentheils aber ⅛ %.

In neuester Zeit fängt man auch hier an die Courtage zu vermeiden, indem man Actien-Auctionen anstellt und Listen veröffentlicht, in welchen gesuchte und angebotene Actien, mit Preis, verzeichnet sind.

Ueber englische Fonds.

Großbritannien hat unter allen Reichen die größte Staatsschuld (1845: 790 Millionen) doch auch den größten Reichthum, und es hat stets die Zinsen — auf jede Secunde mehr als 7 ℛ︀ preußisch — regelmäßig abgetragen. Diese Schuld, im Lande selbst aufgenommen, ist aus Anleihen erwachsen, welche die Regierung zu verschiedenen Zeiten und zu verschiedenem Zinsfuße mit Genehmigung des Parliaments gemacht hat. Sie können dem Staate niemals gekündigt werden. Dem Gläubiger, der nur seine Zinsen reclamiren kann, steht es aber frei, seinen Antheil zu verkaufen. Dies geschieht an bestimmten Tagen (Transfer-days) durch Vermittelung der Bank, die alle Veränderungen des Kapitalbesitzes ins große Buch trägt: und hierin besteht das System der Inscription ins große Buch. Es giebt also keine eigentlichen Staatspapiere in England.

Man theilt die öffentliche Schuld in fundirte und unfundirte oder schwebende Schuld ein. Die fundirte Schuld ist diejenige, deren Rückzahlung und Zinsen, oder wenigstens die letzteren, durch Anweisung eines besondern Kapitalstocks sicher gestellt werden. Im ersten Falle, wo sich die Deckung auch auf das Kapital erstreckt, sind es Annuitäten (Zeitrenten), die sich, bis zu einer gewissen Zeit, durch die Rente selbst abbezahlen, und in lange und kurze eingetheilt werden.

Die unfundirte oder schwebende Schuld hingegen besteht größtentheils aus Anleihen, die man in den nächsten Jahren wieder zu tilgen denkt und wofür keine bestimmten Gelder angewiesen werden. Gewöhnlich gehen sie, durch unvermuthete Deficite veranlaßt, nur von den einzelnen Ministerien aus, und werden bei großer Anhäufung entweder eingelöst, oder zur fundirten Schuld geschlagen.

Unter Scrip versteht man bei Anleihen die Suscription gegen Interimsscheine, so lange als die einzelnen Einzahlungen (instalments) die erforderliche Höhe noch nicht erreicht haben. Ist eine Anleihe **unter** Pari abgeschlossen worden, so heißt dasjenige bonus, um was der Cours den ursprünglichen Uebernahmspreis übersteigt.

Zur **fundirten** Schuld gehören die im Coursblatt angeführten:

1) 3 % Consols oder consolidirte Annuitäten. Sie entstanden durch eine im Jahre 1751 stattgehabte Consolidation (Vereinigung) früher von einander getrennter Kapitale und durch spätere Anleihen (zusammen 1844: 370 Millionen). Dieser Fond, welcher das bedeutendste Kapital unter allen Stocks hat, ist das am häufigsten umlaufende Handelspapier in England; es ist daher den meisten Schwankungen unterworfen und sein Tagescours wird als Barometer aller übrigen englischen Effecten angesehen. Spricht man, ohne weitere Angabe: die englischen Fonds oder Stocks stehen z. B. 85 $\frac{5}{8}$, so versteht man darunter diese 3 % Consols.

2) 3 % reducirte Annuitäten. Sie rühren von verschiedenen

Zeitrenten her, die früher von 4 auf 3½ und im Jahre 1757 auf 3 % herabgesetzt wurden.

3) 3¼ % Annuitäten entstanden 1844 durch Reduction der 3½ % Annuitäten; von 1854 an erhalten sie nur 3 % Zinsen.

4) 3 % desgl. von 1726. Diese sind untilgbar.

5) Neue 5 %, aus verschiedenen Umtauschungen entstanden.

6) Bank-Stocks. Sie sind zum Theil die ältesten Stocks des Landes und bestehen aus dem im Jahre 1694 von der Bank bei ihrer Begründung dem Staate gemachten Anlehn von 1,200,000 £, so wie aus vielen späteren Vorschüssen dieser Bank an die Regierung von England.

7) Südsee-Stocks. Dieser Fond ist noch ein Rest von dem Kapital, welches der Staat der ehemaligen Südsee-Compagnie schuldet. Die Gesellschaft treibt längst keinen Handel mehr, ihr Vermögen ist aber in den Händen der Regierung geblieben, von welcher dasselbe als eine reine Staatsschuld betrachtet und regelmäßig verzinst wird. Die Directoren der Südsee-Compagnie haben sich jetzt nur mit der Verwaltung des Gesellschafts-Kapitals, mit der Uebertragung der Actien und Auszahlung der Dividenden zu beschäftigen.

8) Südsee-Annuitäten. Sie gehören zu den vorigen Papieren und sind bei der Absonderung vom eigentlichen Handelsvermögen, von 4 und 3½ auf 3 % reducirt worden.

9) Lange Annuitäten. Sie bestehen in Belohnungen, welche der Staat für mancherlei Verdienste, hauptsächlich aber in Prämien, die derselbe an die ersten Subscribenten früherer Anleihen ertheilt hat. Sie sind zu verschiedenen Zeiten und auf verschiedene Zeiten bewilligt worden, und die im Coursblatte dabei vermerkten Zahlen zeigen die Jahre an, in welchen diese Renten erlöschen.

Zur unfundirten englischen Schuld gehören vorzüglich die Exchequer-Bills, oder Schatzkammerscheine. Die ersten Ausgaben dieser Papiere erfolgten im Jahre 1696, um bei den damaligen großen Umprägungen der Münzen den Mangel des baaren Geldes zu ersetzen. Seitdem aber finden fast jährlich neue Emissionen mit Bewilligung des Parliaments statt, wodurch die Regierung im Voraus erhebt, was sie zu den laufenden Staatsausgaben bedarf, ehe sie über die Einnahmen verfügen kann. Die Scheine lauten auf Summen von 100 bis 1000 £ und ihr Zinsfuß wird nach den Zeitverhältnissen festgesetzt und bekannt gemacht. Gegenwärtig tragen 100 £ täglich 2 Pence. Die Verfallzeiten sind nicht bestimmt, sondern werden vorher angezeigt. Da diese Papiere im Schatz-Amte zu ihrem vollen Nennwerthe wieder eingelöst werden, so sind sie keinen Verlusten durch Cours-Schwankungen unterworfen, und laufen daher wie baares

Geld um. Im Verkehr gewinnen sie eine kleine Prämie (siehe Coursbericht der englischen Fonds), welche bei den kleineren Abschnitten beträchtlicher ist als bei den größeren. Die gekündigten heißen advertised.

Ueber India-Stocks und India-Bonds sehe man ostindische Compagnie.

Maaße und Gewichte.

Längenmaaß.

1 Degree = $23\frac{1}{6}$ Leagues oder $69\frac{1}{20}$ (Statute oder British) Miles à 8 Furlongs à 40 Poles. — 4 Poles = 1 Chain.

1 Pole = $5\frac{1}{2}$ Yards à 3 Feet à 12 Inches à 3 Barleycorns.

1 Fathom = 6 Feet; 1 Pace = 5 Feet.

Beim Tuchhandel wird die Yard in 4 Quarters à 4 Nails eingetheilt. Die englische Elle hat 20 Nails, die alte vlämische oder brabanter Elle hat 12 Nails, die franz. Elle hat 24 Nails.

Die Imperial-Yard ist 0,91438348 Meter lang befunden worden.

Es machen also 100 Yards	132,949	brab. Ellen in Hamburg,
	131,683	" " " Amsterd.,
	133,370	" " " Leipzig,
	130,776	" " " Frankfurt,
	133,333	" " " England,
	77,359	franz. alte Stab,
	76,939	pariser Aunes,
	128,571	russ. Arschinen,
	117,350	wiener Ellen,
	137,102	preuß. "
	161,838	leipziger "
		u. s. w. (s. d. Tabellen).

Ehemals kam auch die Palm zu 3 Zoll, die Hand zu 4 Zoll, die Span zu 9 Zoll, die Cubit zu 18 Zoll vor.

Außer der Statute Mile von 1760 Yards, und der League von 3 Miles giebt es noch eine Seemeile von 2025,246 Yards und die londoner Meile von $1666\frac{2}{3}$ Yards. Es sind also 100 Statute-Miles = 21,726 deutsche geogr. Meilen, 21,365 preuß., 21,214 östr. Postmeilen, ferner = 150,857 Werste und 160,931 Kilometer.

Beim Garnhandel hat die Hank 840, der Ley 120 Yards, die Haspel $1\frac{1}{2}$ Yard. — 7 Gebind (Leys od. Warps) = 1 Strehn (Hank).

1 ℔ Garn No.	10.	hat eine Länge von	8,400	Yards.
1 ℔ " "	50.	" " " "	42,000	"
1 ℔ " "	100.	" " " "	84,000	"
1 ℔ " "	200.	" " " "	168,000	"
1 ℔ " "	350.	" " " "	294,000	"

letztere also etwa 36 deutsche Meilen.

Quadratmaaß.

Der Quadratfuß = 0,09289968 Quadratmeter. Die Quadratruthe = 30¼ Quadrat-Yard oder 272¼ Quadratfuß. — 40 Quadratruthen = 1 Rood. — 100 Quadratfuß = 1 Square flooring.

Der Acker (Acre) hat 4 Roods oder 4840 □Yards und ist = 0,40467 Hectaren, oder 1,58494 preuß. Morgen, oder 0,73121 sächs. Acker, oder 0,70321 wiener Joch. — 30 Acres bilden ein Yard of land, 100 Acres ein Hide of land, 40 Hides = 1 Barony. — 640 Acres eine Square Mile.

Eine Load Planken, Dielen und Bretter hält:

1 Zoll dick	600 □Fuß	3 Zoll dick	200 □Fuß
1½ " "	400 "	3½ " "	170 "
2 " "	300 "	4 " "	150 "
2½ " "	240 "		

Kubikmaaß.

Die Kubik-Yard = 0,7645 Steren oder 22,3038 par. Kubikfuß. Die Load oder Ton hewn Timber (behauenes Schiffs-Zimmerholz) hat 50 Kubikfuß, rough (unbehauen) nur 40.

Die Schiffslast (ton of shipping) = 42 Kubikfuß.

Brennholz. 1 Stack wood = 108 Kubikfuß.
1 Cord v. 1000 billets = 126 Kubikfuß = 3,56773 Steren.
50 Faggots (Reisbündel) = 1 Load.
1 Cord Holz = ½ Chaldron Kohlen.
1 Quintal Holz = 100 ℔ avoir du poids.

Hohlmaaße.

Der Imperial-Gallon = 277,274 engl. Kubikzoll ist die Grundlage. Er ist = 4,543458 Liter oder 229,0468 par. Kubikzoll.

Quarter	Combs	Bushels	Pecks	Gallons	Pottles	Quarts	Pints	Gills
1 =	2 =	8 =	32 =	64 =	128 =	256 =	512 =	2048
	1 =	4 =	16 =	32 =	64 =	128 =	256 =	1024
		1 =	4 =	8 =	16 =	32 =	64 =	256
			1 =	2 =	4 =	8 =	16 =	64
				1 =	2 =	4 =	8 =	32
					1 =	2 =	4 =	16
						1 =	2 =	8
							1 =	4

Getreide wird nach dem Imperial-Quarter verkauft; 4 Quarters = 1 Chaldron, 5 Quarters = 1 Wey oder Load; 10 Quarters = 1 Last. Dieser Quarter ist = 290,781 Liter, und so vielmal 50 Schilling für einen Quarter bezahlt wird, so vielmal kostet in:

		Imp.-Quarters.	Cours.	Preis.
Berlin	1 Scheffel	= 0,189	6¾ ℛ︁	3 ℛ︁ 5¾ Sgr.
Dresden	1 "	= 0,362	6¾ ℛ︁	7 ℛ︁ 2¼ Ngr.

		Imp.-Quarters.	Cours.	Preis.
Frankfurt	1 Malter	= 0,395	12 Fl.	11 Fl. 51 Xr.
Frankreich	1 Hectoliter	= 0,344	25¾ Fs.	22 Fs. 15 Cts.
Hamburg	1 Last	= 11,340	13½ B.mk	382 Bo.mk 12 ß.
Hannover	1 Himten	= 0,107	6¾ Thlr	1 Thlr 19⅓ Ggr.
Holland	1 Hectoliter	= 0,344	12 Fl.	10 Fl. 32 Cts.
Magdeburg	1 Wispel	= 4,536	6¼ Thlr	76 Thlr 16⅓ Sgr.
Prag	1 Strich	= 0,322	10 Fl.	8 Fl. 3 Xr.
Rußland	1 Tschetwert	= 0,722	39 d.	11 S.R. 11 Kop.
Schweden	1 Tonne	= 0,504	12 Thlr	15 Bco.Thlr 6 Sch.
Wien	1 Metzen	= 0,212	10 Fl.	5 Fl. 18 Xr.

Der alte Winchester-Bushel war etwa um 3 % kleiner (s. New-York).

Seit 1835 sind alle gehäuften Messungen verboten.

Kohlen werden nach dem New-Castle Chaldron à 4 Quarters oder auch à 12 Sack à 3 Bushels verkauft. Auf ein Boot, Keel genannt, rechnet man 8 Chaldrons, und darnach wird häufig die Fracht gerechnet. Coaks werden nach dem Winchester Chaldron verkauft. Der Chaldron Kohlen liefert 62 — 63 berliner Scheffel und wiegt durchschnittlich 54 preuß. Centner. Die Kosten des Transports betragen nach Hamburg oder Stettin 150 bis 160 %.

Flüssigkeitsmaaße.

Der Imperial-Gallon (= 4,543 franz. Liter) hat 4 Quarts à 2 Pints à 4 Gills. Für den Wein hat:

Tuns	Pipe oder Butts	Puncheons	Hogsheads	Tierces	Rundlets	Gallons
1 =	2 =	3 =	4 =	6 =	14 =	252
	1 =	1½ =	2 =	3 =	7 =	126
		1 =	1⅓ =	2 =	4⅔ =	84
			1 =	1½ =	3½ =	63
				1 =	2⅓ =	42
					1 =	18

Branntwein wird nach dem Anker zu 10 Gallons verkauft.

Ein Firkin Bier hat 9 Gallons, Ale 8 Gallons.

Ein Hogshead hat 1½ Barrels à 2 Kilderkins à 2 Firkins, und giebt in Leipzig 3¼ — 3½ Eimer.

Eine Tun hat 2 Butts od. 3 Puncheons od. 4 Hogsheads.

Ein Firkin Bier = 40,89, Ale 36,35 Liter.

Gewicht.

Die Einheit desselben ist entweder das alte Troy-Pfund = 373,246 Gramm oder 7765,6 holl. Aß; zum Wiegen von edlen Metallen, Edelsteinen und zum Gebrauch in der Apotheke; oder das Pfund Avoir du poids, das eigentliche Handels-Pfund = 453,59 Gramm.

Das Pfund Troy wird folgendermaßen eingetheilt:

Pound		Ounces (oz)		Pennyweights (dw)		Grains.
1	=	12	=	240	=	5760
		1	=	20	=	480
				1	=	24

Das Pfund Avoir du poids wird eingetheilt:

1 Pound	=	16 Ounces	=	256 Drams.
		1 „	=	16 „

Das Apothekergewicht wird eingetheilt:

1 Pound	=	12 Ounces	=	96 Drams	=	288 Scruples	=	5760 Grains.
		1 „	=	8 „	=	24 „	=	480 „
				1 „	=	3 „	=	60 „
						1 „	=	20 „

Es ist also 1 ℔ Avoir du poids = 7000 Troy-Grän, oder 100 ℔ Troy = 82,286 ℔ Av. d. p., oder 100 ℔ Av. d. p. = 121,528 ℔ Troy, oder 144 ℔ Av. d. p. = 175 ℔ Troy.

Vergleichung des engl. Gewichts mit andern Ländern.

	100 Troy-℔.	100 ℔ Av. d. p.	100 ℔ Apoth. Gew.
Bremen	74,873 ℔	90,991 ℔	104,312 ℔
Frankfurt schwer	73,858 „	89,758 „	—
leicht	79,767 „	96,939 „	—
Apothek.	—	—	106,403 „
Frankreich	37,324 Kil.	45,359 „	74,648 „
Genua	117,824 ℔	143,188 „	112,435 „
Hamburg	77,019 „	93,599 „	104,365 „
Leipzig	79,816 „	96,999 „	106,402 „
Livorno	109,925 „	133,589 „	109,925 „
Portugal	81,316 „	98,821 „	108,421 „
Preußen	79,801 „	96,981 „	106,402 „
Rußland	91,143 „	110,764 „	104,164 „
Schweden	87,819 „	106,725 „	104,777 „
Spanien	81,051 „	98,500 „	162,102 M.
Wien	66,649 „	80,997 „	88,865 „

(Apotheker-Gewicht.)

Handelsgewicht. Die Ton hat 2240 ℔. — Der Centner oder Hundredweight (cwt) wird in 4 Quarters à 28 ℔ getheilt, und ist = 50,802 Kilogramm, oder 108,619 preuß. ℔ = 90,716 wiener ℔.

Der Pack Wolle hat 12 Scores oder 240 ℔. — Die Last hat 12 Sack à 2 Weys à 6½ Tods à 2 Stones à 2 Cloves à 7 ℔.

Der Firkin Butter hat 56, Seife 64 ℔.

Im Zollhause rechnet man die Pipe Portwein 115, Madeira 92, Barcelona, Vidogne und Teneriffa 100, das Orhoft Burgunder 47½, die Ahm Rheinwein 30, und die Ahm Capwein 16¼ Imperial-Gallons.

Der Load Schiffs-Krummholz wird 50 englische Kubikfuß gerechnet. 42 Kubikfuß sind eine Schiffslast.

1 Tun oder Fudder Bleierz in London und Hull hält 19½, in Rollen 20 Hundreds, zu Chester 20, zu Newcastle 21, zu Bawtry 21½, zu Stockton 22, zu Derby 22½. Das Hundred zu Hull und Chester ist 120 Pfund. Bleierz wird mit einer Mulde, Erzschüssel genannt, von circa einem halben winchester Bushel, oder 3 Centner an Gewicht, gemessen.

1 Seam Glas hat 4 Stones à 5 Pfund; 1 Last Pulver 24 Tonnen à 100 Pfund.

Von Heu und Stroh rechnet man 1 Fuder 36 Bund; 1 Bund Heu 56 und Stroh 36 Pfund.

Als Durchschnittsgewicht von einem Bushel Getreide rechnet man Weizen 62, Roggen 54½, Gerste 48, Hafer 39, Erbsen 66, Bohnen 65, Kleesaat 70 und Rapsaat 50 ℔ engl. av. d. p.

100	Tonnen Kohlentheer	werden bei überseeischen Verladungen, in Newcastle, ein Keel genannt.
26	Chaldrons Schleifsteine	
420	Cwt. schwere Güter	
28	Körbe Steinzeug	
60	" Glas	
100	Groß Flaschen	
20	Oxhoft oder 120 Säcke Kienruß	
7000	feuerfeste Backsteine	
10000	gewöhnliche Backsteine	

Oeffentliche Handels-Anstalten.

Die Bank von England.

Diese Anstalt wurde im Jahre 1694 von einem Vereine von Actionären, welchem der Staat für ein ihm gemachtes Anlehn von 1,200,000 £ gewisse Privilegien bewilligte, unter dem Namen: die Bank von England, gegründet.

Die Bank zahlt die Zinsen der Nationalschuld aus, besorgt die Einnahmen und Uebertragungen (Transfers) der Anleihen, überhaupt alle Geschäfte, welche aus den Anleihen erwachsen, und macht dem Staat permanente und temporäre Vorschüsse. Sie giebt Noten von 5 bis 1000 £ aus, die als gesetzliches Zahlungsmittel im ganzen Reiche circuliren. Sie macht Vorschüsse auf Staatspapiere und andere sichere Unterpfänder, discontirt Wechsel zu einem bestimmten Disconto, treibt Handel mit Gold und Silber (jeder Verkehr mit anderer Waare ist ihr untersagt) und besorgt die Ausprägung der Münzen für die Regierung, wie für Privaten. — Die Bank nimmt Depositen an, eröffnet hierüber Folien in ihrem Girobuche und zahlt jedes Guthaben auf Verlangen entweder baar oder durch Ab- und Zuschreiben von einem Conto auf das andere sogleich zurück. Auch Tratten und andere Schuldbriefe können an die Bank girirt werden. Die Bank hat

Filiale in allen Theilen des Landes und steht mit vielen Privatbanken in und außerhalb Londons in Verbindung.

Die Actien der Bank sind wegen der in ihrem Preis mit begriffenen Dividende einem veränderlichen Course unterworfen, und werden an der Börse gleich andern Staatspapieren verhandelt. Der Gewinn der Bank, wovon diese Dividende (jetzt 7 $\frac{2}{5}$) halbjährlich vertheilt wird, entsteht hauptsächlich aus den Zinsen der Vorschüsse an die Regierung; aus den Zinsen der Schatzkammerscheine; aus der Ausgabe von Banknoten und aus der Vergütigung welche die Bank von der Regierung für die Besorgung ihrer Geldangelegenheiten erhält.

Im Jahre 1833 wurde der Freibrief der Bank mit einigen veränderten Bestimmungen auf 21 Jahre erneuert, dürfte aber wohl einigen Beschränkungen entgegen gehen.

Im October des Jahres 1847 betrugen die Activa der Bank: 40,719,533 £ (Barren: 8,408,750 £); die Passiva: 36,601,981 £ (Circulation 19,503,372 £).

Außer dieser Bank befinden sich hier und im Lande überhaupt 196 Privatbanken und 69 Joint Stock- (d. h. Actien) Banken in England, außer 18 Actienbanken in Schottland und 8 in Irland.

Die Oriental-Bank hat Zweige in Bombay, Calcutta, Ceylon und China. Fond: 700,000 £ in Actien à 50 £. — Keine Noten. — Die Bank of Asia 20,000 Actien à 100 £, 1840 errichtet. — Die Union-Bank of Australia, Fond: 800,000 £.

Ferner giebt es eine sehr große Zahl von Vereinen für den Handel, für die Dampfschifffahrten, für Eisenbahnen, Feuer- und Seegefahren u. dergl. m., von denen die engl. russ. Gesellschaft, die Südsee-Gesellschaft, die afrikanische Compagnie, die levantische Gesellschaft u. s. w. die bedeutendsten sind. Einer besonderen Erwähnung verdient die

Englisch-Ostindische Compagnie.

Diese besteht seit 1708, und zwar in Folge einer Verbindung zweier früherer Vereine für den ausschließlichen Handel mit Ostindien. Sie erlangte bekanntlich sehr große Bedeutung und gestaltete sich zu einer unabhängigen Macht; jetzt steht sie wieder unter der Leitung der englischen Krone, und nur ein Theil der politischen Administration von Ostindien ist in den Händen der Direktion geblieben. Diese Administration erstreckt sich über 1,300,000 engl. □Meilen mit ungefähr 150 Millionen Einwohnern. Die Regierung hat Residenzen in Calcutta, Bombay und Madras. Seit 1813 ist das frühere Monopol der Gesellschaft immer mehr beschränkt, und 1834, bei der Ertheilung des letzten Freibriefes auf 20 Jahre, der ostindische Handel völlig freigegeben worden. Das ursprüngliche Kapital der ostindischen Compagnie, nach welchem die Dividende berechnet und vertheilt wird, besteht in 6 Mill. Liv. Sterl., deren Actien den Namen: India-

Stocks führen. Die India-Bonds hingegen sind Obligationen, welche die Gesellschaft zu verschiedenen Zeiten, meist in Abschnitten à 100 £ ausgegeben hat.

Lloyd's.

Eine Vereinigung von Assecuradörs, die in der Börse ihre Locale hat. Sie hält Agenten und Correspondenten in allen wichtigen Seeplätzen, führt Register über die Handelsmarine der ganzen Welt und veröffentlicht die ihr zugekommenen Nachrichten durch ein täglich erscheinendes Blatt „Lloyd's List" genannt.

Die neue Börse wurde 1844 eröffnet.

Englands Kanäle belaufen sich auf 2500 Meilen, die Eisenbahnen (1846) auf 2730 Miles. Die durchschnittliche Einnahme von letzteren ist jährlich 6¼ Millionen Pfund oder 5 %.

Lucca,

ein, seit 1847 mit Toscana verbundenes, Herzogthum in Italien, von 20 □Meilen und 160,000 Einwohnern, welches an Produkten vorzügliches Baumöl, edle Früchte, Wein, Seide 2c. liefert, mit der gleichnamigen Hauptstadt am Serchio, die 25,000 Einwohner zählt, Fabriken in Seide, Wolle und Baumwolle hat, und lebhaften Handel treibt.

Münzen.

Im Herzogthum Lucca rechnete man sonst nach dem Scudo d'oro à 7½ Lire à 20 Soldi à 12 Denari, jetzt aber nur nach
Lire à 12 Soldi à 12 Denari oder auch nach
Lire à 100 Centesimi, angeblich im Fuße der französ. Francs (s. Paris), in Wahrheit um 50—60 % geringhaltiger, so daß die franz. Regierung die Annahme des lucchesischen Geldes verbieten mußte.

Wirklich geprägte Münzen sind Stücke in Silber zu 5, 2 und 1 Lira und zu 10 Soldi. Die Stücke zu 5 Lire heißen Scudi. Früher auch zu 5 Francs. — In Kupfer ganze und halbe Soldi, auch Stücke zu 5 und 3 Centesimi, früher auch Quattrini.

Fremde Münzen wie in Livorno, wonach sich Lucca auch in Wechselsachen richtet.

Maaße und Gewichte.

Der Fuß (piede) = 0,59 Meter, der Braccio da panno = 0,606 Meter, der Braccio da Seta = 0,578 Meter.

4 Braccia = 1 Unna.

Seidenwaaren im Ganzen oder Stückweise werden gewöhnlich nach dem Gewicht behandelt und verkauft.

Der Getreide-Sacco hat 3 Staja oder Stari und ist = 74 Liter.

Der Wein-Barile hat 30 Boccali und ist = 35 Liter.

Der Oel-Coppo = 96 Liter, wiegend 24 libbre grosse.

Die Libbra (della grascia) hat 12 Once à 24 Denari à 24 Grani und wiegt 334,5 Gramm. Die früher im Gebrauch gewesene libbra della Commissione = 341 Gramm.

Das Apotheker-Pfund ist der libbra della grascia gleich; nur wird der Denaro hier Scrupolo genannt.

Die Eisenbahn von Lucca-Pistoja ist nun ein Theil der Pisa-Pistoja-Bahn geworden (s. Florenz).

Anleihen von 1836 und 1843. Die erstere 875,000 Fl., die letztere 1,120,000 Fl. im Conv.-Fuße. Die Obligationen zu 1000 und 500 Fl. Zinsen à 4 $\frac{0}{0}$ am 1. Januar und 1. Juli bei Rothschild in Frankfurt a. M. — Für die letztere Anleihe garantirt der Herzog Ferdinand von Este.

Kaum waren die Finanzen des Landes von Toscana pachtweise übernommen worden, so trat der Herzog das ganze Land an jenes Großherzogthum ab; was nun für Maßregeln zu treffen, ist bis jetzt nicht bekannt geworden.

Lübeck,

eine der vier freien deutschen Städte, mit Hamburg und Bremen im hanseatischen Bunde, an der Trave, welche wenige Stunden von der Stadt entfernt, den Hafen von Travemünde bildet, zählt gegenwärtig an 33,000 (Stadt und Gebiet 6¾ □Meilen und 49,000) Einwohner, besitzt bedeutende Fabriken, ansehnlichen Getreidehandel, und ist als Speditionsplatz nach und von den Ostseehäfen besonders wichtig.

Münzen.

Man rechnet hier, wie Hamburg in seinem Kleinhandel, nach Mark zu 16 Schilling à 12 Pfennig lübisch Cour.; der Thaler wird zu 3 Mark oder 48 Schilling lübisch gerechnet.

Der Zahlwerth ist hier der lübische Courantfuß, die köln. Mark fein Silber zu 34 Mark oder 11⅓ Rthlr.

Wirkliche Münzsorten der Stadt waren zeither:

Gold: 10, 5, 2, 1fache, halbe und viertel Ducaten nach dem Reichsfuß, wovon die erstern beiden ganze und halbe Portugaleser genannt werden.

Silber: Alte Speciesthaler zu 3 Mark 11 Schilling Courant m. o. w.

Neue, seit 1726 und 1752 nach dem lübischen Fuß ausgeprägte, 3, 2 und 1 Markstücke; 8, 4, 2 und 1 Schillingstücke. Sechslinge und Dreilinge zu 6 und 3 Pfennig.

1825 wurden die Münzgeräthschaften verkauft und die Münze für immer geschlossen.

Fremde Münzsorten coursiren hier wie in Hamburg.

Im Wechselhandel richtet man sich gänzlich nach den hamburger Coursen, und Tratten vom Auslande auf Lübeck gezogen, geschehen meist in hamburger Banco und zahlbar in Hamburg, weshalb sie auch daselbst domicilirt werden müssen.

Es geht die Rede, daß Lübeck zum 35 Markfuße (s. Hamburg) übergehen wolle.

Im Jahre 1833 wurden alle früheren Zölle und Nebenabgaben abgeschafft, und die Eingangsabgabe auf nur $\frac{1}{4}$ % von allen Manufakturwaaren, Fabrikaten und Farbestoffen, und auf 1—10 Schillinge pr. 100 ℔ von Colonialwaaren, nordischen Produkten und gröberen Artikeln bestimmt.

Maaße.

Längenmaaß.

Der Fuß hat 12 Zoll à 12 Linien und ist = 127½ pariser Linien oder 0,288 Meter.

1 Ruthe = 16 Fuß = 192 Zoll = 2304 Linien.
1 „ = 12 „ = 144 „
1 „ = 12 „

Die Elle ist = 2 Fuß, also 255 pariser Linien oder 0,575 Meter.

Flächenmaaß.

Die Last hat 24 Tonnen à 4 Scheffel, oder 96 Scheffel Aussaat. Zuweilen bedient man sich auch der Quadratruthe und rechnet 60—70 □Ruthen auf einen Scheffel Aussaat.

Holzmaaß. Der Stadtfaden ist 6 Fuß 8 Zoll breit und hoch. Der Forstfaden ist 14 Fuß breit und 4 Fuß hoch, und 10 Forstfaden = 11 Stadtfaden. Nimmt man die Scheide zu 3 Fuß an, so ist der Forstfaden etwa 4 Stères.

Körpermaaß.

Der Roggen- und Weizen-Scheffel = 34,694 Liter.
Der Hafer-Scheffel = 39,514 Liter.

1 Last = 8 Drömt = 24 Tonnen = 96 Scheffel = 384 Faß.
1 „ = 3 „ = 12 „ = 48 „
1 „ = 4 „ = 16 „
1 „ = 4 „

Das Stübchen à 4 Quartier = 3,6375 Liter. Die Ohm (à 4 Anker à 5 Viertel à 8 Quartier) = 145,5 Liter.

Der Anker (à 5 Viertel à 2 Stübchen à 4 Quartier) = 36,375 Liter. Das Oxhoft = 1½ Ohm.

1 Faß Bier = 1 Ohm = 80 Kannen (à 1,8627 Liter) = 160 Quartier.

1 Faß Branntwein = 1 Oxhoft = 30 Viertel = 66 Stübchen = 240 Quartier. Die Kroß (½ Kanne) = 0,941 Liter.

Gewicht.

1 Handelspfund = 486,474 Gramm.
1 Pfund = 32 Loth à 4 Quent.
1 Centner = 112 Pfund.
1 Schiffspfund = 20 Liespfund à 14 ℔ oder 2½ Centner.

Das Schiffspfund zur Fuhre wird hier theils zu 20 Liespfund à 16 ℔, folglich zu 320 ℔, theils zu 23 Liespfund à 14 ℔, folglich zu 322 ℔ gerechnet.

1 lübecker kölnische Mark = 233,682 Gramm.
1 Medicinalpfund = dem alten nürnberger Medicinalpfund.

Verarbeitetes Silber soll 12⅙ Loth fein sein, und wird mit dem doppelten Adler bezeichnet.

Malz wird nach dem Roggenscheffel, aber gehäuft, gemessen, welches 16⅔ % differirt. Hopfen wird nach Schiffs- und Liespfunden gewogen.

Das Schiffspfund Federn wird zwar zu 20 Liespfund à 16 ℔ oder zu 320 ℔ gerechnet; man wiegt aber die Säcke mit.

Die Tonne rauh Honig, Butter bucket Band, und lüneburger Salz, hält 1 Schiffspfund zu 20 Liespfund à 14 ℔ oder zu 280 ℔.

Die Tonne Butter schmal Band hat 224 ℔ netto. Ein Stein Wolle hat 20, Federn 10 ℔.

Die Pipe Oel rechnet man zu 820 ℔ netto, wie in Hamb.

Von zählenden Gütern kommen hier Kiepen Schollen von 30 Stiegen oder 600 Stück, Rollen Stock- oder Rund-Fisch zu 180 Stück, und Wall zu 80 Stück, vor.

Bei dem Holzhandel wird das Hundert Bretter oder Dielen zu 10 Zwölfter à 12 Stück oder 120 Stück gerechnet.

Handelsanstalten und Unternehmungen.

Die 1820 gegründete Privat-Disconto- u. Darlehn-Kasse hat einen Fond von 116 Actien à 2000 m℔ und giebt Noten zu 100 und 500 m℔ aus.

Die Südseefischerei-Gesellschaft „Germania" wurde 1844 mit einem Fond von 1050 Actien à 500 m℔ Court. (oder 400 m℔ Bco. oder 200 ℛ preuß. Court.) gegründet.

Von Assecuranz-Compagnien giebt es hier deren fünf. Auch war hier zeither ein Contor der Petersburg-Lübecker Dampfschifffahrt (s. Petersburg).

Eine Eisenbahn von Lübeck nach Travemünde einerseits und eine andere nach Büchen, zum Anschluß an die Berlin-Magdeburger Bahn, ist im Werke. Von Oldesloh aus soll Lübeck mit

Altona verbunden werden. Dampfschifffahrt besteht nach Stockholm und Kopenhagen, zeither auch nach Petersburg.

Wollmarkt ist hier jährlich vom 25. bis 29. Juni beide Tage einschließlich (4280 Centner im Jahre 1847).

Lüneburg,

die Hauptstadt der hannöverschen Landdrostei gleiches Namens an der schiffbaren Ilmenau, mit 14,000 Einwohnern, Salzwerken, Kalksteinbrüchen und Fabriken, für den Speditionshandel zwischen Süddeutschland, Hamburg und Lübeck von nicht geringer Bedeutung, treibt starken Handel mit Salz, Kalk, Gyps, Wachs, Honig u. s. w.

Münzen, Maaße, Gewichte wie Hannover.

Von alten Maaßen und Gewichten ist zu bemerken:

Der Wispel Roggen, Weizen, Erbsen u. s. w. = 20 Scheffel, 40 Himten, 160 Spint, der Himt wie der alte hannöversche.

Vom Handelsgewicht das Schiffspfund = 20 Liespfund à 16 ℔, und das ℔ = 489,069 Gramm.

Eine Tonne lüneburger Salz wiegt 1 Schiffspfund und hält 6 Himt. Eine Tonne Honig, fest gestampft, wiegt 300 ℔, und hält 25½ Stübchen Honig.

Die Wechselpreise richten sich, wie in Hannover, nach Braunschweig und Leipzig. Seit 1839 werden jährlich 2 Messen, eine Ostermesse und eine Michaelismesse, abgehalten. Erstere beginnt jedesmal am Montag nach dem Sonntage Lätäre, und dauert 14 Tage; letztere wird am 15. September, und wenn dieser ein Sonntag ist, am nächstfolgenden Tage eröffnet und währt 3 Wochen. Die erste Woche in jeder Messe ist ausschließlich für den Großhandel bestimmt, so daß erst nach dem Ablaufe dieser Woche der Detailverkauf gestattet ist. Die bisherigen Jahrmärkte sind abgeschafft.

Lüneburg liegt an der Leipzig-Hamburger Bahn, und soll auch durch eine Zweigbahn über Lauenburg und Büchen mit Lübeck verbunden werden.

Lüttich,

(Liège), eine belgische höchst industriöse Fabrikstadt und Festung an der Maas, welche hier die Ourthe aufnimmt, zählt an 60,000 Einwohner, hat große Steinkohlengruben, ansehnliche Fabriken, treibt wichtigen Handel mit Colonialwaaren, Steinkohlen, Eisenwaaren, Kalk- u. a. Steinen.

Münzen, Maaße und Gewichte siehe Antwerpen.

Wechselcourse.

Amsterdam 99 Frs. od. Fl. in Lüttich für 100 Frs. od. Fl. in Amsterdam (400 Frs. = 189 Fl.).
London . 25 Frs. 70 Cts. für ein Pfund Sterling.
Paris . 99½ Frs. für 100 Frs. in Paris.

Alte Maaße und Gewichte.

Der Lamberts Fuß = 0,292 Meter.
Der Huberts Fuß = 0,295 Meter.
1 Fuß = 10 Zoll à 10 Linien.
Die Elle = 0,656 Meter.
Der Pot = 1,242 Liter.
Der Pot = 2 Pinten à 2 Schoppen.
1 Tonne = 80 Pot.
Der Muid = 238,512 Liter.
Der Muid = 8 Stier, à 4 Viertel, à 4 Pognoul, à 4 Mäßchen.
Das Pfund = 467,093 Gramm.

Die hiesige Bank und Sparkasse wurde 1835 mit einem Fond von 4000 Actien à 1000 Frs. eröffnet. Die Actien tragen 4 % feste Zinsen am 1. Jan. und 1. Juli. Die Noten lauten auf 25, 50, 100, 500 und 1000 Frs. Außer den gewöhnlichen Geschäften einer Zettelbank gewährte sie auch den Vortheil der Schuldentilgung durch Annuitäten.

Es giebt hier eine Börse und ein Handelsgericht. Von den hiesigen Actien-Gesellschaften sei nur noch die berühmte lütticher Waffenfabrik, unter der Firma Ancion, Hauquet & Comp. erwähnt, mit einem Fond von 8 Millionen Francs in Actien à 1000 Frs.

Daß Lüttich im Complex des belgischen Eisenbahn-Netzes begriffen ist, bedarf kaum der Erwähnung.

Lugano, s. Tessin.

Luxemburg,

die Hauptstadt des gleichnamigen Großherzogthums der Niederlande, welches den Mittelpunct des Ardennenwaldes ausmacht, größtentheils gebirgig ist, gute Viehzucht und viele Eisengruben hat; der Ort selbst, eine deutsche Bundesfestung, liegt an der Elze, zählt 12,000 Einwohner, hat Ausfuhren in Schiefer, Pottasche, Eisen, Holz, Leder u. s. w.

Die alte luxemburgische Valuta berechnete sich zu 441 Gulden = 400 Fl. brabanter Courant, also circa 32 Gulden auf die

f. Mark. Ein Gulden zu 20 Sols à 16 Liards. Es kommen noch Stücke zu 12, 6 und 3 Sols in Billon, so wie Stücke zu 1 Sol, 1 Liard und $\frac{1}{2}$ Liard in Kupfer vor.

Gegenwärtig werden Regierungs-Angelegenheiten in holländischem, Zollsachen in preußischem, privatliche Geschäfte in französischem Gelde oder in süddeutschen Gulden berechnet. Ein preußischer Thaler gilt 3 Francs 75 Centimes. — 100 Gulden im $24\frac{1}{2}$ Fl.Fuß = 101,8 Fl. holl. Ein holl. Gulden = 2 Frs. 12 Cents.

Luzern,

Hauptstadt des gleichnamigen Kantons der Schweiz, zählt 8400 Einwohner, hat lebhaften Transit-Handel.

Münzen.

Bis 1825 wurde nach Gulden à 40 Schillingen à $1\frac{1}{2}$ Xr. gerechnet. Da man den Louisd'or zu 12 Fl. rechnete, so gingen 26,79 solcher Gulden auf die f. Mark.

Seit 1825 rechnet man aber nach

Schweizerfranken à 10 Batzen à 10 Rappen,

von denen eigentlich 35,72 auf die f. Mark gehen. Da aber das franz. 5 Frankenstück zu 35 Batzen gerechnet wird, und $10\frac{1}{4}$ Stück dieser Münze auf die f. Mark gehen, so kommen $36\frac{1}{4}$ Schweizerfrancs auf die f. Mark, und 1 Schw.fr. ist = 11 Sgr 7 ₰ oder $40\frac{1}{2}$ Xr. im $24\frac{1}{2}$ Fl.Fuß, oder $33\frac{1}{16}$ Xr. im 20 Fl.Fuß.

Wirklich geprägte Münzen. Ganze und halbe Neuthaler, 5 und 1 Batzenstücke (s. d. Tabellen).

In Kupfer (oder Billon) auch Rappen und Angster; 4 Rappen oder 6 Angster = 1 Schilling.

Geldtarif.

Der schweizer und französische Neulouisd'or	zu 160	Batzen.
Das Zwanzigfranken-Stück	= 140	=
Der brabanter Thaler	= 40	=
= Fünffranken-Thaler	= 35	=

Maaße und Gewicht.

Seit 1838 sind hier die neuen schweizer Concordats-Maaße eingeführt (s. Schweiz).

Die ältere luzerner Elle war = 0,628 Meter.

Die Juchart = 450 □Ruthen = 36,355 Aren.

Das Getreide-Viertel ($\frac{1}{16}$ Malter) = 34,634 Liter.

Die Weinmaaß = 0,768 Liter. — 1 Ohm = 30 Maaß. — 1 Saum = 100 Maaß.

Die Milchmaaß = 1,163 Liter.

Das Pfund à 36 Loth à 4 Quintlein ist = 528,898 Gramm.

Das Medicinal- und Apothekerpfund = 357,951 Gramm.

Lyon,

die Hauptstadt des Rhône-Departements, am Zusammenfluß der Saône und der Rhône, 60 Meilen von Paris, der Volksmenge nach (200,000 Einwohner) zweite Stadt in Frankreich, mit weit und breit berühmten Seidenfabriken, Manufakturen in Gold- und Silbertressen, und ausgebreitetem Handel.

Münzen, Maaße und Gewichte wie Paris.

Wechselcourse.

	Veränderl. Valuta.	Feste Valuta.
Amsterdam . .	210 Francs	für 100 Fl. niederl. Courant.
Basel	1 pCt. p.	d. h. perte (Verlust), also 99 Frcs. baar in Lyon, für 100 Frcs. in Basel; wobei fest angenommen ist: 27 schw. Frcs. = 40 franz. Frcs.
Augsburg . .	256½ Frcs.	für 100 Fl. augsb. Court.
Frankfurt a. M.	213½ "	" 100 Fl. im 24½ Fl.Fuß.
Cadix / Madrid	15 Frcs. 15 Cms.	" 1 Doblon v. 32 Real. d. pl. ant. *)
Genf	1 pCt. p.	(Verlust), d. i. 99 Frcs. in Lyon, für 100 Frcs. in Genf.
Genua	1⅛ p.	(Verlust), d. i. 98⅞ Frcs. in Lyon, für 100 Lire nuove.
Livorno	84½ Frcs.	für 100 toscan. Lire.
Mailand . . .	85½ "	" 100 österreich. Lire.
London .	25 Frcs. 30 Cms.	" 1 Liv. Sterl.
Paris / Bordeaux / Marseille . .	¼ pCt. av.	(avance oder Aufgeld), d. h. 100¼ Frcs. für 100 Frcs. in Paris, Bordeaux u. Marseille. Bisweilen auch pari oder mit Verlust, je nach der Zeit, welche die Wechsel zu laufen haben.

Die Wechselgesetze wie in ganz Frankreich (siehe Paris).

Die Verfallzeit eines in der Messe zahlbaren Wechsels ist nach dem Code commerce Art. 133, der Tag vor dem Schlusse der Messe, und wenn diese nur einen Tag dauert, der Meßtag selbst.

Seidenmäkler erhalten ¼ %, andere Waarenmäkler ½ %.

*) Nach neuerer Anordnung dürfte der Peso duro zu circa 5 Frcs. 40 Cts. notirt werden.

Alte Maaße und Gewichte.

Längenmaaß.

Der Fuß = 151,5 pariser Linien oder 0,3418 Meter.
Die Toise = 7½ Fuß.
Der lyoner Stab = 520,5 pariser Linien oder 1,174 Meter.

Körpermaaß.

Getreidemaaß, 1 (neue) Asnée = 6 Bichets oder Boisseaux = 205,664 Liter.

Weinmaaß. 1 Asnée = 88 Pots, letzterer = 0,93 Liter.

Gewicht.

1 poids de marc = 489,8 Gramm.
1 " de soie = 458,912 "
1 " de ville = 418,757 "

Die Bank von Lyon.

Die Anstalt wurde im Jahre 1835 mit einem Privilegium auf 20 Jahre errichtet. Sie ist auf ein Kapital von 2 Millionen Franken, in 2000 Actien à 1000 Francs bestehend, gegründet, und beschäftigt sich mit Darlehn, Discontiren und mit der Verwaltung der bei ihr deponirten Gelder. Sie besitzt unter den neuen Landbanken ausschließlich das Recht der Verausgabung von Noten, die aber den dritten Theil ihres baaren Fonds nicht übersteigen dürfen. Die Zettel sind zu 1000, 500 und 250 Franken.

Die festen Zinsen betragen 4 $\frac{2}{3}$ p. A. Außer denselben werden halbjährlich $\frac{2}{3}$ des reinen Geschäftsgewinnes Supradividenden an die Actionäre vertheilt. Die Bank ist verpflichtet zu liquidiren, wenn sich ihr Fond auf die Hälfte reduciren sollte.

Die Messen, welche hier jährlich gehalten werden, dauern gesetzlich 15 Tage und sind:

1) La foire des Rois, die drei Königsmesse; sie fängt im Januar, den Montag nach dem drei Königstage an.

2) La foire des Pâques, die Ostermesse, den Montag nach dem Sonntage Quasimodogeniti.

3) La foire d'Août, die Augustmesse, deren Anfang den 4. August ist.

4) La foire de tous Saints, Allerheiligenmesse, den 3. November.

Macao,

eine portugiesische Insel im Meerbusen von Canton, mit 40,000 Einwohnern, größtentheils Chinesen; seit 1836 ein Entrepôt für europäische Waaren, seit 1846 ein Freihafen jedoch mit mancherlei Beschränkungen. Rechnet wie Canton.

Madeira,

eine den Portugiesen gehörige afrikanische Insel von 18 □Meilen mit 105,000 Einwohnern, treibt vorzüglichen Weinbau (von Reben aus der Insel Kreta), und hat an Drymadeira und noch edlerem Malvasier eine sehr bedeutende Ausfuhr. Fast alle Produkte des südlichen Europas und der Tropen gedeihen in dem herrlichen Klima; Getreide wird wenig gebaut, wohl aber treffliche Kastanien. Der vornehmste Handelsplatz der Insel ist Funchel, Sitz des Gouverneurs, mit 30,000 Einwohnern, und einer schönen Rhede. Nördlich von Madeira liegt die dazu gehörige kleine Insel Porto-Santo mit 1200 Einwohnern.

Man bedient sich hier der portugiesischen Rechnnngsarten; der spanische Piaster wird 1000 Reis oder 10 Bits gerechnet.

Die Onza Gold gilt 10 Piaster oder Dollars.

Vom Getreidemaaß rechnet man $2\frac{1}{2}$ Alqueires = 35,2383 Liter, wonach 1 Alqueire = 710,6 par. Kubikzoll ist.

Beim Weinmaaß ist der Almude um $\frac{1}{17}$ größer als der unter Lissabon; $23\frac{1}{2}$ Almudes sind eine Pipe von circa 380 berliner Quart, oder 96 engl. Gallons = 21988 par. Kubikzoll.

Vom Handelsgewicht hält das Pfund, welches zu allen Gegenständen gebraucht wird, $7076\frac{1}{2}$ engl. Grän oder 458,51 Gramm.

Madras,

Hauptort der britischen Präsidentschaft gleiches Namens in Ostindien auf der Küste von Koromandel, wichtig wegen seiner höchst bedeutenden Ausfuhr von Pfeffer, Indigo und indischen Zeugen, dessen Einwohnerzahl incl. des Forts Georg und der Schwarzen-Stadt (nach St. Croix) auf 800,000 angegeben wird.

Münzen.

Durch das neue Münzsystem vom 1. Juli 1835 (man sehe Calcutta) ist eine Gleichförmigkeit des ganzen Münzwesens für alle englisch-ostindischen Besitzungen eingeführt worden. Dieser neue Münzfuß ist der nämlich, der für die Präsidentschaft Madras schon seit dem 7. Januar 1818 bestanden hat, und nur dem Gepräge dieser Münzen hat man eine andere Gestalt gegeben.

Man rechnet sonach nach Rupien à 16 Annas à 12 Pice. Seit 1835 gehen von diesen Silber-Rupien 21,8724 Stück auf die köln. Mark fein Silber, wonach 1 Silber-Rupie den Werth hat von circa $22\frac{1}{4}$ Pence in England, 2 Franken 36 Centimen in Frankreich oder $19\frac{1}{4}$ Silbergroschen preuß. Courant. Die Gold-Rupie gilt gewöhnlich 15 Silber-Rupien. Die Ausprägung von Pagoden hat gänzlich aufgehört.

An Kupfermünze werden in England geprägt: Pices oder

Stücke von 20 Cash, Doodees von 10 Cash und halbe dergl. zu 5 Cash.

Madras ist kein eigentlicher Wechselplatz, bei vorkommenden Wechselgeschäften richtet man sich meistens nach Calcutta, doch finden auch folgende Notirungen statt:

Wechselcourse.

	m. o. w.		
London	23	Pence Sterling für	1 Silber-Rupie.
Paris	214	Silber-Rupien =	500 Franken.
Calcutta	99	= = =	100 Silb.-Rup. in Calcutta.

Die von der Regierung im Jahre 1836 errichtete Bank discontirt Wechsel und giebt Noten aus, die von den öffentlichen Kassen dem baaren Gelde gleich angenommen werden. Fond: 300,000 £ in Actien à 100 £. Letztere Div. $6\frac{1}{2}$ %. Cours Ende 1846: 1300.

Maaße und Gewichte.

Die Elle oder Covid hält 18 englische Zoll oder 202,65 par. Linien. Jedoch bedient man sich hier fast nur der engl. Yard.

Der Feld-Cawney ist = 1,3223 engl. Acres oder 53,51 Aren.

Vom Getreidemaaß rechnet man 1 Garce 400 Mercals à 8 Puddys oder 64 Ollocks. 1 Mercal hat 750 englische oder 619,35 pariser Kubikzoll. Die Garce ist circa 17 engl. Quarters gleich.

Vom Handelsgewicht ist hier der Candy im Gebrauch, der wie zu Calcutta und Bombay 20 Maunds hat, aber nur 500 ℔ englisch av. d. p. Gewicht oder 226,777 Kilogramm enthält; ein Maund hat also 25 ℔ englisch oder 11,33 Kilogramm.

Man theilt hier den Maund in 8 Vis à 5 Seer à 8 Paloins à 10 Pagoden. 1 Pecul hat 132 ℔ engl. av. d. p. = 59,875 Kilogramm.

Als Gold- und Silbergewicht braucht man das englische Troy-Pfund; auch die Star-Pagode von 52,56 englische Grän, oder 3,405 Gramm. Diamanten wiegt man wie in England, mit dem Karath; Perlen nach dem Mangal von 6 engl. Grän, oder 0,39 Gramm, den man in 16 Theile theilt. Gehandelt wird pr. Chow von 64 Theilen.

Madrid,

die Hauptstadt von Spanien und Residenz des Königs, in einer weiten Ebene am Manzanares, zählt über 200,000 Einwohner, hat ansehnliche Fabriken und Manufakturen, Salpeter- und Salzwerke, doch gegen früher sehr gesunkenen Handel.

Münzen.

Das Münzwesen Spaniens ist durch das Fortbestehen gewisser gesetzlich aufgehobener, namentlich aber durch die Provinzial-Ausprägungen zwar sehr verworren, doch nach der Versicherung von Reisenden keineswegs in dem Grade, wie es zeither nach den Büchern über Münzen, Maaße und Gewichte erscheinen mußte. In Folgendem ist das Wesentlichste zusammengestellt.

Spanien rechnet im Allgemeinen nach

Piastern à 20 Reales de Vellon (Rvñ) à 34 Maravedis,
oder auch nur nach Reales de Vellon à 34 Maravedis.

Wenn man in den öffentlichen Blättern von Realen lieset, so sind darunter diese Reales de Vellon (d. h. Billon) gemeint. Da nun 9 7/16 Piaster und sonach 193½ Reales de Vellon auf die feine Mark gehen, so ist der Werth

	eines Piasters	einer Rvñ
in Preußen . .	1 ℛ 13 Sgr 5 ₰ . . .	2 Sgr 2 ₰
„ Süddeutschland	2 Fl. 32 Xr.	7,6 Xr.
„ Oestreich . .	2 Fl. 4 Xr.	6,2 Xr.
„ Hamburg . .	2 Bco. m℔ 13 5/6 ß . . .	2 ß 3½ ₰
„ Frankreich . .	5 Frs. 43 Cts. . . .	27 Cts.
„ Rußland . .	1 Rub. 34 Kop. . . .	6,7 Kop.
„ England . .	51,094 Pence	2,55 Pence.

(Letzteres zu 59 Pence per Unze; 1000 Stück P. = 866 Unzen).

Eine andere Valuta besteht aber in den Provinzial-Pesetas (de plata nueva) zu 4 Rvñ, indem in solcher Münze 10⅙ Piaster auf die f. Mark gehen. Diese beiden Valuten in Pesos duros (in 1/1, ½, ¼, ⅛) und in Pesetas (in 1/1, ½ und ¼) weichen also um 5 1/12 % von einander ab.

Der Piaster (peso duro oder fuerte, moneda gorda, auch Escudo de plata genannt) wird auch in 8 Reales de plata mexicana getheilt, und führt daher oft den Namen peso de a ocho.

Er darf nicht mit dem nur imaginären und nur auf Courszetteln (s. jedoch weiter unten) vorkommenden Peso de plata antigua verwechselt werden, von denen 85 auf 64 wirkliche Piaster gehen. Beide Arten von Piastern theilen sich in 8 Realen à 34 Maravedis, 17 Reales d. p. a. = 32 Rvñ.

In manchen Districten rechnet man nach der Libra zu 20 Sueldos à 12 Dineros (s. z. B. Majorca), auch nach Maravedis de Vellon, von denen eine Million ein Quento genannt wird.

Zuweilen wird auch noch des imaginären Doblon de Oro, des Doblon d. p. a., auch Doblon di Cambio (Wechselpistole) genannt, so wie des Ducado di Cambio Erwähnung gethan. Es verhalten sich

4	Doblonen de oro	=	5 Dobl. d. p. a.
75	„ „ „	=	272 Duc. d. Cambio.
17	„ „ „	=	64 Pesos duros.
17	Doblonen d. p. a.	=	1024 Rvñ.
289	Ducados d. Cambio	=	6000 Rvñ.

Die eben erwähnte Doblone de oro darf jedoch nicht mit der wirklich geprägten Gold-Doblone verwechselt werden; es machen 16 von erstern 17 wirkliche aus. Jede dieser Wechsel-Münzen wird in 20 Sueldos à 12 Dineros eingetheilt. — Die kleinste eingebildete spanische Rechnungsmünze ist der Dinero, von denen 6400 auf den Peso duro gerechnet werden.

Endlich muß noch der Provinzial-Peseta gedacht werden, die gewöhnlich in $7\frac{1}{2}$ Reales de plata nueva oder 15 Rvñ getheilt wird.

Die in der letzten Zeit in Spanien ausgeprägten Münzen bestehen:

in Gold:
der Doblon de a ocho (d. h. von 8 Escudos de oro) auch Onza oder Quadrupel genannt . . . . = 16 Pesos duros.
der Doblon de a cuarto (von 4 Escudos de oro), auch halbe Onza, Medio Medalla oder Doppelpistole . . . . = 8 dito.
der Doblon de oro efectivo, auch Doppia oder Pistole, = 2 Escudos de oro = 4 dito.
der Medio Doblon efectivo, auch Escudo de oro . . . . = 2 dito.
der Escudillo de oro, Peso duro de oro, auch Durillo, Coronilla . . . . . = 1 dito.
(letzteres meist Provinzial-Goldmünze);

in Silber: der Peso duro oder fuerte = 20 Rvñ ⎫ $9\frac{27}{40}$ Piast. auf die f. Mark.
= Medio duro = 10 =
= Pesata mexicana = 5 =
= Real de plata = $2\frac{1}{2}$ =
= Medio dito = $1\frac{1}{4}$ = ⎭
die Pesata provincial = 4 = ⎫ $10\frac{1}{6}$ Piast. auf die f. Mark.
der Real provincial = 2 =
= Real de Vellon = 1 = ⎭

in Kupfer: der Ochota = 8 Maravedis ⎫ de Vellon.
= Cuarto = 4 =
= Ochavo = 2 =
= Maravedi (à 2 Blancas) = 1 = ⎭

in Papier: Vales (s. Staats-Anleihen).
Banknoten (s. Banken).

Von ausländischen Münzen circulirt namentlich das französische 5 Francs-Stück, das hier Napoleon genannt wird, und von denen bekanntlich $10\frac{1}{2}$ Stück auf die f. Mark gehen, so daß

1 Stück = $18\frac{3}{7}$ Rvn in schwerem Gelde und
= $19\frac{3}{8}$ = in leichtem Gelde.

Da nun der Fünffranken-Thaler zu 20 Rvn in leichtem und zu 19 in schwerem Gelde gerechnet wird, so folgt daraus, daß er in beiden Fällen um 3 % zu hoch valvirt ist.

Dieser Umstand veranlaßte das Decret vom 31. Mai 1847, durch welches das Münzwesen umgestaltet werden soll. Nach demselben sollen fortan nur folgende Münzen geschlagen werden:

in Gold: Isabelinos zu 100 Realen, 161,3 Granos oder 8,0645 Gramm schwer und $\frac{9}{10}$ fein. Ein solches Stück führt auch den Namen el Centen.

in Silber: Stücke zu 20 Realen, el Decen genannt, 500 Granos oder 25 Gramm schwer, $\frac{9}{10}$ fein.
Stücke zu 4 Realen, Peseta, 100 Granos oder 5 Gramm schwer, $\frac{9}{10}$ fein.
Stücke zu 2 Realen, Media Peseta, nach Verhältniß der Real.

in Kupfer: Stücke von 5 und 2 Decimos (ohne Gewichts- und Größenbestimmung).

Das Remedium soll 2 per Mille beim Gold, 3 beim groben Gelde (plata gruesa), 5 per Mille bei der plata menuda, und 1 % beim Kupfer sein.

Vergleichung dieses neuen Münzfußes mit dem zeitherigen.

Die Onza Gold hatte zeither 542,117 Granos an Schrot, bei einem Feingehalt von 0,875, mithin 474,25 Granos an Korn.

Die neue Onza wird 516,16 an Schrot haben, bei einem Feingehalt von 0,900, also 464,54 an Korn.

Während also eine Onza sonst 81 Frcs. 70 Cts. in Gold werth war, wird sie nun 80 Frcs. werth sein, was also eine Herabsetzung von nahe an 3 % beträgt.

Der Peso duro hatte zeither 542,117 Granos an Schrot, bei einem Feingehalt von durchschnittlich 0,895, mithin an Korn 485 (in neuerer Zeit oft nur 460).

Der neue Peso duro soll 500 Granos wiegen, $\frac{9}{10}$ fein sein, mithin 450 Granos Korn haben, woraus hervorgeht, daß während der zeitherige Peso 5 Frcs. 40 Cts. werth war, der neue = 5 Frcs. zu sein bestimmt ist. — Somit will also die spanische Regierung ihren Münzfuß dem französischen völlig anpassen.

Das Verhältniß zwischen Gold und Silber war 16,51 und wird nun 15,5 sein.

Gold und Silber. Einen Preis will, nach dem Gesetze vom 31. Mai 1847, die Regierung nicht fest bestimmen. Bei den letzten Quecksilberverkäufen bot die Regierung 24 Realen für die Unze Silber, welche letztere das Achtel der castilianischen Mark (= 230,0675 Gramm) und mithin 28,7584375 Gramm schwer ist. Dies käme nun zwar ziemlich auf 15 ℛ︎ preuß. Court. per Vereinsmark heraus; man kann aber nicht urtheilen, ehe man nicht weiß, in welcher Valuta jene 24 Realen bezahlt werden. — Anstatt des zeitherigen Probir-Gewichts von Karath à 4 Grän beim Gold und 12 Dineros à 24 Grän beim Silber soll von nun an die Feinheit, wie in Frankreich nach Tausendtheilchen bestimmt werden.

Wechselcourse.

Seit dem 1. April 1847 ist der Peso duro als feste Valuta für alle Course festgesetzt werden. Je nachdem nun der Münzfuß vor und nach dem 31. Mai 1847 zu Grunde gelegt wird, stellen sich die Course in kurzer Sicht wie folgt.

1 alter Peso	1 neuer Peso	gilt und wird gelten:
544	500	Centimes in Frankreich und Belgien.
99,9	92	Bajocchi = Rom.
544	500	Centesimi = Genua.
92	85	Groten = Hamburg.
258	238	Cents = Holland.
127	117	Grani = Neapel.
943	869	Reïs = Portugal.
134	124	Kopeken = Rußland.
46,62	42,96	Pence (Gold) in England.

In der Madrider Zeitung findet man indeß meist nur London und Paris, zu 90 und 60 Tagen Sicht, notirt, außerdem die Course auf Cadix, Bilbao und andere Wechselpätze Spaniens mit ½—2 ⅞ unter Pari.

Die Preise der Waaren, Staatspapiere und Actien sollen, laut Gesetz vom 18. Februar 1847, in Reales de Vellon notirt werden.

Wechselgesetze für ganz Spanien.

Der Uso von Wechseln, die im Innern des Königreichs von einem Orte auf den andern gezogen werden, ist 2 Monat; bei Tratten auf Spanien und Frankreich: 30 Tage, aus England, Holland und Deutschland: 2 Monat, aus Italien und irgend einem ausländischen Hafen des mittelländischen und adriatischen Meeres: 3 Monat.

Von Plätzen die hier nicht mit begriffen sind, wird der Uso so angenommen, wie er im Ausstellungsorte des Wechsels gebräuchlich ist. Die früher üblichen Respecttage sind gänzlich abgeschafft.

Wechsel, in Messen zahlbar, verfallen am letzten Tage derselben.

Die Indosamentos in blanco sind verboten, und wer auf diese Art cedirt, hat kein Recht den Betrag des Wechsels zu fordern.

Anleihen.

Die an den Börsen zu London, Paris, Amsterdam, Hamburg, Frankfurt u. s. w. vorkommenden spanischen Papiere sind folgende:

1) 5 % active Schuld, theils durch die Conversion von 1835, theils durch frühere und spätere Emissionen entstanden. Die Certificate sind zu 240, 120, 60, 40 und 20 Piaster Rente. Nach-

dem die Zinsen zu 5 % aber ausgeblieben waren, wurden 1842 die Rückstände capitalisirt und so entstanden

2) die 3 pCtigen Obligationen, für deren Verzinsung bis jetzt gesorgt worden ist. Die Verzinsung der 5 % Obligationen ist aber, von welcher Anleihe sie auch sein mögen, stets von der Emission weg, ausgeblieben, so daß es deren giebt mit Coupons rückständig seit 1840, 1844, 1846. In London standen die erstern im Juni 1847 23 %, während die 3 pCtigen 34 notirt waren.

3) Die Passive-Schuld, wie die active verbrieft, entstand wie diese, 1835 als man gegen die ältern Papiere ⅔ in activen und ⅓ in passiven Schuldpapieren gewährte. Diese letztern sollten so lange unverzinslich sein, bis sie in die active eingeloost sein würden; es ist aber bis jetzt nur ein Mal gelooset worden. Cours in London 5 % (Juni 1847).

4) Die differirte Schuld entstand durch Capitalisirung alter Zinsrückstände, die durch zwölf Verloosungen in die active Schuld einrücken. Cours in London (Juni 1847) 15 %.

5) Die inländischen Anleihen, namentlich die 3 pCtigen, deren Zinsen auch im Auslande gezahlt werden. Zu diesen gehören auch die Schatzbons oder Vales, deren es consolidirte, d. h. zinstragende, und unconsolidirte, nicht zinstragende giebt. Letztere sollten 1847 um 100 Millionen Realen vermehrt werden.

Nach einer Privat-Mittheilung vom 28. Juli 1847 wurden an diesem Tage die Fonds- und Wechsel-Course folgendermaßen notirt: 3 % 26⅞ Briefe, 5 % 17½ desgl. Unverzinsliche Schuld 5¾ Geld. — Coupons 14½ Geld. — Nicht consolidirte Vales 8⅝ Briefe. — 5 % Dette courante négociable 8 Briefe. Titres provisoires 4¼ Geld. — Bank 140 Briefe. — Paris 5, 23. — London 49, 30. — Es würde zu weitführend und unnütz sein, über das Gewirr der spanischen Non-valeurs sich weiter, als oben geschehen, zu verbreiten.

Nach einer officiellen Mittheilung betrug die span. Staatsschuld 1842 25¼ Milliarden Realen.

Maaße.

Längenmaaße.

Die Vara (von Burgos) = 0,835 Meter, hat 3 Pies oder 4 Palmos (oder Cuartos), 36 Pulgadas, 48 Dedos, 432 Lineas, 5184 Puntos. Außerdem theilt man die Vara in Tercias, Sesmas, Octavas oder Medias Cuartos und Medias Sesmas, d. h. in ⅓, ⅙, ⅛ und $\frac{1}{12}$.

Die Braza (auch Estado und Toesa genannt) hat 2 Varas, der Paso geometrico hat 5 Pies (Fuß). Der Estadal hat 6 Pies, die Cuerda (Schnur) = 33 Palmos oder 6,889 Meter.

100 Varas = 91,318 Yards oder 125,2 berliner Ellen, so daß man 4 Varas = 5 berliner Ellen rechnen kann.

Die Lega nueva hält 8000 Varas, also circa $\frac{9}{10}$ der deutschen geographischen Meile. Die Lega maritima hält 6653,36 Varas und ist = ¾ deutsche geogr. Meile. Der span. Lega geografica hält 7603,84 Varas und ist $\frac{6}{7}$ deutsche geogr. Meile. Die Milla maritima oder legal hält 2217,79 Varas und ist = ¼ deutsche Meile. Es gehen also 16,63 neue Leguas, 20 Leg. mar., 17½ Leg. geogr. und 60 Millas auf den mittlern Grad.

Flächenmaaß.

Der Quadrat-Estadal = 16 □Varas; 576 □Estadales = 1 Fanega = 0,643 Aren; diese Fanega ist jedoch nicht überall gleich. Beim Weinbau hat die Aranzada 400 □Estadales und ist = 0,446 Aren.

Körpermaaß.

Der Getreide-Kahiz hat 12 Fanegas à 12 Celemines oder Almudes à 4 Quartillos. Die Fanega ist = 54,8 Liter.

Der Cantaro oder Arroba mayor à 8 Azumbres à 4 Quartillos zu Flüssigkeiten ist = 16,137 Liter.

Die Arroba menor, zu Oel, hat 25 Libras à 4 Panillas = 12,564 Liter.

Eine Pipa = 27 Cantaros; eine Bota = 30 Cantaros; ein Moyo = 16 Cantaros.

Gewicht.

Die castilianische Mark = 230,0675 Gramm.

Mark	Onças	Ochavas	Adarmas	Taminos	Granos
1	= 8	= 64	= 128	= 384	= 4608
	1	= 8	= 16	= 48	= 576
		1	= 2	= 6	= 72
			1	= 3	= 36
				1	= 12

1 Quintal macho = 6 Arrobas = 150 Libras à 2 Marcos.
1 Quintal = 4 Arrobas = 100 Libras à 2 Marcos.
Ein solcher Quintal zu 100 ℔ ist
= 460,135 Kilogramm in Frankreich.
= 101,443 ℔ in England.
= 98,380 ℔ - Preußen.
= 94,950 ℔ - Hamburg.
= 92,027 deutsche Zollpfund.

Probirgewicht s. oben.

Verarbeitetes Silber ist 9 Dineros fein = 11 Loth 15 Grän fein.

Das Juwelen- und Perlengewicht ist die castilianische Onça von 140 Quilates à 4 Granos.

Das Medicinal- und Apotheker-Pfund ist 1½ castilianische Mark und theilt sich in 8 Onças, 64 Dracmas, 192 Escrupulos, 394 Obolos, 1152 Caracteres, 4608 Granos.

Die Salzlast hat 4 Cahizes, und rechnet man 100 Last aus Cadiz für 67 Last in Königsberg und in Danzig, 69 in Riga,

56 in Reval, 58 in Libau, 11½ Hundert in Amsterdam und 6410 Bushel in Liverpool.

Neuerdings ist festgesetzt worden, daß

20 Fässer à 7 Arroben 40 „ à 4—4½ „ 46 Körbe à 112½ ℔ 170 Matten à 1 Arrob.	Rosinen oder Feigen eine Last ausmachen sollen.

Die Bank.

Die frühern zwei in Madrid bestehenden Banken, die Bank San Fernando und die Bank Isabelle II. wurden laut Decret vom 25. Februar 1847 in eine einzige verwandelt. Der Fond dieser neuen Bank besteht in 400 Millionen Realen in Actien à 2000 Realen; sie soll allein das Recht haben Noten auszugeben, und zwar bis zur Höhe ihres Fonds. Die Noten sollen von 500 bis 10,000 Realen betragen; später können auch deren zu 200 R. zugelassen werden. Es können auch Filialbanken errichtet werden. Die Actien sollen 6 % Zinsen tragen. Der Ueberschuß soll so lange nur zur Hälfte vertheilt werden, als die Reserve 8 % des Grundcapitals nicht erreicht hat. — Die Unionbank stellte im Nov. 1847 ihre Zahlungen ein. Passiva circa 200 Millionen Realen.

Die spanische Handels-Gesellschaft, 1842 gegründet, Fond 5 Millionen Realen. Die Compagnie der Havaña; diejenige der Philippinen; diejenige von Guadalajara; mehrere Versicherungs-Anstalten; der Verein der fünf Gremios; eine Börse; eine Münzstätte.

Magdeburg,

eine der stärksten deutschen Festungen und ersten Handelsstädte der preußischen Monarchie, liegt im gleichnamigen Regierungsbezirke der Provinz Sachsen, am linken Elbufer, zählt an 50,000 Einwohner, hat bedeutende Fabriken in Wolle, Baumwolle, Leder, Zucker, Tabak &c., und eine sehr lebhafte Spedition, die jedoch durch die Höhe der Elbzölle beeinträchtigt ist.

Das Getreide wird hier nach dem Wispel à 24 Scheffel verkauft. Bei einer oberflächlichen Berechnung kann man annehmen, daß so viel Mal 50 ℛ︀ für den Wispel bezahlt werden, so viel Mal gilt

in Baiern	der Scheffel	.	14 Fl. 45 Xr.
„ Dresden	„ „	.	3 ℛ︀ 29 Ngr. 6 ₰.
„ England	„ Quarter	.	32 s. 8 d.
„ Frankfurt	„ Malter	.	7 Fl. 37 Xr.
„ Frankreich	„ Hectoliter		14 Frcs. 21 Cts.
„ Hamburg	die neue Last	.	83 ℛ︀ Banco.
„ Holland	der Sack	. .	6 Fl. 79 Cts.

in Prag der Strich . . 5 Fl. 4 Xr.
» Rußland » Tschetwert 7 Rb. 39 Kop.
» Schweden die Tonne . . 14 Rthlr. 25 ß.
» Wien der Metzen . 3 Fl. 20 Xr.

Die hiesige Feuerversicherungs-Gesellschaft wurde 1844 mit einem Fond von 1000 Actien à 1000 ℛ︀, worauf ⅕ eingezahlt, gegründet. Die Summe der geschlossenen Versicherungen belief sich bis Ende 1846 auf 205,256,042 ℛ︀.

Die vereinigte Hamburg-Magdeburger Dampfschifffahrts-Compagnie hat einen Fond von 14,414 Actien à 25 ℛ︀ und operirt mit 8 Dampfschiffen und 5 Schleppkähnen. Div. 1845 4 %.

Ueber die hier einmündenden Eisenbahnen von Berlin, Leipzig, Hannover und Wittenberge s. Berlin.

Wollmarkt wird seit 1829 am 25., 26. und 27. Juni abgehalten (1847: 5111 Centner).

Mailand oder Milano,

die Hauptstadt des Königreichs der Lombardei und der Statthalterschaft Mailand, Residenz des Vicekönigs, an der Olona, welche durch Kanäle mit dem Tessino und der Adda in Verbindung steht, zählt 140,000 Einwohner, hat ansehnliche Fabriken und Manufakturen, treibt wichtigen Handel mit Reis, Getreide, Seide und Käse.

Münzen.

Man rechnet nach Lire austriache zu 100 Centesimi, oder Lire zu 20 Soldi austriachi à 5 Centesimi.

Die Lira austriaca in Mailand ist gleich einem 20 Kreuzerstück, und ihr Gehalt ist $\frac{9}{10}$ ($\frac{1}{4}$ Lire nur $\frac{6}{10}$) fein; der Conventionsgulden von 60 Kreuzern demnach = 3 Lire austriache und 1 Kreuzer = 5 Centesimi. Die doppelten Guldenstücke, welche hier geprägt wurden und unter dem Namen von Scudi nuovi cirkuliren, sind demzufolge = 6 Lire östreichisch.

Nach Vorschrift der Gesetze werden aus einem metrischen Pfunde fein (= 3 Mark 9 Loth 48 Richtpfennige wiener), 1307 Fl. 20 Xr., oder 3922 Lire östreichisch in Gold, und 85 Fl. 31 Xr. im 20 Fl.Fuß, oder 256,55 Lire in Silber geprägt: giebt zur Proportion 15,287 Mark fein Silber für eine Mark fein Gold. Abweichung (Toleranz) vom Feingehalt wird nicht gestattet; im Gewicht ist dagegen der gesetzliche Nachlaß bei den Goldsorten $\frac{1}{8}$, bei den Silbermünzen $\frac{1}{4}$ % darüber oder darunter, und bei den Kupfermünzen 1 %.

Das Pfund Kupfer wird zu 5 Lire 71,42 Centesimi ausgeprägt.

Die alten lombardischen Münzen sind zwar außer Cours gesetzt, es wird aber noch in mancherlei Beziehungen des Verkehrs darnach gerechnet. Die ehemalige Lira corrente zu 20 Soldi à 12 Denari nennt man gewöhnlich mailänder Lira. Da $67\frac{1}{2}$ auf die f. Mark angenommen werden können, so machen 100 Lire austriache etwa $113\frac{1}{2}$ Lire milanese. Auf dem Courszettel vom 12. Aug. 1847 (s. unten) sind aber dafür 120 Lire milanese angesetzt, wahrscheinlich in Folge der Abnutzung dieser ältern Münzsorten.

Nach dem kaiserl. Münztarif vom 1. November 1823, haben Landesmünzen im lombard. venezian. Königreiche folgenden gesetzlichen Werth:

	Gewicht. Denar.	Oestreich. Lire	Oestreich. Cts.	Im 20 Fl.F. Fl.	Im 20 Fl.F. Xr.
A. Oestreichische Münzen.					
Gold: Doppelte Ducaten . .	6,982	27	—	9	—
Einfache „ . .	3,491	13	50	4	30
Souverains v. altem Gepräge	11,112	40	—	13	20
Halbe desgl.	5,556	20	—	6	40
Souverains v. neuem Gepräge	11,332	40	—	13	20
Halbe desgl.	5,666	20	—	6	40
Silber: Conventionsthaler		6	—	2	—
Halbe dergl. oder Gulden . . .		3	—	1	—
Halbe Gulden-Stücke		1	50	—	30
Viertel dergl. oder 15 Kreuzer-Stücke		—	75	—	15
Kopf- oder 20 Kreuzer-Stücke (½ und ¼ nach Verhältniß)		1	15	—	20
3 Kreuzer-Stücke oder Silbergroschen		—	15	—	3
Kronenthaler (½ u. ¼ nach Verhältniß)		6	60	2	12
Scudi ganze und halbe: der Ganze		3	—	1	—
Lire (1, ½ u. ¼ Stücke)		1	—	—	20
Kupfer: Kreuzer-Stücke von 1816 . .		—	5	—	1
5 Centesimi-Stücke oder Soldi . .		—	5	—	1
3 „ „		—	3	—	0,6
1 „ „		—	1	—	0,2
B. Fremde Münzsorten.					
1. Goldmünzen.					
Bairische Ducaten	3,491	13	40	4	28
Bologn. u. röm. Doppie (½ nach Verhältniß)	5,469	19	40	6	28
Dergl. Ducati oder Zecchini (½ nach Verhältniß)	3,417	13	20	4	24
Franz., Italien., Parmaische und Piemont. 40 Frank. u. 40 Lire-Stücke	12,903	45	50	15	10
Dergl. 20 Frk. u. 20 Lire-Stücke	6,452	22	75	7	35

	Gewicht. Denar.	Oestreich. Lire	Cts.	Im 20 Fl.F. Fl.	Xr.
Dergl. dopp. Louisd'or v. 1785	15,244	53	55	17	51
" einf. " "	7,622	26	75	8	55
Florenz. Ducati oder Gigliati .	3,491	13	60	4	32
Genueser Doppie zu 96 Lire .	25,193	89	75	29	55
Mailänd. Doppie	6,283	22	40	7	28
" Ducati oder Zecchini	3,491	13	60	4	32
Parmaische Doppie	7,980	24	60	8	12
Piemont. oder Sav. Doppie von 1787 u. früher	9,134	32	20	10	44
Dergl. 80 Lire-Stücke von 1821	25,806	91	—	30	20
2. Silbermünzen:		Centesimi.			
Bairische Schwerdt- oder Kronenthaler		660		2	12
Bologn. Scudi oder Frauenthaler . .		617		2	3,4
" " zu 10 Paoli		611		2	2,2
Florenz. Francesconi oder Pisisthaler		630		2	6
Französische, Parmaische und Italienische 5 Franken und 5 Lire-Stücke . .		574		—	54,8
2 " " 2 " " . .		229,6		—	45,92
1 Frank " 1 Lira-Stück . .		114,8		—	22,96
¾ " " ¾ " " . .		86,1		—	17,22
½ " " ½ " " . .		57,4		—	11,48
¼ " " ¼ " " . .		28,7		—	5,72
Genueser neue Scudi		745		2	29
Mailänder Scudi (½ n. Verhältniß) .		529		1	45,8
" Lire vor und nach 1778 (½ n. Verhältniß)		88		—	17,6
Modenaer Scudi von Franz III. . .		637		2	7,4
" " " Herkules 1782 .		643		2	8,6
Parmaer Ducati		577		1	55,4
Piemont. und Savoyische Scudi oder Thaler		800		2	40
Dergl. neue von 5 Lire von 1816 .		574		1	54,8
Römische Scudi von 10 Paoli . . .		611		2	2,2
Spanische alte und neue Matte oder Säulenthaler		615		2	3
Venet. Ducati oder Kreuzthaler . .		765		2	33
" Giustine		673		2	14,6
" Lirazze oder Petizze von Brescia, Bergamo und Cremona .		68		—	13,6
" 15 Soldi-Stücke dergl. . . .		33		—	6,6
" 2 Lire-Stücke der Provinzen		56		—	11,2
" 1 Lira-Stück desgl. . . .		28		—	5,6
" 30 Soldi-Stücke dgl. v. neuem Gepräge		75		—	15

	Oestreich. Centesimi.	Im 20 Fl.F. Fl.	Im 20 Fl.F. Xr.
Venet. 20 Soldi-Stücke desgl. . . .	50	—	10
= 10 = = = . . .	25	—	5
3. Kupfermünzen:			
Italienische 5 Centesimi-Stücke . .	5,75	—	1,15
= 3 = = . .	3,45	—	0,69
= 1 Centesimo = . .	1,15	—	0,23
Mailänder Sizaini oder Sesini . .	2,3	—	0,46
= Quattrini	1,15	—	0,23

Im gewöhnlichen Verkehr sind die Werthe veränderlich, wie folgender Geldcours zeigt:

Geldsorten (Corso delle valute) am 12. Aug. 1847.

Spanische Doblonen	97	Lire	—	Centes.	à	97	Lire	15	Centes.
Amerikan. =	96	=	—	=	=	96	=	30	=
Genuesische =	93	=	40	=	=	93	=	50	=
Sardinische =	33	=	36	=	=	33	=	45	=
Parmes. =	25	=	22	=	=	25	=	28	=
Römische =	19	=	92	=	=	19	=	28	=
20 Francs=Stücke	23	=	56	=	=	23	=	59	=
Sovrane	41	=	33	=	=	41	=	38	=
Pezzette	5	=	98	=	=	6	=	00	=
5 Francs=Stücke .	5	=	79	=	=	5	=	80	=
Crocioni	6	=	61	=	=	6	=	63	=
Span. Säulenpiaster	6	=	24	=	=	6	=	27	=
Banknoten . . .	299	=	—	=	=	299¼			
Oestr. Lire eff. .	120	=	16	=	=	120	=	19	=

d. h. 120—121 mail. Lire für 100 östr. Lire eff.

Wechselcourse am 12. Aug. 1847.

		m. o. w.		
Paris . .	30 T. d. (a. 90 = =)	116 Lire austr.	für	100 Francs.
Lyon . .	30 = =	115⅚ = =	=	100 =
London .	90 = =	29 Lire 18 Cent.	=	1 Liv. Sterl.
Amsterdam	60 = =	243½ Lire austr.	=	100 Fl. niederl.
Hamburg .	60 = =	216½ = =	=	100 mk Bco.
Frankf. a. M.	30 = =	245¼ = =	=	100 Fl. im 24½ Fl.Fß.
Augsburg	20 = =	294¾ = =	=	100 Fl. augsb. Crt.
Wien . .	30 = = (a. 90 = =)	297½ = =	=	100 Fl. 20 Xr.
Triest . .	30 = =	297½ = =	=	100 Fl. 20 Xr.
Venedig .	30 = =	99⅛ = =	=	100 Lire in Venedig.
Genua . .	30 = =	115⅝ = =	=	100 Lire nuove.
Livorno .	30 = =	98 = =	=	100 Lire tosc.
Rom . .	30 = =	625½ = =	=	100 Scudi romani.

		m. c. w.		
Neapel .	30 T. d.	505	Lire austr. für	100 Ducati di regno.
Bologna .	30 = =	626	= = =	100 Scudi romani.
Ancona .	30 = =	624	= = =	100 = =
Turin . .	30 = =	115½	= = =	100 Lire nuove.
Florenz .	30 = =	97¾	= = =	100 = tosc.

Das französische Handelsgesetzbuch, das seit dem 1. Septbr. 1808 hier eingeführt ist, hat unter der österreichischen Regierung seine Gültigkeit behalten; Uso u. s. w. daher wie in Frankreich (man sehe Paris). Obgleich gesetzlich keine Respecttage statt finden, so darf sich doch der Inhaber eines Wechsels erlauben, 3 Tage mit dem Protest zu warten.

Oeffentliche Fonds.

Lombardische Renten zu 5 % 106 %
(mit Inbegriff des Godimento oder der Zinsen. Es giebt deren auch zu 4 %).

5 % östr. Metalliques 106¼ %.

Actien der Eisenbahn von Mailand nach Venedig 110 %.

= nach Como — al pari. *)

Discont 3½—3¾ % (im Nov. 1847, 5 %).

Die hiesigen Staatspapiere bestehen: 1) in Obligationen der älteren lombardischen Schuld, zu 4 und 5 % Zinsen, 2) in 4 und 5 % Urkunden des lombard.-venetian. Monte. Diese rühren von der seit 1820 vorgenommenen Regulirung (durch das Monte di Milano bewirkt, siehe Handels-Anstalten) der lombardischen Schuld her. Die Gläubiger erhielten über jede Specialschuld 5 % Rentenscheine auf den Namen lautend, wovon 1830 gegen circa 7 Mill. Lire 4 %, auf den Inhaber ausgestellt, convertirt wurden. Die Papiere lauten auf die Rente oder den jährlichen Zins, so daß eine Urkunde von 500 Fl. ein Kapital v. 10,000 Fl. repräsentirt.

Die österreichischen Fonds, die hier circuliren, werden wie in Wien notirt und für jeden Fl. 3 Lire austr. gerechnet (siehe oben d. Courszettel).

Maaße.

Längenmaaß.

Grundmaaß: Der Metro = dem Mètre = 443,295936 pariser Linien.

1 Metro	= 10 Palmi	= 100 Diti	= 1000 Atomi.
	1 =	= 10 =	= 100 =
		1 =	= 10 =

1 Miglio = 1000 Metri.

*) Die Herren Arnstein und Eskeles in Wien haben neuerdings diejenige Rente (von jährlich 252,000 östr. Lire), welche ihnen bei Abtretung der Mailand-Monza-Bahn an die Mailand-Como-Gesellschaft, für 40 Jahre hypothekarisch zugesichert worden, in eine Lotterie-Anleihe von 40 Serien à 3600 Rentscheinen, welche am 2. Januar in Wien gezogen werden, verwandelt.

Flächenmaaß.

1 □Metro = 100 □Palmi = 10000 □Diti = 1000000 □Atomi.
1 ⸗ = 100 ⸗ = 10000 ⸗
1 ⸗ = 100 ⸗

1 Tornatura = 10000 □Metri.
1 Tornatura = 100 Tavole.

Körpermaaß.

1 Kubik⸗Metro = 1000 Kubik⸗Palmi = 1000000 Kubik⸗Diti u. s. w.
1 Soma = $\frac{1}{10}$ Kubik⸗Metro = 100 Kubik⸗Palmi.
1 Soma = 10 Mine = 100 Pinte = 1000 Coppi.
1 ⸗ = 10 ⸗ = 100 ⸗
1 ⸗ = 10 ⸗

Die Soma ist dem Hectolitre, die Pinta dem Litre gleich, eine Pinta daher = 50,412416 pariser Kubikzoll.

Gewicht.

1 Libbra = 1000 Gramm.
1 Libbra = 10 Once = 100 Grossi = 1000 Denari = 10000 Grani.
1 ⸗ = 10 ⸗ = 100 ⸗ = 1000 ⸗
1 ⸗ = 10 ⸗ = 100 ⸗
1 ⸗ = 10 ⸗

1 Quintale = 100 Libbre.
1 Rubbo = 10 Libbre.

Die Gold⸗ und Silberprobe ist seit 1813: 1000 Millesimi. Verarbeitetes Gold und Silber soll folgenden Gehalt haben: Gold mit Nr. I. bezeichnet 920, mit Nr. II. 840, mit Nr. III. 750 Millesimi; Silber mit Nr. I. 950 und mit Nr. II. 800 Millesimi fein. Beim Golde wird eine Abweichung (Remedium) von 3 und beim Silber von 5 Millesimi vom Feingehalte gestattet.

Alte Maaße und Gewichte.

Längenmaaß.

Der Piede à 12 Pollici = 0,435 Meter.
Der Braccio = 0,595 Meter.
1 Braccio = 12 Once = 144 Punti = 1728 Atomi.
1 ⸗ = 12 ⸗ = 144 ⸗
1 ⸗ = 12 ⸗

Von den alten lombardischen Meilen gingen $62\frac{1}{4}$, von der alten geogr. Meile 60 auf den Grad.

Körpermaaß.

Der Moggio = 146,2343 Liter.
1 Mina = 28 Moggi = 224 Staja = 896 Quartari.
1 ⸗ = 8 ⸗ = 32 ⸗
1 ⸗ = 4 ⸗

Die Carga = 9 Staja, die Soma Reiß = 12 Staja.

Vom Weinmaaß rechnete man 1 Brenta zu 3 Staja, 12 Quartari, 48 Pinte, 96 Boccali. Eine Brenta = 0,755 Liter.

Gewicht.

Das leichte oder Handelspfund = 326,79 Gramm.
Das große Pfund = 762,51 Gramm.
7 leichte Pfunde = 3 schweren Pfunden.
1 leichtes Pfund = 12 Once à 24 Denari à 24 Grani.
1 schweres Pfund = 28 Once.

Das leichte Pfund diente zu Zucker, Kaffee, Seide u. s. w., das schwere zu Fleisch, Butter, Oel u. m. dgl.

Apothekergewicht war das leichte Pfund zu 12 Once à 8 Dramme à 3 Scrupoli oder Denari à 24 Grani.

Gold-, Silber- und Münzgewicht die Mark = 234,667 Gramm. Die Mark = 8 Unzen = 192 Denari = 4608 Grani di marco.

Bei dem Probirgewicht wurde die Mark zu 24 Carati à 24 Theilchen feines Gold, und zu 12 Denari à 24 Grani feines Silber gerechnet.

Oeffentliche Handels-Anstalten.

Die Camera di Mercanti, eine Handelskammer mit einem Handelsgericht verbunden.

Der Monte di Milano, oder das mailänder Leihhaus, welches Vorschüsse auf Staatspapiere und andere Effecten giebt und die Geldgeschäfte der Regierung besorgt.

Der Monte delle sete. Eine bedeutende Anstalt, im Jahre 1837, von einer Actien-Gesellschaft gegründet, deren Zweck es ist, den Seidenbau und Seidenhandel zu befördern. Der Fond der Gesellschaft besteht in 12 Mill. Lire, die Actien in Apoints zu 500, 5000 und 10,000 Lire.

Die Eisenbahn von Mailand nach Venedig ist noch im Bau begriffen. Fond: 50 Mill. Lire in Actien à 1000 Lire, welche einstweilen mit 4 % verzinset werden.

Die Eisenbahn nach Monza ($2\frac{1}{2}$ Meil.) ist seit 1840 vollendet; sie hat circa $3\frac{3}{4}$ Millionen Lire gekostet, und rentirt ziemlich gut.

Mainz,

die Hauptstadt der Großherzoglich-Hessischen Rheinprovinz und deutsche Bundesfestung, liegt am linken Rheinufer am Abhange eines Hügels, jedoch längs dem Rhein, über den eine 2100 Fuß lange Schiffbrücke nach dem Städtchen Kastel führt, welches jetzt als Festung mit Mainz verbunden ist. Der Ort zählt etwa 40,000 Einwohner, treibt starken Wein- und Speditionshandel nach den Niederlanden und dem nördlichen Deutschland, hat Fabriken in Tabak, Seife, Leder, Weinessig u. s. w.

Münzen, Maaße und Gewichte

wie Darmstadt.

Bei Gold= und Wechselgeschäften richtet man sich nach den Coursen und Gebräuchen von Frankfurt a. M., so daß die dortigen Verhältnisse des Wechselgeldes zu den übrigen Valuten auch hier in Anwendung kommen.

Alte Maaße und Gewichte.

Der Fuß = 0,2915 Meter.

Der Kameralschuh = 0,2875 Meter.

Die Elle = 0,55118 Meter.

Die Ruthe = 4,6 Meter.

Der Stecken ist 4⅓ Kammeralschuh hoch und breit, die Scheitlänge aber ist sehr verschieden.

Der Getreidemalter hat 4 Viernsel, 16 Kümpfe, 64 Gescheid oder 109,387 Liter.

Vom Getränkmaaß hat die Ohm Wein 20 Viertel, 80 kleine Maaß à 4 Schoppen; die kleine Maaß für Wein, Branntwein u. s. w. hält 1,695 Liter und die große Maaß für Bier und Oel 1,886 Liter; die Ohm Wein also 135,574 Liter.

Das Handels= und Silbergewichtspfund von 32 Loth u. s. w. hält 470,686 Gramm. Das Pfund Schwergewicht = 498,927 Gramm. Der Centner = 106 leichte und 100 schwere Pfunde.

Getreide, das in großen Quantitäten zum hiesigen Markt geführt wird, wird nach dem neuen Malter zu 128 Liter verkauft. So viel Mal 10 Fl. das Malter in Mainz kostet, so viel Mal kostet

in	Amsterdam	ein	Hectoliter	7 Fl. 97 Cents.
=	Baiern	=	Scheffel	17 Fl. 22 Xr.
=	Berlin	=	=	2 ℛ 13½ Sgr.
=	Dresden	=	=	4 ℛ 21 Ngr.
=	England	=	Quarter	37⅚ Schill.
=	Frankfurt	=	Malter	8 Fl. 58 Xr.
=	Frankreich	=	Hectoliter	16 Frs. 74 Cts.
=	Hamburg	eine	Last	98 ℛ Banco.
=	Hannover	ein	Himt	1 ℛ 11 Ggr.
=	Magdeburg	=	Wispel	58 ℛ 27 Sgr.
=	Prag	=	Strich	5 Fl. 58 Xr.
=	Rußland	=	Tschetwert	8 Rub. 70 Kop.
=	Wien	=	Metzen	3 Fl. 55 Xr.

Mainz ist durch die Taunus=Eisenbahn mit Frankfurt a. M. verbunden; eine andere Bahn, die es mit dem Ludwigshafen, also mit Strasburg und Basel verbindet, ist im Bau. Der Fond besteht in 9000 hessischen Actien für Mainz=Worms und 3000 bairischen für Worms=Ludwigshafen, jede à 500 Fl. — Der Dampfschleppschifffahrts=Verein hat einen Fond von 200,000 Fl. in Actien à 1000 Fl.

Majorca oder Mallorca,

die größte der zu Spanien gehörenden balearischen Inseln im mittelländischen Meere, zählt auf 66 □Meilen gegen 150,000 Einwohner, liefert Wein, Salz, Oel u. Saffran, und hat Palma mit 32,000 Einwohnern zur Hauptstadt, worin sich der Sitz des Generalkapitains der balearischen und pityusischen Inseln befindet, welche zusammen das Königreich Mallorca ausmachen.

Münzen.

Man rechnet hier nach

Libras zu 10 Reales oder 20 Sueldos à 12 Dineros.

Die Libra Mallorquina (das Pfund) gilt $435\frac{1}{3}$ Mar. de Vellon, soll aber nach glaubwürdigen Nachrichten nur $451\frac{31}{40}$ Maravedis gelten; auch soll hier der Sueldo nicht 12, sondern nur 4 Dineros gerechnet werden.

In Rechnungen, und besonders in Facturen, bedient man sich sowohl der castilianischen alten Wechsel-Pesos, als auch der mallorcanischen Libras, beide werden alsdann in 20 Sueldos und 12 Dineros eingetheilt.

Der Zahlwerth wird durch die kölnische Mark fein Silber zu $14\frac{22}{43}$ Libras, oder $145\frac{5}{43}$ mallorcanische Reales bestimmt und es sind:

Mallorcan. Währung.		Castilian. Währung.
384 Mallorcanische Libras	=	85 alten Wechselpistolen.
96 dergl.	=	85 alten Wechselpiastern.
289 dergl.	=	45 Wechsel-Ducados.
24 Mallorcanische Reales	=	17 alten Silber-Reales.
3 dergl.	=	4 Reales de Vellon.

Von den wirklichen spanischen Gold- und Silbermünzen gilt die einfache Pistole 6 Libras, der Piaster $1\frac{1}{2}$ Libra; und so die andern nach Verhältniß. Gewöhnlich aber zahlt man auf die Goldsorten noch ein geringes Agio, z. B. auf die Pistole 5 Dineros u. s. w.

Ueber die für die balearischen Inseln erfolgten Ausprägungen ist Folgendes bekannt:

Die Libra wird seit Felix IV. nicht mehr geprägt, und ist seitdem nur eingebildetes Rechnungsgeld.

Die Reale von 2 Sueldos ist noch neuerdings in Silber geprägt worden.

Der Sueldo ist theils in Silber und theils in Kupfer geprägt worden.

Als noch Spanien unter französischer Herrschaft stand, prägte man (1812) in der Hauptstadt Palma 2500 Duros in kupfernen Sueldos mit dem Bilde Ferdinands VII. und der Bezeichnung 12 P, d. h. 12 Dineros geschlagen in Palma.

Tresedas à 3 Quartos giebt es von Kupfer.

Quartos und Dineros sind früher von Billon, später von Kupfer geprägt worden.

Maaße und Gewichte.

Die Elle, oder Canna, von 8 Palmos = 1,564 Meter.

Die Quartera zu Getreide hält 6 Barcellas, 36 Almudes = 71,97 Liter.

Der Salz-Modino = 9,3248 Hectoliter.

Der Wein-Cuartin oder Cortin (= 27 Liter) hat 6½ Cuartes à 4 Cuartas.

Bei dem Oelmaaß rechnet man 1 Misura zu 4 Quartanos oder Cortas à 9 Rotolos. Eine Pipe hält 108 Quartanos, die in Hamburg circa 810 ℔ Oel liefern. Der Preis wird für 1 Pipe bestimmt und rechnet man 4 Pipen auf eine Schiffslast.

Vom Handelsgewicht hält das Pfund 12 Unzen und ist = 408 Gramm. 1 Quintal hat 4 Arrobas à 25 ℔. Indeß giebt es hier noch einen Cantaro, Barbaresco genannt, von 100 Rotolos, dessen man sich zum Wiegen der meisten Waaren bedient. 3 Quintales oder 311 Rottolos sind 1 Carga.

Makassar,

Hauptstadt und Sitz des Gouverneurs auf Celebes (eine der Sundainseln in Südasien und Schlüssel zu den Molukkeninseln, von 2558 □Meilen und 3 Millionen Einwohnern, wovon den Holländern 231 □Meilen gehören), mit dem Fort Rotterdam, zählt über 10,000 Einwohner, hat einen guten Hafen, und führt viel Reis (vorzüglich nach den Molukken), Pfeffer, Sago, Oel, Baumwolle, Elfenbein, Kokusnüsse und Sandelholz aus.

Münzen.

Der hiesige Reichsthaler, der nur eine eingebildete Münze ist, wird in 8 Schillinge oder 48 Stüber eingetheilt. Der Zahlwerth dieses Thalers bestimmt sich dadurch, daß 3 spanische Piaster oder Dollars (die hier häufig circuliren) = 4 Reichsthaler, oder 1 Piaster = 10⅔ Schilling.

Mitunter wird auch in Fl. und Cent., oder in Fl. und Stübern Rechnung geführt.

Maaße und Gewichte

wie zu Batavia. Der hiesige Pekul zu 100 Catty, wiegt 125 ℔ holländisch Troy, oder 61,513 Kilogramm.

Reismaaß ist der Gantang; er wiegt bei den Madagassen 7¾ ℔, bei der Kompagnie aber 11½ ℔ holländisch Troy, oder 12,477 ℔ englisch av. d. p., oder 5,659 Kilogramm.

Gold- und Silbergewicht ist der Tale von 16 Maces, deren 11 auf einen Real gehen; 1 Tale hält also 827,4 holländische As = 614 englische Grän, oder 39,786 Gramm.

Malaga,

ein spanischer Hafen in der Provinz Granada, am Ausflusse des Guadalmedina ins Meer, seit 1828 gegen 2 % Deposito-Zollgebühren zum Freihafen erklärt, zählt an 58,000 Einwohner, welche besonders wichtigen Handel treiben, und die berühmten Weine (oft an 45,000 Ohm jährlich), Rosinen, Mandeln, Oel, Cochenille, Feigen, Orangenschalen u. a. Südfrüchte ausführen.

Münzen.

Man rechnet nach

Reales de Vellon zu 34 Maravedis de Vellon.

Man theilt auch den Real in 8½ Quartos, 17 Ochavos, 68 Blancas, 136 Cornados à 2½ Dineros, wovon die letztern drei nur eingebildet sind, indem der Maravedi die geringste gangbare Münze ist.

Waarenverkäufe geschehen meistens in Pesos zu 15 Reales de Vellon.

Wechselcourse seit 1847.

	m. o. w.	
Hamburg	92½ Grot fläm.	für 1 Peso duro.
Paris	5 Frcs. 35 Cts.	= desgl.
London	51½ Pence	= desgl.

Auf Cadix, Madrid und Barcelona wechselt Malaga mit ¼ bis 1½ % Verlust, je nachdem die Wechsel auf kurze oder lange Sicht ausgestellt sind, und zwar meistens, auf Cadix in Reales de plata, auf Madrid in Reales de Vellon und auf Barcelona in wirklichen spanischen Piastern.

Uso u. s. w. sehe man Madrid.

Maaße und Gewichte

sind die castilianischen, siehe Madrid.

Die Carga Rosinen hält 2 Körbe oder 7 Arrobas.

Das Fäßchen Rosinen von 4 Arrobas hält 1¾ Quintal oder 7 Arrobas, und wiegt circa 180 ℔ brutto in Hamburg, oder circa 186 ℔ in Berlin.

Das Fäßchen von 2 Arrobas hält eigentlich 3⅓ Arrobas an Gewicht. 1 Faß Mandeln = 3 Quintales oder 300 ℔.

Das Both Sect wird zu 30 Arrobas gemessen, die in Berlin 390 bis 400 Quart betragen. Oel wird in Pipen pr. 34 Arrobas netto verkauft, die in Hamburg 807,33 oder in Berlin 836,54 ℔ liefern.

Bei Schiffsbefrachtungen rechnet man auf eine Last 4 Both Wein, netto 170 Arrobas Oel, 4 Ballen Pommeranzenschalen, 20 Kisten Citronen oder Orangen, 50 Körbe Rosinen; 22 Fäßchen Mandeln, 20 ganze oder 40 halbe Fässer, oder 160 Kisten Rosinen. 1 kleine Last ist 6200 und eine große 8800 ℔.

Malta,

eine den Briten unterworfene, zwischen Sicilien und der afrikanischen Küste belegene Insel, im mittelländischen Meere, von 6 □Meilen mit 100,000 Einwohnern, liefert die edelsten Früchte

Europas, Baumwolle und ziemlich viel Weizen, so wie das Meer umher Fische und Korallen. Zu Malta gehören die kleinern Inseln Gozzo und Lumino (2 □Meilen mit 24,000 Einwohnern). Die Hauptstadt der Insel, Valetta, mit 33,000 Einwohnern, drei eben so geräumigen als sicheren Häfen, ein Hauptmarkt für die Nordküste Afrikas, ist zum Freihafen erklärt worden, und die Einwohner unterhalten viele Manufacturen.

Münzen.

Man rechnet in den öffentlichen Kassen nach

Livre Sterling zu 20 Schilling à 12 Pence, aber nicht in Gold, sondern in englischer Silber-Valuta; da nun diese an und für sich schon um 6—7 % geringer ist als Gold, und circa 9⅓ engl. Kronen auf die f. Mark Silber gerechnet werden können, so ist ein hiesiges Pfund nur 6 ℛ preuß., oder 10½ Fl. im 24½ Fl.Fuße, oder 8$\frac{4}{7}$ Fl. Conv.-Münze werth.

Im Geschäfts-Verkehr aber rechnet man nach dem

Scudo zu 12 Tari à 20 Grani,

und 10 Grani nennt man einen Carlino; auch wird der Grano noch in 6 Piccioli getheilt. Dieser malteser Rechnungs-Scudo wird = 20 Pence gerechnet, und ist daher = 15 Sgr oder 52½ Xr. im 24½ Fl.Fuße oder $\frac{5}{7}$ Gulden Conv.-Münze.

Wenn man aber in Anschlag bringt, daß 5 solcher (eingebildeter) malteser Scudi = 2 sicilianische wirkliche Scudi, von denen 10⅓ auf die f. Mark gehen, gerechnet werden, so stellt sich das malteser Pfund auf circa 6½ ℛ preuß. oder 11⅜ Fl. im 24½ Fl.Fuße.

Bei der immer größern Ueberhandnahme der englischen Kronen, welche hier = 3 malteser Scudi gelten, so daß 1 £ = 12 Scudi, ist wohl anzunehmen, daß jene geringere Valuta obsiegen werde.

Wirkliche Münzen, von den Malteser-Rittern her,

in Gold: Doppien zu 10 Scudi, s. d. Tabellen.
„ Silber: Oncie zu 2½ Scudi desgl.
„ Kupfer: Stücke zu 1, ½, ¼ Tari
oder zu 20, 10, 5 Grani.

Der englische Kupfer-Penny gilt 12 Grani.
„ Halfpenny „ 6 „
„ Farthing „ 3 „

Neuerdings sind auch Drittel-Farthings geschlagen worden, die also den Grano vorstellen sollen.

Von fremden Münzen gilt hier

der spanische Quadrupel	41½	malteser Scudi.
„ engl. Sovereign . .	12½	dito.
„ östr. oder holl. Ducaten	5⅓	dito.
„ franz. Louisd'or . .	10	dito.

das östr. 20 Francs-Stück	$9\frac{1}{7}$ malteser Scudi.	
die sicil. Oncie	$6\frac{1}{3}$	dito.
der " Scudo . . .	2 Scudi	6 Tari.
" span. Piaster . . .	2 "	8 "
" Conv.-Thaler, Talari,	2 "	6—7 Tari.
" 5 Francs-Thaler .	2 "	5—6 "

Der Wechsel-Cours auf London wird von der Committee of Merchants jede Woche zwei Mal festgesetzt. Der Commissar der Schatzkammer verkauft Wechsel gegen engl. Valuta in der Regel gegen $1\frac{1}{2}$ % Agio.

Wechselcourse.

		m. o. w.		
Barcelona .	30 T. n. S.	$22\frac{1}{2}$ Tari	für	1 Peso de pl. ant. od. Wechselpiast. in Barcelona.
Marseille . .	30 " " "	$5\frac{3}{4}$ "	"	1 Franc.
Genua . .	30 " " "	$5\frac{3}{4}$ "	"	1 Lire nuova.
Livorno . .	30 " " "	$4\frac{7}{8}$ "	"	1 Lira di Tosc.
oder	30 " " "	246 tosc. Lire	"	100 Scudi.
London . .	30 " " " (auch 60 " " ")	$49\frac{1}{2}$ pence	"	1 Oncia oder Wechselpiaster.
oder		103 £ malteser Währung	"	100 £ in London.
Neapel . .	30 " " "	25 Tari	"	1 Ducato.
Palermo, Messina . .	21 " " "	$6\frac{1}{3}$ malt. Scudi	"	1 sicil. Oncia.
Triest . . .	30 " " "	$14\frac{1}{2}$ Tari	"	1 Fl. in 20 Kr.
Constantinopel, Smyrna	31 " " "	360 Paras	"	1 Scudo.

Wechselgebräuche meist wie in Messina.

Maaße und Gewichte

sind wie in Sicilien. Eigenthümlich sind:

Der Fuß = $11\frac{1}{6}$ englische Zoll = 125,73 par. Linien oder 0,2836 Meter.

Die Canna von 8 Palmi = 81,9 engl. Zoll = 922,154 par. Linien oder 2,088 Meter.

Die gestrichene Getreide-Salma = 14544 par. Kubikzoll oder 288,5 Liter.

Der Caffiso, Oelmaaß, = 19,878 Liter. 2 Caffiso = 1 Barile. — Der Wein-Barile = $9\frac{1}{4}$ engl. Imp.-Gallons.

Der Rotolo = 12216 engl. Grän = 791,59 Gramm.

1 Cantaro = 100 Rotolo.

Auf London rechnet man den Cantaro gewöhnlich 175 ℔ av. d. p.

Die Libbra oder das Pfund, welches auch zugleich als Gold- und Silbergewicht gebraucht, und in 12 Unzen, 192 Sechszehntheile, 384 Trappesi oder 6912 Grani getheilt wird, wiegt 4886 engl. Grän, oder = 316,61 Gramm.

Man, die Insel.

Im irischen Canal, 220 engl. □Meilen, sonst unter der Herrschaft der Grafen von Derley, seit 1765 unter engl. Botmäßigkeit, mit 42,000 Einwohnern. Hauptstadt: Castletown, 2500 Einwohner. Bis 1840 hatte die Insel ihre eigene Valuta, Manx oder Manks Currency, in welcher das engl. Pfund Sterling hier 1 £ 3 s. 4 d. galt, so daß 100 = 116⅔ oder 6 engl. = 7 Pfund in Man galten. Seitdem aber ist die engl. Sterling-Valuta eingeführt, und das Kupfergeld in Pence, Halfpence und Farthings, das noch immer für Man besonders geschlagen wird, ist dem engl. an Gewicht gleich.

Maaße und Gewichte s. England.

Manila,

auf einer Landzunge an der gleichnamigen Bai, Hauptstadt der zu Spanien gehörenden Philippinen und Sitz des Generalkapitains, zählt an 140,000 zum Theil sehr reiche Einwohner, hat den ganzen Aus- und Einfuhrhandel der Philippinen, und bedient sich Cavita's, einer Stadt von 20,000 Einwohnern, am Eingange der Bai von Manila, zum Hafen. Die stärkste Ausfuhr besteht in Zucker, Kaffee, Reis, Getreide, Baumwolle, Seide, Sago, Gewürzen, Cacao, Indigo, Farbehölzern u. s. w.

Münzen.

Man rechnet nach

Piastern zu 8 Reales de Plata à 34 Maravedis, auch nach dem mexicanischen Piaster oder Dollar, den man in 20 Cuardos oder in 100 Cents theilt. Man wechselt auf Bengalen zu 40 Piaster m. o. w. für 100 Courant Rupien.

Maaße und Gewichte

sind die spanischen; doch hat man hier auch ein Gewicht von Piastern angenommen und rechnet

16 Piaster = 1 Pfund, den Piaster aber = 1 Unze.

11 solcher Unzen oder Piaster sind 1 Tola in Seide,

22 Unzen heißen 1 Catty, 8 Unzen bedeuten 1 Mark Silber, und 10 Unzen heißen 1 Tola Goldgewicht.

16 Piaster wiegen 15¼ engl. Unzen, demnach wiegt ein solches Pfund 8995 holländische As = 432,3 Gramm. Auch wiegt man mit dem chinesischen Pekul zu 100 Kättis à 16 Tehls.

Es giebt hier eine Handelskammer und seit 1830 auch eine Bank. Waaren in Entrepôt zahlen 1 % beim Eingang und 1 %

beim Ausgang für das erste Jahr. — Der Handel auf spanischen Schiffen genießt sehr bedeutende Bevorzugungen.

Mannheim,

zweite Residenz des Großherzogs von Baden und Hauptstadt des Neckarkreises, am Einflusse des Neckars in den Rhein, über welche Flüsse zwei Schiffbrücken führen, zählt jetzt an 25,000 Einwohner, hat Krapp-, Leim- und Tabaksfabriken, bedeutenden Speditions- und eigenen Handel, welcher durch die Rhein- und Neckarschifffahrt begünstigt wird. Der Ort ist 1831 zu einem Freihafen erklärt worden.

Münzen, Maaße, Gewichte wie Carlsruhe.

Wechselangelegenheiten wie Frankfurt a. M.

Von alten Maaßen und Gewichten sind zu bemerken:

Der Fuß = 128,02 pariser Linien oder 0,289 Liter.

Die Elle = 0,558 Meter.

Der Viernsel = 27,77 Liter.

Das Malter für glatte Frucht = 4 Viernsel, für rauhe Frucht 4½ Viernsel, à 2 Simri, à 2 Vierling, à 2 Jevel, à 4 Mäßchen.

Die Eichmaaß war sehr nahe an 2 Liter.

Das Fuder = 6 großen = 10 kleinen Ohm; die große Ohm = 20 Viertel, die kleine = 12 Viertel, das Viertel = 4 Maaß à 4 Schoppen.

Die Wirthmaaß = 1,71 Liter.

Handelsgewicht ist das frankfurter Gewicht, der Centner zu 108 ℔ Leichtgewicht, oder 100 ℔ Schwergewicht.

Der Verkauf von Hopfen, Kleesaamen, Pottasche, Salpeter und Weinstein geschieht nach leichtem Gewicht à 108 ℔; Hanf zu 104 ℔ und Tabak zu 100 ℔ Schwergewicht. Von Getreidearten wird nach leichtem Gewicht angegeben: der Malter Korn zu 160, Gerste 145, Weizen 175, Hafer 102, Spelz 106, gerollte Hirse 185, Bohnen, Erbsen, Linsen 180, Weißmehl, Schwingmehl, Mohnsaamen 140, Hanfsaamen 100, Leinsaamen 158 und Rübsaamen zu 155 Pfunden.

Handelsanstalten.

Eine Handelskammer, ein Handelsgericht. Eine Schifffahrts-Assecuranz-Gesellschaft. Die 1844 begründete Dampfschleppschifffahrts-Compagnie hat einen Fond von 200,000 Fl. in Actien à 500 Fl. — Durch die von dem geradeüber liegenden Ludwigshafen abgehende Eisenbahn nach Berbach (Fond: 8 Mill. Gulden in Actien à 500 Fl.), so wie durch die in Mannheim einmündenden Staats-Eisenbahnen ist diese Stadt im Bereich des großen Verkehrs.

Mantua,

(Mantova), ein ehemaliges Herzogthum in der Lombardei, bildet mit Einschluß der Fürstenthümer Castiglione und Solferino eine Provinz der Delegation Mailand, und zählt auf 41 □Meilen 235,000 Einwohner. Die Hauptstadt Mantua, eine Festung vom ersten Range, liegt in einem See, welchen der Mincio bildet, hat 30,000 Einwohner.

Münzen, Maaße, Gewichte,

Wechselcourse, Wechselgesetze wie Mailand.

Von alten Maaßen und Gewichten sind zu bemerken:

Der Piede à 12 Zoll (Pollici) = 0,467 Meter.

1 Braccio = 25 englische Zoll = 0,638 Meter.

1 Cavezzo = 6 Braccia.

Die Biolca (Feldmaaß) = 14400 □Fuß oder 31,386 Aren.

Der Getreide- oder Korn-Sacco à 3 Staja hält 103,816 Liter; der Oel-Moggio wiegt 320 hiesige Pfund, und wird 5620 pariser Kubikzoll gerechnet.

Vom Handelsgewicht hält der Rubbo 25 ℔ von 12 Unzen à 12 Denari à 24 Grani. Das Pfund wiegt 310,529 Gramm.

Gold-, Silber- und Münzgewicht ist die mailänder Mark.

Die hiesige jährliche Messe beginnt den 13. Mai und endigt den 25. Junius.

Die Camera di mercanti, oder das Handelsgericht, entscheidet bei Handelsangelegenheiten alle vorkommenden Streitigkeiten in erster Instanz.

Marokko,

ein Kaiserthum in Afrika, von 13,712 □Meilen mit circa 15 Mill. Einwohnern, bringt vorzüglich Getreide, Oel, Mandeln, Datteln und Gummi hervor, liefert den besten Saffian und Korduan, überläßt den Europäern zur Ausfuhr seiner Erzeugnisse die Häfen Sale, Mogador, Larasch, Tetuan und Tanger, und rechnet nach

Metikals zu 10 Ukias (Unzen) à 4 Blanquillos à 24 Fluces.

Landesmünzen sind: Goldene Metikals (auch Ducaten genannt), und Bendikys oder 2 Piasterstücke, an Werth 27 Unzen.

Silberne Medios (marokkanische Piaster), etwa 1 spanischen Piaster werth. Unzen (Mark oder Real), davon $13\frac{1}{2}$ = 1 Piaster, und Blanquillos (Maurische Musunas), 54 = 1 Piaster. Kupferne 4 und 6 Flucestücke.

Von fremden Münzsorten sind spanische Dublonen und Piaster, oder Dollars hier vorzüglich im Umlauf. Den Piaster zur Grundlage rechnet man:

1 Blanquillo	1 engl. Pence,	od.	0,10 fr. Francs	=	10 Pf. preuß.
1 Ukia (Unze)	4 „ „	„	0,41 „ „	=	3⅓ Sg „
1 Ducaten	3½ „ Schill.,	„	4,12 „ „	=	33⅓ „ „
1 Bendiky	9½ „ „	„	11,12 „ „	=	3 ℛ „

wonach auf eine kölnische Mark fein Silber 126,7 Ukias (Unzen) gerechnet werden.

Maaße und Gewichte.

Vom Längenmaaß hält der Cubit oder die Canna 21 engl. Zoll = 236,4 pariser Linien; auch gebraucht man den Pik von circa 26 engl. Zollen, oder 292,7 pariser Linien.

Getreidemaaße sind die spanischen, doch weichen sie im Lande sehr von einander ab; so wiegt der Almud (hier Mood genannt) in manchen Gegenden 15, in andern 30, auch 12½ Pfund. Die Kula ist ein Maaß für Olivenöl von 22 Pfund, jedoch auch nicht allgemein.

Das Pfund Handelsgewicht rechnet man an Gewicht = 20 spanischen Piastern, oder 11231 holländischen As; 100 Pfund oder 1 Quintal = 119 Pfund engl. av. d. p., oder 53,973 Kilogramm, oder 115,45 preußische Pfund. Nach Andern kommt der hiesige Rottolo mit 8120 engl. Grän Troy überein, wiegt also 10948 holländische As = 0,5263 Kilogramm, oder 116 Pfund engl av. d. p., oder 1,1254 preuß. Pfund.

Marseille,

Hauptstadt des französischen Departements der Rhônemündungen, an einem Busen des mittelländischen Meeres, dessen äußerste Spitze einen Hafen für 900 Schiffe bildet, ist mit 165,000 Einwohnern der erste Handelsplatz Frankreichs, 1815 zum Freihafen erklärt, ein wichtiger Stapelplatz für levantische und nordafrikanische Produkte, hat außerdem ansehnliche Exporte von Oel, Seife, Mandeln, Wein, Capern u. s. w.

Münzen, Wechsel-Course, Maaße, Gewichte wie Paris.

Auf Constantinopel notirt man zuweilen circa 4¼ Sous für 1 türk. Piaster; auf Malta circa 40 Sous für 1 Scudo von 12 Tari; auf Rom circa 105 Sous für einen Scudo romano; auf Messina circa 13 Frcs. für 1 Oncia; auf Nizza circa 99½ Frcs. für 100 Lire nuove.

Auf inländische Plätze wechselt Marseille mit einigem Verlust auf 100 Franken, zuweilen auch pari, und zwar auf Paris und Lyon in kurzer Sicht und à 30, 60 und 100 Tage, auf Bordeaux à 30 und 90 Tage, auf Toulouse à 30 Tage dato, auf alle anderen Oerter Frankreichs größtentheils nur in kurzer Sicht.

Wechselgesetze wie in Paris, auch die Fondsgeschäfte geschehen nach den dortigen Usanzen.

Alte Maaße und Gewichte.

Die alte Canne war 2,0127 Liter.

Die alte Getreide-Charge = 154,79 Liter.

Die neue Charge = 160 Liter.

Die Millerole à 4 Escandaux à 15 Pots à 4 Quarts. Der Escandal = 15,925 Liter. Die Millerole wird = 63,4 Liter beim Octroi zu 65 Liter gerechnet.

Die Barrique hät 30 Veltes à 8 Pintes oder 224 Litres. Gewöhnlich rechnet man 3½ Milleroles = 1 Barrique von Bordeaux.

Die Oel-Millerole zu 160 Quarterons = 58—59 Kilogr. = 64 Liter.

Das livre Poids de table = 407,93 Gramm hat 16 Onces à 8 Gros à 72 Grains. — 100 Livres = 1 Quintal. — 3 Quintaux = 1 Last.

6 ℔ Poids de table = 5 ℔ Poids de marc.

Waarenpreise werden per 50 Kilogr. oder per 100 ℔, Getreide per Charge, Wein und Oel per Barrique notirt.

Befrachtungen geschehen per Last zu 5000 ℔ oder zu 28 Milleroles Wein oder Oel.

In Marseille ist ein Handelsgericht, dem 1840 1954 Rechtsstreite vorlagen, ferner ein Conseil des Prud'hommes, eine Intendance sanétaire, eine Bank seit 1835 mit einem Fond von 4 Millionen Francs in Actien auf den Namen à 1000 Francs. Sie giebt Noten aus à 1000, 500 und 250 Frs. Diese Noten-Circulation belief sich 1841 auf nahe an 11½ Millionen Francs. Die Dividende dieses Jahr war 67 Frs. 25 Cts. — Eine Börse. — Dampfschifffahrt mit der Levante.

Martinique,

die wichtigste französische Insel der kleinen Antillen in Westindien, von 17 □Meilen mit 116,000 Einwohnern, worunter 80,000 Neger, liefert Baumwolle, Kaffee, Zucker, Gewürznelken, Indigo, Cacao u. s. w. St. Pierre mit 30,000 Einwohnern und Fort Royal mit 20,000 Einwohnern sind die Hauptplätze, wie Fort de France der beste Seehafen der Insel.

Münzen.

Die Regierung rechnet auf den französischen Antillen nach dem gegenwärtigen französischen Münz- und Rechnungssystem in Francs zu 100 Centimes; im gewöhnlichen Verkehr rechnet man aber trotz des Befehls vom 30. Aug. 1826 noch in Livres zu 20 Sous à 12 Deniers, deren Zahlwerth um 80 % geringer ist, als die im Mutterlande coursirenden Münzen; 1 Colonial-Sous gilt = 3 Centimes; 36 hiesige Colonial-Livres sind 37 in Guadeloupe.

Maaße und Gewichte

sind die französischen unter Paris.

Doch hat die hiesige Aune 44 alte par. Zoll = 1,191 Meter. Der Pas de Martinique hat 3½, der von Guadeloupe 3 Fuß. Der Carré 10,000 □Schritte.

Der Tierçon hat 65 Gallons à 2 Pots. 1 Pot = 1,8626 Liter. — Der Baril hat 56 Pots in Martinique und 52 in Guadeloupe.

Der Boucaut (Gewicht) = 10 Quintaux à 100 ℔ Markgewicht.

Mauritius,

vormals Isle de France, eine der Maskarenen, den Briten gehörig, mit 110,000 Einwohnern. Hauptstadt Port Louis mit 30,000 Einw. Sie liefert Reis, Bauholz und fast alle andern Colonial-Produkte, besonders aber Zucker.

Münzen.

Seit 1826 soll hier nach Pfund Sterling à 20 Schilling à 12 Pence (s. London) gerechnet werden. Im innern Verkehr hat man noch immer den Courant-Piaster à 100 Cents, von denen 13 = 12 spanischen Piastern sind. Ein solcher Courant-Piaster ist zu 4 engl. Schill. tarifirt, jedoch nur ideal.

Auch die ältere französische Rechnungsweise nach Colonial-Livres oder Francs à 20 Colonial-Sous kommt noch vor. Zehn solcher Livres = 1 Colonial-Dollar (oder Piaster); 1 Cent = 2 Sous. — Der Colonial-Franc ist die Hälfte des französischen Francs, so daß das franz. 5 Francs-Stück dem Courant-Piaster gleich kommt.

Obschon die engl. Regierung Piaster (zu 9⅓ in die f. M.) für die Insel hat prägen lassen, so fehlt es doch hier immer an Metallgeld, besonders seit der Verausgabung von Dollar-Noten der dortigen Bank.

Die ostindische Compagnie-Rupie gilt hier 48 Cents; der chinesische Cash = 1 Cent. Der engl. Sovereign 5⅓ Courant-Piaster.

Maaße und Gewichte

sind noch immer die altfranzösischen. Man rechnet gewöhnlich 15 franz. Fuß = 16 engl. Fuß, 7 Aunes = 9 Yards.

Die Velt ist = 2 alte engl. Wein-Gallons. — Der Quintal wird zu 108 ℔ av. d. p. angenommen.

Das Ton	Zucker und Ebenholz	= 2000 ℔	Markgewicht.
Dito	Kaffee und Getreide	= 1400 „	„
Dito	Gewürznelken	= 1000 „	„
Dito	Baumwolle	= 750 „	„

Die Schiffslast wird zu 42 Kubikfuß Raum gerechnet.

Die Zettel-Bank in Port Louis wurde 1831 mit einem Capital von 500,000 Piastern in Actien à 500 Piaster errichtet. Sie hat, wie wohl alle Colonial-Banken, eine Agentur in London. Die Dividende schwankt zwischen 4 und 9 %.

Mecklenburg-Schwerin, s. Rostock.

Mecklenburg-Strelitz, s. Neustrelitz.

Meiningen,

Hauptstadt des Herzogthums Sachsen-Meiningen an der Werra, 7000 Einwohner, Tuch- und Leinwandfabriken, Gerberei, Brauerei u. s. w.

Münzen.

Meiningen rechnet nach

Gulden zu 60 Kreuzer à 4 ₰ im $24\frac{1}{2}$ Fl.Fuß.

wie Frankfurt a. M., Baiern, Baden u. s. w.

Die frühere Rechnung nach meißnischen Gulden zu 21 gute Groschen, nach Reichsthalern zu 18 Batzen, fränkischen Gulden zu 15 Batzen, rheinischen Gulden zu 12 Batzen à 5 Kreuzer oder 16 gute Pfennige kommt kaum noch vor. Der fränkische Gulden war etwa $1\frac{1}{2}$ % besser als der Conv.-Gulden und wurde auch in 20 gute oder 21 leichte, auch wohl in 28 Schillinge à 9 Pfennige getheilt.

Wirklich geprägte Münzen seit 1837:

Vereins-Münze zu $3\frac{1}{2}$ Gulden oder 2 ℛ preuß. Court.	s. die Tabellen.
Gulden, in $\frac{1}{1}$ und $\frac{1}{2}$ im $24\frac{1}{2}$ Fl.Fuße	
Billon zu 6 und 3 Kreuzer im 27 Fl.Fuße.	

Fremde Scheidemünze, mit Ausnahme der coburgischen, ist in den meiningischen Cassen zugelassen.

Staatspapiere.

Obligationen in Abschnitten von 50, 100, 250, 500 u. 1000 Gulden, seit 1838 $3\frac{1}{2}$ % Zinsen tragend und in 38 Jahren durch Verloosungen einzuziehen. Rest 1845: $4\frac{1}{2}$ Millionen Gulden.

Maaße.

Längenmaaß.

Der meininger Fuß = 0,304 Meter.
1 Ruthe = 14 Fuß = 168 Zoll.
1 „ = 12 „

Der Fuß von Saalfeld = 0,283 Meter.
1 Ruthe = 16 Fuß = 192 Zoll.
1 „ = 12 „

Auch bedient man sich in Saalfeld des preuß. Maaßes.

Flächenmaaß.

1 meininger Acker = 160 meininger □Ruthen.
1 saalfelder Acker = 160 saalfelder □Ruthen.

Körpermaaß.

1 meininger Getreidemaaß = 20,8877 Liter.
Das Malter hat 4 Metzen à 2 Maaß, und ist = 167,10 Liter.
1 meininger Ohm oder Tonne = 3299,49 par. Kubikzoll.
1 Ohm = 2 Eimer oder 64 Schenkmaaß = 65,45 Liter.

Gewicht.

1 meininger Pfund = 509,85499 Gramm.

Messina, s. Palermo.

Mexico,

die Hauptstadt der gleichnamigen Republik, liegt 7240 Fuß über und 60 französische Meilen von dem Meere, zählt gegenwärtig über 170,000 Einwohner und ist der Mittelpunkt alles Handels zwischen Amerika, Europa und Ostindien; für Fremde besonders wichtig wegen seines sehr ansehnlichen Imports europäischer Industrie-Erzeugnisse und des Exports von Cochenille, Jalappe u. a. Droguerien, noch mehr aber der Piaster wegen, welche aus seinen Silberminen (den reichsten der Welt) gezogen, auf eigener Münze ausgeprägt und versendet werden.

Münzen.

Man rechnet nach

Pesos oder Silberpiastern zu 8 Reales d. pl. à 4 Quartillos à 2 Clacos. Beim Zoll theilt man den Real auch in 12 Granos, die fingirt sind. Zuweilen wird der Piaster in 6800 Dineros, die ebenfalls nur eingebildet sind, getheilt. Die neuen Dollars oder Piaster von 1833 und 1834, besonders die in Guadalarara geprägten, sollen etwa 6 % schlechter sein, als andere Pesos. Durchschnittlich kann man $9\frac{1}{4}$ Piaster auf die f. Mark rechnen, so daß ein Piaster = 1 ℛ︀ 13 Sg, oder $2\frac{1}{2}$ Fl. im $24\frac{1}{2}$ Fl.Fuß, oder 123 Kreuzer im 20 Fl.Fuß. — Verhältniß des Goldes zum Silber etwa 1 : $16\frac{1}{4}$.

Wirkliche Landesmünzen sind in

Golde: Doblonen von 8 Escudos d'oro, oder 16 Piaster, mit einem veränderlichen Agio von einigen Procenten; $\frac{1}{2}$, $\frac{1}{4}$ und $\frac{1}{8}$ nach Verhältniß.

Silber: Piaster in Ganzen, Halben, Vierteln, Achteln (1 Real) und Sechszehnteln ($\frac{1}{2}$ Real). Die ganzen und halben Piaster sind von gleichem Gehalt, die kleinern Stücke etwa 10 % schlechter und gelten nur für den innern Handel.

Kupfer: Quartillos und Claros oder Ochavos, zum 4fachen

Werthe ausgebracht und in Unmassen vorhanden, so daß Silber und Gold ein hohes Agio gewinnen.

Alles Silber aus den neuspanischen Bergwerken muß in Mexico ausgeprägt werden, und beträgt im Durchschnitt jährlich etwa 10 Mill. Piaster. Die Mark fein Gold wird zu 24 Karath à 4 Grän, und fein Silber zu 12 Dineros à 24 Granos bestimmt; übrigens s. m. den Art. Spanien, und im Anhange die spanischen Silbermünzen.

Der Ausfuhrzoll auf gemünzte Metalle beträgt seit 1843 6 %.

Wechselcourse.

Wechselabgaben geschehen größtentheils über London und zwar zu 52 Pence Sterl. m. o. w. für 1 mexicanischen Piaster oder Dollar, doch notirt man auch folgende Course:

	m. o. w.			
Hamburg	45½	Schilling Banco	für	1 mexican. Piaster.
Amsterdam	255	Cents. } niederl.	=	1 = =
oder	51	Stüber } niederl.	=	1 = =
Paris	545	franz. Centimes	=	1 = =
Neu-York	2 %	Prämie, d. h. 102 mexican. Piaster für 100 Dollars in Neu-York.		
Tampico } Vera-Cruz }	5 %	Prämie, ebenso 104 mexic. Piaster für 100 Dollars in Tampico und Vera-Cruz.		

Die europäischen Tratten sind gewöhnlich à 60 Tage nach Sicht ausgestellt, die vom Innern des Freistaates zu beliebigen Fristen.

Respecttage finden nicht statt.

Nach den frühern spanischen Wechselgesetzen, vorzüglich nach denen von Bilbao, soll man sich noch gegenwärtig richten.

Anleihen.

Mexico hat in London zwei Anleihen gemacht, jede von 3⅕ Millionen Pfund, zu 58 und 89¾ %, 1824 à 5 % und 1825 à 6 %, deren Zinsen seit 1827 im Rückstande blieben. Im Jahre 1831 schloß die Regierung einen Vertrag mit ihren Gläubigern, und verpflichtete sich, vom 1. April 1831 bis 1. Juli 1836, die jährlichen Zinsen zur Hälfte aber nebst den bisher ausgebliebenen Zinsen zu capitalisiren und alsdann zu verzinsen. Die Regierung konnte indeß nur bis zum Juli 1833 Zahlung leisten. Im Jahre 1837 fand eine zweite Convertirung statt. Die Gläubiger erhielten neue 5 % Obligationen und neue Coupons, bis jetzt sind aber weder Kapital- noch Zinszahlungen erfolgt. Auf diese Weise entstanden die 5 % Obligationen von 1824, die 6 % Obligationen von 1825, die 5 % und 6 % Différées von 1831 und die Obligationen und Différées von 1837. Endlich wurden die sämmtlichen Obligationen 1846 nochmals gegen neue 5 % convertirt, die aber unter den jetzigen Umständen nicht mehr werth sind als die alten; sie wurden im Juli 1847 in London mit 19½ % notirt.

Die ganze engl. Schuld ist auf 10½ Millionen Pfund, die inländische auf 50 Millionen Piaster berechnet worden.

Maaße und Gewichte

sind die spanischen. Beim Calculiren rechnet man

den Quintal von 4 Arrobas à 25 ℔	=	95	(95,1)	℔ Hamb.
100 englische Yards	=	108	(107,8)	Varas.
100 brabanter Ellen à 306,5 L. . .	=	81	(80,7)	"
100 leipziger Ellen	=	66½	(66,6)	"

Minden,

die Hauptstadt des gleichnamigen preußischen Regierungsbezirks an der Weser, mit 9000 Einw., mehreren Fabriken, Branntweinbrennereien und einem bedeutenden Handel auf der Weser.

Münzen, Maaße und Gewichte wie Berlin.

Das Stück feines Garn hat 2400 preuß. Ellen, Moltgarn 2000 Ellen.

Der alte mindener Himten = 29,06 Liter oder 0,529 preuß. Scheffel.

Minorca,

eine spanische, wegen des Handels im mittelländischen Meere wichtige Insel von 12 □Meilen mit 35,000 Einwohnern, die kleinere der balearischen Inseln, zu dem spanischen Königreiche Mallorca (Majorca) gehörig. Acker-, Wein- und Oelbau neben lebhaftem Handel sind die Erwerbsquellen ihrer Bewohner. Die Hauptstadt Puerto-Mahon hat einen guten durch das Fort St. Philipp vertheidigten Hafen, und 16,000 Einwohner. Münzen, Maaße und Gewichte wie unter Majorca; man rechnet jedoch eine Pipe Wein von Mahon 40 Gerras oder 80 Quarters. 1 Gerra ist = 12,063 Liter oder 608,1 pariser Kubikzoll.

Mitau, s. Libau.

Modena,

ein Herzogthum in der Lombardei, in einer fruchtbaren vom Panaro bewässerten Ebene, im Ganzen von 99 □Meilen und 410,000 Einwohnern, mit einer ergiebigen Oel-, Wein- und Seidencultur, und der Hauptstadt gleichen Namens mit 28,000 Einwohnern, an einem Kanal zwischen dem Panaro und der Secchia.

Münzen.

Man rechnet nach

Lire italiane zu 100 Centesimi, deren Zahlwerth seit 1807 dem franz. Franc gleich gestellt ist, also gesetzlich die kölnische Mark fein Silber zu 51,9345 Lire; oder nach der frühern Landesmünze, nach

Lire zu 20 Soldi à 12 Denari, die köln. Mark fein Silber zu 135,333 Lire di Modena (à $3\frac{1}{12}$ preuß. Sgr).

Von neuen Ausprägungen sind in Golde: 40 und 20 Lire, und in Silber: 5, 2, 1, ½ und ¼ Lire italiane in Umlauf gesetzt worden (s. Paris).

Kupfer: 5, 2 und 1 Centesimi-Stücke.

Von älteren Münzsorten circuliren in Golde: Doppien zu 51, Scudini zu 9, in Silber: Ducatoni zu 17⅔, Scudi zu 15, 5 und 3¾, Ducati zu 8 Lire di Modena und Lire-Stücke, die in der ehemaligen Reggio-Valuta, welche 50 % geringer war, um die Hälfte mehr galten.

Nach dem Münztarif vom 15. April 1819 gelten:

1 Kremnitzer Ducat.	11 L.	79	Cent.	ital.	oder	30 L.	14½	Soldi	M.
1 österreich. =	11 =	74	=	=	=	30 =	12	=	=
1 Conv. Speciesthlr.	5 =	16	=	=	=	13 =	9	=	=
1 20 Kreuzerstück	— =	86	=	=	=	2 =	4⅚	=	=

Bei Wechselgeschäften richtet man sich nach den benachbarten Orten Bologna, Mailand, Venedig u. s. w.

Maaße und Gewichte

sind eigentlich die metrischen, s. Mailand. Doch kommt noch in Anwendung der ehemalige

Piede à 12 Zoll = 0,523 Meter.

Der Braccio = 0,633 Meter.

Die Biolca = 28,365 Aren.

Der Sacco = 126½ Liter.

Der Boccale = 1,697 Liter. — 60 Boccali = 1 Quartaro.

Der Quintale hat 100 Libbre à 12 Once à 16 Ferlini und ist = 340,457 Gramm.

Die jährliche Messe zu Reggio ist eine der vornehmsten in Italien. Sie geht den 29. April an, und soll 8 Tage dauern, wird aber oft auf 3 Wochen ausgedehnt.

Mokka,

der wichtigste Handelshafen Arabiens mit circa 12,000 Einwohnern, Ausfuhrort des im Innern des Landes wachsenden Kaffees, und vieler wichtigen levantischen Früchte und Droguen, so wie auch von Elfenbein und Goldstaub aus Abyssinien.

Münzen.

Man rechnet nach Mokka-Thalern oder Courant-Piastern zu 80 Caveers, die aber nur ideal sind. — 121½ solcher Thaler = 100 spanische Piaster (Magrebi). In manchen Provinzen und zu manchen Zeiten gilt der österr. Conv.-Species dem spanischen Piaster gleich. Nimmt man 12 Mokka-Thaler auf die f. Mark an, so ist der Werth desselben = 1⅛ ℛ︎ preuß. Court. oder 2 Fl. 2½ Xr. im 24½ Fl.Fuß, oder 1 Fl. 40 Xr. Conv.-Mze.

Die hier coursirende kleine Kupfermünze, Commassi genannt, hat (wie die Cash in China) keinen festen Werth gegen Silber. Man zahlt oft 500 Stück davon für einen spanischen Piaster.

Der holländische Ducaten gilt 2 Mokka-Thaler 45—52 Caveers.

Maaße und Gewichte.

Der Cobido oder Covid = 0,483 Meter. — Der Göss = 0,635 Meter.

Der Reis Teman à 40 Kellas oder Mekmedas soll circa 85 Kilogramm oder 187 ℔ av. d. p. wiegen.

Der Cuddy oder Gudda hält circa 2 alte engl. Wein-Gallons. Der Bahar à 15 Frasils à 10 Maunds à 40 Wakeias soll nahe an 200 Kilogramm wiegen, denn der Maund ist = 1,329 Kilogramm befunden worden. Außerdem nimmt man 460 Mokka-Pfunde auf den Bahar an, so daß ein solches Pfund 485,7 Gramm schwer wäre. Jedoch sollen die dortigen Gewichte sehr von einander abweichen.

100 spanische Piaster sollen 87 Wakeias wiegen; da nun 8¾ Stück durchschnittlich auf eine rauhe Mark gehen, so stellt sich das Gewicht eines Wakeias auf sehr wenig über 31 Grammes. Darnach würde sich der Maund = 1,241 Kilogramm und das Mokka-Pfund auf 404,67 Gramm stellen. — Der Ballen von 274 ℔ Netto wöge demnach

Netto 229 ℔ in Hamburg,
„ 237 ℔ in Berlin,
„ 198 ℔ in Wien.

Beim Goldhandel bedient man sich des Bihk = 46,523 Gr. Der Kaffee wird stets gegen baar verkauft; andere Waaren auf Zeit oder mit 9 % Discont gegen baar. Die Geschäfte mit Fremden werden meist durch Banianen vermittelt, d. h. durch die zur Handelskaste gehörigen Maharatten.

Molucken, s. Amboyna.

Monte-Video,

mit 18,000 Einwohnern, an der Mündung des La Plata, Hauptstadt und wichtiger Hafen der früher mit Buenos-Ayres verbundenen Banda-Oriental, welche jetzt unter dem Namen Uraguay eine eigene Republik bildet, interessirt die Fremden wegen ansehnlicher Ausfuhr von Rindshäuten, gesalzenem Fleisch u. a. Landesprodukten und Einfuhr von Colonial- und Manufacturwaaren.

Man rechnet nach Pesos oder Piastern (Dollars) zu 8 Reales de plata à 100 Centesimos, so daß der Peso 800 Centesimos enthält. Dieser Peso ist nicht der spanische oder mexicanische Peso duro, sondern ein bloßer Rechnungspiaster und wird Courantpiaster — Peso corriente — genannt. Man rechnet in der Regel 5 spanische Silberpiaster (Pesos duros) = 6 hiesigen Courantpiastern. Von wirklich geprägten Münzen sind bis jetzt nur kupferne 40 und 20 Centesimos vorgekommen.

Der Cours auf London war am 16. Juli 1847: 41½ Pence per hiesigen Piaster.

Montpellier,

mit seinem Vorhafen Cette, zwei ansehnliche Handelsplätze Frankreichs am Mittelmeere, ersterer mit etwa 40,000, Cette mit 12,000 Einwohnern, wichtig wegen Ausfuhr der Languedocschen Weine, Branntweine und anderer Lebensprodukte, und besonders des großen Kanals wegen, welcher von Cette quer durch Frankreich bis Bordeaux führt, rechnen überhaupt wie Frankreich.

Muskat oder Frontignac wird nach dem Muid von 3 Oxhoft, von 29—30 Veltes, circa 500 berliner Quart, verkauft, und Vin de Rhône nach Barils, wovon das Faß 5 bis 5½ Barils, oder 105 bis 115 berliner Quart enthält. Die meisten Rothweine in Gebinden von 60—65 Veltes verkauft und per 45 Veltes notirt.

Branntwein wird nach dem Quintal von 100 ℔ verkauft, und mit dem Gefäß gewogen. Das Faß ist gewöhnlich 1400 ℔ schwer, und hält circa 70 Viertel oder Veltes à 20½ ℔. 1 Velte = 6½ preuß. Quart.

Bei Befrachtung der Schiffe in Cette rechnet man 4 Faß Branntwein à 70 Veltes, 8 Oxhoft Muskat, und 7 Faß Vin de Rhône für 1 Last.

Eine Schiffslast = 2000 Kilogr. oder 4800 alte hiesige ℔, 8 Barriques oder Oxhoft Wein oder Branntwein, 7 Fässer Rhône-Wein.

Montpellier hat zwei Märkte, wovon der erste den 10. März und der zweite den 15. September anfängt; fallen diese Tage aber auf einen Sonn- oder Festtag, so fangen sie den Tag nachher an. Jeder Markt dauert 14 Tage.

Montpellier ist zunächst mit Nimes durch eine Eisenbahn verbunden.

Montreal, s. Quebeck.

Mosambik oder Mozambic,

eine portugiesische Insel an der Ostküste von Afrika, mit gleichnamiger Hauptstadt, welche einen sichern Hafen hat und Handel mit allen afrikanischen Produkten treibt.

Man rechnet zwar nominell wie Portugal, es gehen aber 6 portug. Crusaden à 400 Reïs auf 13 Crusaden in Mosambik; demnach ist das hiesige Milreïs (in Silber) nicht 1 ℛ 18¾ Sgr, sondern nur circa 23 Sgr werth.

Gewicht. Der hiesige Bahar wiegt 240 ℔ av. d. p.

Moskau, s. Petersburg.

Mühlhausen (in Thüringen), s. Berlin.

Mülhausen (im Elsaß), s. Paris.

München,

die Hauptstadt des Königreichs Baiern und Residenz des Königs, in einer Ebene am linken Ufer der Isar, besitzt neben einem trefflichen Institut für mathematische und astronomische Instrumente, eine berühmte Steindruckerei und die älteste (seit 1347) Papierfabrik in Deutschland, zählt gegenwärtig 106,000 Einwohner, hat große Bierbrauereien, einige Fabriken in Leder, Tabak, Porzellan u. s. w., und treibt ansehnlichen Handel mit Erzeugnissen der Kunst und des Landes.

Münzen.

Man rechnet nach

Gulden bairischer Valuta zu 60 Kreuzern à 4 Pfennige, 24½ Gulden auf die Vereins-Mark.

Ein solcher Gulden ist werth:

17 Sgr 1,714 ₰ preuß. Court.	1 mℬ 2 ß 1,469 ₰ Banco.
13 Ggr. 8,571 ₰ dito	1 mℬ 6 ß 2,449 ₰ Courant.
48 Xr. 3,918 ₰ im 20 Fl.-Fuß.	2 Frs. 14,3 Cts.

Wirklich geprägte Münzen sind laut Convention von 1838:

Silber: Vereinsthaler zu $3\frac{1}{2}$ Fl. im $24\frac{1}{2}$ Fl.Fuß oder 2 ℛ im 14 ℛ Fuße.

Stücke zu 1 und $\frac{1}{2}$ Fl., und in Folge der Uebereinkunft vom 27. März 1845 mit Würtemberg, Baden, Hessen, Meiningen, Nassau, Rudolstadt und Frankfurt auch Stücke zu zwei Gulden.

Billon: 6 und 3 Kreuzerstücke im 27 Fl.Fuße } s. die Tabellen.
Kupfer: Kreuzer und Pfennige. }

Die Abnutzungsgränze ist auf $1\frac{1}{2}$ % bei den 2 Fl., 2 % bei den 1 Fl. und $2\frac{1}{2}$ % bei den halben festgesetzt.

Die Goldausprägung, welche übrigens in der Convention nicht mitbegriffen, bestand früher in Karolinen zu 11 Fl. und Maxd'or zu $7\frac{1}{3}$ Fl. auch Ducaten zu $5\frac{3}{5}$ Fl. Auf diese letztere beschränkt sich die gegenwärtige Goldausprägung Baierns, nach dem Maaßstabe von 67 Stück auf die Vereins-Mark zu $23\frac{2}{3}$ Karath fein.

Die frühere Silber-Ausprägung bestand in Conventionsgeld (s. Wien) und in Kronenthalern zu 2 Fl. 42 Xr. Es gingen gesetzlich 9,0837 Kronenthaler auf die f. Mark, so daß ein solcher = $46\frac{1}{4}$ Sgr. oder 2 Fl. $12\frac{1}{5}$ Xr. in Conv.-Mze. oder 2 Fl. $38\frac{2}{3}$ Xr. im damaligen sogenannten 24 Fl.Fuße werth war. Da man aber diese Münze auf 2 Fl. 42 Xr. valvirt hatte, so hatte man in dem wirklichen Zahlungsmittel einen $24\frac{1}{2}$ Fl.Fuß und nominal einen 24 Fl. Fuß. Um diesem Uebelstande abzuhelfen ging man 1838 zum jetzigen Systeme über, nach welchem nun die Ausprägung mit der Nominalität übereinstimmt.

Von fremden Münzen circuliren in Baiern:

in Gold:	östreichische und holl. Ducaten	zu 5 Fl.	30—34 Xr.
	Brab. u. lombard. Souveraind'or	„ 16 „	24—30 „
	Deutsche Pistolen à 5 ℛ . . .	„ 9 „	30—40 „
in Silber:	der 5 Francs-Thaler . . .	„ 2 „	20 Xr.
	„ preuß. Thaler	„ 1 „	45 „
	„ Kronenthaler	„ 2 „	42 „

Oestr. Conventionsgeld, der 20 Kreuzer zu 24 Xr. anstatt zu $24\frac{1}{2}$ Xr.

Die Wechselcourse werden, wie nachstehend zu ersehen, theils in Conv.-Geld, theils im $24\frac{1}{2}$ Fl.Fuße ausgedrückt.

Courszettel.

		m. o. w.		
Augsburg	k. S.	100 Fl. im 20 Fl.Fuße	für	100 Fl. augsb. Cour.
	2 Mt.	$99\frac{1}{3}$ „	„	100 „ „ „
	3 „	99 „	„	100 „ „ „
Amsterdam	1 „	$82\frac{3}{4}$ Fl. im $24\frac{1}{2}$ Fl.Fß.	„	100 „ holl. „
	2 „	$82\frac{1}{3}$ „ „	„	100 „ „ „
Berlin	k. S.	105 Xr. „	„	1 ℛ preuß. „
Frankfurt	k. S.	100 Fl. „	„	100 Fl. im $24\frac{1}{2}$ Fl.Fß.
Hamburg	$1\frac{1}{2}$ Mt.	147 ℛ Conv.-Münze (à 90 Xr. im 20 Fl.Fuß)	„	300 mk Bco.

		m. o. w.		
Leipzig	k. S.	105 Xr. im 24½ Fl.Fuß	für	1 ₰ im 14 ₰ Fuße.
London	2 Mt.	9 Fl. 53 Xr. im 20 Fl.Fß.	=	1 £.
Nürnberg	k. Z.	100 Fl. Conv. od. 24½ =	=	100 Fl. Conv. oder 24½ Fl.Fuße.
Paris	2 Mt.	117 Fl. Conv.-Münze	=	300 Francs.
Wien	k. S.	100 Fl. =	=	100 Fl. Conv.Mze.

Von den Wechselgesetzen ist Folgendes zu bemerken: Uso-Wechsel sind 15, ½ Uso, 8, 1½ Uso, 23 und 2 Uso 30 Tage nach der Annahme des Wechsels zahlbar. Briefe à dato gezogen, werden erst 14 Tage vor der Verfallzeit angenommen.

Es ist Gebrauch nur an einem Tage in der Woche, und zwar am Montag zu zahlen*), und es werden daher alle Wechsel, die in der Zwischenzeit fällig sind, am nächsten Montag, die aber am Zahltage selbst verfallen, erst am darauf folgenden Montag eingelöst. Außer den Zwischentagen (von einem Montag zum andern) finden keine Respecttage statt. Auf Sicht zahlbare Wechsel sind binnen 24 Stunden nach Präsentation zu zahlen oder zu protestiren.

Gold-Course.

Ducaten, holl. und kaiserl. .	5 Fl.	34 Xr.
Friedrichsd'or	9 =	46 =
20 Francs-Stücke	9 =	27 =
Holl. 10 Fl.-Stücke . . .	9 =	54 =

Staatspapiere und Actien im Februar 1847.

Mobilisirungs-Obligationen à 3½ %: 95 Fl. für 100 Fl. nominell. Die Abschnitte sind zu 1000, 500 und 100 Fl. theils auf den Namen, theils au porteur. Nur letztere werden durch das Loos getilgt. Die Zinsen sind gegen Coupons zahlbar, entweder am 1. Febr. und 1. Aug. oder 1. Mai und 1. Decbr. Die Gesammtsumme dieser Obligationen ist noch nicht abgeschlossen, da das große Staats-Eisenbahnnetz, das Baiern unternommen, große Summen erfordert. Die Schuld betrug 1841: 131 Millionen Gulden; zu Eisenbahnen werden circa 36 Millionen gebraucht werden.

Durch die Beschlüsse des Landtags v. 1847 wird die Regierung ermächtigt für 6 Millionen Thaler in 3½ % verzinslichen Cassen-Anweisungen à 35 Fl. oder 20 ₰ zu emittiren, welche zwar Niemand zu nehmen gezwungen sein soll, in den öffentlichen Cassen aber angenommen werden. Außerdem wurde die Regierung zu einem 4 % Anlehen von 10½ Millionen und einem 4 % Arrosirungs-Anlehen ermächtigt,

*) Dies berührt jedoch andere Plätze in sofern nicht, als in Conto-Correnten die Zinsen nicht per Woche, wie in Augsburg, sondern nach Tagen, wie überall gebräuchlich, berechnet werden.

bei welchem der sich Betheiligende eben so viel $3\frac{1}{2}$ % Papiere in 4 % vertauschen kann, als er neue 4 % gegen baares Geld abnimmt.

Bairische Bank-Actien, incl. Divid. per 1. Semester 664 Fl. per Actie von 500 Fl. (s. unten).

Promessen der Bank 77 Fl. per Promesse von 50 Fl. (s. unten).

Oestreichische Metalliques à 5 % $108\frac{1}{4}$ Fl. Conv. per 100 Fl. nominell (s. Wien).

u. s. w.

Man findet abwechselnd auf den münchner Courszetteln notirt: östr. Bankactien und Loose, würtembergische, badische und hessische Obligationen, polnische, preußische und hessische Loose, und mehrerlei Sorten von Eisenbahn-Actien, deren überall an geeigneter Stelle Erwähnung gethan ist.

Auch giebt es städtische Obligationen von München à 1000, 500 und 100 Fl. mit $2\frac{1}{2}$ % Zinsen. Die sämmtlichen Communalschulden Baierns betrugen 1846 circa 11 Millionen Gulden.

Maaße.

Längenmaaß.

Der Fuß = 129,38 pariser Linien oder 0,292 Meter.

1 Ruthe	=	10 Fuß	=	120 Zoll	=	1440 Linien.
		1 „	=	12 „	=	144 „
				1 „	=	12 „

Beim Feldmessen theilt man den Fuß decadisch.

1 Elle hält 2 Fuß $10\frac{1}{4}$ Zoll = 369,2721 pariser Linien oder 0,833 Meter.

1 Klafter = 6 Fuß.

1 rheinbaierscher Fuß = $\frac{1}{3}$ Meter.

1 rheinbaiersche Elle = 1,2 Meter.

Flächenmaaß.

1 □Klafter = 36 □Fuß.

1 Tagewerk, Juchart, = 400 □Ruthen = 34,0727 Aren.

Körpermaaß.

1 Schäffel = 222,357 Liter.

1 Schäffel	=	6 Metzen	=	12 Viertel	=	48 Maaßel	=	192 Dreißiger.
		1 „	=	2 „	=	8 „	=	32 „
				1 „	=	4 „	=	16 „
						1 „	=	4 „

1 Maaßkanne = 53,892 pariser Kubikzoll oder 1,069 Liter.

208 Maaßkannen = 1 Schäffel.

1 Eimer Weinmaaß	=	60 Maaßkannen	=	240 Quartel.
		1 „	=	4 „

1 Faß Bier	=	15 Eimer	=	1600 Maaßkannen.
		1 „	=	64 „

Der Schenk-Eimer hat nur 60 Maaßkannen.

1 Klafter = 126 baiersche Kubikfuß.

Für Rheinbaiern:

1 Hectoliter	=	4 Viernsel	=	8 Simmer	=	32 Vierling.
		1 "	=	2 "	=	8 "
				1 "	=	4 "

Gewicht.

1 Pfund = 560 Gramm.

1 Centner	=	5 Stein	=	100 Pfund	=	3200 Loth	=	12800 Quentchen.
		1 "	=	30 "	=	640 "	=	2560 "
				2 "	=	32 "	=	128 "
						1 "	=	4 "

In Rheinbaiern 1 Quintal = 100 Kilogramm.

Baiersche Hypotheken- und Wechselbank.

Die Anstalt wurde im Jahre 1835 von einer Privat-Gesellschaft durch Aufnahme von 20,000 Actien à 500 Fl. im 24 Fl.Fuß gebildet, und steht unter dem Schutze und der Oberaufsicht der Staatsregierung. Von dem Fond (10 Mill. Fl.), den die Bank bis auf das Doppelte erhöhen darf, sind $\frac{3}{5}$ zu Hypothekar-Darlehn à 4 % bestimmt, und zwar im Annuitäten-System. Nur in Ermangelung einer den Statuten enspréchenden Zahl von Annuitäten-Gesuchen werden auch Hypotheken-Anleihen im Allgemeinen gegeben. Die übrigen $\frac{2}{5}$ des Bankstocks werden zu Disconto-, Leih-, Depositen-, Giro- und Leibrenten-Geschäften verwendet. Seit einigen Jahren ist eine Lebens-, Mobiliar- und Feuerversicherungs-Anstalt, so wie auch neuerdings eine Capital-Versicherung für Kinder mit der Bank verbunden.

Die Bank besitzt das Recht, Noten au porteur in Umlauf zu setzen, in Beträgen nicht unter 5 Fl., und deren Gesammtbelauf nicht $\frac{2}{5}$ des Bank-Kapitals, im höchsten Falle nie die Summe von 8 Millionen, übersteigen darf.

Die Actionäre der Bank erhalten 3 % Zinsen vom Nennwerthe der Actien, halbjährlich am 1. Januar und 1. Juli mit $7\frac{1}{2}$ Fl. Von dem übrigen reinen Gewinn werden $\frac{3}{4}$ als Superdividende vertheilt und $\frac{1}{4}$ zum Reservefond gelegt. 1846 wurden $25\frac{1}{2}$ Fl. per Actie vertheilt. — Auch wurde der Fond um eine Million Gulden in Promessen à 50 Fl. vergrößert. — Die Bank hat eine Filiale in Augsburg.

Das Privilegium der Bank ist auf 99 Jahre festgesetzt.

Der Main-Donau-Canal, welcher ursprünglich von einem Actien-Fond von 8,530,000 Fl. bestritten werden sollte, 70 % aber mehr gekostet hat, wird zwar von der Compagnie verwaltet, die Regierung gewährt aber 4 % Zinsen.

Jahrmärkte, Dulten genannt, sind zwei, von welchen der eine am heiligen Dreikönigstage und der andere auf Jacobi anfängt; jeder dauert 14 Tage. — Außerdem im Juli ein Wollmarkt.

Münster,

Hauptstadt des gleichnamigen preußischen Regierungsbezirks der Provinz Westphalen, an beiden Seiten der Aa unweit der Ems, mit 25,000 Einwohnern, Manufacturen und lebhaftem Handel.

Münzen, Maaße, Gewichte wie Berlin.

Ehemals rechnete man nach Reichsthalern zu 28 Schillingen à 12 Pfennigen im 20 Fl.Fuß.

Alte Maaße und Gewichte.

Der Fuß = 0,291 Meter.
Die Elle = 0,583 Meter.
Der Scheffel = 23,274 Liter.
1 Malter = 12 Scheffel à 72 Becher à 4 Mäßchen.
Die Kanne = 1,333 Liter.
Das Pfund Krämergewicht = 465,884 Gramm.

Nancy,

Hauptstadt des französ. Departements Meurthe (Provinz Lothringen) mit 32,500 Einwohnern, mit vielen Baumwollen- und Wollenspinnereien und Webereien, liefert auch viele Stickereien und chemische Fabrikate.

Münzen, Maaße und Gewichte siehe Paris.

Ehemals rechnete man nach Livres à 20 Sols à 12 Deniers lothringer Währung, nach welcher der 6 Livres-Thaler zu $7\frac{3}{4}$ Livres hiesig angenommen wurde.

Die alte Aune = 0,6395 Meter; der Getreide-Réal à 4 Cartes = 191,62 Liter.

Es giebt hier ein Tribunal de commerce, eine chambre consultative des arts et métiers, einen conseil de prud'hommes u. s. w. Auch eine Compagnie d'assurance.

Nanking, s. Canton.

Nantes,

die Hauptstadt des Departements Unterloire, am rechten Ufer und nahe an der Mündung der Loire, wichtiger Hafen Frankreichs zwischen Havre und Bordeaux, Stapelplatz für Colonialwaaren und den Salzhandel, welches vorzüglich von Bretagne hierher geliefert wird. Der Ort hat bedeutende Fabriken in Piqué, Cattun, gedruckter Leinwand, Hüten, Leder, Maroquin, Zuckerraffinerien u. s. w., exportirt Weine, Branntweine, Essig u. s. w., und zählt 77,000 Einwohner.

Münzen, Maaße, Gewichte wie Paris.

Branntwein, in Gebinden von 50 bis 60 Veltes, wird zu 29 Veltes oder Vierteln verkauft; Thran aber nach 30 Veltes. 1 Muid Salz hat 52 Quartaux, und beträgt ungefähr 19 Tonnen in Hamburg.

Von zählenden Gütern werden schwedische und norwegische Dielen nach 100, jedes zu 124 Stück, Pipen-, Oxhoft- und Tonnen-Stäbe aber nach 1000 zu 1200 — 1215 Stück verkauft.

Jahrmärkte giebt es hier zwei, der erste fängt den 24. Februar an und dauert 8 Tage, und der zweite den 2. Juni und dauert 14 Tage.

Nantes hat eine Bank; Kapital 900,000 Frs., in 900 Actien à 1000 Frs. Die Dividenden werden im Juni und Dezember bezahlt. — 36 See-Versicherungs-Gesellschaften, eine Société industrielle, Dampfschifffahrt und Eisenbahnverbindung.

Narwa,

eine russische befestigte Stadt in dem Gouvernement St. Petersburg, am rechten Ufer der Narowa, die 2 Meilen davon in den finnischen Meerbusen fließt, mit einem Hafen, etwa 5000 Einwohnern, größtentheils Deutsche, welche Fabriken unterhalten, Schiffbau und Handel treiben.

Münzen, Maaße, Gewichte wie Petersburg.

Alte Maaße und Gewichte.

Die Elle = 265,2 pariser Linien oder 0,598 Liter.

Die Getreidelast hat 24 Tonnen, 96 Viertel, 768 Kapp; die Tonne hält $\frac{8}{11}$ Tschetwert.

Die Last span. und franz. Salz hält 18 Tonnen à 34 Kapp.

Das Wein- und Branntwein-Oxhoft hat $1\frac{1}{2}$ Ohm, 6 Anker, 180 Stof, 720 Quartier. Der Stof hält 1,289 Liter.

Die Pipe spanischer Wein wird zu 10, die Pipe Sekt und das Both alicantischer und portugiesischer Wein zu 13 Ankern gerechnet.

Das Bier- oder Branntweinfaß hält 128 Stof.

Vom Handelsgewicht hält das Schiffspfund 10 Pud, 20 Liespfund à 20 Pfund; 1 Pud aber 40 Pfund von 32 Loth à 3 Solotnik. Das narwaische Pfund wog 468 Gramm, so daß 7 ℔ = 8 ruff. ℔.

Nassau, s. Wiesbaden.

Naumburg,

eine Handelsstadt in der preußischen Provinz Sachsen, im Merseburger Regierungsbezirk, unweit des Einflusses der Unstrut in die Saale, mit 12,000 Einwohnern, welche Obst- und Weinbau und Handel treiben.

Münzen, Maaße, Gewichte wie Berlin.

11 naumburger = 7 dresdner Scheffel; 5 naumburger = 7 berliner Scheffel.

Die hiesige Petri-Paul-Messe beginnt den 20. Juni.

Zahltag ist der Donnerstag der Zahlwoche. Jährlich findet im Juni ein Wollmarkt statt. — Naumburg liegt an der sächs.-thüringischen Eisenbahn.

Navarra,

eine spanische Provinz mit dem Titel eines Königreichs von 115 □Meilen und 235,000 Einwohnern, deren befestigte Hauptstadt Pampeluna, mit 15,000 Einwohnern.

Münzen.

Die navarresische Rechnungsart besteht in

Reales flojos (biegsamen Realen) à 16 Quartos oder 36 Maravedis, zuweilen auch nach Ducados und Libras, beide à 20 Sueldos à 12 Dineros. Der Real flojo ist der Real de plata antigua à 34 Marav. d. p. a. = 64 Marav. de Vellon. Der Real de plata provincial à 2 Reales de Vellon, wird hier Real fuerte genannt.

Man vergleicht:

15 Ducados de Navarra mit 98 Libras de Navarra.
3 Libras " " " 5 Reales flojos.
8 Pesos duros " 85 " "

An Kupfermünzen (andere werden für Navarra schon längst nicht mehr geprägt) giebt es

Stücke zu 8 Maravedis, Tarjas genannt.
" " 6 " Gruesos "
" " 2 " Ochavos "
" " 1 Maravedi à 2 Cornados.

Wechselcourse, Maaße und Gewichte s. Madrid. Doch soll es auch eine Getreide-Robo geben, von denen 100 = circa 55 Fanegas.

Neapel,

(Napoli), Haupt- und Residenzstadt des Königreichs beider Sicilien in der Terra di Lavoro, hat 364,000 Einwohner, und gehört ihrer Lage, Volksmenge und mannigfachen Schätze wegen zu den herrlichsten Städten der Welt. Manufacturen und Fabriken sind im Verhältnisse zur Anzahl der Einwohner unbedeutend;

auch könnte der Handel, bei der vortheilhaften Lage des Orts und seines Hafens, auf einer höheren Stufe sich befinden. Die Ausfuhren bestehen hauptsächlich in Getreide, Oel, Wein, Wolle, Baumwolle, Seide und Südfrüchten.

Münzen.

Man rechnet nach

Ducati di Regno zu 10 Carlini à 10 Grani; oder einfach nach Ducati zu 100 Grani. Gesetzlich soll ein Ducato 515 Acini wiegen und $833\frac{1}{3}$ oder $\frac{5}{6}$ fein oder $13\frac{1}{3}$ löthig sein. Es gehen sonach 12,2314 oder vielleicht $12\frac{1}{4}$ Duc. auf die f. Mark, und der Werth desselben ist 1 ℛ 4 Sgr 4 ₰ oder 1 Fl. 38 Xr. im 20 Fl.Fuß oder 2 Fl. im $24\frac{1}{2}$ Fl.Fuß.

Eigentlich soll, seit 1818, dieser Münzfuß für Sicilien gelten, bis jetzt ist es aber daselbst noch beim Alten geblieben (s. Palermo).

In Neapel wird der Ducato zuweilen zu $4\frac{1}{4}$ Lire italiane, die den franz. Francs gleich sind, angenommen, was aber 12,35 Duc. auf die f. Mark giebt, und mithin um nahe an 1 % zu gering ist (s. jedoch weiter unten, unter Staatspapiere).

Wirklich geprägte Münzen sind:

in Gold: die Oncetta zu 3 Ducati, welche 85 Acini schwer und 996 fein sein soll. — Es werden auch doppelte, fünf- und zehnfache Oncette geschlagen.

in Silber: Ducaten zu 100 Grani, halbe (Patacas) zu 50 Gr. Stücke zu 20, 10 und 5 Grani (d. h. doppelte, einfache und halbe Carlini).

Meistentheils aber:

Scudi zu 12 Carlini oder 120 Gr. und halbe zu 6 Carlini oder 60 Gr. (s. die Tabellen).

Das Verhältniß des Goldes zum Silber ist 1:15,208.

in Kupfer: Stücke zu 10, 8, 6, 5, 4, 3, 2 Tornesi und $1\frac{1}{2}$, 1 und $\frac{1}{2}$ Tornese. — Der Tornese ist soviel als ein halber Grano.

Früher, und zwar bis unter Mürat, gab es Kupferstücke zu 3, 2 Grano oder Grani, und 1 Grano à 12 Cavalli.

Der Tornese oder halbe Grano soll 70 Acini wiegen.

Prägekosten für Barrengold sind ¾ % nebst 18 Grani per Unze für Läuterungskosten. Die Unze feines Gold wird mit circa 24 Ducati, Silber mit $136\frac{1}{2}$ Grani bezahlt.

Fremde Gold- und Silbersorten sollen eigentlich nach folgendem Tarif, der 1818 erschien, angenommen werden; wie überall ist der Werth fremder Münzen vom Course abhängig.

Werth in neapolianischen Goldmünzen.

	Gewichte			Gehalt à			für Neapel.				für Sicilien.					
	neapolitan.	sicilian.	metrisches.		Eine Münze.		Eine Unze.		Ein Acino.		Eine Münze.		Ein Coccio.		Ein Hectogr.	
	Acini	Cocci	Grammi	$\frac{1}{1000}$	D.	Grani	D.	Grani	D.	Grani	D.	Grani	D.	Grani	D.	Grani
Gold:																
Rosponi	234	189,090	10,424		8	18,86										
Venezianische Ducaten .	78	63,030	3,474	995	2	72,95	20	99,64	3	49,94	20	78,65	4	33,05	78	55,03
Römische = .	76	61,414	3,385		2	65,95										
Kremnitzer = .	76	61,818	3,408	990	2	64,08	20	71,27	3	45,21	20	50,56	4	27,20	77	48,89
Diverse = .	76½	61,818	3,408	986	2	63,02	20	62,90	3	43,81	20	42,28	4	25,47	77	17,59
Lisboninen = .	320½	258,989	14,278		10	23,71										
Mailänder Soveraind'or	249	201,212	11,092	916	7	95,33	19	16,45	3	19,40	18	97,29	3	95,26	71	69,68
Span. Dopp., div. Geprg.	606	489,696	26,997		19	35,62										
Genueser = v. 96 Lire	565	456,565	25,170	910	17	92,85	19	03,90	3	17,31	18	84,86	3	92,67	71	22,72
Römische = nach 1777	122¾	99,191	5,468	906	3	87,79	18	95,53	3	15,92	18	76,57	3	90,95	70	91,41
Französische neue Lsd'or.	170½	137,777	7,595	900	5	35,08	18	82,98	3	13,83	18	64,15	3	88,36	70	44,55
Piemonteser Doppien .	204½	165,252	9,110		6	41,78										
40 Frankenstücke . . .	289½	233,939	12,897	899	9	07,52	18	80,88	3	13,48	18	62,07	3	87,93	70	36,62
20 = = . . .	144¾	116,969	6,448		4	53,76										
Parmaische Doppien .	159½	128,888	7,105	875	4	86,65	18	30,67	3	05,11	18	12,36	3	77,57	68	48,77
Spanische = .	606	489,696	26,997	872	18	42,64	18	24,39	3	04,06	18	06,15	3	76,28	68	25,29
Durillos	38	30,707	1,692	854	1	13,02	17	84,64	2	97,44	17	66,30	3	68,08	66	76,57

Werth in neapolitanischem Silbergeld.

	Gewichte neapolitanisches	Gewichte sicilianisches	Gewichte metrisches	Gehalt à	für Neapel. Eine Münze.		für Neapel. Ein Pfund.		für Sicil. Ein Pfund.		Für ein Kilogramm.	
	Acini	Cocci	Grammi	$\frac{1}{1000}$	D.	Grani	D.	Grani	D.	Grani	D.	Grani
Silber:												
Francesconi u. tosc. Piaster	612	494,445	27,264	912	1	26,51	14	93,85	14	78,91	46	57,24
Römische Scudi	592	478,383	26,373	908	1	21,84	14	87,30	14	72,43	46	36,81
Französische neue Thaler .	653	527,676	29,091	906	1	34,10	14	84,02	14	69,18	46	26,60
= 5 Frankenstücke	561	453,333	24,992	897	1	44,06	14	69,28	14	54,59	45	80,64
Spanische Piaster *) . . .	—	—	—	—	—	—	—	—	—	—	—	—
Mailänder Scudi . . .	515	416,161	22,943	887	1	03,54	4	52,90	14	38,37	45	29,57
Brabanter Thaler . . .	662	534,949	29,492	870	1	30,54	4	25,06	14	10,80	44	42,76
Theresien u. Kaiserl. Thaler	630	509,090	28,066	825	1	17,81	3	51,36	13	37,83	42	12,96
Venezianische Silberducaten	508	410,505	22,631	821	0	94,53	3	44,79	13	31,35	41	92,54

*) Nach einem Decret vom 28. April 1848 gilt hier der spanische ganze Piaster 1 Ducato 24 Grani, und der halbe 62 Grani.

Wechselcourse.

			Grani, m. o. w.		
Amsterdam	90	Tage dato	48,50	für	1 Fl. niederl.
Ancona	30	„ „	124—	„	1 Scudo romano.
Augsburg	75	„ „	57,80	„	1 Fl. augsb. Courant.
Basel	75	„ „	24—	„	1 Franc de France (27 schw. Fr. = 40 franz. Fr.).
oder	75	„ „	34—	für	1 Schweizerfranc.
Florenz	35	„ „	20—	„	1 Lira tosc.
Genua	40	„ „	23,40	„	1 Lire nuovo.
Frankfurt a. M.	75	„ „	49—	„	1 Fl. im $24\frac{1}{2}$ Fl. Fuß.
Cadix, Madrid	90	„ „	123—	„	1 Peso duro.
Hamburg	90	„ „	43—	„	1 mk Bco.
Lissabon	90	„ „	49,50	„	1 Crusado von 400 Reïs.
Constantinopel			6—	„	1 Piaster.
London	90	„ „	573—	„	1 Liv. Sterl.
Livorno	35	„ „	20,10	„	1 Lira tosc.
Mailand	40	„ „	19,85	„	1 Lira austr.
Messina, Palermo	30	„ „	120—	„	1 Scudo von 12 Tari.
Paris, Lyon	80	„ „	22,65	„	1 Franc.
Marseille	70	„ „	23,20	„	1 Franc.
Rom	30	„ „	124,10	„	1 Scudo romano.
Venedig	40	„ „	19,75	„	1 Lire austr.
Wien	70	„ „	59,30	„	1 Fl. in 20 Xr.
Triest	60	„ „	59,25	„	1 „ „ „ „

Der Uso bedeutet für Wechsel gezogen

aus andern Städten des Königreichs	15 Tage nach d. Annahme.
„ Rom, Livorno, Genua, Venedig, Mailand, Messina und Palermo	22 „ „ „ „
„ Spanien, Frankreich, Holland und Deutschland	2 Monat nach dato.
„ England und Portugal	3 „ „ „

Wechsel à Uso doppio oder 2 Uso werden erst 37 Tage nach der Annahme eingelöst.

Die Acceptation geschieht gewöhnlich erst am Sonnabend nach der Ankunft der Wechsel. Kurzes Papier hingegen muß gleich angenommen oder protestirt werden.

Respecttage sind nicht eingeführt, doch ist es Gebrauch 3 Tage mit dem Protest zu warten.

Wechselcourtage $\frac{1}{4}$ %.

Staatspapiere.

Inscriptionen zu 5 %, welche aber seit 1844 allmälig auf 4 % reducirt werden. Da die Umschreibung auf dem großen

Buche für das Ausland mit großen Weitläufigkeiten verbunden ist, so hat man in Paris und Amsterdam eine Administration von Certificaten etablirt; die erstere unter Rothschild nennt man Récipissés définitifs, die zweite nennt sich Lamaison & Bouwer. Die erstern sind von 25 Duc. à 4 Frs. 40 Cts.; die letztern lauten auf 1000 Lire, von denen ebenfalls 4⅗ = 1 Ducato. In Amsterdam wird der Gulden = 2 Lire gerechnet. — Es finden jährlich Verloosungen dieser 5 % Certificate statt, die auf Verlangen auch in 4 % Inscriptionen verwandelt werden können. — Die verzinsliche Schuld wird auf 86 Millionen Ducati angegeben. Die schwebende Schuld in Schatzscheinen ist dermalen unbekannt. — Die 5 % Consolidés standen am 2. August 1847: 105½ %. Die für Sicilien geschlossenen Anleihen sind ziemlich getilgt.

Schwindelgeschäfte sind durch das Gesetz vom 3. Dez. 1842 sehr erschwert worden.

Maaße und Gewichte seit 1840.

Der Palmo à 10 Decime à 10 Centesime, vorher à 12 Once à 5 Minuti, ist = 0,2645 Meter.

Die Canna hat 10 Palmi und ist = 2,645 Meter, mithin nahe an 4 berliner Ellen. Der frühere Braccio hatte 2⅔ Palmi.

Der Passo hat 7 Palmi. Die Meß-Catena hat 5 Passi.

Der Miglio (Meile) hat 1000 Passi; 60 Miglia gehen auf einen Grad des Aequators. Es ist demnach der Miglio etwa eine halbe Stunde.

Der Moggio hat 100 □Canne und ist sehr nahe an 7 Aren.

Die Holz-Canna hat 256 Kubik-Palmi und ist = 4,73985 Steren.

Der Getreide-Tomolo à 2 Mezzette à 2 Quarte à 6 Misure à 4 Quartarole ist = 55,545 Liter. — 36 Tomoli = 1 Carro.

Der Barile à 60 Caraffe faßt 2,3562 Kubik-Palmi und ist = 43,625 Liter. Ein Carro hat 2 Botti à 12 Barili.

Die Oel-Salma hat 16 Staja à 4 Quarti à 6 Misurette und ist = 161,574 Liter; sie soll 165⅓ Rottoli wiegen (s. unten).

Die Libbra à 12 Once wiegt 320,759 Gramm. — Der Rottolo hat 33⅓ Once, so daß 36 Rottoli = 100 Libbre. Der Cantaro grosso zu 100 Rottoli wird in der Regel zu 277 ℔ oder = 89 Kilogramm gerechnet.

Der Cantaro piccolo hat 100 Libbre.

Das Gold- und Silbergewicht, auch Seidengewicht, besteht in derselben Libbre zu 12 Once à 10 Dramme à 3 Trappesi oder Scropoli à 2 Oboli à 10 Grani oder Acini. Eine Libbra hat also 7200 Grani oder Acini und ist = 1,37161 Vereins-Mark. — Dieselbe Libbra dient als Apothekergewicht.

Der Feinheitgehalt des Goldes und Silbers wird nach Millesimi, wie in Frankreich, bestimmt. — Ehedem hatte die Gold-Oncia 24 Carati à 100 Parti, die Silber-Libbra hatte 12 Denari à 100 Parti.

Die Oncia des Juwelengewichts hat 130 Carati à 4 Grani à 4 Sedicesime. — Der Carato ist = 0,205615 Grani.

Die Schiffslast ist 11 — 12 Cantari, 25 Tomoli oder 5½ Salme.

Oeffentliche Handels-Institute.

Die Regierung hat hier 2 Banken errichtet. Die erste, die Bank beider Sicilien genannt, wurde im Jahre 1810 mit einem Fond von 1 Million Ducati, in 4000 Actien à 250 Ducati, welcher durch Landeigenthum gesichert ist, eröffnet. Die Bank discontirt Wechsel, leiht Gelder auf Staatspapiere und Waaren und betreibt Geschäfte für eigene Rechnung. Sie giebt Zettel gegen Depositalgelder aus, die in jeder beliebigen Summe von ihr aufgenommen werden. Die Regierung macht alle ihre Zahlungen durch Noten und Anweisungen auf die Bank. Die Papiere werden auf Verlangen ohne Weiteres eingelöst und bilden einen ansehnlichen Theil der Circulationsmittel von Neapel.

Die zweite Bank (Banca fruttuaria) wurde im Jahre 1827 gegründet, und zwar mit einem Fond von 600,000 Ducati. Sie ist Hypotheken- und Leihbank und hat den Zweck den Ackerbau und die Industrie zu unterstützen. Ihr ist gestattet Bankgeschäfte für eigene Rechnung zu treiben.

Es befinden sich hier mehrere Handels- und Assecuranz-Gesellschaften und eine Lebensversicherungs-Anstalt.

Die Eisenbahn-Gesellschaft von Neapel nach Castellamare beruht auf einem Fond von 11½ Millionen Francs in Actien à 500 Frs. Zeitherige Divid. 5 — 5½ %. — Andere Bahnen, z. B. nach der römischen Grenze, sind im Bau begriffen.

Die vornehmsten Messen im Königreiche sind:

zu Salerno,	fängt an den	21. Septbr.,	endigt sich den 8. Octbr.
= Aversa,	= = =	15. April,	= = = 4. Mai.
= Foggia,	= = =	8. Mai,	= = nach 1 Mon.
= Gravina,	= = =	6. April,	= = den 20. April.
= Neapel, 1)	= = =	19. Septbr.,	= = nach 14 Tagen.
2)	= = =	20. Octbr.,	= = nach 14 Tagen.

Neuenburg (Neufchatel),

Hauptstadt des gleichnamigen Schweizer-Kantons und zugleich preußisches Fürstenthum, zählt 8000 Einwohner, hat ansehnliche Uhrenfabrication, Spitzenmanufactur, Kattundruckerei und vorzüglichen Weinbau.

Münzen.

Man rechnet nach

Livres oder Francs à 20 Sous à 12 Deniers de Neufch.

oder nach Livres à 10 Batzen à 4 Xr.

in einer um 5 % geringern Valuta als die schweizer Valuta, da der neue Louisd'or hier nicht 160, sondern 168 Batzen, der Neuthaler nicht 40, sondern 42 Batzen gilt.

Es gelten also 20 Schweizerfrancs = 21 hiesige Livres und 29 von letztern = 40 französischen. Ein hiesiger Livre ist sehr wenig über 11 Sgr und 38 Xr. $2\frac{2}{3}$ ₰ im $24\frac{1}{2}$ Fl.Fuß werth, da man $38\frac{1}{16}$ Livres auf die f. Mark rechnen kann. — Der ehemalige Livre faible war = 4 Batzen von Neufchatel.

Das franz. 20 Frs.-Stück gilt hier 146 Batzen, das 5 Frs-Stück $36\frac{1}{4}$ Batzen; der preuß. Thaler $26\frac{1}{2}$ Batzen, der brabant. Thaler $41\frac{1}{2}$ Batzen.

Seit 1806 sind für Neufchatel keine besonderen Münzen, Scheidemünze etwa ausgenommen, geprägt worden. Die letztgeprägten, jetzt schon sehr abgenutzten Stücke zu 21, 14, $10\frac{1}{2}$ und 7 Batzen, kommen wenig in der Circulation vor. Von den Stücken zu 21 Batzen, Petits Ecus genannt, sollten ursprünglich 16 aus der alten französ. Mark zu $\frac{5}{6}$ fein geprägt werden, also $18\frac{1}{3}$ in die f. Mark, wonach 1 Stück = $22\frac{10}{11}$ Sgr ursprünglich werth gewesen sein soll. Rechnet man aber den preuß. Thaler (s. oben) zu $26\frac{1}{2}$ Batzen, so sind 21 Batzen = $23\frac{3}{4}$ Sgr.

Wechselcourse.

		man zahlt m. o. w.		empfängt
Amsterdam	.	$43\frac{1}{2}$ Sous de France	für	1 Fl. niedl. Courant.
Wien, Augsburg	.	$52\frac{1}{8}$ „ „ „	„	1 Fl. Conv.
London . .	.	25 Francs 35 Cents.	„	1 Liv. Sterl.
Basel .	k. S.	$101\frac{1}{4}$ Livres de Neufch.	„	100 Livres de Suisse. (16 L. d. S. = $16\frac{4}{5}$ L. d. N.).
Frankfurt	-	$101\frac{1}{4}$ dito	„	100 Livres (16 L. = 11 Fl.).
Genf	„	$99\frac{1}{4}$ Francs de France	„	100 Francs de France.
Hamburg	60 T.	38 Sous de France	„	1 ℳ Banco.
Paris, Lyon	k. S.	$99\frac{3}{4}$ Francs de France	„	100 Francs de France.
Zürich	„	$99\frac{3}{4}$ L. d. N.	„	100 Livres ($16\frac{4}{5}$ L. d. N. = 10 Fl. in Zürich).

Als Wechselzahlung bedient man sich meist des französischen Geldes, das 5 Francs-Stück zu 35 schweizer Batzen (anstatt $36\frac{3}{4}$). In dieser Wechselzahlung gehen $38\frac{7}{12}$ L. d. N. auf die f. Mark, während nach der Annahme von 29 : 40 (s. oben) nur 37,7 auf die f. Mark gerechnet werden können. Die Wechselzahlung ist also um mehr als 2 % schlechter als Courant.

Man richtet sich, rücksichtlich der Wechsel-Usanzen, meistentheils nach dem Code de Commerce. Fällt der Zahltag auf einen Festtag, so muß Tags vorher acceptirt oder bezahlt werden.

Maaße.

Längenmaaß.

Der Landfuß = 130 pariser Linien oder 0,293 Meter.
1 Landfuß = 12 Zoll à 12 Linien à 12 Punkte.
Die Feldruthe = $15\frac{3}{5}$ Landfuß, wird in 16 Feldfuß à 16 Minuten getheilt.
Die Weinbergruthe = 16 Landfuß.
Die Elle = 492,55 pariser Linien = $1\frac{1}{9}$ Meter.

Flächenmaaß.

Die Faux = 2 Pauses = 256 □Feldruthen.
Für Weinberge der Ouvrier = 16 □Weinbergruthen.

Körpermaaß.

Die Holzklafter = 3,783 Stères.
Der Pot = 96 pariser Kubikzoll oder 1,904 Liter.

Fruchtmaaß:

1 Muid	= 3 Sacs	= 24 Émines	= 192 Pots	= 576 Copets.
	1 „	= 8 „	= 64 „	= 192 „
		1 „	= 8 „	= 24 „
			1 „	= 3 „

1 Sac = 121,875 Liter.
Das Hafermaaß ist um $\frac{1}{24}$ größer.

Für Flüssigkeiten:

1 Bosse	= 480 Pots	= 914,060 Liter.
1 Muid	= 192 „	= 365,624 Liter.
1 Gerle	= 52 „	für Trestermost.
1 Gerle	= $38\frac{2}{5}$ „	für hellen Most.
1 Brande	= 20 „	
1 Setier	= 16 „	
1 Brochel	= 8 „	

Gewicht.

Poids de fer oder Handelsgewicht.

Das Pfund = 520,1 Gramme hat 2 Marcs à 8 Onces à 8 Gros à 3 Deniers à 24 Grains, überhaupt also 9216 Grains.

Ein Quintal = 100 ℔.

Gold- und Silbergewicht ist das Pfund pariser Markgewicht, dessen Verhältniß zum vorigen = 16 : 17 ist.

Newcastle, s. London.

New-Orleans,

Hauptort Louisianas, wichtiger Handelsplatz und Hafen der vereinigten Staaten, auf einer Insel in der Mündung des Missisippi, mit einer großen Rhede, 102,000 Einwohnern, die Fremden interessirend wegen starker Ausfuhr von Baumwolle, Tabak, Häuten, Pelzwaaren, Getreide und Mehl, rechnet in allem wie New-York.

Die Schuld Louisianas betrug 1846 circa 11⅜ Mill. Dollars, wogegen 200 Mill. als Active angegeben waren. Die Zinsen sind in New-York und London im Februar und August zu erheben. Die 5 % Oblig. standen im März 1847: 63½ %. Die New-Orleans City-Bank hat einen Fond von 1½ Mill. Dollars.

Die wichtigste von den zahlreichen Banken ist die Bank of Louisiana mit einem Fond von 2 Millionen Dollars.

Eine directe Dampfbootverbindung mit England ist eben im Werke.

New-York,

Bundesstaat der nordamerikanischen Union, von 49,000 engl. □ Meilen und 2,600,000 Einwohnern. Zwei große Wasserstraßen, durch den großen Eriekanal, den Hudsonfluß und den Champlainsee gebildet, bieten nebst dem See Ontario an der Nordwestgrenze, mehrern Eisenbahnen und vielen Dampfschiff-Verbindungen, dem Verkehr im Lande und mit den entferntesten Gegenden von Nordamerika, die größten Bequemlichkeiten dar. Die vornehmsten Handelsstädte sind: Buffaloe, Stapelplatz am See Erie, Rome am Kanal, Albany am Hudson (26,000 Einwohner, Fabriken in Wolle, Leinwand, Leder, lebhafte Flußschifffahrt), Hudson (6000 Einwohner, Anfang der Schifffahrt) und New-York auf der Insel Manhattan, am Hudson und der York-Bai, mit 370,000 Einwohnern, beträchtlicher Manufactur, weit beträchtlicherem Handel, der sich über alle Welttheile erstreckt. Die Einfuhr besteht hauptsächlich in europäischen Industriewaaren, Obst- und westindischen Produkten, die Ausfuhr in den Produkten des Landes und der inneren Gegenden von Nordamerika, als Getreide, Mehl, Holz, Salz, Leder, Fleisch, Steinkohlen, Eisen, Porter u. s. w. Zahlreiche Banken, Assekuranz-Gesellschaften u. a. Vereine unterstützen die Gewerbthätigkeit.

Münzen.

Man rechnet nach

Dollars (Piaster, Units) zu 100 Cents, die kölnische Mark fein Silber zu 9,72 Dollars à 14 Loth 5 Grän fein (s. jedoch unter Vereinigte Staaten).

Die ursprüngliche New-York Currency besteht in Pfunden, von denen 4 = 10 Dollars, so daß 1 Dollar = 8 Schilling Courant; 9 £ Sterl. = 16 £ Courant.

Von wirklichen Münzsorten hat man in

Golde: Ganze und halbe Adler (Eagle) zu 10 und 5 Dollars.

Silber: Ganze, halbe und Viertel Dollars; 10 u. 5 Cents-Stücke (häufig Pence genannt); auch $\frac{1}{8}$ und $\frac{1}{16}$ Dollars, oder ganze und halbe Schillinge (spanische ganze und halbe Reales) zu $12\frac{1}{2}$ und $6\frac{1}{4}$ Cents.

Kupfer: 1 und $\frac{1}{2}$ Cents-Stücke.

Geldcours.

Amerik. Gold (Goldmünzen), alte Prägung bis 1834	m. o. w. 8 % Prämie, d. h. 108 Dollars, für 100 D. der frühern Ausmünzung.
dgl. Auspräg. v. 1834 b. 1837	$4\frac{1}{2}$ % Prämie gegen die neu ausgeprägte Münze.
Portug. Gold (Goldmünzen)	5 % Prämie auf portug. Gold nach dem festgesetzten Tarif.

	m. o. w.
Spanische Dublonen . .	16 Doll. 20 Cts. für 1 Stück.
Patriotische " . .	15 " 70 " " 1 "
Engl. Sovereigns . . .	4 " 90 " " 1 Sovereign.
" vollwichtige Guineen	5 " — " " 1 vollw. Guinee.
Deutsche Louisd'or u. Nap.d'or	3 " 80 " " 1 Louisd'or.
Oestr. u. holl. Ducaten .	2 " 20 " " 1 Ducaten.
Spanische Piaster . . .	$5\frac{1}{2}$ % Prämie, d. i. $105\frac{1}{2}$ hiesige Doll. für 100 span. Piaster.
" " . . .	$2\frac{1}{2}$ % m. o. w. über Pari, d. h. $102\frac{1}{2}$ D. für 100 span. Piaster.
Mexicanische " . . .	$\frac{1}{2}$ % desgl.
Fünf-Frankenstücke . . .	95 nordamerikan. Cents für 1 Fünf-Frankenstück.

Eine Unze feines Gold gilt 20 Dollars 68 Cents.
" " " Silber " 1 " 30 "

Das Papiergeld bildet hier ein Hauptcirculationsmittel und besteht in den Noten, welche von den vielen, in den vereinigten Staaten sich befindenden Banken, in Umlauf gesetzt werden. — In der Regel haben diese Zettel, in dem Staate wo sie ausgestellt sind, ihren vollen Nennwerth; verlieren aber außer demselben m. o. w. Procente, je nachdem die Bank, von der sie ausgegeben werden, in Kredit steht.

Wechselcourse

von New-York und den bedeutendsten Handels- und Wechselplätzen der vereinigten Staaten.

New-York ist der Hauptwechselplatz von Nordamerika. Dieserhalb, und weil wir nicht jedem einzelnen Staate der Union eine besondere Rubrik einräumen können, haben wir im folgenden Coursblatte auch diejenigen europäischen Handelsstädte mit ihren Coursnormen aufgenommen, mit denen die Plätze der übrigen Freistaaten, als Baltimore, Boston, Neu-Orleans, Philadelphia u. s. w. zu wechseln pflegen.

London u. Engl. überh. m. o. w.
(seit 1839) . . . . 4 Dollars 80 Cents für 1 £ Sterl.
bis dahin auch jetzt noch $7\frac{1}{2}$ % Prämie, d. h. man rechnet den D. zu $4\frac{1}{2}$ Schill. (oder 9 £ = 40 Doll.) und zahlt noch ein Agio von $7\frac{1}{2}$ %.

	m. o. w.		
Amsterdam (Holland) .	$40\frac{1}{2}$ Cents	für	1 Fl. niederl.
Hamburg	36 „	„	1 mk Banco.
Berlin	$69\frac{1}{2}$ „	„	1 Thlr preuß. Court.
oder	43 Sgr preuß. Crt.	„	1 Dollar.
Paris (Frankreich) . .	5 Frcs. 20 Cnts.	„	1 „
oder	$19\frac{1}{2}$ Cents.	„	1 Franc.
Bremen	74 „	„	1 Thlr in Louisd'or à 5 Thlr.
Livorno	$15\frac{1}{2}$ „	„	1 Lira tosc.
Cadix (Spanien) . .	102 „	„	1 Peso duro.
zeither	72 „	„	1 Peso d. pl. a.
Triest	$46\frac{1}{2}$ „	„	1 Fl. in 20 Xr.

Auf vorstehende europäische Plätze trassirt man meistentheils à 60 Tage nach Sicht, zuweilen auch 90 Tage dato; im Inlande aber wird von einem Orte auf den andern in beliebigen Fristen gezogen. — Es gelten 3 Respecttage.

Die Course der inländischen Wechsel werden alle nach Procenten notirt und zwar mit Aufgeld oder Verlust, hier Prämie oder Discount genannt.

Die meisten auf die Hauptplätze der vereinigten Staaten gezogenen Tratten werden in den dasigen Banken deponirt, welche die Einziehung der fälligen Briefe besorgen.

Die Wechsel-Unkosten sind zwar tarifmäßig festgesetzt, bleiben jedoch deshalb immer ein Gegenstand jedesmaliger freier Uebereinkunft.

Staatspapier-Course am 6. Juli 1847.

Indiana . .	5 %	11,600,000 Dollars	47 %.
Illinois . .	6 „	10,000,000 „	48 „
New-York .	5 „	13,124,270 „	101 „
Ohio . . .	6 „	19,000,000 „	101 „
Pensylvania .	5 „	41,000,000 „	83 „
Tennessee .	6 „	3,000,000 „	100 „

Der Courszettel enthält zwar noch mehrere andere Effecten (s. Vereinigte Staaten), jedoch ohne Angabe eines Courses.

Maaße und Gewichte

sind die englischen, siehe London.

Die englische Eintheilung des Centners ist jedoch nur bei wenigen Artikeln üblich; man theilt ihn meistens hier in 100 ℔.

Sechs alte (hier gebräuchliche) engl. Gallons = 5 Imperial-Gallons.

Banken.

Im Staate New-York bestanden 1844: 148 Banken mit 2 Zweigbanken, deren Gesammt-Kapital 43,618,607 Dollars und deren Zettel-Emission 20,152,219 Dollars betrug. Auch an andern Actien-Gesellschaften, namentlich Versicherungs-Anstalten, ist eine große Fülle, worüber sich aber zu verbreiten der Raum nicht gestattet. Die Staatsschuld betrug 1816: 127½ Millionen, 1836 nur ⅞ Millionen, 1844: 26⅛, 1845: 16⅘, 1847: 13⅛ Millionen Dollars. Cours: 101.

Nischnei-Nowgorod,

wichtiger Ort Rußlands am Einflusse der Oka in die Wolga, über 150 deutsche Meilen südöstlich von St. Petersburg, mit 25,000 Einwohnern, welche Handel und Schifffahrt treiben, und ansehnliche Fabriken in Wolle, Eisen und Kupfer unterhalten, rechnet in Allem wie Petersburg.

Die hiesige Peter-Paul-Messe ist bekanntlich eine der größten der Welt. Sie beginnt den 29. Juni und dauert 6 bis 8 Wochen.

Nizza,

(Nize), sardinische Hauptstadt der gleichnamigen Grafschaft, an der Mündung des Paglio in den Golf von Genua, Seehafen mit etwa 22,000 Einwohnern, welche an Landesprodukten Wein, Orangen, Tabak, Kastanien, Oel und Seide ausführen.

Münzen, siehe Turin.

Es coursirt hier sehr viel franz. Gold und Silber, dem sardinischen Gelde gleich.

Maaße und Gewichte.

Der Fuß, Palmo oder Pan, = 0,2641 Meter.

Die Elle, Raso, = 0,549 Meter.

Die Charge Getreide von 4 Setiers, 8 Emines, 16 Quartiers, oder 64 Motureaux = 159,06 Liter.

Vom Getränkmaaß hat 1 Carro 10 Brente oder 360 Pinte à 2 Boccali; 1 Carro = 492,5 Liter.

Olivenöl wird nach dem Rubbio von 25 hiesigen Pfunden verkauft = 7,858 Liter.

Das Handelsgewichtspfund von 12 Unzen wiegt 309,612 Gramm. 25 Pfund sind 1 Rubbio, 6 Rubbia = 1 Quintal.

Gold- und Silbergewicht ist das pariser Poids de marc.

Handelskammer und Gericht.

Nürnberg,

eine berühmte Handelsstadt des baierschen Rezatkreises an beiden Seiten der Pegnitz, gegen 50,000 durch ihren Gewerbfleiß sich auszeichnende Einwohner zählend, führt außer den berühmten sogenannten nürnberger Waaren und Lebkuchen, welche nicht allein durch ganz Europa, sondern selbst nach Amerika und Indien versandt werden, auch Artikel von Messing, Stahl und Eisendraht, Rothschmiedearbeiten aller Art u. s. w. aus, und macht nicht unbedeutende Speditions- und Wechselgeschäfte.

Münzen wie München.

Nürnberg rechnet bei Wechselgeschäften jetzt größtentheils nach dem $24\frac{1}{2}$, sonst nach dem 20 Fl.Fuße.

Geldcourse.

		im $24\frac{1}{2}$ Fl.Fuß
Vollwichtige	nicht-preußische Friedrichsd'or	9 Fl. 53 Xr.
=	französische neue Louisd'or .	11 = 3 =
=	20 Francs-Stücke	9 = 33 =
=	holl. 10 Fl.-Stücke . . .	9 = 58 =
=	Ducaten	5 = 37 =
=	5 Francs-Stücke	2 = 20 =
Preuß. Courant $\frac{1}{1}$ Thaler		1 = 45 =
= = $\frac{1}{3}$, $\frac{1}{6}$ Thlr.		1 = $44\frac{1}{2}$ =
Conv. Species		2 = 24 =

Wechselcourse.

	Veränderl. Valuta.	Feste Valuta.
Amsterdam kurze Sicht (auch 2 Mt.)	100 Fl. im $24\frac{1}{2}$ Fl.Fuß für	100 Fl. niederl. Court.
Hamburg k. S. (auch 2 Mt.)	$88\frac{1}{2}$ = = = = =	100 ℳ Bco.
London 2 Mt.	$119\frac{3}{4}$ = = = = =	10 £.
Paris k. S. (auch 2 Mt.)	$94\frac{1}{2}$ = = = = =	200 Francs.
Augsburg k. S. (auch 2 Mt.)	120 = = = = =	100 Fl. augsb. Court.
Wien k. S. (auch 2 Mt.)	121 = = = = =	100 Fl. in 20 Xr.
Berlin k. S.	$105\frac{3}{4}$ = = = = =	60 ℛ pr. Crt.
Frankf. a. M. k. S. (auch 2 Mt.)	$99\frac{1}{2}$ = = = = =	100 Fl. im $24\frac{1}{2}$ Fl.Fuße.

		Veränderl. Valuta.	Feste Valuta.
Leipzig	k. S. (auch 2 Mt.)	105 Fl. im 24½ Fl.Fuß für	60 ℛ︁ im 14 ℛ︁ Fuß.
Bremen	k. S. (auch 2 Mt.)	99½ = = = = =	50 ℛ︁ L.d'or.

Der Wechsel-Uso ist 15 Tage, 2 Uso 30 Tage, ½ Uso 8 Tage und 1½ Uso 23 Tage nach Annahme des Wechsels, Sonn- und Feiertage mit eingeschlossen. Briefe à dato zahlbar, werden 14 Tage vor der Verfallzeit acceptirt; bei solchen aber, die auf einige Zeit nach Sicht ausgestellt sind, wird der Tag der Präsentation darauf vermerkt, um die Verfallzeit danach bestimmen zu können.

Respecttage sind 6, wobei der Verfalltag mitgerechnet wird. Wechsel hingegen, die unter ½ Uso, oder nach Sicht, oder 2 bis 4 Tage nach Sicht lauten, müssen innerhalb 24 Stunden bezahlt oder protestirt werden.

Die Courtage wird von dem reinen Wechselertrage zu ¾ per Mille, bei Umsatz von Gold und Silbersorten zu ½ % gerechnet.

Course der Staatspapiere am 17. Juli 1847.

Namen d. Fonds.	Zinsf. pCt.	Cours m. v. w.	Erklärung.
Baiern.			
Liquid. Oblig.	3½	93	Fl. im 24½ Fl.Fuß für 100 Fl. nom.
Bankactien	3	676	= = = = = 1 Actie von 500 Fl.
Oesterreich.			
Metalliques	5	108	= = 20 Fl.Fuß = 100 Fl. nom.
dito	4	98	= = = = = 100 = =
dito	3	70	= = = = = 100 = =
Lott. Anleihe v. 1834 à 500 Fl.	—	156½	= = = = = 100 = =
dito v. 1839 à 250 Fl. . .	—	122	= = = = = 100 = =
Bankactien	3	1600	= = = = = 1 Actie von 1000 Fl. im 20 Fl.Fuß. Bei den östr. Obligationen wird Kapital u. Zinsen im 20 Fl.Fuß berechnet u. der Betrag durch 5 : 6 reducirt, d. h. 5 Fl. Conv. = 6 Fl. im 24½ Fl.Fuß (eigentlich 40 : 49).
Darmstadt.			
Lott. Anleihe à 50 Fl. . . .	—	78¼	Fl. im 24½ Fl.Fuß für 1 Loos.
dito à 25 Fl.	—	28¾	= = = = = 1 =

Namen d. Fonds.	Zinsf. pCt.	Cours m. o. w.	Erklärung.
Baden.			
Lott. Anleihe à 50 Fl. v. 1840	—	58¾	Fl. im 24½ Fl.Fuß für 1 Loos.
dito à 35 Fl. v. 1845 . .	—	36½	„ „ „ „ „ 1 „
Oblig. v. 1842	3½	90½	„ „ „ „ „ 100 Fl. nom.
Preußen.			
Staatsschuldscheine . .	3½	90	ℛ preuß. Crt. für 100 ℛ nom.
Seehandlgs.-Loose à 50 ℛ (Prämiensch.)	—	92	„ „ „ „ 1 Prämienschein.
Polen.			
Lott. Anleihe à 300 Fl. . .	—	97¾	„ „ „ 1 Loos.
dito à 500 Fl.	—	81¼	„ „ „ „ 1 „
			(6 Fl. = 1 ℛ preuß. Court.)
			(Preußen und Polen: 1 ℛ preuß. Court. = 105 Xr. im 24½ Fl.Fß.)
Holland.			
Integralen	2½	57½	Fl. niederl. für 100 Fl. nom. (1 Fl. niedl. = 1 Fl. im 24½ Fl.Fß.)
Würtemberg.			
Obligationen.	3½	90¼	Fl. im 24½ Fl.Fuß für 100 Fl. nom.
Kurhessen.			
Lott. Anleihe à 40 ℛ . .	—	32¼	ℛ à 105 Xr. per Loos.
Sardinien.			
Lott. Anleihe à 36 Francs .	—	36	Francs à 28 Xr. im 24½ Fl.Fuß.
Actien.			
Nürnberg-Fürth Eisenb.-Actien à 100 Fl. .	—	280	Fl. im 24½ Fl.Fuß per Actie.

Außerdem notirte man hier den Cours der Taunusbahn-Actien, diejenigen von Mainz-Ludwigshafen, Ludwigshafen-Berbach, Speyer-Lauterburg, Friedrich-Wilhelms-Nordbahn, Wien-Gloggnitz, Mailand-Venedig, Leipzig-Dresden, sämmtlich in Procenten.

Die Zinsen werden extra berechnet, und zwar 5:6 bei östr. Papieren, 4:7 bei preußischen, 24:7 Fl. bei polnischen Papieren. Bei den baierschen Bankactien und den Nürnberg-Fürther Eisenbahn-Actien sind sie jedoch im Cours begriffen.

Maaße und Gewichte wie München.

Alte Maaße und Gewichte.

Der Stadtschuh = 134,75 pariser Linien oder 0,304 Meter.
Die Ruthe = 16 Fuß à 12 Zoll.
Die Elle = 291 pariser Linien oder 0,6565 Meter.
Der Morgen = 200 □Ruthen à 256 □Fuß.
Der Acker = 160 □Ruthen à 144 □Fuß.
Die Kornmetze = 1002,38 par. Kubikzoll oder 19,884 Liter.
Das Kornsimmer = 16 Kornmetzen.
Die Hafermetze = 926,88 par. Kubikzoll oder 18,386 Liter.
Das Hafersimmer = 32 Hafermetzen.
Die Visirmaaß = 57,73 par. Kubikzoll oder 1,452 Liter.
Die Schenkmaaß = 54,372 par. Kubikzoll oder 1,079 Liter.
Ein Eimer = 64 Visirmaaß oder 68 Schenkmaaß.
Ein Fuder = 12 Eimer.
Das Pfund Handelsgewicht = 509,996 Gramm.
Der Centner = 100 Pfund à 32 Loth à 4 Quentchen.
Das Pfund Silbergewicht = 477,138 Gramm.
Die nürnberger Mark = $\frac{1}{2}$ Pfund Silbergewicht = 238,569 Gramm.

Die nürnberger köln. Mark = 233,832 Gramm. — Bei der Goldprobe wird die Mark in 24 Karath à 12 Grän, beim Silber in 16 Loth à 4 Quentchen à 4 Pfennige getheilt.

Das Medicinalpfund = $\frac{3}{4}$ Pfund Silbergewicht = 357,854 Gramm.

Medicinalpfund		Unzen		Drachmen		Scrupel		Gran
1	=	12	=	96	=	288	=	5760
		1	=	8	=	24	=	480
				1	=	3	=	60
						1	=	20

Der Wurf oder das Spießlein = 5 Stück, das Klüppet = 4 Stück. — Die Tonne Honig hat 99 Maaß oder 3 Centner; die Ahm Honig 64 Maaß.

Bank.

Die hiesige königlich-baiersche Bank nimmt Depositalgelder an, die sie mit 2 bis 3 % verzinset, sie discontirt Wechsel, giebt Vorschüsse auf sichere Pfänder und betreibt mitunter gewöhnliche Banquiergeschäfte. Sie ist vom Staate garantirt und hat ein Filial in Ansbach. Ihr Fond soll jetzt $1\frac{1}{2}$ Millionen Gulden betragen.

Die Nürnberg-Fürther Eisenbahn, Ludwigsbahn genannt, $\frac{3}{4}$ Meile lang, 1835 eröffnet, hat 213,470 Fl. gekostet in Actien à 100 Fl. und einer 4 % Anleihe v. 35,500 Fl. Die Div. betrug 1846: 14 %.

Jährlich werden hier drei bedeutende Jahrmärkte gehalten. Der erste geht den Dreikönigstag, der zweite Mittwochs nach Ostern, und der dritte mit Egidii an.

Wollmarkt beginnt am 1. Juli und dauert 8 Tage (1847: 700 Centner).

Eine Handelskammer und ein Handelsgericht. — Ausschuß der Main-Donau Canal-Unternehmung, eine Actien-Gesellschaft bis zu 8,530,000 Fl. in Actien à 500 Fl. Der Bau soll aber 70 % über den Anschlag zu stehen gekommen sein, was der Staat zugeschossen hat, der auch 4 % Zinsen gewährt.

Odessa,

eine blühende Handelsstadt des Gouvernements Cherson, bester und wichtigster Seehafen Rußlands, zwischen den Mündungen des Dnisters und des Dneprs, am nordwestlichen Ende der kleinen Bai Adschai, interessirt die Fremden wegen starker Ausfuhr von Getreide aus der Ukraine, Flachs, Talg und Rindshäuten, welche Artikel nach England, demnächst aber (besonders Weizen) nach der Türkei, Italien, Frankreich und Spanien ausgeführt werden. Einfuhrartikel sind Colonialwaaren und Fabrikate aller Art, besonders Luxuswaaren. Der 1817 auf 30 Jahre zu einem Freihafen erklärte Ort zählt gegen 55,000 Einwohner, und rechnet wie Petersburg.

Wechselcourse

werden hier seit Januar 1840 in Silb.-Rub. auf folgende Weise notirt:

		Veränderliche Valuta.		Feste Valuta.
Petersburg	90 Tage dato	99¼ Silb.-Rub.	für	100 Silb.-Rub. in Petersb.
Constantinopel, Smyrna	31 T. Sicht	6⅛ Silb. Kop.	=	1 türk. Piast.
Genua	75 T. d.	412 Lire nuove	=	100 Silb. Rub.
Livorno	3 Mt. d.	470 Lire d. Tosc.	=	100 = =
oder	. . .	21¼ Silb. Rub.	=	100 L. d. Tosc.
London	3 Mt. d.	612 Kop. Silb.	=	1 Liv. Sterl.
oder	. . .	$39\frac{1}{16}$ pence sterl.	=	1 Silb. Rub.
Paris, Marseille	3 Mt. d.	411 Franken	=	100 = =
Triest, Wien	3 Mt. d.	158½ Fl. in 20 Xr.	=	100 = =
oder	. . .	95 Xr. = = =	=	1 = =

Nach den Wechselgesetzen vom 25. Juni 1832 ist die Verfallzeit eines à Uso gezogenen Wechsels 15 Tage nach der Acceptation. Wechsel, die „nach Sicht,“ oder einige Tage nach Sicht lauten, müssen binnen 24 Stunden bezahlt oder protestirt werden. Briefe hingegen, die erst mehrere Tage nach Sicht zahlbar sind, haben 3, und die auf eine bestimmte Zeit ausgestellt sind, 10 Respecttage.

Zu den hiesigen öffentlichen Handels-Anstalten und Industrie-Vereinen gehören vorzüglich:

1) die Discontobank; 2) die 1836 auf Actien gegründete neurussische Seeassecuranz-Compagnie, und 3) eine Gesellschaft für Dampfschifffahrt zwischen Odessa, Constantinopel und Galacz. Eine Eisenbahnverbindung mit Moskau steht in Aussicht.

Auch hier bedient man sich des julianischen Kalenders (siehe Petersburg).

Seit 1835 wird hier jährlich eine Messe abgehalten.

Oldenburg,

ein deutsches Großherzogthum (seit 1815), aus dem eigentlichen Herzogthume gl. N., den Fürstenthümern Lübeck oder Eutin und Birkenfeld bestehend, zählt auf 117 □Meilen gegen 250,000 Einwohner, producirt in den Marschen an der Jade und der Weser vortreffliches Rindvieh und Pferde, in Lübeck viel Getreide, Flachs, Hanf, Rübsaamen, in Birkenfeld guten Wein an der Nahe, treibt in den von Münster erworbenen Theilen Schaaf- und wichtige Bienenzucht, Fischerei und Schifffahrt, und hat Oldenburg an der schiffbaren Hunte, mit 7000 Einwohnern, einem kleinen Hafen, einigen Fabriken und lebhaftem Handel, zur Haupt- und Residenzstadt.

Münzen.

Oldenburg rechnet nach Thalern à 72 Grot à 5 Schwaren. Nach dem Münzgesetze von 1846 besteht der Münzfuß von da an im 14 ℛ︎Fuße (s. Berlin).

Zeither bestand die Landes-Valuta theils in Gold, wie in Bremen, theils in Klein-Courant, und man rechnete 36 ℛ︎ Gold für 41 ℛ︎ Klein-Courant. Dieses letztere bestand in Silbermünzen zu 24, 12, 6, 4, 3, 2 und 1 Grot in einem 16 ℛ︎Fuße (s. die Tabellen).

Nach dem neuen Gesetze sollen Silbermünze zu 2 und 1 ℛ︎ auch in $\frac{1}{2}$, $\frac{1}{3}$ und $\frac{1}{6}$ geschlagen werden.

In Kupfer: halbe Groten à $2\frac{1}{2}$ Schwaren.

Maaße.

Längenmaaße.

1 Fuß = 131,162 pariser Linien oder 0,296 Meter.
1 Ruthe = 18 oder 20 Fuß à 12 Zoll à 12 Linien.
1 Elle = 257,5 pariser Linien oder 0,581 Meter.

1 jeverscher Fuß = dem preuß. = 139,13 pariser Linien.
1 jeversche Ruthe = 14 preuß. Fuß.

Flächenmaaß.

1 Morgen = 356 □Ruthen à 400 □Fuß.
1 Juck = 160 □Ruthen à 324 □Fuß, auch 145 □Ruthen à 400 □Fuß.
1 jeverscher großer Morgen = 300 □Ruthen à 196 preuß. □Fuß.
1 " kleiner " = 200 " " "

Körpermaaß.

1 Scheffel = 22,801 Liter.

Last		Molt		Tonnen		Scheffel
1	=	12	=	18	=	144
		1	=	$1\frac{1}{2}$	=	12
				1	=	8

1 Kanne Weinmaaß = 1,369 Liter.

Oxhoft		Ohm		Anker		Kannen		Quartier
1	=	$1\frac{1}{2}$	=	6	=	156	=	240
		1	=	4	=	104	=	160
				1	=	26	=	40

1 Kanne = 4 Ort.
1 Bierkanne = 1,425 Liter.
1 Tonne Bier = 4 Henkemann = 112 bis 116 Bierkannen.
1 " = 28 Bierkannen.
1 delmenhorster Kanne = circa 1,1 Liter.

Gewicht.

1 Pfund = 480,367 Gramm.

Centner		Pfund		Loth		Quentchen		Pfennige.
1	=	100	=	3200	=	12800	=	51200
		1	=	32	=	128	=	512
				1	=	4	=	16
						1	=	4

1 Pfennig = 16 Aß.
1 Schiffspfund = 29 Liespfund = 290 Pfund.
1 " = 10 "
1 Pfund schwer = 3 Centner.
1 Stein Flachs = 20 Pfund. 1 Bündel $2\frac{1}{2}$ Pfund schwer.
1 " Federn = 10 "
Medicinalgewicht ist das nürnberger.

Uebrigens hat Oldenburg, in Folge seines Zutritts zum hannöverschen Zollverbande, auch das dabei angenommene Steuer-Maaß und Gewicht eingeführt (s. Hannover).

Osnabrück,

ein Fürstenthum des Königreichs Hannover und ehemaliges Bisthum im westphälischen Kreise, von $43\frac{1}{2}$ □Meilen und 250,000 Einwohnern, mit der gleichnamigen Hauptstadt in einem Thale an der Hase, von 13,500 Einwohnern, hat Ausfuhren in Wolle,

Vieh, Garn und Leinwand. Der jährliche Ertrag der Garn- und Leinwandausfuhr über England, Holland, Spanien und Portugal nach Afrika und beiden Indien, kann auf 1 Million Thaler geschätzt werden.

Münzen, Maaße, Gewichte wie Hannover.

Alte Maaße und Gewichte.

Der Fuß = 0,279 Meter.

Die osnabrücker Leggeelle	= 1,2209	Meter.
„ „ Leinwandelle	= 0,638	„
„ calenberger Leggeelle	= 0,585	„
„ „ Handelselle	= 0,637	„
„ brabanter Elle	= 0,691	„
„ pariser Elle für Tuch	= 1,1875	„
„ „ „ „ Linnen	= 1,182	„
„ „ „ „ Seiden	= 1,191	„

Vom Getreidemaaß wird die Last zu $1\frac{7}{18}$ Fuder, $8\frac{1}{3}$ Malter, 100 Scheffel, 400 Viertel, 1600 Becher gerechnet. Der Scheffel hält 28,703 Liter.

Der Ringel oder Korb Kohlen hält $\frac{1}{2}$ Scheffel.

Vom Weinmaaß hat 1 Fuder 6 Ahm, 168 Viertel, 672 Kannen, 2688 Ort, 10752 Helfchen. Die Kanne hält 1,22 Liter.

Die Tonne Bier hält 27 Viertel oder 108 Kannen.

Vom Handelsgewicht hat 1 ℔ schwer 300 ℔, 1 Waage Eisen 120 ℔, 1 Centner 108 ℔, und 1 Stein 10 ℔. Das Pfund von 32 Loth à 4 Quentchen à 4 Pfennig ist dem Amsterdamer gleich.

Padua,

(Padova), östreichische feste Stadt der gleichnamigen Delegation des Gouvernements Venedig, am Bachiglione, durch einen Kanal mit der Brenta verbunden, zählt 38,000 (das Gebiet, il Padovano, eine der fruchtbarsten und schönsten Landschaften von Europa, 289,000) Einwohner, unterhält Fabriken in Leder, Tuch und Seidenzeugen, treibt lebhaften Handel und rechnet nebst dem benachbarten Vizenza, Stadt mit 32,000 Einwohnern, in Allem wie Venedig.

Alte Maaße und Gewichte.

Der Fuß = 158,43 pariser Linien oder 0,357 Meter.

1 Cavezzo = 6 Fuß.

Der Braccio für Seide = 282,607 par. Linien oder 0,6375 Meter.

Der Braccio für Wolle = 301,876 par. Linien oder 0,681 Meter.

Der Campo Land- oder Feldmaaß (hier und in Vicenza), von 840 Tavole oder Cavezzi, hält 30240 □Fuß, welche im neuen Maaße (s. Mailand) 38,54 Tavole geben. Beim Grundsteuermaaß rechnet man 1000 □Meter = 2800 alten □Fuß.

Beim Getreidemaaß hat in Padua 1 Moggio 12 Staja, oder 48 Quartaruole = 17533,5 pariser Kubikoll oder 3,478 Meter.

1 Moggio ist circa 4 Stari in Venedig gleich.

Maaße zu flüssigen Waaren. In Padua hat 1 Mastello 72 Bozze und ist = 3593,17 pariser Kubikzoll oder 71,2755 Liter.

Das Handelsgewichtspfund, Peso grosso, wiegt hier und in Vicenza 486,539 Gramm, das Peso sottile aber 338,883 Gramm.

Gold- und Silbergewicht war das Venezianische.

Messen werden hier jährlich zwei abgehalten; die erste am 10. Juni (St. Antoniusmesse), welche 3 Wochen dauert, und die zweite vom 7. bis 31. October.

Palermo,

Hauptstadt des Königreichs Sicilien an einem Meerbusen, mit einem Hafen, worin jährlich an 500 fremde Schiffe einlaufen, und 175,000 Einwohnern; der Ort interessirt wegen starken Exports sicilianischer Erzeugnisse, als roher Seide, Wein, Oel, Mandeln, Weizen, Südfrüchte, Manna, Rohr u. s. w., und Imports von Specereien und Manufakturwaaren den Handel der Fremden, der größtentheils von Livorno und Genua aus betrieben wird.

Münzen.

Nach dem Gesetze von 1818 soll eigentlich nach Ducati à 100 Bajocchi à 10 Piccioli gerechnet werden; es ist aber bis jetzt bei der alten Rechnung geblieben, nämlich nach

Oncie oder Once à 30 Tarì à 20 Grani (à 100 Centesimi bei den Wechsel-Coursen), welche Oncia gerade das Dreifache eines Ducato in Neapel ist und mithin $12\frac{3}{4}$ franz. Francs gleichkommt.

Außerdem giebt es den Scudo zu 12 Tarì, denselben der in Neapel 12 Carlini oder 120 Grani gilt. Es vergleichen sich also

in Sicilien		Duc.	oder Tari	oder Carlini	oder Grani	oder Cavalli	in Neapel
	1 Oncia =	3	15	30	300	1800	
	1 Scudo =	1,2	6	12	120	720	
	1 Tari =	0,1	0,5	1	10	120	
	1 Grano =	0,005	0,025	0,05	0,5	6	
	1 Picciolo =	$\frac{1}{1200}$	$\frac{1}{240}$	$\frac{1}{120}$	$\frac{1}{12}$	1	

Von fremden Münzen gilt der spanische Piaster 247—250 sicilianische Grani, der franz. 5 Francs-Thaler oder ähnliche 5 Lire-Stücke 235—240 Grani u. s. w.

Papiergeld besteht in Banknoten (s. Neapel).

Wechselcourse.

Hamburg	3 Mt. dato	84	Grani	75	Centesimi	für 1 mℳ Bco.
Amsterdam	desgl.	95	„	—	„	„ 1 Gulden Corr.
Paris	90 Tage	45	„	25	„	„ 1 Franc.
Wien	desgl.	116	„	—	„	„ 1 Fl. Conv. M.
Frankfurt	desgl.	94	„	50	„	„ 1 Fl. S. W.
London	desgl.	1165	„	—	„	„ 1 £ sterl.
Livorno	45 Tage	38	„	75	„	„ 1 Lire.
Neapel	30 „	198	„	—	„	„ 1 Ducato.

Der Uso der auf Palermo und Messina gezogenen Wechsel ist: bei Tratten aus dem Königreich Neapel, aus Ancona, Rom und Venedig 21 Tage nach Sicht; aus allen übrigen italienischen Plätzen 15 Tage nach Sicht; bei Briefen von Amsterdam, Antwerpen, Hamburg, aus Portugal und Spanien 2 Monat nach dato, aus England 3 Monat und aus Frankreich 30 Tage nach dato.

Respecttage sind nicht.

Ueber Staatspapiere sehe man Neapel.

Maaße.

Längenmaaß.

Der Palmo hat 12 Once à 12 Linee à 12 Punti und ist = 0,258 Meter oder 114,414 pariser Linien. — Die Canna hat 8 Palmi. — Der Passetto hat 2 Palmi. — Die Corda hat 128 Palmi.

Flächenmaaß.

Die Salma = 262,144 □Palmi, also 174,626 franz. Aren oder 6,839 preuß. Morgen.

Körpermaaß.

Die Getreide-Salma hat 4 Bisacce zu 4 Tumoli à 4 Mondelli à 4 Carozzi à 4 Quarti à 4 Quartigli und ist = 16 Kubik-Palmi; mithin 275,09 Liter. — Eine Salma grossa = 20 Tumoli.

Die Wein- und Oel-Salma à 8 Barili à 2 Quartari = 275,09 Liter. — 4 Salma = 1 Botte; 3 Botti = 1 Tonna. Der Quartaro hat 20 Cartucci à 2 Caraffe à 2 Bicchieri.

Der Oel-Cafisso soll $13\frac{1}{4}$ Rottoli wiegen; $13\frac{3}{5}$ Cafissi = 1 Salma (circa).

Gewicht.

Vom Handelsgewicht wird der Cantaro grosso zu 100 Rottoli grossi von 33 Unzen, oder zu 110 Rottoli sottili von 30 Unzen und zu 275 Libbre von 12 Unzen; der Cantaro sottile aber zu 100 Rottoli sottili von 30 Unzen, oder zu 250 Libbre von 12 Unzen gerechnet.

Der Rottolo von 33 Unzen ist = 873,268 Gramm.
" " " 30 " " = 793,88 "

Die Libbra von 12 Unzen à 30 Trappesi ist = 317,552 Gramm. — 5 Libbre = 2 Rottoli.

Gold- und Silbergewicht wie Neapel.

Man rechnet den Cantar = 160 ℔ in Amsterdam.
= 168 " " Berlin.
= 159 " " Copenhagen.
= 163 " " Hamburg.
= 194 " " St. Petersburg.
= 140 " " Wien.
= 175 " " London.
= 79½ Kilogramm in Frankreich.
= 195 ℔ p. d. table in Marseille.
= 250 Peso sottili in Genua.
= 234 dito " Livorno.
= 90$\frac{10}{11}$ Rottoli in Neapel.

1 Salm Haselnüsse wiegt 208—240 Rottoli.
Leinsaat " circa 280 "
Vogelsamen " circa 320 "
1 Cafis Oel " circa 13¾ "
1 Salm Wein ꝛc. hält 21¼ engl. Gallons.

Alle Waaren in Ballen oder Kisten geben Netto-Thara; ausgenommen liparische Corinthen und Rosinen, wo circa 6 Rottoli per Faß von circa 1 Cantar gerechnet wird. — Waaren in Ballen oder Säcken geben kein Thara.

Pampeluna, s. Navarra.

Paris,

die Hauptstadt von Frankreich und Residenz des Königs, im Departement und an beiden Ufern der Seine gelegen, mit einer Million Einwohnern, Hauptsitz der Künste, Gewerbe und des Handels von Frankreich. Der Ort besitzt zahlreiche Manufakturen und Fabriken in Juwelen, Gold, Silber, Bronze, Porzellan, Kattun, Leder, Teppichen (Gobelins), Buchdruckereien (an 600 Pressen), und liegt im Mittelpunkte eines großartig sich entwikkelnden Eisenbahnnetzes.

Münzen.

Man rechnet nach
Francs zu 100 Centimes.

1 Franc wiegt 5 Gramm und enthält 4,5 Gramm fein Silber. Auf die Vereins-Mark fein Silber gehen demnach gesetzlich: 51,967888, erfahrungsmäßig aber 52½ Francs, so daß ein

Franc 8 Sgr oder $22\frac{6}{7}$ Kr. Conv. Mze. oder 28 Kr. im $24\frac{1}{2}$ Fl.Fuß werth ist.

Wirklich geprägte Münzen sind in
Gold: 100, 40, 20 und 10 Francsstücke. |
Silber: 5, 2, 1, $\frac{1}{2}$ und $\frac{1}{4}$ " | s. die Tabellen.
Kupfer: Décimes à 10 Centimes, Sous à 5 Centimes; früher auch Centimes. |

Vor 1795 rechnete man nach Livres à 20 Sous à 12 Deniers; 81 solcher Livres (tournois) = 80 jetzige Francs.

Ueber die ältern Schild-Louisd'or, Louis neufs, Louis blancs s. die Tabellen.

Course des Goldes und Silbers am 19. März 1847.

Gold in:

	m. o. w.	
Barren à $\frac{1000}{1000}$ fein, das Kilogr. à 3437 Frs. 77 Cms. fest .	10—11 Frs.	Prämie oder Agio auf jede 1000 Frs. des festen Preises v. 3437 Frs. 77 Cms.
Louisd'or à $\frac{901}{1000}$ fein, das Kilogr. à 3097 Frs. 44 Cms. fest .	13—14 Frs.	Präm. auf jede 1000 Frs. des fest. Preises, also 3129 Frs. 19 Cs.
20 und 40 Frs.-Stücke Agio .	11—12 Frs.	Präm. auf jede 1000 Frs. d. Nennwerths.

Silber in:

Barren à $\frac{1000}{1000}$ fein, das Kilogr. zu 220 Frs. fest	2—3 Frs.	Präm. auf jede 1000 Frs. des fest. Preises v. 220 Frs., also für das Kilogr. ganz fein 220 Frs. 60 Cs.
Ecus v. 6 Liv. à $\frac{911}{1000}$ fein, das Kilogr. zu 200 Frs. 42 Cs. fest	14—15 Frs.	Präm. auf jede 1000 Frs. d. festen Preises v. 200 Frs. 42 Cs.

Der eigentliche 1835 von der Münze zu Grunde gelegte Tarif stellt das Kilogr. feines Gold auf 3444 Frs. 44 Cms. und das Kilogr. f. Silber auf 222 Frs. 22 Cms., mithin das Gold $15\frac{1}{2}$ mal höher als das Silber. Es findet aber beim Austausch von fremden Münzen oder von Barren gegen geprägtes Geld eine Retenue von 6 Frs. 67 Cms. für Gold und von 2 Frs. 22 Cms. für Silber statt, woraus die oben angeführten Tarifsätze hervorgehen. Nach dem ancien tarif (vor 1835) war diese Retenue etwas größer.

Course der Münzsorten.

	m. o. w.	
Neue spanische Quadrupel .	84 Frs. 20 Cms.	für das Stück.
Quadruples indépendantes (21 Karath) .	82 = 40 =	für das Stück.
Spanische Säulenpiaster .	5 = 43 =	für das Stück.
Mexicanische Piaster . . .	5 = 35 =	für das Stück.
Souverains (engl.)	25 = 30 =	für das Stück.
Banknoten (engl.)	25 = 25 =	für 1 £ i. Bknoten.
Holl. u. östr. Ducaten . .	11 = 80 =	für das Stück.

Als Papiergeld können die Noten der Bank von Frankreich (à 250, 500, 1000 und 5000 Francs) und die der Caisse Gouin (sonst Lafitte) bis zu 25 Francs herab, angesehen werden.

Wechselcourse.

	Veränderl. Valuta.	Feste Valuta.
Amsterdam . .	$209\frac{1}{4}$ Frcs.	für 100 Fl. niederl.
Antwerpen . .	$\frac{5}{8}$ p., d. h. $\frac{5}{8}$ % perte (Verlust), also $99\frac{3}{8}$ Frcs. baar, für 100 Frcs. in Antwerp. Wechseln (400 Frcs. = 189 Fl.).	
Hamburg . . .	$186\frac{3}{4}$ Frcs.	für 100 m℔ Bco.
Berlin	374 Centimes	= 1 ℛ pr. Court.
London	25 Frcs. 30 Cms.	= 1 £.
Madrid, Cadix, Bilbao	15 = 50 =	= 1 Doblone v. 32 Real. d. pl.
oder .	5 = 40 =	= 1 Peso duro.
Lissabon, Porto effectiv	5 = 60 =	= 1000 Reïs.
Genua	$1\frac{1}{2}$ % Verlust, d. h. $88\frac{1}{2}$ Frcs.	= 100 Lire nuove.
Livorno . . .	85 Frcs.	= 100 Lire tosc.
Neapel	433 =	= 100 Duc. di Regno.
Triest, Wien	255 =	= 100 Fl. in 20 Xr.
Mailand . . .	86 =	= 100 östr. Lire.
Augsburg . . .	$255\frac{1}{2}$ =	= 100 Fl. augsb. Crt.
Frankfurt a. M. .	212 =	= 100 Fl. i. $24\frac{1}{2}$ Fl. Fß.
Petersburg . .	$404\frac{1}{2}$ =	= 100 Silber Rubel.
Messina . . .	12 = 72 Cms.	= 1 Oncia v. 3 Duc.
Palermo . . .	12 = 85 =	= 1 Oncia v. 3 Duc.
Lyon, Bordeaux, Marseille, Montpell. à 30 T. d.	$\frac{1}{2}$ % p. (Verlust), d. h. $99\frac{1}{2}$ Frcs. baar, für 100 Frcs. in Wechseln auf Lyon, Bordeaux u. s. w.	
auch 90 T. d.	$4\frac{1}{2}$ % p., d. h. $4\frac{1}{2}$ % Disconto auf ein Jahr, oder $1\frac{1}{8}$ % auf 90 Tage dato.	

	Veränderl. Valuta.	Feste Valuta.
Man notirt auch:		
Basel } Lausanne } . . .	$\frac{3}{4}$ % Verlust, d. h. 99¼ Frcs. baar, für 100 Frcs. in Basel u. Lausanne; wobei feststeht: 27 schweiz. Frcs. = 40 franz. Frcs.	
Genf	1 % Verlust, d. h. 99 Frcs. baar, für 100 Frcs. in Genf.	
Venedig . . .	86 Frcs. für 100 östr. Lire.	

Paris zieht auf andere Plätze gewöhnlich à 30 oder à 90 Tage nach dato und für beide Sichten enthalten die Courszettel Rubriken. Auf Lissabon, Porto, Petersburg, Marseille, Messina und Palermo meist à 90 Tage dato. Auf inländische Oerter auch nach Sicht (à vue).

Wechselgesetze für ganz Frankreich, nach dem Code de Commerce (Handelsgesetzbuch).

Uso ist 30 Tage, vom Tage nach dem Datum des Wechsels gezählt. Man trassirt auch auf einen, oder mehrere Uso nach Sicht. A Vista Briefe sind gleich nach der Präsentation zahlbar, so wie alle Wechsel entweder bei der Vorzeigung, oder spätestens den 3ten Tag angenommen oder protestirt werden müssen. Die Verfallzeit eines Wechsels auf einen oder mehrere Tage nach Sicht, auf einen oder mehrere Monate nach Sicht, auf einen oder mehrere Uso nach Sicht, wird durch das Datum der Acceptation oder des Protestes bestimmt. Meßwechsel sind am Tage vor dem Schlusse der Messe, und wenn diese nur einen Tag dauert, an diesem Meßtage fällig. Der Inhaber eines Wechsels muß die Zahlung desselben am Verfalltage fordern; ist dieser ein gesetzlicher Feiertag, so wird den Tag vorher bezahlt.

Respecttage finden nicht statt. Bei ausbleibender Zahlung am Verfalltage muß am nächstfolgenden Tage Protest aufgenommen werden; ist dies ein Festtag, den Tag darauf.

Alle Wechsel, die aus Europa auf Frankreich gezogen sind, sie mögen nach Sicht, oder à dato, oder fix gestellt sein, müssen innerhalb 6 Monaten dem Bezogenen präsentirt werden; nach dieser Zeit verlieren sie alles Recht an die Indossenten und auch an den Trassenten, wenn er die Deckung nicht nachweisen kann.

Jeder zur Acceptation kommende Wechsel muß gestempelt sein. Der Stempel beträgt bis zu 300 Frs.: 15 Cms., bis zu 500 Frs.: 25 Cms., bis zu 1000 Frs.: 50 Cms. und von da an jedes 1000 Frs.: 50 Cms. — Unter papier libre versteht man ungestempeltes Papier.

Die Wechsel-Courtage beträgt $\frac{1}{8}$ %, sowohl von Seiten des Verkäufers als Käufers.

22 *

Course der Staatspapiere Ende September 1847.
(Fonds publics.)

Die Zinsen, hier jouissance genannt, vom letzten Zinstermine bis zum Kauftage, sind mit im Cours begriffen, ausgenommen wo ausdrücklich „int. excl." steht. Es versteht sich demnach, daß die Renten, je mehr sie sich dem nächsten halbjährlichen Zahlungstermine nähern, an Werthe steigen müssen. Ist die jouissance endlich bezahlt, so fällt der Cours um so viel als sie ausmachte.

Namen der Fonds.	Cours m. o. w.	Erklärung.	Zinsen zahlbar:
Frankreich.			
3 % Rente .	75 Frs. 80 Cms.	für*) 3 Fr. jährl. Rente (oder 100 Frs. Kapital)	22. Juni u. 22. Dec.
4 % „ .	99 „ 80 „	für 4 Frs. jährl. Rente (oder 100 Frs. Kapital)	22. Mrz. u. 22. Spt.
4½ % „ .	104 „ 25 „	für 4½ Frs. jährl. Rente (oder 100 Frs. Kapital)	22. „ „ 22. „
5 % „ .	115 „ — „	für 5 Frs. jährl. Rente (oder 100 Frs. Kapital)	22. „ „ 22. „
Bankactien	3195 „	für 1 Actie v. 1200 Frs.	1. Jan. u. 1. Juli.
4 % Oblig. d. Stadt Paris v. 1832 .	1280 „	„ 1 Obl. v. 1000 Frs.	1. „ „ 1. „

Die Course der fremden Staatspapiere, wie sie Ende September 1847 notirt wurden, waren:

Neapel, Recepisse von Rothschild 99 % (s. Neapel).
Rom, Anleihe von 1844 . . . 96½ % (s. Rom).
Spanien 3 % von 1841 . . . 29 % (s. Madrid).
Belgien, Anleihe von 1840 . . 99¾ % } s. Brüssel.
„ „ 1842 . . 100¼ % }
Piemont, 1834, ein Loos . 1125 Frs. s. Genua.
Oestreichische Loose, 380 Frs. für 100 Gulden in Loosen.
Haïti, für 1000 Frs. . . . . . 300 Frs. (s. Haïti).

Mehrere andere fremde Papiere finden sich zwar auf den Coursblättern erwähnt, seit längerer Zeit sind aber Geschäfte darin nicht gemacht worden, daher die Course auch unausgefüllt geblieben. — Ein östr. Gulden wird zu 2 Frs. 60 Cms., ein spanischer Piaster 5 Frs. 40 Cms. gerechnet.

---

*) Beim Notiren der Rentencourse hat man die Rente zur Basis genommen. Die Berechnung eines Rentenbetrags zum Cours geschieht demnach auf folgende Weise: man multiplicirt den Betrag mit dem Cours und theilt das entstandene Produkt durch den Zinsfuß der Rente. Z. B. 2500 Frcs. in 3 pCt. Rente à 76 Frcs. 50 Cms. $= \frac{2500 \times 76\frac{1}{2}}{3} =$ 63750 Frcs.

Der Cours der Schatzscheine (Bons du trésor) hängt vom Zinsfuße und vom Geldmarkte ab.

Außer den angeführten Staatspapieren coursiren an der pariser Börse noch mancherlei andere Fonds, so wie eine große Anzahl Actien, z. B. Actien der Hypotheken-Casse, der Bank Gouin (man sehe: Oeffentliche Handels-Anstalten); Actien der Kanäle, Eisenbahnen u. m. a. Die dabei vermerkten Zahlen drücken größtentheils den Tagespreis einer Actie aus. Bei den Actien der Versicherungs-Gesellschaften hingegen zeigen die Course meist die Procente an, welche die Actien gewinnen oder verlieren.

Für die Course der verschiedenen Fonds sind in den Coursblättern zwei Columnen eingerichtet, wovon die eine, für den Baarkauf, mit den Worten Prix (oder Négociations) au comptant überschrieben, die andere, für den Zeithandel, mit Prix (oder Négociations) à terme bezeichnet ist. Den Unterschied dieser beiden Course nennt man Report, dem ebenfalls 2 besondere Rubriken, für die Differenzen zwischen baar und pr. ult. des laufenden Monats, und zwischen pr. ult. des laufenden und pr. ult. des nächsten Monats eingeräumt sind.

Die Geschäfte in Staatspapieren, welche im Laufe eines Monats statt finden, werden gewöhnlich vom letzten Tage desselben bis zum 4ten Tage des nächsten Monats abgemacht. Diese Zeit wird die monatliche Liquidation genannt, und übt großen Einfluß auf den Stand der Course.

Ueber Renten und andere französische Fonds.

Unter Renten werden hier die Zinsen verstanden, welche die französische Regierung für die Anleihen bezahlt, die sie zu verschiedenen Zeiten gemacht hat.

Der Gläubiger des französischen Staates erhält kein eigentliches Schulddocument, sondern sein Name und der Betrag des dem Staate für immer abgetretenen Kapitals werden in das große Buch der Schuld (Grand Livre de la dette publique) eingetragen, und es wird dem Inhaber der Rente, als Bescheinigung der gemachten Einlage, ein Auszug davon ertheilt. Diese Einschreibungen, so wie die Auszüge nennt man Inscriptionen. Die geringste Inscription ist, mit wenigen Ausnahmen, auf 10 Francs gestellt. Die Rente ist verkäuflich; und sie wird dann von Seiten der Schatzkammer (Trésor), durch Vermittelung eines Wechselagenten, im Buche der Staatsschuld auf den Namen des Käufers übertragen.

Das älteste französische Staatspapier ist:

die 5 % Rente. Sie ward ehemals das consolidirte Drittel (Tiers consolidé) genannt, weil die Republik im Jahre 1798 die ganze Staatsschuld, von 2800 Mill. Livres, auf ⅓ ihres frühern Nennwerthes reducirte. 1802 erhielt sie den Namen: Rente

Cinq pour Cent, und war bis 1825 die einzige öffentliche Schuld. Als sie in diesem Jahre die Höhe von ungefähr 197 Mill. Frcs. (= 3940 Mill. Frcs. Kapital) erreicht hatte, ist sie durch theilweise Convertirung gegen 4 und $4\frac{1}{2}$ % Renten vermindert, späterhin aber durch neue Anleihen wieder bedeutend vergrößert worden. Jetzt (1846) beträgt die 5 % Rente auf circa $146\frac{3}{4}$ Mill. (= 2935 Mill. Kapital), wovon jedoch mehr als 60 Mill. immobil sind, indem sie in den Händen von Corporationen, Wohlthätigkeits-Anstalten und in der Tilgungskasse sich befinden.

Die $4\frac{1}{2}$ % Rente ist aus der vorgedachten, 1825 vom Minister Villele vorgenommenen Convertirung von 5 % Renten entstanden. Sie kommt im Handel wenig vor, da nicht viel über 1 Mill. Francs Rente vorhanden sind.

Die 4 % Rente rührt von Anleihen her, die 1830 und 1831 mit dem Hause Gebrüder Rothschild in Paris abgeschlossen wurden, und von Convertirungen von Schatzscheinen (circa 12 Mill. Francs Rente).

Die 3 % Rente entstand theils ebenfalls aus dem mehr erwähnten, 1825 stattgehabten Umtausch von 5 % Renten, theils durch eine neue Emission von 30 Mill. in 3 % Renten (eine Milliarde Kapital), die den Emigranten, deren Forderungen man 1797 gestrichen hatte, als Entschädigung bewilligt wurden. Da diese Papiere stets unter pari stehen, so sind sie zwar durch Rückkäufe der Regierung sehr vermindert, durch neue Anleihen aber auf über 65 Millionen Rente erhöht worden.

Für die 3 % Rente giebt es auch Certificate, auf den Inhaber lautend, von Rothschild über 120 Francs Rente oder 4000 Francs Kapital ausgestellt.

Ueber Bankactien sehe man Bank von Frankreich.

Die Bons du Trésor werden von der Regierung zur Deckung von mancherlei Ausgaben bis zu einer, durch das jährliche Budget festgesetzten Summe, gewöhnlich durch Börsen-Agenten, in Umlauf gesetzt, und gehören der schwebenden Schuld an. Sie lauten auf bestimmte Verfallzeiten von 3 bis 12 Monaten und tragen, je nach dem Stande des Geldmarktes, 3 bis 5 % Zinsen.

Der Gesammtbetrag der französischen Staatsschuld wird gegenwärtig incl. der Lebensrenten, schwebenden Schuld, Pensionen u. s. w. auf circa 7000 Mill. Francs angenommen. Die Zinsen der fundirten Schuld für das Jahr 1848 wurden auf $384\frac{1}{2}$ Mill. Frcs. angeschlagen.

Es ist bekannt, daß seit 1840 die jährlichen Ausgaben die Einnahmen übersteigen, und daß die Regierung wegen der Aufbringung einer neuen Anleihe von 350 Millionen mit großen Schwierigkeiten zu kämpfen hat.

Rente der Stadt Paris. In den Jahren 1816 und 1821 wurden von der Stadt Paris 1,900,000 Frcs. in 5 % Renten ausgegeben. Sie lauten au porteur und sind mit halbjährigen Coupons versehen, die am 1. Januar und 1. Juli bei der Stadtkasse bezahlt werden.

Obligationen der Stadt Paris. 1832 hat die Stadt Paris eine Anleihe von 40 Mill. Francs mit Rothschild & Hagermann & Comp. abgeschlossen. Die Abschnitte sind zu 1000 Frcs. und tragen 4 % Zinsen, denen noch Prämien beigesellt werden. Diese Obligationen werden durch jährliche Verloosungen getilgt.

Die Stadtschulden betragen ungefähr 65 Mill. Francs.

Die Amortisationskasse hat den Zweck, die im großen Schuldbuche eingeschriebenen Renten durch Rückkäufe nach und nach zu tilgen; doch sollen, nach einem Gesetz vom 10. Juni 1833, welches jedoch späterhin nur für provisorisch erklärt wurde, die Gelder dieses Fonds nur für solche Schuldgattungen verwendet werden, die das Pari nicht überschritten haben.

Maaße.

Längenmaaße.

Grundeinheit: der Mètre = dem 10,000,000sten Theil des nördlichen Meridianquadranten = 443,295936 pariser Linien oder 0,8414 Aunes.

Myriamètre		Kilomètre		Hectomètre		Décamètre		Mètre.
1	=	10	=	100	=	1000	=	10000
		1	=	10	=	100	=	1000
				1	=	10	=	100
						1	=	10

1 Mètre	=	10 Décimètre	=	100 Centimètre	=	1000 Millimètre.
		1 „	=	10 „	=	100 „
				1 „	=	10 „

1 Mètre (Meter) = 3,1862 preuß. Fuß oder 1,49939 preuß. Ellen. Man kann also füglich 2 Meter für 3 preuß. Ellen setzen. Ferner ist 1 Meter = 1,28335 wiener Ellen, 1,09363 Yards, 1,7699 leipziger Ellen, 1,4061 Arschin u. s. w.

1 Lieue = 1 Myriamètre = 5130,74 Toises.

10 Myriamètre bilden den Dégré décimal. — Der geographische Grad des Aequators hat 11⅑ Myriamètre und der Myriamètre ist = 1,35 deutsche oder geogr. Meilen.

Der Hectomètre findet beim Straßenbau Anwendung; der Décamètre ist die Länge der Meßkette.

1 neuer Fuß = ⅓ Mètre.

1 neuer Fuß = 12 Zoll = 144 Linien.
1 „ = 12 „

1 Toise usuelle = 2 Mètres.

1 Aune usuelle = 1,2 Mètres.

1 Aune = 2 Halbe = 4 Viertel u. s. w., oder = 12 Décimètres = 120 Centimètres u. s. w.

1 Poste = 4000 neue Toisen = 2 Lieues de poste.

Flächenmaaß.

1 Are = 1 □Décamètre oder 26,3245 □Toises.

Myriare		Kilare		Hectare		Décare		Are.		
1	=	10	=	100	=	1000	=	10000	=	1 □Kilomètre.
		1	=	10	=	100	=	1000		
				1	=	10	=	100	=	1 □Hectomètre.
						1	=	10		

1 Are	=	10 Déciare	=	100 Centiare	=	1000 Milliare.
		1 „	=	10 „	=	100 „
				1 „	=	10 „ = 1 □Mètre.

Die Hectare ist = 3,9166 preuß. Morgen, 2,47114 engl. Acres, 1,80694 sächs. Aecker, 3,17285 würtemb. Morgen.

Körpermaaß.

1 Stère = 1 Kubik-Mètre = 29,1739 pariser Kubikfuß.

1 Décastère = 10 Stères = 100 Décistères.

1 „ = 10 „

Die Voie Holzkohlen = ⅕ Kubikmeter oder 2 Hectoliter.

„ Voie Steinkohlen = 15 gestrichene oder 12 gehäufte Hectoliter oder 1000—1150 Kilogramm. Der Muid hat 4 Mannes (Körbe) à 1¼ gehäufte oder 1½ gestrichene Hectoliter.

Der Muid Gyps hat 36 Sacs oder 9 Hectoliter.

1 Litre = 1 Kubik-Décimètre = 50,4124378 par. Kubikzoll.

Myrialitre		Kilolitre		Hectolitre		Décalitre		Litre.	
1	=	10	=	100	=	1000	=	10000	
		1	=	10	=	100	=	1000	= 1 Kub.-Mètre.
				1	=	10	=	100	
						1	=	10	

1 Litre	=	10 Décilitres	=	100 Centilitres	=	1000 Millitres.
		1 „	=	10 „	=	100 „
				1 „	=	10 „

Auch wird der Litre in Halbe, Viertel u. s. w. getheilt.

1 neue Kubik-Toise = 216 neue Kubikfuß.

1 Stère = 27 neue Kubikfuß.

1 neuer Boisseau = ⅛ Hectolitre, wird in Halbe, Viertel u. s. w. getheilt.

100 Hectolitres sind = 181,946 preuß., 85,109 dresdner Scheffel, 34,390 engl. Imp.-Quarters, 162,590 wiener Metzen, 47,643 Tschetwert u. s. w. Man nimmt den Hectoliter Weizen gewöhnlich zu 74 Kilogramm Weizen, 70 Roggen, 60 Gerste, 66 Mais und 42 Hafer an. So viel Mal ein Hectoliter mit 10 Francs bezahlt wird, so viel kostet

1 Scheffel in Berlin . . .	1 Thlr. 14 Sgr.
1 Dresdner Scheffel . . .	2 Thlr. 24 Ngr.
1 engl. Imp.-Quarter . .	22 s. 7 d.
1 Frankfurter Malter . .	5 Fl. 21 Xr.
1 Last in Hamburg . . .	58 Mk. Bco.

(= 60 preuß. Scheffel).

1 Himten in Hannover . . .	20 Sgr.
1 Sack oder Hectoliter in Holland	4 Fl. 76 Cents.
1 Winspel in Magdeburg . .	$35\frac{1}{8}$ ℛ𝓅.
1 Prager Strich	3 Fl. 34 Xr.
1 Tschetwert in Rußland . .	5 Rub. 20 Kop. S.
1 Tonne in Schweden . . .	10 Rbthlr. 12 ß.
1 Wiener Metzen	2 Fl. 21 Xr. Conv. Mze.

Für Flüssigkeiten wird das Liter-Maaß ebenfalls verwendet; der Hectoliter ist = $87\frac{1}{3}$ preuß. Quart, $70\frac{2}{3}$ wiener Maaß, nahe an $110\frac{1}{2}$ hamb. Quartier, 13,14 Veltes in Bordeaux, 106,88 dresdn. Kannen, 22 engl. Imp.-Gallons u. s. w.

Gewicht.

Das Gewicht eines Kubikcentimeters reinen Wassers bei seiner größten Dichtigkeit im luftleeren Raume ist die Gewichtseinheit. Sie heißt Gramme und ist = 18,82715 alte pariser Grän, oder 15,43243 engl. Troy-Grän, oder 20,80592 holl. As.

Myriagramme	Kilogramme	Hectogramme	Décagramme	Gramme.
1	= 10	= 100	= 1000	= 10000
	1	= 10	= 100	= 1000
		1	= 10	= 100
			1	= 10

Gramme	Décigramme	Centigramme	Milligramme.
1	= 10	= 100	= 1000
	1	= 10	= 100
		1	= 10

100 Kilogramm =		1 Kilogramm =
200,602 ℔ in Bremen		4,086 bremer Mark.
220,463 „ av. d. p. in England . .		2,679 ℔ Troy.
197,884 „ Schwergewicht	in Frankf.	4,274 deutsche Vereinsmark.
213,714 „ Leichtgewicht	in Frankf.	
206,408 „ in Hamburg		4,276 hamb. Mark.
213,847 „ in Leipzig		4,277 leipz. „
235,289 „ Vict.-Gew. in Schweden .		4,749 schwed. „
178,568 „ in Wien und München . .		3,563 wien. „
		4,276 „ cöln. Mark.

1 Quintal = 100 Kilogrammes.
1 Millier = 1000 „ (die neue Schiffstonne).
1 Livre usuelle, neues Pfund, = 500 Grammes.

1 neues Pfund	= 16 Unzen	= 128 Gros	= 9216 Grains.
	1 „	= 8 „	= 576 „
		1 „	= 72 „

1 neues Medicinalpfund = 500 Grammes.

1 neue Unze	= 8 Drachmen	= 576 Grains.
1 „		= 72 „

Ein neues Medicinalpfund von 500 Gramm ist = 2,7944

nürnberger, 2,85076 preuß. und sächs., 2,3809 wiener Medicinal-Pfunde.

Nachträglich muß bemerkt werden, daß die Gewichte stets etwas schwerer als die gesetzliche Norm gefertigt werden müssen; daher entsteht nun eine ziemlich schwankende Verschiedenheit zwischen den genauen und den tolerirten Grammen, die aber, eben wegen ihrer Verschiedenheit, hier nicht berücksichtigt werden konnten.

Probirgewicht. Die Feinheit des Goldes und Silbers wird jetzt durch Millièmes ausgedrückt. Für Goldarbeiten gelten drei Titres, zu 920, 808 und 750 Millièmes, für Silberarbeiten zwei Titres zu 950 und 800, für Probirungskosten sind 20 Frcs. für je 100 Gramm Gold und 2 Frcs. für je 100 Frcs. Silber.

Altes Pariser Maaß und Gewicht.

Längenmaaß.

1 pariser Fuß, Pied du roi, = 144 pariser Linien oder 0,32484 Meter.

1 Fuß = 12 Zoll = 144 Linien = 1440 Scrupel.
1 " = 12 " = 120 "
1 " = 10 "

Bei geometrischen Arbeiten 1 Zoll = 10 Linien.

1 Ruthe, perche, = 18 Fuß beim Feldmaaß, und = 22 Fuß beim Waldmaaß = 5,84711 Meter.

1 Toise = 6 Fuß = 1,949 Meter.

1 Aune = 526⅚ Linien. Krämer-Aune = 524 Linien.

1 Encâblure hat 120 Brasses à 5 pieds = 194,9 Mètres.

1 Palme (zum Messen der Massen) = 0,0293 Meter.

1 Lieue zu 25 auf den Grad = ⅗ geogr. Meilen oder 4444⁴⁄₉ Meter.

1 Lieue marine zu 20 auf den Grad = ¾ geogr. Meilen oder 5555⅚ Meter. Der Mille marin ist ein Drittel der Lieue marine oder circa 9½ encâblures.

1 Lieue de Poste war eine halbe Poste und = 2200 Toises, die Poste also 1,577 geogr. Meilen oder 8575,76 Meter.

Flächenmaaß.

1 Arpent Feldmaaß = 100 □Ruthen à 324 □Fuß.
1 " Waldmaaß = 100 " à 484 "

Körpermaaß.

1 Boisseau = 655,78 pariser Kubikzoll oder 13 Liter.
1 Boisseau = 4 Viertel = 16 Litrons.
1 Setier für Korn = 2 Mines = 4 Minots = 2 Boisseaux.
1 Setier für Hafer = 24 Boisseaux.
1 Muid für Korn und Hafer = 12 Setiers.
1 Pinte = 46,95 pariser Kubikzoll oder 0,931 Liter.

Für Flüssigkeiten:

Muid	Feuillettes	Quartauts	Setiers oder Veltes	Pintes	Chaupines.
1 =	2 =	4 =	36 =	288 =	576
	1 =	2 =	18 =	144 =	288
		1 =	9 =	72 =	144
			1 =	6 =	16
				1 =	2

1 Corde (Holzmaaß) = 2 Voies = 112 Kubikfuß.
1 „ = 56 „

Gewicht.

Das paris. Pfund, poids de marc, Markgewicht = 489,50585 Gramm.

1 Livre =	2 Marc =	16 Onces =	128 Gros =	9216 Grains.
	1 „ =	8 „ =	64 „ =	4608 „
		1 „ =	8 „ =	576 „
			1 „ =	72 „

1 Denier = 24 Grains.
1 Quintal = 100 Pfund.
1 Millier = 1000 Pfund.

Als Goldprobegewicht war die Mark in 24 Karath, 1 Karath in 32 Theile getheilt. Als Silberprobegewicht war die Mark in 12 Deniers getheilt, 1 Denier in 24 Grän.

Medicinalgewicht war das Markgewicht, bei folgender Theilung:

1 Livre =	16 Unzen =	128 Drachmen =	384 Scrupel =	9216 Grain.
1 „ =	8 „ =	24 „ =	576 „	
	1 „ =	3 „ =	72 „	
		1 „ =	24 „	

Oeffentliche Handels-Anstalten.

Die Bank von Frankreich besteht seit 1803 mit einem Privilegium, das 1843 zu Ende geht. 1808 wurde ihr damaliger Fond von 45 Mill. Frcs., in 45000 Actien à 1000 Frcs., auf zwiefache Weise erhöht: 1) durch eine Emission von 45000 neuen Actien à 1200 Frcs., und 2) durch Nachzahlungen von 200 Frcs. auf jede der ältern Actien, so daß hierdurch 90,000 Actien à 1200 Frcs. entstanden, deren Zahl jedoch durch Rückkäufe bedeutend vermindert wurde. Die Actien lauten auf den Namen und müssen bei Verkäufen in den Büchern der Bank übertragen werden. Die Bank besitzt außerdem 50 Mill. Renten in Staatspapieren, die von den Geschäften fern bleiben, und hält noch zur Sicherheit der Dividenden einen Reservefond.

Die Dividenden werden halbjährlich, am 1. Januar und 1. Juli, ausbezahlt, und bestehen aus einem halbjährlichen Zins von 5 $\frac{0}{0}$ (vom Nennwerth der Actie à 1200 Frcs.) und $\frac{2}{3}$ des bleibenden reinen Bankgewinnes; das übrige Drittel kommt zum

Reservefond. Die Dividende für das Jahr 1846 betrug 159 Frcs. pr. Actie. Die Geschäfte der Bank bestehen: 1) im Escomptiren der Wechsel, wozu die Tage Montag, Mittwoch und Freitag bestimmt sind; 2) in Vorschüssen auf Staatspapiere und edle Metalle; 3) in Annahme von Depositengeldern, die sie meist mit 3 % verzinset. Auch nimmt sie werthvolle Gegenstände in Verwahrung, wofür sie, auf 6 Monate, ⅛ % des abgeschätzten Werthes berechnet. Die Bank besorgt ferner die Einziehungen und Auszahlungen öffentlicher und Privatgelder und treibt Fondsgeschäfte für eigene Rechnung.

Der Bank von Frankreich wurde anfangs ausschließlich das Privilegium ertheilt Noten (Bankbillets) au porteur, jedoch nicht unter 500 Frcs., zu emittiren; späterhin ist dieses Recht auch einigen Banken in den Departements eingeräumt worden. Die Bank giebt die genannten Billets in Appoints à 250, 500 und 1000 Frcs. und stellt Anweisungen auf Sicht und auf den Inhaber aus. Die Administration der Bank ist 21 Mitgliedern anvertraut, wovon der gouverneur und 2 sous-gouverneurs von der Regierung erwählt werden.

Die Bank ist verpflichtet, alle 3 Monat ihren Status zu veröffentlichen.

Unter den Privatbanken sind die bedeutendsten:

Die Caisse Gouin (sonst Latitte). Diese Anstalt, von dem Banquier Jacques Lafitte ins Leben gerufen, begann am 2. October 1837 unter dem Namen:

Caisse générale du commerce et de l'industrie

ihre Operationen mit einem Kapital von 25 Mill. Frcs., wovon 8 Mill. für das Geschäft und 17 Mill. für den Reservefond bestimmt wurden. Der Wirkungskreis der Bank umfaßt 3 Hauptgegenstände: 1) die Verausgabung von Geldscheinen bis auf 25 Frcs. herunter. (Die Bank von Frankreich giebt deren keine unter 500 Frcs. aus.) 2) Die Annahme und Discontirung von kaufmännischen Wechseln mit 2 Unterschriften. (Die Statuten der Hauptbank bedingen für solche Briefe 3 Unterschriften der angesehensten Handelshäuser.) 3) Das Einziehen und Discontiren solcher Anweisungen, die auf andere Plätze in den verschiedenen Departements des Reiches ausgestellt sind. Bisher wurden viele dergleichen Papiere nicht eher ausgezahlt, bis ihre Beträge in den betreffenden Provinzen wirklich eingegangen waren.

Das Vermögen der Bank besteht in zweierlei Actien: a) zu 5000 Frcs. auf den Namen und b) zu 1000 Frcs., die au porteur ausgestellt sind. Die Inhaber der ersteren erhalten 4 % Zinsen und einen beträchtlichen Antheil der Dividenden; die der letzteren, ohne von der Dividende ganz ausgeschlossen zu sein, 5 % Zinsen. Die Bank giebt auch Billets und Anweisungen, die sowohl auf den Namen, als auf Ordre lauten, und zum Theil mit Interessen, zum Theil ohne Interessen zahlbar sind.

Die Geschäftsausdehnung der Bank läßt sich daraus entnehmen, daß schon im ersten Jahre ihrer Entstehung ihre Geldabundanz auf mehr als 510 Mill. Frcs. sich belaufen hat.

Die Obligationen (à 1000 Frcs.) standen im Sept. 1847: 1150 Frcs.

Die Caisse hypothécaire (Hypothekenkasse). Die Gesellschaft dieses Instituts hat sich 1824 constituirt, und ihr Zweck, Darlehn gegen hypothekarische Sicherheit zu geben, wird auf folgende Weise ausgeführt: zu jedem Vorschuß werden sogleich die Zinsen auf 20 Jahre à 4 % gerechnet und dem Anleiher daher für jeden Franc $\frac{9}{5}$ Frcs. debitirt. Von dieser Schuld (Kapital und Zinsen) werden dann jährlich 5 % zurückgezahlt, so daß immer in 20 Jahren Kapital und Interessen getilgt sind.

Der Grundfond der Bank besteht in 50,000 Actien à 1000 Frcs. zu 5 % Zinsen, die halbjährlich im Januar und Juli ausgezahlt werden. Die ausgestellten 4 % Obligationen sind au porteur und in Abschnitten à 500 Frcs.

Es bestehen hier noch viele andere königliche und Privat-, Handels- und Industrie-Vereine (unter andern eine Caisse Gauneron, deren Actien à 1000 Frcs. im September 1847 1030 Frcs. standen, so wie eine Caisse Baudon, zum Cours von 470 Frcs. für eine Actie von 500 Frcs.); auch eine Caisse Bechet wird neuerdings erwähnt.

Die wichtigsten Eisenbahn-Gesellschaften sind laut Coursblatt vom 29. Sept. 1847:

Gesellschaft	Cours
St. Germain 12,000 Actien à 500 Frcs. und 10,000 Obligationen à 1000 Frcs. mit 5 %	Cours: 600 Frcs.
Versailles rechtes Ufer 22,000 Actien à 500 Frcs. und 6000 Obl. à 1000 Frcs. mit 5 %	„ 250 „
„ linkes Ufer 20,000 Actien à 500 Frcs. und eine Anl. v. 5 Millionen Frcs.	„ 155 „
Paris-Orleans 80,000 Actien à 500 Frcs. und 8888 Obl. à 1250 Frcs.	„ 1165 „
Paris-Rouen 72,000 Actien à 500 Frcs. und eine Anl. v. 14 Millionen Frcs. .	„ 910 „
Rouen-Havre 40,000 Actien à 500 Frcs. . . .	„ 540 „
Avignon-Marseille 20 Millionen Frcs.	„ 525 „
Strasburg-Basel 84,000 Actien à 500 Frcs.	„ 160 „
Centralbahn 60,000 Actien à 500 Frcs. . . .	„ 540 „
Orleans-Bordeaux 65 Millionen in Nominal-Actien mit 4 %	„ 450 „
Nordbahn 406,000 Actien à 500 Frcs.	„ 520 „
Paris-Strasburg 250,000 Actien à 500 Frcs.	„ 387 „
Tours-Nantes 70,000 Actien à 500 Frcs. .	„ 365 „
Lyon-Avignon 40,000 Actien à 500 Frcs. .	„ 455 „

Außer diesen giebt es noch Andresieux-Roanne 12,000 Actien

und eine Anleihe von 2 Mill. Frcs.; Mühlhausen-Thann 5200 Actien à 500 Frcs. und Anl. v. 400,000 Frcs.; 36,000 Actien v. Bordeaux-Bayonne; 6000 Actien und 1000 Obl. v. Montpellier-Cette; 26,000 Act. und 7219 Obl. v. Lyon-St. Etienne u. m. a. die man aber nicht notirt findet. — Die Nordbahn hat drei Zweigbahnen, Amiens, Bologne, Creil-St. Quentin, Fampoux-Hazebruck, die man einzeln auf den Coursblättern erwähnt findet. — Das ganze vollendete und zu vollendende Netz der franz. Eisenbahnen beträgt 6473 Kilomètres oder 874 geogr. Meilen mit einem Baufond v. 1222 Millionen Francs, wozu der Staat 450 Millionen beisteuert.

Parma,

ein Herzogthum in Oberitalien am rechten Ufer des Po, aus den Herzogthümern Parma, Piacenza und Guastalla (104 □Meilen, 440,000 Einwohnern) bestehend, liefert viele und gute Seide, Getreide, Wein, Oel, Hanf, Wolle, Oliven, Porzellan, Leinwand, Parmesankäse u. s. w.

Münzen.

Man rechnet nach

Lire zu 20 Soldi à 12 Denari. Das Weitere in den Tabellen.

Wechselcourse

richten sich nach denen von Genua.

Die Wechselgesetze sind die französischen, man sehe Paris.

Staatspapiere. Im Jahre 1827 hat die Regierung 12 Mill. Lire bei Gebrüder Rothschild in Paris und Mirabaud & Comp. in Mailand aufgenommen. Die dagegen ausgestellten 5 % Obligationen führen den Namen Renten-Certificate, bestehen in Anschnitten à 2000 Lire und sind mit halbjährigen Zinscoupons, pr. 22. März und 22. September, versehen, zahlbar in Parma, Mailand und Frankfurt a. M. Die Schuld vom Thronerben im Voraus anerkannt, ist durch unveräußerliche Domainen gesichert.

Maaße und Gewichte.

1 Braccio für Seide = 260,55 pariser Linien oder 0,588 Meter.

1 Braccio da panno für Wolle, Baumwolle und Leinen = 283,488 pariser Linien oder 0,6395 Meter.

1 Braccio di legno = 241¾ par. Linien oder 0,545 Meter.

1 Braccio di legno = 12 Once = 144 Punti à 12 Atomi.

1 Pertica = 6 Br. d. l.

1 Biolca = 288 □Pertiche oder 30,8 Aren.

1 Biolca = 6 Stari = 72 Tavole à 4 □Pertiche.

Der Getreide-Stajo von 16 Quartaruole = 2592 par. Kubikzoll oder 51,4 Litres.

Das Pfund, Libbra, = 328 Gramm. (In den Provinzen kommen mancherlei Abweichungen vor.)

1 Libbra = 12 Once = 288 Denari = 6912 Grani.

1 Rubbo = 25 Libbre.

Pernambuco,

oder Recife, mit der eine halbe Stunde davon entfernten Stadt Olinda am Flusse Bibiribe, ein wichtiger dem Handel der Fremden offner Hafen in der gleichnamigen Provinz Brasiliens, hat etwa 70,000 Einwohner und sehr bedeutende Ausfuhr von Baumwolle, Zucker, Farbehölzern (Brasilienholz), Rindshäuten, Hörnern, Metallen u. a. Waaren.

Maaße und Gewichte

wie unter Rio Janeiro. Doch wird die hiesige Flüssigkeits-Canada = 1⅞ alte englische Wein-Gallons oder 1½ Imp.-Gallons gerechnet.

Zucker wird per Arroba, jedoch **nicht** nach dem Ferros (s. Bahia) notirt.

Die Preise verstehen sich in Papiergeld.

Pernau,

russische Handelsstadt des Gouvernements Liefland, am Einflusse der Pernau in den rigaischen Meerbusen, mit einem Hafen, etwa 6000 Einwohnern, und die Fremden interessirend wegen sehr ansehnlicher Getreide-, Leinsaat- und Flachsausfuhr, rechnet überhaupt wie Rußland.

Alte Maaße und Gewichte.

Die Elle hält 243½ pariser Linien oder 0,549 Meter.

Ein Faden oder ein Klafter hält 3 Ellen oder 6 Fuß; ein Aeußerfaden 7 Fuß.

Die Getreidelast hat 24 Tonnen à 2 Lof à 3 gehäufte oder 4 gestrichene Kulmet. Der Lof hält 3192 pariser Kubikzoll oder 63,318 Liter.

1 Last Leinsaamen hat 12 Tonnen à 1¾ Lof, oder 21 Lof.

1 Last Salz hat 18 Tonnen.

Vom Handelsgewicht hat das Schiffspfund 20 Liespfund à 20 Pfund, oder 400 Pfund; der Centner hat 6 Liespfund oder 120 Pfund. Das Pfund von 16 Unzen à 2 Loth à 4 Quent wiegt 447,470 Gramm.

Pesth,

die wichtigste Handels- und Fabrikstadt Ungarns am linken Donauufer, Ofen gegenüber gelegen, und mit diesem Ort durch eine Schiffbrücke verbunden, zählt über 60,000 Einwohner, welche lebhafte Schifffahrt, Speditionshandel nach der Levante, und Fabriken in Tabak, Seide, Oel u. s. w. betreiben, und hält jährlich vier große Messen, auf welchen fast alle Produkte Ungarns zum Verkauf gebracht werden.

Münzen, Maaße und Gewichte wie Wien.

Getreidemaaß ist indeß die Metze von 96 ungarischen Halben. Der in Pesth übliche Metzen ist = 96 ungarischen Halben = 4033,78028 par. Kubikzoll = 80,015 Liter.

Die hiesige ungarische Commerzialbank beruht jetzt (1847) auf einem Fond von 4000 Actien auf den Namen, à 500 Fl. mit 5 % Zinsen, außerdem Dividende (1846: 17½ Fl. per Actie).

Die ungarische Central-Eisenbahn verbindet sich in Marchegg mit der Kaiser Ferdinands-Nordbahn. Fond: 11 Millionen in Partialen à 250 Fl. mit 4 % Zins; später Dividende. — Auch nach Fiume ist eine Bahn projectirt. — Ueber die Donau-Dampfschifffahrt s. Wien.

Die vier Märkte finden statt: am 19. März, Josephi-Markt; im Juni, zu Medardi; im August, zu Johannis Enthauptung; im November, zu Leopold. Große Geschäfte beginnen bereits vor der eigentlichen Marktwoche. Laut Verfügung vom 17. August 1825 dürfen bei 50 und 25 Fl. W. W. Strafe, Großhändler ihre Gewölbe immer erst mit dem Montag, Kleinhändler ihre Markthütten nur mit dem Donnerstag in der Marktwoche eröffnen. — Auf den Wollmarkt von 1847 (Anfang Juli) wurden circa 30,000 Centner Wolle verkauft.

Petersburg,

an der Newa und mehreren Kanälen, die zweite Hauptstadt des russischen Kaiserreichs, mit einem Seehafen und 476,000 Einwohnern. Der Ort treibt starken Landhandel; vermöge seines 3 deutsche Meilen davon entfernten Vorhafens Kronstadt (auf einer Insel des finnischen Meerbusens, mit 40,000 Einwohnern) aber noch wichtigeren Seehandel, der sowohl in Betreff der Einfuhr von Colonial- und südlichen Produkten, als auch der Ausfuhr von Talg, Pottasche, Juchten, Kupfer, Eisen, Flachs, Segeltuch, Hanf, Hanföl, Tauwerk, Wachs, Schweinsborsten u. s. w. die Fremden interessirt.

Münzen.

In Rußland rechnet man nach Rubeln zu 100 Kopeken, und zwar entweder in Silber oder in Banco. Zwei Silberrubel sind sieben Bancorubel. Landesvaluta soll aber (seit 1840) nur der Silber-Rubel in $\frac{1}{1}$ und $\frac{1}{2}$ sein.

Der Bancorubel oder Papierrubel war ursprünglich dem Silberrubel gleich; durch die Bedrängnisse, in welche das Land gerieth, fiel aber dieses Papiergeld bis auf das Vierfache des Silberrubels (1815 gab man 425 Silber Bancorubel für 100 Silberrubel), wurde aber 1840 auf 350 für immer festgesetzt. Im Jahre 1843 wurde bestimmt, daß die Bancozettel, von welchen nahe an 600 Millionen Rubel in Umlauf waren, gegen neue auf Silberrubel lautende, zu dem erwähnten Werthe von 2 S. R. für 5 Banco-Rubel allmälig umgetauscht werden sollten. — Ungeachtet jenes Gesetzes von 1840 werden aber noch immer die meisten Handelsgeschäfte in Banco abgemacht. (S. jedoch weiter unten.)

Wirklich geprägte Münzen sind:

in Gold: Ganze und halbe Imperialen zu 10 und 5 Silberrubeln nominell, von der Regierung aber zu 10 Rubel 30 Kopeken und 5 Rubel 15 Kopeken Silber ausgegeben, also mit 3 % Aufschlag.

Die Halbimperiale soll $147\frac{3}{11}$ Doli schwer und 88 Solotnik fein; 100 Stück wiegen also 1 Pfund 57 Solotnik $39\frac{3}{11}$ Doli und enthalten 1 Pfund 44 Solotnik 60 Doli feines Gold.

Ducaten, mit dem holländischen Gepräge, zu 94 Sol. oder 23 Kar. 6 Grän fein und $117\frac{1}{2}$ Stück, wiegen ein russisches Pfund.

(Siehe übrigens die Tabellen.)

in Silber: Rubel in $\frac{1}{1}$ und $\frac{1}{2}$, seit 1810, $83\frac{1}{3}$ Sol. fein und 4 Sol. 82,56 Doli schwer, so daß 100 Stück = 5 ℔ 6 Sol. wiegen. Man kann also füglich 13 Silberrubel auf die feine Vereinsmark rechnen, wonach ein Rubel = $32\frac{4}{13}$ Silbergroschen, $92\frac{4}{13}$ Kreuzer Conv. Mze. und $113\frac{1}{3}$ Kreuzer im $24\frac{1}{2}$ Guldenfuß.

Halbe Rubel heißen Poltinen, Zehntel Griwna oder Griwen, Stücke von 3 Kopeken Altyn, halbe Kopeken Denga oder Denutschka, Viertel Poluschka. — Obschon die Silberstücken zu 25, 20, 10 und 5 Kopeken in Bezug auf Feinheit und Gewicht, ganz den Theilwerth des Rubels haben, so werden sie aber dennoch nicht als Kapital- oder Wechselzahlung, sondern nur als Scheidemünze betrachtet.

in Kupfer: Man darf das ältere auf Banco-Kopeken lautende mit dem neuern, seit 1840, auf den Silberrubel sich beziehend, nicht verwechseln.

Das ältere Kupfergeld (von sehr verschiedenem Gewichte) besteht in Stücken zu 10, 5, 2 und 1 Kopeken Banco, die auf 3, $1\frac{1}{2}$, $\frac{1}{2}$ und $\frac{1}{4}$ Kopeken Silber tarifirt sind und allmälig eingezogen werden.

Das neuere Kupfergeld besteht aus Stücken zu 3, 2, 1, $\frac{1}{2}$ und $\frac{1}{4}$ Kopeken. — 1600 Kopeken wiegen ein Pud.

in Papier: a) die ältern, schon oben erwähnten Bancozettel, Reichsassignationen genannt, von denen im Juli 1847 noch 97,637,285 Rubel in Umlauf waren, in Abschnitten von 100, 50 und 25 Rubeln auf weißem, von 10 Rubeln auf rothem und von 5 Rubeln auf blauem Papier. Der genannte Rest ist per $\frac{1}{13}$ Januar 1848 gekündigt. Dasselbe ist der Fall mit

b) den Depositenbillets, im Juli 1847 noch 3,185,430 Rubel. Diese eingezogenen Papiersorten werden verausgabt gegen

c) Reichscreditbillete zu 50, 25, 5, 3 und 1 Rubel Silber.

d) zinsentragende Reichsschatzbillete zu 250 Rubel Banco mit monatlich 90 Kopeken Zinsen, d. h. 4,32 %. — Dazu kamen 1840 neue zu 50 Rubel Silber. Der Betrag der Circulation ist schwankend.

Die ganze Papier-Circulation belief sich Mitte 1847 auf nicht ganz 270 Millionen Silberrubel.

in Platina: Stücke zu 12, 6 und 3 Rubel Silber; in Folge des Sinkens ihres Metallwerths wurde 1843 die Wiedereinziehung angeordnet und Ein- und Ausfuhr verboten. Auf die Ausfuhr der Platina als Metall wurde ein Zoll von 48 Silberrubel per russisch Pfund gelegt, die Einfuhr aber völlig verboten.

Wechselcourse.

	Veränd. Valuta.	Feste Valuta.
London 3 Mt. dato	$39\frac{1}{16}$ Pence Sterl.	für 1 Silberrubel.
Amsterdam 65 T. =	$193\frac{1}{2}$ Fl. niederl.	= 100 =
(auch 3 Mt. =) oder . .	$193\frac{1}{2}$ Cents	= 1 =
Hamburg 65 T. =	$34\frac{3}{4}$ Schill. Bco.	= 1 =
(auch 3 Mt. =)		
Paris 70 T. =	406 Francs	= 100 =
(auch 3 Mt. =) oder . .	406 Centimes	= 1 =
Inländ. Plätze als: Riga, Moskau, Odessa, Archangel u. s. w. .	$99\frac{1}{4}$ Silberrubel	= 100 = in Wechseln auf Riga u. s. w.

Ducaten, neuen Schlags, circa 300 Kopeken Silber.
" alten Schlags, " 297 " "
Imperialen, halbe " 520 " "

Münztarif vom $\frac{1}{13}$. Juli 1839.

	Geringstes Gewicht.	Feingehalt.	Werth in Silber.
Französische 20 Francs = Stücke .	1 Solotnik 48 Doli	86 Sol. oder $21\frac{1}{2}$ Karat	4 Rub. 92 Kop.
Sardinische 20 Lire-Stücke .	ebenso		
Preußische 5 Thaler = Stücke .	1 = 53 =	dito	5 = $11\frac{1}{2}$ =
Hannöversche 5 Thaler = Stücke .	1 = 52 =	dito	5 = $8\frac{1}{2}$ =
Sächsische 5 Thaler = Stücke .	ebenso		
Quadrupel (span.)	6 = 31 =	$81\frac{1}{2}$ Sol. oder $20\frac{5}{8}$ Karat	19 = $22\frac{1}{2}$ =
Oestr. Souveraind'or	2 = 57 =	$87\frac{5}{8}$ = = $21\frac{29}{32}$ =	8 = $69\frac{3}{4}$ =
Holländ. Albertsthaler . . .	6 = 54 =	$82\frac{1}{3}$ = = 13 L. 13 Gr.	1 = $33\frac{1}{2}$ =
Französische 5 Francs = Stücke .	5 = 81 =	86 = = 14 = 6 =	1 = 24 =
Preußische Thaler	5 = 21 =	71 = = 11 = 15 =	0 = $91\frac{1}{4}$ =
Sächsische und bairische Species	6 = 53 =	79 = = 13 = 3 =	1 = $27\frac{3}{4}$ =
Schwedische Species	6 = 82 =	$83\frac{2}{3}$ = = 13 = 17 =	1 = $41\frac{1}{2}$ =
Dänische dito	6 = 72 =	83 = = 13 = 15 =	1 = $38\frac{1}{4}$ =
Brabanter Kronthaler	6 = 83 =	82 = = 13 = 12 =	1 = 39 =
Oestr. Species	6 = 55 =	79 = = 13 = 3 =	1 = $28\frac{1}{4}$ =
20 Kr. = Stücke	1 = 48 =	48 = = 8 = — =	0 = $17\frac{3}{4}$ =

Dazu kamen 1840 noch folgende Bestimmungen:

Holländische Ducaten, vollwichtig, .	2 Rubel	$84\frac{106}{135}$	Kopeken	Gold.
	2 =	$93\frac{1}{3}$	=	Silber.
	10 =	$26\frac{1}{2}$	=	Banco.
Schwedische Species, seit 1832, . .	1 =	$40\frac{3}{4}$	=	Silber.
Spanische Piaster	1 =	$52\frac{1}{2}$	=	=

Wechselordnung für ganz Rußland vom 25. Juni 1832.

Trassirte Wechsel müssen binnen 24 Stunden nach dem Empfange derselben dem Bezogenen präsentirt werden, und dieser hat wiederum innerhalb 24 Stunden zu erklären, ob er acceptiren will oder nicht. Bei Sichtwechseln kann der Aussteller die Zeit der Vorzeigung im Wechsel bestimmen. Wechsel à Uso gestellt, verfallen 15 Tage nach der Vorweisung, die auf Sicht lauten, 24 Stunden nach derselben. Wechsel, welche à dato oder einige Tage nach Sicht gezogen sind, müssen am Verfalltage, und wenn dieser ein Feiertag ist, am nächstfolgenden Tage bezahlt werden.

Respecttage sind für Sichtwechsel 3, für Datowechsel 10 gestattet, Feiertage mit einbegriffen.

Meßwechsel sind am Tage vor dem Schlusse der Messe, und wenn diese nur einen Tag dauert, am Meßtage selbst fällig. Sie haben keine Respecttage, so wie Wechsel, die nicht acceptirt wurden.

Im ganzen russischen Reiche ist noch der alte julianische Kalender im Gebrauch, welcher (im jetzt laufenden 19. Jahrhundert) um 12 Tage gegen den unsrigen, gregorianischen Kalender zurück ist. So schreiben wir z. B. den 15. October, während man in Rußland den 3. October schreibt. Zur Vermeidung von Mißverständnissen setzt man daher gern zum Datum die Bezeichnung a. St. (alten Styls) oder n. St. (neuen Styls), oder man giebt beide Daten in Form eines Bruches, z. B. $\frac{3}{15}$. October.

Dem Gesetze nach sollen Wechsel auf ausländische Plätze auf Stempelpapier geschrieben sein. Von diesen auf russische Oerter gezogene Tratten müssen, bevor sie zum Accept gelangen, gestempelt werden.

Die Wechselcourtage beträgt gewöhnlich $\frac{1}{4}$ %. Bei Discontirungen $\frac{1}{8}$ %; jedoch meistentheils nur von Seiten des Verkäufers.

Der Wechselstempel beträgt auf Wechsel auf das Inland (auf fremde Plätze nur die Hälfte)

							Silber		
von	1	bis	150	Silb. Rub.	zahlen	—	Rub.	30	Kop.
=	151	=	300	= =	=	—	=	90	=
=	301	=	900	= =	=	1	=	80	=
=	901	=	1500	= =	=	3	=	—	=
=	1501	=	2000	= =	=	4	=	20	=
=	2001	=	3000	= =	=	6	=	—	=
=	3001	=	4500	= =	=	9	=	—	=
=	4501	=	6000	= =	=	12	=	—	=
=	6001	=	7500	= =	=	15	=	—	=
=	7501	=	9000	= =	=	18	=	—	=
=	9001	=	10000	= =	=	21	=	—	=

von 10001 bis 12000 Silb. Rub. zahlen 24 Rub. — Kop.
= 12001 = 13000 = = = 27 = — =
= 13001 = 15000 = = = 30 = — =

Secunden, Tertien rc. zahlen 15 Kop. Silber, gleichviel von welcher Größe.

Russische Staats=Papiere.

Man kann sie eintheilen in Inscriptionen, in holländische und in englische Anleihe=Papiere; die erstern lauten entweder auf Papierrubel oder auf Silberrubel; letztere werden daher Métalliques genannt.

Die 6 % Inscriptionen, welche auf Papier lauten, betragen etwa noch 30 Millionen Rubel. Sie rühren von freiwilligen Anleihen von 1816 und 1818 her und werden mit 2 % jährlich getilgt. Die Abschnitte sind von 1000 Rubeln, die in Amsterdam für 1000 Fl. gerechnet werden. Ihr Cours war daselbst im März 1847: 70 %. — Die Zinsen können, außer in Petersburg, gegen desfalls ausgegebene Zinsmandate, auch in Amsterdam realisirt werden, und zwar am 1. Jan. und 1. Juli. Von den auf Silber lautenden 6 % Inscriptionen sind nur noch wenige in Umlauf.

Die 5 % Inscriptionen auf Silber sind von 4 Serien; die erste Serie entstand durch eine Anleihe 1820 von 40 Millionen Silberrubel. Tilgung 2 %. Zinsen am 1.—15. März und 1.—15. September alten Styls. Die zweite Serie war die englische Anleihe (s. weiter unten). Die dritte von 20 Millionen Silberrubel in Obl. à 500 R. S., welche in Amsterdam = 1000 Fl. gelten, wurde durch Hope & Comp. bewerkstelligt. Tilgung 1 %. Zinsen am 1.—15. Juni und 1.—15. Dezember alten Styls. Die vierte Serie von 1832, ebenfalls bei Hope & Comp. und von 20 Millionen Silberrubel, die Zinsen am 1.—15. Mai und 1.—15. November. — Sämmtliche Inscriptionen können nur durch Ueberschreibung auf dem großen Schuldbuche in andere Hände übergeben. Jedoch giebt es mehrere Arten von Certificaten, mit Coupons (s. weiter unten).

Die 5 % engl. Anleihe wurde 1822 von 43 Millionen S. R. mit Rothschild abgeschlossen, wobei der Rubel zu 37 Pence gerechnet wurde. Die Obl. haben 24 Coupons per 1. März und 1. September. Sie lauten auf 111, 148, 518 und 1036 Pfund oder 720, 960, 3360, 6720 Rubel Silber und sind au porteur. Tilgung 1 %.

Die 5 % holländische Anleihe von 1828 und 1829 wurde mit Hope & Comp. zum Belaufe von 42 Millionen Gulden abgeschlossen, in Obl. à 1000 Fl. Zinsen am 1. März und 1. Sept. gegen Coupons in Amsterdam (s. unten). Tilgung bis 1866.

Die erste 4 % Anleihe durch Hope & Comp. von 1840 bestand in 25 Millionen Silberrubeln in Inscriptionen à 500 R. S. Zinsen vom 1.—15. Febr. und 1.—15. Aug. Tilgung mindestens $2\frac{1}{2}$ % (s. Certificate). — Die zweite 4 % Anleihe zum Bau der Petersburg-Moskauer Eisenbahn, von 1842, betrug 8 Millionen S. R., durch Baron Stieglitz in Petersburg. Tilgung $2\frac{1}{2}$ %. Zinsen wie bei der Anl. von 1840. — Die 3te Anleihe von 1843 betrug wieder 8, die 4te 1844 12 Millionen. — Anstatt der weitern derartigen Anleihen sind 1847 3 Millionen mit 4,32 % verzinsbare Reichsschatzbillete ausgegeben worden.

Zur Verbreitung der russischen Fonds im Auslande sind mehrere Administrations-Contore ermächtigt worden, Certificate mit Coupons auszugeben, die jederzeit gegen Inscriptionen auf den Namen umgetauscht werden können. Es giebt dergleichen bei Baring in London, bei Hottinguer in Paris, bei Hope, Ketwich & Voomberg und Wittwe W. Borski in Amsterdam, bei Grunelius in Frankfurt, bei Anhalt & Wagner in Berlin, sowie bei Stieglitz in Petersburg und Sillem, Bennecke & Comp. und H. J. Stresow in Hamburg.

Zur Herstellung einer Canalverbindung zwischen dem finnischen Meerbusen und dem Saimsee werden ebenfalls seit 1845 Inscriptionen à 50 R. S. mit $3\frac{3}{5}$ % Zinsen bis zum Belauf von $1\frac{1}{2}$ Millionen S. R. allmälig ausgegeben. Tilgung in 30 Jahren (s. übrigens Riga und Warschau).

Der letzte Rechenschaftsbericht giebt an, daß 1847 die auswärtigen Terminschulden 66,836,000 Gulden, die inländischen 52,497,760 S. R.; ferner die Nicht Termin habenden Schulden 224,489,900 S. R. betragen haben. Der Tilgungsfond hatte circa 46 Millionen R. S. in Vermögen. Anfangs 1847 betrug die Circulation in Assignaten noch 111,121,200 R. B., an Reichscreditbilleten 226,167,589 R. S.

Staatspapier- und Actien-Course im October 1847.

5 %	1ste und 2te Serie	106 %.
„	3te „ 4te „	101 „
4 %	Hope & Comp.	91 „
„	Stieglitz	92 „

	Primitiver Werth:	Cours:
Erste Feuer-Assecuranz-Compagnie	200 R. Bco.	490 R. S.
Zweite „ „ „	250 „	72 „
Russ. Amerik. Compagnie	150 R. S.	$222\frac{1}{2}$ „
Petersburg-Lübecker Dampfsch. . .	50 „	55 „
„ Gas-Compagnie . . .	200 R. Bco.	55 „
Baumwollen-Spinnerei-Comp. . .	500 „	255 „
Zarskojelsche Eisenbahn	200 „	63 „
Zarewo Manufactur-Comp. . . .	150 R. S.	110 „
Compagnie zur Versicher. der Capit. und Rev.	200 R. Bco.	74 „

Maaße.

Längenmaaß.

Der Fuß = dem engl. Fuß = 135,114166 par. Linien oder 0,30479 Meter.

1 Arschin à 16 Werschok = 28 engl. Zoll = 315,2664 par. Linien oder 0,7112 Meter.

1 Saschehn (Faden) = 3 Arschin.

Faden		Arschin		Fuß		Werschock		Zoll		Linien.
1	=	3	=	7	=	48	=	84	=	1008
		1	=	$2\frac{1}{3}$	=	16	=	28	=	336
				1	=	$6\frac{6}{7}$	=	12	=	144
						1	=	$1\frac{3}{4}$	=	21
								1	=	12

Beim Feldmessen wird der Faden gewöhnlich zehntheilig getheilt.

1 Werst = 500 Faden. — 1 russ. Meile = 10 Werst. Es gehen 104,155 Werst auf den Grad, und 6,9437 auf die deutsche oder geogr. Meile.

Flächenmaaß.

1 Dessätine = 2400 □Faden gesetzlich = $109\frac{1}{4}$ Aren oder 4,2789 preuß. Morgen. In manchen Gegenden wird sie = 3200, in Kasan = 3600 □Faden gerechnet.

Körpermaaß.

Holzmaaß. Die dreibrändige Saschehn = $\frac{3}{4}$ Kubik-Saschehn = 7,284 Steren. Die einbrändige das Drittheil davon.

Getreidemaaß. 1 Tschetwerik = 1600 russische Kubikzoll = 1321,7 pariser Kubikzoll oder 26,22 Liter.

Tschetwert		Osmin		Pajok		Tschetwerik		Tschetwerka		Garnez.
1	=	2	=	4	=	8	=	32	=	64
		1	=	2	=	4	=	16	=	32
				1	=	2	=	8	=	16
						1	=	4	=	8
								1	=	2

Man rechnet in Petersburg 100 Tschetwert für 70 — $70\frac{1}{2}$ Imp.-Quarters. — Der Tschetwert Waizen wird zu 380 ℔, Roggen zu 354 ℔, Gerste zu 290 ℔, ungedörrter Hafer zu 240 ℔ gerechnet.

1 Kuhl oder Sack = 10 Tschetwerik, nach anderen Angaben = 8 Tschetwerik.

1 Wedro (für Flüssigkeiten) = 750 russische Kubikzoll = 619,5 pariser Kubikzoll.

1 Wedro = 10 Kruschki (Krüge). Nach älterer Eintheilung ein Wedro = 4 Tschetwerki (Viertel) = 8 Osmuschki (Achtel) oder Kruschki.

Pipe		Oxhoft		Ahm		Anker		Stekan		Wedro.
1	=	2	=	3	=	12	=	24	=	36
		1	=	1½	=	6	=	12	=	18
				1	=	4	=	8	=	12
						1	=	2	=	3
								1	=	1½

1 Faß = 40 Wedro.

Gewicht.

Das Pfund = 409,5174 Gramm, nach officieller Angabe.

1 Pfund	=	32 Loth	=	96 Solotnik	=	9216 Theile (Doli).
		1 "	=	3 "	=	288 "
				1 "	=	96 "

1 Pud = 40 Pfund.

1 Berkowetz = 10 Pud = 400 Pfund.

Das Medicinalpfund = $\frac{7}{8}$ des Handelspfundes = 358,3277 Gramm.

Das Scalenpfund der Artillerie = 489,108 Gramm.

Von zählenden Gütern rechnet man bei Befrachtung der Schiffe auf eine Brutto-Last:

120 Pud Pottasche, Talg, Schweinsborsten, Hanf- u. Leinöl, getheertes Thauwerk, Eisen u. Kaviar;

100 Pud Wachs, Seife und Kolophonium;

88 Pud Juchten nach Italien; 80 Pud Kabelgarn, Anies und Kümmel; 70 Pud Elendshäute;

60 Pud Hausenblase, russisches Garn, Flachs, Hanf, Pferdemähnen und Pferdeschwänze;

6 Fässer Waidasche, 60 Rollen Juchten, 120 Stück gesalzne und trockne Häute, 400 Stück Bockfelle und große Matten, 600 Stück kleine oder Sackmatten, 6 Pack oder 500 Arschinen Laken und Boy, 6 Pack oder Tonnen Peltereien, und 6 Tschetwert Roggen- und Leinsaamen.

Oeffentliche Handels-Anstalten.

Rußland hatte zeither 3 Hauptbanken, die ihren Sitz in Petersburg und Comptoire in mehreren Hauptstädten des Reiches hatten.

1) Die Assignatenbank. Ihre Geschäfte beschränkten sich fast lediglich auf die Angelegenheiten des Papiergeldes. Sie besorge den Umtausch der Banknoten von verschiedenen Beträgen gegen einander und ersetze die beschädigten durch gangbare Scheine. Ihre Wirksamkeit endet mit dem 1. Januar 1848, so wie diejenige der zeitherigen Depositenkasse.

2) Reichsleihbank. Diese nimmt Gelder in Deposito, verzinst sie seit 1830 mit 4 $\frac{0}{0}$, und leiht auf hypothekarische Pfänder, wobei die Anzahl der Jahre, so wie die jährlich zu zahlenden Summen, welche Tilgung und Zinsen zugleich

enthalten, nach festen Normen bestimmt sind. Besonders dienlich ist sie den anderen öffentlichen Anstalten und namentlich der Commerz-Bank, indem sie deren unbenutzt liegenden baaren Fonds einträglichen Abfluß verschafft. Ihr Grundkapital bestand im Jahre 1841 aus 13,973,500 Silber-Rubeln.

3) Die Reichs-Commerzbank. Sie besteht seit 1818, und hat den Zweck dem Handel zu dienen. Sie ist Girobank, eröffnet für Einlagen, von 500 Rubeln an, Folien in ihrem Contobuche, und überträgt von einer Rechnung auf die andere, ohne Vergütigung zu nehmen. Nur bei den Geschäften mit auswärtigen Comptoiren berechnet sie 1 % Provision. Sie ist Depositenbank, verzinset jedes Guthaben nach wenigstens 6 Monaten mit 4 %, nach 18 Monaten aber schreibt sie die Zinsen zum Kapital, so daß die Gläubiger von da ab Zins auf Zins erhalten. Die von der Bank hierüber ausgestellten Billets werden in öffentlichen Kassen angenommen, sind durch Giro in blanco leicht verkäuflich, und circuliren nicht selten auch im Auslande. Die Bank nimmt auch Gold und Silber in Verwahrung, discontirt Wechsel und giebt Vorschüsse auf Waaren, die in Loco lagern; das dieser Bank eigene Kapital betrug 1847: 8,571,428 R. S.

Außerdem giebt es Verwahrungskassen, deren Depositen 1847 circa 373⅓ Millionen S. R. betrugen. Die Kammern der allgemeinen Fürsorge hatten 49¾ Millionen an Ersparnissen in Aufbewahrung. Ueberhaupt betrug die Summe aller Depositen in den Staatsämtern 693¾ Mill. S. R.

Zu den bedeutendsten kaufmännischen Vereinen gehört die russisch-amerikanische Compagnie für den Pelzhandel, 1799 mit einem Kapital von 2,750,000 Rubeln gestiftet; sie hat große Comptoire in den Gouvernements und ihr Privilegium, das 1842 zu Ende ging, ist auf 20 Jahre verlängert worden.

Die Petersburg-Lübeck-Stettiner Dampfschifffahrts-Gesellschaft besteht seit 1831 mit einem Fond von einer Million Rubel Banco in Actien à 500 Rubel. — Die Petersburg-Zarskojeselo Eisenbahn hat circa 5 Millionen R. B. gekostet. Es giebt 3½ Millionen R. B. in Actien à 200 R., welche seit 1843 etwas über 7 % rentirten. Außerdem schuldet die Bahn 1½ Million Rubel dem Kaiser. Zum Weiterbau nach Gatschino sind neuerdings 875,000 S. R. in Actien à 50 S. R. ausgegeben worden, die während der Bauzeit mit 5 % verzinset werden. — Die seit 1835 bestehende Gesellschaft zur Versicherung von Kapitalien und lebenslänglichen Revenüen beruht auf einem Fond von vier Millionen Rubel Banco in Actien à 200 Rubel au porteur.

Philadelphia,

am Delaware und Schuylkill, ungefähr 30 Meilen vom atlantischen Ocean, und wichtiger Hafen, Hauptstadt von Pennsylvanien, mit 265,000 Einwohnern, in welchen jährlich an 1200 Schiffe einlaufen, und dessen Ausfuhr von Getreide und Mehl an Werth oft über 15 Mill. Dollars beträgt. Außer bedeutenden Schiffswerften, Zuckersiedereien und blühenden Fabriken, befinden sich hier die Münze des Freistaats (mit Zweigmünzstätten in New-Orleans, Dahlonega und Charlotte), welche seit 1793 bis mit 1845 nahe an 116 Millionen Dollars in Gold, Silber und Kupfer ausgeprägt hat. Die 1791 errichtete Staatsbank, eine Pennsylvanische und andere Banken, mehrere Assekuranz-Gesellschaften und andere Anstalten für den auswärtigen und den Binnenhandel, der vorzüglich mit Pittsburgh getrieben wird.

Die pennsylvanische Schuld betrug 1847: 41 Mill. Pfund zu 5 $\frac{0}{0}$. Cours: 77$\frac{1}{4}$.

Siehe Vereinigte Staaten.

Piacenza,

eine große, schöne Stadt im Herzogthum Parma, am Einflusse der Trebia in den Po, mit 20,000 Einwohnern, welche neben Seiden-, Wein- und Olivenbau, Handel mit Obst, Olivenöl, Kastanien, Wein und Seide treiben, rechnet wie Parma.

Der hiesige Piede (Fuß) ist = 0,47 Meter. — 6 Piedi = 1 Cavezzo.

Der Braccio (Elle) à 12 Oncie = 0,675 Meter.

Vom Land- oder Feldmaaß wird die Pertica zu 24 Tavole oder 96 □Cavezzi gerechnet; sie enthält 7,6307 pariser Aren, oder 0,29886 preuß. Morgen.

Die Wein-Brenta à 96 Boccali = 76 Liter.

Vom Handelsgewicht hat der Rubbio 25 Lire oder Pfund. Das Pfund, von 12 Once, 288 Denari, 6912 Grani, wiegt 317,517 Gramm.

Gold- und Silbergewicht wie Parma.

Pondichery,

Hauptort der französisch-ostindischen Niederlassungen, mit circa 24,000 Einwohnern, rechnet theils nach

Pagoden à 28 Fanons, theils nach (Courant-)Rupien à 8 Fanons à 80 Cash. Eine Pagode hat 3$\frac{1}{2}$ Rupien; eine Rupie gilt 240 franz. Centimes. Man kann füglich 22 Rupien auf die f. Mark rechnen, da die britischen Compagnie-Rupien mit den hiesigen gleich gehalten werden, demnach eine Pondichery Rupie circa 19 Sgr oder 54½ Xr. Conv. Mze. oder 67 Kreuzer im 24½ Fl.Fuß werth ist.

Die wirklich geprägte Rupie soll gesetzlich 27,855 französ. Grän schwer und $\frac{1}{2}\frac{1}{4}$ fein sein. In neuester Zeit sollen aber nur doppelte und einfache Fanams ausgeprägt worden sein.

Port-au-Prince, s. Haïti.

Porto oder Oporto,

Seehafen Portugals und zweite Stadt des Reichs am Douro, mit etwa 75,000 Einw., hat Ausfuhr von Portwein, (30,000 Pipen jährlich), Früchten, Sumach, Leinwand, Oel, Wolle und Colonialwaaren, ist als Stapelplatz brasilianischer Produkte wichtig, und interessirt die Ostseeplätze wegen bedeutender Getreideeinfuhr.

Münzen, Maaße, Gewichte wie Lissabon.

Der Covado ist etwa 3 % kürzer als in Lissabon.

Die Getreide-Fanga à 4 Alqueires ist = 69,86 Liter. — 100 hiesige = 126 Fangas in Lissabon; 16 Alqueires = 1 engl. Imp.-Quarter; 5½ Alqueires = 1 Hectoliter.

Die Wein-Pipa hat 21 Almudas; 9 = 11 in Lissabon. — 66 Almudas = 100 Almudas in Lissabon. — Eine Almuda von Lissabon = 5,583 engl. Gallons oder 25,365 Liter. — Die Pipa giebt circa 138 Imp.-Gallons.

Die Almuda Oel wiegt Netto circa 50 ℔.

1 Quintal hat 4 Arrobas à 32 Pfund; 1 Arroba kommt mit 31$\frac{7}{16}$ berliner, oder 30¼ hamburger Pfund überein.

Von Kaffee und Cacao in baumwollenen Säcken ist die Tara 1 ℔, in leinenen Säcken aber 2 ℔ pr. Sack. Eine halbe Kiste Orangen und Citronen enthält circa 460 Stück.

Banken.

Es giebt hier eine Zweigbank der Nationalbank in Lissabon. Außerdem eine Banco commercial de Porto seit 1835; Fond 2000 Contos de Reïs. — Die ehemalige Wein-Compagnie wurde 1843 unter dem Namen Ackerbau- und Wein-Compagnie wieder hergestellt, soll aber nicht prosperiren.

Posen,

Hauptstadt des preußischen Regierungs-Bezirks Posen, an der Warthe, mit circa 40,000 Einwohnern; treibt nicht unbedeutenden Handel mit Holz, Getreide, Tuch und Leinwand, und hat selbst einige Tuch-, Leder- und Tabaksfabriken.

Münzen, Maaße, Gewichte wie Berlin.

Die ehemalige posener Elle war = 0,594 Meter. Der alte polnische Scheffel = 2⅕ preuß. Das posener Pfund Schwergewicht = 417,81 Gramm, Leichtgewicht = 398,35 Gramm.

Die posensche Credit-Vereinigung besteht seit 1821. Die Geschäfte derselben werden von der Provinzial-Landschafts-Direction geführt. Das Pfand-Kapital soll 15 Millionen Thaler, das eigene Vermögen des Vereins mehr als eine halbe Million Thaler betragen. Seit 1846 steht der Verein unter directer Leitung des Staats. Die Pfandbriefe sind zu 4 und zu 3½ %. Ihr Cours war im December 1847: 101¼ und 92¼. Tilgung 1 % nebst Zinseszinsen. Die Zinsen werden am 24. Juni u. 24. Dec. in Posen, später auch in Berlin (beim Commissionsrath Robert) und in Breslau bei C. T. Löbbecke & Comp. bezahlt.

Seit dem 1. Febr. besteht hier eine Commandite der königl. Hauptbank in Berlin.

Posen ist durch Eisenbahn mit Stettin verbunden; ein Anschluß an die niederschlesische Bahn ist beabsichtigt.

Märkte. Es werden jährlich drei Märkte gehalten, wovon der Johannismarkt (Johannis-Versur) der wichtigste. Wollmarkt Anfangs Juni (1847: 20,000 Centner).

Prag,

Hauptstadt des Königreichs Böhmen, mit 130,000 Einwohnern, an der Moldau, Mittelpunkt des böhmischen Handels und Gewerbfleißes.

Münzen.

Böhmen rechnet, wie ganz Oestreich, nach Gulden à 60 Kreuzer à 4 Pfennige des Conventions- oder 20 Fl.Fußes (s. Wien). Drei Kreuzer werden ein Groschen oder Böhmen, Dreipfennigstücke Gröschel genannt. Neunzig Kreuzer nennt man zuweilen einen böhmischen Thaler. (Siehe übrigens **Wien**.)

Obgleich die östreichischen Einlösungsscheine (sogenannte Gulden-Scheine oder Scheingeld, Wiener Währung) so ziemlich eingelöst oder gegen anderes, auf Conventionsgeld (Münze) lautendes umgewechselt sind, so ist doch die Rechnung nach diesem Scheingeld zu tief ins Volksleben gedrungen, als daß sie so bald verschwinden sollte. Dazu kommt noch die große Masse Kriegs-Kupfergeld, das auf Scheingeld reducirt worden ist. Die Stücke zu 30 Kreuzer gelten 6, die zu 15 also 3 Kreuzer Schein. Auch giebt es Stücke die auf 3 Kreuzer lauten und eben soviel gelten, andere die auf 3 Kreuzer lauten und nur 2 Kreuzer gelten, so wie auch ganze, halbe und viertel Scheinkreuzer-Stücke (s. Wien). Bis 1782 wurden auch Kupfergröschel für Böhmen besonders geschlagen, seitdem giebt es für Böhmen keine besondern Münzen.

Von fremden Münzen circuliren hier meist nur die preußischen Courantsorten, und zwar: die ganzen Thaler 1 Fl. 24 bis 26 Xr.; die $\frac{1}{3}$ gelten im kleinen Verkehr 28 Xr.; die $\frac{1}{6}$ = 14 Xr.; die $\frac{1}{12}$ = 7 Xr.; die Silbergroschen 3 Xr. Kronthaler = 2 Fl. 12 Xr. Oestr. und andere Conv.-Species gewinnen oft ein Agio von $\frac{1}{4}$ — $\frac{1}{2}$ %.

Die Wechsel-Course sind wie die Wiener, nur daß hier ein Cours (k. S. und 2 Mt.) auf Berlin und Breslau notirt wird, und zwar 97 Thaler m. o. w. Convent.-Courant für 100 ℛ︀ preuß. Courant. — Der Cours 99 auf Wien bedeutet 99 Fl. Conv.-Mze. in Prag für 100 Fl. Conv.-Mze. zahlbar in Wien.

Wechselgebräuche und Wechselgesetze s. Wien.

Staatspapiere und Actien. Von den unter Wien genauer angeführten östreichischen Staatspapieren ist hier nur der böhmischen Aerarial-Obligationen zu gedenken, die zu verschiedenen Zeiten auf Veranlassung der Staatsregierung ausgegeben worden, meistens zu $2\frac{1}{2}$ und 2 % in Wiener Währung verzinslich sind, und da sie auf den Namen lauten, wenig circuliren. Laut Verloosungsplan von 1818, durch welchen die ganze ältere Schuld, zu welcher diese Papiere gehören, allmälig in die neuere, auf Silbergeld lautende verwandelt werden soll, sind sie in die Serien 415 bis mit 456 eingereihet, von denen bis 1847 19 herausgekommen. — Die böhmischen Domestical-Obligationen zu 4 und 2 %, für provinzielle Zwecke emittirt, wurden 1834 durch Verwandlung in Hofkammer-Obligationen in diese Serien-Ordnung aufgenommen.

Maaße und Gewichte s. Wien.

Die ältern Maaße und Gewichte.

Der böhmische Fuß = 0,2964 Meter; gewöhnlich rechnet man 16 böhmische = 15 wiener Fuß. — Die böhmische Elle = 0,59397 Meter; 21 böhmische = 16 wiener Ellen. — Von den böhmischen Meilen (à 12000 Ellen) gehen 14,846 auf den Grad.

Der Getreide-Strich à 4 Viertel à 4 Maaßel à 12 Seidel ist = 93,608 Liter; gewöhnlich werden 2 Strich für 3 wiener Metzen gerechnet.

Das alte böhmische Weinfaß hatte 4 Eimer à 32 Pinten à 4 Seidel. Eine Pinte = 1,91043 Liter; 20 Pinten = 27 wiener Maaß.

Das alte böhmische Gewicht soll nur noch in den Eisenwerken und beim Eisenhandel vorkommen. Der Centner hat 6 Stein à 20 ℔. Das Pfund = 514,3542 Gramm; 49 böhmische = 54 wiener Centner à 100 ℔.

Die Silberprobe ist 13 Loth; die Mark jetzt nur die wiener; die alte war = 255,7382 Gramm.

Handels-Anstalten.

Die 1846 ins Leben getretene Filiale der wiener Nationalbank beruht vorläufig auf einem Fond von 2 Millionen Gulden. Ihre erste Operation (am 16. Nov.) bestand in der Verausgabung von 500,000 Fl. Central-Cassen-Anweisungen von 50, 100, 500 und 1000 Fl. im Auftrage der k. k. Finanzen. Sie lauten auf 6 Monate und tragen 3 % Zinsen.

Außerdem giebt es hier mehrere Actien-Gesellschaften: die prager Schifffahrts- u. Assecuranz-Gesellschaft (Fond: 100,000 Fl. in Actien à 550 Fl.), die prager Kettenbrücke (1866 Actien à 200 Fl. au porteur), Pilsen-Budweis Eisenbahn (Fond: 3,671,000 Fl. in Actien à 200 Fl.). — Eine Sparkasse, ein Wechsel- und Merkantilgericht. — Prag ist durch eine Staats-Eisenbahn mit Wien und Krakau verbunden; nach Dresden zu naht sich der Bau seiner Vollendung. — Die Dampfböte des Herrn Andrews und der sächs. Dampfschifffahrts-Gesellschaft (siehe Dresden) gehen regelmäßig zwischen Prag und Dresden.

Preßburg,

in Nieder-Ungarn, alte merkwürdige Krönungsstadt an der Donau, über die eine Schiffbrücke führt, mit 40,000 Einwohnern, welche Fabriken, Weinbau, Schifffahrt auf der Donau und Handel mit ungarischen Landesprodukten treiben.

Münzen, Maaße, Gewichte s. Wien und Pesth.

Preßburg ist der Sitz des Directoriums der ungarischen Central-Eisenbahn, welche Wien mit Preßburg, Pesth, Debreczin ꝛc. verbindet. Fond: 11 Millionen Gulden in Partialen à 250 Fl. — Presburger Mühlthal-Actien-Gesellschaft (1600 Actien à 200 Fl.).

Prinz Wales oder Pulo Penang,

eine der Merguiinseln in Hinterindien, welche durch die Forrest-Straße vom festen Lande getrennt werden, nördlich von Sumatra gelegen, nebst Junk Ceylon oder Selenga im Besitz der Briten, von 8 □Meilen und 60,000 Einwohnern, mit dem Hauptpunkt des malayischen Handels, Georgetown, Ort von 20,000 Einw. und Freihafen, dessen Ausfuhr von Betelnüssen bester Qualität, Pfeffer, Gewürzen und Kaffee die Fremden interessirt.

Münzen.

Man rechnet jetzt meist wie in Bombay und Calkutta nach Compagnie-Rupien, auch zuweilen nach Sicca-Rupien, im Handel auch nach Dollars (spanischen Piastern) à 100 Cents oder Pice. Letzteres war früher eine Zinnmünze mit dem Stempel der ostind. Compagnie.

Maaße und Gewichte.

Das Maaß für Zeuge ist der Astah, von 18 Zoll englisch, oder 202,67 pariser Linien oder 0,457 Meter.

Das Flächenmaaß bei Ländereien heißt Orlong, wird in 20 Jumbas getheilt, ist gleich $1\frac{1}{3}$ engl. Acres.

Das Maaß flüssiger Dinge ist der Ganton oder Gantang von $1\frac{1}{4}$ engl. Gallons.

Getreide und besonders Reis wird hier ebenfalls nach diesem Ganton verkauft, wovon 20 auf den Sack gehen, 40 Säcke aber einen Coyan (Last) gerechnet werden; der Ganton wird zu 5323 Pfund engl. av. d. p., oder 2414,52 Kilogramm angegeben. Ein Sack Salz wiegt 100 Pfund engl. av. d. p., und 1 Sack Reis wird zu 2 Maunds à 82 Pfund, oder 164 Pfund engl. av. d. p. gerechnet.

Das Handelsgewicht ist der chinesische Catty, welcher hier die Unterabtheilung von 16 Tales hat und $1\frac{1}{3}$ Pfund englisch, oder 604,8 Gramm wiegt. 100 solcher Cattys sind ein Centner oder Pecul; 3 Peculs bedeuten 1 Bahar, und 4000 Cattys oder 40 Peculs sind 1 Coyan.

Der hiesige Bahar wird auch zuweilen nach dem malayischen Catty gewogen, welcher etwas größer als obiger ist, und der große Pecul heißt. Der Centner ist nach diesem Gewicht $9\frac{1}{3}$ ℔ schwerer, und der Bahar wird 428 ℔ engl. av. d. p. oder 194,14 Kilogramm gerechnet.

Gold und Silber wird nach dem Buncal gewogen, einem Gewicht, welches man in 16 Miams theilt, 4 Sicca-Rupien fast gleich kommt, genau aber $706\frac{7}{16}$ engl. Grän = 45,79 Gramm ist.

Ein Chest Opium, 8 Kisten (à 150 ℔ engl. av. d. p. circa) enthaltend, von der Compagnie in Bengalen mit etwa 112 Rupien erhandelt, wird hier zu 8000 bis 9000 Piaster verkauft. In Pulo Penang werden jährlich 28 Chest Opium für das Bedürfniß der Malayen und Chinesen eingeführt.

Providence,

Hauptort von Rhode-Island, wichtiger Handelsplatz der Vereinigten Staaten von Nordamerika, und Hafen an der Naraganset-Bai, mit ungefähr 20,000 Einwohnern, deren Handel sich nach China und Ostindien erstreckt, rechnet in Allem wie New-York.

Quebeck,

Hauptstadt der engl. Provinz Unter-Canada, mit 40,000 Einwohnern. In derselben Provinz ist auch noch Montreal von

Wichtigkeit, mit 30,000 Einwohnern. Der Handel Canadas erstreckt sich besonders auf Holz, Getreide, Pelze, Fische 2c.

Münzen.

Man rechnet in den engl. Besitzungen in Nordamerika nach Pfunden à 20 Schilling à 12 Pence à 2 Coppers, zuweilen nach Dollars à 100 Cents, und in einigen Theilen Unter-Canadas gewöhnlich nach dem franz. Livre à 20 Sous à 12 Deniers (1 £ = 24 Livres).

Das canadische Pfund ist aber um etwa 22 % geringer als das englische, wie aus folgendem neuesten Tarife hervorgeht:

1 engl. Sovereign gilt gesetzlich 24⅓, im Verkehr 24½ hiesige sogenannte Halyfax Currency.

1 nordamerik. Eagle 50 hiesige Schillinge.

Doch soll Niemand gezwungen sein, bei Zahlungen über 50 £, die fremden Münzen nach dem Stück zu nehmen. Die Preise al marco sind:

1 Unze in englischen Goldmünzen		94⅝ Schill.		
1 „ „ nordamerik.	dito	93 „		wenn vor 1841 ausgeprägt.
1 „ „ französ.	dito	$93\frac{1}{12}$ „		
1 „ „ spanischen	dito	$89\frac{5}{12}$ „		
1 „ „ südamerik.	dito	89 „		
1 „ „ brasilianischen	dito	94½ „		

Amerikanische Dollars, wenn 412 Grän Troy schwer und vor 1841 geprägt: 5 Schill. 1 Penny.

Engl. Crown: 6 Schill. 1 Penny.

Franz. 5 Francs-Stücke (vor 1841 geprägt) 4⅔ Schill.

Franz. Kronen à 5½ Schill.

Die spanische Peseta: 10 Pence.

u. s. w.

Rechnet man 32⅛ engl. Sovereigns auf die f. Mark Gold, so würden von dem (eingebildeten) canadischen Pfunde circa 39⅛ Stück auf dieselbe Mark gehen, demnach sie noch nicht ganz 1½ % schlechter sind als der preuß. Friedrichsd'or. Da nun aus den obigen Silber-Tarifirungen hervorgeht, daß durchschnittlich 2⅗ Pfund auf die f. Mark Silber anzunehmen, so stellt sich der Werth eines Pfundes auf 5⅝ ℛ︀ preuß. Court. oder $10\frac{5}{24}$ Fl. im 24½ Fl.Fuß oder 8½ Fl. im 20 Fl.Fuß, was ein Verhältniß des Goldes zum Silber wie 1:16⅓ giebt (in Preußen bei 13⅓ % wie 1:15,69).

Wechsel-Cours auf London wie in New-York.

Die **Maaße und Gewichte** sind die englischen.

Doch kommt noch beim Länderkauf häufig der franz. arpent zur Sprache, von dem 118 = 100 engl. Acres gerechnet werden. — Der franz. Minot als Getreidemaaß wird ebenfalls noch gebraucht: 9 Minots = 10 Winchester Bushels.

Banken.

Die Bank von British North-America wurde 1836 gegründet und hat seitdem Zweigbanken in Hamilton, Port Hope und Bytown errichtet. Fond: eine Million Pfund in Actien à 50 £. Divid. 1846: 6 %.

Die Bank von Quebeck, mit einem Fond von 75,000 £, hatte 1834 46752 £ in Noten ausgegeben. — Auch ist eine Feuer-Assecuranz-Company und eine Sparkasse in Quebeck.

Die Bank von Montreal mit einem Fond von 250,000 £, hatte 1834 190297 £ in Noten ausgegeben.

Die City-Bank von Montreal hatte 1834 einen Fond von 84121 £, mit 34235 £ Noten-Circulation.

Die Banken Canadas geben auch zahlreiche Kupfer-Tokens aus zu 1 Penny oder 2 Sous, und zu 1 halfpenny oder 1 Sou.

Von der Regierung werden, nach Art der engl. Exchequer-bills, in allen nordamerikanischen Besitzungen Englands Provinzial-Treasury-Bills ausgegeben, in sehr verschiedenen Appoints. Diese verbunden mit den Bank-Noten und unverzinslichen Promissory-Noten machen eine sehr starke Papier-Circulation aus.

Anleihen.

Zum Anbau von Canälen, Eisenbahnen rc. wurde in Ober-Canada eine Anleihe von 400,000 £ in 5 % Oblig. durch Wilson & Comp. eröffnet, wovon 200,000 £ bis 1854 und 200,000 £ bis 1855 zu tilgen sind. Dazu kam 1842—45 eine 4 % von $1\frac{1}{2}$ Million. — Die ältere canadische Schuld soll sich auf nahe an $1\frac{1}{4}$ Million Pfund belaufen.

Zum Betrieb des Pelzhandels wurde schon 1784 die bekannte North-West-Company gegründet.

Die Great-Western-Canada Eisenbahn ist auf einen Fond von 60,000 Actien à $22\frac{3}{4}$ £ begründet.

Quito (Francisco de)

Hauptstadt des südamerikanischen Freistaates Ecuador, früherer Bestandtheil Columbiens, mit 80,000 Einwohnern, besonders wegen der Exportation des Cacao nicht ohne Wichtigkeit.

Münzen s. Caraccas.

Maaße und Gewichte s. Madrid.

Anleihen.

Als sich Columbien in seine ursprünglichen Staaten wieder auflöste, übernahm zwar Ecuador $21\frac{1}{2}$ % von der inländischen sowohl, als der ausländischen Schuld, welche erstere 22 Millionen Dollars, letztere 6,625,000 £ an Kapital und 4,373,127 £ an Zinsrückständen betrug; es ist aber seitdem nichts gezahlt worden, so daß der londoner Cours der engl. Papiere im November 1847 $2\frac{1}{3}$ £ für 100 £ nominell war.

Ragusa,

die östreichische Kreisstadt des Guberniums Dalmatien, auf einer Halbinsel des adriatischen Meeres, hat einen kleinen sicheren Hafen bei der Stadt, einen viel größeren bei Gravosa, und 17,000 Einwohner, welche außer einigen Fabriken in Seide, Tuch, Leder und Rosoglio, Schiffbau und Handel mit 300 eignen Schiffen treiben.

Münzen, Maaße, Gewichte wie Wien.

Als Ragusa noch Republik war, rechnete es nach Ducati zu 40 Grosseti à 6 Soldi. Die Ausprägung dieser Ducati, so wie der Talleri à 60 Grosseti, die einst in der Handelswelt, unter den Namen Ragusanen oder Ragusinen, eine große Rolle spielten, ist sehr verschieden gewesen. Bis 1797 gingen circa $21\frac{1}{4}$, dann aber $37\frac{1}{4}$ Stück auf die f. Mark, so daß man 4 alte für 7 neue Ragusanen rechnen konnte. — Auch wurden Scudi zu 36 Grosseti, in $\frac{1}{1}$, $\frac{1}{2}$ und $\frac{1}{3}$, so wie Stücke zu 8 Grosseti (Artilucci) zu 3, $1\frac{1}{2}$ und 1 Grosseti geprägt, in Kupfer Soldi-Stücke à 5 Bagatini. Das gemeine Volk rechnet auch häufig nach (türkischen) Piastern à 40 Paras. — Spanische Piaster gelten hier 2 Fl. 3 — 5 Xr. Conv. Mze.

Regensburg,

eine der ältesten Städte Deutschlands, jetzt Hauptstadt des Regenkreises im Königreiche Baiern, in einem weiten Thale an der Donau, wo diese den Regenfluß aufnimmt, hat 28,000 Einwohner, welche bedeutenden Speditions-, Salz-, Holz- und Getreide-Handel treiben, erhebliche Fabriken, Bierbrauereien und Branntweinbrennereien.

Münzen, Maaße, Gewichte wie München.

Wechselcourse richten sich nach Nürnberg und Augsburg.

Alte Maaße und Gewichte.

Der Fuß = 139 pariser Linien oder 0,314 Meter.

Die Elle = 31 Zoll = 359,083 pariser Linien oder 0,81 Meter.

Das Getreide-Schaff = 4 Mäßl = 16 Vierling = 32 Metzen; für Hafer jedoch = 56 Metzen; die Metze war immer dieselbe, und zwar = 18,329 Liter.

Mehl wurde nach dem Strich von 4 Mäßl oder 16 Köpfel, Salz nach der Metze von 4 Mäßl oder 16 Köpfel, und Kalk nach dem Schaff von 12 Getreidemetzen gemessen.

Vom Weinmaaß ist das Köpfel die Einheit und hält 42 pariser Kubikzoll. Der Wein- und Biereimer hat 60, der Visireimer 64, der Berg- oder Mosteimer 68, und der lange Weineimer 88 Köpfel à 2 Seidel à 2 Quartl à 2 Achterl.

Vom Handelsgewicht hat der Centner 100 Pfund; das Pfund aber 566,917 Gramm.

Das Gold- und Silbergewicht ist die Mark von 16 Loth à 4 Quent à 4 Pfennig, welche 5120 holl. As schwer, und also der holl. Troymark gleich ist.

Verarbeitetes Silber soll 13 Loth fein halten, und zum Zeichen zwei Schlüssel haben.

Regensburg ist der Sitz des Directoriums der Donaudampfschifffahrt, die 1846 für 500,000 Fl. vom Staat von der frühern Actien-Gesellschaft übernommen wurde. — Da Regensburg am Main-Donaucanal liegt, so soll zur Erweiterung der Schifffahrt ein Hafen gebaut werden.

Wechsel- und Merkantilgericht.

Reuß, s. Gera.

Reval,

Hauptstadt des russischen Gouvernements Esthland am finnischen Meerbusen, mit einem Hafen für Kriegs- und Kauffahrteischiffe, zählt 18,000 Einwohner, welche mit Landesprodukten einigen Seehandel treiben.

Münzen, Wechsel-Course, Maaße und Gewichte wie Petersburg.

Die Esthländischen Pfandbriefe oder landschaftlichen Obligationen sind theils au porteur, theils auf den Namen. Die Zinsen à 4 % werden am 10. September in Reval und Riga, am 20. September in Petersburg bezahlt.

Eigenthümliche Maaße und Gewichte sind:

Die Elle von Reval = 0,5376 Meter; ein Faden oder Klafter = 3 Ellen, 6 Fuß oder 72 Zoll.

Die Getreidelast hat 24 Tonnen, 72 Lof, 216 Külmet, 2592 Stof. Der Lof enthält 42,373 Liter.

Die Last Salz hat 12 Tonnen lüneburger, und 18 Tonnen Seesalz. Die Tonne wiegt 22 Liespfund und hält 4 Lof, von denen 1 gehäuft und 3 gestrichen sind.

Die Last Leinsaamen und Kalk hat 12 Tonnen à 3 Lof; die Last Häringe 12 Tonnen oder 48 Viertel.

Das Bier- und Branntweinfaß hat 130 Stof à 1,77 Liter.

Ein Orhoft Wein hat 1½ Ohm, 6 Anker, 180 Stof, 720 Quartier.

Vom Handelsgewicht hat 1 Schiffspfund 20 Liespfund à 20 Pfund; 1 Tonne hat 2 Centner von 120 Pfund. Das Pfund von 32 Loth à 4 Quent wiegt 430,367 Gramm.

Die esthländische adlige Creditkasse besteht seit 1802 (s. oben Pfandbriefe).

Riga,

Hauptstadt des gleichnamigen russischen Gouvernements, oder Lieflands, an der Düna, nach Petersburg eine der wichtigsten Seehandelsstädte des Reichs, mit 58,000 Einwohnern, größtentheils Deutschen, welche Fabriken in Baumwolle, Leder, Stärke, Puder, Spiegel, Nadeln, Tabak und große Zuckersiedereien betreiben. Der Ort hat einen stark besuchten Hafen, interessirt den Handel der Fremden wegen sehr ansehnlicher Ausfuhr von Hanf, Hanföl, Leinsamen, Flachs, Pottasche, Schiffsmasten, Getreide u. a. russischen Produkten.

Münzen wie Petersburg.

Bis 1810 rechnete man nach Albertsthalern à 90 Groschen. 1 Mark köln. fein Silber à $9\frac{2}{3}$ Albertsthaler, oder nach Thaler Courant, von denen 4 = 3 Albertsthaler.

Von wirklichen Münzen circuliren hier nur russische; außer dem unter Petersburg bemerkten Papiergelde findet man hier auch Bankzettel der finnischen Bank. — Polnische Münzen sind jetzt nur noch Handelswaare.

Wechselcourse auf Hamburg, Amsterdam, London und Paris wie Petersburg. Man zieht von hier auf diesen Platz gewöhnlich 8 Tage dato, auf Moskau 14 Tage dato und empfängt für 100 Rubel Silber in Wechseln, 100 Rubel Silber m. o. w. baar.

Course der Staatspapiere.

Namen d. Fonds.	Cours m. o. w.	Erklärung.
5 % Inscript. 1. und 2. Serie	$106\frac{1}{2}$	Silb. Rub. für 100 Silb. Rub. nom.
5 % Inscript. 3. und 4. Serie	102	„ „ „ 100 „ „ „
4 % Metalliques, Stieglitz	$91\frac{3}{4}$	„ „ „ 100 „ „ „
4 % kurländ. Pfandbriefe, kündbare .	$100\frac{5}{8}$	„ „ „ 100 „ „ „
4 % kurländ. Pfandbriefe, unkündbare	$100\frac{1}{8}$	„ „ „ 100 „ „ „

Namen d. Fonds.	Cours m. o. w.	Erklärung.
4 % liefländ. Pfandbriefe, kündbare .	100¾	Silb. Rub. für 100 Silb. Rub. nom. Die Berechnung der Albertsthaler wie oben.
4 % liefländ. Pfandbriefe S (mit Stieglitz & Comp. negoziirt)	100	Silb. Rub. für 100 Silb. Rub. nom.
4 % esthländ. Pfandbr.	99¼	" " " 100 " " "
Commerzbank-Billets in Silber u. in Bco.	100¼	" " " 100 " " "

Wechsel-Courtage 1 %, Wechselstempel ¼ %. — Courtage für Fonds 1 % bis zu 3000 Silber Rubel; darüber nur ½ %.

Die Pfandbriefe der 1802 creirten liefländischen Creditcasse sind zu 100, 500 und 1000 Silber Rubel, seit 1834 mit 4 % Zinsen, letztere (zu 1000 Rub.) lauten auch auf 1260 Albertsthaler. Die esthländischen Pfandbriefe sind zu 100, 200, 500 und 1000 Rub. theils in Silber, theils in Banco. — Behufs der Zinsreduction machten diese Vereine Anleihen bei Stieglitz in Petersburg, und gaben dagegen Pfandbriefe, die aber erst von 1852 an verloosbar werden.

Maaße und Gewichte seit 1845 die russischen.

Aeltere Maaße und Gewichte.

Das holländische Fuß- oder Palmmaaß war seit 1765 gesetzlich; ein Palm = 0,0944 Meter, oder 7 Palm = 26 engl. oder russ. Zoll.

Die Rigaer Elle à 4 Quartier = 0,5376 Meter oder 0,7559 Arschin.

Die Meile der Ostsee-Provinzen = 7 Werst.

Feldmaaß. Die Tonnstelle zu 35 Kappen, zu 400 □ Landmesser-Ellen (letztere = 0,612 Meter), oder 56000 engl. oder russ. □ Fuß, oder 52,024 Aren, oder 0,4762 Dessätin; 5 solcher Tonnstellen = 7 Loofstellen. — Der Kapp = 1,4864 Aren.

Der Faden Holz = 4,077 Steren od. 0,4198 Kubik-Saschen.

Die rigaische Getreide-Tonne à 2 Loof à 6 Kulmet à 9 Stoof war = 137,726 Liter, oder 0,6561 Tschetwert. — Gewöhnlich rechnet man 3 Loof = 1 Tschetwert. — Die Tonne Heringe hat 96 Stoof und ist = 122,42 Liter.

Der alte Stoof (Flüssigkeitsmaaß) = 1,3053 Liter, der neue 1,2752 Liter; 211 alte = 216 neue Stoof. — 120 neue Stoof = 12¼ russische Wedro. — Der Anker = 30 Stoof; die Kanne = 2 Stoof.

Der Pegelstoof oder Visirstoof = 1,5303 Liter; 5 = 6 neue Stoof. — Der mitauer Wein-Anker = 28, die Biertonne 90 neue Stoof.

Gewicht. Das Schiffspfund hat 20 Liespfund zu 20 ℔ à 32 Loth à 4 Quent, und wiegt 418,8315 Gramm oder 9425,743 Doli. Das Pud wird gewöhnlich für 39 rigaer Pfund gerechnet.

Die Handelslasten sind sehr verschieden: Waizen, Gerste, Schlagleinsamen und Hanfsamen = 48 Loof, Roggen 45, Hafer, Malz und Erbsen 60, Säeleinsamen und Kalk 24 Loof, Salz 106⅔ Stoof.

Die Schiffslasten sind eben so verschieden: Waizen 40½ Loof, Roggen 45, Hafer 50, lose Sämereien 48 Loof, in Tonnen 12 Tonnen, Mehl 15 Säcke (Kuhl) oder 4500 russ. Pfund; Flachs und Hanfheede oder Torse 4 Schiffspfund; Wolle und Federn 2½ Schiffspfund, Branntwein 8 Orthoft, Segeltuch 60 Stück, Hasenfelle 3000 Stück.

Das Probirgewicht ist das deutsche, das Apothekergewicht das nürnberger. Verarbeitetes Silber ist 13 löthig und mit 2 Schlüsseln im Kreuz bezeichnet.

Die petersburger Commerz-Bank hat hier ein Contor. — Börse. — Navigationsschule. — Mehrere Actiengesellschaften. — Wollmarkt, gegen Ende Juli (alten Styls).

Rio de Janeiro,

Hauptstadt Brasiliens, bedeutendste Handelsstadt Südamerikas, mit großem sicherm Hafen, und ungefähr 180,000 Einwohnern. Sehr wichtig wegen der Einfuhr europäischer und nordamerikanischer Produkte, und der Ausfuhr von Kaffee, (1846: 1,520,000 Sack à 5 Arrobas), Zucker, Häute, Diamanten, Hörner, Rum, Tabak, Reis, Tapioca, Polisanderholz ꝛc.

Münzen.

Das ganze Kaiserthum Brasilien rechnet, wie Portugal, nach Reïs; 1000 Reis nennt man Milreis, eine Million aber ein Conto de Reïs. Man schreibt z. B. 1:500$000 für ein Conto und 500 Milreis.

Das Hauptzahlmittel ist nicht klingende Münze, sondern Papiergeld, das gezwungenen Umlauf hat. Alle Waarenpreise und Wechsel-Course werden in Papiergeld gestellt.

Wirkliche brasilianische Münzen in Gold und Silber sind in Rio beinahe verschwunden, und kommen auch in den andern Provinzen (mit Ausnahme von Rio Grande do Sul) immer weniger vor, sollen aber laut Gesetz vom 11. Sept. 1846 bei den Regierungs-Cassen folgenden Werth haben.

Goldmünzen:

		wiegend		Papiergeld
Meia Dobra von	6400 Reïs	4 Octavas	— Graõs	= 16000 Reis.
Moidas "	4000 "	2 "	18 "	= 9000 "

Silbermünzen:

Der Patacao von	960 Reïs	7 Octavas	36 Graõs	= 1920 "
" Doppel-Pataca von	640 "	5 "	— "	= 1280 "

Die Stücke von 320, 160 und 80 Stück in Silber nach Verhältniß.

Von fremden Münzen sollen in Papier gelten:

Britische Sovereigns,	2 Oitavas	16 Graõs	= 8890 Reis.
Spanische Piaster,	7 "	36 "	= 1920 "

Es versteht sich, daß alle Gold- und Silbermünzen, je nach Bedarf, ein größeres oder kleineres Aufgeld genießen.

In Kupfer giebt es Stücke zu 80, 40, 20, 10 und 5 Reis, die aber gegen Papier einige Procente verlieren, da deren Masse enorm ist.

Der Werth des Goldes ist durch obiges Gesetz auf 4000 R. per Oitava von 22 Karath (Quilates) fein festgesetzt. Dies giebt ein Gold-Pari auf London von 26,93 d. für ein Milreis. — Nimmt man aber an, daß der Silber-Patacao auf 1920 Reis angesetzt ist, so giebt es ein Silber-Pari auf London von 26,14 dw. Dieser Unterschied hätte vermieden werden können, wenn man den Patacao auf 2000 Reis gesetzt hätte, was er im Handel eben so wie der Piaster, wirklich allgemein gilt.

Der Werth eines Milreis ist nach Obigem verschieden, je nachdem man Gold, Silber oder Papierzahlung zu Grunde legt.

a)	Die Milreis Gold	in Meia Dobras	à 6400 Reis	kommt auf 51 Sgr 1 Pf.
b)	Desgl.	in Patacaos	à 960 "	kommt auf 45 Sgr 2 Pf.
c)	Desgl.	in Meia Dobras	à 16000 "	kommt auf 20 Sgr 5 Pf.
d)	Desgl.	in Patacaos	à 1920 "	kommt auf 22 Sgr 6 Pf.
e)	Desgl.	in dito	à 2000 "	kommt auf 21 Sgr 8 Pf.

Wechsel-Course im Febr. 1847.

London 60 Tage Sicht.	$28\frac{3}{4}$ Pence für 1000 Reis Papier.
Paris desgl.	330 Reis Papier für 1 Franc.
Hamburg desgl.	610 dito " 1 mk Bco.

Auf brasilianische Plätze, als Bahia, Pernambuco, Rio Grande u. s. w. wird ebenfalls nur in Papiergeld, und zwar mit einigen Procenten Gewinn oder Verlust gegen hiesiges Papier gewechselt.

Course des Goldes und der Münzsorten.

Gold in Barren 148 % Prämie in Papiergeld, über den festen Werth des Goldes (s. oben).

Meia Dobra oder Stücke von 6400 Reïs	16000	Reis Papiergeld für 1 Stück.
Moedas dito = 4000 =	9000	
Spanische Dublonen	30000	
= Silberpiaster	2000	
Sovereigns	9000	

Kupfermünze 1—2 % Verlust.

Der Wechselstempel wurde 1843 festgesetzt; Wechsel auf zweimonatliche Frist zahlen beträchtlich weniger als längere Sichten; vom Auslande kommende Wechsel zahlen nur die Hälfte.

Staatsschulden.

Die auswärtige Schuld (Divida externa), welche 1824 bis 1843 in England contrahirt wurde, beträgt wenig über 6 Millionen Pfund. Die Zinsen werden à 5 % am 1. April u. 1. Oct., die von 1843 am 1. Juni u. 1. Dec. in London bezahlt. Die Abschnitte sind zu 1000, 500, 200 und 100 £.

Die innere Schuld (Divida interna) betrug Ende 1846:

46,698 Contos à 6 %		in Brasilien Apolices genannt.
1,084 = = 5 =		
120 = = 4 =		
47,902 Contos de Reis, oder à 30 Pence circa	£ 5,988,000.	
Die Papiergeld-Circulation wird auf 42000 Contos geschätzt . . . =	= 5,250,000.	
Die oben erwähnte auswärtige . . =	= 6,000,000.	
Demnach beträgt die ganze Staatsschuld circa	£ 17,238,000.	

Die 6 % Apolices galten im Febr. 1847: 84—84½ %. Die Zinsen werden in Rio pünktlich ausgezahlt. — Die Summe der Schatzkammerscheine (schwebende Schuld, bilhétes do Thesouro) ist ihrer Natur nach schwankend.

Maaße und Gewichte.

Längenmaaß.

Der Fuß, Pé, ist = 146,288 par. Linien, oder ⅓ Meter. — 2 Pés = 3 Palmos. — 1 Pé hat 12 Zoll à 12 Linien, 1 Palmo hat 8 Zoll.

1 Braça = 2 Varas à 40 brasilian. Zoll. — 1 Legua = 2525¼ Braças.

Im Geschäftsverkehr rechnet man gewöhnlich nach Varas und Covados. — 1 Covado = 24⅝ Zoll; 1 Vara = 40 Zoll. Es gelten gewöhnlich folgende Verhältnisse:

100 Varas = 162 Covados.

5 Varas = 6 engl. Yards.
4 Covados = 3 dito.
148 „ = 100 Mètres.
170 „ = 100 Aunes de France.

Die brabanter Elle ist zwar etwas größer als der Covado, muß aber gewöhnlich dafür hergegeben werden.

Getreidemaaß.

Getreide und Salz werden per Alqueire verkauft; 100 Alqueires = 99,785 engl. Bushels.

1 Moyo Salz von den Capverdischen Inseln = 52—56 } Alqueires.
1 dito „ Lissabon . . . . . = 18—20 } Alqueires.

Flüssigkeitsmaaß.

1 Pipa = 180 Canadas = 479,167 Litres. 3 Canadas = 8 Litres; 100 Canadas = 70,326 alte engl. Gallons.

Das Handelsgewicht ist der Quintal à 4 Arrobas à 32 ℔ (libras) à 2 Marcos à 8 Onças à 8 Oitavas à 3 Escrupulos à 24 Graõs.

100 ℔ = 45,875 Kilogramm oder 101,185 ℔ engl.
1 Arroba (@) 14,685 „ „ 32,379 „ „
1 Quintal (ql) 58,741 „ „ 129,517 „ „

Die brasilianische Schiffstonne, Tonelada = 1728 ℔ brasil. oder 1748,487 ℔ engl.

Leinwand wird meist nach Varas oder Yards, Tuche nach Covados oder Yards, Baumwollenwaaren nach der Vara, Yard oder dem Covado, Seidenwaaren nach Covados oder Aunes de France verkauft.

Die verschiedenen Qualitäten von Kaffee werden wie folgt bezeichnet: superior gewaschen, superior, 1ª gut, 1ª ordinär, 2ª gut, 2ª orninär Triage.

Die Zucker-Qualitäten werden Redondo, Meio Redondo, Batido, Meio Batido und Moscovaden benannt.

Bank.

Seitdem die Banco do Brasil, deren Noten von der Regierung gegen Papiergeld eingetauscht wurden, aufgehört hat, giebt es nur noch die Banco Commercial von 1838. Der Fond besteht aus 5000 Contos de Reis oder 10,000 Actien à 500 Milreis. Die Dividenden waren 1844: $10\frac{3}{16}$ %; 1845: $10\frac{3}{5}$ %. — Der Cours einer Actie war im Febr. 1847: 670 Milreïs, excl. Dividende.

Auch an Actien-Unternehmungen fehlt es hier nicht, wie aus folgender Cours-Notirung vom 11. Juli 1845 zu ersehen: Monte de Socorro 100 Milreis, Omnibus 90 Milreis, Phoenix 115 Milreis, Dampfboote 285 Milreis per Actie u. s. w.

Rom,

Hauptstadt des Kirchenstaats, an der Tiber, mit circa 168,000 Einwohnern; es giebt hier Fabriken in Wolle, Seide, Mosaik, Blumen, Parfümerien ꝛc. Der Hafen ist Ostia, am Tiberausflusse. Rom wird bald durch die italienische Central-Eisenbahn mit Mailand, Florenz und Neapel verbunden sein.

Münzen.

Der Kirchenstaat rechnet nach dem Scudo (ℨ) zu 100 Bajocchi; 10 Bajocchi nennt man einen Paolo; 30 Bajocchi einen Testone, 20 Bajocchi einen Papetto, in Bologna eine Lira. — Der Bajoccho heißt auch Bolognino, auch Soldo (in den Provinzen).

Durchschnittlich gehen 9¾ Scudi auf die f. Mark, wonach ein Scudo = 1 ℛ 13 Sgr 1 ₰ in Preußen, 2 Fl. 3 Xr. in Oestreich, 2 Fl. 30¾ Xr. im 24½ Fl.Fuß.

Wirklich geprägte Münzen sind seit 1835:

in Gold: Stücke zu 10 Scudi (Scudi d'oro), 17,336 Grammen schwer und $\frac{9}{10}$ fein (Stücke zu 5 und 2½ Scudi nach Verhältniß).

in Silber: Scudi romani, 26,898 Grammen schwer, $\frac{9}{10}$ fein (Stücke zu 50, 30, 20, 10 und 5 Bajocchi nach Verhältniß).

Schlagschatz für Gold 1 %, für Silber 2 %.

in Kupfer: Stücke zu 1, ½ und ¼ Bajoccho (letztere Quattrini genannt) — etwa 3 libbre (℔) Kupfer in 100 Bajocchi.

Gold- und Silber-Verhältniß dem franz. gleich: 1 : 15½.

in Papier: Noten der Banco romano (s. unten).

Ein Münzgesetz vom 11. Januar 1835 setzt die Werthe der alten einheimischen, so wie der fremden Geldsorten, deren Umlauf im Kirchenstaate gestattet ist, fest. Wir führen hiervon die wichtigsten und gangbarsten ausländischen Münzen an.

Goldmünzen:				
Holländ. Ducaten . . .	2 Scudi	16 Bajocchi		
Ungarische „	2 „	18 „		
Franz. Schild Ld'or. . .	4 „	60 „		
„ 20 Frankenstücke .	3 „	71 „		
Carolinen	4 „	25 „		
Silbermünzen:				für das Stück.
Deutsche Conv.-Thaler .	— „	95 „		
Kronenthaler	1 „	4 „		
Span. Pesatas (1785) .	— „	96 „		
Franz. Laubthaler . .	1 „	6 „		
„ 5 Frankenstücke .	— „	92 „		

Die spanischen ganzen und halben Piaster bleiben im Werthe: 1 Piaster = 1 Scudo.

Im Verkehr werden diese größtentheils etwas höher angenommen.

Wechselcourse.

		Bajocchi, m. o. w.		
Florenz	30 Tage dato .	15,63	für	1 Lira tosc.
Neapel	dito .	79,50	=	1 Ducato di regno.
Venedig	dito .	15,70	=	1 östreichische Lira.
Mailand	dito .	15,68	=	1 = =
Bologna	dito .	99,75	=	1 Scudo in Bologna.
Ancona	dito .	99 —	=	1 = = Ancona.
Livorno	dito .	15,60	=	1 Lira tosc.
Genua	dito .	18,30	=	1 piemont. Lira.
Amsterdam	90 Tage dato	39,20	=	1 Fl. niederl.
Paris	dito	18,32	=	1 Franc.
Marseille	75 Tage dato	18,15	=	1 =
Lyon	dito .	18,12	=	1 =
Wien	90 Tage dato .	46,48	=	1 Fl. Conv. Court.
Augsburg	dito .	46,50	=	1 = = =
London	dito .	460 —	=	1 Liv. Sterl.
Madrid	dito .	73,50	=	1 span. Wechselpiaster.
Sinigaglia	30 Tage dato	99 —	=	1 Scudo in Sinigaglia.

Der Wechsel=Uso ist wie in Frankreich (s. Paris).

Staatspapiere.

Außer einigen ältern, meist 5 % Anleihen in Genua und Antwerpen, die meist getilgt sind, und daher im Handel nicht mehr vorkommen, giebt es Obligationen von 1831, Anleihe bei Rothschild in Paris von 3 Millionen Scudi (oder à 5 Frs. 40 Cts. = 16¼ Millionen Francs); sie sind à 1000 Frs. mit Coupons per 1. Juni und 1. Decbr. zahlbar in Paris. Cours im December 1847: 97 %.

Dazu kamen 3 Millionen 1832, eben so viel 1833, eben so viel bei Torlonia & Comp. in Rom und Rothschild in Paris 1837, 2 Millionen 1844, 400,000 Scudi 1845, und endlich 2 Millionen bei Torlonia & Comp. 1846. — Die Einnahmen des Landes waren 1847 auf circa 9¼ Millionen, die Ausgaben aber auf 10 Millionen veranschlagt, wobei 2,811,026 Scudi für die Schuld.

Maaße und Gewichte.

Die Elle, oder Canna, für alle Ellenwaaren, von 8 Palmi, hält 78,34 engl. Zoll, od. 883,326 par. Linien, od. 1,9926 Meter.

Die Bau=Canna hält 10 Palmi à 99 pariser Linien; der Palmo 12 Once, 60 Minuti oder 120 Decimi. Der Fuß ist = 132 pariser Linien, oder 0,297 Meter.

Von den römischen neuen Meilen, à 764 pariser Toisen, gehen 74,7 auf 1 Grad des Aequators; 5 dergleichen auf eine geo=

graphische Meile; $5\frac{1}{4}$ auf eine franz. Post, und sind 40 = 37 engl. Meilen. 2 römische Meilen rechnet man eine Post.

Vom Land- und Feldmaaß hat 1 Rubbio 4 Quarte, 7 Pezze, 16 Scorzi, 32 Quartucci oder 112 □Catene. Die Pezza = 3158 engl. □Yards, oder 26,406 franz. Aren = 1,0339 preuß. Morgen.

Vom Getreidemaaß hat der Rubbio 4 Quarte, 22 Scorzi oder 88 Quartucci; oder auch 12 oder 16 Stari. Der Rubbio hält $14844\frac{4}{5}$ pariser Kubikzoll, oder 294,46 Liter.

Den Salz-Rubbio theilt man in 2 Quarte, 12 Scorzi oder 48 Quartucci.

Vom Weinmaaß wird 1 Botta 16 Barili gerechnet. Der Barile hält 32 Boccali, oder 128 Fogliette, und ist = 2941 pariser Kubikzoll, oder 58,342 Liter.

Der Oel-Barile hält 28 Boccali, 112 Fogliette, oder 448 Quartucci, und ist = 2897,7 pariser Kubikzoll, oder 57,48 Liter.

Die Oel-Soma, welche man im großen Verkehr gebraucht, hat 2 Pelli oder Mastelli, oder 80 Boccali; oder auch 20 Cugnatelle à 4 Boccali.

Vom Handelsgewicht giebt es Cantaros von 100, 160 und 250 ℔; auch wiegt man nach dem Migliajo von 100 ℔.

Die Libbra, oder das Pfund, welches zugleich auch als Gold-, Silber-, Münz- und Medicinalgewicht gebraucht wird, hat 12 Once, 288 Denari, 6912 Grani und ist gleich 339,156 Gramm.

Beim Medicinalgewicht hat die Oncia 8 Dramme, 24 Scrupoli oder 576 Grani.

Verarbeitetes Silber hält $10\frac{1}{2}$ Once, oder 14 Loth fein.

Banken.

Im November 1834 ist, meist von Ausländern, eine neue Bank, unter dem Namen Banco romano, mit einem Fond von 3 Mill. Scudi, in Actien à 500 und 250 Scudi, eröffnet worden. Sie ist der Bank von Frankreich nachgebildet, treibt hauptsächlich Disconto-Geschäfte und besorgt mitunter die Geldangelegenheiten des Staates.

Die Bank emittirt Noten zu 25, 50 und 100 Scudi und steht unter Aufsicht der Regierung, von welcher ihre Directoren ernannt werden. — Außerdem giebt es seit 1844 eine Leihbank oder vielmehr ein Leihhaus (cassa per piccoli imprestiti). — Sparkasse, Börse, Münze und einige Actiengesellschaften.

Alle Kaufmannswaaren, die in Rom verkauft und auf der Waage gewogen werden, geben 4 % Gutgewicht, von welchen der Käufer wieder 2 % an die Kammer abgeben muß.

Rostock,

Haupt- und wichtigste Handelsstadt in Mecklenburg-Schwerin, an der für kleinere Seeschiffe bis hierher schiffbaren Warne. Die Einwohner der Stadt, ungefähr 20,000, unterhalten ansehnliche Brauereien und Fabriken in Leder, Tabak, Seife. Die Ausfuhr besteht in Produkten der Landwirthschaft, die Einfuhr in Colonial- und Manufakturwaaren und Wein. Schwere Schiffe lichten auf der Rhede von Warnemünde.

Münzen.

Man rechnet nach

Thalern zu 48 Schilling à 12 Pfennige,

oder nach

Mark zu 16 Schilling à 12 Pfennige.

1 Thaler hat $1\frac{1}{2}$ Gulden in $\frac{2}{3}$ Stücken, 3 Mark oder auch 24 Groschen à 2 Schilling.

Der frühere Zahlwerth war hier der lübische Courantfuß, die köln. Mark fein Silber zu $11\frac{1}{3}$ Thlr. oder 34 Mark; da man sich aber beim Getreidehandel schon immer der hannöverschen und anderer $\frac{2}{3}$ Stücke bediente, die wie die mecklenburgischen für 2 Mark gerechnet werden, und wonach die köln. Mark fein Silber zu 12 Thlr. oder 18 Gulden (nach dem leipziger Fuß) ausgeprägt wird, so war dieser seit 1829 als Zahlwerth eingeführt. Mecklenburg ist jedoch im Begriff zum 14 Thlr.fuß überzugehen.

Wirklich mecklenb.-schwerinsche Landesmünzen sind in

Gold: Ducaten seit 1822 à $2\frac{3}{4}$ Thlr., die aber nur als Seltenheiten zu betrachten sind. Doppelte und einfache Friedrich Franzd'or seit 1828; $35\frac{7}{10}$ der einfachen wiegen 1 köln. Mark, und enthalten 258 Grän fein Gold, wonach die Mark fein Gold zu 196 Thlr. Gold ausgemünzt wird.

Silber: 2 und 1fache Markstücke zu 32 und 16 Schilling, so wie 12, 8, 4, 2 und 1 Schillingstücke, nach dem lübischen Courantfuß. Schillinge, Sechslinge und Dreilinge, die köln. Mark fein Silber zu 12, $12\frac{2}{3}$ und 13 ℛ︎. Ferner $\frac{2}{3}$ und $\frac{1}{6}$ Stücke; auch (seit 1829) 8, 4, 2, 1, $\frac{1}{2}$ und $\frac{1}{4}$ Schillingstücke nach dem leipziger Fuß. Zahlungen an herrschaftliche Kassen unter 16 Schilling, können in diesen Landesmünzen, über 4 Schilling aber nicht in 2 und 1 Schillingstücken geschehen; bei großen Zahlungen, die keine bestimmte Währung enthalten, kann (laut Verfügung vom 6. Juli 1830) $\frac{1}{20}$ ihres Betrags in $\frac{1}{6}$ und $\frac{1}{12}$ Stücken der Landesmünzen mit erhoben oder gezahlt werden.

Kupfer: Stücke zu 3 und 1 Pfennig; früher auch zu 6 Pfennig.

Von fremden Münzsorten coursiren in

Gold: Ducaten, das Stück à $2\frac{3}{4}$ ℛ︎, mit circa 3 % Verlust, oder $2\frac{2}{3}$ ℛ︎ in neuen $\frac{2}{3}$ Stücken mehr oder weniger.

Pistolen à 5 ℛ mit circa 3⅓ % Verlust, oder 4⅙ ℛ m. o. w. in neuen ⅔ Stücken.

Silber: ⅔ Stücke nach dem leipziger Fuß à 2 Mark.

Lübische und hamburgische Scheidemünzen, auch grobe dänische und holsteinische Courantsorten; die groben Courantsorten sind etwa 5½ bis 6 % besser, als neue ⅔ Stücke.

Preußische Thalerstücke gelten 40 Schilling Courant oder 42 in mecklenburg. Scheidemünze (oder Valeur).

Wechselcourse

richten sich nach den Notirungen in Hamburg, über welchen Ort auch die meisten Ziehungen auf fremde Plätze vollzogen werden. Bei directen Zahlungen vergleichen sich dem Silberpari nach:

300 ℳ Bco. in Hamburg	mit	129,73 ℛ	in ⅔	Stücken.
100 ℛ Court. =	=	105,88 =	= =	=
250 Fl. niederl. in Amsterdam	=	123,32 =	= =	=
1 Liv. Sterl. in London	=	5,89 =	= =	=
300 Frcs. in Paris	=	69,27 =	= =	=
100 ℛ Court. in Berlin	=	85,71 =	= =	=

In Hinsicht der trassirten Wechsel ist folgendes verordnet.

Von Wechseln auf Sicht, oder auf einen bestimmten Tag gestellt, kann man am ersten Tage nach der Acceptation, Sonn- und Festtage ausgeschlossen, Zahlung fordern. Wechsel à Uso auf hier gezogen, müssen 14 Tage nach der Annahme bezahlt oder protestirt werden. Ist in den Tratten kein Zahlungstag bestimmt, so werden sie als Uso-Briefe betrachtet.

Sichtwechsel, die innerhalb Jahresfrist nicht zur Präsentation gekommen sind, haben ihre Rechtskraft verloren.

Staatspapiere.

Die 4 % Reluitionskassen-Schuld, etwa 4 Millionen Thaler, durch die Domänial-Aemter garantirt, und außerhalb der Landesfinanzen verzinset und allmälig getilgt. Zinsen zu Antonii und Johannis. — Halbjährliche Verloosungen. — Die kleinsten Appoints sind zu 200 Thalern.

Im Jahre 1844 wurde eine Reluitionskassen-Anleihe von 700,000 ℛ in neuen ⅔ gemacht; Zinsen 3½ %, Tilgung 1 %. — Garantirt durch die Reluitions-Aemter und den boitzenburger Elbzoll.

Im Jahre 1843 entstand durch den Antheil Mecklenburgs an der Berlin-Hamburger Eisenbahn eine Anleihe von 3,750,000 Mark Banco durch Salomon Heine in Hamburg. Die Schulden-Tilgungs-Commission gab als Deckung Obligationen à 500, 1000 und 2000 Mark Banco aus, die zu 3½ % am 1. Febr. und 1. August in Hamburg verzinset werden, und durch jährliche Verloosungen getilgt werden sollen. — Cours in Hamburg im December 1847: 100½ %.

Die ältern Schulden-Tilgungs-Commissions-Obligationen, so wie die des Landkastens, sind bis auf Weniges getilgt.

Maaße.

Längenmaaß.

Der mecklenburger Fuß = 129 pariser Linien, oder 0,291 Meter, gleich dem lübecker Fuß, dient besonders bei Landmessungen, und hat 12 Zoll.

1 Ruthe = 16 Fuß, wird in 10 Decimalfuß getheilt à 10 Decimalzoll.

Als Werkfuß ist der hamburger Fuß in Gebrauch, beim Holzhandel der preußische.

1 rostocker Fuß = 127,5358 pariser Linien = 11 preuß. Zoll, oder 0,288 Meter.

1 rostocker Ruthe = 16 rostocker Fuß à 12 Zoll.

1 mecklenburger Elle = 2 hamburger Fuß.

1 rostocker " = 2 rostocker Fuß = 255,07 pariser Linien = 0,5754 Meter.

1 mecklenburger Meile = 2000 preuß. Ruthen gleich der preuß. Meile.

Beim Holzhandel wird das rostocker dem hamburger Ellenmaaß gleichgeachtet.

Flächenmaaß.

1 mecklenburger Hufe = 600 rostocker Scheffeln Einsaat, während der Scheffel Einsaat zu 75 bis 300 □Ruthen gerechnet wird. — Die katastrirte Hufe = 600 rostocker Scheffeln Einsaat.

1 mecklenburger Morgen meist = 300 meckl. □Ruthen, auch zu 200 und 400 □Ruthen.

Körpermaaß.

1 mecklenburger oder rostocker Scheffel = 1960,5 pariser Kubikzoll = 38,889 Scheffel.

1 Scheffel = 4 Faß oder Viertel = 16 Metzen oder Spint.
1 " = 4 "

1 Tonne = 4 Scheffel. 1 Sack = 6 Scheffel. 1 Drömt = 12 Scheffel. 1 Last = 96 Scheffel. 1 alte hamb. Last = 83 rostocker Scheffel.

7 rostocker Scheffel = 5 parchimer Scheffel.

1 Pott oder Quartier = 45,658 pariser Kubikzoll = 0,9057 Liter.

1 Fuder = 4 Orhoft = 6 Ohm = 24 Anker = 30 Eimer 120 Viertel = 240 Stübchen = 480 Kannen = 960 Pot.

1 Pot = 2 Oeßel, Planken oder Stück à 4 Ort oder Pegel.

1 Biertonne = 4 Viertel = 64 Kannen = 128 Pot.

Gewicht.

1 mecklenburger Pfund = 484,7258 Gramm, gleich dem lübecker Pfund.

1 rostocker Pfund Stadtwagegewicht = 508,229 Gramm.
1 " " Krämergewicht = 484,0276 "
1 Centner = 112 Pfund à 32 Loth à 4 Quentchen.
1 Schiffspfund = $2\frac{1}{2}$ Centner.
1 Liespfund = 14 Pfund, in Rostock 16 Pfund.
1 Last = 2 Tonnen à 20 Centner à 100 Pfund.
1 Schiffspfund zur Fuhre = 20 Liespfund à 16 Pfund.
1 Stein Wolle, Federn = 10 Pfund.
1 " Flachs = 20 "
Gold- und Silbergewicht ist die köln. Mark und Apothekergewicht das nürnberger.

Die Tonne Butter hält 224 ℔, und eine Pipe Oel 820 ℔ netto. Die kleine oder Vierteltonne grüne Seife wiegt circa 66 ℔ brutto, und hält 60 ℔ netto.

Von den hiesigen Märkten ist der, welcher mit der Pfingstwoche anfängt und 14 Tage dauert, der wichtigste.

Handelsnotiz. Wenn ein Schiffer während seiner Fahrt gezwungen wurde, in mehrere Nothhäfen einzulaufen, und zur Fortsetzung seiner Reise Gelder aufzunehmen, so war es früher hier üblich, diese Bodmereigelder nach Ankunft des Schiffes so zu bezahlen, als sie nach und nach vom Schiffer aufgenommen waren. Seit 1829 verfährt man hierin umgekehrt, d. h. die zuletzt aufgenommenen Bodmereigelder werden zuerst, und die zuerst aufgenommenen nach und nach zuletzt bezahlt, wie gerade die Umstände des Schiffers die Rückerstattung möglich machen.

Oeffentliche Anstalten.

Der ritterschaftliche Verein erneuerte seine Statuten 1839. Die Pfandbriefe sind à 25 bis 1000 Thaler, entweder auf neue $\frac{2}{3}$, oder zu $15\frac{5}{8}$ % auf Courant, oder zu 5 % in Gold. — Zinsen à $3\frac{1}{2}$ % zu Antonii und Johannis gegen Coupons, bei der Hauptkasse oder bei den Kreiskassen. — Halbjährliche Ausloosungen. Die dermalige Pfandbriefschuld soll sich auf 4 Millionen Thaler belaufen.

Feuer- und Hagelversicherung in Güstrow; Brand-Assecuranz in Rostock. Vaterländische Feuerversicherungs-Societät. — Städtische Münze in Rostock und Wismar. — Wollmarkt.

Mecklenburgische Eisenbahn. — Sie soll Rostock mit Wismar und Schwerin und dieses mit der Berlin-Hamburger Bahn verbinden. Fond: 4,350,000 ℛ︁ in Actien à 200 ℛ︁ — der aber um 1,600,000 ℛ︁ nicht zureicht. — Nach 25 Jahren kann die Regierung gegen Ersatz der 25fachen Durchschnitts-Dividende der letzten 5 Jahre die Bahn an sich bringen.

Bei den Actien Litt. B. der Berlin-Hamburger Bahn ist auch die mecklenburgische Regierung betheiligt (s. Berlin, S. 60).

Rotterdam,

holländische Handelsstadt an der Maas nahe ihrer Mündung, mit 80,000 Einwohnern, und wichtigem Verkehr zur See, besonders nach England und Schottland, Fabriken in Tabak, Tuch, Bleiweiß, Krapp, Brennereien und Zuckersiedereien. Die Stadt führt viel Getreide und Wein ein und ist ein Hauptstapelplatz des holländischen Flachs- und Leinwandhandels. Stromabwärts liegt Schiedam, mit 10,000 Einwohnern und großen Brennereien.

Münzen, Maaße und Gewichte wie Amsterdam.

Wechselcourse wie Amsterdam; nur auf London wird noch zuweilen der Cours, wie früher, in der fingirten Valuta, in Schilling vlämisch, gestellt und zwar 39⅔ Schill. vl. m. o. w. für 1 Liv. Sterl. (10 Schill. vl. = 3 Fl. niederl.).

In- und ausländische Staatspapiere circuliren ebenfalls wie in Amsterdam und werden nach den Usanzen dieses Platzes notirt und berechnet.

Von alten und eigenthümlichen Maaßen sind zu bemerken:

Die Elle = 306 und der Fuß = 138½ pariser Linien, oder 0,3124 Meter.

Die Getreidelast = 29 Sacken à 3 Achtendeelen; der Hoedt aber = 10¾ Sack. Der Sack hält 103,583 Liter.

Das Hondert Seesalz hat 404 Maaten, wie in Amsterdam. Der Hoedt Steinkohlen hat 21 Kilderkins, wovon 120 auf ein Hundred in Kidwelly gehen.

Der Wein- oder Getränk-Stoop von 2 Kannen oder Pinten hält 129 pariser Kubikzoll, oder 2,559 Liter.

Branntwein wird nach 30 Vierteln, Baumöl aber nach der Tonne von 340 Stoopen à 5 ℔ leicht Gewicht verkauft.

Das schwere Pfund war dem amsterdamer, das leichte dem antwerpner gleich.

Hier ist eine Börse, ein Handelsgericht; eine Handelskammer. — Sitz der niederländischen Dampfschifffahrt (Fond: 3 Millionen Gulden in Actien à 500 Fl.). — Eisenbahn über Haag, Haarlem nach Amsterdam, und zwar für Amsterdam-Haarlem 1300 Actien à 1000 Fl. und für Haag-Rotterdam 5200 Actien à 1000 Fl. — Prioritäts-Actien v. 1844 2½ Mill. mit 4½ % Zinsen; desgl. 1847 1½ Mill. Gulden. — Dividende 1847 4⅜ %.

Rouen,

an der Seine, Hauptstadt der Normandie, jetzt des Departements der Nieder-Seine, mit circa 100,000 Einwohnern, hat sehr ausgedehnte Fabriken in Wolle und Baumwolle (Rouenneries), Färbereien, Bleichen u. s. w. Durch Dampfschifffahrt und Eisenbahnen ist es mit Paris und mit Havre verbunden.

Münzen, Maaße und Gewichte wie Paris.

Die alte Aune für Wolle und Seide ist = 1,155 Meter; der Boisseau = 22,765 Liter; das Pfund de Vicomté = 509 Gramm, Wollgewicht aber 528¾ Gramm.

Die hiesige Bank entstand 1817 und ist dermalen bis 1863 privilegirt. Fond: 3 Millionen in Actien à 1000 Frs. Sie ist Disconto-, Leih-, Giro- und Depositen-Bank, besorgt Einkassirungen, eröffnet Conto-Corrent und giebt Noten aus zu 1000, 500 und 250 Frs., auch billets à ordre von 250 bis 21,000 Frs.

Es giebt hier außerdem eine Börse, eine Münze, eine Handelskammer und ein Handels- und Fabrikgericht, ein Entrepôt für fremde Importen, eine Getreidehalle, eine Halle für Garne und Gewebe, so wie mehrere Versicherungs- und industrielle Actien-Gesellschaften.

Die Eisenbahn von Paris nach Rouen beruht auf einem Actien-Kapital von 72,000 Actien à 500 Francs und einer Anleihe von 14 Millionen Francs. Dividende für 1846 25¼ Francs per Actie.

Die Eisenbahn von Rouen nach Havre beruht auf einem Fond von 40,000 Actien à 500 Francs.

Rudolstadt, s. Schwarzburg.

Said,

(das alte Sidon), Handelsstadt von 12,000 Einwohnern in der asiatischen Türkei an der Küste von Syrien. Die Einfuhr, welche von hier nach Damask und den innern Gegenden betrieben wird, besteht in Reis, Indigo, Cochenille, Zucker, Leinwand, Galanteriewaaren, Pelzen, Gewürzen 2c.; die Ausfuhr in Tabak, Seide, Baumwolle, Krapp 2c. Rechnungsarten wie unter Aleppo.

Der Rottolo, wonach man Seide und ähnliche Waaren verkauft, wiegt 600 Drachmen. 100 dieser Rottoli sind gleich 186,23 Kilogramm. Andere Waaren wiegt man mit dem Rottolo von Akre, wovon 100 = 218,6 Kilogramm.

Salerno,

ein Hafen in Sicilien am Golf gleiches Namens, und Hauptstadt der Provinz Principato citra, mit einer Rhede, etwa 13,000 Einwohnern, bedeutendem Kornhandel und einer sehr besuchten

Septembermesse, interessirt den Handel der Fremden als Stapelort für Calabreseröl und Früchte, und rechnet in allem wie Neapel.

Die Messe beginnt am 21. September und dauert bis zum 8. October.

Salonichi (Tessalonich),

eine türkische Handelsstadt in Macedonien, an einem Busen des ägäischen Meeres, mit 70,000 Einwohnern, einem sichern Hafen für 300 Schiffe, großen Türkischroth-Färbereien, Manufacturen in Teppichen, Seide, Baumwolle, Tuch, Saffian 2c., und den Fremden als Hauptniederlage europäischer und levantischer Waaren, besonders für Baumwolle, Tabak, Opium 2c. wichtig. Rechnungsarten wie unter Constantinopel; der Getreide-Killow wiegt indessen hier 85 Okas, während er doch nur 22 Okas wiegt.

Salzburg,

ehemalige Hauptstadt eines Erzbisthums, jetzt Kreisstadt im Erzherzogthume Oesterreich ob der Ens, in einer angenehmen Gegend an der Salzbach, mit 16,000 Einwohnern, lebhaften Handelsgeschäften, Fabriken in Leder, Baumwolle und Stärke, Puder 2c., in deren Nähe die Salzwerke Hallein und Gollingen, so wie das wegen seiner Gold-, Silber- und Bleibergwerke berühmte Wildbad Gastein liegen, rechnet in allem wie Wien.

Von hiesigen Maaßen und Gewichten

hält die Seidenelle 355,9 pariser Linien, oder 0,803 Meter. Die Leinenelle hält 445$\frac{4}{5}$ pariser Linien, oder 1,006 Meter.

Das Getreide-Schaff hat 6 Metzen à 12 Viertel à 4 Mäßl. Der Metzen = 60,44 Liter, oder 0,9827 wiener Metzen.

Vom Handelsgewicht hat der Centner 100 Pfund à 512,6 Grammen. Dieses Pfund wird aber dem wiener gleich geachtet.

Sanct Barthelemi,

eine in Westindien gelegene schwedische Insel von 2$\frac{1}{4}$ □Meilen und circa 10,000 Einwohnern, mit der Hauptstadt Gustavia und dem Freihafen Carenage, liefert Baumwolle, Zucker, Cacao, Salz, Tabak, Orangenfrüchte, Mahagoni und andere Holzarten, und rechnet nach Piastern oder Dollars zu 9 Schilling; 100 Dollars der Vereinigten Staaten = 45 Pfund hiesige Valuta (sogenannte Leeward Currency).

Von fremden Münzsorten sind besonders spanische Piaster

gangbar; doch kommt auch das unter Barbados Erwähnte hier in Anwendung.

Außer den schwedischen, kommen auch die englischen Maaße und Gewichte häufig in Anwendung.

Sanct Eustache oder Eustaz,

eine niederländische Insel in Westindien von $2\frac{1}{4}$ □Meilen und 8300 Einwohnern, hat eine Rhede, liefert Zucker, Tabak, Mais u. s. w., treibt einen lebhaften Zwischenhandel, und rechnet nach Piastern zu 8 Realen à 6 Stüver Courant. 100 hiesige Piaster = 72,727 Dollars der Vereinigten Staaten.

Maaße und Gewichte

sind die alten holländischen unter Amsterdam (s. auch Curaçao

---

Sanct Gallen,

zählt circa 10,000 Einwohner und ist die Hauptstadt des gleichnamigen Kantons der Schweiz, beschäftigt sich sehr thätig mit der Fabrikation von Baumwollenstoffen, als Mousselinweberei und Stickerei, Spinnerei, Rothfärberei u. s. f. und betreibt damit einen ausgedehnten Handel. — Sie hat auch bedeutenden Wechselhandel.

Münzen.

Man rechnet hier nach Gulden à 60 Kreuzer à 4 Pfennige à 2 Häller; früher auch nach Gulden à 10 Schilling à 6 Kreuzer.

Wirkliche Münzen, außer Scheidemünzen, sind in neuerer Zeit nicht geprägt worden.

Die Kantons-Verfassung von 1830 setzte den 24 Fl.Fuß als den Münzfuß des Kantons fest. Allein er besitzt denselben keineswegs, hat auch niemals auf diesen Fuß Geld geprägt, sondern blos kleine Scheidemünzen von weit geringerem Gehalt. In der Wirklichkeit besitzt er den $24\frac{1}{2}$ Fl.Fuß gleich wie Süddeutschland. Alle Reichsmünzen sind hier nach ihrem vollen Nennwerthe tarifirt, ferner

		Fl.	Xr.
der Brabanterthaler	zu	2 Fl.	42 Xr.
= $\frac{1}{2}$ =	=	1 =	20 =
= $\frac{1}{4}$ =	=	— =	39 =
= Fünffrankenthaler	=	2 =	20 =

Wechselcourse.

	man zahlt m. o. w.		empfängt
Amsterdam .	59 Xr.	für	1 Fl. niederl. Court.

Augsburg, Triest, Wien	. 119¼ Fl.		für 100 Fl. im 20 Fl.Fuß.
Frankfurt a. M.	99½ Fl.	=	100 Fl. S. W.
Genf . . .	99 Francs.	=	100 Francs (640 Frs. = 297 Fl. S. W.).
Genua, Turin . .	99 Lire nuove	=	100 Lire nuove (640 Lire = 297 Fl. S. W.).
Hamburg . .	157¼ Xr.	=	3 mℬ Bco.
Livorno . .	23½ Kreuzer	=	1 Lira toscane.
oder	38¾ Gulden	=	100 Lire toscane.
oder	259 Lire tosc.	=	100 Gulden in St. Gallen.
London . .	11 Fl. 40 Xr.	=	1 Liv. Sterl.
Mailand, Venedig	. 23⅞ Xr.	=	1 Lira östreich.
Paris, Lyon . .	99 Francs	=	100 Francs (640 Frs. = 297 Fl. S. W.).
oder	101½ Francs	=	100 Frs. (110 Fl. = 240 Frs.).

Die Coursnotirungen der Gold- und Silbersorten sind per Stück, wie in Frankfurt a. M. (s. d.).

Laut der hiesigen Wechselordnung genießen die Wechsel auf St. Gallen 6 Respecttage. Auszunehmen sind die auf Sicht gestellten, welche gleich am Tage nach ihrer Vorweisung und die auf hiesige Jahrmärkte lautenden, welche spätestens am Jahrmarktdienstag bezahlt werden müssen.

Maaße und Gewichte

siehe Artikel „Schweiz," Concordat.

Der alte Fuß war = 0,3075 Meter; die lange oder Leinwand-Elle = 0,7354 Meter, die kurze oder Wollen-Elle 0,6109 Meter. Man rechnet 8 Stab = 13 Leinwand-Ellen = 15 kurzen Ellen.

Das alte Markt-Viertel, wovon 4 = 1 Mütt = 19,44 Liter. Der Eimer = 42 Liter.

Der Centner hat 100 ℔. Das Pfund Schwergewicht à 40 Loth = 577,702 Gramm, das Pfund Leichtgewicht à 32 Loth = 465,127 Gramm.

Bank.

Die Stadt besitzt seit 1837 eine Bank, welche Sconto-, Anleihung- und Giro-Geschäfte betreibt. Sie ist auf Actien gegründet mit 1 Mill. Fl. R. W. Kapital. Die Bankzettel lauten auf 10, 50, 100 Fl. Die Dividende war zeither zwischen 4 und 5 %. Cours circa 600 Fl. per Actie.

Sanct Hubes,

(Saint Ubes oder Setuval), ein portugiesischer in der Provinz Estremadura an der Mündung des Sado ins Meer gelegener Hafen, welcher wegen seines vortrefflichen Weines, des wohlfeilen Salzes und der Fische von Fremden häufig besucht wird, hat etwa 14,000 Einwohner, und bedient sich der unter Lissabon angeführten Münzen, Maaße und Gewichte.

Saint Malo,

die Hauptstadt eines Bezirks im französischen Departement Isle und Villaine, auf der durch einen Damm mit dem festen Lande zusammenhängenden Insel Aaron, mit 12,000 Einwohnern, einem großen und bequemen Seehafen und ansehnlichem Handel, rechnet in allem wie Paris.

Der hiesige Getreide-Boisseau war = 0,475 Liter.

1 Tonneau Salz hält 21 Juttes, und wiegt 2808 ℔ engl. av. d. p., oder 1273 Kilogramm.

San Miguel,

die größte und wichtigste der portugiesischen Azoren-Inseln, der Zahl nach 9, von 53 □Meilen mit 201,300 Einwohnern, mit der Hauptstadt Punta del Gado, mit 13,000 Einwohnern und wichtigen Fabriken in Wolle, Tuch und Seide, und einem schönen durch drei Forts vertheidigten Hafen. Die Insel hat ein herrliches Klima, und ist äußerst fruchtbar, vorzüglich an Orangen (von denen jährlich an 60,000 Kisten ausgeführt werden) und Weizen. Die Einfuhr besteht in baumwollenen, seidenen und leinenen Zeugen, Kohlen, Holz, Oel u. s. w. Rechnungsarten wie unter Lissabon.

San Sebastian,

in der spanischen Provinz Guipuzcoa, am biscayschen Meerbusen, mit 13,000 Einwohnern, treibt Seehandel, führt Eisen, Stahl, Wolle, Cacao u. s. w. aus, und rechnet überhaupt wie unter dem nahe gelegenen Bilbao angezeigt.

Die hiesige Getreide-Fanega ist die castilianische (s. Spanien).

Vom Handelsgewicht hat der Quintal 100 Pfund von 489,66 Gramm.

Sanct Thomas,

eine dänische Insel, zu den kleinen Antillen gehörig, von 2 □ Meilen und 6500 Einwohnern. Sie hat einen trefflichen Freihafen und ist ein wichtiger Stapelplatz westindischer Produkte und deutscher Manufakturwaaren. Der hiesige Verkehr ist durch die Etablissements der verschiedenen seehandelnden Nationen ungemein belebt. Die Ausfuhr besteht hauptsächlich in Baumwolle, Kaffee, Tabak, Cacao, Indigo. Oestlich liegt St. John (2 □ Meilen und 6000 Einwohner) mit der Stadt gl. N., und südöstlich St. Croix (5 □ Meilen und 32,000 Einwohner) mit den Häfen Christianstadt und Friedrichstadt. Diese Inseln liefern Zukker und Baumwolle.

Münzen.

Man rechnet hier nach Piastern oder Thalern Courant zu 8 Realen à 6 Stüver, welche Währung man 25 % geringer als dänisches Courant hält, wonach auf die köln. Mark fein Silber 14,212 Thaler Courant kommen und 1 Thaler = $37\frac{5}{8}$ engl. Pence, oder 3,65 franz. Franken, oder $29\frac{1}{2}$ preuß. Sgr. ist. Nach dänischem Gesetz soll nach Thalern à 96 Schilling gerechnet werden, wie in Nordamerika.

Wirklich von Dänemark geprägte Münzen sind Stücke zu 24, 12 und 6 Schilling, neuerdings auch zu 10 und 2 Schilling, denn die Kaufleute theilen oft den Thaler in 100 Cents, und rechnen auch häufig nach spanischen Piastern, in welchen auch die Wechsel-Course notirt werden, und zwar:

Hamburg	circa 44 Schilling Banco	für	1 span. Piaster.
Paris	„ 535 Centimes	„	1 „ „
London	„ 5 Dollars	„	1 Pfund Sterl.

Maaße und Gewichte

sind die dänischen; beim Ellenmaaß bedient man sich indessen auch der engl. Yard und des alten engl. Wein-Gallon.

Bank seit 1837. Fond: 1000 Actien à 500 Piastern, der später verdoppelt worden sein soll. Sie beschäftigt sich meist mit Discontiren und Notenausgeben. Bis jetzt hat sie den besten Fortgang gehabt.

San Yago de Chile,

Hauptstadt von Chile in Südamerika, hat 50,000 Einwohner, treibt beträchtlichen Handel mit Landesprodukten, bedient sich Valparaisos am stillen Meere, mit 18,000 Einwohnern, zum Vorhafen, und interessirt wegen bedeutenden Imports europäischer Industrie-Erzeugnisse den Handel der Fremden.

Münzen, Maaße und Gewichte s. Valparaiso.

Saragossa oder Zaragoza,

Haupt- und Handelsstadt der spanischen Provinz Aragonien mit circa 60,000 Einwohnern, am Ebro gelegen, exportirt Weine, Branntweine, Wolle, Felle, Getreide rc., und hat auch einige Fabriken, obschon die in Seide in Verfall gerathen.

Münzen.

Man rechnet in Aragonien nach Libras zu 10 Reales à 2 Sueldos à 16 Dineros, etwa 10,36 Libras auf die f. Mark, so daß eine Libra = 1 ℛ 10 Sgr 6½ ₰ preuß. Court. oder 2 Fl. 22 Xr. im 24½ Fl.-Fuß.

Man vergleicht 17 hiesige Realen mit 32 Rvñ, oder
17 Libras = 16 Pesos duros oder einem Quadrupel.

Außer kupfernen Seisenas, Tresenas und Dinerillos, zu 6, 3 und 1 Dinero, werden hier keine Provinzialmünzen geschlagen.

Der französische 5 Francs-Thaler gilt der hiesigen Libra gleich.

Maaße und Gewichte.

Die Vara hat 3 Pies oder 4 Cuartas und ist = 0,771 Meter oder 0,923 kastil. Varas.

Die Getreide-Fanega ist = 22,55 Liter oder = 0,4115 kastil. Fanegas.

Die Wein-Arroba (oder Cantaro) hat 8 Azumbres à 4 Cuartillos, und ist = 9,960 Liter oder 19¾ kastil. Cuartillos.

Die Oel-Arroba = 1½ Arrobetas, 36 aragonische Libras schwer, etwa 13½ Liter.

Der Quintal hat 4 Arrobas à 36 Libras; eine solche Libra = ¾ kastil. Libra oder 345,1012 Grammen.

Sardinien, s. Genua.

Schaffhausen,

am Rhein gelegen, zählt 6000 Einwohner und ist die Hauptstadt des gleichnamigen Schweizerkantons, hat wenig Industrie, ist als Grenzstadt ziemlich günstig gelegen für Speditions- und Zwischenhandel.

Rechnet nach Reichsgulden ganz wie St. Gallen und hat den nämlichen Münztarif.

Maaße und Gewichte

siehe Artikel „Schweiz," Concordat.

Schwarzburg.

Die schwarzburgschen Fürstenthümer, 36 □Meilen, 115,000 Einwohner, zerfallen

a) in **Schwarzburg-Rudolstadt**, Oberherrschaft.

Hauptstadt Rudolstadt, 4500 Einwohner. — Hier rechnet man seit 1841 nach Gulden à 60 Kreuzern im 24½ Fl.Fuß und prägt außer den Silber-Münzen wie in Baiern, Würtemberg ꝛc. auch Kupfermünzen zu ¼ und ⅛ Kreuzer, auch Pfennige und Heller genannt.

Maaße und Gewichte.

Die Elle ist die leipziger. — Das Getreidemaaß ist sehr verschieden. Das rudolstädter Raths-Achtel (= ⅛ Scheffel) hat 2 Metzen à 24 Mäßel und ist = 23,41 Liter, das Amtsboden-Achtel aber nur 21,70 Liter.

Das Nösel = 0,418 Liter; ein Eimer hat 72 Maaß à 2 Nösel.

Das Gewicht ist das preußische.

b) **Schwarzburg-Rudolstadt**, Unterherrschaft.

Hauptstadt Frankenhausen, 5000 Einw. — Rechnet wie Preußen. Es sind ganze und halbe Silbergroschen geprägt worden.

Maaße und Gewichte.

Die Elle ist die leipziger. — Der Scheffel ist der nordhäuser; 28½ Scheffel = 1 preußischen Winspel.

Das Kannenmaaß ist das Dresdner; der Eimer meist der Berliner. Ein Faß Branntwein hat 3 Eimer oder 216 Maaß.

Das Gewicht ist das preußische.

Anleihen.

Außer einer circa 100,000 Fl. betragenden Kriegsschuld, giebt es eine sogenannte Separatschuld, welche zum Chaussée- und Brückenbau contrahirt wurde, und circa 300,000 Fl. beträgt. Die Obligationen sind auf den Namen gestellt und sehr verschieden. Zinsen 3½ %. — Tilgung 1 %.

c) **Schwarzburg-Sondershausen**, Unterherrschaft.

Hauptstadt Sondershausen, 5000 Einw. Man rechnet seit 1841 nach Thalern à 30 Silbergroschen à 12 Pfennigen, im preußischen Münzfuße.

Maaße und Gewichte.

Das Längenmaaß soll das leipziger sein; beim Forstwesen gilt das preußische Maaß. Der Acker ist = 18,773 Aren. Das Getreidemalter hat 16 Scheffel à 4 Metzen. Der Scheffel = 45,445 Liter. Die Kanne hat 2 Maaß à 2 Nösel; das Branntwein-Nösel = 5,496 Liter, das Bier-Nösel = 0,451 Liter. — Das Gewicht ist das preußische.

d) Schwarzburg-Sondershausen, Oberherrschaft.

Hauptstadt Arnstadt, s. S. 34.

Anleihen.

Die Obligationen der Kammerschulden (circa 800,000 Thaler) sind au porteur, und lauten auf 1000, 500, 200 und 100 Thalern. — Zinsen à $3\frac{1}{2}$ %. — Tilgung jährlich mindestens 40,000 Thlr. — Die Landesschulden, welche durch gewisse Ablösungen die Höhe von 500,000 Thlr wohl erreichen dürfen, sind unregelmäßig verbrieft und geben 3—4 % Zinsen.

Die Schweiz.

Die meisten Schweizerstädte hatten in frühern Jahrhunderten vom deutschen Reiche das Münzrecht erlangt, mit der Verbindlichkeit, nach dem Reichsfuß zu münzen. Allein auch der Reichsfuß war von jeher schwankend und erlitt im Laufe der Zeit eine fortwährende Verschlechterung. In diese wurden die einen Kantone mehr, die andern weniger fortgerissen. Einige prägten noch schlechteres Geld als Deutschland. Auf solche Weise entstanden verschiedene Kantonal-Währungen. Sie traten in ein bestimmtes Verhältniß gegen einander. Seit der zweiten Hälfte des vorigen Jahrhunderts hat sich dieses Verhältniß, wie folgt, festgesetzt, nach dem Maaßstabe der Werthung des franz. Neu-Louisd'or und des 6 Livres-Thalers, welche Sorten damals vorzüglich das in der Schweiz in Umlauf befindliche Geld bildeten.

		Der Neu-Louisd'or. Fl.		Schweiz. Batz.		Der 6 Livres-Thaler. Fl.		Schweiz. Batz.
in Zürich . .	zu	10	oder	160	zu	$2\frac{1}{2}$	oder	40
" Glarus . .	"	$10\frac{1}{2}$	"		"	$2\frac{5}{8}$		
" Bern, " Basel, " Solothurn	"	$10\frac{2}{3}$	"	160	"	$2\frac{2}{3}$	"	40
" Appenzell, " St. Gallen, " Schaffhausen	"	11	"		"	$2\frac{3}{4}$		
" Luzern, " Unterwalden	"	12	"		"	3		
" Zug . . .	"	$12\frac{1}{2}$	"		"	$3\frac{1}{8}$		
" Uri, Schwyz	"	13	"		"	$3\frac{1}{4}$		
" Bündten Tarif v. Anno 1777	"	$13\frac{1}{2}$	später	$13\frac{2}{5}$	"	$3\frac{3}{8}$		
" Freiburg u. Neufchatel	"	168 neufch. Batzen			"	42 neufch. Batzen.		
" Genf . .	"	14 L. 10 S. 6 D.			"	3 L. 12 S. $7\frac{1}{2}$ D.		
	oder	50 Fl. 10 "			"	12 Fl. 8 " 6 "		

Bei der schweizer Staatsumwälzung 1798 entzog die helvetische Regierung den Kantonen das Münzregale und versuchte die den Verkehr hemmende Verschiedenheit der Kantonalwährungen zu beseitigen, indem sie die in einigen Kantonen schon lange bestehende Rechnungsmünze nach Schweizerfranken zu 10 Batzen, der Batzen zu 10 Rappen oder 4 Kreuzer, in der ganzen Schweiz einzuführen suchte und einzig nach diesem Nennwerthe Geld schlug. Jener Versuch war in so weit nicht ohne Erfolg, als seitdem die Rechnungen und Kassen der meisten Kantone nach Schweizerfranken geführt werden und das Volk in der ganzen Schweiz mit dieser höchst bequemen Rechnungsweise nach dem Decimalsystem sehr vertraut geworden ist. Allein der große Uebelstand war, daß auch nach Batzen die Geldwerthungen der Kantone je nach deren Local-Verhältnissen etwas verschieden blieben. Seit 1830 waren die Neu-Louisd'or und 6 Livres-Thaler durch die Brabanter- und Fünffranken-Thaler verdrängt worden. Daher bestimmt nun die Werthung dieser beiden letztern Geldsorten die Kantonalwährungen wie folgt:

	Brabanter-Thaler.		Fünffranken-Thaler.	
	Batzen.	Alte Währung.	Batzen.	Alte Währung.
Basel-Stadt als Kapital-Geld	38½		33¾	
Basel-Stadt bei den öffentlichen Kassen . . .	40		35	
Zürich . . .	39⅕	2 Fl. 18 ß Z. W.	34	2 Fl. 5 ß.
Eidgenöß. Kassen	39⅕		34	
Bern, Wadt, Freiburg, Solothurn, Wallis .	39½		34½	
Neufchatel . .	39½	41½ neufch. Batz.	34½	36¼ neufch. Batz.
Luzern, Uri, Schwyz, Unterwalden, Zug, Argau, Basel-Landsch.	40		35	
St. Gallen, Thurgau, Appenzell, Schaffhausen	40½	2 Fl. 42 Xr. R. W.	35	2 Fl. 20 Xr.
Glarus . . .	40½	2 Fl. 29 ß glarner	35	
Bündten		3 Fl. 20 Xr. B. W.		
Tessin		7 Liv. 15 Soldi Mail. Batz.		6 Liv. 15 Soldi Mail. Batz.
Genf				5 franz. Franken.

Obschon in vielen Kantonen die alte Rechnungsmünze, der Kantonalgulden, durch jene der Schweizerfranken verdrängt worden ist, so bestehen jene doch noch überall in den älteren Schuldtiteln, welche bis Anfangs dieses Jahrhunderts ausgefertigt worden, so daß die Kenntniß der neuen gleich wie der alten Rechnungsmünzen und ihrer Verhältnisse gegen einander, nämlich von 160 Batzen für die dem Neu-Louisd'or entsprechenden Gulden unerläßlich ist.

Höchst bemerkenswerth ist, daß nicht blos in den östlichen Kantonen, welche den Reichsfuß besitzen, sondern auch in den übrigen Kantonen der Fünffranken-Thaler theils gesetzlich theils ungesetzlich 35 Batzen gilt. Da nun auch in der Schweiz der Batzen zu 4 Kreuzern gerechnet wird, so stimmt dies mit dem Cours von 2 Fl. 20 Xr. in Süddeutschland genau überein.

Ueberdies ist außer den Bankthalern eine große Menge Reichsmünzen zu der Werthung von 1 Batzen für 4 Reichs-Kreuzer in der Schweiz in Umlauf, nämlich 1 R.Fl. 30, 24, 12, 6 Kreuzerstücke zu 15, 7½, 6, 3, 1½ Batzen. Das schweizer Münzwesen ist daher mit dem deutschen Münzwesen, von welchem es, wie oben gezeigt, seinen Ursprung genommen, neuerdings und auf das Genaueste verflochten, und der Uebergang zu demselben, d. h. zu dem 24½ Fl.Fuß wäre sehr leicht. Es wäre überdies ganz volksthümlich und dem Hauptverkehr der Schweiz, welcher nach Deutschland gerichtet ist, entsprechend. Denn er hat sich bereits von selbst Bahn gebrochen, ohne daß irgend eine schweizerische Regierung eine Verordnung zu dessen Gunsten erlassen hätte. Im Gegentheile herrschte in den letzten 10 Jahren bei vielen schweizerischen Staatsmännern die Ansicht vor, daß die Einführung eines ganz neuen, nämlich des franz. Münzsystems, das einzige radicale Heilmittel sei, um endlich die Ordnung in dem schweizer Münzsysteme herzustellen. Allein bei reiflicher Ueberlegung und nach vielen dieserhalb abgehaltenen Konferenzen scheinen sie sich nun von der großen Schwierigkeit, die Rechnungsweise nach franz. Franken und Centimen bei dem Volke einheimisch zu machen, zu überzeugen. Sie scheuten ferner die großen Unkosten der unerläßlichen Umprägung aller schweizer Münzen in das beabsichtigte neue franz. Münzsystem, und ergaben daher dem bereits entworfenen Project einstweilen keine Folge, mit einziger Ausnahme von Genf, welches seit Anfang 1839 das franz. Münzsystem in seinem Kanton eingeführt hat*).

Das Geld von schweiz. Gepräge ist in Vergleichung zu dem fremden in der Schweiz befindlichem Gelde ganz unbedeutend.

*) Wer nähern Aufschluß über den gegenwärtigen Zustand des schweizer Münzwesens wünscht, als es der Raum dieses Buches gestattet, der findet solchen in der kleinen Schrift: Die Münzwirren in der westlichen Schweiz nebst dem Versuch ihrer Lösung von L. Pestalozzi. Zweite bei Orell Fueßli u. Comp. 1839. 55 Seiten.

Jenes besteht vornehmlich in Scheidemünze. Seit 1803, wo nach dem Abtreten der helvetischen Regierung die einzelnen Kantone ihr Souveränitäts- und damit auch Münz-Recht wieder erlangten, prägte diese keine andern Münzen, als nach dem Batzensysteme, nämlich 40, 20, 10, 8, 5, 4, 3, 2½, 1, ½ Batzen und 1 Rappenstücke, je nach dem Localbedürfniß eines jeden Kantons. Ungeachtet einer Aufstellung eines eidgenössischen Münzfußes waren die Vermünzungen der Kantone im Gehalte verschieden, so daß dieser nicht genau angegeben werden kann. Vornehmlich aber wurden kleine Scheidemünzen, und zwar von einigen Kantonen im Uebermaaße, geprägt. Bald sah man jedoch den Mißgriff ein, und seit 1816 haben alle Kantone aus freiem Antriebe ihre Münzstätten geschlossen. Auch wurden seit jener Zeit über eine Million Schweizerfranken, theils helvetische, theils Kantonal-Scheidemünzen, zurückgezogen und mit bedeutender Einbuße eingeschmolzen. Wenn daher auch das Münzwesen in der Schweiz noch nicht ganz so geregelt ist, wie es zu wünschen wäre, so sind doch wenigstens in Betreff der eigenen Vermünzungen die Kantone zu richtigen Grundsätzen gelangt, und dadurch ist der Weg zu fernern Verbesserungen sehr erleichtert.

Will man im Allgemeinen den Silberbestand der Schweizerfranken bestimmen, so kann man, obschon der Geldtarif der Kantone, wie oben erwähnt, etwas verschieden ist, dennoch füglich den Cours des Fünffranken-Thalers von 35 Batzen dafür annehmen. Denn nicht allein geschieht dieses in dem größern Theile der Kantone gesetzlich, sondern in allen übrigen mehr oder weniger abusif im täglichen Verkehr. Vergleicht man nun diese Werthung der Fünffranken-Thaler von 35 Batzen mit jener in Deutschland von 2 Fl. 20 Xr. R. W., so ist ein Schweizerfranken gleich 40 Xr. R. W., oder 8,5714 preußischen Silbergroschen, oder 1,4285 franz. Franken.

Noch verwirrungsvoller als die Verschiedenheit der Münzfuße war jene der Maaße und Gewichte. Nicht blos zwischen den Kantonen, sondern selbst im Innern derselben herrschten mannigfache Verschiedenheiten. Es bestanden nämlich in der Schweiz

20 verschiedene Fußmaaße,
50 Ellenmaaße gewohnter Art,
29 Jucharte,
76 Viertel für trockene Früchte,
53 Maaße für Flüssigkeiten,
36 Pfunde.

Also 264 verschiedene Maaße für die 6 Gattungen von Maaßen. Zur Beseitigung der mannigfachen Nachtheile, welche aus dieser Maaßverschiedenheit entstanden, schlossen nach vieljährigen reiflichen Berathungen 12 der bedeutendsten Kantone ein Concordat, welchem hier die Hauptbestimmungen wie folgt enthoben sind.

„Concordat“ *)

zwischen den Ständen Zürich, Bern, Luzern, Glarus, Zug, Freiburg, Solothurn, Basel, Schaffhausen, St. Gallen, Aargau und Thurgau, betreffend eine gemeinsame Maaß- und Gewicht-Ordnung vom 17. August 1835.

A. Längenmaaße.

1. Die Basis der schweizerischen Maaß-Ordnung ist der schweizerische Fuß, welcher genau drei Zehntheilen des französischen Meters gleich ist.

2. Der Fuß wird abgetheilt in zehn Zolle, der Zoll in zehn Linien, die Linie in zehn Striche.

3. Zwei Fuß bilden eine Elle } beide werden in Halbe,
Vier „ „ den Stab } Viertel u. Achtel getheilt.
Sechs „ „ das Klafter.
Zehn „ „ die Ruthe.

Sechzehntausend Fuß machen eine schweizerische Wegstunde.

B. Flächenmaaße.

4. Diese sind:

a) Der Quadratfuß von einhundert Quadratzollen.

b) Das Quadratklafter, welches nach der Länge und Breite sechs Fuß, mithin 36 Quadratfuß enthält; es dient für technische Ausmessungen.

c) Die Quadratruthe von einhundert Quadratfuß als Feldmaaß.

d) Als größeres Feldmaaß die Juchart, von vierzigtausend Quadratfuß, oder vierhundert Quadratruthen.

e) Die Quadratstunde, von sechzehntausend Fuß Seite, oder sechstausend vierhundert Juchart Inhalt.

C. Kubische Maaße.

5. Sie bestimmen den körperlichen Inhalt nach Länge, Breite, Höhe oder Dicke, nämlich:

a) Der festen Stoffe nach wirklicher Ausmessung nach Kubikzollen, Kubikfußen, Kubikklaftern.

b) Der Feldfrüchte und der Flüssigkeiten mit Hohlmaaßen.

I. Wirkliche kubische Maaßgrößen.

6. Der Kubikfuß enthält eintausend Kubikzolle; das Kubikklafter, das zur Messung von Heu und bei Bauten, Ausgrabungen und Steinbrüchen gewöhnlich ist, faßt sechsmal sechsunddreißig, oder zweihundert sechzehn Kubikfuß in sich.

7. Das Holzklafter soll auf der Vorderfläche ein Quadratklafter oder sechsunddreißig Quadratfuß halten, die Tiefe dessel-

---

*) Dieses Concordat ist bereits mit dem 1. Jan. 1840 ins Leben getreten, findet indeß, hauptsächlich bei dem Maaße der Flüssigkeiten, noch ziemlichen Widerstand in der Macht der alten Gewohnheiten.

ben oder die Scheiterlänge bleibt dem örtlichen Gebrauche anheim gestellt; doch soll dahin getrachtet werden, selbige auf eine (nicht allzu große) Länge zu bringen, die nicht in kleinen Bruchtheilen, sondern in ganzen und halben Fußen gegeben sei.

II. Hohlmaaße.

a) Für trockene Gegenstände.

8. Die Einheit aller Hohlmaaße für trockene Gegenstände ist das Viertel (Quartern), welches funfzehn französische Liter beträgt. Es faßt genau dreißig Pfund destillirten Wassers bei $3\frac{1}{2}$ Reaumur oder dem Zustande seiner größten Dichtigkeit.

9. Der zehnte Theil des Viertels ist das Immi.

10. Das Zehnfache des Viertels heißt ein Malter.

Alle diese Maaße erhalten die Gestalt eines Cylinders, dessen Höhe dem Durchmesser (Halbmesser?) gleich ist.

b) Für Flüssigkeiten.

11. Die Einheit aller Hohlmaaße für flüssige Stoffe ist die Maaß (le pot), welche anderthalb französische Liter hält. Sie faßt genau drei Pfunde reinen Wassers. Sie kann nach Zehntheilen, oder nach fortgesetzten Halbirungen getheilt werden, deren Benennung den örtlichen Verhältnissen überlassen bleibt.

12. Einhundert Maaß machen einen Saum oder einen Ohm.

D. Gewichte.

13. Die Einheit aller Abwägungen ist das Pfund; es ist die Hälfte des französischen Kilogrammes, welches dem Gewichte des Liters oder Kubikdecimeters Wasser gleich ist.

14. Das Pfund wird nach Zehntheilen und Hunderttheilen abgetheilt; es darf jedoch auch in zweiunddreißig Lothe oder sechszehn Unzen zerlegt werden.

15. Einhundert Pfund betragen einen Centner.

Die Kantone Waadt und Wallis sind zwar diesem Concordat nicht beigetreten, ihr Maaß und Gewicht ist indeß dem neuern schweizerischen beinahe ganz gleich. Siehe Artikel „Lausanne" — Genf hat theilweise das französische System.

Die übrigen sieben Kantone haben noch ihre eigenthümlichen Maaße und Gewichte beibehalten. Allein theils lassen sich manche derselben nicht mit der wünschbaren Genauigkeit bestimmen, theils ist der Handelsverkehr dieser kleinen Kantone meist unbedeutend. Daher glaubt man diese alten Maaße und Gewichte, welche sich an kein System knüpfen, hier füglich weglassen zu dürfen.

Die großherzoglich badischen Maaße und Gewichte sind ganz mit den schweizerischen übereinstimmend.

Die preußischen verhalten sich zu Letzteren wie folgt:

1 schweizerischer Fuß = 0,955860 preußische Fuß.

1 schweizerischer Malter = 2,729190 berliner Scheffel.
1 schweizerisches Maaß = 1,310008 preußische Quart.
1 " Pfund = 1,0690354 preußische Pfund.

Schwyz.

Hauptstadt des gleichnamigen Schweizerkatons, zählt 5000 Einwohner, hat ansehnliche Pferde- und Viehzucht, und Käsehandel.

Seine alte Rechnungsmünze ist nach der Werthung des Neu-Louisd'or zu 13 Fl., der Florin zu 40 ß. Ferner bestehen viele Schuldinstrumente, und sind noch in der neuesten Zeit gefertigt worden, in Pfundgeld und in Kronen. Doch rechnet man meist nach Schweizerfranken, Batzen und Rappen.

1 Pfundgeld = 5 Kronen = 10 Gulden = 123,077 schweiz. Batz.
1 " = 2 " = 24,615 " "
1 " = 12,307 " "

Geldtarif wie in Luzern.

Maaße und Gewichte sind meist die Zürcher; das Flüssigkeitsmaaß ist um $4\frac{1}{2}$ % größer als in Luzern.

Semlin,

öſtreichische Grenz- und Quarantainestadt des slavonischen Militairkommandos, unweit der Mündung der Sau in die Donau, nur $\frac{1}{4}$ Stunde von der über der Donau liegenden türkischen Festung Belgrad entfernt, wichtig als Hauptstapelort vieler aus dem türkischen Reiche aus- und eingehenden Waaren. Der Ort zählt 12,000 Einwohner, hat eine große Salzniederlage von dem auf der Theiß herabkommenden marmaroschen Steinsalz, hält täglich einen, nur zur Pestzeit unterbrochenen Markt auf der belgrader Wiese, wo die ungarischen und türkischen Kaufleute durch Schranken abgesondert sind, und rechnet in allem wie Wien.

Senegambien,

Landschaft in Westafrika zwischen den Flüssen Senegal und Gambia, ist meistentheils in den Händen der Eingebornen, nur an der Küste haben die Engländer, Franzosen und Portugiesen einige Niederlassungen. Die Europäer finden hier einen guten Markt für Baumwollenzeuge, Waffen, Eisenwaaren, Salz, Branntwein u. s. w., wogegen sie von den Eingebornen Gold, Elfenbein, Gummi und Wachs eintauschen. Der Handel ist hauptsächlich Tauschhandel, doch kommt als Zahlungsmittel der chinesische Cash hier häufig vor. S. Guinea.

Serbien,

ein Fürstenthum, unter türkischer Oberhoheit, mit circa 450,000 Einwohnern. — Hauptstadt Belgrad, 30,000 Einwohner, einer der wichtigsten Plätze für den Handel Deutschlands und der Türkei, mit Fabriken in Seide, Baumwolle, Teppichen, Waffen, mit Färbereien, Glockengießereien 2c.

Münzen.

Man rechnet nach Piastern à 40 Paras, und zwar entweder nach dem Contributions-Cours, oder dem Platz-Cours. Nach dem erstern, in welchem die Regierung rechnet, gilt der östreich. Ducaten 24, der Conv.-Species à 2 Fl. gilt 10 Piaster, nach dem andern, d. h. im Handel, gilt der östreich. Ducaten 56, der Species 24, das Kopfstück also 4 Piaster. Beide verhalten sich also wie 5 : 12.

Maaße und Gewichte.

Die Arschin = $2\frac{1}{4}$ wiener Fuß. — Das Getreide wird nach dem Gewicht, und zwar per 100 Oken verkauft. — Eine Oka Oel 2c. = $1\frac{1}{4}$ wiener Maaß.

Die Oka hat 4 Litra à 100 Drammen; 100 Oken = 1 Tovar.

Sevilla,

die größte Stadt in Spanien, mit 104,000 Einwohnern, nach Madrid die zweite im Range, in der Provinz Niederandalusien, am Quadalquivir, deren Tabaks- und Cigarrenfabrik (für königliche Rechnung) ganz Spanien mit Tabak versorgt, hat eine blühende Seidenfabrikation, treibt Seehandel, interessirt die Fremden wegen starker Ausfuhr von Baumöl, Wein, Wolle, Seide u. s. w., und rechnet wie Cadix.

Siam, s. Bankok.

Singapore,

an der Spitze der Halbinsel Malakka, ein seit 1819 angelegtes Filial von Calcutta und zur Präsidentschaft von Bengalen gehörig, mit einem vortrefflichen Freihafen und 32,000 Einwohnern. Singapore ist wegen seiner günstigen Lage ein Hauptstapelplatz des indischen und chinesischen Handels, und die Insel worauf die Stadt liegt, sehr fruchtbar. Man rechnet hier nach (spanischen) Piastern zu 100 Cents, auch nach Siccarupien (s. Calcutta).

Cours auf London am 5. Sept. 1847, 30 Tage Sicht: 4 Schilling 3 Pence für einen Piaster, 6 Monat Sicht: 4 Schill. 5 — $5\frac{1}{2}$ Pence.

Maaße und Gewichte

sind denen des früher errichteten Filials von Calcutta, Prinz Wales gleich; der außerordentliche Zufluß von Chinesen und Malayen bringt indeß auch mancherlei fremde Gebräuche auf diesen Platz, indem der ganze Handel Tausch ist, welcher nicht vermittelst der Landeserzeugnisse, sondern in Produkten fremder Gegenden betrieben wird. 1829 betrug der Umsatz an Waaren über 18 Mill. Siccarupien.

Handelsgewichte sind der chinesische Catty, der Pecul, Coyan u. s. w.

1 Pecul wird hier zu 133⅓ Pfund engl. gerechnet = 60,47 Kilogramme.

Gold- und Silbergewicht ist der Buncal = 2 span. Silberpiastern.

Bank. Zweig der Union-Bank.

Sinigaglia,

wichtiger Meßplatz im Kirchenstaate, am adriatischen Meere. Der Ort zählt über 18,000 Einwohner und bedient sich des Hafens von Ancona, von welchem es etwa 6 Meilen entlegen ist, zum Gütertransport.

Münzen, Maaße, und Gewichte wie in Ancona.

Von fremden Münzsorten sind besonders venezianische in Umlauf; venezianische Ducaten und Conventionsthaler werden gern von Kaufleuten aus der Levante genommen und gelten Agio.

Die Messe, welche hier jährlich gehalten wird, beginnt den 14. Juli, dauert bis Ende des Monats, und nach Größe der Geschäfte, oft noch 5 bis 10 Tage später. Alle Waaren, welche zu Lande oder seewärts eingehen und als Meßgüter declarirt sind, kommen in das Kaufhaus oder die dazu gehörigen Magazine, und dürfen keine Abgaben entrichten; sie bleiben zollfrei, wenn sie wiederum zur See ausgehen, zu Lande aber sind sie dann den Transitoabgaben unterworfen. Der Verkehr auf der Messe, sowohl in Manufakturwaaren aller Art, als auch in Kolonial- und andern Waaren ist sehr lebhaft. Die Geschäfte werden größtentheils durch dazu verordnete Mäkler gemacht, welche, sobald der Handel abgeschlossen, davon in ihren Büchern Verzeichnung nehmen.

Meßzahlungen, auch Wechsel, welche unbedingt in der Messe zahlbar lauten, müssen bis Mittag den 22. Juli bezahlt oder protestirt werden; die Wechselklage muß im letzten Falle noch denselben Tag eingereicht werden, und das Meß-Tribunal verfügt sogleich auf Vorladung der Personen, und erkennt, bei beharrlicher Weigerung, auf Güter- und Personal-Arrest.

In Wechsel-Vorfällen, während der Messe, entscheidet man hier nach den Gesetzen von Rom und Ancona, und bestimmt nach diesen Städten auch die Wechselcourse.

Einen Monat nach der Messe hört die Freiheit der Ausfuhr auf; Waaren die dann ins Ausland gehen, zahlen von 100 ℔ für Transitogebühren 2 Paoli, und täglich 3 Bajocchi von 1000 ℔ für die, welche im Kaufhause gelagert werden.

Smyrna,

an einem Busen des ägeischen Meeres auf der Küste von Kleinasien gelegen, hat 150,000 Einwohner, Teppich- und andere Fabriken, interessirt den Handel der Fremden als erster Stapelort levantischer Produkte, so wie als wichtiger Markt für europäische Industriewaaren.

Münzen s. Constantinopel.

Maaße und Gewichte.

Der Pik = 27 engl. Zoll = 304 pariser Linien oder 0,686 Meter.

Der Killow, Getreidemaaß = 2586 pariser Kubikzoll oder 51,3 Liter; 31—32 Oka schwer.

Vom Handelsgewicht hält 1 Cantaro 7½ Battmans, 22½ Chequees, 45 Oken, 100 Rottoli à 180 Drams. Die Oka, welche man auch als Gold- und Silbergewicht gebraucht, hat 400 Drams, wiegt 19830 engl. Grän, oder 1285 Gramm. Mehrere Waaren werden hier nach dem Centner von 100 Rottoli verkauft; Ziegenhaar nach dem Chequee zu 800 Drachmen, Seide nach dem Teffé zu 610 Drachmen und Opium nach dem Teffé zu 250 Drachmen. Auch ist hier der Cantaro von Constantinopel in Gebrauch, der nur 44 Oken wiegt.

Solothurn,

an der Aara, Hauptstadt des Kantons gleichen Namens mit 5000 Einwohnern.

Rechnet nach Schweizerfranken und hat den nämlichen Geldtarif wie Bern, auch in früherer Zeit die gleiche Rechnungsmünze.

Maaße und Gewichte.

Siehe Artikel „Schweiz" Concordat.

Die alte Elle = 0,546 Meter. — Das Getreide-Viertel = 105,95 Liter. — Die Maaß = 1,595 Liter. — Das Pfund = 518,4 Grammen.

Stettin,

Hauptstadt der preuß. Provinz Pommern, am linken Ufer der Oder und dem Vereinigungspunkte der Fluß- und Seeschifffahrt gelegen. Die Stadt hat 42,000 Einwohner, eigene Schiffe für den Seehandel, und empfängt von dem hinteren Lande zur Ausfuhr Getreide, Lein, Wolle, Zink, Eisen, Bau- und Stabholz u. s. w. Die Einfuhr besteht großentheils in nordischen Produkten, Wein- und Colonialwaaren. Elf Meilen von hier liegt Swinemünde, Stadt von 4000 Einwohnern, mit einem trefflichen Hafen für die größten Kauffahrer. Durch Dampfschifffahrt ist Stettin mit Petersburg, Copenhagen und Bergen, und durch Eisenbahnen mit Berlin und Posen verbunden.

Münzen, Maaße, Gewichte wie Berlin. — Von dem frühern pommerschen Courant rechnet man 8 ℛ für 9 ℛ preuß. Courant.

Wechselcourse und Wechselgebräuche wie Berlin. Außerdem auch auf Bordeaux, 3 Mt. dato, 78¼ ℛ preuß. Court. m. o. w. für 300 Francs und auf Berlin für kurze Sicht ungefähr Pari, für 2 Mt. Wechsel mit einigem Verlust, sonst auch auf Copenhagen: 75½ ℛ Court. für 100 Reichsbancothaler. — Die hiesige Börsenordnung ist von 1832.

Von preußischen und stettiner Fonds notirte man am 20. December 1847:

Preußische Staatsschuldscheine . .	93¼ %	(s. Berlin).
Stettiner 3½ % Stadtobligationen	93 %	(s. weiter unten).
Berlin-Stettiner Eisenbahn . .	114 %	(s. Berlin).
Stargard-Posener „ . .	83 %	desgl.
Pommersche Pfandbriefe . . .	94½ %	(s. weiter unten).
dito Bankactien	560 ℛ	desgl.
Speicher-Gesellschaft	124 %	desgl.
Börsenhaus-Obligationen . . .	112 %	desgl.
Stromversicherung	152 %	desgl.
National-Versicherung	108 %	desgl.

Im Uebrigen richtet man sich nach dem berliner Courszettel.

Oeffentliche und privatliche Handels-Anstalten und Gesellschaften.

1) Ein Comtoir der preußischen Bank (s. Berlin).

2) Die ritterschaftliche Privatbank in Pommern, seit 1824, reorganisirt 1833. Fond: 4000 Actien à 500 ℛ mit 4 % Zinsen am 1. Mai und 1. Nov. Vom Netto-Gewinn werden ¾ als Dividende am 1. Mai ausgezahlt, die Dividenden betrugen pro Actie: 1842, 18 ℛ; 1843, 15 ℛ; 1844, 12 ℛ; 1845, 10 ℛ; 1846, 7 ℛ 15 Sgr. Sie sind in den letzten Jahren geringer gewesen um einen größern Reservefond anzusammeln.

3) Die General-Landschaft, ein seit 1781 bestehender Creditverein, der Pfandbriefe von 25, 50 und 75 Thlr. mit $3\frac{1}{3}$ % und zu 100 — 1000 Thlr. mit $3\frac{1}{2}$ % Zinsen, welche am 24. Juni und 24. December in Pommern, und Anfangs Juli und Januar bei M. Borchardt jun. in Berlin gegen Coupons zu erheben sind. —

4) Eine Börse, 1836 neu gebaut. — Die dadurch entstandene Schuld von 120,000 Thlr. ist durch 600 Obligationen à 200 Thlr. verbrieft, welche 5 % Zins tragen und durch Verloosungen in 75 Jahren getilgt sein sollen.

5) Die Speicher-Actien-Gesellschaft seit 1843. — Ursprünglich 375 nominelle Actien à 200 Thlr. später um 110 Actien vermehrt. — Zinsen 4 % und Dividende; vom Ertrage kommen so lange 10 % zur Reserve, bis diese 8000 Thlr. beträgt.

6) Berlin-Stettin-Stargarder und Stargard-Posener Eisenbahn, s. Berlin (S. 60).

7) Die Stromversicherungs-Gesellschaft, seit 1841, Fond: 150,000 Thlr. in Actien à 200 Thlr., worauf aber nur 50 Thlr. eingezahlt sind, mit 4 % Zinsen. — Reservefond bis zu 30,000 Thlr. bestimmt.

8) Preußische National-Versicherungsgesellschaft seit 1845. — Fond 3 Millionen in Actien à 400 Thlr., worauf 100 Thlr. eingezahlt, mit 4 % verzinset. — Reserve auf 300,000 festgesetzt.

9—11) Stettiner Dampfschifffahrt seit 1828, 280 Actien à 100 Thlr. — Stettin-Swinemünder Gesellschaft, Fond 46000 Thlr. — Dampfbugsirboot-Rhederei, Fond 25,000 Thlr.

12) Pommersche Provinzial-Zuckersiederei in Stettin, seit 1819. Ursprünglicher Actienfond 200,000 Thlr. in Actien à 250 Thlr., welche aber jetzt einen Werth von 1000 Thlr. erlangt haben.

13) Stettiner neue Zucker-Siederei, seit 1835. — Fond: 150,000 Thlr. in Actien à 250 Thlr. — Reserve soll bis zur Verdoppelung des Capitals ansteigen.

14) Walzmühlen-Gesellschaft, 600 Actien à 250 Thlr.

Die städtische Schuld, circa 140,000 Thlr. ist durch Obligationen à 25—500 Thlr. mit $3\frac{1}{2}$ % Zinsen verbrieft. — Jährliche Tilgung 8000 Thlr.

Die 1843 ins Leben getretene Südsee-Fischerei-Gesellschaft hat sich theils in Ermangelung gehöriger Unterstützung, theils in Folge mehrerer Verluste leider wieder auflösen müssen.

Beim Getreide wird der Wispel zuweilen zu 26, 27 bis 28 berliner Scheffeln bedungen; 1 Last Getreide hält 72, 1 Tonne Getreide $2\frac{1}{4}$ berliner Scheffel. 1 Sieb ist $\frac{1}{3}$ Scheffel.

Brennholz wird nach Faden zu 7 Fuß Höhe und Breite gerechnet, und hält zu 3 Fuß Klobenlänge 147 rheinl. Kubikfuß; 10 Faden = circa 3 berliner Haufen.

Wein wird nach der Landes-Fastage verkauft, und 1 Orhoft zu 1½ Ohm, 3 Eimer, 6 Anker à 30 berliner Quart Visirmaaß gerechnet. Gewöhnlich enthält der Orhoft weißer Franzwein, Medoc und Muscat 180 berliner Quart; Cahors, Hochländer und Bergerac 160—165; das Stück Piccardan 1½ Orhoft, oder 260 berliner Quart; das Stück Tavel und Roquemaure 210 bis 215 berliner Quart.

Beim Gewicht rechnet man die Bürde Stahl zu 3 Centnern, den Lägel steiermärkischen Stahl zu 140 bis 150, inländischen zu 100 Pfund.

Grüne oder schwarze Oelseife wird nach Tonnen zu 4 Vierteln verkauft. Das Viertel wiegt, frisch aus der Siederei genommen, 70 Pfund netto.

Man rechnet in Pommern das Stroh zu 6 Wall à 80 Schock, oder zu 480 Schock; den Moller zu 30 Stück; den Fimm zu 100 Schöffen oder Bund Deckstroh à 1 Fuß dick; 1 Bund wird auf 1 □Fuß Dach bestimmt; die Last ungehöhete Häringe 13 Tonnen, gehöhete aber, oder vollgemachte, 12 Tonnen; den Soller Schleifsteine zu 80 Stück; den Chalter Steinkohlen zu 18 Tonnen à 3 Scheffel; die Recke Leinwand zu 16 Ellen; das Stück Garn zu 20 Fitzen à 40 Faden zu 3 auch 4 Ellen.

Schiffe werden mehrentheils nach holländischen Lasten befrachtet, wovon 5 auf 4 stettinische Lasten gehen. Auf die holl. Last rechnet man: 4000 Pfund, bei Eisen und andern schweren Gütern; 2000 Pfund, bei Hanf, Hanfheede und andern leichten Gütern; desgleichen 56¼ Scheffel Getreide, 13 Tonnen Häringe, 8 Orhoft Wein, 5 Schock Pipen-, 7 Schock Orhoft-, oder 12 Schock Orhoftboden-Stäbe, 9 Schock Tonnen-, oder 14 bis 16 Schock Tonnenboden-Stäbe, 1¼ Schock Franzholz, 2½ Schock Klappholz, 8 Schock Böttcher Pipen-, 10 Schock Böttcher Orhoft-, 16 Schock Böttcher Tonnen-, 20 Schock Orhoftboden- und 24 bis 32 Schock Böttcher Tonnenboden-Stäbe, 65 Kubikfuß Eichen-Schiffholz oder Planken, oder 70 Kubikfuß fichtene Balken, 350 Stück große und 400 Stück kleine Candiskisten.

Auch nach Großtausenden werden Schiffe befrachtet; wonach 5 Schock Franzholz, 10 Schock Klappholz, 20 Schock Pipenstäbe, 30 Schock Orhoftstäbe, 40 Schock Tonnenstäbe, 60, 80 bis 120 Schock Bodenstäbe, 260 Kubikfuß Eichen Schiffsholz und Planken, oder 280 Kubikfuß fichtene Balken auf 1 Großtausend gerechnet werden.

Wenn man das Schiffspfund zu Wasser bedingt, so wird es gewöhnlich zu 400 Pfund schwedisch gerechnet.

Steinkohlen und Coaks werden entweder nach der preußischen Last zu 18 Tonnen à 4 Scheffel, oder nach dem engl. Keel = 7 Last verkauft.

Der Preis des Spiritus berechnet sich zu einem Silbergroschen für jede 15 $\frac{0}{0}$ der Stärke nach Tralles, und ein Quart an Menge.

Wollmarkt ist hier den 14., 15. und 16. Juni. Die nicht verkaufte Wolle kann in Speichern niedergelegt, und dort sortirt werden (1847: 29,501 Centner).

Stockholm,

die Hauptstadt von Schweden, am Ausflusse des Mälarnsees in die Ostsee, mit 100,000 Einwohnern und wichtigen Fabriken. Der Seehandel, für den die Stadt selbst 225 Schiffe besitzt, wird durch einen sichern Hafen, eine Assecuranzgesellschaft und Schiffswerfte gefördert.

Münzen.

In Schweden rechnete man ursprünglich in Reichsthalern Species à 48 Schillinge à 12 Rundstücke; 9,169 Species auf die Vereinsmark fein Silber. — Diese Silber-Valuta verwandelte sich aber allmälig in eine Papier-Valuta, welche bis 1830 einen sehr schwankenden Werth hatte. In dem genannten Jahre wurde der Bancothaler auf 18 Schilling in Silber festgesetzt, so daß 48 Schilling in Papier = 18 Schilling in Silber werth sein sollten. Ein solcher Bancothaler, in welcher Valuta zeither Preise und Course bestimmt wurden, theilte sich ebenfalls in 48 Schilling Banco, und war 17 preuß. Silbergroschen 2$\frac{1}{8}$ ₰, oder circa 49 Xr. in Conv. Mze., oder sehr wenig über einen Gulden des 24$\frac{1}{2}$ Guldenfußes werth. In der That rechnet man noch jetzt in Schweden, wo preußisches Geld etwa vorkommt, 4 Thaler preußisch Courant = 7 Thaler schwedisch Banco.

Außer diesem Bancogelde gab es auch einen Rixdaler, und zwar in Reichsschuldzetteln, deren Werth auf ein Viertel des Species festgesetzt war. Diese Zettel wurden zwar 1845 eingezogen, dem neuen Papiergeld aber ist die doppelte Valuta, in Banco und in Reichsgeld aufgedruckt (2 ℛ Banco = 3 Rixdaler), und eben dieses Rixgeld hat durch das neueste Münzgesetz, das mit 1848 ins Leben treten soll, neue Geltung dadurch gewonnen, daß in Zukunft gerechnet werden soll nach

Rixdalern à 48 Schillingen (Skillingar) à 4 Stüber (Styfver), welcher Rixdaler, da er $\frac{1}{4}$ des Species ausmacht, einen Werth habe von 11 Sgr 5,42 ₰ preuß. Court., 32 Xr. 2$\frac{2}{7}$ ₰ im 20 Fl.Fuß und 40 Xr. 0,32 ₰ im 24$\frac{1}{2}$ Fl.Fuß; es vergleichen sich also

100 preuß. Thaler mit 261,971 Rixdalern, oder
100 Rixdalern = 38,172 preuß. Thalern.

Wirklich geprägte Münzen waren in der neuesten Zeit in Gold: Ducaten, 125 Stück auf ein Schalpfund Victualgewicht feines Gold, zu $\frac{47}{48}$ fein, also sehr nahe an 23 Karath 5 Grän. Die Reichsbank giebt sie zu $5\frac{2}{3}$ Thaler Banco aus, nimmt sie aber nur zu $5\frac{7}{12}$ Thaler Banco in Zahlung an, was einen Verlust von nahe an $1\frac{1}{2}$ % ausmacht. — Schlagschatz $\frac{3}{10}$ %.

in Silber: Species (12 löthig) in $\frac{1}{1}$, $\frac{1}{2}$, $\frac{1}{4}$, $\frac{1}{8}$ und $\frac{1}{12}$ (statt $\frac{1}{12}$ neuerdings $\frac{1}{16}$), sämmtlich zu 25 Species auf ein Schalpfund Victualgewicht f. Silber. — Schlagschatz $\frac{3}{4}$ %.

in Kupfer: Stücke zu 2 Schillinge Banco, 300 ℛ auf ein Pfund.
" " 1 dito 250 " dito
" " $\frac{1}{3}$ und $\frac{1}{6}$ dito 200 " dito

in Papier: Banco-Sedlar, von 2 ℛ Banco an in sehr verschiedenen Abschnitten, zugleich auf Rixgeld lautend. — Auch von älterm Papiergeld ist noch nicht alles eingezogen, denn man findet noch zuweilen ältere Banco-Transport-Zettel, auch auf Kupfer lautend, bis zu 8 Schilling herab.

In früherer Zeit wurde der Daler in 4 Mark à 8 Oer à 4 Oerlein à 6 Pfennige getheilt und zwar entweder in Silber oder in Kupfer; 1 Thaler Silbermünze galt 3 Thaler Kupfermünze. Der Thaler Silbermünze wurde bis 1777 auch in Kupfer vermünzt, und zwar in großen Kupferplatten (Ploten genannt) zu 4, 2, 1 und $\frac{1}{2}$ Thaler Silbermünze, wovon die erstern $7\frac{1}{9}$ Pfund Victualgewicht gewogen haben sollen, was auch mit dem wirklichen dermaligen Befunde ziemlich übereinstimmt. Auch giebt es noch viele Kupferscheidemünzen (Slanten) zu 2 und 1 Oer, anfangs auch $\frac{1}{6}$ Oer, entweder auf Silber- oder auf Kupfermünze lautend. Schillinge sind seit 1802 geschlagen worden, seit 1835 auf Banco lautend.

Von fremden Münzsorten, welche fast nur im kleinen Geschäftsverkehr vorkommen, sind die holl. vollwichtigen Randducaten, den schwedischen gleichgesetzt; andere berechnet die Münze zu Stockholm nach folgenden Sätzen:

Goldmünzen: Friedrichsd'or zu $1\frac{3}{4}$, Guineen zu $2\frac{20}{94}$, Sovereigns zu $2\frac{1}{2}$, Imperials von 5 Rubel zu $1\frac{3}{4}$, und Napoleonsd'or zu $1\frac{1}{16}$ Ducaten.

Silbermünzen: Spanische Piaster zu $44\frac{3}{4}$ Schilling, franz. 5 Francsstücke zu 41 Schill., dän. Species zu $46\frac{2}{3}$ Schill., Crusaden von 400 Rees $23\frac{3}{4}$ Schill., preuß. Thaler zu $31\frac{1}{6}$ Schill., und russische Rubel zu 33 Schill. in Silber.

In Speciesbancozetteln zahlt die Bank von Stockholm und andere Darlehn-Comptoire nach dem Reichstags-Beschluß von 1830 für

Schwed., holländ. und andere Ducaten .	5 Thlr.	32 Schill.
Hollstein., dänische und norweg. Species	2 "	28 "
Englische Kronen	2 "	32 "
Deutsche Convent. Speciesthaler . . .	2 "	$18\frac{5}{12}$ "
Span. Piaster und amerikan. Dollars .	2 "	$22\frac{5}{12}$ "
Franz. 5 Francsstücke	2 "	$10\frac{5}{6}$ "
Preußische Thaler	1 "	$33\frac{1}{2}$ "

Russische Rubel (seit 1807)	1 Thlr.	40⅙	Schill.
Lüneburg. und mecklenburg. neue ⅔ Stücke	1 „	15¾	„

Für jedes fehlende As werden 2½ Rundstücke in Abzug gebracht.

Nach einer Bekanntmachung. vom 19. Mai 1831 wird von diesen bemerkten Silbermünzen nicht unter 550 Mark und nicht über 8000 Mark kölnisch an feinem Silber angenommen. Im täglichen Verkehr werden obige Münzen einige Prozente höher gehalten.

Wechselcourse am 15. Juni 1847.

In Bankzetteln,

		m. v. w.		
London	90 Tage,	11 ℛ 42 β	für	1 Liv. Sterl.
	kurze Sicht	12 ℛ 1—2 β	„	dito.
Hamburg	90 Tage,	126¾ β	„	3 ℳ Banco.
	67 „	127¼ „	„	dito.
Paris	90 „	22⅛ „	„	1 Franc.
	61 „	22⅓ „	„	dito.

Uso bedeutet hier 1 Monat nach Sicht. Die Annahme der Wechsel muß nach der Vorzeigung derselben sofort erfolgen. Respecttage sind 6, Sonn- und Festtage mit eingeschlossen, und es muß daher, wenn der letzte Respecttag ein Feiertag ist, den Tag vorher bezahlt werden. Briefe, die erst nach der Verfallzeit ankommen, genießen ebenfalls nur 6 Fristtage, vom Verfalltage an gerechnet. Wechsel hingegen, die „auf Sicht," oder einige Tage „nach Sicht" gestellt sind, müssen binnen 24 Stunden eingelöst oder protestirt werden.

Die Courtage beträgt ⅛ %.

Alle auf das Ausland gezogenen Wechsel sind einem Stempel unterworfen.

Man zahlt: bis 100 Thlr. hamb. Banco	6	Schill. Bco.
„ 400 „ „ „	12	„ „
„ 1000 „ „ „	24	„ „
darüber	1 ℛ —	„ „

Schwedische Obligationen.

Der schwedische Staat hat keine anderen Schulden, als die innere Zettelschuld. Die auf einigen Börsen circulirenden Obligationen der schwedischen Hypotheken-Cassa-Anleihen, 1. und 2. Serie, sind Schuldverschreibungen eines Vereins von Bergwerks-Besitzern, über 2½ Mill. ℳ Bco., die derselbe in Kopenhagen mit Genehmigung, aber nicht unter Garantie des Staates, aufgenommen hat. Die Obligationen, auf ℳ Bco. lautend, tragen 4 % Zinsen, welche vierteljährlich (der 1. Serie am 1. Jan., 1. April, 1. Juli und 1. Octbr., der 2. Serie am 15. Febr., 15. Mai, 15. August und 15. Novbr.) zahlbar sind. 1846 wurde der Verein zu einer neuen Anleihe von 10 Millionen Bancomark autorisirt.

Maaße.

Längenmaaße.

Der Fuß = 0,297 Meter.

Famn	Alnar	Fot	Verthum	Duod.Linier
1 Faden	= 3 Ellen	= 6 Fuß	= 72 Duod. Zoll	= 864 Duod. Linien.
	1 „	= 2 „	= 24 „	= 288 „
		1 „	= 12 „	= 144 „
			1 „	= 12 „

Auch wird der Fuß in Zehntel, Hundertel getheilt, die Elle in Halbe, Viertel u. s. w.

1 Ruthe = 16 Fuß.

1 Meile = 6000 Famn. — $10\frac{2}{3}$ Meilen auf den Grad.

Flächenmaaß.

1 Tonne Land, Tonnstelle = 14000 □Ellen = 56000 □Fuß.

Körpermaaß.

1 Tonne = 7384 pariser Kubikzoll, ohne Zumaaß, oder 146,45 Liter.

1 Tonne = 2 Spann = 8 Viertel = 32 Kappar = 56 Kannen = 112 Stop = 448 Quartier = 1792 Ort.

Für das Rütteln und Häufen wird ein Zumaaß bewilligt, und zwar $12\frac{1}{2}$ % für Getreide, $18\frac{3}{4}$ % für Malz und $6\frac{1}{4}$ % für Kalk und Salz.

1 Kanne, Kannor, = 131,9 Kubikzoll, oder 2,62 Liter.

1 Fuder = 2 Pipen = 4 Oxhoft = 6 Ohm = 12 Eimer = 24 Anker = 360 Kannen = 720 Stop à 4 Quartier à 4 Jungfern.

1 Tonne flüssiger Waaren, Mehl, Fleisch, Fische = 48 Kannen = 96 Stop = 384 Quartier = 1536 Jungfern. Die Theer- und Pechtonne darf ein Stop kleiner sein.

Ein Fammar = 73,52 Kubikfuß, ein Stafrum = 270 Kubikfuß; beides Holzmaaß.

Gewicht.

1 Skalpund, Schalpfund, Victualpfund = 425,3395 Gramm; 1 ℔ Eisengewicht = 340,2 Gramm; 1 ℔ Bergwerksgewicht = 375,9 Gr.; 1 ℔ Landstätter Gewicht = 358,1 Gr.; 1 ℔ Roheisen = 488,7 Gr.; 1 ℔ Rohkupfer = 377,5 Gr.

1 Schalpfund = 32 Loth à 4 Quentchen.

1 Schiffspfund, Schalgewicht, = 20 Liespfund à 20 Schalpfund.

1 Centner = 120 Schalpfund.

1 Wage Zinn = 165 „

1 Stein Wolle = 32 „

1 Schiffspfund stapelstädter Gewicht = 20 Markpfund à 20 Mark.

In der Praxis rechnet man $7\frac{1}{2}$ Schiffspfund Eisengewicht = 1 engl. Ton.

1 Mark Gold- und Silbergewicht = 210,6394 Gramm.

1 Mark Gold- und Silbergewicht = 16 Loth à 4 Quentchen à 68¼ As.

Als Probirgewicht wird dieselbe Mark für Silber in 16 Loth à 18 Grän, und für Gold in 24 Karath à 12 Grän getheilt.

1 Medicinalpfund = 356,437 Gramm.

Verarbeitetes Ducatengold hält $23\frac{5}{12}$, Pistolengold $20\frac{1}{3}$ und Kronengold $18\frac{1}{3}$ Karath fein, mit 2 Grän Remedium pr. Mark.

Verarbeitetes Silber hält $13\frac{1}{4}$ Loth fein, mit $\frac{1}{8}$ Loth Remedium pr. Mark.

Zinnarbeit, viermal gestempelt, hält 96, dreimal gestempelt 82 Theile. Die Bezeichnung der verarbeiteten Metalle sind drei Kronen, nebst einem Buchstaben des Alphabets, der alle Jahr verändert wird und von 1759 angeht.

Man rechnet die Last Pech, Pottasche, lüneburger Salz und fremdes Bier zu 12 Tonnen; die Last Theer und nordländischen Thran zu 13 Tonnen.

Die Last spanisches und französisches Salz zu 18 Tonnen.

Die Last Fische hat 12 gepackte Tonnen à 1000 Stück Häringe, oder 12000 Stück Bücklinge. Die Last Flachs, Hanf, Tauwerk, Talg und Hopfen hat 6 Schiffspfund à 20 Liespfund. Die Wahl 20 Kast à 4 Stück.

Banken.

Die schwedische Reichsbank, im Jahre 1668 errichtet, ist Leih-, Giro-, Zettel- und Depositenbank. Als letztere nahm sie früherhin alle einheimischen Münzen an und stellte darüber die sogenannten Transportzettel aus. Diese Scheine, auf 600 Mill. Thaler angewachsen, wurden 1776, um das damals in Verfall gerathene schwedische Geldwesen zu reguliren, zum größten Theile gegen neue Bankzettel (Banco-Sedlar), auf Thaler Species ausgestellt, umgetauscht, deren Bestimmung war, gleich dem baaren Gelde zu circuliren und auf Verlangen gegen Silber eingelöst zu werden. Allein die Seltenheit des baaren Geldes und die zu große Zahl der ausgegebenen Noten machten die Realisirung derselben unmöglich, und ihr Cours sank bis auf den dritten Theil ihres Nennwerthes. Die gegenwärtige Regierung, im Verein mit den Ständen des Reiches, ist fortwährend eifrig bemüht das Papiergeld zu vermindern und die Silberwährung allein einzuführen. In Folge dessen haben 1835 die Baarzahlungen der Bank, und zwar zu dem bereits früher festgesetzten Course von 128 Schilling Banco für 1 Thaler Species in Silber, wieder begonnen.

Ende 1846 besaß die Bank $15\frac{7}{10}$ Millionen Thaler Banco an Silberfond; dagegen betrug die Zettel-Circulation 26 Millionen, sonstige Passiva $8\frac{1}{2}$ Millionen.

Die schwedischen Provinzial- und Privatbanken geben ebenfalls Noten, jedoch unter gewissen Beschränkungen, aus.

Hier befindet sich das sogenannte Eisen-Comptoir, ferner eine Discontokasse, ein Lombard und einige Seeassecuranzen.

Im Jahre 1846 wurde völlige Handels- und Gewerbefreiheit eingeführt.

Stralsund,

Hauptstadt des preußischen Regierungsbezirks gleichen Namens, an der Meerenge Gellen, welche Rügen vom Festlande trennt, mit 16,500 Einwohnern, einem guten Hafen und ansehnlichen Fabriken. Die Ausfuhr besteht in Getreide, Wolle, Hanf-, Rüb- und Leinsaat.

Münzen, Maaße, Gewichte wie Berlin.

Alte lübische Maaße und Gewichte.

1 Last Getreide = 8 Drömt = 32 Tonnen = 96 Scheffel = 384 Fehrt oder Viertel = 1536 Metzen. Der Scheffel = 1964 pariser Kubikzoll, oder 39,02 Liter.

1 Oxhoft Wein = 2½ Ohm = 6 Anker = 108 Kannen = 216 Pott = 864 Pegel. Der Pott = 49 pariser Kubikzoll, oder 0,97 Liter.

1 Tonne Bier = 192 Pott.

Das Pfund gleich dem lübecker. 1 Schiffspfund = 20 Liespfund oder 280 Pfund, 1 Centner 112 Pfund, 1 Stein Wolle 10 Pfund, 1 schwerer Stein 21 Pfund nach der Licenttaxe.

Eine schwere Schiffslast beträgt 4000 Pfund.

Von zählenden Gütern kommen vor: Decher zu 10, Mandeln zu 15, Stiege zu 20, Zimmer zu 40, Schock zu 60, Wall zu 80 Stück, Laken zu 24 Ellen, Großhundert auch Lasten Butter, gesotten Salz und Fleisch à 12 Tonnen, Boysalz à 18 Tonnen, ungehöhete Häringe à 13, gehöhete zu 12 Tonnen und Zwölfter à 12 Stück.

Strasburg,

die Hauptstadt des französischen Departements Niederrhein, mit 72,000 Einwohnern, welche ansehnliche Fabriken unterhalten, Handel und Rheinschifffahrt treiben. Durch Eisenbahnen ist es mit Basel verbunden; eine Bahn nach Paris und eine nach Metz ist im Bau. Rechnungsarten u. s. w. in Allem wie Paris.

Das Courssystem ist im Allgemeinen dem in Paris gleich; doch finden folgende Abweichungen statt:

m. o. w.

Augsburg 99 Frcs. in Straßb. für 100 Frcs. in Augsb., wobei fest angenommen, 256 Frcs. = 99 Fl. augsb. Courant.

Frankf. a. M. $99\frac{1}{2}$ Frcs. in Straßb. für 100 Frcs. in Frankf., entweder in wirklichen 5 Francsstücken zahlbar, oder zu 297 Fl. im Kronenthalerfuße, für 640 Frcs. gerechnet.

Paris, Lyon . . $99\frac{3}{4}$ Frcs. baar für 100 Frcs. in Wechseln.

Wechselgesetze wie Paris.

Hier ist das Domicil der Straßburg-Baseler Eisenbahn-Gesellschaft. Fond: 42 Millionen Francs in Actien à 500 Frcs., wovon $\frac{3}{10}$ der Staat übernommen. Divid. 1846: 8 Frcs. per Actie, außer 4 % Zinsen.

Es besteht hier eine Münze, ein Handelsgericht, eine Handelskammer, ein Conseil de Prud'hommes, ein Handels-Casino, mehrere Versicherungs-Agenturen u. s. w.

Die hier jährlich gehaltenen zwei Messen, deren jede vierzehn Tage währt, sind:

1) Die Johannismesse, welche den Tag nach Johannis anfängt.

2) Die Weihnachtsmesse, welche den Tag nach Weihnachten ihren Anfang nimmt.

Stuttgart,

die Hauptstadt und Residenz des Königs von Würtemberg, im Neckarkreise und am Nesenbach gelegen, hat 33,250 Einwohner, große Seiden-, Wollen- und Baumwollenfabriken, und treibt Handel mit Landesprodukten.

Münzen.

Man rechnet nach

Gulden zu 15 Batzen oder 60 Kreuzern à 4 Heller, $24\frac{1}{2}$ Gulden auf die preuß.-kölnische Mark fein Silber.

Unterm 14. November 1840 sind die königl. Kassenämter vorläufig ermächtigt worden, den 5 Frankenthaler zu 2 Fl. 20 Xr. anzunehmen.

Wechselcourse

richten sich, da Stuttgart kein eigentlicher Wechselplatz ist, meist nach denen von Nürnberg und Frankfurt a. M.

Der Wechsel-Uso ist 14 Tage nach der Acceptation. Respecttage sind für Datowechsel 3. Ist der dritte ein Sonn- oder Festtag, so muß am zweiten und ist auch dieser ein solcher Tag, am ersten bezahlt oder protestirt werden. Gänzlich cessiren diese Respecttage: 1) wenn alle 3 auf Sonn- oder Feiertage fallen, 2) wenn der Wechsel in den Händen eines Reisenden sich befindet, 3) wenn der Trassat ohnehin schon 14 Tage Zeit gehabt hat und 4) wenn die Summe unter 1000 Fl. ist.

Wechsel à Vista zahlbar müssen, ohne Ausnahme, innerhalb 24 Stunden eingelöst werden; die auf die Mitte eines Monats (Medio) gestellt sind, verfallen am 16ten desselben Monats.

Staatspapiere.

Die würtembergischen Obligationen sind theils vom Staate selbst ausgegeben, theils mit neuen Landestheilen übernommen worden. Sie lauten alle auf den Inhaber und tragen, nach mehrmaligen Zinsreductionen 5, 4 und 3½ % Interessen; auf fremden Börsen kommen sie in neuerer Zeit nicht mehr vor.

Die letzten Anleihen waren, zum Bau der Staats-Eisenbahnen, die etwa 42 Meilen betragen, und auf 31½ Millionen Gulden veranschlagt sind, 1845: 7 Millionen in Oblig. à 1000, 500, 300 und 100 Fl. à 3½ %, dazu kamen 1846: 6 Millionen à 4 %, und 1847: 11 und 6 Millionen à 4½ % in Zinsen auch bei Rothschild in Frankfurt a. M.

Seit 1845 giebt es auch stuttgarter Stadt-Obligationen à 1000 und 500 Fl. mit 3½ % Zinsen.

Die Staatsschuld betrug am 30. Juni 1845 noch 20,774,033 Gulden. Die Eisenbahn-Anlehen werden für sich verwaltet, und sollen aus den Einnahmen der Bahnen verzinset und getilgt werden.

Außerdem existiren Obligationen des würtemberg. Credit-Vereins (siehe weiter unten), in Abschnitten von 500 u. 1000 Fl., mit 3½ % Zinsen; neue Serie zu 4½ % 1847.

Maaße.

Längenmaaß.

Der Fuß = 127 pariser Linien, oder 0,286 Meter.

1 Ruthe = 10 Fuß = 100 Zoll = 1000 Linien.
1 " = 10 " = 100 "
1 " = 10 "

Die alte Ruthe hatte 16 der obigen Fuße à 12 Zoll.

Die Elle = 214,4 würtemberger Linien = 272,288 pariser Linien, oder 0,614 Meter, wird in Halbe, Viertel u. s. w. getheilt.

Die Weite der Garnhaspel ist entweder 2 Ellen oder 1½ Ellen. Im ersten Fall bilden 1000 Faden einen Schneller, im andern werden 700 Faden für einen halben Schneller gerechnet.

Flächenmaaß.

1 Morgen = 384 □Ruthen, oder 31,517 Aren.

1 Jauchart, Juchart, Mannwerk, Tagewerk = 2½ Morgen.

Körpermaaß.

1 Simri = 1116,801 pariser Kubikzoll, oder 22,153 Liter.

Scheffel		Simri		Vierling		Mäßlein		Ecklein		Viertelein.
1	=	8	=	32	=	128	=	256	=	1024
		1	=	4	=	16	=	32	=	128
				1	=	4	=	8	=	32
						1	=	2	=	8
								1	=	4

1 Helleichmaaß = $78\frac{1}{8}$ würtemb. Kubikzoll = 92,61 pariser Kubikzoll, oder 1,837 Liter.

1 Trübeichmaaß = $1\frac{7}{100}$ Helleichmaaß = 96,662 pariser Kubikzoll, oder 1,917 Liter.

1 Schenkmaaß = $\frac{10}{11}$ Helleichmaaß = 84,191 pariser Kubikzoll, oder 1,670 Liter.

1 Fuder	=	6 Eimer	=	96 Imi	=	960 Maaß	=	3840 Schoppen.
		1 "	=	16 "	=	160 "	=	640 "
				1 "	=	10 "	=	40 "
						1 "	=	4 "

Ein Helleich-Eimer = circa 294 Liter.

Diese Eintheilung gilt für alle Maaße.

1 Klafter Holz = 144 Kubikfuß = 16 Ecklein.
1 Kohlenzuber = 20 "
1 Kasten Sand = 8 "
1 Wanne Heu = 512 " soll 1100 ℔ wiegen.
1 Kalkscheffel = 40 Helleichmaaß.
1 Kasten Mörtel = 24 Kübel à 4 Helleichmaaß.

Gewicht.

1 Pfund = 467,728 Gramm.

1 Centner	=	104 Pfund	=	3328 Loth	=	13312 Quentchen.
		1 "	=	32 "	=	128 "
				1 "	=	4 "

Derselbe Centner wird beim Schwergewicht in 100 Pfunde getheilt, und diese Rechnung tritt ein, wenn der Gegenstand den vierten Theil des Centners erreicht.

Die würtemb.-kölnische Mark ist = $\frac{1}{2}$ Pfund = 233,864 Gramm.

Das Medicinalpfund = 357,647 Gramm.

Handels- und Industrie-Anstalten.

Die würtembergische Hofbank, 1802 auf königl. Befehl errichtet, ist ein reich dotirtes Institut, das unter der Oberaufsicht einer, von der Regierung eingesetzten Intendanz steht und lebhafte Geld-, Wechsel- und Depositengeschäfte betreibt.

Der hiesige Credit-Verein besteht in einer Gesellschaft von Grundeigenthümern, die sich im December 1826 zu dem Zwecke gebildet hat, um auf gemeinschaftlichen Credit und für gemeinschaftliche Rechnung, Kapitalien aufzunehmen, die, sammt den Zinsen, durch Rentenzahlungen getilgt werden. Der Verein stellt auch Obligationen aus, von denen wir oben Einiges berichtet haben.

Es befinden sich hier ferner einige Privatbanken, eine Renten-, eine Lebens-Versicherungsanstalt und mehrere industrielle Vereine.

Seit 1835 wird jährlich, im Monat August, eine Tuchmesse abgehalten, von welcher der Detailhandel aber gänzlich ausgeschlossen bleibt.

Sumatra,

eine ostindische Insel, durch die Straße von Malakka vom festen Lande, durch die Straße Sunda von Java getrennt, 6046 □Meilen groß mit 6 Millionen Einwohnern, liefert wie die benachbarten kleineren Inseln Gold, Reis, Kampher, Holz, Kaffee, Zucker, Indigo, Gewürze, Baumwolle, Elfenbein u. s. w. Unter den siebzehn von den Niederländern abhängenden Staaten sind Achem oder Acheen, Menangkabo und Palembang die bedeutendsten dieser Insel. Das niederländische Gebiet auf Sumatra beträgt über 900 □Meilen, mit mehr als 1 Mill. Einwohnern, und hier ist Padang, Sitz des Gouverneurs, als Freihafen dem Handel der Fremden am wichtigsten.

Münzen.

Im Allgemeinen rechnet man hier wie unter Amboina und Batavia; doch ist auf der Insel Banka das Hauptzahlmittel der spanische Piaster. Eine geringere einheimische Münze sind Pitjes, deren 4000 einen Piaster betragen und 500 aufgereiht 1 Bos oder Schnur heißen.

In Natal sind besonders span. Piaster, Rupien und Fanams von Madras in Umlauf; 24 Fanams oder Tales gelten einen span. Piaster. Der Goldtale dieser Insel hat 16 Mace à 24 Theile und wiegt 585 engl. Grän, oder 37,9 Gramm; auch bedient man sich der chinesischen Kandarinen (eine Art kleiner Bohnen), davon 100 auf 1 Tale gerechnet werden.

Auf der Insel Tappanoly theilt man den span. Piaster beim Handel mit Europäern (der meistens Tausch ist) in 4 Fanams oder 400 Keppings.

Auf der Insel Sinkel rechnet man nach Tales zu 4 Sookoos oder 16 Satalies. Span. Piaster sind die circulirende Hauptmünze, davon 4 einem Tale gleich gerechnet werden.

Maaße und Gewichte.

In Padang ist das Salzmaaß der Cojäng von 50 Maaß à 75 Pfund holl. Troy oder 36,907 Kilogramm.

Reis wird mit dem Bämbuh von 7½ Pfund holl. Troy gemessen.

Vom Handelsgewicht hält der Bohar 220 malayische, oder 330 chinesische Cattys, oder 412½ Pfund holl. Troy = 202,99 Kilogramm.

1 malayischer Catty wiegt 1⅞ Pfund holl. Troy, oder 0,92269 Kilogramm, 1 chinesischer Catty wiegt 1¼ Pfund holl. Troy, oder 0,61513 Kilogramm, 100 Cattys = 1 Pekul.

Vom Gold- und Silbergewicht hat 1 Tale 16 Maces oder 853,3 holl. As, und sind 5,7 Tale = 1 köln. Mark. Der frühere Goldpreis von einem Tale (à 1½ batav. Real) à 21½ Karath fein, war 20 spanische Piaster, oder 25 Thaler indisch = circa 28 Thaler preuß. Courant.

Auf der Insel Banka hat vom Handelsgewicht der Cojäng 80 Balys à 20 Gantangs à 6 Katjes, oder 6000 Pfund holl. Troy, oder 2952,6 Kilogramm.

Der Baly ist auch zugleich Reis- und Getreidemaaß.

1 Pekul von 100 Cattys wiegt 122½ Pfund holl. Troy, oder 60,283 Kilogramm, Engländer rechnen den Pekul zu 133 Pfund, und den Baly zu 81⅔ Pfund av. d. p.

Vom Gold- und Silbergewicht hat 1 Catty 10 Tales à 2¼ batav. Real, oder 1280 holl. As = 61,52 Gramm.

Auf der Insel Tappanoly bedient man sich der englischen Gewichte und des chinesischen Pekuls; auch eines Salzmaaßes, Salup genannt, welches circa 2 Pfund englisch avoir du poids geschätzt wird.

Auf der Insel Sinkil verkauft man Benzoe nach dem Tompong von 20 Cattys à 3¼ Pfund engl. av. d. p. und Kampher à 3¼ Pfund engl. Troy.

Surabaya,

Stadt von 30,000 Einwohnern auf der Insel Java, in Ostindien, hat ein sehr gesundes Klima und fruchtbares Gebiet. Der Hafen wird von Schiffen, die von Ostindien nach China und den Philippinen gehen, häufig besucht. Rechnungsarten wie unter Batavia.

Surate,

nahe der Mündung des Tapti in den Meerbusen von Cambay, mit 500,000 Einwohnern, Fabriken in Seide, Leinwand, Gold, Silber, gehört zur Präsidentschaft von Bombay, treibt wichtigen Handel.

Münzen.

Man rechnet, wie Bombay, nach
Rupien zu 16 Annas oder 64 Pice.

Wirkliche Münzsorten sind der Mohur oder die Gold-Rupie = 15 Silber-Rupien; ganze, halbe und viertel Silber-Rupien und Pezas oder Pice, von Kupfer oder Blei, davon man 64 gleich einer Silber-Rupie rechnet. Die hiesige Rupie ist der in Bombay an Gehalt und Gewicht gleich. 1 Lack Rupien ist eine Zahl von 100,000; 100 Lack heißen 1 Cror, 100 Cror = 1 Padan und 100 Padans = 1 Nil.

Von fremden Münzsorten gelten holl. Ducaten 4¼, venezianische Zechinen 4⅜ und Piaster 2¼ Rupien, mehr oder weniger.

Maaße und Gewichte.

Vom Längenmaaß hält die lange Elle, Guz genannt, 28,2 engl. Zoll, oder 0,716 Meter, die Guz bazar nur 28 engl. Zoll, oder 0,457 Meter, und die kleine Elle, Covid, 18¼ engl. Zoll, oder 208,3 pariser Linien. Außerdem wird auch die engl. Yard angewendet, besonders beim Messen der Leinen, Atlasse und Sammete.

Von Gewichten hat 1 Candy 20 Maunds oder 40 Seers à 30 Pice. 1 Seer wiegt nach Kruse 8799, nach englischen Angaben 8809 holl. As. Der Maund ist übrigens verschieden; der hiesige oder Maund cutcha wiegt 37⅓ Pfund engl. av. d. p., oder 16,933 Kilogramme, der bengalische Maund, welcher hier ebenfalls in Gebrauch ist und Pucca genannt wird, ist um die Hälfte größer. Die Eintheilung des Maunds ist bei manchen Waaren verschieden; so rechnet man den Maund bei Mineralien und Saffran zu 40¼, rohem Zucker 41, Gewürzen und Specereien 42, Zucker in Broden und Candis 43¼, und bei Gummi zu 44 Seers. Baumwolle verkauft man nach dem Candy von 21 Maunds von Surate, Pfeffer und Sandelholz aber nach dem Candy zu 21 Maunds von Bombay.

Ein besonderes Maaß für trockene Dinge Pherra genannt, von 20 Palies, wird zu 75 Pfund engl. av. d. p., oder 34,015 Kilogramm angegeben.

Das Gold- und Silbergewicht, Tola genannt, hat 32 Valls à 3 Ruttees. 82½ Valls sind 1 Unze engl. Troygewicht, oder 647⅙ holl. As; 1 Vall = 7,84 holl. As = 0,3768 Gramm.

Bei Juwelen rechnet man 1 Ruttee 16 Annas, 20 Massas, oder 3,482 holl. As; bei Perlen 1 Tang 24 Ruttees, 330 Chouw, 5280 Annas, oder 83,568 holl. As.

Surinam,

eine niederländische Colonie von 491 □Meilen und 80,000 Einwohnern, in dem südamerikanischen Lande Guyana, liefert Reis, Cacao, Hanf, edle Holzarten, besonders aber Indigo, Baumwolle, Kaffee und Zucker. Paramaribo (20,000 Einw.) 4 Meilen von der Mündung des Suriname entfernt, und Sitz des Gouverneurs, ist die einzige Stadt in dieser Colonie.

Münzen.

Man rechnet nach Gulden zu 20 Stuiver à 16 ₰ oder auch nach Gulden zu 100 Cents, eigentlich in derselben Valuta wie das Mutterland, zu 25 Fl. auf die f. Mark Silber; der holländische Gulden gilt aber 24 Stuiver, oder der hiesige Courantgulden 83⅓ Cents.

Das hiesige, sehr zahlreiche, Papiergeld, das zum Theil in gestempelten Kartenblättern besteht, soll zum Cours von 310 Fl. für 100 niederländische Gulden, allmälig eingezogen werden. Sonach hat ein solcher Papiergulden den Werth von noch nicht 5¼ Sgr oder 19 Xr. im 24½ Fl.Fuß.

Die Noten der Bank von Surinam sollen 25 % unter Pari stehen.

Die **Maaße und Gewichte** sind die alten holländischen (s. Amsterdam).

Taganrog,

Freihafen und blühende Handelsstadt mit mehr als 14,000 Einwohnern, im russischen Gouvernement Jekaterinoslaw auf einer Erdzunge des asowschen Meeres, Hauptstapel für den Don, die Donez und Wolga, mit Ausfuhren in Weizen, Caviar, Eisen, Leinen, Tauwerk, groben Tüchern und Einfuhren in Tabak, Wein, Oel, Specereien, Südfrüchten u. s. w. Der Seichtigkeit des asowschen Meeres wegen müssen schwer beladene Schiffe zu Feodosia oder Kertsch erleichtert werden. Rechnungsarten u. s. w. wie unter Petersburg.

Temeswar und Debreczyn,

zwei Freistädte im Königreiche Ungarn, erstere im Banat an der Bega und Temesch gelegen mit 14,000, letztere im biharer Comitat an der Theiß mit 45,000 Einwohnern, treiben lebhaften Handel mit Landesprodukten, als Tabak, Wein, Getreide, Honig, Wachs, Wolle, Häuten, Borsten u. s. w. Rechnungsarten wie unter Preßburg.

Die preßburger Metze Korn und Weizen wird unter den Wallachen um Temeswar zu 40 Oken (die Oka = 2½ Pfund wiener, oder 2,7 Pfund berliner), die pesther Metze zu 60 Oken, und 1 Schinack zu 80 Oken berechnet.

Der debreczyner große Eimer (Nagy Cseber) = 100 ungarischen Halben (Jcze), hält 4202 pariser Kubikzoll = 83,352 Liter, oder 72,796 preuß. Quart. Der kleine Eimer (Kis Cseber) hält von vorstehendem die Hälfte.

Ternate,

eine Insel der Molukken von 130 □Meilen und 170,000 Einwohnern, mit der gleichnamigen Hauptstadt und dem Fort Oranien, dem Sitz des niederländischen Gouverneurs, führt vorzüglich Gewürze aus und rechnet wie Ambon und Batavia.

Der Pekul ist hier der chinesische von 125 Pfund holl. Troy, oder 61,513 Kilogramm.

Der Bämbuh Reis wiegt $1\frac{1}{2}$ ℔ holl. Troy, oder 0,73815 Kilogramm, der Barotti 5,4143 Kilogramm, und der Kaban 45,506 Kilogramm.

Gold- und Silbergewicht ist der batavische Real.

Tessin,

der Kanton hat 114,000 Einwohner. Die Natur hat ihm seinen Verkehr vorzüglich mit der Lombardie angewiesen. Daher bedient er sich der mannigfaltigen in Mailand coursirenden Geldsorten und sind die alten mailänder Livres zu 20 Sous, d. h. die Lire Correnti Abusive di Milano, die Rechnungsmünze seiner öffentlichen Kassen. Es ist der Tarif nach diesen mailänd. Abusiv Lire wie folgt:

der Brabanterthaler . . 7 L. 15 S. Corrent.
" Fünffrankenthaler . . 6 " 15 " "

Allein neben diesen Corrent L. wird in dem größten Theile des Kantons nach Valuta Cantonale Ticinese gerechnet, wovon 120 L. = 100 Lire correnti Abusive di Milano.

Das Transit über den St. Gotthard ist ein Haupterwerb des Kantons.

Luzano an dem See gleichen Namens, einer der 3 Hauptorte des Kantons mit 3800 Einwohnern, ist sehr günstig für Zwischenhandel der Schweiz nach der Lombardie gelegen, hat eine stark besuchte Messe in den ersten Tagen des Octobers, die besonders wegen des Viehverkehres sehr bedeutend ist.

In Wechsel-Angelegenheiten richtet sich Tessin gewöhnlich nach Mailand.

Maaße und Gewichte.

Der Fuß ist ein halber Meter. Die Elle = 0,625 oder $\frac{5}{8}$ Meter. — Die Pertica (Flächenmaaß) = $22\frac{1}{2}$ Are oder $\frac{5}{8}$ schweizer Juchart.

Der Getreide-Moggio hat 8 Staja und ist = 138,378 Liter. — 6 Staja = 1 Sacco; 12 Staja = 1 Somma.

Die Pinte = 1,722 Liter. — 30 Pinte gehen auf ein Barile, 42 auf einen Eimer (Brenta).

Das schwere tessiner Pfund von 32 Unzen = 860,818 Grammen; das leichte (Liretta) = 322,807 Grammen; 3 schwere = 8 leichte Pfund. — Ein Centinajo = 10 Rubbi à 10 Pfund.

Messe Anfangs October.

Thorshaven,

ein Handelsplatz auf der größten der Faröer-Inseln, Strömöe, mit 1600 Einwohnern. Laut Gesetz von 1836 soll eigentlich hier das dänische Münz-, Maaß- und Gewichts-System gelten; der hier sonst übliche Gulden à 5 Mark à 16 Schillinge ist aber dadurch wohl nicht beseitigt. Da ein solcher Gulden 80 dänischen Schillingen gleich ist, so gehen circa $13\frac{4}{5}$ derselben auf die f. Mark, wonach ein Gulden = 1 ₰ 9 ₰ preuß. Court. oder 1 Fl. $27\frac{3}{4}$ Xr. im $24\frac{1}{2}$ Fl.Fuß.

Die hier üblichen Circulationsmittel sind oder waren aber Schaffelle, von denen 20 auf einen Gulden gehen, und von denen 40 ein Klipper genannt werden.

Thurgau,

Kanton der Schweiz mit 84,000 Einwohnern. Obst und Wein die vorzüglichsten Produkte, auch Flachs und Leinwand. Der Viehhandel ist bedeutend.

Rechnet nach Reichsgulden ganz wie St. Gallen und hat den nämlichen Münztarif.

Maaße und Gewichte

siehe Artikel „Schweiz," Concordat.

Tiflis oder Tphilisk,

Hauptstadt von Grusien oder Georgien, 19,000 Einwohner, hat Webereien in Seide, Wolle und Baumwolle, Salzraffinerien, Fabriken von Tapeten, Leder, Waffen ꝛc., und ist ein wichtiger Stapelort zwischen Europa und Asien.

Die hier eigenthümliche Rechnung ist nach Abassis zu 20 Karthouli tetri (d. h. karthulischen Weißpfennigen), die für diese Provinz eigends geprägt werden. Es giebt doppelte, einfache und halbe Abassis und kupferne Weißpfennige mit vulgär-persischer Schrift.

Da man füglich 81 Abassis auf die f. Mark rechnen kann, so ist der Werth einer solchen Einheit = circa $5\frac{1}{6}$ Silbergroschen oder 18 Xr. im $24\frac{1}{2}$ Fl.Fuß, oder 16 Kopeken Silber.

Maaße und Gewichte s. Petersburg.

Getreide wird nach der Koda zu 30 russ. ℔, oder nach dem Samar = 1½ Tschetwert verkauft.

Timbuctu,

eine Handelsstadt des Negerreichs gleichen Namens in Afrika, mit 50,000 Einwohnern und mit ihrem Vorhafen Kabra, nächst Sansanding, Houssa, Kaschna, Sego und Wassenah, einer der wichtigsten Märkte Sudans, wenige Meilen vom Niger entfernt, führt vorzüglich Goldstaub, Elfenbein, Rhinoceroshörner, verschiedene Gummiarten, Assafötida, Ebenholz, Indigo, Straußfedern u. s. w. aus. Importen, als Steinsalz, Seidenzeuge, Dammast, Sammet, rohe Seide, Korallen, Stahl- und Eisenwaaren, Specereien u. s. w. gehen aus italienischen, französischen und spanischen Häfen über die Berberei und Egypten nach Sudan, während Exporten durch die Wüste Sahara nach maurischen Häfen gehen, und so durch die vierte und fünfte Hand an Europäer kommen.

Man bedient sich der Kauris und des Goldstaubes (Tibbar) als Zahlmittel; letztere wird in ledernen Beuteln (1 Unze enthaltend) verkauft. Auch span. Dollars und Goldstücke ohne Gepräge circuliren hier. 400 Kauris rechnet man auf ein Goldstück, und 6¾ Goldstücke auf ein span. Unze.

Silber hat gegen Gold überhaupt einen hohen Werth; so rechnet man gewöhnlich 1 engl. Liv. Sterl. = 4800 Kauris, die köln. Mark fein Silber also circa 10725 Kauris, wonach auf 1 Thaler preuß. Courant 766 Kauris gehen.

In Kaschna und Sego gilt 1 engl. Schilling 250 Kauris, in Bengalen hingegen 2400 Kauris, was die Engländer veranlaßt, diese aus Bengalen hier einzuführen.

In Sansanding bezahlt man den Dollar oft mit 8000 Kauris, wonach sich der Werth des Goldes zu dem des Silbers wie etwa 3 : 2 verhält. Das hier übliche Goldgewicht heißt Minkalli; es soll 80 engl. Troygrän oder ⅙ Unze wiegen = 107,86 holl. As, wonach 45,1 Minkalli = 1 köln. Mark sind. 1 Minkalli fein Gold gilt etwa 12½ engl. Schilling, oder 3000 Kauris; eine gute Flinte gilt 8000, eine Bouteille Schießpulver 3000, ein Flintenstein 40, ein kleiner Säbel 1500 bis 2000, 10 Spannen Scharlachtuch 20,000, ein Stück blaues ostindisches Zeug 20,000, 1 großer Elfenbeinzahn 10,000, ein mittlerer 7000, ein kleiner 3 bis 4000 Kauris u. s. w.

In Timbuctu rechnet man 24 Nuaith Goldstaub = 1 Mizam und 5,9 Mizam = 1 span. Unze oder Golddublone, wonach 1 Mizam 101½ holl. As wiegt.

Timor,

eine zu den kleineren Sundainseln gehörige niederländische Besitzung von 131 □Meilen, deren Erzeugnisse, als Gold, Kupfer, Sandelholz, Brotfrüchte, Tabak, Indigo, Wachs und Perlen gegen europäische Fabrikate in Seide und Baumwolle, Stahl und Eisen, so wie gegen Pulver und Blei von den Eingebornen in Tausch gegeben werden. Die Insel zählt 86,000 Einwohner, und ist ihr vornehmster Handelsplatz Kupang, mit einer vortrefflichen Rhede und dem Fort Concordia. Man bedient sich hier der Rechnungsarten unter Batavia, und sind spanische Thaler am gangbarsten.

Der hiesige Bähar hat 5 Pekuls, oder 500 chinesische Cattys, oder 625 Pfund holl. Troy, oder 307,56 Kilogramm.

Vom Gold- und Silbergewicht hat 1 Tale 10 Maces, 100 Condorinen, oder 782,2 holl. As.

Tobolsk,

die Hauptstadt des gleichnamigen russischen Gouvernements in Sibirien, an der Mündung des Tobol in den Irtisch, zählt 20,000 Einwohner (Russen, Deutsche und Tataren), ist die Hauptniederlage alles für Rechnung der Krone eingehenden Pelzwerks, hat Juchtenfabriken, treibt bedeutenden Handel mit China, der Bucharei und dem russischen Amerika, und bedient sich der unter Petersburg angeführten Münzen, Maaße und Gewichte.

Tokai,

Marktflecken der zempliner Gespannschaft in Oberungarn, am Einflusse des Bodrogh in die Theiß, mit etwa 5000 Einwohnern, einem Steinsalzwerk in der Nähe, seines nach ihm benannten köstlichen Weines wegen berühmt, der auf dem Hegyallyaberge gewonnen, und dessen Ertrag in guten Jahren auf 240,000 Eimer geschätzt wird, rechnet wie Preßburg.

Nach dem Reichstagsgesetz von 1807 hält ein tokaier Weinfaß $2\frac{1}{4}$ preßburger Eimer, oder 176 ungarische Halbe.

Das kleine Weinfaß, Antalak, hält $1\frac{1}{8}$ preßburger Eimer = 88 ungarische Halbe.

Trankebar,

ein 1845 von Dänemark an die englisch-ostindische Compagnie käuflich überlassenes Gebiet auf der Koromandelküste im Staate Tangore, in Ostindien, von 20 □Meilen mit 50,000 Einwohnern. Die Stadt gl. N. mit dem Fort Dansborg liegt südlich vom Flusse Kolaru, war Hauptort der dänischen Besitzungen in Ostindien, treibt wichtigen Handel mit den unter Koromandel bemerkten Produkten und rechnet nach

Thalern zu 12 Fanams } à 80 Cashes.
und Rupien = 8 = }

Die kölnische Mark fein Silber wurde hier nach dem dänischen Münzfuß zu $13\frac{5}{12}$ ₰, oder $20\frac{1}{8}$ Rupien bestimmt, wonach
1 ₰ = $31\frac{1}{3}$ pr. Sgr, 40 engl. Sstrl., 3,87 franz. Francs und
1 Rup. = $20\frac{5}{8}$ = = 26,6 = = 2,58 = = ist.

Nach engl. Angaben wird die Rupie zu $28\frac{3}{4}$ Pence, oder $2\frac{3}{4}$ Franken, oder $22\frac{1}{4}$ preuß. Sgr gewürdigt.

Von fremden Münzsorten sind hier verschiedene Goldrupien, Pagoden, Silberpiaster, Rupien und Fanams zu einem veränderlichen Werthe in Umlauf.

Vom Handelsgewicht hält der Maund zu schweren Waaren 68 dänische Pfund, oder 72,644 berliner Pfund, oder 33,961 Kilogramme, oder 74,877 Pfund londoner av. d. p.

Gold- und Silbergewicht ist die auf Koromandel gebräuchliche Pagode von $71\frac{1}{3}$ holl. As, wovon 68,2 Pagoden auf die köln. Mark gehen.

Trier,

Hauptstadt eines Regierungsbezirks der preußischen Provinz Niederrhein, in einem reizenden Thale an der Mosel, mit 17,000 Einwohnern, einigen Fabriken und ansehnlichem Handel, besonders in Moselweinen.

Münzen, Maaße, Gewichte wie Berlin.

In Wechselangelegenheiten richtet man sich nach Köln.

Alte Maaße und Gewichte.

Die Elle = 250,5 pariser Linien, oder 0,565 Meter.

Der Land- und Werkschuh von 12 Zoll à 12 Linien, = 130,22 par. Linien, oder 0,294 Meter; der Waldschuh 137,4 par. Linien, oder 0,31 Meter, und der Zimmerschuh 135,25 par. Linien, oder 0,305 Meter. 16 Land- und Werkschuh = 1 Ruthe und 6 = 1 Klafter. Auch war eine Klafter von 12 Wald-, und eine von 12 Werkschuh in Gebrauch.

Der Getreide-Malter hatte 8 Vierzel, 32 Sester oder Vierling, 128 Quart oder Mäßchen, und hielt 10747,7 par. Kubikzoll, oder 213,2 Liter; der Hafer-Malter 16620 par. Kubikzoll, oder 329,68 Liter, und der Gerste-Malter 11946 par. Kubikzoll, oder 236,96 Liter.

Bei Wein und Baumöl hatte das Fuder $6\frac{1}{2}$ Ohm, die Ohm 30 Sester, 120 Maaß, 480 Schoppen; der Schoppen aber $65\frac{1}{4}$ par. Kubikzoll, oder 1,294 Liter.

Das Handelspfund = 467,69 Gramm.
Das Medicinalpfund = 356,124611 Gramm.

Trier ist der Sitz der Mosel-Dampfschifffahrts-Gesellschaft. Fond: 150,000 Thlr in Nominal-Actien à 100 Thlr, nebst einer 3 % Anleihe von 80,000 Thlr bei der Regierung.

Triest,

Hauptstadt des gleichnamigen Guberniums im Königreiche Illyrien, wichtigster Handelsplatz der ganzen österreichischen Monarchie, an der N.O.-Spitze des adriatischen Meeres gelegen, hat an 50,000 Einwohner und ansehnliche Gewerbthätigkeit. Der Handel wird sehr durch den Freihafen begünstigt. Durch eine Staats-Eisenbahn wird Triest sehr bald mit Wien verbunden sein; außerdem gehen regelmäßig Dampfböte nach Venedig und dem Orient.

Münzen.

Man rechnet, wie Wien, nach Gulden zu 60 Kreuzern à 4 Pfennige.

Das hier circulirende Papiergeld besteht in Banknoten der österreichischen Nationalbank zu Wien, welche man bei der hiesigen Verwechselungskasse, einem Comptoir der genannten Bank, gegen baares Geld oder Noten von andern Beträgen umwechseln kann. Von dieser Kasse erhält man auch, auf Verlangen und gegen geringe Provision, Anweisungen auf die wiener Bank, jedoch nicht unter 1000 Fl.

Bei großen Zahlungen rechnet man gewöhnlich 256 Francs für 99 Fl im 20 Fl.Fuß.

Wechselcourse.

		m. o. w.		
Amsterdam .	2 Mt. d.	$47\frac{1}{4}$ Xr.	im 20 Fl.Fuß für	1 Fl. niedl. Crt.
Ancona . .	1 = =	2 Fl. $6\frac{1}{2}$ Xr.	dito =	1 Scudo.
(a. 2 u. 3 = =)				
Augsburg .	1 = =	$99\frac{1}{8}$ Fl.	dito =	100 Fl. augsb. Ct.
(a. 2 u. 3 = =)				
Bologna . .	1 = =	2 Fl. $6\frac{3}{4}$ Xr.	dito =	1 Scudo.
Constantinopel	31 T. n. S.	$9\frac{1}{8}$ Fl.	dito =	100 türk. Piaster.
Genua . .	1 Mt. d.	23 Xr.	dito =	1 Lira nuova.
(a. 2 u. 3 = =)				
Hamburg . .	2 = =	$42\frac{1}{2}$ Xr.	dito =	1 mk Bco.
Frankf. a. M.	1 = =	$99\frac{1}{2}$ Fl.	dito =	100 Fl. Conv. Mz.
(a. 3 = =)				
oder		$82\frac{1}{2}$ Fl.	dito =	100 Fl. i. 24 Fl. Fß.
Paris . . .	2 = =	$22\frac{2}{3}\frac{3}{4}$ Xr.	dito =	1 Frank.
(a. 3 = =)				

		m. o. w.		
Lyon . . .	2 Mt. d.	$22\frac{1}{18}$ Xr. im 20 Fl.Fuß	für	1 Frank.
Lissabon . .	3 „ „	2 Fl. $14\frac{1}{2}$ Xr.	dito „	1 Milreis.
Livorno . .	1 „ „ (a. 2 u. 3 „ „)	$97\frac{1}{2}$ Fl.	dito „	300 tosc. Lire.
London	à Uso . .	9 Fl. 55 Xr.	dito „	1 Liv. Sterl.
Mailand . .	1 Mt. d. (a. 2 u. 3 „ „)	$99\frac{1}{2}$ Fl.	dito „	300 östr. Lire.
Marseille .	2 „ „	$22\frac{1}{4}$ Xr.	dito „	1 Frank.
Messina, Palermo	. 31 T. n. S.	5 Fl. 2 Xr.	dito „	1 sicil. Oncia.
Neapel .	6 Wochen d. (a. 2 Mt. d.)	$101\frac{3}{4}$ Xr.	dito „	1 Duc.d.Regn.
Rom . .	6 Wochen d.	2 Fl. $4\frac{1}{2}$ Xr.	dito „	1 Scudo rom.
Smyrna .	31 T. n. S.	9 Fl. 5 Xr.	dito „	100 türk. Piaster.
Venedig .	1 Mt. d. (a. 2 u. 3 „ „)	$99\frac{1}{2}$ Fl.	dito „	300 östr. Lire.
Wien	à Uso . . .	$99\frac{1}{2}$ Fl.	dito „	100 Fl. in 20 Xr.
Corfu, Zante	. 31 T. n. S.	121 Xr.	dito „	1 Tallero di Maria Teresia (östr. Mar. Theres. Thaler) od. Conv. Spec.-Thlr.

Course der Geldsorten.

Gold:	m. o. w.	
Venetian. Zechinen	4 Fl. 45 Xr.	für 1 Stück dieser Münzsorten.
Holl. und kaiserl. Ducaten .	4 „ 45 „	
Franz. 20 Francsstücke . .	7 „ 54 „	
„ neue Louisd'or . .	9 „ 14 „	
Silber:		
Spanische Piaster	2 „ $8\frac{3}{4}$ „	
Conv. Species-Thaler . .	2 „ $2\frac{1}{2}$ „	
Franz. 5 Frankenthaler . .	1 „ $56\frac{1}{2}$ „	

Wechselgesetze, Uso und Respecttage wie Wien.

Maaße und Gewichte.

Vom Ellenmaaß hält die Wollenelle 300 pariser Linien, oder 0,6767 Meter, die Seidenelle aber 284,6 par. Linien, oder 0,642 Meter.

Im Großhandel bedient man sich auch der brabanter Elle, der engl. Yard, der pariser Aune und der wiener Elle.

Der Getreide-Staro, von 3 Poloniki, hält 4152 Kubikzoll, oder 82,36 Liter, oder $1\frac{1}{4}$ wiener Metzen.

40 Stari rechnet man auf die amsterdamer Last; 5 Stari = 6 wiener Metzen.

Das Weinmaaß (Orna di vino) hält 36 Boccali, und 3310 par. Kubikzoll, oder 65,66 Liter.

Das Oelmaaß (Orna di olio) hält ebenfalls 3310 pariser Kubikzoll, oder 5½ sicilianische Cafisi. Von ordinairem Olivenöl (z. B. aus der Levante) rechnet man die Orna 107, feinere Sorte (z. B. genueser) 103 wiener Pfund. Krämer können das Oel nach dem venetian. Peso-grosso-Gewicht verkaufen.

Das Handelsgewicht zum Einkauf der Waaren ist das venetianische; was man aber nach Deutschland versendet, wird mit wiener Gewicht gewogen. 17 triester Pfund betragen 20 venetianische Pfund Peso grosso, und 7 Pfund triester sind = 13 Pfund venetian. Peso sottile-Gewicht.

Anstalten zur Beförderung des Handels.

Die Verwechselungskasse der Nationalbank zu Wien, von welcher wir bereits oben berichtet haben.

Das Lloyd austriaco (östr. Lloyd), seit 1833 gegründet und nach dem Muster des londoner Lloyd gebildet. Späterhin wurde damit eine Dampfschifffahrtsgesellschaft verbunden, deren Schiffe besonders für die Hauptplätze der Levante bestimmt sind. Fond: 3 Millionen Gulden in Actien à 1000 Fl. Zinsen 4 $\frac{0}{0}$. Divid. zeither 2 $\frac{0}{0}$.

Die im September 1839 entstandene Gesellschaft zur Unterstützung und Beförderung der Industrie und Gewerbe in Inneröstreich.

Außerdem mehrere Assecuranzcompagnien, worunter vorzüglich der adriatische Versicherungsverein (Riunione Adriatico di Sicurtà), welcher sich im Jahre 1838 mit einem Kapital von 2 Mill. Fl. Conv. Münze constituirt hat, zu erwähnen ist (Divid. 1846: 69 Fl. 52 Xr. per Actie).

Die hiesige Messe fängt den 1. August an und endigt mit dem 24. August.

Tripoli,

ein Staat in Nordafrika, längs der Küste des Mittelmeeres, von der Grenze von Tunis bis zum Meerbusen von Sidra. Flächeninhalt und Bevölkeruug sind wegen der Unbestimmtheit der Südgrenze und der Rohheit seiner Bewohner nicht genau bekannt. Der Staat ist für den Handel wichtig, weil er durch seine Lage und die Häfen Tripolis (25,000 Einwohner), Masurata und Bengasi, so wie durch den Handelsplatz Murzuck (Hauptstadt der Landschaft Fezzan mit 20,000 Einwohnern) die Verbindung zwischen Europa und dem Innern von Afrika erhält. Man rechnet hier nach dem

kleinen Piaster zu 30 Medini à 3 Asper, als der eigentlichen Landesmünze; Buch und Rechnung führt man in span. Piastern (Dollars) und Zechinen, die hier zu sehr veränderlichen

Coursen in Umlauf sind. Große Zahlungen werden in diesen Münzsorten geleistet und Pachtkontrakte der Regierung darin abgeschlossen.

Von Maaßen und Gewichten wird die Elle, Pik, zu 245 par. Linien oder 0,553 Meter angegeben.

Das Getreidemaaß, Caffise, hat 20 Tiberi, und ist sehr verschiedenen Inhalts (der größte 406 Liter).

Das Oelmaaß, Mattaro, hält 42 Rottoli oder hiesige Pfund.

Vom Handelsgewicht hält der Cantaro oder Centner 100 Rottoli oder Pfund (circa 168 Pfund Peso sottile in Venedig) à 16 Unzen à 8 Termini. 1 Rottolo = 508,63 Gramm.

Das Gold- und Silbergewicht, Metical, wiegt 4,75 Gramm.

Tunis,

nordafrikanischer Staat zwischen Tripoli und Algier, von 3400 □Meilen mit 2 bis 3 Millionen Einwohnern, welche Fabriken und lebhaften Handel unterhalten. Die Hauptstadt Tunis, von 150,000 Einwohnern und durch eine schöne Lage begünstigt, verdankt ihre Seeverbindung mit Frankreich, der Levante und Aegypten vornehmlich dem befestigten und sichern Hafen la Goletta. Ausfuhren sind Getreide, Oel, Wolle, Häute, Datteln, Wachs, Seide, Krapp, Korallen, Straußfedern, Rosenessenz, Sennesblätter u. s. w.

Münzen.

Man rechnet nach Piastern zu 16 Carroubes à 39 Bourbines, oder nach Piastern zu 52 Asper, wonach 1 Asper = 12 Bourbines.

Die Ausprägung der Silbermünzen ist in neuerer Zeit immer schlechter geworden und jedenfalls noch geringer als die türkischen (s. Constantinopel).

Wechselabgaben geschehen gewöhnlich gegen Piaster, über Genua, Livorno und Marseille.

Maaße und Gewichte.

Vom Längenmaaß hat der arabische Pik, zu Baumwollenwaaren = 0,488 Meter; der türkische Pik, zu Seiden- und Leinenwaaren = 0,637 Meter; der Draâ oder Pik Hendazé, zu Wollenwaaren = 0,673 Meter.

57 arabische Meilen gehen auf den Grad des Aequators.

Vom Getreidemaaß hält die Caffise 18 Weabs à 12 Saws, 3⅓ bis 3¼ Charges (550—560 Litres) werden in Marseille auf einen Caffise gerechnet.

Der Oel-Mettar giebt circa 3½ Milleroles in Marseilles oder 19⅓ Liter. — Als Weinmaaß dient die Marseiller Millerole = 64⅓ Liter.

Vom Handelsgewicht hat der Cantaro 100 Rottoli à 16 Unzen; der Rottolo ist = 503,6 Gramm.

Gold-, Silber- und Perlengewicht ist vorstehende Unze von 8 Meticals = 655 holl. As. $7\frac{1}{2}$ Unzen gehen hiervon auf eine köln. Mark.

Turin,

(Torino), die Hauptstadt des Königreichs Sardinien und des Herzogthums Piemont, liegt in einer fruchtbaren Ebene am linken Ufer des Po, für den Handel die Hauptstraße aus Frankreich nach Italien, hat 121,850 Einwohner, eine beträchtliche Ausfuhr in Getreide, Reis, Oel, Kastanien, Wein, besonders in Seide.

Münzen.

Seit 1827 rechnet man in den sardinischen Staaten nach
Lire nuove à 100 Centesimi,
im Fuße der französischen Francs (s. Genua).

Geldcourse.

	m. o. w.					
Neue franz. Louisd'or . .	23 Lire	60 Centesimi nuove				für 1 Stück in diesen Münzsorten.
Franz. 20 Francsstücke . .	20 =	10	=	=		
Venetian. Zechinen . . .	12 =	—	=	=		
Holl. und östr. Ducaten .	11 =	90	=	=		
Oestr. Souveraind'or . .	34 =	80	=	=		
Engl. = . .	25 =	25	=	=		
Spanische Quadrupel . .	82 =	85	=	=		
Römische Scudi	5 =	35	=	=		
Spanische Piaster . . .	5 =	38	=	=		
Franz. 5 Francsthaler . .	5 =	—	=	=		
Maria Theresienthaler . .	5 =	20	=	=		

Wechselcourse.

	Veränd. Valuta.	Feste Valuta.
Amsterdam 60 T. dato	$209\frac{1}{2}$ Lire nuove	für 100 Fl. niederl.
Wien . . 30 = =	$255\frac{1}{2}$ = =	= 100 Fl. in 20 Xr.
Augsburg 30 = =	255 = =	= 100 Fl. i. 20 Fl. F.
London . 90 = =	25 = 8 Centes.	= 1 Liv. Sterl.
Livorno . 30 = =	85 = — =	= 100 tosc. Lire.
Genua . 10 T. Sicht	99 = 85 =	= 100 Lire i. Genua.
Mailand . 10 = =	85 = 25 =	= 100 östr. Lire.
Rom . . 20 T. dato	540 =	= 100 röm. Scudi.
Lyon . . 30 = = (auch 90 = =)	$99\frac{7}{8}$ =	= 100 Francs.
Paris . . 30 = = (auch 90 = =)	100 =	= 100 =

		Veränderl. Valuta.		Feste Valuta.
Basel .	. 30 T. dato	147¼ Lire		fur 100 schweiz. Frcs.
Genf .	. 8 T. Sicht	99⅞ =		= 100 Frcs. in Genf.
Triest .	. 30 T. dato	255 =		= 100 Fl. i. 20 Fl. Fß.
Venedig	. 10 = =	85 =	20 Centes.	= 100 östr. Lire.

Da hier die französischen Gesetze in Kraft sind, so bedeutet der Uso 30 Tage nach dato. Respecttage finden nicht statt. Dennoch sollen die ehemals gebräuchlichen 5 Fristtage noch jetzt üblich sein, allein ohne gesetzliche Verbindlichkeit für den Inhaber des Wechsels.

Anleihen s. Genua.

Maaße.

Längenmaaß.

Der Piede liprando = 227,75 par. Linien oder 0,514 Meter. Er wird in 12 Once à 12 Punti à 12 Atomi getheilt.

Der Piede manuale = 8 Once = 151,833 par. Linien oder 0,3425 Meter.

Der Raso (Elle) = 14 Once = 265,7 par. Linien oder 0,6 Meter.

Die Tesa, Klafter, = 5 Pied. man.

Der Trabucco = 6 Pied. lip.

1 Pertica = 2 Trabucchi. — 48 Meilen auf den Grad.

Flächenmaaß.

1 Giornata = 100 Tavole = 400 □Trabucchi.

Körpermaaß.

Der Sacco = 5798,83 par. Kubikzoll oder 115,023 Liter.

1 Sacco = 5 Emine à 8 Coppi à 24 Cucchiari.

Die Brenta, Weinmaaß, = 2484,56 par. Kubikzoll oder 49,285 Liter.

1 Carro = 10 Brenta à 36 Pinte, à 2 Boccali à 2 Quartini.

Gewicht.

1 Libbra, Pfund, = 368,845 Gramm.

1 Libbra = 12 Once à 8 Ottavi à 3 Denari à 24 Grani.

Bei den Zollämtern bedient man sich des Kilogramm.

Gold- und Silbergewicht ist der Marco = 8 Once à 24 Denari à 24 Grani à 24 Granottini = 245,896 Gramm.

Vom Probirgewicht wird die Oncia zu 24 Carati à 24 Grani fein Gold, und zu 12 Denari à 24 Grani fein Silber gerechnet.

Das Medicinalgewichtspfund hält 12 Once, 96 Dramme, 288 Scrupoli, 5760 Grani, und ist = 307,37 Gramm.

Rohe Seide verkauft man nach Pfunden. Den Preis bestimmt man nach der Qualität und dem Gewicht (d. h. eine gewisse Anzahl von Fäden müssen ein gewisses Gewicht haben), und bemerkt solches mit einem D. oder Den. (Deniers oder Denari, 288 = 1 Pfund). Wenn daher in den Preiscouranten notirt steht

Organsin à Den. 20 bis 21 L. 25. 50, oder
" à Den. 40 " 42 L. 19, so gilt ein Pfund Seide, welche 20 bis 21 oder 40 bis 42 Deniers fein ist, 25½ oder 19 Lire. Um die Richtigkeit der Feine zu beurtheilen, hat man einen besonders hierzu eingerichteten Haspel von 1$\frac{5}{32}$ berliner Ellen Umfang, gleich 526,62 pariser Linien, oder gleich einem pariser Stab (Aune de Paris). 400 mal umgehaspelt heißt die Probe (Probino); wiegen diese nun 20 bis 21 Deniers, so kostet nach obigen Preisen das Pfund 25½ Lire. Je leichter also jene Fadenzahl wiegt, desto schöner wird die Seide gehalten, und desto besser sind die darin gewählten Fäden, je schwerer hingegen, desto ordinairer, oder je mehr Fäden sind mit einander vereinigt. So wie nun aus diesem Grunde das Gewicht nach und nach von 20 bis 50 Deniers steigt, fällt dagegen der Preis von einem Pfunde, von z. B. 25½ bis 18¾ Lire; da es aber auch feine Seide von geringerer Güte giebt, so versteht es sich von selbst, daß auch hier die Qualität den Werth regulirt.

Die vornehmsten sardinischen Messen werden im Frühjahr und im Herbst zu Alessandria (s. d. Ort) gehalten. Die erste fängt den 24. April, und die andere den 8. October an; beide sollen 12 Tage, ohne die Freiheitstage vor und nach der Messe, dauern.

Ulm,

würtembergische Hauptstadt des Donaukreises, am Zusammenfluß der Blau und Iller mit der unterhalb der Stadt schiffbar werdenden Donau, hat 22,000 Einwohner, ansehnlichen Speditionshandel, Fabriken in Leder, Tabak, Blechwaaren, Buntpapier, Leinwand u. a., treibt Donauschifffahrt, und bedient sich der Münzen, Wechselordnung, Maaße und Gewichte wie Stuttgart.

Sitz der Dampfschleppfahrt-Gesellschaft (1842). Ursprünglicher Fond: 300,000 Fl. in Actien à 100 Fl.

Unterwalden,

Kanton der Schweiz mit 22,600 Einwohnern. Alpenwirthschaft und Viehzucht sind seine vorzüglichsten Erwerbszweige. Mit dem nahe gelegenen Luzern steht es in mannigfachem Verkehr, und hat den nämlichen Münzfuß und Geldtarif wie jenes (siehe daselbst), und auch früherhin gleich jenem die Rechnungsmünze von 12 Gulden für den Neu-Louisd'or.

Uri,

Kanton der Schweiz mit 13,500 Einwohnern. Alpenwirthschaft, Viehzucht und der Waarentransit von der Gotthardstraße her sind seine vorzüglichsten Erwerbszweige.

Seine althergebrachte Rechnungsmünze ist nach Neu-Louisd'or zu 13 Fl. Doch wird meist nach schweizer Franken, Batzen und Rappen gerechnet und sein Geldtarif ist der nämliche wie in Luzern (siehe daselbst).

Uruguay, s. Montevideo.

Valenzia,

Hauptstadt der spanischen Provinz gl. N. am Guadalaviar, eine Stunde vom Meere, im sogenannten Garten Spaniens gelegen, mit dem Vorhafen Grao und 70,000 Einwohnern. Wein- und Seidenbau blüht hier ungemein; edle Obst- und Gartenfrüchte gedeihen in dem herrlichen Klima; Fabriken in Tuch, Papier, Fayance, Seife u. s. w. verschaffen neben lebhaftem See- und Landhandel der Stadt viele Nahrung.

Münzen.

Man rechnet hier, wie in dem nahe gelegenen Alicante, nach Pesos oder Libras zu 20 Sueldos à 12 Dineros, auch nach Reales de Plata nueva zu 24 Dineros valenz. Währung, und gilt 1 Peso 512, und 1 Real de Plata $51\frac{1}{5}$ Maravadis de Vellon.

Verhältniß der sämmtlichen hiesigen Rechnungsmünzen:

Libra oder Peso.	Reales de Plata. antigua.	Reales de Plata. nueva.	Reales de Plata. Valencia.	Sueldos.	Dineros.
1	8	10	$13\frac{1}{2}$	20	240
	1	$1\frac{1}{4}$	$1\frac{2}{3}$	$2\frac{1}{2}$	30
		1	$1\frac{1}{3}$	2	24
			1	$1\frac{1}{2}$	18
				1	12

Bei Zoll- und Kornrechnungen wird die Libra, welche gewöhnlich 512 Maravedis de Vellon gilt, nur zu 510 Maravedis, oder 15 Reales de Vellon berechnet.

Vergleichung der valenzian. Rechnungsmünzen mit den gewöhnlichen der spanisch-castilian. Währung:

Valenzian. Valuta.		Castilian. Valuta.
4 Libras	=	1 alten Wechselpistole.
375 dergl.	=	272 allg. Wechsel-Ducaten.

Valenzian. Valuta.		Castilian. Valuta.
5 neue Reales	=	4 alten Silberrealen.
5 Valenz. Reales	=	3 dergl.
85 Sueldos	=	64 Reales de Vellon.

Der Zahlwerth der köln. Mark fein Silber ist 12$\frac{17}{20}$ Libras, oder 128$\frac{1}{2}$ neue Silber-Reales.

Vergleichung der wirklichen spanischen Münzen mit den valenzianischen Rechnungsmünzen:

48 einfache Goldpistolen und 192 alte Silberpiaster sind = 255 Libras, 2040 alten Silber-Reales, 2550 neuen Silber-Reales, oder 3400 valenzian. Reales.

Vierfache, doppelte, $\frac{1}{2}$ und $\frac{1}{4}$ Pistolen, $\frac{1}{2}$, $\frac{1}{4}$, $\frac{1}{5}$, $\frac{1}{8}$, $\frac{1}{10}$, $\frac{1}{16}$, $\frac{1}{20}$ Piaster } nach Verhältniß.

Wechselarten, Uso u. s. w. wie in Madrid. Die früher üblichen Respecttage sind nach dem neuen Handelsgesetzbuche vom 30. Mai 1829 abgeschafft.

Maaße und Gewichte.

Längenmaaße. Die Elle oder Vara hat 4 Palmos, oder 16 Quartos = 36,626 engl. Zoll, oder 412,4 pariser Linien, oder 0,9303 Meter.

Feldmaaß. Die Braza hält 2 Varas; 200 □Brazas sind 1 Fanegada, 6 Fanegadas = 1 Cahizada, und 6 Cahizadas = 1 Yugada, oder 7200 □Brazas = 2,4918 Hectaren, oder 9,7594 preuß. Morgen.

Körpermaaße zu Getreide. Der Cahiz von 12 Barcellas, 48 Almudes oder Celemines, oder 96 Medios, hält 10347 par. Kubikzoll, oder 205$\frac{1}{4}$ Liter.

Maaße zu flüssigen Waaren. Die Wein-Carga von 15 Arrobas oder Cantaros; die Arroba von 4 Quartos oder 8 Medios, hält 594,16 par. Kubikzoll, oder 11,78 Liter.

Die Oel-Carga, von 12 Arrobas oder Cantaros; die Arroba wiegt 36 Pfund von 12 valenzian. Unzen.

Handelsgewicht. Die Carga oder Carica hat 3 Quintales. Der Quintal hat 4 Arrobas, und die Arroba 24 große oder 36 kleine Pfund.

Das kleine Pfund (libra sùtil) zu Kaffee, Zucker, Gewürzen, Tabak und ähnlichen Artikeln, welches man in 12 Onças, 48 Quartos, 192 Adarmes, oder 6912 Granos theilt, hält 5494 engl. Grän = 356,01 Gramm, das große Pfund (libra gruesa) von 18 Onças nach Verhältniß. Jedoch hat man hier, nach Beschaffenheit der Waare, die man wiegt, auch Pfunde zu 16 und selbst 36 Unzen; das Gewicht einer Arroba bleibt sich indessen gleich, und hält allemal 432 Onças.

Gold- und Silbergewicht in Valenzia ist die Mark von 8 Onças, 32 Quartos, 128 Adarmes, 4608 Granos; sie wiegt 3557,6 engl. Grän oder 230,5 Gramm.

Valparaiso,

die wichtigste Handels- und Hafenstadt Chile's, an der Westküste von Südamerika, mit 20,000 Einwohnern, rechnet, wie ganz Chile, nach

Pesos fuertes zu 8 Reales à 4 Quartillos;

der Peso wird aber im Handel auch häufig in 100 Centavos eingetheilt, und rentirt nach England auf 44—45 Pence, nach Hamburg (direct) 39—40 Schilling Banco.

Wirklich geprägte Münzen sollen seit 1835 sein:

in Gold: Dublonen oder Onzas de oro (in $\frac{1}{1}$, $\frac{1}{2}$, $\frac{1}{4}$ und $\frac{1}{16}$) zu $8\frac{1}{2}$ Stück auf die kastil. Mark. — 1 Onza = 16 Piaster.

in Silber: Pesos (in $\frac{1}{1}$, $\frac{1}{2}$ und $\frac{1}{4}$), $8\frac{1}{2}$ Pesos auf die kastilian. Mark. — Auch ganze, halbe und viertel Realen.

in Kupfer: ganze und halbe Centavos.

Das gewöhnliche Zahlungsmittel ist Gold, das aber zu niedrig tarifirt ist, und daher ein Agio gegen Silber von 9 bis 10 % gewinnt. Die Onza wird gewöhnlich = $17\frac{1}{4}$ Pesos angenommen.

Valparaiso und Santiago (die Hauptstadt des Landes) wechselt 3—6 Monat nach Sicht,

auf Hamburg	$39\frac{1}{2}$—40 Schill. Banco	für einen Peso fuerte.
„ London	45 m. o. w. Pence	
„ Paris	4,85 bis 4,95 Francs	

Barren-Gold wird notirt zu circa $2\frac{1}{4}$ Pesos per Castellano.
Barren-Silber $10\frac{1}{4}$ Pesos m. o. w. für die Marco.
Plata piña (Silberkuchen) etwa 5 % billiger als Barren.
Pesos in Gold, circa 10 % höher als in Silber.

Anleihen.

Die 1822 entstandene ausländische Schuld von einer Million Pfd. Sterl. war 1840, durch rückständige Zinsen auf 1,720,216 £ angewachsen. Im Jahre 1842 aber trat das Capital, durch getroffene Uebereinkunft, in den ursprünglichen Zinsgenuß zurück, während die rückständigen Zinsen in deferred bonds mit 3 % Zinsen verwandelt wurden, die aber erst von 1847 an verzinset werden. Cours der erstern im Januar 1848, 96 %, der letztern 51 %.

Maaße und Gewichte

sind größtentheils die spanischen, doch bedient man sich auch zuweilen der englischen. Im Innern des Landes soll eine große Mannigfaltigkeit des Getreidemaaßes (Fanega) bestehen.

Man rechnet meist 100 brab. Ellen = 75 Yards = 81 Varas und 100 Aunes de France à 84 Centimètres = 138 Varas.

Verkäufe geschehen entweder in bond oder verzollt, Ziel 6 Monat, oder per contant mit Discont.

Die hiesige Nationalbank wurde 1825 mit einem Fond von 10 Millionen Piastern, in Actien à 500 Piastern eröffnet.

Venedig

(Venezia), Hauptstadt des gleichnamigen Gouvernements im Königreich der Lombardei, liegt in einem Busen des adriatischen Meeres auf vielen durch Brücken verbundenen Inseln, und hat etwa 110,000 Einwohner. Im Jahre 1830 wurde die Stadt zum Freihafen ernannt. Es sind hier einige Schiffswerfte, Zuckersiedereien und Manufakturen.

Münzen.

Früher rechnete man nach

Lire zu 20 Soldi à 12 Denari piccoli;

Kaufleute auch nach

Ducati di Banco zu 24 Grossi à 12 Grossetti oder Denari.

1 Ducato (16 auf eine köln. Mark fein Silber) war = 6⅕ Lire piccole oder Lire corrente (à 4¼ preuß. Sgr.) = 124 Soldi di Lira piccola. Gegenwärtig rechnet man aber wie unter Mailand nach

Lire austriache zu 100 Centesimi; im täglichen Verkehr auch nach

Lire zu 20 Soldi austriachi à 5 Centesimi, die kölnische Mark fein Silber zu 60 Lire austriache, wonach ein 20 Kreuzerstück = 1 Lira ist.

Von den hiesigen wirklichen Münzsorten galten in ehemaliger Moneta piccola

in Gold: Zecchini 22, Ducati 14, und Doppie oder Pistolen 38 Lire.

in Silber; Scudi 12,4, Ducatone oder Giustine 11, Ducati 8, Oselle 3,9 und Talleri 10 Lire; ferner ganze, ½, ⅓ und ⅙ Lirazze zu 1½ Lire, 15, 10 und 5 Soldi.

in Kupfer: Ganze, ½ und ¼ Soldi-Stücke.

Es vergleichen sich gegenwärtig sehr genau

10 Lire austriache mit 17 Lire piccole und
23 " " " 20 " italiane; für gewöhnlich rechnet man 8 Lire austriache = 7 Lire italiane und 1 Lira italiana = 2 Lire piccole.

Fremde Münzen gelten hier wie in Mailand.

Wechselcourse.

m. o. w.

Amsterdam .	2 Mt. dato	245¼	östr. Centes. für 1 Fl. niederl.
Hamburg .	2 = =	220	= = = 1 Mark Bco.
Ankona . .	kurze Sicht (a. 1 Mt. dato)	635	= = = 1 Scudo von 10 Paoli.
Augsburg .	1 Mt. dato (a. 3 = =)	299½	= = = 1 Fl. Courant.
Bologna .	1 = =	634½	= = = 1 Scudo =
Corfu . .	31 T. n. S.	598½	= = = 1 Conv. Spec.=Thlr. (Tallero).
Constantinopel	31 T. n. S.	27	= = = 1 türk. Piaster.
Florenz . .	1 Mt. dato	99⅝	= = = 1 tosk. Lira.
Genua . .	1 = =	117	= = = 1 neue Lira.
Lyon . . .	1 = =	117	= = = 1 Frank.
Livorno . .	1 = = (a. 3 = =)	99⅝	= = = 1 tosk. Lira.
Lissabon . .	3 = =	675	= = = 1 Milreïs.
London . .	1 = = (a. 3 = =)	2985	= = = 1 Liv. Sterl.
Marseille .	1 = =	117	= = = 1 Frank.
Mailand .	1 = = (a. 3 = =)	99¾	= = = 1 östr. Lira in Mailand.
Messina . .	31 T. n. S.	1500	= = = 1 Oncia.
Neapel . .	6 Woch. d.	512	= = = 1 Ducato di Regno.
Paris . . .	1 Mt. dato (a. 3 = =)	117½	= = = 1 Frank.
Palermo . .	31 T. n. S.	1505	= = = 1 Oncia.
Rom . . .	1 Mt. dato	635	= = = 1 Scudo rom.
Triest . . .	kurze Sicht (a. 1 u. 3 Mt. dato)	299⅜	= = = 1 Fl. i. 20 Fl. F߬.
Wien . . .	kurze Sicht (a. 1 u. 3 Mt. dato)	299⅜	= = = 1 = =

Neben dem allgemeinen östr. bürgerlichen Gesetzbuche ist das 1808 von der französischen Regierung hier eingeführte Handelsrecht nach dem Codice di commercio (Handelsgesetzbuch) in Kraft geblieben; demnach sind die Wechselgesetze die französischen, und über Uso u. s. w. sehe man Paris.

Maaße und Gewichte wie Mailand.

Alte venezianische Maaße und Gewichte.

Vom Ellenmaaß hält der Seiden=Braccio 0,6384 Meter, der Wollen=, Leinen= und Baumwollen=Braccio 0,681 Meter.

Nach Petters Angaben hält die Seiden=Elle 6 Palmi, 3 Diti, 9 Atomi, oder 639 Atomi = 0,639 Meter, die Wollen=Elle 0,683 und der Fuß 0,348 Meter, oder 283,2, 302,7 und 154,2 par. Linien, welche Angaben mit vorstehenden ziemlich übereinkommen.

Der Fuß, wovon 5 auf 1 Passo gehen, hält 13,68 engl. Zoll, 0,348 Meter.

Von den venezianischen Meilen, zu 941½ Toisen, gehen 60,62 auf 1 Grad des Aequators. 2 hiesige oder lombardische Meilen rechnet man eine Post. Von gewöhnlichen italienischen Meilen gehen 60 auf einen Grad und 4 auf eine geographische Meile; sie ist = 5710 pariser oder 5910 rheinländische Fuß.

Vom Land- oder Feldmaaß hält der □Passo 25 und der Chebbo 20¼ □Fuß; 25000 □Passi, oder 1 Migliajo von 1000 Passi, sind nach neuer Rechnung 30,17 Tavole, oder 30 Tavole 17 □Metri, oder 3017 Ari = 1,1816 preuß. Morgen. Dagegen ist die neue Tornitura von 100 Tavole zu 100 Metri à 100 □ Palmi à 100 □Diti à 100 □Atomi = 3 Migliaja von 1000 Passi + 314 Tavole, also = 82850 alten □Fuß, oder 3,9161 preuß. Morgen. Der Fuß zu 0,348 Meter giebt für 1 Migliajo 30,276 Tavole oder Aren.

Der Getreide-Stajo oder Stara hat 4 Quarti à 4 Quartaroli. — 1 Moggio = 4 Staja.

100 Staja = 83,317 Hectolitres, oder 135,5 wiener Metzen, oder 30 Ardeb in Alexandrien.

Der neue Soma oder 1 Hektoliter ist = 1,2 Staja, oder 1 Stajo 3,2 Quartaruole.

Mehl wird nach Stari von 4 Quarte à 33 schweren Pfunden verkauft.

1 Botte Wein hat 5 Bigoncie, 1 Anfora = 4 Bigoncie à 2 Mastelli à 7 Secchia Schenkmaaß, oder 8 Secchia Zollmaaß. — 1 Secchio Zollmaaß = 9,879 Liter oder 6,98 wiener Maaß.

Oel wird nach dem Gewicht verkauft.

Vom Handelsgewicht hat man Peso grosso und Peso sottile, oder schweres und leichtes Pfund; auch wiegt man nach dem Kilogramm, welches Gewicht man hier Livre italienne nennt (m. s. Mailand).

Das Pfund Peso grosso besteht aus 2 Mark Gold- und Silbergewicht, und hat 12 Once, 72 Sazi, 2304 Carati, 9216 Grani, und wiegt 476,9987 Gramm.

Das Pfund Peso sottile hat 12 Once, 72 Sazi, oder 1728 Carati, und wiegt 301,2297 Gramm.

12 ℔ Peso grosso rechnet man = 19 ℔ Peso sottile.

Nach dem Peso sottile verkauft man alle Arten Specerei- und Materialwaaren, z. B. Droguerien, Farben, Seide, Kaffee, Thee, Zucker, Reis und Butter; alle anderen Gegenstände, mit Ausnahme der Edelsteine nach dem Peso grosso.

Die Libbra nuova italiana theilt man in 12 Once, 100 Grossi, 1000 Denari, oder 10,000 Grani; sie ist = 1 Kilogramm, oder 25,153 Once Peso grosso, oder 39,828 Once Peso sottile.

Alle Geschäfte mit der Regierung werden in Libbra nuova abgeschlossen.

Beim Gold- und Silbergewicht wird die Marca zu 8 Once, 32 Quarti, 192 Denari, 1152 Carati und 4608 Grani gerechnet; sie ist das halbe Pfund Peso grosso und in allen venezianischen Provinzen gleich.

Das Probirgewicht für Gold und Silber wird hier gegenwärtig, wie unter Mailand, nach Millesimi bestimmt; ehemals war es beim Golde 24 Karath zu 32 Theilen und beim Silber 12 Denari zu 24 Grani.

Beim Apothekergewicht wird das Pfund in 12 Unzen zu 8 Drachmen à 3 Scrupel à 20 Grän getheilt, es ist das Peso sottile und in allen venezianischen Provinzen gleich.

Oeffentliche Handels-Anstalten.

Die ehemalige berühmte Girobank (sie soll die älteste Bank der Welt gewesen sein) ist 1808 aufgehoben worden. Jetzt befinden sich hier: ein neues Bankinstitut, mehrere Assecuranzcompagnien und die venedig-mailänder Eisenbahngesellschaft (s. Mailand). Einer besonderen Erwähnung verdient die im Jahre 1839 entstandene

„Venetianische Handelsgesellschaft"

deren Zweck es ist, directen Importations- und Exportations-Handel, für eigene und für fremde Rechnung, nebst jeder anderen, von der Direction für angemessen erachteten Handels-Operation, zu betreiben. Das Kapital der Gesellschaft, deren Dauer vorläufig auf 30 Jahre festgesetzt ist, besteht in 5 Mill. Fl. Conv. Münze, oder 15 Mill. Lire austriache, in 10,000 Actien à 500 Fl. (= 1500 Lire austr.) vertheilt.

Vereinigte Staaten von Nordamerika.

Die 30 United States of America, vor der Vermehrung durch das Oregongebiet und Texas etwa 40,000 deutsche □Meilen, 1840 mit über 17 Millionen Einwohnern und 2½ Millionen Sclaven, geben, besonders durch Einwanderungen, einer reißenden Zunahme der Bevölkerung entgegen. Die Einfuhr betrug 1844: 108½, 1845: 117¼ Mill. Dollars, die Ausfuhr in beiden Jahren über 99 Millionen. — Die Eisenbahnen haben eine Länge von 4864½ engl. Meilen.

Münzen.

Man rechnet gesetzlich nach

Dollars ($) zu 100 Cents — (Stücke von 100 Cents nennt man Dimes, auch theilt man den Cent zuweilen noch in 10 Mills).

Da diese Dollars 371¼ Grains reines Silber enthalten sollen, so gehen 9,271 Stück auf die Vereinsmark fein Silber und ein Stück hat den Werth von 1 ℛ 13$\frac{1}{5}$ Sgr preuß. Court., oder 2 Fl. 3$\frac{4}{5}$ Kr. im 20 Fl.Fuß, oder 2 Fl. 31$\frac{1}{5}$ Kr. im 24$\frac{1}{2}$ Fl.Fuß. (S. New-York und die Tabellen.)

Diese Valuta nennt man federal money, zum Unterschied der ursprünglichen Courant-Valuta in den einzelnen Staaten, die im Detailhandel auch größtentheils noch fortbestehen. Sie gründen sich auf das Pfund Sterling, das aber in Folge später eingetretener Papier-Circulation einen verschiedenen Werth angenommen hat. In New-Hampshire, Massachusetts, Connecticut, Rhode Island, Virginia, Kentucky, Ohio, Tennessee, Indiana und Missisippi ist das Pfund nur $\frac{3}{4}$ Pfund Sterling werth und der Dollar gilt 6 hiesige Schilling. — In New-York und North-Carolina ist das Pfund nur 11$\frac{1}{4}$ Schilling werth, und der Dollar gilt 8 Schilling. — In New-Jersey, Pensylvania, Delaware und Maryland gilt das Pfund 12 Schilling Sterling und der Dollar = 7$\frac{1}{2}$ hiesige Schilling. — In South-Carolina und Georgia gilt das Pfund nur 8$\frac{5}{7}$ Pence weniger als ein Pfund Sterling und der Dollar ist 4$\frac{2}{3}$ hiesige Schilling werth.

Von besonderer Wichtigkeit ist der Cours zwischen Nordamerika und England, denn er ist gewissermaßen der Thermometer für die Handels-Bilanz beider Länder. Ein Dollar ist zwar auf 4$\frac{1}{2}$ Schilling Sterling, oder ein Pfund auf 444$\frac{4}{9}$ Cents festgesetzt; oder 100 Dollars in Amerika sollen 100 Dollars in England à 4$\frac{1}{2}$ Schilling sein; in Wahrheit ist aber ein Dollar Gold, oder $\frac{1}{10}$ Eagle, von denen 15,55 Stück auf die Vereinsmark f. Gold gerechnet werden können = 4,1706 Schilling Sterling, was ein Agio von circa 8 % darböte. Wenn man aber die Unze Standard-Silber zu ihrem gewöhnlichen Preise von 59 d. rechnet, so ist ein Dollar circa 49$\frac{1}{3}$ Pence, und nicht 4$\frac{1}{2}$ Schilling oder 54 Pence werth, was ein Agio von nahe an 9$\frac{1}{2}$ % darbietet, und so gerade stand der Cours am 15. November 1847 in New-York, freilich für Wechsel auf 60 Tage Sicht.

Tarif der fremden Münzen beim Zoll.

Schwed. und norw. Spec.	1. 06. D.
Dän. Spec.	1. 05. „
Preuß. Thaler	0. 69. „
Südd. Gulden	0. 40. „
Oestr. „	0. 48,5 „
Oestr. und tosk. (?) Lira	0. 16. „
Franz. und belg. Francs, ital. L.	0. 18,6 „
Neapol. Ducato	0. 80. „
Sicil. Oncia	2. 40. „
Pfund von Nova Scotia etc.	4. 00. „

Papiergeld besteht in den Treasury-Notes, die die Regierung ausgiebt, und den Noten der Banken. Die Staatsschuld betrug am 1. Juli 1845 nahe an 17 Millionen Dollars, ist aber seitdem Behufs des mexikanischen Kriegs bedeutend gewachsen. Außerdem haben fast alle Staaten ihre eigenen Schulden, die sich 1845 auf 224 Millionen Dollars beliefen, und von deren Verbriefungen mehrere auch auf dem Londoner Courszettel zu finden sind. Von den Banken gab es 1840 über 500, deren Noten sich auf mehr als 100 Millionen beliefen. Die ehedem so blühende United States Bank ist so gesunken, daß ihre Actien jetzt 4 $\frac{2}{8}$ stehen.

Allgemeine Wechselgesetze für die V. St. giebt es nicht, sondern nur Statute Laws in den einzelnen Staaten, in deren Ermangelung man sich nach England richtet. Fast überall sind 3 Respecttage üblich. Sechzig Tage Sicht ist am üblichsten bei Ziehungen auf England und Frankreich.

Maaße und Gewichte.

Sie sind im Allgemeinen die alten Englischen.

Längenmaaße.

Der Fuß hat $1\frac{1}{3}$ Span à 2 Hands à 2 Palms à 3 Zoll à 8 Parts (Theile) oder 10 Linien und ist = 0,305 Meter.

Die Yard und Meile wie die englische; s. London.

Flächenmaaß.

Der Acre hat, wie in England, 4840 □Yards und ist etwa $40\frac{1}{2}$ franz. Are groß.

Getreidemaaß.

1 Quarter hat 8 Winchester Bushels. — 10 solcher Quarters oder 80 Bushels sind = 9,694 Imperial-Quarters. Ein Winchester Bushel = 35,236 Liter.

Flüssigkeitsmaaß.

1 (alter engl.) Wein-Gallon, wie in Amerika üblich, hält 231 engl. Kubikzoll oder 3,785 Liter, ein Bier-Gallon = 282 engl. Kubikzoll oder 4,621 Liter.

100 Gallons Wein = 83,310 engl. Imperial-Standard Gallons.
100 " Bier = 101,704 dito dito

Gewicht, s. London.

Der letzte Zolltarif ist vom 1. Dec. 1846. Die Zölle sind entweder specific, d. h. theils nach dem Gewicht, der Zahl, dem Faß ꝛc., oder (und zwar größtentheils) ad valorem, d. h. auf den Werth. Letzterer wird zwar durch Taxation ermittelt, darf aber nie geringer ausfallen als die Factura besagt. Die Zölle werden baar erlegt, man müßte denn die Güter in Entrepôt geben, von wo aus sie zollfrei reexportirt werden können. Die Lagerung (ware-housing) ist nur für ein Jahr gestattet, nach Ablauf desselben die Güter für Rechnung des Eigners verauctionirt werden.

Verona, s. Mailand.

Wallis,

Kanton der Schweiz mit 76,600 Einwohnern. Seine vorzüglichsten Erwerbszweige sind Alpenwirthschaft, Viehzucht und etwas Transit über den Simplon und den großen St. Bernhard.

Den meisten täglichen Verkehr hat es mit dem Nachbarkanton Waadt. Es rechnet wie jenes nach Schweizerfranken, Batzen und Rappen, hat den nämlichen Geldtarif und das nämliche Maaß und Gewicht. Siehe Artikel „Lausanne.“

Warschau,

Hauptstadt und wichtigster Handelsplatz Polens, unter russischer Herrschaft, auf dem linken Weichselufer, mit 136,000 Einwohnern, bedeutendem Handel in Getreide, Holz, Manufactur- und Colonialwaaren und ansehnlichen Fabriken, sehr bald durch Eisenbahn zunächst mit Krakau verbunden.

Münzen.

Bis auf die neueste Zeit wurde in Polen und Krakau nach Gulden à 30 Groschen à 10 Denary gerechnet, seit 1841 ist diese Rechnung aber abgeschafft und mit der russischen, nach Rubeln Silber à 100 Kopeken (s. Petersburg) vertauscht worden.

Man prägte sonst:

in Gold: Ducaten à 18 Gulden, mit einem veränderl. Agio.

in Silber: Stücke zu 5, 2 und 1 Gulden, 86,688 auf die f. Mark, so daß 1 Gulden = $4\frac{4}{8}$ Silbergroschen, $13\frac{3}{4}$ Xr. Conv. oder $16\frac{4}{3}$ Xr. im $24\frac{1}{2}$ Fl.Fuß. — Außerdem Billon-Münzen zu 10 und 5 Groschen.

in Kupfer: Stücke zu 3 und 1 Groschen.

Außerdem giebt es für Rußland und Polen zugleich geprägtes Geld zu $1\frac{1}{2}$ Rubel oder 10 Gulden, $\frac{3}{4}$ Rubel oder 5 Gulden, 30 Kopeken oder 2 Gulden, 25 Kopeken oder 50 Groszy, 20 Kopeken oder 40 Groszy und 15 Kopeken oder einem Gulden. — Die kleinern Münzen von einem Gulden an abwärts, wurden 1847 gegen $6\frac{2}{3}$ bis 10 % Abzug gegen russ. Geld eingewechselt. — 1 Rubel gilt fest 6 Fl. 20 Kopeken oder 1 Kopek = 2 Groszy. — Russisches Papiergeld steht bald $\frac{1}{2}$ % über, bald unter Pari.

Papiergeld, s. Bank.

Fremde Münzen.

	m. o. w.		
Russische (halbe) Imperialen . . .	5	Rub.	17—18 Kop.
Neue holländische, wichtige Ducaten .	2	=	96—97 =
Alte desgl.	2	=	88—89 =
Oestr. Ducaten	2	=	91—92 =
Deutsche Louisd'or, doppelte, . . .	9	=	97—98 =
Friedrichsd'or, desgl.	10	=	50 Kop.

				m. o. w.	
Preuß. Courant, 100 Thaler	. . .	91	Rub.	50	Kop.
" Kassen-Anweisungen	. . .	92	"	50	"
Russ. Depositenscheine	. . . . .	100	"	50	"
Oestr. Banknoten, 150 Fl.	. . . .	95	"	40	"

Wechselcourse, Anfangs Februar 1848.

		Feste Valuta.	Veränd. Valuta.
Amsterdam . .	2 Mt.	250 Fl. holl.	132 Silb.-Rubel.
Berlin . . .	2 "	100 Thaler	92 "
Breslau . . .	2 "	dito	91,95 "
Danzig . . .	2 "	dito	91,65 "
Hamburg . .	2 "	300 Bco. m℔	140,40 "
Leipzig . . .	2 "	100 Thaler	91,87½ "
London . . .	3 "	1 £ sterl.	6,40 "
Moskau . . .	1 "	100 Silb.-Rubel	100,25 "
Petersburg . .	1 "	dito	100,75 "
Paris . . .	2 "	300 Francs	76,20 "
Wien . . .	2 "	150 Fl. in 20 Xr.	94,80 "

Die Wechselordnung ist eine Nachbildung der französischen Wechselgesetze; Acceptation, Uso und Respecttage sind daher wie wir unter Paris darüber berichtet haben. So wie Danzig für das hiesige Getreide-, Holz- ꝛc. Geschäft, so ist Berlin der Hauptplatz für das Wechselgeschäft.

Course der Staatspapiere.

Namen d. Fonds.	Zinsf. pCt.	Cours m. o. w.	Erklärung.
Schatz-Obligat. .	4	82½	Silb.-Rub. für 100 S.-Rub. nom.
Pfandbriefe, alte	4	14 Rb. 69 Kop. S. "	100 Fl. poln. Cour.
" neue	4	14 " 62 " "	100 " " "
Partial-Obligat. v. 1829 à 300 Fl.	—	92	Rubel für 300 Fl. poln. Cour.
Partial-Obligat. v. 1835 à 500 Fl.	—	72½	" " 500 " " "
Bank-Certificate Litt. A. à 300 Fl.	5	44	" " 100 " " "
Bank-Certificate Litt. B. à 200 Fl.	—	15	" " 100 " " "
Desgl.	5	30½	" " 100 " " "
Bank-Certificate über Pfandbriefe		14,60	" " 100 " " "
Certificate der Liquidations-Central-Commission	—	3,15	" " 100 " " "

Da die polnische Bank den Preis der Pfandbriefe ohne Coupons notirt, so setzt sie an den Fuß ihres Coursblattes, zur leichtern Berechnung im täglichen Verkehr, den jedesmaligen Werth eines solchen Coupons.

Anleihen und Staatspapiere.

Die Domainen-Pfandbriefe, 1825 von dem hiesigen landschaftlichen Credit-Verein ausgegeben, betrugen ursprünglich 40 Mill. Fl., sind aber späterhin durch neue Emissionen sehr vermehrt worden. Sie sind getheilt in Litt. A. zu 20,000 Fl., Litt. B. zu 5000 Fl., Litt. C. zu 1000 Fl., Litt. D. zu 500 Fl. und Litt. E. zu 200 Fl., und tragen 4 % Zinsen, welche halbjährlich, am 22. Juni und 22. December, gegen Abgabe der Coupons, die den Pfandbriefen auf 7 Jahre im Voraus beigefügt sind, in Warschau oder auf Verlangen in den Woywodschafts-Städten erhoben werden. Zur Amortisirung der Schuld ist ein Tilgungsfond von 2 % festgesetzt.

Seit April 1833 werden von der polnischen Bank gegen Hinterlegung von Pfandbriefen und ½ % Commissions-Gebühren, im Interesse der Inhaber, Certificate mit Talons und Coupons ertheilt, die den Besitzern derselben nachstehende Vortheile gewähren: 1) sie ermäßigen das Porto, indem sie, der Beschaffenheit des Materials nach, zur Versendung mit der Reitpost sich eignen, was mit den Pfandbriefen (auf Pergament) nicht ausführbar ist; 2) die Coupons der Certificate laufen bis zum 22. December 1841, alsdann erhält man gegen Einreichung des Talons neue Zinsscheine und zwar bis zum 22. Juni 1854 (mit welchem Termine diese alten Pfandbriefe insgesammt abgelöst sein sollen); auf den Original-Pfandbriefen hingegen werden nur gegen deren Vorzeigung an die General-Landschafts-Direction in Warschau, und nur auf 7 Jahre, neue Coupons ausgegeben; 3) die Bank verpflichtet sich, neue Coupons zu beschaffen, die Pfandbriefe zur Verloosung anzumelden, und die fälligen Zinsen, so wie die Kapitalien für verlooste Pfandbriefe einzuziehen. Sollte demnach der Besitzer eines Certificates es übersehen, daß die Nummer des dafür deponirten Pfandbriefes bei der Verloosung herausgekommen, so vergütet ihm die Bank 4 % p. A., die 3 Monat nach Ablauf der Frist, zu welcher Zeit der Betrag bei der Direction des Credit-Vereins zahlbar geworden, anfangen, und bis zum Tage der Empfangnahme laufen. Eben so verzinset die Bank mit 4 % die bereits fälligen und nicht erhobenen Zinsen. Dagegen bleiben solche, für die Pfandbriefe selbst zur Zeit nicht eingezogenen Gelder, in dem landschaftlichen Depositorium, zum Nachtheil des Eigenthümers, unverzinset liegen; und endlich 4) zahlt die Bankkasse in den Terminen, welche das Gesetz über den Credit-Verein vorschreibt, die fälligen Zinsen, wie die Kapitalien der verloosten Certificate, ohne den Eingang der dazu erforderlichen Gelder von der General-Direction des Credit-Vereins erst abzuwarten. Seit August 1838 ist eine Anzahl neuer Pfandbriefe ausgegeben worden. Die Zinszahlungen sind wie bei den vorigen, im Cours stehen sie gewöhnlich um circa ½ % niedriger als die übrigen Pfandbriefe. Ult. 1847 waren noch im Umlaufe: alte Pfandbr. für 24,869,800 Fl., neue Pfandbr. für 224,294,800 Fl. Es giebt von beiden gelbe und weiße (siehe §. 116. der Statuten). Der Fond der Anstalt betrug 9,922,212 Fl.

Das russ.-poln. Anlehen von 1829 wurde unter Garantie des Kaisers mit dem Hause S. A. Fränkel in Warschau, im Belaufe von 42 Mill. Fl. abgeschlossen. Es waren ursprünglich 147,000 Partial-Obligationen à 300 Fl., auf den Inhaber lautend, in 2940 Serien vertheilt, von welchen Obligationen 140,000 das Kapital und 7000 die Zinsen bilden, die zu 5 % berechnet sind. Die Schuld wird durch 25 jährliche Verloosungen (von 1830 bis 1854) dergestalt zurückgezahlt, daß der kleinste Gewinn dem Inhaber des Looses den Nennwerth desselben nebst 4 % einfacher Zinsen sichert; außerdem sind auch Gewinnste von 400,000, 370,000, 300,000 Fl. u. s. w.

Die Verloosungen finden alljährlich am 1. März und die Zahlungen am 15. Mai statt.

Das Lotterie-Anlehen von 1835, theilweise zur Abtragung der älteren Schulden bestimmt, wurde mit den Handlungshäusern S. A. Fränkel und Józef Epstein zu Warschau im Betrage von 150 Mill. Fl. contrahirt und die Zurückloosungen der darüber ausgestellten 300,000 Partialen (wovon 100 Stück eine Serie bilden) à 500 Fl., sollten in 40 Jahren (bis 1875) planmäßig auf nachstehende Weise erfolgen: in den ersten 10 Jahren (von 1836—1845) wurden jährlich am 1. Juni 70 Serien und am darauf folgenden 1. Juli die darin enthaltenen 7000 Obligationen durch das Loos bestimmt, wovon die ersten 9 Ziehungen sich gleich waren. Alle bis 1846 nicht herausgekommenen Loose werden nun mit 4 % p. A. verzinset und mit einer Zulage von 200 Fl. (also 700 Fl. pr. Obligation) am 1. Mai u. 1. Nov. zurückgeloost. Kapital- und Zinszahlungen erfolgen halbjährlich am 2. Jan. u. 1. Juli.

Ende 1837 wurde die Bank ermächtiget, gegen Hinterlegung von Partial-Obligationen Certificate bis zum Belaufe von 50 Mill. Fl., und zwar für jede Obligation von 500 Fl. ein Certificat Litt. A. à 300 Fl. und ein Certificat Litt. B. à 200 Fl., auszugeben. Die Certificate Litt. A. nehmen an den Prämien-Verloosungen nicht Theil, sie werden mit 5 % p. anno verzinst, und durch halbjährliche Verloosungen, welche vom November 1845 an, am 12. Mai und 12. November statthaben, bis zum Jahre 1876 getilgt. Kapital- und Zinszahlungen erfolgen am 2. Januar und 1. Juli jeden Jahres. Die Certificate Litt. B., welche auf dieselben Serien u. Obligationsnummern, wie die deponirten 500 Fl. Obligationen, lauten, nehmen an der Amortisation gleich diesen Theil, mit der Maßgabe, daß sie bei ihrer Einlösung nur mit 200 Fl. per Stück bezahlt werden. Unabhängig von der Amortisations-Verloosung findet seit dem Jahre 1845 am 28. November jeden Jahres eine Ausloosung von poln. Litt. B. statt, bei welcher dieselben nicht nach Serien und Obligations-Nummern, sondern nach den unten links auf den Obligationen befindlichen Certificat-Nummern ausgeloost werden, und erhalten die hier gezogenen vom nächsten 1. Januar ab 5 pCtige Zins-Coupons. Sie nehmen nichts desto weniger auch fernerhin an den Amortisations-Verloosungen Theil, und vergütet die Polnische Bank, im Falle ein solches zinstragendes Litt. B. zahlbar wird, die Hälfte des Betrages aller noch nicht fälligen Zins-Coupons als Extra-Prämie. Wie viel diese in jedem Semester beträgt, ist aus einem den Coupons beigegebenen Talon genau zu ersehen.

Den Besitzern der Certificate steht es frei, gegen Rückgabe der Litt. A. und Litt. B. die Partial-Obligation einzutauschen, nur müssen, wie es sich von selbst versteht, die bereits auf Litt. A. erhobenen Zinsen (nebst Zinses-Zinsen) zurück erstattet werden.

Die Schatz-Obligationen bestanden ursprünglich aus 5 pCtigen Obligationen à 1000 Fl., welche aber im Jahre 1844 auf 4 pCt. herabgesetzt, und in Abschnitten zu 500, 150 und 100 Silber-Rubel ausgefertigt sind. Die Total-Summe der ausgegebenen Obligationen ist nicht festzustellen, es sind bis Anfangs 1848 auf circa 162,000 Nummern Schatz-Obligationen ausgestellt. Die Amortisation erfolgt durch halbjährliche Verloosungen, am 10. März und 10. September, und werden die herausgekommenen Nummern so wie die fälligen Zins-Coupons am 1. April und 1. October bezahlt *).

Certificate der Liquidations-Central-Commission. Dies sind Scheine, worin die Regierung Privatleuten ihre Forderungen an dieselbe aus dem franz. Kriege nach gehöriger Liquidation bestätigt. Diese Scheine werden aber bei der Regierung nur zuweilen bei Strafgeldern, oder als Cautionen bei Lieferungen in Zahlung angenommen. Ist überflüssiges Geld vorhanden, so ertheilt die Regierung der Bank zuweilen den Auftrag dergleichen Certificate zum niedrigsten Course aufzukaufen, jedoch nur in Parthien von einigen Millionen Gulden, wo oft noch unter 3 Rubel Silber für 100 poln. Gulden limitirt wird.

Maaße.

Längenmaaß.

1 Fuß, Stopa, = 127,66923 pariser Linien oder 0,288 Meter.

1 Elle, Łokieé, = 2 Fuß = 255,33846 pariser Linien oder 0,576 Meter.

Sążen Klafter		Łokci Ellen		Stop Fuß		Calow Zoll		Linii Linien		Millimetrow. Millimeter.
1	=	3	=	6	=	72	=	864	=	1728
		1	=	2	=	24	=	288	=	576
				1	=	12	=	144	=	288
						1	=	12	=	24
								1	=	2

*) Alle von der poln. Bank für die hier angeführten poln. Staatspapiere auszuzahlenden Gelder (sowohl die der verloosten Pfandbriefe, Certificate, Partial- und Schatz-Obligationen, als die Zinsen dieser sämmtlichen Effekten), können in der Regel auch in Berlin erhoben werden, und zwar beim Banquier F. Martin Magnus.

Die Verloosungslisten der polnischen, so wie fast aller anderen Anleihen nach jeder Ziehung sind in Berlin zu haben in der Expedition des Cours-Berichts. Niederlag-Straße 5.

Sznur Schnur, Kette	Prętow Ruthen	Łokci Ellen	Pręcikow	Lawek	Calow. Zoll.
1	= 10	= 75	= 100	= 1000	= 1800
	1	= 7½	= 10	= 100	= 180
		1	= 1⅓	= 13⅓	= 24
			1	= 10	= 18
				1	= 1,8

1 Meile = 14816,526 Ellen. 1 Meile = 8 Werst; $13\frac{7}{10}$ gehen auf den mittlern Grad.

Flächenmaaß.

1 Włoka = 30 Morgow, Morgen, à 3 □Schnur.

Körpermaaß.

1 Kwart = 1 Litre = 50,4124 pariser Kubikzoll.

1 Korzec, Scheffel, = 4 Cwierci, Viertel, = 32 Garcy, Garnitzen, à 4 Kwart à 4 Kwatereck, der Korzec hat also 128 Kwart.

1 Last = 30 Korzec.

1 Faß, Beczka, = 100 Kwart.

Gewicht.

1 Funt, Pfund, = 405,504 Gramm.

Funt	Uncyi	Lutow	Drachma.
1 Pfund	= 16 Unzen	= 32 Loth	= 128 Drachmen.
	1 „	= 2 „	= 8 „
		1 „	= 4 „

1 Drachme hat 3 Scrupel à 24 Gran, à 5½ Granikow à 8 Milligramow.

1 Centnar, Centner, hat 4 Stein oder 100 Pfund.

Wolle wird nach dem schweren Stein von 32 Pfunden verkauft, der Centner Wolle daher zu 128 Pfund.

1 Medicinalpfund = 358,510626 Gramm.

Münzgewicht ist die alte kölnische Mark.

Bank.

Die polnische Nationalbank zu Warschau, 1828 unter Garantie des Staates gegründet, ist beauftragt die Staatsschulden abzutragen, den Ackerbau, den Handel und die Industrie des Königreichs zu befördern, besonders aber danach zu streben, den im Lande üblichen hohen Zinsfuß herunter zu bringen. Die Dotation der Bank bestand damals in 30 Mill. Fl., welche ihr von der Regierung in 10 Mill. Fl. baar, 10 Mill. Fl. in Pfandbriefen und 10 Mill. Fl. in verschiedenen anderen Kapitalien, mit den Rechten von Privat-Besitzern, zugestellt wurden. 1834 ist diese Summe auf 42 Mill. Fl. und im März 1841 auf 8 Mill. Silber-Rubel (= 53⅓ Mill. Fl.) erhöht worden. Die Bank unterstützt den landschaftlichen Credit-Verein, treibt Handel mit Staatspapieren und Wechseln, leiht auf Pfänder, giebt Vorschüsse zu großen industriellen Unternehmungen, und nimmt versiegelte und unversiegelte Depositen und Kapitalien zum Giriren und Verzinsen, jedoch nicht unter 200 Fl., an. Sie ist verpflichtet alljährlich von ihren Geschäften Bericht zu erstatten, und den nach Abzug aller Kosten verbleibenden reinen Gewinn dem Fiscus zu überliefern.

1830 ist die Bank autorisirt worden, an Stelle der frühern Staats- und Kassenbillets, Bankbillets zu 1, 5, 50 und 100 Fl. in Umlauf zu setzen, deren Belauf das Bankkapital erreichen, aber nicht übersteigen darf.

Weimar,

die Hauptstadt und Residenz des Großherzogs von Sachsen-Weimar in einem Thale an der Ilm, mit 10,200 Einwohnern, einigen Fabriken und Handel.

Münzen.

Man rechnet nach

Thalern zu 30 Silbergroschen à 12 Pfennige. 14 Thaler auf die preuß.-kölnische Mark.

Die Ausprägungen in Silber und Kupfer sind ganz wie die preußischen (s. Berlin). — Papiergeld: 360,000 Thlr. in Kassen-Anweisungen à 1 ℛ und 48000 ℛ à 5 ℛ.

Im Wechsel-Verkehr richtet man sich gewöhnlich nach den leipziger Coursen.

Wechsel auf Uso gestellt, oder solche, die gar keine Zeitbestimmung enthalten, sind 14 Tage nach der Acceptation zahlbar. Respecttage finden nicht statt. Ist der Verfalltag ein Sonn- oder Festtag, so muß die Zahlung am nächsten Werktag erfolgen.

Die hiesigen Staatspapiere tragen (seit 1835) 3½ % Zinsen, halbjährlich, am 1. April und 1. October in Weimar zahlbar. Die Abschnitte bestehen in Obligationen zu 25, 50, 100, 200, 500 und 1000 Thalern; die Tilgung soll mindestens 1 % jährlich betragen und 1871 vollendet sein. Die ganze Schuld betrug 1847 circa 3½ Millionen Thaler.

Maaße.

Längenmaaß.

1 Fuß = 125 pariser Linien oder 0,282 Meter.

Ruthe	Fuß	Zoll	Linien	Punkten
1 Ruthe =	16 Fuß =	192 Zoll =	2304 Linien =	23040 Punkten.
	1 " =	12 " =	144 " =	1440 "
		1 " =	12 " =	120 "
			1 " =	10 "

Für das Feldmessen theilt man die Ruthe in 10 Decimalfuß.

1 Elle = 2 Fuß = 250 pariser Linien.

1 Klafter = 6 Fuß.

1 Meile = 1631 Ruthen = 26096 Fuß.

Flächenmaaß.

1 Acker = 140 □Ruthen.

Körpermaaß.

1 Scheffel = 3880 pariser Kubikzoll oder 76,966 Liter.

1 Scheffel = 4 Viertel à 4 Metzen à 4⅘ Maaß à 2 Nößel. 17½ weimarische Scheffel = 1 Winspel.

Das Maaß oder die Kanne dient beim Marktverkehr zum Messen von Erbsen, Linsen u. s. w.

1 Eimer = 3695¼ pariser Kubikzoll oder 73,7 Liter.

1 Eimer = 72 Ohmmaaß oder Kannen, oder = 80 Schenkmaaß. 1 Ohmmaaß = 2 Nößel.

Wein, Bier u. s. w. wird mit dem Schenkmaaß, Oel mit dem Ohmmaaß gemessen.

Gewicht ist dem preußischen gleich.

Wollmarkt im Juni (1847: 7020 Centr.).

Wien,

Haupt- und Residenzstadt des Landes Oesterreich unter der Ens und des ganzen Kaiserstaates, am Einflusse der Wien in die Donau, mit 415,000 Einwohnern, die größte und volkreichste Stadt in Deutschland, und der Mittelpunkt des Binnenhandels der Monarchie. Der Ort hat einen beträchtlichen Wechsel- und Transitoverkehr und zahlreiche Fabriken. Durch Eisenbahnen ist es mit Triest, Pesth und Krakau, durch Dampfschifffahrten mit dem Schwarzen Meere und Regensburg verbunden.

Münzen.

Man rechnet nach

Reichsgulden zu 60 Kreuzern à 4 Pfennig; auch im gewöhnlichen Verkehr nach Groschen zu 3 Kreuzern. 1 Speciesthaler hat 1⅓ Thlr., oder 2 Gulden; 3 Fl. = 2 Thlr.; der Thaler zu 1½ Fl. ist eine eingebildete Münze.

Der Zahlwerth ist der Conventions 20 Guldenfuß, die köln. Mark fein Silber zu 13⅓ Thaler; nach Ausprägung der Ducaten ist hier das Verhältniß des Goldes zum Silber, wie 1 zu 15,28. Ein Gulden hat einen Silberwerth von 21 Silbergroschen, oder 73½ Xr. im 24½ Fl.Fuß, oder 3 Lire austriache.

Wirkliche östreichische Münzsorten sind in

Gold: Ducaten zu 4½ Gulden. Ganze und halbe Souverain-d'or zu 13⅓ und 6⅔ Fl. (s. die Tabellen).

Silber: Nach dem Conventionsfuß ausgeprägte ganze, ½ und ¼ Speciesthaler, 2, 1 und ½ Fl. 20, 10, 5 und 3 Kreuzerstücke. Die 20 Kreuzerstücke sind am meisten in Umlauf und werden Zwanziger genannt (s. die Tabellen).

Kupfer: 1, ½ und ¼ Kreuzerstücke.

Ueber das Schein-Kreuzergeld, s. Prag.

Papiergeld. Es giebt zwei Arten des östreichischen Papiergeldes:

1) **Einlösungs- und Anticipationsscheine** à 1, 2, 5, 10, 20 und 100 Fl. Die Einlösungsscheine sind an die Stelle der 1811 auf den fünften Theil ihres Nennwerthes reducirten und späterhin gänzlich außer Umlauf gesetzten ehemaligen **Wiener Stadt-Bankozettel** getreten. Die Anticipationsscheine wurden 1813, im Betrage von 45 Mill. Fl., creirt. Beide Sorten von diesem Papiergelde (Anfangs 1847 noch ungefähr 8 Mill. Fl. belaufend und im Lande selbst kurzweg **Scheine** genannt) sind unter dem Namen: **Wiener-Währung** bekannt und seit geraumer Zeit, im Verhältniß zur Conventions-Münze, auf $\frac{2}{5}$ des Nennbetrags herabgesetzt, so daß 5 Fl. Wiener-Währung den festen Werth von 2 Fl. Conv.-Münze haben, oder 100 Fl. Conv.-Münze = 250 Fl. Wiener-Währung. Diese Scheine circuliren jedoch nicht in allen österreichischen Staaten und namentlich in denjenigen nicht, die von 1809 bis 1814 unter fremder Herrschaft gestanden haben. Sie werden durch die Nationalbank allmälig eingelöst.

2) Die Banknoten der österreichischen Nationalbank (gewöhnlich **Münze** genannt) zu 5, 10, 25, 50, 100, 500 und 1000 Fl., welche dem Conventionsgelde **völlig gleich** gelten, von der Bank zu jeder Zeit realisirt und in den kaiserl. königl. Kassen, wie bei gewöhnlichen Ausgaben unweigerlich angenommen werden.

Geldpreise.

	m. o. w.
Holländische Ducaten à $4\frac{1}{2}$ Fl.	4 % Agio, d. h. 104 Fl. Conv.-Mze. für 100 Fl. in Duc., den Duc. fest zu $4\frac{1}{2}$ Fl. gerechnet.
Oestreichische Ducaten à $4\frac{1}{2}$ Fl.	$4\frac{1}{4}$ % Agio ebenso.
Leichte Ducat., nach der Mark	4 % Agio ebenso, wobei 67 Stück Ducaten auf die köln. Mark gerechnet werden.
Souverainsd'or (österreich.)	13 Fl. 46 Xr. Conv.-Mze für 1 Stück.
Napoleonsd'or	7 = 56 = = = = 1 =
Maria-Theresien-Thaler, Talleris genannt, . . .	1 % Agio, d. h. 101 Fl. Conv.-Mze. für 100 Fl. in Maria-Theresien-Thaler, das Stück fest zu 2 Fl. gerechnet.

Gold- und Silberpreise bei der kaiserl. Münze.

Gold, 23 Karath 8 Grän fein, in wichtigen Ducaten, die östreich. Mark . . . . 366 Fl. 53 Xr.
(Für geringeres Gold wird 1 Fl. 45 Xr. per Mark abgezogen; bei guldischen Barren wird Fl. 24 — per feine Mark Silberlegirung vergütet.)

Gold, in Kremnitzer Ducaten à $4\frac{1}{2}$ Fl. die Brutto-Mark österreichisch . . . . 359 Fl. 1 Xr.

Gold, in holländ. Ducaten à $4\frac{1}{2}$ Fl. die Brutto-Mark österreichisch . . . . 356 = 30 =

Silber, 9 Loth 5 Grän, die österr. feine Mark . 24 = — =
(Für geringhaltigeres Silber wird 10 Kreuzer per Brutto-Mark abgezogen).

Wechselcourse im Januar 1848.

	Veränderl. Valuta.	Feste Valuta.
Amsterdam 2 Mt. d.	$138\frac{3}{4}$ Thlr. Conv.-Crt. für	250 Fl. niederl.
Augsburg à Uso (a. 2 Mt. d.)	$100\frac{3}{8}$ Fl. = = =	100 Fl. augsb. Crt.
Frankfurt a. M. k. S. (a. 3 Mt. d.)	$98\frac{3}{8}$ = = = =	100 Fl. Conv. Geld (5 = 6).
Hamburg 2 Mt. d.	$147\frac{5}{8}$ = = = =	200 Mk. Bco.
London 2 = = (a. 3 = =)	10 Fl. 5 Xr. = =	1 £ Sterl.
Paris kurze Sicht (a. 2 Mt. d.)	$118\frac{3}{4}$ Fl. = = =	300 Francs.
Marseille 6 Woch. = (a. 2 Mt. d.)	$118\frac{1}{8}$ = = = =	300 =
Genua 2 = =	$117\frac{3}{8}$ = = = =	300 neue piemont. Lire.
Livorno 2 = =	$98\frac{3}{4}$ = = = =	300 tosc. Lire.
Mailand 1 = = (a. 2 = =)	$99\frac{7}{8}$ = = = =	300 österr. Lire.
Triest à Uso	$99\frac{3}{4}$ = = = =	100 Fl. Conv. Crt. in Triest.
Nicht immer notirt man:		
Venedig 1 Mt. d.	$99\frac{1}{2}$ Fl. = = =	300 östr. Lire.
Prag kurze Sicht (a. 1 Mt. d.)	$100\frac{3}{4}$ = = = =	100 Fl. Conv. Crt. in Prag.
Constantin. } Smyrna } 31 T. S.	450 türkische Para =	1 Fl. Conv. Crt.
Bucharest 31 = =	278 Paralle (wallach. Para) für	1 Fl. Conv. Court.
Berlin 2 Mt. d. } Breslau 2 = = } Leipzig 1 = = }	$97\frac{1}{4}$ Thlr. = = =	100 Thlr. im 14 Thlr. Fß.

Uso-Wechsel sind 14 Tage, ½ Uso 7 und 1½ Uso 21 Tage nach der Acceptation zahlbar. Alle von anderen Orten hier einlaufenden Wechsel müssen ohne Verzug vorgezeigt und angenommen oder protestirt werden. — Respecttage sind 3 gestattet, Sonn- und Festtage mit begriffen. Sollte jedoch der dritte Respecttag auf einen Feiertag fallen, so kann die Zahlung den folgenden Tag geschehen. Keine Fristzeiten haben diejenigen Wechsel, die auf Sicht (a Vista oder a piacere), oder auf so wenige Tage Sicht oder à dato gestellt sind, daß es nicht ½ Uso (7 Tage) ausmacht, oder die auf einen präcise bestimmten Tag lauten und daher den Beisatz fix führen, z. B. per Medio März fix (oder präcise). Solche Wechsel müssen spätestens innerhalb 24 Stunden berichtigt werden.

Eben so wird es mit den Wechseln gehalten, die erst nach der Verfallzeit und den bereits verstrichenen Respecttagen einlaufen.

Unter medio eines Monats wird stets der 15te Tag des Monats verstanden, wobei aber, gleich andern Wechseln, die 3 Respecttage zu benutzen sind.

Die österreichische Wechselordnung ist vom 1. October 1763 und gilt für alle deutsche Länder der Monarchie.

Die Wechselcourtage beträgt 1 pro Mille.

Der Wechselstempel beträgt seit 1840

		Fl.	Xr.
bis 20 Fl.		—	3
von 20	bis 50 Fl.	—	6
„ 50	„ 125 „	—	15
„ 125	„ 250 „	—	30
„ 250	„ 500 „	1	—
„ 500	„ 1000 „	2	—
„ 1000	„ 2000 „	4	—
„ 2000	„ 3000 „	6	—
„ 3000	„ 4000 „	8	—
„ 4000	„ 6000 „	12	—
„ 6000	„ 8000 „	16	—
„ 8000 und darüber		20	—

Trockene Wechsel bis 100 Fl. zahlen 6 Xr., darüber 15 Xr., von 1000 bis 2000 Fl. 30 Xr., darüber 1 Fl. Conv. — Wechselproteste 30 Xr.

Course der Staatspapiere (im Januar 1848).

Wir beschränken uns im vorliegenden Coursblatte auf die neuern, an der Börse am meisten circulirenden österreichischen Fonds, und übergehen die älteren, im Handel seltner vorkommenden Effekten, da wir ohnehin in der nachfolgenden Rubrik „Anleihen und Staatspapiere" über die Entstehung und Beschaffenheit sämmtlicher östreichischer Obligationen Bericht erstatten werden.

Die abgelaufenen Zinsen sind zu Gunsten des Verkäufers.

Namen d. Fonds.	Zinsf. pCt.	Cours m. v. w.	Erklärung.
Metalliques-Obligationen	5	104	Fl. Conv.-Mze. für 100 Fl. Nennw.
Metalliq.-Obligat.	4	90	= = = = 100 = =
= =	3	65	= = = = 100 = =
= =	$2\frac{1}{2}$	$31\frac{1}{2}$	= = = = 100 = =
= =	1	25	= = = = 100 = =
Lotterie-Loose à 250 Fl.	—	112	= = = = 100 = =
Lotterie-Loose à 500 Fl.	—	156	= = = = 100 = =
Actien der Nationalbank	3	1584	= = = = 1 Bankactie incl. der außerordentlichen (unermittelten) Dividende, aber mit Vergütigung des Zinses v. $2\frac{1}{2}$ Fl. monatlich pr. Actie.
Obligationen der Wiener Stadtbank	$2\frac{1}{2}$	63	Fl. Conv.-Mze. für 100 Fl. Nennw.
Eisenbahn-Actien.			
Kaiser Ferdinand-Nordbahn . . .	—	$135\frac{1}{2}$	= = = = 100 Fl. in Act.
Wien-Gloggnitz	—	110	= = = = 100 = = =
Wien-Pesth . . .	—	$84\frac{1}{2}$	= = = = 100 = = =
Mailand-Venedig	—	86	= = = = 100 = = =
Livorno-Florenz	—	70	= = = = 100 = = =
Genua-Budweis	—	196	= = = = 100 = = =
Donau Dampfschifffahrt . . .	—	585	Fl. per Actie à 500 Fl.

Die Course der übrigen hier nicht bemerkten öster. Staatspapiere verstehen sich meist für 100 Fl. des Nennwerthes einer Obligation.

Die Geschäfte in Fonds, pr. Cassa, auf Zeit, mit oder ohne Prämien haben nur dann gesetzliche Gültigkeit, wenn sie mit Zuziehung eines beeidigten Sensalen (Maklers) vollzogen werden. Die Courtage dabei beträgt (seit 1826) $\frac{1}{2}$ pro Mille.

Der Handel mit verzinslichen Staatspapieren des Auslandes ist an der Wiener Börse gänzlich untersagt.

Anleihen und Staatspapiere.

Die östreichische Staatsschuld zerfällt 1) in die ältere, in Papiergeld verzinsliche Schuld, 2) in die neuere, in

Conventions-Münze verzinsliche Schuld, 3) in Lotterie-Anleihen und 4) in den Rest des in den Jahren 1811 und 1813 creirten (unverzinslichen) Papiergeldes.

Ein Finanz-Patent vom 20. Febr. 1811 setzte den Zinsfuß der gesammten zinsgebenden Staatsschuld auf die Hälfte in Wiener Währung herab. — Hierauf wurde im März 1818 beschlossen, die Gläubiger des Staats wieder zum vollen Genusse der ursprünglichen Interessen gelangen zu lassen. — Da aber aus der Erhöhung zum frühern Zinsfuße, wenn sie auf einmal geschehen wäre, dem Staate eine allzugroße Last erwachsen sein würde, so schlug man den Weg zur Verloosung ein, theilte zu diesem Behufe die ältere Staatsschuld in 488 Serien, bezeichnete solche mit fortlaufenden Nummern von 1 bis 488 und zieht seitdem alljährlich wenigstens 5mal eine unbestimmte Anzahl davon. Die in den herausgekommenen Serien enthaltenen Obligationen werden dann gegen andere, welche man verlooste nennt, umgetauscht und die vom ersten Tage des Monats an, in dem die Ziehung erfolgte, die frühern Zinsen in Conventions-Münze tragen, oder, seit 1829, baar ausgezahlt werden. Hieraus entstanden nun die sogenannten

verloosten Obligationen,

welche, so wie die unverloosten, meist auf den Namen lauten und bei Verkäufen in der Regel cedirt werden.

Der Verlosung sind alle nachstehend verzeichneten Obligationen fähig:

a) Obligationen des Wiener Stadt-Banko zu 2½, 2¼ und 2 % Zinsen, welche theils vierteljährlich, theils halbjährlich gegen Quittungen ohne Stempel erhoben werden.

b) Obligationen der allgemeinen und ungarischen Hofkammer zu 3, 2½, 2¼, 2 und 1¾ %. Die Zinsen der allgemeinen Hofkammer gegen gestempelte Quittungen in Wien, die der ungarischen Hofkammer in Ofen.

c) Obligationen der älteren lombardischen Schulden (in italienischer Sprache abgefaßt), zu 2½, 2 und 1¾ % Zinsen jährlich gegen Quittungen ohne Stempel in Wien.

d) Obligationen der in Florenz, Genua, Deutschland und der Schweiz gemachten Anleihen, zu 2½, 2¼ und 2 % Zinsen halbjährlich gegen Quittungen ohne Stempel in Wien.

e) Obligationen von Galizien zu 2½, 2 und 1¾ % Zinszahlungen in Lemberg.

f) Schuldverschreibungen der niederöstreichischen Regierung von 1809 zu 3 % (wovon nur wenige noch existiren). Zinsen gegen gestempelte Quittungen in Wien.

g) Obligationen der in Frankfurt a. M. und Holland contrahirten Anleihen zu 5, 4½ und 4 %. Die Zinsen werden gegen Coupons und seit 1818 mit 5 % Metalliques bezahlt.

h) Aerarial-Obligationen der Stände von Oestreich, Böhmen, Mähren, Steiermark und des Wiener-Oberkammer-Amtes zu 3, 2½, 2¼ und 2 %. Die Zinsen der Stände sind in den Hauptstädten der Provinzen, die des Oberkammer-Amtes in Wien zahlbar.

Die Domestical-Obligationen der Stände von Oestreich unter und ob der Ens, von Böhmen, Mähren u. s. w. und des Wiener-Oberkammer-Amtes gelangen nicht zur Verloosung; die Zinszahlungen erfolgen demnach in Wiener Währung, weshalb auch ihre Course niedriger stehen, als die der anderen Schuldverschreibungen von gleichem Zinsfuße.

Außer den genannten Papieren giebt es noch mehrere Sorten der älteren Schuld, die aber fast ohne Ausnahme in festen Händen sich befinden.

Die neuern Staatsschuldverschreibungen sind:

1. 5 % Metalliques-Obligationen *).

Das erste 5 % Anlehen, circa 120 Mill. Fl., wurde von der österreichischen Regierung 1816 im Lande selbst eröffnet und dabei als Einlage ältere verzinsliche Staatspapiere und Wiener Währung angenommen. Die darüber ausgestellten Schuldverschreibungen bestehen in Abschnitten zu 10,000, 5000, 1000, 500 und 100 Fl. Convent.-Münze, sind von verschiedenen Monaten, immer vom 1. des Monats datirt und mit 12jährigen Coupons versehen, wogegen die Zinsen halbjährlich (vom Tage der Ausstellung) in Wien und bei den Provinzial-Finanz-Kassen zu beziehen sind. Seitdem sind diese 5 % Metalliques durch eine Reihe von Anleihen (1847: 80 Millionen) vermehrt worden, so daß ihre Masse über 600 Mill. Gulden betragen würde, wenn nicht davon getilgt und convertirt worden wäre (s. unten). — In der genannten Summe sind auch 5 % Metalliques von 1823 begriffen, welche von einem Anlehen in London, im Belaufe von 2½ Mill. Liv. Sterl. oder 25 Mill. Fl. Convent.-Münze, zur Deckung schuldiger Subsidien herrühren. Die Obligationen sind zu 1000 Fl. — Zinsen à 10 Fl. per Liv. Sterl., am 1. Mai und 1. Novbr. bei Rothschild in London. — Auch existiren Certificate à 1000 Fl. von Rothschild in Paris, über in Wien deponirte 5 % Metalliques. Die Zinsen dieser Certificate werden am 1. Januar und 1. Juli, der Fl. zu 2 Frcs. 60 Centms. gerechnet, in Paris erhoben.

*) Die Staatsschuldverschreibungen werden deshalb Metalliques genannt, weil die Zinsen derselben auf Metallmünze lauten, und in solcher bezahlt werden.

2. 4 % Metalliques-Obligationen.

Um die umlaufenden, auf die Regierung ausgestellten Central-Kassen-Anweisungen einzuziehen, wurde Ende 1829 eine 4 % Anleihe von 25 Mill. Fl. mit den Häusern Rothschild, Arnstein und Eskeles, S. G. Sina und Geymüller & Comp. abgeschlossen. Hierzu kamen 1830 noch 20 Mill. und ungefähr 33 Mill. Fl. durch Umtausch von 5 % Schuldbriefen. Apoints zu 1000, 500 und 100 Fl. Conventions-Münze. Zinstermin verschieden, wie bei den vorigen.

3. 3 % Metalliques-Obligationen.

40 Mill. Fl. Convent.-Münze in Schuldverschreibungen zu 1000, 500 und 100 Fl. vom 1. December 1835 datirt. Die Zinsen à 3 % sind am 1. Juni und 1. Dezember fällig. Die beigefügten Coupons reichen bis zum 1. Dezember 1851.

4. 2½ % Metalliques-Obligationen.

Im März 1815 wurden 50 Mill. Fl. in Wiener Währung ausgeschrieben. Die Obligationen sind in Beträgen von 5000, 1000, 500, 200 und 100 Fl. Die Verzinsung à 2½ % geschieht in Convent.-Münze, halbjährlich am 1. Jan. und 1. Juli, auch 1. Februar und 1. August. Es werden immer Coupons auf 12 Jahre ausgegeben.

5. 1 % Metalliques-Obligationen.

Zur Verminderung des Papiergeldes wurden im Juni 1816, gegen Einlieferung von Einlösungs- und Anticipationsscheinen, 35 Mill. Fl. in 1 % Schuldbriefen zu 5000, 1000, 500 u. 100 Fl., in Umlauf gesetzt. Der größte Theil hiervon ist bereits getilgt, doch giebt es auch, in Folge geschehener Austauschungen, solche Papiere von späteren Jahren. Zinszahlungen gegen Coupons am 1. Jan. und 1. Juli.

Sämmtliche Metalliques lauten auf den Inhaber und die Zinsen werden gegen Coupons, wie bei den 5 %, in Wien und in den Hauptstädten der Provinzen ausgezahlt.

6. Die oben angeführten verloosten Obligationen.

Sie sind meistens auf den Namen ausgestellt und tragen 6, 5, 4½, 4 u. 3½ % Zinsen, die gegen Quittungen erhoben werden.

7. Renten-Urkunden des lombard.-venetian. Monte.

Man sehe hierüber Mailand, Seite 284.

8. Lotterie-Anlehen von 1834.

Im April 1834 schloß die österreichische Regierung mit den oben genannten 4 Bankhäusern eine Anleihe von 25 Mill. Fl. Conventions-Münze, worüber 50,000 Obligationen à 500 Fl. (jede in 5 Abtheilungen zu 100 Fl.) ausgestellt wurden. Die Heimzahlung des Capitals sammt den Zinsen, mittelst der vereinten Summe von 51,371,170 Fl. C.-M. geschieht nach den Bestimmungen des Verloosungs-Planes auf folgende Weise:

1) 20 Schuldverschreibungen bilden eine Serie, wonach in Allen 2500 Serien bestehen.

2) Vom Jahre 1836 angefangen bis einschließlich des Jahres 1860 findet jährlich am 1. Februar die Verloosung der im Plane bestimmten Anzahl von Serien, und am 1. Mai die Ziehung von Nummern der in den verloosten Serien eingetheilten Schuldverschreibungen mit den darauf fallenden Gewinnen (bis auf 320,000 Fl. steigend) statt. Die Auszahlung erfolgt am 1. August.

3) Die Universal-Staatsschulden-Kasse in Wien leistet die Zahlung der verloosten Schuldverschreibungen gegen Zurückstellung derselben und zwar mit dem ganzen Betrage, wenn alle 5 eine Schuldverschreibung ausmachende Abtheilung beigebracht werden, für einzelne Abtheilungen hingegen mit dem fünften Theile des Gewinnes.

9. Lotterie-Anlehen von 1839.

Im März 1839 ebenfalls in Wien contrahirt.

Capital: 30 Mill. Fl. Conventions-Münze.

Schuldverschreibnngen: 120,000 à 250 Fl., jede in 5 Stücke à 50 Fl. theilbar.

Serien: 6000, jede zu 20 Schuldverschreibungen.

Verloosungen.

12 Ziehungen von halb zu halb Jahr, vom 1. Juni 1840 bis einschließlich 1. Dezember 1845.

6 Ziehungen von Jahr zu Jahr, vom 1. Dezember 1846 bis einschließlich 1. Dezember 1851.

18 Ziehungen jede nach 1½ Jahren, vom 1. Juni 1853 bis einschließlich 1. Dezember 1878.

Zusammen 36 Ziehungen.

An obigen 36 Verloosungs-Daten werden jedesmal die Serien und drei Monate darauf die Nummern gezogen. — Nach weitern drei Monaten erfolgt die Zahlung.

Der niedrigste Gewinn ist in allen Ziehungen gleich auf 500 Fl. gestellt; der höchste fällt in der letzten Verloosung und beträgt 300,000 Fl.

Sämmtliche Gewinne geben die Totalsumme von 74,250,500 Fl. Conventions-Münze.

Die (neuen) Central-Cassenanweisungen bilden seit 1842 die schwebende Schuld. Sie lauten auf 50, 100, 500 und 1000 Fl. Conv.-Münze und geben 3 % Zinsen. Da sie stets nur auf 3 Monat ausgestellt sind, so müssen sie bei Verfall bei der Bank eincassirt oder gegen neue umgetauscht werden. Bei Zahlungen in solchen Anweisungen werden die Zinsen stets mit in

Anschlag gebracht, behufs dessen eine Zinstabelle auf der Rückseite angebracht ist.

Die Bankactien, von welchen der Betrag einer Actie, ohne in derselben genannt zu sein, auf 1000 Fl. angenommen und in Hinsicht der Zinsen so berechnet wird (der Einlage nach 500 Fl. Conventions-Münze werth), sind 1816 bei Begründung der Bank entstanden, und 50,621 Stück davon in Umlauf gesetzt worden. Sie lauten auf bestimmte Namen und müssen daher bei Verkäufen cedirt werden, oder wenigstens in blanco gerirt sein.

Der für die Inhaber der Actien abfallende Gewinn, Dividende genannt, wird 2 mal des Jahres bekannt gemacht und am 1. Januar und 1. Juli an die Actionäre vertheilt. Die Dividende zerfällt a) in die ordentliche, d. h. in den festen Zins von 3 $\frac{3}{5}$ p. A., also halbjährlich (gegen Coupons) 15 Fl. Conventions-Münze pr. Actie von 1000 Fl. und b) in die außerordentliche, welche aus dem reinen Erträgniß der Bankgeschäfte ermittelt und mit der ordentlichen Dividende zugleich ausgezahlt wird. (Man vergleiche hiermit Nationalbank).

Tilgungsfonds. Zur Einlösung und Verminderung der verzinslichen Staatsschuld ist im Jahre 1817 ein Tilgungsfonds errichtet worden, dessen ursprüngliches Vermögen von 50 Millionen Fl. Nominal-Capital sich zwar fortwährend vergrößert hat, über dessen innere Organisation und Verbindung mit den Finanzen nur wenig veröffentlicht wird. Das Vermögen desselben betrug Ende 1846 über 200 Millionen Gulden, und nahe an 500 Millionen Gulden in Schuldpapieren waren seit 1817 außer Circulation gesetzt worden.

Die gesammte Staatsschuld wurde 1841 auf circa 970 Millionen angeschlagen, wozu die obenerwähnte Anleihe von 80 Millionen kämen, wovon aber die seitdem erfolgten Tilgungen abgehen würden.

Außer den obigen Staats-Anleihen-Obligationen giebt es eine große Mannichfaltigkeit von Privat-Anleihen, von denen die wichtigsten etwa folgende sein dürften.

1) Lotterie-Anleihe des Fürsten Esterhazy, 1836, 7 Millionen Gulden in Loosen à 40 Fl., bis 1868 durch halbjährige Ziehungen (am 15. Juni und 15. Dezbr.) zu tilgen. Der letzte kleinste und größte Gewinn ist 72 Fl. und 60,000 Fl. — Zahlung durch Sina.

2) Desgl. des Fürsten Windisch-Grätz, 1846, 2 Millionen Gulden Conv.-Münze in Loosen à 20 Fl., bis 1893 in halbjährigen Ziehungen am 1. Juni und 1. Dezbr. zu ziehen. Kleinster Gewinn von 36 Fl. bleibt sich durch alle Ziehungen gleich, der größte ist immer 20,000 Fl., in der letzten Ziehung 25,000 Fl.

3) Desgl. des Grafen von Waldstein-Wartemberg, 1847, von 2,070,000 Fl., in Loosen à 20 Fl., durch Ziehungen am 15. Juli und 15. Januar bis 1900 zu tilgen. Der geringste Ge-

winn von 30 Fl. bleibt immer gleich; der größte ist 30,000 Fl. Zahlungen durch Sina 6 Monat nach der Ziehung.

4) Der Loose von Arnstein-Eskeles ist Seite 284 gedacht worden.

Laut einer Anfangs 1848 erlassenen Verordnung soll in Zukunft die Emission von Loosen unter 100 Fl. nicht mehr erlaubt werden.

Außer diesen giebt es Anleihen der Fürsten Kaunitz, Esterhazy, Palffy, Schwarzenberg u. s. w., der Grafen Bathyani, Hardik, Karoly, Strachwitz, Viczay und viele andere.

Maaße.

Längenmaaß.

1 wiener Fuß = 140,1269 pariser Linien oder 0,316 Meter.

1 Fuß = 12 Zoll = 144 Linien = 1728 Punkten.
1 „ = 12 „ = 144 „
1 „ = 12 „

Der Zoll wird auch in Achtel getheilt, und in 4 Strich, als Rekrutenmaaß.

1 Ingenieur-Ruthe = 10 Fuß = 100 Decimalzoll à 10 Decimallinien.

1 Klafter = 6 Fuß.

1 Elle = 2,465 Fuß = 345,4128 pariser Linien oder 0,779 Meter. Sie wird in Halbe, Viertel u. s. w. getheilt, auch in Drittel, Sechstel.

1 Faust, Pferdemaaß, = $\frac{1}{3}$ Fuß.

1 Meile = 24000 Fuß. 1 Post = 2 Meilen.

Flächenmaaß.

1 Joch = 1600 □Klafter oder 57,5543 Aren.

1 Metze = $\frac{1}{3}$ Joch.

1 böhmischer oder prager Strich = $\frac{1}{2}$ Joch.

Körpermaaß.

1 wiener Metzen = 1,9471 wiener Kubikfuß = 3100,33 pariser Kubikzoll oder 61,499 Liter.

Muth	Metzen	Maaßel	Futtermaaßel	Becher.
1 =	30 =	480 =	1920 =	3840
	1 =	16 =	64 =	128
		1 =	4 =	8
			1 =	2

Der Metzen wird auch in Halbe, Viertel u. s. f. getheilt.

Soviel Mal 5 Fl. Conv.-Mze. ein wiener Metzen, soviel Mal kostet

1 Scheffel	in Berlin	3 Thlr. 3 Sgr.
1 „	„ Dresden	5 Thlr. 29$\frac{1}{2}$ Ngr.
1 Imperial-Quarter		47$\frac{1}{4}$ Schilling.
1 Malter	in Frankfurt	11 Fl. 25 Xr. s. W.
1 Last	„ Hamburg	372 Bco. Mark.
1 Himten	„ Hannover	42$\frac{1}{2}$ Ggr.

1 Sack	in Holland	10 Fl. 16 Cts.
1 Wispel	„ Magdeburg	75 Thlr.
1 Strich	„ Prag	7 Fl. 37 Xr.
1 Tschetwert	„ Rußland	22 S.-R. 19 Kop.
1 Tonne	„ Schweden	14 Thlr. 25 Sch. Banco.

1 Kohlen-Stübich = 2 Metzen.
1 Kalk-Müthel = 2½ Metzen.
1 Eimer = 2853,37 pariser Kubikzoll oder 56,6 Liter.
1 Eimer = 40 Maaß = 160 Seidel = 320 Pfiff.
1 „ = 4 „ = 8 „
1 „ = 2 „
1 großes Seidel = 3 Pfiff.

Der Eimer zu 40 Maaß soll ein Rechnungsmaaß sein, der Wein-Eimer aber 41 Maaß enthalten.
1 Faß = 10 Eimer.
1 Dreiling = 30 „
1 Fuder = 32 „
Ein Bier-Eimer = 42½ Maaß.
1 Bier-Faß = 2 Bier-Eimer = 85 Maaß.

Gewicht.

1 wiener Pfund Handelsgewicht = 560,012 Gramm.

Handelspfund		Vierding		Unzen		Loth		Quintel.
1	=	4	=	16	=	32	=	128
		1	=	4	=	8	=	32
				1	=	2	=	8
						1	=	4

1 Centner = 5 Stein à 20 Pfund, oder = 100 Pfund.
1 Saum = 275 Pfund.
1 Lägel Stahl = 125 Pfund, 1 Saum Stahl = 2 Lägel.
1 Karch = 400 Pfund.

Gold- und Silbergewicht ist die wiener Mark von 280,644 Gramm. Sie hat 16 Loth à 4 Quint à 4 Pfennige à 256 Richtpfennigtheilchen; oder 80⅘ Ducaten.

Die wiener-kölnische Mark ist = 233,870 Gramm, 5 wiener Mark = 6 wiener-kölnische Mark.

1 wiener Medicinalpfund = 24 Loth Handels-Gewicht = 420,009 Gramm.

1 Medicinalpfund = 12 Unzen zu 8 Drachmen à 3 Scrupel à 20 Grän.

1 wiener Juwelenkarat = 48⅛ Richtpfennige des wiener Markgewichts = 0,206085 Gramm.

Nach einer Verordnung vom 6. März 1824 sollen die Goldwaaren, sobald sie 4 Ducaten und darüber wiegen, nur nach folgenden 3 Abstufungen gearbeitet werden:

Nr. I. zu 7 Karat 10 Grän, oder der Ducat 1½ Gulden
= II. = 13 = 1 = = = = 2½ =
= III. = 18 = 5 = = = = 3½ =

Sie unterliegen alsdann der Puncirung und müssen mit I. II. oder III., außerdem auch mit dem Namen des Verfertigers bezeichnet sein.

Die Silberwaaren sollen nur 13 oder 15 löthig verarbeitet werden und mit 13 und 15 bezeichnet sein; der Zusatz aber nur in rothem Kupfer bestehen.

Handelsanstalten.

Nationalbank. Die privilegirte österreichische Nationalbank zu Wien, ein auf Actien gegründetes Privat-Institut, ist in Folge des Patents vom 1. Juni 1816 entstanden*) und hat vorzüglich die Bestimmung, den Tilgungsfonds zu verwalten, die Masse des Papiergeldes durch Einlösungen allmählig zu vermindern und den Geldumlauf auf den conventionsmäßigen Silberfuß zurückzuführen, nicht minder aber den Wechsel- und Hypotheken-Credit im Lande zu heben und zu erleichtern. Die Statuten der Anstalt setzen den Fonds derselben auf 100,000 Actien fest, wobei für jede Actie 1000 Fl. Wiener Währung (die der Staat mit 500 Fl. Conventions-Münze abzutragen sich verbindlich machte), und 100 Fl. Conventions-Münze einzulegen waren. Es sind jedoch bis Ende 1819 50,621 Actien abgesetzt, die übrigen 49,379 Stück aber der Bank selbst, um ihren Gewinn nicht zu schmälern, zur eigenen Verfügung überlassen worden.

Außer dem Dienste, welchen die Bank dem Staate leistet, bestehen ihre Verrichtungen in Folgendem:

1) Sie discontirt a) Wechsel, die in Wien zahlbar, und wenigstens mit 3 soliden Giro's versehen sind; b) verlooste Staatspapiere und noch nicht fällige Zinscoupons; c) Münzamtscheine.
2) Sie giebt Darlehn und Vorschüsse auf Gold und Silber in Barren, Geschirren oder Münzen und auf inländische Staatspapiere zu ¾ des Werthes nach dem Börsencourse.
3) Sie nimmt als Depositen edle Metalle, in- und ausländische Fonds und andere Geld-Dokumente an. Die Vergütigung dafür besteht in Uebernahms-, Aufbewahrungs- und Erfolglassungsgebühren.

Nach den Bestimmungen des erneuerten Privilegiums (siehe weiter unten) wird sie, von 1842 an, für gemachte Einlagen Folien im Buche eröffnen, und Zahlungen übernehmen, die den Deponenten ab- und zugeschrieben werden.

---

*) Statuten und Privilegium der Bank wurden erst durch das Patent v. 15. Juli 1817 bekannt gemacht; die Operationen hatten aber schon am 1. Juli 1816 ihren Anfang genommen.

Zur Erleichterung des Verkehrs ist ihr gestattet, Banknoten auszugeben, die sie zu jeder Zeit gegen baares Geld umwechselt (man sehe Papiergeld). Zu gleichem Zwecke sind in den Hauptstädten der Provinzen Verwechselungs- und Anweisungsanstalten errichtet worden, die mit dem Umtausch der verschiedenen Sorten des Papiergeldes sich beschäftigen, und von welchen Anweisungen auf die Central-Kasse der Nationalbank, so wie umgekehrt, von dieser auf die Filiale ausgestellt werden.

Die Erträgnisse des Instituts entstehen aus den Escompte-, Leih- und Anweisungsgeschäften, aus den Zinsen des übrigen Stammvermögens, aus den Zinsen des Reserve-Fonds und aus dem Gewinn an den Münzen.

Von diesen Erträgnissen zahlt die Bank jährlich (nach Abzug der Kosten und Rückbehalt eines kleinen Theils für den Reserve-Fonds) an die Inhaber der Actien die schon oben erwähnten ordentlichen und außerordentlichen Dividenden.

Das Anweisungsgeschäft	betrug 1847:	65,264,413 Fl.
„ Escomptgeschäft	„ „	87,842,882 „
„ Leihgeschäft	„ „	134,454,679 „
„ Depositengeschäft	„ „	76,421,425 „
„ Girogeschäft	„ „	184,166,743 „

Die Papiergeld-Einlösung betrug seit 1816: 442,193,700 Fl., so daß noch 7,519,138 Fl. W. W. in Umlauf sind. — Dividende für 1847 war 88 Fl. 27 Kr. für eine Actie von 1000 Fl.

Hiervon wurden als Dividenden für das erste Semester des Jahres 1840, 40 Fl., für das zweite Semester 49 Fl. auf jede der 50,621 Actien ausgezahlt, und 134,963 Fl. 51½ Kr. in den, einen Gesammtbetrag von mehr als 6½ Mill. Fl. Conventions-Münze darstellenden Reservefonds gelegt.

Die Dividende für das erste Semester 1841 hat (incl. der ordentlichen von 15 Fl.) 38 Fl. betragen.

Die Direction des Instituts, welches außerdem vom Staate überwacht wird, besteht aus einem Gouverneur, dessen Stellvertreter (die beide vom Kaiser ernannt werden), und 12 Directoren. Der Bankausschuß wird aus 100 Actionären für ein volles Jahr unveränderlich gebildet und versammelt sich jährlich einmal, um die Bankgeschäfte zu prüfen.

Das Privilegium der Bank ist 1841 auf 25 Jahre verlängert worden. Der wichtigste Punkt der neuern Bestimmungen ist die oben bemerkte Einführung einer Girobank.

Actien-Gesellschaften.

1) Ferdinand Nordbahn (ursprünglich Wien-Bochnia). — Diese Actienbahn verbindet zunächst Wien mit Brünn und Ollmütz, durch Seitenbahnen auch mit Stockerau und andererseits über Marchegg mit Pesth. Ursprünglich 14,000 Actien à 1000 Fl. früher 3, dann 4 und seit 1. Juli 1847 mit 5 % Zinsen, ohne

Dividende (1846, 4½ % zu 4 % Zinsen). — Coupons per 1. Jan. und 1. Juli. — Auf diese Stammactien wurden später 250 Fl. nachgezahlt, die an der Dividende Theil nehmen. — Außerdem giebt es drei Prior.-Anleihen à 5 % von zusammen 8,050,000 Fl. (Priv. bis 1886).

2) Wien-Gloggnitz- (sonst Wien-Raaber-) Bahn. Von Gloggnitz wird auf Staatskosten nach Triest gebaut. — 25,000 Actien sonst à 400 Fl., 1847 auf 500 Fl. erhöht mit 4 % Zinsen per 1. Febr. und 1. August; Divid. 1846, 26 Fl., 1847, 19½ Fl. per Actie. — Anleihe von 1,500,000 Fl. mit 5 % Zinsen. (Priv. 50 Jahre von 1846 an.)

3) Budweis-Linz-Gemünd. — 15,000 Actien à 200 Fl., worauf 1845 50 Fl. nachgezahlt wurden, mit 3 % Zins-Coupons. Divid. 1846, 4¾ %.

4) Pilsen-Budweis. — 3,671,000 Fl. mit 4 % Zinsen. Von diesen Actien wird jährlich 10 % getilgt; die Geloosten bleiben jedoch im Genuß von 4 % Zinsen.

5) Ungarische Centralbahn, von Marchegg (s. oben Nr. 1.) nach Preßburg und Pesth. — 11 Millionen Gulden in Partialen à 250 Fl. mit 4 % Zinsen.

6) Presburg-Tyrnau. — 500,000 Fl. in Actien à 200 Fl. — Prior.-Actien à 200 Fl. von einer Anleihe von 600,000 Fl. mit 5 % Zinsen und Dividende.

7) Die erste österreichische Brandschaden-Versicherung, 2000 Actien à 1500 Fl., worauf 300 Fl. eingezahlt, die mit 5 % verzinset werden.

Außerdem giebt es eine Menge von industriellen Actien-Unternehmungen, die hier aufzuführen der Raum nicht gestattet.

Wiesbaden,

die Hauptstadt des Herzogthums Nassau, am südlichen Fuße des Taunus gelegen, mit 8000 Einwohnern. Es giebt hier mehrere Fabriken und sehr besuchte Heilquellen. Der Handel mit Landesprodukten, besonders mit Wein ist sehr ansehnlich. Die Stadt ist durch Eisenbahn mit Mainz und Frankfurt a. M. verbunden.

Münzen.

In Nassau rechnet man nach

Gulden à 60 Kreuzer à 4 Pfennige, im 24½ Fl.Fuße (s. Frankfurt a. M., wonach sich Wiesbaden auch in Wechselsachen richtet).

Wirkliche geprägte Münzen s. d. Tabellen.

Anleihen sind: 1) die Landessteuer-Kassen-Anleihe von 2⅔ Millionen Gulden zu 3 % von 1835 bei Rothschild in Frankfurt, in Obligationen zu 1000, 500 und 100 Fl. — 2) Die Dominalkassen-Anleihe von 1837 ebendaselbst, in Oblig. zu 1000, 500, 200, 100, 50 und 25 Fl. — 3) Das Lotterie-Anlehen von 1837 von $2\frac{3}{5}$ Millionen Gulden in Loosen à 25 Fl., laut Plan bis 1887 tilgbar. — 4) Die Landes-Creditkassen-Anleihe in Oblig. à 100, 200, 300, 400, 500 und 1000 Fl. — Alle diese Anleihen werden durch regelmäßige Verloosungen allmälig getilgt. Die ganze Landesschuld (als solche) soll 1844 noch etwa $1\frac{7}{8}$ Mill. Gulden betragen haben.

Als Privat-Anleihe ist das unter dem 1. Novbr. 1847 von einem Vereine deutscher Fürsten und Edelleute mit den frankfurter Bankiers Philipp Nicolaus Schmidt und L. H. Flersheim abgeschlossenen Anlehen von 1,200,000 Fl. im $24\frac{1}{2}$ Fl.Fuße zu erwähnen, das in Loosen von 10 Fl. besteht und durch Ziehungen (am 15. Mai und 15. Nov.) von 1848 bis 1862 getilgt werden soll. Der niedrigste Gewinn ist durch alle Ziehungen 12 Fl., die größten fallen von 25,000 Fl. auf 5000 Fl.

Maaße und Gewichte.

Das neue 1847 der Deputirtenkammer vorgelegene System besteht in folgendem:

Die Grundlage soll dabei der Meter sein. Drei Zehntheile des Meters (drei Decimeter) bilden den Fuß (Normal- oder Werkfuß), welcher in 10 Zoll eingetheilt wird. Zehn Fuß bilden eine Ruthe. Zwei Fuß machen die Elle aus. Das Flächenmaaß ist der Quadratfuß und die Quadratruthe. Der Feldschuh ist ein halber Meter. Hundert Quadratfeldruthen machen einen Morgen aus. Der Meter-Morgen = $\frac{1}{4}$ Hectare. Bei Körpern soll der cubische Gehalt nach Cubikfuß und Cubikruthen im Werkmaaß bestimmt werden. Der Cubikraum für die Klafter Brennholz bleibt wie bisher 144 Cubikfuß. Die Einheit des Hohlmaaßes ist das Liter von einem Cubikdecimeter. Die bei Früchten und sonstigen trockenen Gegenständen anzuwendenden Maaße sind: das Mäßchen = $\frac{1}{2}$ Liter, das Gescheid = 4 Mäßchen, der Kumpf = 4 Gescheid, das Simmer = 4 Kumpf, das Malter = 4 Simmer (128 Liter). Die Maaßgefäße sollen in conischer Form verfertigt werden. Die Maaße sind Streichmaaße und jede andere Messungsart ist verboten. Zum Messen von Flüssigkeiten sind anzuwenden die Maaß von 2 Litern, die halbe Maaß und der Schoppen, das Viertel (4 Maaß), die Ohm 20 Viertel (160 Liter). Für den Kleinverkauf von geistigen Getränken soll ein Zapfmaaß bestehen, nach welchem $\frac{5}{8}$ Liter eine Flasche und $\frac{5}{12}$ Liter einen Schoppen bilden, der in halbe, viertel 2c. Schoppen zerfällt. Das Gewicht ist das Pfund = 32 Loth, das Loth = 4 Quentchen, das Quentchen = 4 Richtpfennige, 100 Pfund = 1 Centner (50 Kilogramme). Jeder Unterschied im Gewicht ist verboten. Das Münzgewicht bleibt nach der Münzconvention vom 30. Juli 1838; das Gold-, Silber- und Juwelengewicht und das

Apothekergewicht beim Rezeptiren bleibt nach den bisherigen Observanzen. Den Kaufleuten ist es gestattet bei dem Großhandel mit andern Ländern sich ausländischer Maaße und Gewichte zu bedienen. Der Gebrauch anderer Maaße, Gewichte oder Waagen, welche nicht nach der gegenwärtigen Maaß- und Gewichtsordnung geaicht und gestempelt sind, wird mit 1 bis 30 Fl. bestraft, Verfälschungen nach den allgemeinen Strafgesetzen.

Zeitherige Maaße und Gewichte.

Längenmaaß.

Die wiesbadener Elle = 246,25 pariser Linien oder 0,555 Meter.

Die nassauer Ruthe = 10 Feldfuß à 10 Zoll à 10 Linien.

Ein nassauer Werkfuß (= 0,3 Meter) hat 10 Werkzoll à 10 Linien.

Flächenmaaß.

Ein nassauer Morgen = 100 nassauer □Ruthen.

Körpermaaß.

1 Malter = 5498 pariser Kubikzoll oder 109,06 Liter.

1 Malter	= 4 Viernsel	= 16 Kumpf	= 64 Gescheid.
	1 „	= 4 „	= 16 „
		1 „	= 4 „

1 Altmaaß oder Biermaaß = 95,063 pariser Kubikzoll oder 1,886 Liter.

1 Ohm Trübaiche, Bierohm	= 80 Altmaaß	= 320 große Schoppen
	1 „	= 4 „ „

1 Jungmaaß oder Weinmaaß = 85,434 par. Kubikzoll oder 1,695 Liter.

Ohm Lauteraiche, Weinohm,	Weinmaaß,	kleine Schoppen.
1	= 80	= 320
	1	= 4

1 Stückfaß = $7\frac{1}{2}$ Ohm.

Gewicht.

1 Pfund = 470,686 Gramm.

1 Centner = 106 Pfund à 32 Loth.

1 Pfund Brot-, Fleisch- und Buttergewicht = 34 Loth.

Wismar,

mecklenburg-schwerinsche Handelsstadt an einem Busen der Ostsee, der Insel Pöl gegenüber, mit 10,000 Einwohnern und ansehnlichen Werften. Die Ausfuhr besteht vornehmlich in Getreide und Erzeugnissen der Viehzucht, die Einfuhr in Colonial-, Manufakturwaaren und Wein. Der Ort rechnet wie Rostock.

Die hiesige Elle, von 2 Fußen, hält 22,9 engl. Zoll, oder 258 pariser Linien = 0,582 Meter.

Die Last Getreide hat 8 Drömt, oder 96 Scheffel; der Getreide-Scheffel soll dem rostocker gleich sein, hält aber nach Kelly 0,4059 Hektoliter = 2046,3, und nach Kruse 1930 par. Kubikzoll.

Weinmaaße sind wie in Rostock.

Handelsgewichte. 1 Schiffspfund hat 20 Liespfund, oder 320 Pfund; Blei und Eisen aber 280 Pfund. 1 Stein Flachs hat 20, Wolle oder Daunen aber 10 Pfund. Das Pfund ist dem hamburger gleich; doch wiegt man hier russische und schwedische Produkte mit einem Gewicht, welches 2 % schwerer als das hamburger, oder dem amsterdamer Handelspfunde gleich ist.

Würzburg,

baiersche Hauptstadt des Unter-Mainkreises, am Main gelegen, hat 28,000 Einwohner, unterhält Fabriken in Tuch, Leder, Glas, Salpeter, Glaubersalz, Taback u. s. w. Der Ort gewinnt auf der Leiste, dem Abhang eines Felsens mit der Festung Frauenburg, den bekannten Leistenwein, so wie auf dem nahen Steinberge den Steinwein, und treibt lebhaften Handel und Schifffahrt.

Münzen, s. München.

Maaße und Gewichte

sind die baierschen unter München. Von den hiesigen alten Maaßen und Gewichten hält die Elle, von 2 Fuß à 12 Zoll, 260,4 pariser Linien oder 0,5874 Meter.

Brennholz wird seit 1822 nach der baierschen halben Klafter verkauft, deren Meßrahmen im Lichten 18 baiersche □Fuß mißt.

Vom Getreidemaaß hat das Malter für glatte Frucht 8, für rauhe Frucht 12 Metzen. Die Kornmetze hält 1090 und die Hafermetze 1683 pariser Kubikzoll, oder 21,6 und 33,4 Liter.

Weine verkauft man nach Fudern von 12 Eimern à 8 Achtel à 8 Trübaichmaaß, oder 9 Achtel à 8 Hellaich- oder Schenkmaaß.

1 Trübaichmaaß = 1,17 Liter, ein Schenkmaaß = 1,039 Liter.

Ein Eimer von 64 Maaß = 74,88 Liter.

Handelsgewicht ist das nürnberger schwere und das leichte, oder currente Pfund; letzteres ist das alte nürnberger Silbergewicht. Der Centner hat 100 schwere oder 106⅔ leichte Pfund.

Landfrachten werden nach Schiffspfunden zu 2 baierschen Centnern geschlossen, Wasserfrachten aber nach dem baierschen Centner.

Würzburg ist der Sitz der Main-Dampfschifffahrts-Gesellschaft, mit 500,000 Fl. in Actien à 250 Fl. Divid. 1847, 3 %.

In Wechselgeschäften richtet man sich nach Frankfurt a. M. und Nürnberg; Wechselgesetze sind die Baierschen.

Zante,

eine der größten der Jonischen Inseln, welche Corfu, Paxo, Santa-Mauro, Cefalonia, Theaki, Zante und Cerigo heißen, und sämmtlich unter englischem Schutze stehen. Alle zusammen haben einen Flächenraum von circa 51½ □Meilen mit 220,000 Einwohnern. — Zante allein hat circa 20000 E. — Produkte sind: Wein, Korinthen, Seide, Seife, Oel und Getreide.

Münzen.

Man rechnet meist nach dem spanischen Piaster zu 100 Oboli oder Cents. Der Maria-Theresia-Thaler ist auf 50 Pence, der Colonato auf 52 Pence tarifirt, und diese Schätzung ist 1836 beibehalten worden, als doch für die engl. Colonien der Werth auf 48 und 50 Pence herabgesetzt wurde; dadurch entstand also ein Unterschied von 4 % zwischen Jonian Currency und Sterling. Geprägt werden von England nur Pence, Halfpence und Farthings. Außerdem Obolicci, wovon 10 einen Penny machen.

Nach Obigem ist also ein Pfund Sterling 4⅘ Theresienthaler oder 6⅔ ℛ preuß. Courant.

Maaße und Gewichte.

Der Fuß ist der venetianische, der 13¾ engl. Zoll hält. — Die Seiden-Elle ist 25⅜, die zu den übrigen Waaren $27\frac{3}{16}$ engl. Zoll. Ein Fuß also = 0,349, eine Seiden-Elle 0,645, eine gew. Elle 0,690 Meter.

Die Feld-Misura oder Baccile = 400 □Fuß oder 0,3 engl. Acre.

Der Getreide-Baccile in Zante ist circa 44 Liter und wird = 72 Pfund gerechnet.

Auf Corfu ist der Moggio = 5 alten engl. Bushels.

Der Barill Wein von 120 Quartucci hält auf Zante circa 67 Liter. — Derjenige auf Corfu ist circa 68¼ Liter.

Das Handelsgewicht ist die Libbra peso grosso von 12 Oncie, = 478,424 Grammes. — Das Peso sottile ist ⅓ leichter.

Die türkische Oka, welche hier auch benutzt wird, ist circa 1225 Grammen schwer. — Corinthen werden in Zante per Migliajo von 1000 Pfund gewogen, welches 1 % leichter ist als für andere Artikel.

Die Jonische Bank beruht auf einem Fond v. 4000 Actien à 25 £ mit 6 % Dividende.

Zelle oder Celle,

eine Stadt in der hannöverschen Landdrostei Lüneburg an der Fuse und Aller mit beinahe 10,500 Einwohnern, welche Transitohandel und Schifffahrt treiben und einige Fabriken unterhalten. Der Ort rechnet in allem wie Hannover; nur hatte sonst die hiesige Getreidelast $2\frac{1}{2}$ Wispel, 10 Scheffel, 100 Himten, oder 400 Spint.

Verarbeitetes Silber hält 12 Loth fein, und hat ein Pferd mit der Zahl 12 zum Zeichen.

Zug.

Der kleinste Kanton der Schweiz mit 15,600 Einwohnern, Alpenwirthschaft, Viehzucht und vorzüglichem Obstbau. Auch Wein und Kastanien gedeihen in einigen geschützten Lagen. Seine althergebrachte Rechnungsmünze ist in Neu-Louisd'ors zu $12\frac{1}{2}$ Fl. Doch rechnet man hier, wie in den übrigen Urkantonen meist nach Schweiz. Franken, Batzen und Rappen, und befolgt den Geldlauf Luzerns. (Siehe daselbst.) Maaß und Gewicht siehe Artikel „Schweiz." Concordat.

Zürich.

Die Hauptstadt des gleichnamigen Schweizer-Cantons, zählt 15,000 Einwohner und liegt am Ausflusse der Limmath aus dem Zürichsee. Seine Lage ist dem Handel günstig und eignet Zürich zu einem bequemen Stapelplatz zwischen Deutschland und Italien. Auch die Dampfschiffe auf dem Zürich- und Wallensee dienen vornehmlich zu Förderung der Transita von und nach dem Plügenpaß. Es betreibt einen bedeutenden Handel mit rohen Seiden und Baumwollen, mit deren Verarbeitung ein großer Theil der Bewohner dieses Kantons sich neben dem Landbau beschäftigt. Auch besitzt es eine ansehnliche mechanische Werkstätte. Seine Wechselgeschäfte sind nicht unbedeutend.

Seit 1782, wo Zürich den 22 Fl.Fuß angenommen, werden fortwährend die meisten Schuldbriefe zu 22 Fl. auf eine rheinische Mark fein Silber gestellt. Allein diese Bestimmung paßt nicht mehr, denn der jetzige Tarif der Brabanter- und Fünffranken-Thaler, welche beinahe einzig die Zürichsche Kapital- und Wechselzahlung bilden, stellt den Münzfuß auf $22\frac{1}{4}$ Fl. per rheinische Mark fein Silber. Es ist nämlich wie folgt:

Der Brabanterthaler	2 Fl.	18 ß	= $39\frac{1}{5}$ Batzen.
„ $\frac{1}{2}$ Brabanterthaler	1 „	8 „	= $19\frac{1}{5}$ „
„ Fünffranken-Thaler . . .	2 „	5 „	= 34 „
„ franz. Neuthaler	2 „	18 „	= $39\frac{1}{5}$ „

Das Zürcher 40 Batzenstück . . 2 Fl. 20 ß = 40 Batzen.
Das 40 Batzenstück d. übrig. Kantone 2 „ 18 „ = $39\frac{1}{5}$ „

Man bezeichnet auch gewöhnlich im Handelsverkehr die Zürcher-Gulden nach französischen Neu-Louisd'or zu 10 Fl. = 160 Batzen. Diese Goldsorte wird zwar im Verkehr noch so angenommen, hat aber keinen gesetzlichen Cours mehr.

Das 20 Frankenstück ist zu $8\frac{1}{2}$ Gulden gewerthet.

Der Gulden theilt sich im täglichen Verkehr in 40 ß, der ß in 4 Rappen. Dies sind effective in den Cantonen geprägte Scheidemünzen von 25, 20, 10, 5, 1 ß und 1 Rapp, welche indeß keineswegs in belästigendem Maaße vorhanden sind. Denn seit 100 Jahren hat Zürich kein 1 ß Stück mehr geprägt, sondern nur von den übrigen bezeichneten Münzsorten, und nicht über seinen Bedarf. —

Der Florin theilt sich ferner im Handel in 60 Kreuzer als Idealmünze.

Die Staatskassen führen die Rechnungen nach Schw. Franken, Batzen, Rappen.

Seit 1805 besteht ein für den ganzen Canton gültiges Wechselgesetz. Dasselbe gestattet den schnellen Rechtsbetrieb für Wechselschulden und keine Respekttage für die Zahlung.

Wechsel-Course.

	man zahlt		empfängt
Amsterdam	$53\frac{1}{2}$ Xr.	m. o. w.	1 Fl. niederl.
Augsburg, Triest, Wien	$108\frac{1}{4}$ Fl.	„	100 Fl. in 20.
Frankfurt a. M. . . .	$99\frac{1}{2}$ „	„	110 Fl. R. W.
Genua, Lyon, Paris, Marseille . .	$101\frac{1}{2}$ „	„	240 franz. Francs.
Hamburg	238 „	„	300 Mark Banco.
Livorno	107 „	„	300 Lire de Toscane.
London	10 Fl. 36 Xr.		1 £ Sterling.
Mayland	109 „	„	300 österr. Lire.
Bankactien zu 500 Fl.	113 „	„	100 Fl. in Bankact.

Maaß und Gewicht. Siehe Artikel „Schweiz." Concordat.

Bank seit 1837, welche Sconto-Anleihungs- und Giro-Geschäfte betreibt und den Geschäftsgang sehr erleichtert. Sie ist auf Actien gegründet mit 1 Million Zürich. Fl. Kapital. Die Bankzettel, welche sie ausgiebt, lauten auf 10 und 100 Brabanterthaler oder Werth in Wechselgeld. Dividende in der letztern Zeit 25—27 Fl. per Actie von 500 Fl. außer 4 % Zinsen.

Zwoll,

Hauptstadt der niederländischen Provinz Oberiſſel und Festung am Zwartewater, mit 13,000 Einwohnern, Zuckersiedereien und Handel, rechnet wie Amsterdam; der Getreidesack soll jedoch 5653 par. Kubikzoll, und das alte Pfund 482,03 Gramm halten.

Zwornik oder Iswornik,

Hauptstadt der gleichnamigen türkisch-bosnischen Statthalterschaft, am Drin gelegen, mit 15,000 Einwohnern, treibt starken Transito- und Holzhandel, und bedient sich der unter Constantinopel angeführten Münzen, Maaße und Gewichte.

Anhang.

Die sogenannten zählenden oder Stück-Güter werden in einem großen Theile Deutschlands folgendermaaßen berechnet:

a) ein großes Tausend zu 12 großen Hundert à 120 Stück; ein ordinäres Tausend zu 10 ordinären Hundert à 100 Stück; ein Groß zu 12 Dutzend à 12 Stück; ein Wall oder Wahl zu 80 Stück; ein Schock zu 4 Mandeln à 15 Stück; ein Zimmer zu 40 Stück; eine Stiege oder Steige zu 20 Stück; ein Decher zu 10 Stück.

b) Bei dem Papierhandel hält 1 Ballen 10 Rieß à 20 Buch à 24 Bogen Schreib- und 25 Bogen Druckpapier.

c) Bei Bestimmung der Schiffsladungen wird überhaupt die Last zu 2 Tonnen, 40 Centnern, oder 4000 Pfunden gerechnet, auf dem Oderstrom aber zu 36 Centnern Brutto.

d) Bei dem Blechhandel hält das Fäßchen weiße und schwarze Bleche 450 Blatt. In Hamburg kauft man die weißen nur zu 300 Blatt.

e) Bei dem Salzhandel wird die Last grobes Seesalz zu 18 Tonnen verkauft; die Last lüneburgisches Salz zu 12 Tonnen, welche 6 lüneburgische Himten oder 12 Schiffspfund betragen; die Last magdeburgisches oder hallisches Salz zu 60 Scheffeln à 54 Pfund, oder zu 3240 Pfund.

f) Bei Tonnenwaaren, als Häring, Kalk, Rothscheer, Theer, Pech, Thran, Steinkohlen, Butter u. s. w. wird die Last zu 12 Tonnen gerechnet.

g) Bei dem Fischhandel hält die Tonne Häring circa 800 Stück; 1 Last Bückling 20 Stroh; 1 Kiepe Schollen 30 Stiegen à 20 Stück, oder 600 Stück; 1 Rolle Stock- oder Rundfisch 180 Stück; 1 Zahl Plateis 110 Fische.

h) Beim Tuchhandel zählt man das Pack Tuch zu 10 Stück à 22 Tuch à 32 Ellen; den Ballen zu 12 Tuch à 32 Ellen; den Saum zu 22 Tuch à 32 Ellen; das Fardel zu 45 Barchet à 22 und 24 Ellen; den Laken zu 24 Ellen.

i) Beim Leinwandhandel hält das Schock 3 Stiegen oder 60 Ellen, desgleichen 5 Stück freistädter und 4 Stück jauerische Leinewand = 1 Schock, die Webe 72 Ellen, und 1 Dutzend Servietten = 2 Tischtüchern.

k) Beim Garnhandel wird nach Stück, Strehn, Zaspel, Gebinde und Faden gerechnet, welche sehr verschieden und bei vielen Orten besonders angemerkt sind.

l) Beim Rauhwaaren-, Pelz- und Lederhandel rechnet man nach Zimmern zu 4 Dechern à 10 Stück.

m) Bei dem Nutzholz rechnet man:

1) Stab- und Faßholz, nach großen Tausend zu $1\frac{1}{6}$ kleinen oder ordinären Tausend, 5 Ringen, 10 großen, 12 kleinen Hundert, 20 Schock, 60 Steigen, 1200 Stäben. Der Ring gewracktes Stabholz hält 4 Schock oder 240 Stück Piepenstäbe, 6 Schock oder 360 Stück Oxhoftstäbe, 8 Schock oder 480 Stück Tonnenstäbe, 12 Schock oder 720 Oxhoftbodenstäbe, 16 Schock oder 960 Tonnenbodenstäbe; ungewracktes Stabholz aber 248 Piepen-, 372 Oxhoft-, 496 Tonnen-, 744 Oxhoftboden- und 992 Tonnenbodenstäbe. Das Schock gewracktes Stabholz hält 60, ungewracktes aber 62 Stäbe. Gewracktes gutes Stabholz muß 4 bis 5 Zoll breit und $1\frac{1}{2}$ bis $1\frac{3}{4}$ Zoll dick sein; an Länge müssen halten: Pipenstäbe 62 bis 64 Zoll; Oxhoftstäbe 50 bis 52 Zoll; Tonnenstäbe 40 bis 42 Zoll; Oxhoftbodenstäbe 26 bis 28 Zoll; Tonnenbodenstäbe 20 bis 22 Zoll; alles nach rheinl. Maaße. Was nicht diese Maaße enthält, wird als Wrackholz verkauft.

2) Franz- und Klappholz, Fichtendielen, Sparr- und Bohlhölzer werden nach Schocken, von 60 gewrackten und 64 ungewrackten Stücken, verkauft. Franzholz ist 36 à 40 Zoll lang, 6 Zoll in der Binnen- und 6 à 7 Zoll in der Borkkante, und 6 à 7 Zoll tief; Klappholz 30 à 34 Zoll lang, 4 à $4\frac{1}{2}$ Zoll in der Binnen- und 5 à 6 Zoll in der Borkkante, und 5 à 6 tief.

3) Eichenschiffsholz und Planken, fichtene Balken und Masten, so wie alle Holzsorten, welche man nicht nach der Zahl verkauft, werden nach ihrem kubischen Fußmaaß behandelt.

4) Eichene Bohlen und Planken verkauft man entweder nach Schocken zu 60 Craveelen, oder nach dem Quadratfuß, und zwar von 4 à 5 Zoll dick zu 32 Fuß lang, von 6 à 7 Zoll dick zu 36 Fuß lang, von 8 bis 10 Zoll dick zu 38 Fuß lang, von 3 Zoll dick zu 28 Fuß lang, von $2\frac{1}{2}$ und 2 Zoll dick zu 24 Fuß und darüber lang.

Nachträge und Verbesserungen.

Seite	5	Zeile 16 v. o. steht 400 Troy-Unzen anstatt 400 Troy-Grän
"	43	" 2 v. o. " $41\frac{2}{3}$ Silbergr. " 43 Sgr 5 ₰
"	185	ist zu bemerken, daß mit Anfang 1848 die Notirungen in Neuen $\frac{2}{3}$ aufgehört haben.
"	195	Laut Münzgesetz v. 8. April 1834 gehen $35\frac{1}{6}$ Pistolen auf $21\frac{1}{2}$ Karat.
"	211	Laut Verfügung v. 3. Febr. 1827 gehen $35\frac{5}{24}$ Pistolen auf $21\frac{1}{2}$ Karat. Laut Bekanntmachung v. 21. Decbr. 1847 werden sie in den öffentlichen Kassen zu 5 ℛ 14 Sgr. 8 ₰ angenommen.
"	216	soll bei den Kupfermünzen nicht auf Asien sondern auf Ostindien verwiesen sein.
"	236	Bei Lippe-Schaumburg steht: Münzen wie ꝛc. anstatt rechnet wie ꝛc.
"	293	Zeile 5 v. o. steht Derley anstatt Derby
"	381	Mecklenburg-Schwerin ist durch Gesetz v. 12. Jan. 1848 zum preuß. Münzfuß übergegangen. Man wird auch ferner nach Thalern à 48 Schilling à 12 Pfennig rechnen, und vor der Hand ganze, drittel und sechstel Thaler ausprägen, außerdem Scheidemünze im 16 Thlr.-Fuße zu 4 Schilling, und im 18 Thlr.-Fuße zu 1 Schilling; auch Kupfer-Dreilinge, 96 Stück eine Mark wiegend. — Der zeitherige Münzfuß in Mecklenburgisch Valeur soll zu 20 %, der Münzfuß in N. $\frac{2}{3}$ aber zu $16\frac{2}{3}$ % in das neue Courant umgerechnet werden.
"	397	Zeile 18 v. u. steht 8,5714 preuß. Silbergr. anstatt 11 Sgr 6,68 ₰
"	461	muß Zeile 25 bis mit 31, von oben, entfernt werden.

Ob der verabredete deutsche Post-Geldtarif und das allgemeine deutsche Wechselrecht noch ins Leben treten werden, wird die Zukunft lehren.

Taschenbuch
für
Kaufleute.

Zweite Abtheilung.

I.

Tabelle

der

gebräuchlichsten Rechnungsmünzen

aller Länder.

Rechnungsmünzen.	A. 1 Köln. Mark fein Silber sind zu rechnen	Werth eines Stückes im 13⅓ Thl. od. 20 Fl. Fuß.	24½ Fl. Fuß.	14 Thl. Fuß oder Pr. Cour.
	Stück.	Thaler.	Gulden.	Thaler.
Abyssinien.				
Unze (Wakih, Wakea) Gold, nach ihrem Werth zum Preußischen Friedrichsd'or circa	$\frac{7}{11}$	20,9523	38,5000	22,0000
Aegypten.				
Piaster (nach den Silberausmünzungen u. tarif. Münzen) circa (siehe auch die Türkei.)	200	0,0667	0,1225	0,0700
Mexikan. oder Span. Piaster . .	9,674	1,3782	2,5325	1,4471
Pataca oder Convent. Species .	10	1,3333	2,4500	1,4000
Algier.				
Buschu od. Budjuk à 48 Musunen				
im Jahre 1834	28	0,4762	0,8750	0,5000
im Jahre 1841	28,87	0,4618	0,8486	0,4849
Mexikanische Piaster	9,674	1,3782	2,5325	1,4471
Franz. Franken	51,968	0,2566	0,4714	0,2694
Anhaltische Herzogthümer.				
Thaler zu 24 Ggr. à 12 Pf. . . .	14	0,9524	1,7500	1,0000
Arabien.				
Arabischer Piaster zu 80 Caveers Cour.	11,754	1,1344	2,0844	1,1911
Spanischer Piaster zu 40 Caveers	9,674	1,3782	2,5325	1,4471
Pataca oder Convent. Species .	10	1,3333	2,4500	1,4000
In Bussorab wie in Persien.				
In Judda, Cruse zu 40 Duanis	2,418	5,5128	10,1298	5,7885
Araucaner, s. Südamerikan. Freistaaten.				
Azorische Ins., wie Portugal.				
Baden.				
Gulden zu 60 Kreuzer à 4 Pf. . .	24½	0,5442	1,0000	0,5714
Aeltere Rechnung:				
Gulden zu 60 Kreuzer à 4 Pf. . .	24	0,5555	1,0208	0,5833
Thaler (1828) zu 100 Kreuzer . .	$14\frac{8}{11}$	0,9053	1,6636	0,9506

Rechnungsmünzen.	A. 1 Köln. Mark fein Silber sind zu rechnen	Werth eines Stückes im 13⅓ Thl. od. 20 Fl. Fuß.	24½ Fl. Fuß.	14 Thl. Fuß oder Pr. Cour.
	Stück.	Thaler.	Gulden.	Thaler.
Bayern.				
Gulden zu 60 Kreuzer à 4 Pf. .	24½	0,5442	1,0000	0,5714
Aeltere Rechnung:				
Reichsthaler à 90 Kreuzer	16	0,8333	1,5312	0,8750
Gulden à 60 Kreuzer	24	0,5555	1,0208	0,5833
Fränkischer Gulden à 20 Gr. des 16 Thlr. Fußes	19,2	0,6944	1,2760	0,7292
Belgien.				
Franken zu 100 Centimen	51,968	0,2566	0,4714	0,2694
Böhmen, wie Oesterreich.				
Bolivia, s. Südamer. Freistaat.				
Brasilien.				
Milreïs oder 1000 Reïs.				
In Silber, nach den neueren Ausmünzungen	11,756	1,1342	2,0840	1,1909
In Papier, zufolge Gesetz vom 11. Septbr. 1846,				
nach dem Goldcours	18,137	0,7351	1,3508	0,7719
nach dem Silbercours . . .	18,575	0,7178	1,3190	0,7537
Braunschweig.				
Thaler zu 24 Ggr. à 12 Pf. oder 36 Mariengr. à 8 Pf. im Convent.-Fuß	13⅓	1,0000	1,8375	1,0500
Seit 1834:				
Thaler zu 24 Ggr. à 12 Pf. . . .	14	0,9524	1,7500	1,0000
Bremen.				
Preuß. Friedrichsd'or zu 5 ℛ, à 72 Groten à 5 Schwaren . . .	2,471	5,3968	9,9167	5,6667
Pistolen zu 5 ℛ, à 72 Groten à 5 Schwaren	2,504	5,3231	9,7825	5,5900
(Diese Goldvaluta ist gegen Silber von veränderlichem Werth.)				
Buenos Ayres, s. Südamerikanische Freistaaten.				

Rechnungsmünzen.	A. 1 Köln. Mark fein Silber sind zu rechnen	Werth eines Stückes im 13⅓ Thl. od. 20 Fl. Fuß.	24½ Fl. Fuß.	14 Thl. Fuß oder Pr. Cour.
	Stück.	Thaler.	Gulden.	Thaler.
Canada, s. Kanada.				
Canarische Inseln, s. Kanarische Inseln.				
Candia, s. die Türkei.				
Cap, s. Vorgebirge der guten Hoffnung.				
Chile, s. Südam. Freistaaten.				
China.				
Taël (Tähl) = 10 Tsien (Mäs) = 100 Fun (Candarins) = 1000 Li (Cäsch) = 10000 Hao = 100000 Ssi:				
nach d. Course d. Span. Piasters (72 = 100)	6,965	1,9143	3,5175	2,0100
nach dem innern Werth zu 6 Schill. 0,053 den. Sterl. . .	6,780	1,9666	3,6137	2,0650
nach Annahme in d. Büchern d. Ostind. Comp. zu 6⅔ Schill. Sterl.	6,106	2,1856	4,0123	2,2928
(1 Pfd. Sterl. = 6,8783 Thl. Preuß.)				
Columbien, s. Südamerikan. Freistaaten.				
Corfu, s. Jonische Inseln.				
Cuba, s. Westindien.				
Dänemark.				
Reichsbankthaler zu 6 Reichsbankmark à 16 Reichsbankschillingen	18,5	0,7207	1,3243	0,7568
Reichsthlr. zu 6 Mark, à 16 Schill. Dän. od. auch zu 4 Ort à 24 Sch.				
in wirkl. Species	9,250	1,4414	2,6486	1,5135
in Sundischer Spec. Valuta .	9,512	1,4017	2,5757	1,4718
in Kronenvaluta	10,701	1,2460	2,2895	1,3083
in Dänischem Courant	11,370	1,1727	2,1548	1,2313

Rechnungsmünzen.	A. 1 Köln. Mark fein Silber sind zu rechnen	Werth eines Stückes im 13⅓ Thl. od. 20 Fl. Fuß.	24½ Fl. Fuß.	14 Thl. Fuß oder Pr. Cour.
	Stück.	Thaler.	Gulden.	Thaler.
Ecuador, s. Südamerikan. Freistaaten.				
England, s. Großbrittannien.				
Färoer-Inseln (Dänisch.).				
Gulden zu 5 Mark, 20 Felle, oder 80 Schill. Dän. . . . . (S. auch Dänemark).	13,875	0,9610	1,7658	1,0090
Fez, s. Marokko.				
Fezzan.				
Mitkul zu 20 Xarobs od. 80 Gran	4,200	3,1746	5,8333	3,3333
Frankfurt a. M.				
Gulden zu 60 Kreuzer à 4 Pf. . .	24,5	0,5442	1,0000	0,5714
Aeltere Rechnung:				
Gulden zu 60 Kr. à 4 Pf. i. Conv.F.	20	0,6667	1,2250	0,7000
Thaler zu 90 Kr. im Conv. Fuß .	13⅓	1,0000	1,8375	1,0500
Guld. zu 60 Kr. à 4 Pf. i. 24 Fl. F.	24	0,5555	1,0208	0,5833
Thaler zu 90 Kr. im 24 Fl.Fuß . .	16	0,8333	1,5312	0,8750
Frankreich.				
Franken zu 10 Decimen oder 100 Centimen	51,968	0,2566	0,4714	0,2694
Alte Rechnung:				
Écu zu 3 Livres tournois	17,539	0,7602	1,3969	0,7982
Liv. tourn. zu 20 Sols à 12 Deniers	52,617	0,2534	0,4656	0,2661
Georgien (Tiflis).				
Abazes zu 20 Karthuli-Thetri .	81,436	0,1637	0,3008	0,1719
Gibraltar.				
Pfd. Sterl., wie Großbrittannien.				
Dollar (Cob) oder Span. Piaster zu 12 Realen à 16 Quartos . .	9,674	1,3782	2,5325	1,4471
Griechenland.				
Drachma zu 100 Lepta (1833) .	58,039	0,2297	0,4221	0,2412

Rechnungsmünzen.	A. 1 Köln. Mark fein Silber sind zu rechnen	Werth eines Stückes im 13⅓ Thl. od. 20 Fl. Fuß.	24½ Fl. Fuß.	14 Thl. Fuß oder Pr. Cour.
	Stück.	Thaler.	Gulden.	Thaler.
Griechenland.				
Früh.: Phönix zu 100 Lepta (1828)	58,046	0,2297	0,4221	0,2412
Spanischer Piaster oder Talaro .	9,674	1,3782	2,5325	1,4471
Großbrittannien.				
Pfund Sterl. zu 20 Schill. Sterl. à 12 Pences Sterl., ist eine Gold-Valuta und daher gegen Silber-Werthmesser von veränderlichem Werthe. Bei dem zwischen gesetzmäßigem Friedrichsd'or-Gold u. dem 14 Thaler Fuß*) jetzt anzunehmenden Werthverhältniß von 1 zu 15,6923 ist der Werth eines Pfundes Sterling	2,035	6,5507	12,0370	6,8783
(Siehe die Sovereigns od. Pfundstücke unt. Großbritt. Goldm.)				
*) Eine Vergleichung der Engl. Münzfüße unter sich giebt, wegen des hohen Ausbringens der Engl. Silbermünzen, ein ungenügendes Resultat.				
Guinea, in West-Afrika.				
Spanischer Piaster oder Dollar zu 100 Cents	9,674	1,3782	2,5325	1,4471
Macuta zu 2000 Cauris od. Zembis	109	0,1223	0,2248	0,1284
Früher rechnete man nach:				
Thalern Guineisch Courant, Moeo genannt, zu 48 Dames, oder 1920 Boss oder Cauris	14,25	0,9357	1,7193	0,9824
Cabes oder 2 Thaler in den Dän. Besitz. zu 3840 Cauris, in Dahomei u. Whidah zu 4000 Cauris	7,125	1,8713	3,4386	1,9649
Hayti, s. Westindien.				
Hamburg.				
Reichsthaler zu 48 Schill. Lübisch:				
in Bancovaluta	9¼	1,4414	2,6486	1,5135
in altem Courant	11⅓	1,1765	2,1618	1,2353
in neuem Courant	11⅔	1,1429	2,1000	1,2000

Rechnungsmünzen.	A. 1 Köln. Mark fein Silber sind zu rechnen	Werth eines Stückes im 13⅓ Thl. od. 20 Fl. Fuß.	24½ Fl. Fuß.	14 Thl. Fuß oder Pr. Cour.
	Stück.	Thaler.	Gulden.	Thaler.
Hamburg.				
Mark zu 16 Schill. à 12 Pfennige:				
in Banco	27¾	0,4805	0,8829	0,5045
in altem Courant	34	0,3922	0,7206	0,4118
in neuem Courant	35	0,3810	0,7000	0,4000
Hannover.				
Von 1816 bis 1834:				
Thaler zu 24 Ggr. à 12 Pf.	13⅓	1,0000	1,8375	1,0500
Seit 1834:				
Thaler zu 24 Ggr. à 12 Pf.	14	0,9524	1,7500	1,0000
Hessen (Cassel) Kurfürstth.				
In Oberhessen:				
Gulden zu 60 Kr.	24	0,5555	1,0208	0,5833
Seit 1837: Gulden zu 60 Kr.	24½	0,5442	1,0000	0,5714
In Niederhessen:				
Thlr. Cour. zu 32 Hess. Albus à 12 Hellern od. 24 Ggr. à 16 Hellern	13⅓	1,0000	1,8375	1,0500
Seit 1819 und nach dem Gesetz v. 3. Mai 1834, Thlr. zu 24 Ggr., und seit 1840, zu 30 Silbergr. à 12 Hellern	14	0,9524	1,7500	1,0000
Hessen (Darmstadt), Großherzogthum.				
Aeltere Rechnung:				
Gulden zu 60 Kreuzern à 4 Pf.	24	0,5555	1,0208	0,5833
Seit 1837: Guld. zu 60 Kreuzern à 4 Pf.	24½	0,5442	1,0000	0,5714
Hessen (Homburg), Landgrafschaft.				
Gulden zu 60 Kreuzern à 4 Pf.	24½	0,5442	1,0000	0,5714
Hohenzollern. (Hechingen und Sigmaringen.)				
Früher: Guld. zu 60 Kr. à 4 Pf.	24	0,5555	1,0208	0,5833
Jetzt: Guld. zu 60 Kr. à 4 Pf.	24½	0,5442	1,0000	0,5714

Rechnungsmünzen.	A. 1 Köln. Mark fein Silber sind zu rechnen	Werth eines Stückes im 13⅓ Thl. od. 20 Fl. Fuß.	24½ Fl. Fuß.	14 Thl. Fuß oder Pr. Cour.
	Stück.	Thaler.	Gulden.	Thaler.
Holland, s. Niederlande.				
Jamaica, s. Westindien.				
Japan.				
Monme (Mas) zu 10 Pun, 100 Rin oder 1000 Moo	133,631	0,0998	0,1833	0,1048
Tail zu 10 Monme (Mas)	13,363	0,9978	1,8334	1,0477
Tail, nach niederländ. Untersuch.	14,779	0,9022	1,6578	0,9473
Tail oder Tale, n. engl. Angaben	6,950	1,9185	3,5252	2,0144
Jonische Inseln.				
Dollar, Spanischer Piaster zu 100 Cents oder Oboli	9,674	1,3782	2,5325	1,4471
Piaster, zu 40 Paras, 6¾ gleich 1 Span. Piaster	65,302	0,2042	0,3752	0,2144
Irland.				
Pfund zu 20 Schill., à 20 Pence Irisch (Goldvaluta) circa . .	2,205	6,0469	11,1111	6,3492
(S. auch Großbrittannien.)				
Island, wie Dänemark.				
Isle de Bourbon.				
Spanischer Piaster zu 100 Cents oder zu 10 Livres, à 20 Sols .	9,674	1,3782	2,5325	1,4471
(s. auch Mauritius.)				
Kanada.				
Pfund zu 20 Schill. à 12 Pf. Cour., $\frac{9}{10}$ des Engl. Pfund Sterl. . .	2,262	5,8955	10,8330	6,1903
Nach d. Cours d. Amerik. Piast.	2,419	5,5128	10,1298	5,7885
Livre zu 20 Sols à 12 Deniers, altes Cour., nach Sterl.-Valuta	54,277	0,2456	0,4514	0,2579
Nach d. Cours d. Amerik. Piast.	58,046	0,2297	0,4221	0,2412
Kanarische Inseln.				
Real de Vellon = 8½ Quartos = 34 Maravedis de Vellon . . .	193,488	0,0689	0,1266	0,0723

Rechnungsmünzen.	A. 1 Köln. Mark fein Silber sind zu rechnen	Werth eines Stückes im 13⅓ Thl. od. 20 Fl. Fuß.	24½ Fl. Fuß.	14 Thl. Fuß oder Pr. Cour.
	Stück.	Thaler.	Gulden.	Thaler.
Kanarische Inseln.				
Peso Cour. = 8 Reales de Plata = 10 Reales Courant = 128 Quartos	12,899	1,0337	1,8993	1,0853
Peso fuerte (Piaster) = 20 Reales de Vellon = 170 Quartos = 680 Maravedis de Vellon .	9,674	1,3782	2,5325	1,4471
Khiwa.				
Tilla zu 14 Abasse à 2 Tenga's à 40 Pul's oder Karapul's, circa	3,713	3,5913	6,5989	3,7709
Kirchenstaat.				
Scudo romano (Piast.) zu 10 Paoli oder 100 Bajocchi à 5 Quatrini (In Ancona a. noch zu 20 Soldi à 12 Denari)	9,660	1,3802	2,5362	1,4492
In Bologna: Lira zu 20 Soldi à 12 Denari				
in Wechselgeld, Banco . . .	47,123	0,2829	0,5199	0,2971
in Courant, Fuori Banco .	48,301	0,2760	0,5072	0,2898
Krakau.				
Früher: Gulden zu 30 Groschen .	85,853	0,1553	0,2854	0,1631
Seit 1847: wie Oesterreich.				
Lippe-Detmold.				
Früher: Thaler zu 36 Mariengr. à 6 Pfennigen, diese à 2 Hellern	13⅓	1,0000	1,8375	1,0500
Jetzt: Thlr. zu 30 Silbgr. à 12 Pf.	14	0,9524	1,7500	1,0000
Lippe-Schauenburg.				
Früher: Thlr. zu 24 Ggr. oder 36 Mariengroschen	13⅓	1,0000	1,8375	1,0500
Jetzt: Thlr. zu 24 Ggr. à 12 Pf. oder zu 30 Silbgr. à 12 Pf. . .	14	0,9524	1,7500	1,0000
Lombard.-Venet. Königr.				
Lira austriaca zu 100 Centesimi (= 20 Kreuzer)	60	0,2222	0,4083	0,2333

Rechnungsmünzen.	A. 1 Köln. Mark fein Silber sind zu rechnen	Werth eines Stückes im 13⅓ Thl. od. 20 Fl. Fuß.	24½ Fl. Fuß.	14 Thl. Fuß oder Pr. Cour.
	Stück.	Thaler.	Gulden.	Thaler.
Lombard.-Venet. Königr.				
Aeltere Währungen.				
Nach Verhältniß der Münzfüße:				
Lira italiana zu 100 Centesimi	51,968	0,2566	0,4714	0,2694
Nach gesetzlicher Bestimmung vom 1. Novbr. 1823:				
Lira italiana zu 100 Centesimi .	52,200	0,2554	0,4693	0,2682
Mailändische Lira zu 20 Soldi .	67,969	0,1962	0,3605	0,2060
Venetianische Lira zu 20 Soldi .	101,953	0,1308	0,2403	0,1373
Lucca.				
Neue Lira zu 20 Soldi (seit 1833)	51,968	0,2566	0,4714	0,2694
Alte Lira zu 20 Soldi à 12 Denari di Lira	69,291	0,1924	0,3536	0,2020
Scudo d'oro zu 20 Soldi à 12 Denari d'oro = 7½ Lire	9,239	1,4432	2,6519	1,5154
Lübeck.				
Altes Courant:				
Thaler Lüb. zu 48 Schill. à 12 Pf.	11⅓	1,1765	2,1618	1,2353
Mark Lüb. zu 16 Schill. à 12 Pf.	34	0,3922	0,7206	0,4118
Neues Courant:				
Thaler zu 48 Schill. à 12 Pf. . .	11⅔	1,1429	2,1000	1,2000
Mark zu 16 Schill. à 12 Pf. . . .	35	0,3810	0,7000	0,4000
Luxemburg.				
Gulden zu 100 Cents (1816) . .	24,327	0,5481	1,0071	0,5755
Gulden zu 100 Cents, seit 1839 .	24,747	0,5388	0,9900	0,5657
Franken zu 100 Centimen	51,968	0,2566	0,4714	0,2694
Madeira, s. Portugal.				
Mailand, s. Lombard.-Venet. Königreich.				
Malta.				
Aeltere Rechnungsmünzen:				
Oncia zu 2½ Scudi	9,455	1,4102	2,5912	1,4807
Scudo zu 12 Tari à 20 Grani .	23,638	0,5641	1,0365	0,5923
(Neuere Rechnungsmünzen, wie Großbrittannien.)				

Rechnungsmünzen.	A. 1 Köln. Mark fein Silber sind zu rechnen	Werth eines Stückes im		
		13⅓ Thl. od. 20 Fl. Fuß.	24½ Fl. Fuß.	14 Thl. Fuß oder Pr. Cour.
	Stück.	Thaler.	Gulden.	Thaler.
Marokko.				
Ducado zu 10 Unzen	14,512	0,9188	1,6883	0,9641
Once (Dirhem) zu 4 Blanquilla's	145,116	0,0919	0,1688	0,0964
Peso od. Span. Piast. zu 15 Unz.	9,674	1,3782	2,5325	1,4471
Mauritius (Insel).				
Piaster oder Dollar zu 10 Livres, 100 Cents und 200 Sols . . .	9,674	1,3782	2,5325	1,4471
Pfd.Sterl. zu 20 Schill. à 12 Pence, wie Großbrittannien.				
Mecklenburg-Schwerin.				
Früher:				
Reichsthlr. zu 24 Gr. od. 48 Schill.	11⅓	1,1765	2,1618	1,2353
Mark zu 8 Groschen od. 16 Schill.	34	0,3922	0,7206	0,4118
Thaler in neuen ⅔ Stücken . . .	12	1,1111	2,0417	1,1667
Gulden oder neue ⅓ Stücke . . .	18	0,7407	1,3611	0,7778
Nach d. Verord. v. 12. Jan. 1848:				
Thaler zu 48 Schill. à 12 Pf. . .	14	0,9524	1,7500	1,0000
Mecklenburg-Strelitz.				
Früher: Reichsthaler zu 24 Ggr. oder 48 Schill.	13⅓	1,0000	1,8375	1,0500
Seit 1846: Reichsthlr. zu 24 Ggr. oder 48 Schill.	14	0,9524	1,7500	1,0000
Mexico.				
Peso de Plata (Piast.) à 8 Reales (Dollar zu 100 Cents.)	9,674	1,3782	2,5325	1,4471
Real de Plata à 4 Quartillos . .	77,395	0,1723	0,3166	0,1809
Mittel-Amerika, s. Südamerikanische Freistaaten.				
Modena.				
Lira italiana zu 100 Centesimi	51,968	0,2566	0,4714	0,2694
Früher: Lira di Modena zu 20 Soldi à 12 Denari	135,418	0,0985	0,1809	0,1034
Lira di Reggio zu 20 Soldi à 12 Denari	203,126	0,0656	0,1206	0,0689

Rechnungsmünzen.	A. 1 Köln. Mark fein Silber sind zu rechnen	Werth eines Stückes im 13⅓ Thl. od. 20 Fl. Fuß.	24½ Fl. Fuß.	14 Thl. Fuß oder Pr. Cour.
	Stück.	Thaler.	Gulden.	Thaler.
Moldau.				
In Galatz: Piaster oder Lee zu 40 Paralle circa	175	0,0762	0,1400	0,0800
Nassau.				
Gulden zu 60 Kreuzern à 4 Pf. .	24,5	0,5442	1,0000	0,5714
Früher:				
Gulden zu 60 Kreuzern à 4 Pf. .	24	0,5555	1,0208	0,5833
Neapel, s. Sicilien.				
Neu-Granada, s. Südamerikanische Freistaaten.				
Neu-Holland (Engl. Besitz.).				
Pfd. Sterl. wie Großbrittannien.				
Span. u. Amer. Piast. à 5 Sch. Crt.				
Niederlande.				
Gulden zu 100 Cents (1816—39)	24,327	0,5481	1,0071	0,5755
Nach d. Gesetz v. 22. März 1839:				
Gulden zu 100 Cents	24,747	0,5388	0,9900	0,5657
Nigritien (Mittel-Afrika).				
Cauris von sehr veränderl. Werth. In den Jahren 1826 und 1827 galt der Span. Piaster in den Königreichen Youriba u. Houssa 1500 bis 3500 Cauris.				
Nordam. vereinigt. Staaten.				
Dollar (Piaster) zu 10 Dimes oder 100 Cents	9,722	1,3715	2,5201	1,4400
Norwegen.				
Speciesthaler zu 5 Ort (Mark) od. 120 Schillingen	9,250	1,4414	2,6486	1,5135
Oesterreich.				
Reichsgulden zu 60 Kreuzer . . .	20	0,6666	1,2250	0,7000

Rechnungsmünzen.	A. 1 Köln. Mark fein Silber sind zu rechnen	Werth eines Stückes im 13⅓ Thl. od. 20 Fl. Fuß.	24½ Fl. Fuß.	14 Thl. Fuß oder Pr. Cour.
	Stück.	Thaler.	Gulden.	Thaler.
Oesterreich.				
Reichsthaler zu 90 Kreuzer . . .	13⅓	1,0000	1,8375	1,0500
Gulden Wiener Währung (Einlösungsscheine) gesetzlich	50	0,2667	0,4900	0,2800
Oldenburg.				
Früher:				
Thaler (Gold) zu 72 Groten à 5 Schwaren, in:				
Preuß. Friedrichsd'or à 5 Thaler	12,353	1,0794	1,9833	1,1333
Pistolen à 5 Thaler	12,522	1,0646	1,9565	1,1180
(Goldvaluta, gegen Silb. veränd.)				
Seit dem 1. Octbr. 1846:				
Thlr. zu 72 Groten à 5 Schwaren	14	0,9524	1,7500	1,0000
Ostindien.				
Englische Besitzungen.				
Allgemeine, gesetzliche Company-Rupie	21,874	0,6095	1,1200	0,6400
Achem (Atschin) auf Sumatra.				
Tael zu 4 Paerdows, 16 Mas, 64 Copangs	2,142	6,2233	11,4352	6,5344
Ahmedabad, s. Silbermünzen.				
Ahmednuggur (desgl.)				
Amboina (Ambon), eine der Molukken.				
Reichsthlr. zu 8 Schill. od. 48 Stüver à 4 Deute	12,775	1,0437	1,9178	1,0959
Anjar, s. Silbermünzen.				
Anjengo (auf d. Küste Malabar).				
Fanam zu 12 Pices od. 16 Vis . .	109,371	0,1219	0,2240	0,1280
Arcot, wie Madras.				
Aurungabunder, in Sinde.				
Rupie zu 5 Carivals à 12 Pices	21,874	0,6095	1,1200	0,6400
Ava, s. Ranguhn.				

Rechnungsmünzen.	A. 1 Köln. Mark fein Silber sind zu rechnen	Werth eines Stückes im 13⅓ Thl. od. 20 Fl. Fuß.	24½ Fl. Fuß.	14 Thl. Fuß oder Pr. Cour.
	Stück.	Thaler.	Gulden.	Thaler.
Ostindien.				
Bagulcota, s. Silbermünzen.				
Banda (eine der Molukken), wie Amboina.				
Banjermassin (auf Borneo).				
Spanische Piaster	9,674	1,3782	2,5325	1,4471
Reichsthlr. zu 8 Schll. od. 48 Stüv.	12,775	1,0437	1,9178	1,0959
Bantam, s. Java.				
Baroda, s. Silbermünzen.				
Batavia, s. Java.				
Benares, s. Bengalen.				
Benkulen (auf Sumatra).				
Thaler zu 4 Sokūs à 8 Satallies	8,406	1,5862	2,9146	1,6655
Bengalen.				
Sicca-Rupie zu 16 Annas à 12 Pice	20,516	0,6499	1,1942	0,6824
Cour.-Rupie zu 16 Annas à 12 Pice	23,799	0,5602	1,0295	0,5883
Kauchau-Rechnung:				
1 Cauhun = 4 Annas = 16 Puns = 320 Gundas = 1280 Cauris (Muscheln)	95,196	0,1401	0,2574	0,1471
Paukau-Rechnung:				
1 Auka od. Rupie = 16 Annas = 64 Pic. od. Puns = 256 Quarters	23,799	0,5602	1,0295	0,5883
Birman. Reich, s. Ranguhn.				
Bombay.				
Rupie = 4 Quarters = 16 Annas = 400 Rees	21,874	0,6095	1,1200	0,6400
Fuddea = 2 Dūganeys = 4 Urdis = 8 Rees	1093,700	0,0122	0,0224	0,0128
Borneo, s. Banjermassin.				
Broach, s. Silbermünzen.				
Cachao (in Tonquin), wie China.				

Rechnungsmünzen.	A. 1 Köln. Mark fein Silber sind zu rechnen	Werth eines Stückes im 13⅓ Thl. od. 20 Fl. Fuß.	24½ Fl. Fuß.	14 Thl. Fuß oder Pr. Cour.
	Stück.	Thaler.	Gulden.	Thaler.
Ostindien.				
Calcutta, s. Bengalen.				
Calicut (auf d. Küste Malabar). Rupie zu 5 Fanams à 16 Tars od. Vis, od. zu 4 Quarters, 16 Annas od. 400 Rees	21,874	0,6095	1,1200	0,6400
Cambay (auf d. Küste Malabar). Rupie zu 48 Pice à 60 Baddams	21,874	0,6095	1,1200	0,6400
Cambodia in Hinterindien, s. Siam.				
Canonar, wie Bombay.				
Carwar (in Nord-Canara). Pagode zu 36 Fanams à 24 Büdgeruks, oder zu 48 Jettals à 6 Pice	5,010	2,6612	4,8900	2,7943
Celebes.				
Reichsthlr. zu 8 Schll. od. 48 Stüv.	12,899	1,0337	1,8994	1,0854
Spanischer Piaster	9,674	1,3782	2,5325	1,4471
Ceylon.				
Reichsthlr. zu 12 Fanams, 48 Pice und 144 Schalies	29,594	0,4505	0,8279	0,4731
Jetzt auch Englische Währung.				
Cochin (auf der Küste Malabar). Rupien zu 16 Annas od. 20 Fanams	21,874	0,6095	1,1200	0,6400
Cochinchina.				
Quans od. Spanische Piaster, zu 10 Maces à 60 Casch.	9,674	1,3782	2,5325	1,4471
Coimbatüre (in Mysore). Sult.-Rup. zu 16 Vischuns, circa	20,354	0,6557	1,2037	0,6878
Columbo, s. Ceylon.				
Darwar, wie Madras.				
Deckan-Puna (im südl. Marattenland), s. Silbermünzen.				

Rechnungsmünzen.	A. 1 Köln. Mark fein Silber sind zu rechnen	Werth eines Stückes im 13⅓ Thl. od. 20 Fl. Fuß.	24½ Fl. Fuß.	14 Thl. Fuß oder Pr. Cour.
	Stück.	Thaler.	Gulden.	Thaler.
Ostindien.				
Furruckabad, siehe, unter Silbermünzen, Bengalen.				
Goa.				
Gemeiner Pardo zu 4 guten oder 5 schlechten Tangas, 16 gut. od. 20 schl. Vintins, 300 gut. od. 375 schl. Büdgeruks, 240 gut. od. 300 schl. Reis	15,763	0,8458	1,5542	0,8881
Pardo-Xeraphim zu 5 gut. Tangas, 20 g. Vintins, 300 g. Reis	12,611	1,0573	1,9428	1,1102
In neueren Zeiten Münzen wie Portugal.				
Hyderabad, s. Silbermünzen.				
Indore, s. Malva.				
Java.				
Niederl. Gulden zu 4 Schillingen, 24 Holl. Stüvern, 30 Indischen Stüvern, 120 Deuten	24,747	0,5388	0,9900	0,5657
Auch Span. Piaster u. Rupien.				
Kotah, s. Malva.				
Macassar, s. Celebes.				
Madras.				
Alte Gold-Währung:				
Star-Pagoden zu 45 Fanams à 80 Casch . . . . circa	6,250	2,1333	3,9200	2,2400
Neue Silber-Währung:				
Rupien zu 16 Annas à 12 Pice .	21,874	0,6095	1,1200	0,6400
Magindanao (Philippin.-Ins.)				
Gandang zu 25 Stück Chinesische Kangans (Zeugstücke)	0,967	13,7821	25,3246	14,4712
Malacca, wie Celebes.				
Maldiven-Inseln.				
Larins . . . . circa	50	0,2667	0,4900	0,2800

Rechnungsmünzen.	A. 1 Köln. Mark fein Silber sind zu rechnen	Werth eines Stückes im 13⅓ Thl. od. 20 Fl. Fuß.	24½ Fl. Fuß.	14 Thl. Fuß oder Pr. Cour.
	Stück.	Thaler.	Gulden.	Thaler.
Ostindien.				
Malva (in Central-Indien).				
Bengal. Cour. Rupien zu 16 Annas, 192 Pices, 384 Adillahs, 768 Chedaums oder Gundas, 1536 Dumries u. 18432 Cauris	23,799	0,5602	1,0295	0,5883
Mangalore.				
Sultan-Pagoden zu 4 Rupien .	5,469	2,4382	4,4802	2,5601
Silber-Rupien zu 5½ Silber-Fanams oder 10 Dudus	21,874	0,6095	1,1200	0,6400
Manilla (Philippinen-Insel).				
Span. Piast. zu 8 Real. à 34 Maravedis	9,674	1,3782	2,5325	1,4471
Masulipatam, wie Madras.				
Mysore (im südlichen Indien).				
Cantaria-Pagoden, zu 10 Fanams à 16 Casch	6,578	2,0270	3,7245	2,1283
Sultan-Pagoden, zu 13 Fanams à 16 Casch oder Dubs	5,060	2,6350	4,8419	2,7668
Sultan-Rupien	21,702	0,6144	1,1289	0,6451
Natal (auf Sumatra).				
Span. Piaster, zu 24 Fanams .	9,674	1,3782	2,5325	1,4471
Onore (in Canara).				
Pagoden zu 4 Rupien, 22 Fanams und 220 Dubs	5,060	2,6350	4,8419	2,7668
Palimbang (auf Sumatra).				
Reichsthaler zu 48 Stüver . . .	12,093	1,1026	2,0260	1,1577
Patna (in Bahar).				
Patna-Rupien	21,441	0,6219	1,1427	0,6530
Pegu (im Birmanen Reich).				
Tical zu 16 Toques.	15,2	0,8772	1,6118	0,9210
Pertaubghur, s. Malva.				

Rechnungsmünzen.	A. 1 Köln. Mark fein Silber sind zu rechnen	Werth eines Stückes im 13⅓ Thl. od. 20 Fl. Fuß.	24½ Fl. Fuß.	14 Thl. Fuß oder Pr. Cour.
	Stück.	Thaler.	Gulden.	Thaler.
Ostindien.				
Pondicherry.				
Pagoden zu 28 Fanams à 80 Casch (Siehe Madras.)	6,250	2,1323	3,9200	2,2400
Prinz-Wales-Insel.				
Span. Piaster zu 20 Copangs od. 100 Pice	9,674	1,3782	2,5325	1,4471
Seit 1827 wie Bengalen.				
Rangūn.				
Tical zu 4 Mas, 8 Mūs oder 16 Tubbis	19,25	0,6926	1,2727	0,7273
Seringapatam, s. Mysore.				
Siam.				
Catty ist 20 Tales od. 80 Ticals. 1 Tical ist 4 Miams, 8 Fuangs oder 6400 Cauris,				
nach Befind. des Silber-Ticals	17	0,7843	1,4412	0,8235
nach d. Course d. Span. Piasters	19,348	0,6891	1,2662	0,7236
Singapore.				
Spanische Piaster zu 100 Cents	9,674	1,3782	2,5325	1,4471
Sicca-Rupien zu 16 Annas à 12 Pice	20,516	0,6499	1,1942	0,6824
Sinkell (auf Sumatra).				
Tale zu 4 Sucus od. 16 Satallies.	2,419	5,5128	10,1298	5,7885
Sulu (Sunda-Insel).				
Cangan od. Cosung zu 4 Sanampuris = 1 Span. Piaster . . .	9,674	1,3782	2,5325	1,4471
Succadana (auf Borneo).				
Spanische Piaster.				
Surate.				
Rupien zu 16 Annas à 4 Pices .	21,874	0,6095	1,1200	0,6400
Tappanuly (auf Sumatra).				
Piaster zu 24 Fanams oder 400 Keppings	9,674	1,3782	2,5325	1,4471

Rechnungsmünzen.	A. 1 Köln. Mark fein Silber sind zu rechnen	Werth eines Stückes im 13⅓ Thl. od. 20 Fl. Fuß.	24½ Fl. Fuß.	14 Thl. Fuß oder Pr. Cour.
	Stück.	Thaler.	Gulden.	Thaler.
Ostindien.				
Tellicherry (auf der Küste Malabar), wie Bombay.				
Ternate (Molukken-Insel), wie Banjermassin.				
Tonquin.				
Tale zu 1⅔ Marada, 10 Maces, 100 Condarins, 1000 Casch. .	6,820	1,9550	3,5924	2,0528
Tranquebar.				
Reichsthaler zu 12 Fanams à 80 Casch.	13,768	0,9684	1,7795	1,0168
Rupien zu 8 Fanams à 80 Casch.	20,652	0,6456	1,1863	0,6779
Ostfriesland.				
Thaler zu 54 Stüber Ostfr. à 10 Witten und zu 24 Ggr. à 12 Pf.	14	0,9524	1,7500	1,0000
Früher auch noch:				
Holländ. Gulden zu 30 Stbr. Ostfr.	25,2	0,5291	0,9722	0,5555
Gulden zu 20 Stbr. Ostfr.	37,8	0,3527	0,6482	0,3704
Paraguay, s. Südamerikanische Freistaaten.				
Parma und Piacenza.				
Lira zu 20 Soldi à 12 Denari . .	210,470	0,0633	0,1164	0,0665
Lira italiana zu 100 Centesimi	51,968	0,2566	0,4714	0,2694
Persien.				
Toman zu 50 Abassis, 100 Mamudis, 200 Schatris, 1000 Dinars-bisti, 2000 Kasbequis u. 10000 Dinars, circa	3,43	3,8873	7,1429	4,0816
Nach neueren Nachrichten:				
Toman zu 10 Sahib-korans, 20 Penebads u. 200 Schahis, circa	4,5	2,9630	5,4444	3,1111
Peru, s. Südamerikanische Freistaaten.				

Rechnungsmünzen.	A. 1 Köln. Mark fein Silber sind zu rechnen	Werth eines Stückes im		
		13⅓ Thl. od. 20 Fl. Fuß.	24½ Fl. Fuß.	14 Thl. Fuß oder Pr. Cour.
	Stück.	Thaler.	Gulden.	Thaler.
Polen.				
Seit 1815:				
Gulden zu 30 Groschen	86,688	0,1538	0,2826	0,1615
Seit 1833:				
Guld. zu 30 Grosch. od. 15 Kopek.	86,631	0,1539	0,2828	0,1616
Nach den Ukasen vom 21. Januar (2. Febr.) und 3. (15.) Septbr. 1841.				
Rubel (gleich 6⅔ Gulden)	12,995	1,0261	1,8854	1,0774
Portugal.				
Milreis zu 1000 Reis ($2\frac{1}{12}$ neue oder 2½ alte Crusados), Goldvaluta, nach dem Verhältniß der Preuß. Friedrichsd'or	8,502	1,5683	2,8817	1,6467
Milreis, nach dem Gesetz vom 24. April 1835	8,616	1,5475	2,8434	1,6248
Neue u. alte Crusados (s. Goldmünzen).				
Neuer Crusado in Silber (s. Silbermünzen).				
Preußen.				
Reichsthlr. zu 30 Silbergr. à 12 Pf.	14	0,9524	1,7500	1,0000
Quito, s. Südamerikanische Freistaaten.				
Reußische Fürstenthümer.				
Seit dem 1. Januar 1841:				
Thlr. zu 30 Silbergr. à 12 Pf. .	14	0,9524	1,7500	1,0000
Früher bestanden:				
Reichsthaler zu 24 Ggr. à 12 Pf.	13⅓	1,0000	1,8375	1,0500
Thaler zu 24 Ggr. (Current) . .	14⅙	0,9412	1,7294	0,9882
Thaler zu 24 Ggr. „ . .	$14\frac{7}{12}$	0,9143	1,6800	0,9600
Thaler zu 24 Ggr. „ . .	15	0,8889	1,6333	0,9333
Thaler in Conventionsmünzen .	$13\frac{23}{37}$	0,9788	1,7986	1,0278
Rio de la Plata, s. Südamerikanische Freistaaten.				

Rechnungsmünzen.	A. 1 Köln. Mark fein Silber sind zu rechnen	Werth eines Stückes im 13⅓ Thl. od. 20 Fl. Fuß.	Werth eines Stückes im 24½ Fl. Fuß.	Werth eines Stückes im 14 Thl. Fuß oder Pr. Cour.
	Stück.	Thaler.	Gulden.	Thaler.
Rußland.				
Rubel zu 100 Silber-Kopeken od. circa 400 Kupfer-Kopeken . . .	12,995	1,0261	1,8854	1,0774
Die Rechnung nach Papierrubeln in Bankassignaten soll aufhören. Nach d. Ukase vom 1. (13.) Juli 1839 ist 1 Silberrubel = 3,50 Rubel in Bankassignationen, wonach der letztere werth ist .	45,482	0,2932	0,5387	0,3078
Sachsen (Königreich).				
Seit dem 1. Januar 1841:				
Reichsthaler zu 30 Neugroschen à 10 Pf.	14	0,9524	1,7500	1,0000
Früher:				
Reichsthaler zu 24 Ggr. à 12 Pf.	13⅓	1,0000	1,8375	1,0500
Thaler in Conventionsmünzen .	13 23/37	0,9788	1,7986	1,0278
Sachsen-Altenburg.				
Seit dem 1. Januar 1841:				
Thaler zu 30 Neugroschen à 10 Pf.	14	0,9524	1,7500	1,0000
Früher auch:				
Thlr. Kassengeld zu 24 Ggr. à 12 Pf.	13⅓	1,0000	1,8375	1,0500
Thaler im Handel, zu 24 Ggr. .	14⅙	0,9412	1,7294	0,9882
Thaler in Conventionsmünzen .	13 23/37	0,9788	1,7986	1,0278
Sachsen-Coburg-Gotha.				
In Coburg:				
Gulden zu 60 Kreuzern à 4 Pf. .	24½	0,5442	1,0000	0,5714
Früher:				
Gulden zu 60 Kreuzern Rheinl. .	24	0,5555	1,0208	0,5833
Thaler zu 90 Kreuzern Rheinl. .	16	0,8333	1,5312	0,8750
In Gotha:				
Seit dem 1. Januar 1841:				
Thaler zu 30 Neugroschen à 10 Pf.	14	0,9524	1,7500	1,0000
Früher:				
Thaler zu 24 Ggr. à 12 Pf. . . .	13⅓	1,0000	1,8375	1,0500
Thaler im Handel, zu 24 Ggr. .	14⅙	0,9412	1,7294	0,9882
Thaler in Conventionsmünzen .	13 23/37	0,9788	1,7986	1,0278

Rechnungsmünzen.	A. 1 Köln. Mark fein Silber sind zu rechnen	Werth eines Stückes im 13⅓ Thl. od. 20 Fl. Fuß.	24½ Fl. Fuß.	14 Thl. Fuß oder Pr. Cour.
	Stück.	Thaler.	Gulden.	Thaler.
Sachsen-Meiningen und Hildburghausen.				
Gulden zu 60 Kreuzern à 4 Pf. .	24½	0,5442	1,0000	0,5714
Früher:				
Gulden Rheinl., zu 60 Kreuzern	24	0,5555	1,0208	0,5833
Gulden Fränkisch, zu 20 Groschen d. 16 Thlr. Fußes	19,2	0,6944	1,2760	0,7292
Thlr. zu 24 Groschen od. 18 Batzen od. 90 Kreuzern	16	0,8333	1,5312	0,8750
Sachsen-Weimar und Eisenach.				
Thaler zu 30 Silbergr. à 12 Pf.	14	0,9524	1,7500	1,0000
Früher:				
Thaler Kassengeld, zu 24 Ggr. .	13⅓	1,0000	1,8375	1,0500
Thaler im Handel, zu 24 Gr. . .	14⅙	0,9412	1,7294	0,9882
Thaler in Conventionsmünzen .	13 3/37	0,9788	1,7986	1,0278
Samarkand (in der Tartarei).				
Tolerdak zu 10 Spinaks, 60 Onguls, 300 Sakis	8,524	1,5642	2,8742	1,6424
Sanct-Helena (Insel).				
Pfund zu 20 Schill. Sterl., wie Großbrittannien	2,035	6,5567	12,0370	6,8783
Spanische Piaster	9,674	1,3782	2,5325	1,4471
Sardinien (Königreich).				
Lira nuova zu 100 Centesimi (seit 1827)	51,968	0,2566	0,4714	0,2694
Lira di Piemonte zu 20 Soldi, in Turin	44,041	0,3027	0,5563	0,3179
Lira fuori di banco, 5¾=1 Pezzo, in Genua	62,361	0,2138	0,3929	0,2245
Schottland, s. Großbrittann.				
Schwarzburg-Rudolstadt.				
Seit dem 1. Januar 1841.				
In der Ober-Herrschaft:				
Gulden zu 60 Kreuzern à 8 Hellern	24½	0,5442	1,0000	0,5714

Rechnungsmünzen.	A. 1 Köln. Mark fein Silber sind zu rechnen	Werth eines Stückes im 13⅓ Thl. od. 20 Fl. Fuß.	24½ Fl. Fuß.	14 Thl. Fuß oder Pr. Cour.
	Stück.	Thaler.	Gulden.	Thaler.
Schwarzburg-Rudolstadt.				
In der Unter-Herrschaft:				
Thaler zu 30 Silbergr. à 12 Pf.	14	0,9524	1,7500	1,0000
Früh. Rechnungsmünzen:				
Thaler zu 24 Ggr. à 12 Pf. . . .	13⅓	1,0000	1,8375	1,0500
Thaler zu 24 Ggr. à 12 Pf. . . .	13¾	0,9697	1,7818	1,0182
Thaler zu 24 Ggr. à 12 Pf. . . .	14⅙	0,9412	1,7294	0,9882
Thaler zu 24 Ggr. à 12 Pf. . . .	14 7/12	0,9143	1,6800	0,9600
Thaler zu 24 Ggr. à 12 Pf. . . .	15	0,8889	1,6333	0,9333
Thaler in Conventionsmünzen .	13 23/37	0,9788	1,7986	1,0278
Schwarzb.-Sondershausen.				
Seit dem 1. Januar 1841:				
Thaler zu 30 Silbergr. à 12 Pf.	14	0,9524	1,7500	1,0000
Früher:				
Thaler zu 24 Ggr. à 12 Pf. . . .	13⅓	1,0000	1,8375	1,0500
Thaler in Conventionsmünzen .	13 23/37	0,9788	1,7986	1,0278
Schweden.				
Nach der Verordnung vom 23. Mai 1845:				
Reichsthaler zu 48 Schillingen à 4 Stüver	36,676	0,3635	0,6680	0,3817
Aeltere Rechnung:				
Reichsthlr.-Species, zu 48 Schill. à 12 Pf.	9,169	1,4542	2,6720	1,5269
Thaler Banco-Geld, zu 48 Schill. à 12 Pf., nach dem Gesetze vom 1. März 1830	24,451	0,5453	1,0020	0,5726
Thaler Reichs-Schuldzettel, zu 48 Schill. à 12 Pf., nach dem Gesetze vom 1. März 1830 . .	36,676	0,3635	0,6680	0,3817
Die Schweiz.				
Aargau.				
Schweizer Franken, zu 10 Batzen à 10 Rappen	35,079	0,3801	0,6984	0,3991
Gulden zu 15 Batzen à 4 Kreuzer	23,385	0,5702	1,0477	0,5987

Rechnungsmünzen.	A. 1 Köln. Mark fein Silber sind zu rechnen	Werth eines Stückes im 13⅓ Thl. od. 20 Fl. Fuß.	24½ Fl. Fuß.	14 Thl. Fuß oder Pr. Cour.
	Stück.	Thaler.	Gulden.	Thaler.
Die Schweiz.				
Appenzell.				
Gulden zu 60 Kreuzern à 4 Angster, auch zu 15 Batzen od. 50 Schill.	24	0,5555	1,0208	0,5833
Basel.				
Gulden zu 60 Kreuz. à 8 Heller od. zu 15 Batzen à 4 Kreuzer . . .	23,385	0,5702	1,0477	0,5987
Schweizer Franken, zu 10 Batzen à 10 Rappen . . . . / Livres zu 20 Sols à 12 Deniers	35,079	0,3801	0,6984	0,3991
Gulden zu 60 Kreuz. à 8 Heller .	24,5	0,5542	1,0000	0,5714
Bern.				
Livres de Suisse de 20 Sols à 12 Deniers . . . . / Schweizer Franken, zu 10 Batzen à 10 Rappen	35,079	0,3801	0,6984	0,3991
Freiburg.				
Livres od. Schweizer Franken, zu 10 Batzen à 10 Rappen	35,079	0,3801	0,6984	0,3991
Gulden zu 15 Batzen à 4 Kreuzer	23,385	0,5702	1,0477	0,5987
Genf.				
Livres zu 20 Sols à 12 Deniers	32,25	0,4134	0,7597	0,4341
Gulden zu 12 Sols à 12 Deniers petite monnaie	112,875	0,1181	0,2170	0,1240
Seit 1839: Französ. Franken zu 100 Centimen	51,968	0,2566	0,4714	0,2694
Glarus.				
Gulden zu 40 Schill. à 12 Heller oder zu 15 Batzen à 4 Kreuzer	23⅓	0,5714	1,0500	0,6000
Graubündten (Bündten).				
Gulden zu 60 Kreuzern oder zu 70 Bluzgern	30,185	0,4417	0,8117	0,4638
Luzern.				
Schweizer Franken, zu 10 Batzen à 10 Rappen	35,079	0,3801	0,6984	0,3991

Rechnungsmünzen.	A. 1 Köln. Mark fein Silber sind zu rechnen	Werth eines Stückes im 13⅓ Thl. od. 20 Fl. Fuß.	24½ Fl. Fuß.	14 Thl. Fuß oder Pr. Cour.
	Stück.	Thaler.	Gulden.	Thaler.
Die Schweiz.				
Neuenburg und Valendis.				
Livres zu 20 Sols à 12 Deniers de Neufch. circa	37,677	0,3539	0,6503	0,3716
Schweizer Franken, zu 10 Batzen à 10 Rappen	35,079	0,3801	0,6984	0,3991
Sanct-Gallen.				
Gulden zu 60 Kreuzern à 4 Heller	24,5	0,5442	1,0000	0,5714
Schaffhausen.				
Gulden zu 15 Batzen oder 60 Kr. à 4 Heller	24,5	0,5442	1,0000	0,5714
Schwyz.				
Schweizer Franken, zu 10 Batzen à 10 Rappen	35,079	0,3801	0,6984	0,3991
Gulden zu 15 Batzen oder 60 Kr. à 4 Heller . . . . } Gulden zu 40 Schill. à 4 Rappen	28,502	0,4678	0,8596	0,4912
Solothurn.				
Schweizer Franken, zu 10 Batzen à 10 Rappen	35,079	0,3801	0,6984	0,3991
Tessin.				
Lira zu 20 Soldi à 4 Quattrini oder 12 Denari, circa	80	0,1667	0,3062	0,1750
Thurgau.				
Gulden zu 60 Kreuzern à 4 Angster	24	0,5556	1,0208	0,5833
Schweizer Franken, zu 10 Batzen à 10 Rappen	35,079	0,3801	0,6984	0,3991
Unterwalden.				
Gulden zu 40 Schill. à 6 Angster à 2 Heller, oder zu 15 Batzen à 4 Kreuzer	26,308	0,5068	0,9313	0,5322
Uri.				
Gulden zu 40 Schill. à 6 Angster à 2 Heller, oder zu 15 Batzen à 4 Kreuzer	28,501	0,4678	0,8596	0,4912

Rechnungsmünzen.	A. 1 Köln. Mark fein Silber sind zu rechnen	Werth eines Stückes im 13⅓ Thl. od. 20 Fl. Fuß.	24½ Fl. Fuß.	14 Thl. Fuß oder Pr. Cour.
	Stück.	Thaler.	Gulden.	Thaler.
Die Schweiz.				
Waadt.				
Schweizer Franken, zu 10 Batzen à 10 Rappen	35,079	0,3801	0,6984	0,3991
Wallis, ebenso.				
Zug.				
Gulden zu 40 Schill. à 6 Angster à 2 Heller, od. zu 15 Batz. à 4 Kr.	27,75	0,4805	0,8829	0,5045
Zürich.				
Gulden zu 40 Schill. à 12 Heller od. zu 60 Kreuzern à 8 Heller.	21,924	0,6082	1,1175	0,6386
Schweizer Franken, zu 10 Batzen à 10 Rappen	35,079	0,3801	0,6984	0,3991
Sicilien (Königreich beider).				
Ducato di Regno zu 10 Carlini oder 100 Grani, auf Sicilien zu 100 Bajocchi à 10 Piccioli	12,231	1,0901	2,0031	1,1446
Daneben auf Sicilien die ältere Rechnung:				
Oncia zu 30 Tari à 20 Grani à 100 Centesimi	4,077	3,2704	6,0093	3,4339
Spanien.				
Nach d. Gesetz v. 31. Mai 1847:				
Neue Realen (de vellon)	207,871	0,0641	0,1178	0,0673
Neue Pesos zu 20 Realen	10,394	1,2828	2,3572	1,3470
Aeltere Rechnungsmünzen:				
Wirklicher Piaster, Peso duro, zu 8 Reales de Pl. mexicana oder 20 Reales de Vellon	9,674	1,3782	2,5325	1,4471
Real zu 34 Maravedis,				
de Plata mexicana	77,395	0,1723	0,3166	0,1809
de Plata antigua	102,790	0,1297	0,2383	0,1362
de Plata nueva	96,744	0,1378	0,2532	0,1447
de Vellon	193,488	0,0689	0,1266	0,0723
Doblon de Cambio, à 32 Reales de Plata antigua	3,212	4,1508	7,6272	4,3584

Rechnungsmünzen.	A. 1 Köln. Mark fein Silber sind zu rechnen	Werth eines Stückes im 13⅓ Thl. od. 20 Fl. Fuß.	24½ Fl. Fuß.	14 Thl. Fuß oder Pr. Cour.
	Stück.	Thaler.	Gulden.	Thaler.
Spanien.				
Ducado de Cambio, à 375 Maravedis de Plata antigua	9,320	1,4307	2,6288	1,5022
Peso de Cambio à 8 Reales de Plata antigua	12,849	1,0377	1,9068	1,0896
Außer diesen Währungen bestehen noch in den einzelnen Provinzen:				
1) In Castilien.				
Doblon de Plata nueva à 60 Reales de Vellon	3,225	4,1346	7,5974	4,3414
Dobl. de oro de Cabeza à 14 Reales 9 Maravedis de Vellon . .	13,564	0,9830	1,8062	1,0321
Ducado de oro à 45¾ Reales de Vellon	4,229	3,1527	5,7931	3,3103
Fracht-Ducado à 12 Reales de Plata doble oder 22½ Reales de Vellon	8,599	1,5505	2,8490	1,6280
Ducado de Plata à 11 Reales de Pl. antig.	9,345	1,4268	2,6218	1,4982
Ducado de Plata doble in Malaga, à 703⅛ Marav. de Vellon	9,356	1,4251	2,6186	1,4963
Ducad. de Plata nueva à 16½ Reales de Vellon	11,727	1,1370	2,0893	1,1939
Ducado del Rey oder del Norte à 375 Maravedis de Vellon . .	17,543	0,7600	1,3966	0,7980
Ducad. d. Vell. à 11 Real. d. Vell.	17,590	0,7580	1,3928	0,7959
Escudo de oro à 40 Real. de Vell.	4,837	2,7564	5,0649	2,8942
Escudo al Sol à 32 Real. de Vell.	6,046	2,2051	4,0519	2,3154
Escudo de Vellon à 10 Reales de Vellon	19,349	0,6891	1,2662	0,7236
Peso de Plata nueva à 15 Reales de Vellon	12,899	1,0337	1,8993	1,0853
Real de Plata doble in Malaga, à 1⅞ Reales de Vellon	103,193	0,1292	0,2374	0,1357
Real de Plata corriente in Bilbao, à 612 Castil. Dineros . .	107,493	0,1240	0,2279	0,1302
Real de Plata in Bilbao, à 512 Castil. Dineros	128,488	0,1037	0,1907	0,1090

Rechnungsmünzen.	A. 1 Köln. Mark fein Silber sind zu rechnen	Werth eines Stückes im 13⅓ Thl. od. 20 Fl. Fuß.	24½ Fl. Fuß.	14 Thl. Fuß oder Pr. Cour.
	Stück.	Thaler.	Gulden.	Thaler.
Spanien.				
2) In Catalonien.				
Libra Catalana à 20 Sueldos . .	17,988	0,7412	1,3620	0,7783
Real de Pl. Catalana à 3 Sueldos	119,922	0,1112	0,2043	0,1167
Real de ardite à 2 Sueldos . . .	179,883	0,0741	0,1362	0,0778
Sueldo à 12 Dineros	359,766	0,0371	0,0681	0,0389
3) In Arragonien.				
Libra Jaquesa à 20 Sueldos . .	10,279	1,2971	2,3835	1,3620
Real à 2 Sueldos	102,790	0,1297	0,2383	0,1362
Sueldo à 12 Dineros	205,580	0,0649	0,1192	0,0681
4) In Navarra.				
Ducado à 10⅜ Reales	9,440	1,4124	2,5953	1,4830
Peso zu 8 Reales = 15 Reales 2 Maravedis de Vellon	12,849	1,0377	1,9068	1,0896
Real zu 36 Marav. = 6 Gruesos oder 64 Marav. de Vellon . . .	102,790	0,1297	0,2383	0,1362
Libra de Navarra à 10 Gruesos oder 20 Sueldos à 12 Dineros	61,674	0,2162	0,3972	0,2270
5) In Valencia.				
Libra zu 20 Sueldos = 15 Reales 2 Maravedis de Vellon	12,849	1,0377	1,9068	1,0896
Real de Plata Valencia = 51¼ Maravedis de Vellon	128,488	0,1038	0,1907	0,1090
Sueldo à 12 Dineros	256,976	0,0519	0,0953	0,0545
Ducado de Alicante à 11 Reales	11,681	1,1415	2,0974	1,1985
6) In Mallorca u. Menorca.				
Libra zu 20 Sueldos, gilt 13 Reales $9\frac{31}{40}$ Maravedis de Vellon .	14,562	0,9156	1,6825	0,9614
Sueldo à 4 Dineros	291,240	0,0458	0,0841	0,0481
Peso à 8 Reales de Plata	12,849	1,0377	1,9068	1,0896
Südamerik. Freistaaten.				
Araucaner, Bolivia, Chile, Ecuador, Mittel-Amerika, Neu Granada, Paraguay, Peru, Nord- u. Süd-Peru, Rio de la Plata (Argentina), Uruguay, Venezuela.				

Rechnungsmünzen.	A. 1 Köln. Mark fein Silber sind zu rechnen	Werth eines Stückes im 13⅓ Thl. od. 20 Fl. Fuß.	24½ Fl. Fuß.	14 Thl. Fuß oder Pr. Cour.
	Stück.	Thaler.	Gulden.	Thaler.
Südamerik. Freistaaten.				
Peso de Plata mexicana (Piaster) zu 8 Reales oder auch als Dollar zu 100 Cents	9,674	1,3782	2,5325	1,4471
Real zu 16 Quartos od. 34 Marav.	77,395	0,1723	0,3166	0,1809
In Caraccas, Republik Venezuela.				
Peso de Plata mexic. zu 9 Reales de Plata, und hiernach				
Real de Plata	87,070	0,1531	0,2814	0,1608
Nach den Ausmünzungen:				
Pesos macuquina, Piaster, circa	13	1,0256	1,8846	1,0769
In Monte-Video, Republik Uraguay.				
Peso corriente (Courantpiaster) circa	11,609	1,1485	2,1104	1,2059
Toscana.				
Fiorino zu 100 Quattrini = 2½ Paoli	37,095	0,3594	0,6605	0,3774
Lira zu 20 Soldi à 12 Denari di Lira, in moneta buona oder corrente, gesetzmäßig	61,825	0,2157	0,3963	0,2264
in moneta lunga, gesetzmäßig	64,514	0,2067	0,3798	0,2170
Scudo zu 7 Lire, gesetzmäßig . .	8,832	1,5096	2,7739	1,5851
Paolo zu 8 Crazie à 20 Denari di Lira, gesetzmäßig	92,738	0,1438	0,2642	0,1510
Pezza da otto reali, zu 20 Soldi à 12 Denari di Pezza, gesetzmäß.	10,752	1,2400	2,2786	1,3020
Tripolis.				
Piaster zu 100 Paras oder Asper circa	77,392	0,1723	0,3166	0,1809
Spanische Piaster	9,674	1,3782	2,5325	1,4471
Türkei.				
Piaster zu 40 Paras od. 120 Cour. Aspern auch zu 100 guten Aspern oder Minas:				

Rechnungsmünzen.	A. 1 Köln. Mark fein Silber sind zu rechnen	Werth eines Stückes im 13⅓ Thl. od. 20 Fl. Fuß.	24½ Fl. Fuß.	14 Thl. Fuß oder Pr. Cour.
	Stück.	Thaler.	Gulden.	Thaler.
Türkei.				
Nach den neuesten Münzgesetzen:				
in den Silbermünzen	234,297	0,0569	0,1045	0,0598
in den Goldmünzen (im Verhältniß des Courantwerthes des Preuß. Friedrichsd'or) .	225,500	0,0591	0,1086	0,0621
Tunis.				
Piaster zu 52 Aspern à 12 Burbins, nach einer Verordn. v. J. 1828	48,372	0,2756	0,5065	0,2894
Piaster, in neueren Zeiten circa	74,240	0,1796	0,3300	0,1886
Spanische Piaster	9,674	1,3782	2,5325	1,4471
Turkestan (Bukhara, Khokand).				
Tilla oder Tela (Goldmünze) zu 22 Tangas (Silberm.), circa .	3,256	4,0952	7,5250	4,3000
Ungarn, s. Oesterreich.				
Uruguay, s. Südamerikan. Freistaaten.				
Venedig, s. Lombard.-Venet. Königreich.				
Venezuela, s. Südamerikan. Freistaaten.				
Vorgebirge d. guten Hoffn.				
Seit 1826 wie England:				
Pfund Sterl. zu 20 Schill. à 12 Pf.	2,035	6,5507	12,0370	6,8783
Reichsthlr. Papier, à 1½ Schillinge	27,138	0,4913	0,9028	0,5159
Früher:				
Reichsthlr. zu 8 Cour. Schillingen à 6 Stüver = ⅘ Span. Piaster	12,093	1,1026	2,0260	1,1577
Gulden zu 20 Stüvern à 16 Pf.	29,023	0,4594	0,8441	0,4824
Waldeck und Pyrmont.				
Thaler zu 30 Silbergr. à 12 Pf.	14	0,9524	1,7500	1,0000
Früh., zu 36 Mariengr. od. 24 Ggr. und daneben				
Thaler Waldeckſche Währung, zu 36 Mariengr. à 7 Pf.	15	0,8889	1,6333	0,9333

Rechnungsmünzen.	A. 1 Köln. Mark fein Silber sind zu rechnen	Werth eines Stückes im 13⅓ Thl. od. 20 Fl. Fuß.	24½ Fl. Fuß.	14 Thl. Fuß oder Pr. Cour.
	Stück.	Thaler.	Gulden.	Thaler.
Wallachei.				
Lëu (Piaster) zu 40 Parallen, circa	143	0,0932	0,1713	0,0979
Westindien *).				
1) Englische Besitzungen.				
Jamaica.				
Pfd. zu 20 Schill. à 12 Pf. Cour.	3,225	4,1346	7,5974	4,3414
Span. Dollar à 6¾ Schill. Cour.	9,674	1,3782	2,5325	1,4471
Barbados.				
Pfd. zu 20 Schill. à 12 Pf. Cour.	3,023	4,4103	8,1040	4,6308
Span. Dollar à 6¼ Schill. Cour.	9,674	1,3782	2,5325	1,4471
Inseln unter dem Winde:				
Tortola, Barbade, Les Saintes, Antigua, St. Christoph (St. Kitts), Nevis, Montserrat, Dominique.				
Pfund zu 20 Schill. à 12 Pf. Cour.	4,353	3,0627	5,6276	3,2158
Trinidad, ebenso.				
Inseln über dem Winde:				
Tabago, St. Vincent, Grenada, St. Lucie.				
Pfund zu 20 Schill. à 12 Pf. Courant	3,991	3,3411	6,1393	3,5082
Bahama oder Lucayische Inseln.				
Pfd. zu 20 Schill. à 12 Pf. Cour.	3,888	3,4293	6,3014	3,6008
Das Englische Guiana.				
Berbice, Demerara u. Essequebo.				
Früher:				
Gulden zu 20 Stüvern à 8 Deute oder 12 Pfennige	29,192	0,4567	0,8393	0,4796

*) Spanische und Amerikanische Piaster sind das Haupt-Zahlmittel, nach deren Cours und Werth die mehrsten aufgeführten Rechnungsmünzen bestimmt worden sind.

Rechnungsmünzen.	A. 1 Köln. Mark fein Silber sind zu rechnen	Werth eines Stückes im 13⅓ Thl. od. 20 Fl. Fuß.	24½ Fl. Fuß.	14 Thl. Fuß oder Pr. Cour.
	Stück.	Thaler.	Gulden.	Thaler.
Westindien. (Engl. Guiana.)				
Gulden nach den Engl. Ausmünzungen in d. Jahren 1809, 1816 u. 1832 circa	37,000	0,3604	0,6622	0,3784
Jetzt:				
Span. Dollar à 4⅓ Schillinge oder 3 Gulden	9,674	1,3782	2,5325	1,4471
2) Französische Besitzungen.				
Die Inseln Martinique, S. Martin, Guadeloupe, Marie-Galante ꝛc.:				
bis Ende 1820, Livres zu 20 Sous à 12 Deniers	87,07	0,1531	0,2814	0,1608
Seit 1821, Franken zu 100 Centimen	96,744	0,1378	0,2532	0,1447
Cayenne, ebenso.				
3) Niederländische Besitzungen.				
Gulden zu 100 Cents	24,747	0,5388	0,9900	0,5657
Ferner auch, wie früher:				
Die Inseln St. Eustache, St. Martin und Curaſſao:				
Piaster zu 8 Schill. od. Realen à 6 Stüver Cour.	13,302	1,0024	1,8418	1,0525
Surinam.				
Gulden zu 20 Stüvern à 8 Deute oder 12 Pfennige	29,192	0,4567	0,8393	0,4796
4) Dänische Inseln.				
St. Thomas, St. Jean u. Santa Cruz:				
Thaler Westind. Courant zu 96 Schill., nach der Verordnung v. 22. Aug. 1814 . .	14,453	0,9225	1,6951	0,9687
Nach Ausbringung der kleinen Silbermünzen	16	0,8333	1,5312	0,8750
Dollar od. Mexican. Piaster zu 100 Cents	9,674	1,3782	2,5325	1,4471

Rechnungsmünzen.	A. 1 Köln. Mark fein Silber sind zu rechnen	Werth eines Stückes im 13⅓ Thl. od. 20 Fl. Fuß.	24½ Fl. Fuß.	14 Thl. Fuß oder Pr. Cour.
	Stück.	Thaler.	Gulden.	Thaler.
Westindien.				
5) Spanische Besitzungen.				
Cuba (Havannah) Porto-Rico u. Margaretha:				
Piaster (Peso) zu 8 Reales à 34 Maravedis od. zu 100 Cents	9,674	1,3782	2,5325	1,4471
6) D. schwed. Ins. Barthelemy, wie die Engl. Inseln unter dem Winde.				
7) Hayti oder St. Domingo.				
Aeltere Rechnung:				
Livres zu 20 Sous à 12 Deniers	79,814	0,1670	0,3070	0,1754
Neuere Rechnung:				
Dollar od. Gourde zu 100 Cents, deren Werth, wegen der großen Abweichungen im Gehalt u. Gewicht, nicht einmal annähernd zu bestimmen ist. (Siehe Silbermünzen.)				
Amerik. und Span. Piaster . . .	9,674	1,3782	2,5325	1,4471
Württemberg.				
Gulden zu 60 Kreuzern à 4 Pf. .	24½	0,5442	1,0000	0,5714
Früher:				
Gulden zu 15 Batzen od. 60 Kreuzern à 6 Heller	24	0,5555	1,0208	0,5833
Zante, s. Jonische Inseln.				

II.

Tabelle

der

vorzüglichsten, wirklich geprägten und umlaufenden

Gold- und Silbermünzen

aller Staaten.

Außer der Angabe der Stückzahl auf eine Kölnische Brutto- und feine Mark und des Feingehaltes, ist der Werth der Goldmünzen in gesetzmäßigen Friedrichsd'or, à 5 Gold-Thaler, und in deren Geltung als $5\frac{2}{3}$ Courant-Thaler, der Werth der Silbermünzen im $13\frac{1}{3}$ Thaler- oder 20 Guldenfuß, in dem, 1837 neu begründeten $24\frac{1}{2}$ Guldenfuß und im 14 Thalerfuß oder in Preuß. Courant bestimmt.

Von den gesetzmäßigen Preuß. Friedrichsd'or gehen 38,769231 Stück ($38\frac{10}{13}$) oder 193,846154 Gold-Thaler ($193\frac{11}{13}$) auf eine Köln. Mark fein Gold. Durch die Feststellung des Friedrichsd'or auf $5\frac{2}{3}$ Thlr. Courant, oder 100 Thlr. Gold zu $113\frac{1}{3}$ Thlr. Courant, ist eine Mark fein Gold in Friedrichsd'or = 219,692308 Thlr. Courant, also das Verhältniß zwischen Gold und Silber wie 219,692308 zu 14 Thaler, oder wie 15,6923 : 1, welches, als ein jetzt im Königreich Preußen feststehendes, bei Berechnung des Werthes der Goldmünzen zu Grunde gelegt werden konnte.

Das bei den Feingehalten eines Theiles der Silbermünzen sich findende Sternchen deutet an, daß bei diesen die Probe auf nassem Wege in Anwendung gekommen ist, womit Frankreich im Jahr 1830 den Anfang machte. Die übrigen, nicht besternten Gehalte, sind Kapellengehalte.

Goldmünzen.

Aegypten.

Nach Nordamerikanischen Untersuchungen:

100 Piasterstücke (Bedidlik) vom Jahr 1839 . . . .
50 Piasterstücke (Nusflik) vom Jahr 1839 . . . .
20 Piasterstücke (Kairie Haschrin) vom Jahr 1839 . . . .
10 Piasterstücke und 5 Piasterstücke, nach Verhältniß.

(Siehe auch die Türkei.)

Anhalt-Bernburg.

Alexiusd'or, gesetzmäßig . . . .
Ducaten (1825) . . . .

Asien, s. Ostindien 2c.

Baden.

Ducaten, ältere und neueste, gesetzmäßig . . . .

Von 1819 bis 1827, gesetzmäßig:

10 Guldenstücke . . . .
5 Guldenstücke . . . .

Vom Jahr 1828, gesetzmäßig:

10 Thalerstücke, doppelte Ludwigsd'or, à 1000 Kreuzer . . . .
5 Thalerstücke, Ludwigsd'or à 500 Kreuzer . . . .

Seit 1832 und in früherer Zeit:

Rheingold-Ducaten, gesetzmäßig . . . .

Bayern.

Aeltere, selten gewordene Münzen:

Karolinen à 11 Gulden, gesetzmäßig . . . .

Halbe Karolinen à 5½ Gulden, desgl. . . . .

Doppelte Max'dor à 14⅔ Gulden, desgl. . . . .

Max'dor à 7⅓ Gulden, desgl. . . . .

Aeltere und neuere:

Ducaten, gesetzmäßig . . . .
Goldgulden der Stadt Würzburg, gesetzmäßig . . . .

Auf 1 Köln. Mark Brutto gehen:	Gewicht von 1 Stück in	Feingehalt.		Auf 1 Köln. Mark fein Gold gehen:	Werth eines Stückes in gesetzmäßigen Preuß. Friedrichsd'or à 5 Thlr. Gold.	à 5⅔ Thlr. Courant.		
Stück.	Holl. Aß.	Kar.	Grän.	Stück.	Thlr. Gold.	Thl.	Sgr.	Pf.
27,302	178,15	20	17¾	31,233	6,20645	7	1	0,2
54,604	89,08	20	17¾	62,466	3,10322	3	15	6,1
136,510	35,63	20	17¾	156,166	1,24128	1	12	2,4
35	138,97	21	8	38,769	5,00000	5	20	—
67	72,6	23	8	67,944	2,85303	3	7	—
67	72,6	23	8	67,944	2,85303	3	7	—
34	143,06	21	8	37,6615	5,14706	5	25	—
68	71,53	21	8	75,323	2,57353	2	27	6
20,4	238,43	21	8	22,597	8,57840	9	21	8
40,8	119,21	21	8	45,194	4,28920	4	25	10
63,6972	76,36	22	6	67,944	2,85303	3	7	—
24	202,66	18 3	6 G *) 8 S	31,135	6,22599	7 —	1 2	8 G 8 S
48	101,33	18 3	6 G 8 S	62,270	3,11299	3 —	15 1	10 G 4 S
18	270,22	18 4	6 G — S	23,3514	8,30127	9 —	12 3	2,9 G 10,7 S
36	135,11	18 4	6 G — S	46,7028	4,15063	4 —	21 1	1,5 G 11,3 S
67	72,6	23	8	67,944	2,85303	3	7	—
72	67,56	18 2	6 G 6 S	93,405	2,07533	2 —	10 —	6,7 G 7,3 S

*) G und S bedeuten Gold und Silber.

Goldmünzen.

Belgien.

Nach dem Gesetz vom 5. Juni 1832:

40 Franken-Stücke . . . .
20 Franken-Stücke . . . .

Nach dem Gesetz vom 31. März 1847:

25 Franken-Stücke . . . .
10 Franken-Stücke . . . .

Brasilien.

Dobra zu 12800 Reis, gesetzmäßig . . . .
Meia Dobra zu 6400 Reis, desgl. . . . .
Ein Stück vom Jahr 1823 befunden . . . .
Stücke von den Jahren 1831 bis 1838 nach Nordamerik. Untersuch. .
Moidor (moneda d'ouro) zu 4000 Reis, gesetzmäßig . . . .
Ein Stück vom Jahr 1823 befunden . . . .
Aeltere Stücke nach Nordamerik. Untersuchungen . . . .

Braunschweig.

Ducaten aus älterer Zeit, gesetzmäßig . . . .
Doppelte Carlsd'or, desgleichen . . . .
11500 Stück dopp. Carlsd'or von verschiedenen Jahren, im J. 1831 befunden . . . .
Ein doppelter Wilhelmsd'or vom Jahr 1831, befunden . . . .
Carlsd'or, gesetzmäßig . . . .
Einzelne Pistolen vom Jahre 1822 und 1824, befunden . . . .

Nach dem Gesetz vom 18. Dezember 1834:

Doppelte Wilhelmsd'or . . . .
Wilhelmsd'or . . . .
Ducaten . . . .
Doppelte Wilhelmsd'or vom Jahre 1834, befunden . . . .
17 Stück doppelte Wilhelmsd'or vom Jahre 1834, befunden . . . . .
Große Summen doppelter Wilhelmsd'or vom Jahre 1834, befunden

Dänemark.

Species-Ducaten, seit 1761, gesetzmäßig . . . .
Courant-Ducaten, seit 1757, desgleichen . . . .
Christiansd'or, seit 1775, desgleichen . . . .

Nach der Verordnung vom 3. Februar 1827:

Doppelte Frederiksd'or und auch neue Christiansd'or, gesetzmäßig . .

Auf 1 Köln. Mark Brutto gehen:	Gewicht von 1 Stück in	Feingehalt.		Auf 1 Köln. Mark fein Gold gehen:	Werth eines Stückes in gesetzmäßigen Preuß. Friedrichsd'or à 5 Thlr. Gold.	à $5\frac{2}{3}$ Thlr. Courant.		
Stück.	Holl. Aß.	Kar.	Grän.	Stück.	Thlr. Gold.	Thl.	Sgr.	Pf.
18,124	268,37	21	7,2	20,1376	9,62610	10	27	3,4
36,248	134,18	21	7,2	40,2751	4,81305	5	13	7,7
29,5438	164,64	21	7,2	32,8264	5,90518	6	20	9,3
73,8595	65,85	21	7,2	82,0661	2,36207	2	20	3,7
8,1531	596,58	22	—	8,8943	21,79442	24	21	—
16,3062	298,29	22	—	17,7886	10,89721	12	10	6
16,3298	297,86	21	$11\frac{1}{4}$	17,8650	10,85061	12	8	11,0
16,2947	298,50	21	$11\frac{1}{2}$	17,8098	10,88424	12	10	0,7
28,9888	167,79	22	—	31,6241	6,12970	6	28	4,9
29,122	167,02	21	$11\frac{1}{2}$	31,8297	6,09010	6	27	0,7
28,993	167,76	21	$11\frac{1}{4}$	31,7190	6,11136	6	27	9,4
67	72,6	23	8	67,944	2,85303	3	7	—
17,5	277,94	21	7	19,4594	9,96157	11	8	8,3
17,6211	276,03	21	5	19,7466	9,81669	11	3	9,2
17,563	276,95	21	$5\frac{1}{2}$	19,643	9,86846	11	5	6,3
35	138,97	21	7	38,919	4,98078	5	19	4,1
35,199	138,19	21	6	39,292	4,93348	5	17	8,8
$17\frac{7}{12}$	276,62	21	6	19,6279	9,87606	11	5	9,4
$35\frac{1}{6}$	138,31	21	6	39,2558	4,93803	5	17	10,7
67	72,6	23	7	68,184	2,84299	3	6	7,9
17,5786	276,70	21	$5\frac{3}{8}$	19,6702	9,85480	11	5	0,8
17,5916	276,50	21	$5\frac{5}{8}$	19,6467	9,86666	11	5	5,6
17,6017	276,34	21	$5\frac{1}{2}$	19,6866	9,84660	11	4	9,4
67	72,6	23	6	68,426	2,83293	3	6	3,8
75	64,85	21	—	85,714	2,26155	2	16	10,7
35	138,97	21	8	38,769	5,00000	5	20	—
$17\frac{29}{48}$	276,30	21	6	19,6512	9,86434	11	5	4,7

Goldmünzen.

Dänemark.

Große Summen doppelter Frederiksd'or aus den Jahren 1827 bis 1839, im Durchschnitt befunden . . . .
Einfache Frederiks- und neue Christiansd'or, gesetzmäßig . . . .

England, s. Großbrittannien.

Etrurien, s. Toskana.

Frankfurt a. M.

Ducaten, gesetzmäßig . . . .

Frankreich.

Louisd'or:
Von 1640 bis 1709, alte, gewöhnlich . . . .
Von 1665 bis 1709, Französische Probe . . . .
Von 1709 bis 1716, Sonnen Louisd'or, Französische Probe . . .
Von 1716 bis 1718, Noailles, mit 4 Wappen, Französische Probe
Von 1718 bis 1720, Maltheserkreuz, Französische Probe . . . . .
Von 1720 bis 1723, JL, Französische Probe . . . .
Von 1723 bis 1726, Mirlitons, desgleichen . . . .
Von 1726 bis 1785, Schild-Louisd'or, gesetzlich mit Benutzung des Kornremediums . . . .
Nach Französischen Proben . . . .
Seit 1785, gesetzlich mit Benutzung des Kornremediums . . . .
Nach Französischen Proben . . . .
Ein Stück von 1788 befunden . . . .
Doppelte und halbe, nach Verhältniß.
100 Franken-Stücke (1830), gesetzmäßig . . . .
40 Franken-Stücke, gesetzmäßig . . . .
20 Franken-Stücke, desgleichen . . . .
Ein 20 Franken-Stück von 1815, befunden . . . .
Drei Stück von verschiedenen Jahren, befunden . . . .
Ein 20 Franken-Stück von 1831, befunden . . . .
10 Franken-Stücke (1830), gesetzmäßig . . . .

Griechenland.

Nach dem Münzgesetz vom 8. (20.) Februar 1833:
40 Drachmen-Stücke . . . .
20 Drachmen-Stücke . . . .

Auf 1 Köln. Mark Brutto gehen:	Gewicht von 1 Stück in	Feingehalt.		Auf 1 Köln. Mark fein Gold gehen:	Werth eines Stückes in gesetzmäßigen Preuß. Friedrichsd'or à 5 Thlr. Gold.	à $5\frac{2}{3}$ Thlr. Courant.		
Stück.	Holl. Aß.	Kar.	Grän.	Stück.	Thlr. Gold.	Thl.	Sgr.	Pf.
17,625	275,97	21	6	19,6744	9,85271	11	4	11,9
$35\frac{5}{24}$	138,15	21	6	39,3023	4,93218	5	17	8,3
	72,6	23	8	67,944	2,85303	3	7	—
35	138,97	21	9	38,6207	5,01923	5	20	7,8
34,946	139,19	21	8	38,709	5,00778	5	20	3,2
28,775	169,04	21	$7\frac{3}{4}$	31,905	6,07573	6	26	6,9
19,227	252,98	21	$7\frac{3}{4}$	21,318	9,09307	10	9	2,0
23,926	203,29	21	8	26,503	7,31412	8	8	8,2
23,926	203,29	21	5	26,812	7,22983	8	5	9,8
36,089	134,78	21	6	40,285	4,81187	5	13	7,5
28,664	169,69	21	$8\frac{1}{4}$	31,720	6,11116	6	27	9,3
28,775	169,04	21	6	32,121	6,03487	6	25	2,2
30,575	159,08	21	$8\frac{1}{4}$	33,835	5,72917	6	14	9,5
30,575	159,08	21	$7\frac{1}{4}$	33,966	5,70706	6	14	0,5
31	156,90	21	7	34,471	5,62346	6	11	2,3
7,2495	670,94	21	7,2	8,0550	24,06525	27	8	2,6
18,124	268,37	21	7,2	20,1376	9,62610	10	27	3,4
36,248	134,18	21	7,2	40,2751	4,81305	5	13	7,7
36,328	133,89	21	$6\frac{1}{2}$	40,474	4,78940	5	12	10,1
36,265	134,12	21	$6\frac{3}{4}$	40,364	4,80245	5	13	3,4
36,655	132,7	21	$6\frac{1}{4}$	40,877	4,74218	5	11	2,8
72,495	67,09	21	7,2	80,5502	2,40652	2	21	9,9
20,2414	240,30	21	7,2	22,4904	8,61905	9	23	0,6
40,4828	120,15	21	7,2	44,9809	4,30952	4	26	6,3

Goldmünzen.

Großbrittannien und Irland.

Aeltere Münzen:

Guineen zu 21 Schillingen Sterling, gesetzmäßig . . . .
Guineen, nach gewöhnlicher Annahme . . . .
Guineen, nach Französischen Proben . . . .
Fünffache, doppelte, halbe, viertel und drittel, nach Verhältniß.
Guineen vom Jahre 1790, befunden . . . .

Neuere Münzen, seit dem 6. Februar 1817:

Fünffache Sovereigns zu 100 Schillingen Sterling, gesetzmäßig . . .
Doppelte Sovereigns zu 40 Schillingen Sterling, gesetzmäßig . . . .
Sovereigns, Pfundstücke zu 20 Schillingen Sterling, gesetzmäßig . .
Halbe Sovereigns zu 10 Schillingen Sterling, gesetzmäßig . . . . .
Sovereigns, Pfundstücke. Geringstes Ausbringen bei Benutzung des ganzen Schrot- und Korn-Remediums . . . .
Ein Sovereign vom Jahre 1824, befunden . . . .
Sovereigns in Summen, befunden . . . .

Hamburg.

Ducaten, gesetzmäßig . . . .

Hannover.

Ducaten aus früherer Zeit, gesetzmäßig . . . .
Georgsd'or aus früherer Zeit, gesetzmäßig . . . .
Doppelte Georgsd'or, Königliche, nach einer im J. 1831 vorgenommenen Valvation:
— — 10500 Stück vom Jahre 1825, befunden . . .
— — 17500 Stück von verschiedenen Jahren, mit Ausnahme des Jahres 1825, befunden . . .
Einzelne Stücke vom Jahre 1824, befunden . . . .
Einfache und halbe, nach Verhältniß.

Nach dem Münzgesetz vom 8. April 1834:

Doppelte Wilhelmsd'or . . . .
Einfache Wilhelmsd'or . . . .

Nach einer Valvation im Jahre 1840:

Doppelte Wilhelmsd'or, 5000 Stück, befunden
Doppelte Ernst Augustd'or, 10000 Stück, befunden . . . .

Auf 1 Köln. Mark Brutto gehen:	Gewicht von 1 Stück in	Feingehalt.		Auf 1 Köln. Mark fein Gold gehen:	Werth eines Stückes in gesetzmäßigen Preuß. Friedrichsd'or à 5 Thlr. Gold.	à 5⅔ Thlr. Courant.		
Stück.	Holl. Aß.	Kar.	Grän.	Stück.	Thlr. Gold.	Thl.	Sgr.	Pf.
27,884	174,44	22	—	30,419	6,37254	7	6	8,0
28,500	170,67	22	—	31,091	6,23480	7	1	11,8
28,044	173,44	21	11½	30,651	6,32430	7	5	0,3
27,983	173,82	21	11¼	30,614	6,33194	7	5	3,4
5,8557	830,63	22	—	6,3880	30,34536	34	11	8,9
14,639	332,26	22	—	15,9700	12,13814	13	22	8,4
29,278	166,13	22	—	31,9400	6,06907	6	26	4,2
58,557	83,06	22	—	63,880	3,03454	3	13	2,1
29,339	165,79	21	11¼	32,097	6,03939	6	25	4,0
29,278	166,13	21	11½	32,000	6,05769	6	25	11,5
29,295	166,03	21	11½	32,019	6,05410	6	25	10,1
67	72,6	23	6	68,426	2,83293	3	6	3,8
67	72,6	23	8	67,944	2,85303	3	7	—
35	138,97	21	8	38,769	5,00000	5	20	—
17,6073	276,25	21	2¾	19,9054	9,73837	11	1	1,3
17,6007	276,35	21	5	19,7237	9,82808	11	4	1,9
17,6077	276,24	21	4	19,8087	9,78591	11	2	8,7
17 $\frac{7}{12}$	276,62	21	6	19,6279	9,87606	11	5	9,4
35⅙	138,31	21	6	39,2558	4,93803	5	17	10,7
17,5953	276,44	21	5½	19,6794	9,85021	11	4	10,9
17,5982	276,39	21	5¾	19,6636	9,85812	11	5	2,1

Goldmünzen.

Hessen (Cassel) Kurfürstenthum.

Aeltere: Wilhelmsd'or, gesetzmäßig . . . .
Seit 1840: Wilhelmsd'or, gesetzmäßig . . . .
(S. auch Königreich Westphalen.)

Hessen (Darmstadt), Großherzogthum.

Zehn-Guldenstücke, gesetzmäßig . . . .

Hohenzollern-Hechingen.

Karolinen, gesetzmäßig . . . .
Ducaten, desgleichen . . . .

Holland, s. Niederlande.

Japan.

Cobangs, alte, ungangbare, nach Französischen u. Englischen Proben
Cobangs, neue, gangbare, desgleichen . . . .
Cobangs, neue, gangbare: Im Durchschnitt, nach Holländ. Proben im Jahre 1833
— — — Im Durchschnitt, nach Holländ. Proben im Jahre 1834
Halbe Cobangs, nach Verhältniß.
Itchebo oder Itjib, alte, ungangbare . . . .
Dergleichen, neue, gangbare . . . .

Irland, s. Großbrittannien.

Kirchenstaat.

Seit Klemens XIII.: Zecchinen, nach Französischen Proben . . . .
Dergleichen seit 1760, nach Englischen Proben . . . .
Dergleichen Römische und Bologneser, nach Mailänder Proben .
Zehn- und fünffache, doppelte und halbe, nach Verhältniß.
Doppien, von Pius VI., Französische Proben . . . .
Dergleichen, vom Jahre 1802, Englische Proben . . . .
Dergleichen Römische und Bologneser, nach Mailänder Proben .
Vierfache, doppelte und halbe, nach Verhältniß.
Seit 1818: Doppien, gesetzmäßig . . . .
Halbe, nach Verhältniß.
Zecchinen, gesetzmäßig . . . .
Halbe, nach Verhältniß.

Auf 1 Köln. Mark Brutto gehen	Gewicht von 1 Stück in	Feingehalt.		Auf 1 Köln. Mark fein Gold gehen	Werth eines Stückes in gesetzmäßigen Preuß. Friedrichsd'or a 5 Thlr. Gold.	a 5⅔ Thlr. Courant.		
Stück.	Holl. Aß.	Kar.	Grän.	Stück.	Thlr Gold	Thl	Sgr.	Pf
35,1	138,57	21	7	39,0301	4,96659	5	18	10,4
35	138,97	21	8	38,769	5,00000	5	20	—
34,650	140,37	21	7,2	38,500	5,03496	5	21	2,3
24	202,66	18	6	31,135	6,22599	7	1	8,2
67	72,6	23	8	67,944	2,85303	3	7	—
13,222	367,87	20	6	15,479	12,52317	14	5	9,4
17,898	271,82	16	—	26,847	7,22040	8	5	5,9
17,8509	272,48	13	5 G	31,9321	6,07057	6	26	4,8 G
		10	2 S			—	9	11,5 S
18,6643	260,60	12	9¾ G	34,9615	5,54456	6	8	6,2 G
		10	6 S			—	9	10 S
52,87	92,00	13	8	92,845	2,08785	2	10	11,9
71,53	68,00	15	9	109,000	1,77840	2	—	5,6
68,801	70,70	23	11	69,041	2,80770	3	5	5,5
68,748	70,75	23	10	69,229	2,80007	3	5	2,4
68,439	71,07	23	10¼	68,737	2,82011	3	5	10,6
42,744	113,79	21	9	47,166	4,10987	4	19	8,1
42,462	114,55	21	7½	47,125	4,11345	4	19	10,3
42,854	113,50	21	10	47,107	4,11502	4	19	10,9
42,761	113,75	22	—	46,648	4,15551	4	21	3,4
68,2794	71,24	24	—	68,2794	2,83901	3	6	6,3

Goldmünzen.

Kirchenstaat.

Nach dem Gesetz vom 10. Januar 1835:

10 Scudi- oder 100 Paoli-Stücke . . . .
5 Scudi- oder 50 Paoli-Stücke . . . .
2½ Scudi- oder 25 Paoli-Stücke . . . .

Lippe-Schauenburg.

Doppelte Georg Wilhelmsd'or, gesetzmäßig . . . .
Ein doppelter Georg Wilhelmsd'or vom Jahre 1829, befunden . . .
Einfache, nach Verhältniß.

Lombardisch-Venetianisches Königreich.

Nach dem Gesetz vom 1. November 1823.

Souverainsd'or zu 40 Lire austr. . . . .
Halbe Souverainsd'or zu 20 Lire austr. . . . .

Aeltere Münzen.

Für das Königreich Italien, unter Napoleon:
Stücke von 40 Lire italiane, gesetzmäßig . . . .
Stücke von 20 Lire italiane, desgleichen . . . .
Für das Herzogthum Mailand, unter Oesterreich:
Zecchinen, im Durchschnitt nach verschiedenen Proben . . . .
Dergleichen, nach Französischen Proben . . . .
Doppien oder Pistolen, desgleichen . . . .
(Für Venedig, s. unten.)

Lucca.

Doppien oder Pistolen, nach Französischen Proben . . . .

Lübeck.

Doppelte Ducaten, gesetzmäßig . . . .
Einfache Ducaten, desgleichen . . . .

Mailand,

s. Lombardisch-Venetianisches Königreich.

Malta.

Neue Doppien oder Pistolen der letzten Großmeister . . . .
Dergleichen, nach Englischen Proben . . . .
Doppelte und halbe, nach Verhältniß.

Auf 1 Köln. Mark Brutto gehen:	Gewicht von 1 Stück in	Feingehalt.		Auf 1 Köln. Mark fein Gold gehen:	Werth eines Stückes in gesetzmäßigen Preuß. Friedrichsd'or à 5 Thlr. Gold.	à 5⅔ Thlr. Courant.		
Stück.	Holl. Aß.	Kar.	Grän.	Stück.	Thlr. Gold.	Thl.	Sgr.	Pf.
13,4896	360,57	21	7,2	14,9884	12,93305	14	19	8,7
26,9792	180,29	21	7,2	29,9769	6,46653	7	9	10,3
53,9584	90,14	21	7,2	59,9537	3,23326	3	19	11,2
$17_2\frac{9}{8}$	276,30	21	6	19,6512	9,86434	11	5	4,7
17,617	276,10	21	5	19,742	9,81897	11	3	10,1
20,638	235,68	21	7,2	22,9310	8,45345	9	17	5,0
41,276	117,84	21	7,2	45,862	4,22673	4	23	8,5
18,124	268,37	21	7,2	20,1376	9,62610	10	27	3,4
36,248	134,18	21	7,2	40,2751	4,81305	5	13	7,7
67,500	72,06	23	9	68,210	2,84190	3	6	7,5
67,745	71,80	23	9	68,458	2,83161	3	6	3,3
37,002	131,45	21	9	40,830	4,74764	5	11	5,0
42,334	114,92	21	11¼	46,314	4,18548	4	22	3,7
33,5	36,3	23	6	34,213	5,66586	6	12	7,6
67	72,6	23	6	68,426	2,83293	3	6	3,8
28,45	170,97	20	6	33,307	5,81998	6	17	10,5
28,179	172,61	20	3	33,397	5,80430	6	17	4,3

Goldmünzen.

Marokko.

Miskal (Mitkul) Deheb

Bendoki zu 30 Unzen = 2 Spanischen Piastern

Halbe nach Verhältniß.

Madridia = 10 Spanischen Piastern

Mecklenburg-Schwerin.

Doppelte Friedrich-Franz- und Paulsd'or, gesetzmäßig

Dergleichen, befunden

Einfache Friedrich-Franz- und Paulsd'or, gesetzmäßig

Mecklenburg-Strelitz.

Pistolen aus früherer Zeit, gesetzmäßig

Mexico.

Onza de oro, Doblone, zu 8 Escudos de oro oder 16 Pesos, gesetzmäßig

Onza des Kaisers Augustinus, von 1823, befunden

Onza der Republik, von 1827, befunden

" " " " 1831, desgleichen

Onzas der Republik, im Durchschnitt nach Nordamerik. Untersuch.

aus der Münzstätte in Mexico

" " " in Guanaxuato

" " " in Durango

" " " in Guadalaxara

$\frac{1}{2}$ Onza de oro zu 4 Escudos de oro, gesetzmäßig

Vier halbe Onzas vom Jahre 1832, befunden

$\frac{1}{4}$ Onza de oro zu 2 Escudos de oro (Pistole) gesetzmäßig

$\frac{1}{4}$ Onza vom Jahre 1825, befunden

Escudo de oro, gesetzmäßig

Vier Escudos vom Jahre 1831, befunden

$\frac{1}{2}$ Escudo oder Peso de oro, gesetzmäßig

Zehn halbe Escudos oder Pesos, vom Jahre 1831, befunden

Modena.

Stücke von 40 Lire italiane, gesetzmäßig

Stücke von 20 Lire italiane, desgleichen

Nassau.

Ducaten, gesetzmäßig

Auf 1 Köln. Mark Brutto gehen:	Gewicht von 1 Stück in	Feingehalt.		Auf 1 Köln. Mark fein Gold gehen:	Werth eines Stückes in gesetzmäßigen Preuß. Friedrichsd'or à 5 Thlr. Gold.	à 5⅔ Thlr. Courant.		
Stück.	Holl. Aß.	Kar.	Grän.	Stück.	Thlr. Gold.	Thl.	Sgr.	Pf.
119½	40,72	18	8	153,667	1,26147	1	12	10,7
—	—	—	—	75,907	2,55375	2	26	9,9
—	—	—	—	15,1813	12,76874	14	14	1,6
17 67/120	277,02	21	6	19,600	9,89011	11	6	3,2
17,580	276,67	21	5¼	19,681	9,84941	11	4	10,5
35 7/60	138,51	21	6	39,200	4,94505	5	18	1,6
35	138,97	21	8	38,769	5,00000	5	20	—
8,6409	562,90	21	—	9,8753	19,62939	22	7	4,8
8,652	562,18	20	9¼	9,9971	19,39024	21	29	3,2
8,650	562,31	20	9	10,0050	19,37493	21	28	9,0
8,647	562,56	20	10	9,9613	19,45993	22	1	7,7
8,660	561,66	20	9,5	9,9963	19,39179	21	29	3,8
8,655	561,99	20	8,5	10,0307	19,32528	21	27	0,7
8,652	562,18	20	10	9,9671	19,45100	22	1	3,0
8,676	560,74	20	9	10,0349	19,31720	21	26	9,3
17,2818	281,45	21	—	19,7506	9,81469	11	3	8,4
17,294	281,25	20	10	19,923	9,72977	11	—	9,7
34,564	140,72	21	—	39,501	4,90734	5	16	10,2
34,595	140,60	20	9	40,013	4,84458	5	14	8,6
69,127	70,36	21	—	79,002	2,45367	2	23	5,1
69,211	70,27	20	10	79,731	2,43125	2	22	7,9
138,254	35,18	21	—	158,005	1,22683	1	11	8,5
138,600	35,09	20	10	159,667	1,21406	1	11	3,3
18,124	268,37	21	7,2	20,1376	9,62610	10	27	3,4
36,248	134,18	21	7,2	40,2751	4,81305	5	13	7,7
67	72,6	23	8	67,944	2,85303	3	7	—

Goldmünzen.

Neapel, s. Sicilien.

Niederlande.

Aeltere Münzen:

Oesterreichisch-Niederländische Souverainsd'or, gesetzmäßig
Dergleichen, nach Französischen Proben
Dergleichen, nach älteren Angaben
Halbe Oesterreichisch-Niederländische Souverainsd'or, gesetzmäßig
Dergleichen, nach älteren Angaben
Brabanter Ducaten
Löwen der Belgischen Staaten von 1790, à 14 Fl., befunden
Holländische Ruyder zu 14 Fl. Cour., gesetzmäßig
Dergleichen, nach Französischen Proben
Halbe Holländische Ruyder, nach Französischen Proben
Holländische Ducaten
Dergleichen, befunden
Dergleichen, nach Französischen Proben

Neuere Münzen für das Königreich der Niederlande, nach dem Gesetz vom 28. Sept. 1816, und dem Gesetz vom 22. März 1839:

Zehn-Guldenstücke, gesetzmäßig
Ein Stück vom Jahre 1819, befunden
Ein Stück vom Jahre 1824, befunden
Fünf-Guldenstücke, seit 1825, gesetzmäßig
Ducaten, gesetzmäßig
Dergleichen, befunden

Nordamerikanische, vereinigte Staaten.

Nach dem Gesetz vom 8. August 1786:

Eagles (Adler) zu 10 Dollars
Halbe Eagles zu 5 Dollars

Nach dem Gesetz vom 2. April 1792:

Eagles (Adler) zu 10 Dollars
Im Durchschnitt von 2 Jahren, nach Englischen Proben
Halbe Eagles zu 5 Dollars, gesetzmäßig
Viertel Eagles zu $2\frac{1}{2}$ Dollars, gesetzmäßig

Nach dem Gesetz vom 28. Juni 1834:

Eagles zu 10 Dollars
Halbe Eagles zu 5 Dollars
Viertel Eagles zu $2\frac{1}{2}$ Dollars

Auf 1 Köln. Mark Brutto gehen:	Gewicht von 1 Stück in	Feingehalt.		Auf 1 Köln. Mark fein Gold gehen:	Werth eines Stückes in gesetzmäßigen Preuß. Friedrichsd'or à 5 Thlr. Gold.	à 5⅔ Thlr. Courant.		
Stück.	Holl. Aß.	Kar.	Grän.	Stück.	Thlr. Gold.	Thl.	Sgr.	Pf.
21,0468	231,10	22	¼	22,9384	8,45073	9	17	3,9
21,066	230,89	21	11½	23,025	8,41894	9	16	2,9
21,25	228,90	22	—	23,182	8,36193	9	14	3,7
42,0936	115,55	22	¼	45,8768	4,22536	4	23	7,9
42,50	114,45	22	—	46,364	4,18096	4	22	1,8
$67\frac{5}{9}$	72	23	8	68,507	2,82958	3	6	2,5
28,25	172,18	22	—	30,818	6,29003	7	3	10,3
23,50	207	22	—	25,636	7,56148	8	17	1,1
23,543	206,60	22	—	25,683	7,54764	8	16	7,4
47,349	102,73	22	—	51,653	3,75285	4	7	7,2
67	72,6	23	7	68,184	2,84299	3	6	7,9
67,50	72,06	23	6	68,936	2,81197	3	5	7,3
67,745	71,80	23	6	69,186	2,80181	3	5	3,1
34,7534	139,96	21	7,2	38,6149	5,01998	5	20	8,2
34,80	139,77	21	7	38,696	5,00946	5	20	3,9
34,745	139,99	21	7	38,635	5,01737	5	20	7,1
69,507	69,98	21	7,2	77,2298	2,50999	2	25	4,1
66,931	72,67	23	7	68,1134	2,84593	3	6	9,1
67	72,6	23	6	68,426	2,83293	3	6	3,8
13,4346	362,05	22	—	14,6559	13,22649	14	29	8,4
26,8691	181,03	22	—	29,3118	6,61324	7	14	10,2
13,3677	363,85	22	—	14,5829	13,29270	15	1	11,4
13,367	363,88	21	10½	14,666	13,21738	14	29	4,7
26,7354	181,92	22	—	29,1658	6,64635	7	15	11,7
53,4708	90,96	22	—	58,3316	3,32318	3	22	11,9
13,9895	347,69	21	$6\frac{42}{43}$	15,6572	12,46019	14	3	7,7
27,9789	173,84	21	$6\frac{42}{43}$	31,1145	6,23010	7	1	9,8
55,9578	86,92	21	$6\frac{42}{43}$	62,2289	3,11505	3	15	10,9

Goldmünzen.

Nordamerikanische, vereinigte Staaten.

Nach dem Gesetz vom 18. Januar 1837:

Eagles zu 10 Dollars . . . .
Halbe Eagles zu 5 Dollars . . . .
Viertel Eagles zu $2\frac{1}{2}$ Dollars . . . .

Norwegen.

Keine Goldmünzen.

Oldenburg.

Nach dem Gesetz vom 10. Juli 1846.

Pistolen oder 5 Thalerstücke . . . .
Doppelte und halbe, nach Verhältniß.

Oesterreich.

Vierfache Reichs-Ducaten, gesetzmäßig . . . .
Doppelte Reichs-Ducaten, desgleichen . . . .
Reichs-Ducaten . . . .
Dergleichen ältere, befunden . . . .
Dergleichen von 1838 und 1839, befunden . . . .
Ungarische Ducaten, gesetzmäßig . . . .
Souverainsd'or, s. Niederlande.

Ostindien.

Englische Besitzungen.

Allgemeine Gold-Rupie oder Mohur, seit dem 1. Sept. 1835, gesetzmäßig . . . .

Batavia, s. Java.

Bengalen.

Alte Sicca-Rupien, Englische Probe . . . .
Mohurs oder Goldrupien, nach dem Gesetz von 1793 . . . .
Halbe und viertel, nach Verhältniß.
Mohurs oder Goldrupien, nach dem Gesetz vom Dezember 1818 . .
Halbe Mohurs, desgleichen . . . .
Viertel Mohurs, desgleichen . . . .

Bombay.

Alte Rupien oder Mohur, Englische Probe . . . .
Mohurs seit 1800, gesetzmäßig . . . .

Auf 1 Köln. Mark Brutto gehen:	Gewicht von 1 Stück in	Feingehalt.		Auf 1 Köln. Mark fein Gold gehen:	Werth eines Stückes in gesetzmäßigen Preuß. Friedrichsd'or à 5 Thlr. Gold.	à 5⅔ Thlr. Courant.		
Stück.	Holl. Aß.	Kar.	Grän.	Stück.	Thlr. Gold.	Thl.	Sgr.	Pf.
13,9895	347,69	21	7,2	15,5438	12,47094	14	4	0,1
27,9789	173,84	21	7,2	31,0877	6,23547	7	2	0,1
55,9578	86,92	21	7,2	62,1753	3,11773	3	16	0,0
35⅙	138,31	21	6	39,2558	4,93803	5	17	10,7
16,75	290,4	23	8	16,986	11,41212	12	28	0,1
33,50	145,2	23	8	33,972	5,70606	6	14	0,1
67	72,6	23	8	67,944	2,85303	3	7	—
67,75	71,88	23	7½	68,825	2,81651	3	5	9,1
67,02	72,58	23	8	67,964	2,85219	3	6	11,7
67	72,6	23	9	67,705	2,86310	3	7	4,1
20,051	242,58	22	—	21,874	8,86194	10	1	3,7
18,896	257,41	23	10	19,028	10,18742	11	16	4,5
18,907	257,26	23	9,8	19,053	10,17405	11	15	11
17,631	275,87	22	—	19,234	10,07831	11	12	7,9
35,262	137,93	22	—	38,468	5,03915	5	21	4,0
70,524	68,97	22	—	76,936	2,51958	2	25	8,0
20,239	240,33	22	10½	21,234	9,12905	10	10	4,6
20,164	241,22	22	1	21,914	8,84577	10	—	9,1

Goldmünzen.

Ostindien.

Bombay.

Fünf-Mohursstücke seit 1824, gesetzmäßig . . . .
Mohur, desgleichen . . . .
Halbe Mohurs, desgleichen . . . .
Viertel Mohurs, desgleichen . . . .

Calcutta, s. Bengalen.

Calicut.

Fanams . . . .

Cananor.

Fanams . . . .

Darwar.

Pagoden, Ostindische Probe . . . .

Deckan-Puna.

Pagoden, Ostindische Probe . . . .
Fanams, desgleichen . . . .

Goa.

St. Thomas, Englische Angabe . . . .

Java (Holländisch-Ostindische Compagnie).

Mohur vom Jahre 1783, Englische Probe . . . .
Mohur vom Jahre 1797, desgleichen . . . .
Halber Mohur vom Jahre 1801, desgleichen . . . .

Madras.

Star-Pagoden, gesetzmäßig . . . .
Dergleichen, nach Englischen Proben . . . .
Arcot-Pagoden, nach Englischen Proben . . . .
Neue Gold-Rupien oder Mohurs, seit 1818, gesetzmäßig . . . . . .
Halbe Mohurs, gesetzmäßig . . . .
Drittel Mohurs, desgleichen . . . .
Viertel Mohurs, desgleichen . . . .
Neue ganze, halbe, Drittel- u. Viertel-Rupien, im J. 1833 befunden

Mysore.

Sultan-Mohurs zu 4 Pagoden, Englische Angabe . . . .
Halbe und Viertel, im Verhältniß.
Alte Ekairi-Pagoden, Ostindische Probe . . . .

Auf 1 Köln. Mark Brutto gehen:	Gewicht von 1 Stück in	Feingehalt.		Auf 1 Köln. Mark fein Gold gehen:	Werth eines Stückes in gesetzmäßigen Preuß. Friedrichsd'or à 5 Thlr. Gold.	à 5⅔ Thlr. Courant.		
Stück.	Holl. Aß.	Kar.	Grän.	Stück.	Thlr. Gold.	Thl.	Sgr.	Pf.
4,0103	1212,87	22	—	4,3748	44,30972	50	6	6,4
20,051	242,58	22	—	21,874	8,86194	10	1	3,7
40,102	121,29	22	—	43,748	4,43097	5	—	7,8
80,204	60,64	22	—	87,496	2,21549	2	15	3,9
630	7,72	12	—	1260	0,15385	—	5	2,8
642,5	7,57	10	3	1504,39	0,12885	—	4	4,6
71,110	68,40	18	4	93,089	2,08237	2	10	9,6
68,420	71,09	20	3	81,090	2,39051	2	21	3,3
618	7,87	14	—	1059,43	0,18297	—	6	1,5
67,463	72,10	18	—	89,951	2,15502	2	13	3,2
14,914	326,14	18	2¼	19,681	9,84941	11	4	10,5
15,293	318,05	17	9	20,678	9,37451	10	18	7,3
29,225	166,43	18	8¼	37,533	5,16468	5	25	9,9
68,319	71,19	20	2	81,305	2,38418	2	21	0,7
68,422	71,09	19	—	86,428	2,24286	2	16	3,1
68,748	70,75	14	9	111,861	1,73292	1	28	11,0
20,051	242,58	22	—	21,874	8,86194	10	1	3,7
40,102	121,29	22	—	43,748	4,43097	5	—	7,8
60,153	80,86	22	—	65,622	2,95398	3	10	5,2
80,204	60,64	22	—	87,496	2,21549	2	15	3,9
20,069	242,36	21	11	21,977	8,82053	9	29	10,8
17,025	285,70	20	7	19,851	9,76506	11	2	0,1
68,591	70,91	20	3	81,293	2,38453	2	21	0,9

Goldmünzen.

Ostindien.

Mysore.

Bhol Ekairi-Pagoden, Ostindische Probe . . . .
Bhulpuddi-Pagoden, desgleichen . . . .
Bahaudry-Pagoden, von Seringapatam, Ostindische Probe . . . . .
Funoki-Pagoden, desgleichen . . . .
Neue Ekairi-Pagoden oder Star-Pagoden von Mysore, desgleichen
Bangalori-Pagoden, desgleichen . . . .
Sultan-Fanams, Englische Angabe . . . .
= = Ostindische Probe . . . .

Parma und Piacenza.

Achtfache Pistolen seit 1786, tarifmäßig . . . .
Vierfache Pistolen = = = ...
Doppelte Pistolen = = = ...
Pistolen = = = ...
Zecchinen = = = ...
Seit 1815: Stücke von 40 Lire italiane, gesetzmäßig . . . .
Stücke von 20 Lire italiane, gesetzmäßig . . . .
Ein 20 Lire italiane von 1818, Englische Probe . . . .

Persien.

Tomans, Ostindische Probe . . . .
Tomans neuerer Art, Ostindische Probe . . . .
Toman vom J. 1839, nach Nordamerikanischen Untersuchungen . . .
Halber Toman vom J. 1837, desgleichen . . . .

Peru, s. Südamerikanische Freistaaten.

Polen.

Aeltere Münzen:

Ducaten, seit 1766, gesetzmäßig . . . .
Ducaten vom Jahre 1812, ältere Proben . . . .

Neuere Münzen, nach der Ukase vom 19. November (1. Dezember) 1815:

50 Guldenstücke (50 Zlot), gesetzmäßig . . . .
Ein Stück vom Jahre 1819, befunden . . . .
Ein anderes Stück vom Jahre 1819, desgleichen . . . .
25 Guldenstücke (25 Zlot), gesetzmäßig . . . .
Ein Stück vom Jahre 1817, befunden . . . .

Auf 1 Köln. Mark Brutto gehen:	Gewicht von 1 Stück in	Feingehalt.		Auf 1 Köln. Mark fein Gold gehen:	Werth eines Stückes in gesetzmäßigen Preuß. Friedrichsd'or à 5 Thlr. Gold.	à 5⅔ Thlr. Courant.		
Stück.	Holl. Aß.	Kar.	Grän.	Stück.	Thlr. Gold.	Thl.	Sgr.	Pf.
68,500	71,01	20	3⅛	81,074	2,39098	2	21	3,5
68,396	71,12	20	4¾	80,482	2,40856	2	21	10,7
68,461	71,03	20	3⅓	81,028	2,39233	2	21	4,1
68,356	71,16	20	3¾	80,756	2,40012	2	21	7,2
68,319	71,19	20	2	81,305	2,38418	2	21	0,7
68,332	71,18	20	2½	81,153	2,38865	2	21	2,6
601,546	8,09	14	—	1031,222	0,18798	—	6	4,7
614,868	7,91	13	11	1060,371	0,18281	—	6	2,6
4,092	1188,66	21	1½	4,649	41,69631	47	7	8,1
8,191	593,82	21	1½	9,306	20,83023	23	18	2,7
16,411	296,39	21	1½	18,644	10,39724	11	23	6,1
32,937	147,68	21	1½	37,420	5,18028	5	26	1,5
67,784	71,76	23	9	68,497	2,82999	3	6	2,6
18,124	268,37	21	7,2	20,1376	9,62610	10	27	3,4
36,248	134,18	21	7,2	40,275	4,81305	5	13	7,7
36,274	134,09	21	6¾	40,374	4,80126	5	13	2,9
49,106	99,05	23	4	50,509	3,83785	4	10	5,8
52,381	92,86	23	4	53,878	3,59787	4	2	3,9
67,212	72,37	23	2	69,630	2,78394	3	4	7,8
133,677	36,39	23	2¾	138,113	1,40353	1	17	8,6
67	72,6	23	7	68,184	2,84299	3	6	7,9
67	72,6	23	5	68,669	2,82291	3	5	11,7
23⅚	204,08	22	—	26,000	7,45562	8	13	5,9
23,866	203,80	22	—	26,036	7,44531	8	13	1,7
23,881	203,68	21	11½	26,101	7,42677	8	12	6,1
47⅔	102,04	22	—	52,000	3,72781	4	6	8,9
47,680	102,01	22	—	52,015	3,72674	4	6	8,5

Goldmünzen.

Polen.

Aus der Revolution:

Ducaten mit holländischem Gepräge vom Jahre 1831, befunden . . .

Nach der Ukase vom 1. Mai 1834:

Ducaten oder Rubel=Imperial zu 20 Gulden (3 Rubel), gesetzmäßig

Ein Stück vom Jahre 1835, befunden . . . .

Goldmünzen von 1842 an, wie Rußland.

Portugal.

Aeltere Münzen:

Dobraons zu 24000 Reïs, gesetzmäßig . . . .
= = = = Englische Probe . . . .
= vom Jahre 1725, befunden . . . .
Halbe Dobraons zu 12000 Reïs, gesetzmäßig . . . .
= = = Französische Probe . . . .
Lisbonnines Moid'or zu 4800 Reïs, gesetzmäßig . . . .
Halbe, nach Verhältniß.
Lisbonnine zu 4800 Reïs, Französische Probe . . . .
Halbe Lisbonnine zu 2400 Reïs, Französische Probe . . . .
Milreïs zu 1200 Reïs, gesetzmäßig . . . .
= = = = Englische Probe . . . .
Cruzados zu 480 Reïs, gesetzmäßig . . . .
Cruzados zu 480 Reïs, Englische Probe . . . .

Dobras zu 12800 Reïs, erhöht auf 15000 Reïs, gesetzmäßig . . . . .
= = = = = = = = Französische Probe
= = = = = = = = von 1730, befunden
½ Dobras zu 6400 Reïs, erhöht auf 7500 Reïs, gesetzmäßig . . . . .
= = = = = = = = = Französische Probe .
¼ Dobras zu 3200 Reïs, erhöht auf 3750 Reïs, gesetzmäßig . . . . .
= = = = = = = = = Französische Probe .
Escudos zu 1600 Reïs, gesetzmäßig . . . .
Halbe, nach Verhältniß.
Escudos zu 1600 Reïs, Französische Probe . . . .
½ Escudo zu 800 Reïs, Französische Probe . . . .
Alte Cruzados zu 400 Reïs, gesetzmäßig . . . .

Von Michael:

Halbe Dobra vom J. 1830, zu 7500 Reïs, nach hydrostat. Untersuch.
Viertel=Dobra zu 3750 Reïs, nach Verhältniß.

Auf 1 Köln. Mark Brutto gehen:	Gewicht von 1 Stück in	Feingehalt.		Auf 1 Köln. Mark fein Gold gehen:	Werth eines Stückes in gesetzmäßigen Preuß. Friedrichsd'or à 5 Thlr. Gold.	à 5⅔ Thlr. Courant.		
Stück.	Holl. Aß.	Kar.	Grän.	Stück.	Thlr. Gold.	Thl.	Sgr.	Pf.
67	72,6	23	6½	68,304	2,83799	3	6	5,9
59,559	81,67	22	—	64,973	2,98349	3	11	5,3
59,590	81,62	21	11¾	65,069	2,97909	3	11	3,5
4,3483	1118,60	22	—	4,7436	40,86478	46	9	4,8
4,359	1115,85	22	—	4,755	40,76680	46	6	0,9
4,357	1116,36	21	11	4,771	40,63009	46	1	5,1
8,6966	559,30	22	—	9,4872	20,43239	23	4	8,4
8,718	557,93	22	—	9,510	20,38340	23	3	0,4
21,742	223,71	22	—	23,718	8,17296	9	7	10,6
21,794	223,18	22	—	23,775	8,15336	9	7	2,6
43,597	111,57	21	11½	47,651	4,06804	4	18	3,8
86,966	55,93	22	—	94,872	2,04324	2	9	5,6
89,671	54,24	21	10⅞	98,241	1,97317	2	7	1,1
217,416	22,37	22	—	237,181	0,81730	—	27	9,5
222,109	21,90	21	10⅛	244,034	0,79434	—	27	0,1
8,1531	596,58	22	—	8,8943	21,79442	24	21	0,1
8,168	595,49	21	11½	8,927	21,71459	24	18	3,5
8,167	595,57	21	10½	8,960	21,63461	24	15	6,9
16,3062	298,29	22	—	17,7886	10,89721	12	10	6,1
16,367	297,18	21	11¼	17,906	10,82576	12	8	0,9
32,6124	149,15	22	—	35,5772	5,44860	6	5	3,0
32,859	148,03	21	11¼	35,948	5,39240	6	3	4,1
65,225	74,57	22	—	71,155	2,72430	3	2	7,5
65,708	74,02	21	11¼	71,886	2,69658	3	1	8,2
133,403	36,46	21	11	146,084	1,32695	1	15	1,4
260,90	18,64	22	—	284,618	0,68107	—	23	1,9
16,361	297,29	22	—	17,848	10,86094	12	9	3,3

Goldmünzen.

Portugal.

Neueste Münzen, nach dem Gesetz vom 24. April 1835:

Corõas d'ouro, Goldkrone zu 5000 Reïs . . . .
Meias-Corõas d'ouro, halbe Goldkronen zu 2500 Reïs . . . .
Goldkrone vom Jahre 1838, nach Nordamerikan. Untersuchungen . .
Halbe Goldkrone vom J. 1838, nach Nordamerik. Untersuchungen . .

Preußen.

Nach den Münzedikten vom 14. Juli 1750 und 29. März 1764 bis in das Jahr 1770:

Friedrichsd'or, doppelte à 10 Thaler, gesetzmäßig . . . .
" einfache à 5 Thaler, gesetzmäßig . . . .
" halbe à $2\frac{1}{2}$ Thaler, gesetzmäßig . . . .

Von 1771 an und nach dem Münzgesetz v. 30. Sept. 1821:

Friedrichsd'or, doppelte à 10 Thaler, gesetzmäßig . . . .
" einfache à 5 Thaler, gesetzmäßig . . . .
" halbe à $2\frac{1}{2}$ Thaler, gesetzmäßig . . . .

Rußland.

Species-Ducaten seit 1700 . . . .
" " von Paul I., 1797, gesetzmäßig . . . .
Andreas-Ducaten zu 2 Rubel von Peter I., 1718 . . . .
Imperial-Ducaten à 5 Rubel von 1798, gesetzmäßig . . . .
" " " " von 1801, Englische Probe . . . . . .
Doppelte, nach Verhältniß.
Goldrubel, doppelte vom Jahre 1756, befunden . . . .
" einfache vom Jahre 1756, Französische Probe . . . . . .
Halbe, nach Verhältniß.
Imperialen zu 10 Rubel, von 1755—1762 . . . .
Halbe, nach Verhältniß.

Nach der Ukase vom 18. Dezbr. 1763 und der Ukase vom 14. Febr. 1817:

Imperialen zu 10 Rubel, gesetzmäßig . . . .
" vom Jahre 1768, befunden . . . .
Halbe Imperialen zu 5 Rubel, gesetzmäßig . . . .
Ein Stück vom Jahre 1823, befunden . . . .
Ein Stück vom Jahre 1830, befunden . . . .
40 Stück von den Jahren 1817—1830, befunden . . . .
1000 Stück vom Jahre 1836, befunden . . . .
346 Stück nach süddeutscher Probe im Jahre 1847 . . . .

Auf 1 Köln. Mark Brutto gehen:	Gewicht von 1 Stück in	Feingehalt.		Auf 1 Köln. Mark fein Gold gehen:	Werth eines Stückes in gesetzmäßigen Preuß. Friedrichsd'or à 5 Thlr. Gold.	à 5 $\frac{2}{3}$ Thlr. Courant.		
Stück.	Holl. Aß.	Kar.	Grän.	Stück.	Thlr. Gold.	Thl.	Sgr.	Pf.
24,4593	198,86	22	—	26,6829	7,26481	8	7	—
48,9186	99,43	22	—	53,3658	3,63240	4	3	6,0
24,387	199,45	21	10½	26,756	7,24496	8	6	3,9
48,774	99,72	21	10½	53,512	3,62248	4	3	1,9
17,5	277,94	21	9	19,3103	10,03846	11	11	3,7
35	138,97	21	9	38,6207	5,01923	5	20	7,8
70	69,48	21	9	77,2414	2,50962	2	25	3,9
17,5	277,94	21	8	19,3846	10,00000	11	10	—
35	138,97	21	8	38,7692	5,00000	5	20	—
70	69,48	21	8	77,5384	2,50000	2	25	—
67,429	72,13	23	3	69,604	2,78498	3	4	8,3
67,143	72,44	23	8	68,089	2,84695	3	6	9,6
57,143	85,12	18	9	73,143	2,65023	3	—	1,3
38,470	126,43	23	8	39,012	4,96888	5	18	11,3
39	124,72	23	6¾	39,724	4,87982	5	15	11,0
72,576	67,02	22	—	79,173	2,44839	2	23	2,9
146,802	33,13	22	—	160,148	1,21042	1	11	1,8
14,118	344,52	22	—	15,402	12,58578	14	7	11,0
17,8676	272,22	22	—	19,4919	9,94496	11	8	1,5
18,054	269,41	21	11	19,770	9,80507	11	3	4,5
35,7351	136,11	22	—	38,9838	4,97248	5	19	0,8
35,695	136,27	22	—	38,940	4,97807	5	19	3,1
36,117	134,67	22	—	39,400	4,91995	5	17	3,3
35,715	136,19	22	—	38,962	4,97526	5	19	1,9
35,7592	136,02	21	11¾	39,0470	4,96443	5	18	9,5
35,880	135,56	21	11¾	39,179	4,94771	5	18	2,7

Goldmünzen.

Rußland.

Nach der Ukase vom 1. Mai 1834:
Rubel-Imperial zu 3 Rubeln oder 20 Fl. Polnisch, gesetzmäßig . .
Ein Stück vom Jahre 1835, befunden . . . .

Ducaten mit niederländischem Gepräge und nach gleicher Ausbringung

Sachsen, Königreich.

Doppelte Augustd'or à 10 Thaler, gesetzmäßig . . . .
Augustd'or à 5 Thaler, gesetzmäßig . . . .
Halbe, nach Verhältniß.
Nach einer Valvation im Jahre 1831 von 14500 St. doppelter Augustd'or älterer Zeit . . . .
Ducaten, ältere, gesetzmäßig . . . .
Ein Ducaten vom Jahre 1830, befunden . . . .

Sachsen-Coburg.

Ducaten . . . .

Sardinien, Königreich.

Aeltere Münzen:
Savoyische und Piemontesische seit 1786:
Karolinen oder 5 Doppien, gesetzmäßig . . . .
$2\frac{1}{2}$, 1, $\frac{1}{2}$ und $\frac{1}{4}$ Doppienstücke, nach Verhältniß.
Karolin vom Jahre 1786, Französische Probe . . . .
Halber Karolin vom Jahre 1786, Französische Probe . . . .
Doppien oder Pistolen von 1786 und 1797, Französische Proben . .
Halbe Doppien oder Pistolen von 1786 und 1797, Französische Proben
Genuesische:
Zecchinen . . . .
Genovine zu 100 Lire, 1758, Französische Probe . . . .
$\frac{1}{2}$ Genovine zu 50 Lire, 1753, Französische Probe . . . .
$\frac{1}{4}$ Genovine zu 25 Lire, 1758, Französische Probe . . . .
Genovinen zu 96 Lire, 1793 und 1795, Französische Proben . . . .
$\frac{1}{2}$ Genovine zu 48 Lire, 1792, Französische Probe . . . .
$\frac{1}{2}$ Genovine zu 48 Lire, 1794, Französische Probe . . . .
$\frac{1}{4}$ Genovine zu 24 Lire, 1792, Französische Probe . . . .
4 Pistolen- oder 96 Lire-Stück der Ligurischen Republik von 1798, Französische Probe . . . .
Halbe, nach Verhältniß.

Auf 1 Köln. Mark Brutto gehen:	Gewicht von 1 Stück in	Feingehalt.		Auf 1 Köln. Mark fein Gold gehen:	Werth eines Stückes in gesetzmäßigen Preuß. Friedrichsd'or à 5 Thlr. Gold.	à 5⅔ Thlr. Courant.		
Stück.	Holl. Aß.	Kar.	Grän.	Stück.	Thlr. Gold.	Thl.	Sgr.	Pf.
59,559	81,67	22	—	64,973	2,98349	3	11	5,3
59,590	81,62	21	11¾	65,069	2,97909	3	11	3,5
67	72,6	23	6	68,426	2,83293	3	6	3,8
17,5	277,94	21	8	19,3846	10,00000	11	10	—
35	138,97	21	8	38,7692	5,00000	5	20	—
17,6198	276,05	21	6	19,6686	9,85562	11	5	1,1
67	72,60	23	8	67,944	2,85303	3	7	—
67,283	72,29	23	6	68,715	2,82102	3	1	6,6
67	72,6	23	6	68,426	2,83293	3	6	3,8
5,125	949,07	21	9	5,655	34,27872	38	25	5,7
5,1375	946,76	21	8,4	5,682	34,11583	38	19	11,3
10,287	472,83	21	8,4	11,377	17,03842	19	9	4,6
25,746	188,92	21	8,6	28,453	6,81285	7	21	7,6
51,807	93,89	21	8,4	57,298	3,38312	3	25	0,3
67,500	72,06	23	10½	67,853	2,85685	3	7	1,6
8,307	585,53	21	9	9,166	21,14839	23	29	0,5
16,614	292,76	21	11¼	18,176	10,66495	12	2	7,3
33,105	147,23	21	9	36,530	5,30649	6	0	5,0
9,288	523,69	21	9½	10,229	18,95065	21	14	3,9
18,577	261,83	21	10½	20,382	9,51065	10	23	4,3
18,577	261,83	21	11¼	20,324	9,53779	10	24	3,4
37,315	130,35	21	10½	40,940	4,73488	5	10	11,8
9,288	523,69	21	9½	10,229	18,95065	21	14	3,9

Goldmünzen.

Sardinien, Königreich.

Sardinische (Insel):

Karolin vom Jahre 1773, Französische Probe . . . .
Halbe, nach Verhältniß.
Dopiette vom Jahre 1773, desgleichen . . . .

Neuere Münzen:

Doppien zu 100 Lire nuove (seit 1832), gesetzmäßig . . . .
Doppien zu 80 Lire nuove (seit 1816), gesetzmäßig . . . .
Doppien zu 50 Lire nuove (seit 1832), gesetzmäßig . . . .
Doppien zu 40 Lire nuove (seit 1816), gesetzmäßig . . . .
Doppien zu 20 Lire nuove (Marengos unter Französ. Herrschaft), gesetzmäßig . . . .
Doppiette zu 10 Lire nuove (seit 1832), gesetzmäßig . . . .

Schwarzburg-Rudolstadt.

Ducaten . . . .

Schweden.

Seit 1777, bestätigt durch das Gesetz vom 25. Juni 1830:

Vier-Ducaten, gesetzmäßig . . . .
Zwei-Ducaten, desgleichen . . . .
Ducaten, desgleichen . . . .

Nach den Gesetzen vom 9. Mai 1835 und 23. Mai 1845:

Vier-Ducaten-Stücke . . . .
Zwei-Ducaten-Stücke . . . .
Ducaten . . . .
Neue vierfache Ducaten vom Jahre 1839, befunden . . . .
Neue einfache Ducaten vom Jahre 1838, befunden . . . .
Ein Ducaten vom Jahre 1843, befunden . . . .
Ein Ducaten vom Jahre 1846, befunden . . . .
Ducaten, nach süddeutscher Probe . . . .

Schweiz.

Im Allgemeinen, als Helvetische Republik:

Doppelpistole à 32 Franken, vom Jahre 1800, Französische Probe . .
Pistole à 16 Franken, vom Jahre 1800, Französische Probe . . . . .

Nach dem Münzgesetz vom Jahre 1818:

Pistolen, doppelte . . . .
= einfache . . . .

Auf 1 Köln. Mark Brutto gehen:	Gewicht von 1 Stück in	Feingehalt.		Auf 1 Köln. Mark fein Gold gehen:	Werth eines Stückes in gesetzmäßigen Preuß. Friedrichsd'or à 5 Thlr. Gold.	à 5⅔ Thlr. Courant.		
Stück.	Holl. Aß.	Kar.	Grän.	Stück.	Thlr. Gold.	Thl.	Sgr.	Pf.
14,579	333,63	21	$4\frac{1}{4}$	16,385	11,83071	13	12	2,9
73,378	66,29	21	$4\frac{1}{4}$	82,470	2,35050	2	19	11,0
7,2495	670,94	21	7,2	8,0550	24,06525	27	8	2,6
9,062	536,73	21	7,2	10,0688	19,25220	21	24	6,9
14,499	335,47	21	7,2	17,1100	12,03262	13	19	1,3
18,124	268,37	21	7,2	20,1376	9,62610	10	27	3,4
36,248	134,18	21	7,2	40,275	4,81305	5	13	7,7
72,495	67,09	21	7,2	80,550	2,40652	2	21	9,9
67	72,6	23	6	68,426	2,83293	3	6	3,8
$16\frac{25}{32}$	289,84	23	5	17,1993	11,27058	12	23	2,4
$33\frac{9}{16}$	144,92	23	5	34,398	5,63529	6	11	7,2
$67\frac{1}{8}$	72,46	23	5	68,797	2,81765	3	5	9,6
16,7726	290,00	23	$4\frac{40}{41}$	17,1919	11,27543	12	23	4,4
33,5452	145,00	23	$4\frac{40}{41}$	34,3838	5,63771	6	11	8,2
67,0904	72,50	23	$4\frac{40}{41}$	68,7677	2,81885	3	5	10,1
16,794	18,10	23	$4\frac{7}{8}$	17,220	11,25703	12	22	8,9
67,178	72,40	23	$4\frac{7}{8}$	68,882	2,81416	3	5	8,2
67,227	72,35	23	$4\frac{1}{2}$	69,024	2,80837	3	5	5,8
67,227	72,35	23	$5\frac{1}{8}$	68,871	2,81462	3	5	8,3
67,072	72,52	23	$4\frac{1}{4}$	68,927	2,81234	3	5	7,4
15,341	317,06	21	$7\frac{1}{2}$	17,026	11,38530	12	27	1,2
30,791	157,97	21	7	34,239	5,66156	6	12	5,9
15,2879	318,17	21	7,2	16,986	11,41211	12	28	0,1
30,575	159,08	21	7,2	33,972	5,70606	6	14	0,1

Goldmünzen.

Schweiz.

Basel.

Alte Goldgulden ohne Jahrzahl, Französische Probe . . . .
Alte Ducaten ohne Jahrzahl, Französische Probe . . . .
Pistole zu 16 Schweizer Franken, von 1795, Französische Probe . . .
Neue Pistolen zu 16 Franken, gesetzmäßig . . . .
Neue Ducaten, gesetzmäßig . . . .

Bern.

Achtfache Ducaten von 1796, Französische Probe . . . .
Sechsfache und vierfache, nach Verhältniß.
Doppelte Ducaten von 1796, Französische Probe . . . .
Doppelter Ducaten von 1796, befunden . . . .
Ducaten von 1794, befunden . . . .
Ducaten, Französische Probe . . . .
Ducaten, ausgemünzt 1814 bis 1830 . . . .
Neue Ducaten, gesetzmäßig . . . .
Doppelte Pistolen von 1795 und 1798, Französische Proben . . . . .
Doppelte Pistole von 1796, befunden . . . .
Pistolen vom Jahre 1796, Französische Probe . . . .
Pistolen, ausgemünzt 1814 bis 1830 . . . .
Doppelte und halbe, nach Verhältniß.
Neue Pistolen zu 16 Schweizer Franken, gesetzmäßig . . . .

Genf.

Dreifache Pistolen von 1771, Französische Probe . . . .
Pistolen vom Jahre 1762, desgleichen . . . .

Luzern.

Doppelter Ducaten von 1714, befunden . . . .
Pistole von 1794, befunden . . . .
Pistolen vom Jahre 1794, Französische Probe . . . .
Doppelte, nach Verhältniß.

Sanct-Gallen.

Ducaten . . . .
Alter Ducaten von 1781, Französische Probe . . . .

Schwyz.

Ducaten vom Jahre 1781, Französische Probe . . . .

Solothurn.

Ducaten vom Jahre 1768 . . . .

Auf 1 Köln. Mark Brutto gehen:	Gewicht von 1 Stück in	Feingehalt.		Auf 1 Köln. Mark fein Gold gehen:	Werth eines Stückes in gesetzmäßigen Preuß. Friedrichsd'or à 5 Thlr. Gold.	à 5⅔ Thlr. Courant.		
Stück.	Holl. Aß.	Kar.	Grän.	Stück.	Thlr. Gold.	Thl.	Sgr.	Pf.
73,378	66,29	16	8	105,664	1,83455	2	2	4,5
73,378	66,29	21	11½	80,200	2,41763	2	22	2,1
30,573	159,09	21	4½	34,327	5,64705	6	12	0,0
30,575	159,08	21	7,2	33,972	5,70606	6	14	0,1
67 5/9	72	23	8	68,507	2,82958	3	6	2,5
8,467	574,46	23	5½	8,662	22,37891	25	10	10,6
34,129	142,52	23	5½	34,917	5,55163	6	8	9,1
33,898	143,49	23	5¾	34,650	5,59436	6	10	2,5
66,667	72,96	23	5½	68,206	2,84206	3	6	7,5
67,745	71,80	23	5½	69,309	2,79684	3	5	1,1
67,736	71,81	23	6	69,177	2,80217	3	5	3,3
67,000	72,6	23	6	68,426	2,83293	3	6	3,8
15,341	317,06	21	7½	17,026	11,38530	12	27	1,2
15,296	317,98	21	6½	17,042	11,37461	12	26	8,8
30,791	157,97	21	7½	34,172	5,67266	6	12	10,2
30,575	159,08	21	8	33,868	5,72358	6	14	7,2
30,575	159,08	21	7,2	33,972	5,70606	6	14	0,1
13,673	355,74	21	11	14,972	12,94724	14	20	2,5
41,150	118,20	21	10	45,234	4,28541	4	25	8,4
33,898	143,49	23	6½	34,558	5,60925	6	10	8,5
30,710	158,38	21	2¾	34,718	5,58337	6	9	10,1
30,791	157,97	21	7¼	34,206	5,66702	6	12	8,1
67	72,6	23	6	68,426	2,83293	3	6	3,8
68,801	70,70	22	9½	72,448	2,67566	3	0	11,7
67,745	71,80	22	6	72,261	2,68258	3	1	2,5
67,745	71,80	23	6	68,761	2,81913	3	5	10,2

Goldmünzen.

Schweiz.

Solothurn.

Pistolen, Französische Proben . . . .
Doppelte und halbe, nach Verhältniß.
Doppelte Pistole von 1798, befunden . . . .
Pistole von 1797, befunden . . . .
Halbe Pistole von 1813, befunden . . . .
Neue Pistolen, gesetzmäßig . . . .

Zürich.

Ducaten von 1775 und 1776, nach mehreren Proben . . . .
Doppelte und halbe, nach Verhältniß.

Sicilien (Königreich beider).

Aeltere Münzen von Neapel:

6 Ducati-Stück von 1767, Französische Probe . . . .
" " " von 1768 und 1772, Französische Proben . . . . . .
" " " von 1783, desgleichen . . . .
4 " " von 1767 und 1770, desgleichen . . . .
2 " " von 1762, desgleichen . . . .

Unter König Joachim (1809—1813):

40 Lire-Stücke, gesetzmäßig . . . .
20 Lire-Stücke, desgleichen . . . .

Aeltere Münzen von Sicilien:

Doppelte Oncia von 1753, Französische Probe . . . .
" von 1758, Englische Probe . . . .
Oncia von 1734 und 1741, Französische Proben . . . .
" von 1751, desgleichen . . . .

Neuere Münzen des Königreichs nach dem Gesetz vom 20. April 1818:

10 Oncette-Stücke zu 30 Ducati, gesetzmäßig . . . .
10 Oncette-Stücke, Oesterreichische Proben . . . .
5 Oncette-Stücke zu 15 Ducati, gesetzmäßig . . . .
5 Oncette-Stücke, Oesterreichische Proben . . . .
2 Oncette-Stücke zu 6 Ducati, gesetzmäßig . . . .
Oncette zu 3 Ducati, gesetzmäßig . . . .
Oncetta vom Jahre 1818, Englische Probe . . . .
Oncette-Stücke, Oesterreichische Proben . . . .

Auf 1 Köln. Mark Brutto gehen:	Gewicht von 1 Stück in	Feingehalt.		Auf 1 Köln. Mark fein Gold gehen:	Werth eines Stückes in gesetzmäßigen Preuß. Friedrichsd'or à 5 Thlr. Gold.	à 5⅔ Thlr. Courant.		
Stück.	Holl. As.	Kar.	Grän.	Stück.	Thlr. Gold.	Thl.	Sgr.	Pf.
30,573	159,09	21	6¾	34,029	5,69650	6	13	8,2
15,340	317,07	21	6¾	17,075	11,35296	12	26	0,0
30,888	157,47	21	6¼	34,446	5,62749	6	11	4
60,606	80,25	21	6½	67,523	2,87079	3	7	7,3
30,575	159,08	21	7,2	33,972	5,70606	6	14	0,1
67,745	71,80	23	6	68,761	2,81913	3	5	10,2
26,520	183,41	20	3½	31,366	6,18014	7	—	1,5
26,684	182,28	20	4	31,496	6,15463	6	29	3,1
26,520	183,41	21	5¼	29,690	6,52900	7	11	11,8
39,670	122,61	20	4	46,824	4,13989	4	20	9,1
81,540	59,65	20	3¾	96,343	2,01204	2	8	4,9
18,124	268,37	21	7,2	20,1376	9,62610	10	27	3,4
36,248	134,18	21	7,2	40,275	4,81305	5	13	7,7
26,362	184,51	20	6	30,863	6,28086	7	3	6,2
26,346	184,62	20	6	30,844	6,28473	7	3	8,2
53,052	91,68	21	5	59,451	3,26060	3	20	10,3
53,052	91,68	20	7½	61,733	3,14007	3	16	9,1
6,1756	787,62	23	10,85	6,2004	31,26349	35	12	11,5
6,192	785,53	23	10¾	6,219	31,16999	35	9	9,3
12,351	393,81	23	10,85	12,401	15,63174	17	21	5,7
12,400	392,25	23	10¾	12,454	15,56497	17	19	2,5
30,878	157,52	23	10,85	31,002	6,25270	7	2	7,1
61,756	78,76	23	10,85	62,004	3,12635	3	16	3,5
61,962	78,50	23	10½	62,286	3,11219	3	15	9,8
62,025	78,42	23	10¾	62,295	3,11174	3	15	9,6

Goldmünzen.

Spanien.

Aeltere Münzen von 1730 bis 1772:

Vierfache Pistolen, Quadruples, gesetzmäßig . . . .
Zweifache, nach Verhältniß.
Quadruples von 1756 und 1762, Französische Proben . . . .
= von 1740, 1751, 1756, 1761 und 1767, Franz. Proben .
= vor 1772, Englische Angabe . . . .
Doppelte und einfache Pistolen, nach Verhältniß.
Pistolen, gesetzmäßig . . . .
= nach gewöhnlicher Annahme . . . .
Halbe, nach Verhältniß.
Escudillo de oro, Goldpiaster, Französische Probe . . . .

Aeltere Münzen, nach dem Gesetz vom 29. Mai 1772:

Vierfache Pistolen, Quadruples, gesetzmäßig . . . .
Doppelte Pistolen, nach Verhältniß.
Pistolen, gesetzmäßig . . . .
Halbe Pistolen, nach Verhältniß.
Quadruple vom Jahre 1785, Französische Probe . . . .
= vom Jahre 1772, Englische Probe . . . .
Doppelte und einfache Pistolen, nach Verhältniß.
Escudillo de oro von 1772, Englische Probe . . . .

Münzen seit 1786:

Onzas de oro, Quadruples, gesetzmäßig . . . .
$\frac{1}{2}$ Onzas, Doblons de a ocha, gesetzmäßig . . . .
$\frac{1}{4}$ Onzas, Doblons, Pistolen, desgleichen . . . .
$\frac{1}{8}$ Onzas, Escudos de oro, desgleichen . . . .
Escudillos de oro, coronillas, Goldpiaster, gesetzmäßig . . . .
Quadruples von 1790, 1791, 1792, Französische Proben . . . .
Ein Quadruple vom Jahre 1793, Französische Probe . . . .
= = vom Jahre 1801, Englische Probe . . . .
Doppelte und einfache Pistolen, nach Verhältniß.
Ein Quadruple von 1812, befunden . . . .

Neueste Münzen, nach dem Gesetz vom 31. Mai 1847:

Isabellinos zu 100 Realen . . . .
Doppelte und halbe, nach Verhältniß.

Auf 1 Köln. Mark Brutto gehen:	Gewicht von 1 Stück in	Feingehalt.		Auf 1 Köln. Mark fein Gold gehen:	Werth eines Stückes in gesetzmäßigen Preuß. Friedrichsd'or à 5 Thlr. Gold.	à 5⅔ Thlr. Courant.		
Stück.	Holl. Aß.	Kar.	Grän.	Stück.	Thlr. Gold.	Thl.	Sgr.	Pf.
8,6409	562,90	22	—	9,4264	20,56418	23	9	2,2
8,6671	561,20	22	—	9,4550	20,50197	23	7	0,9
8,6671	561,20	21	9¾	9,5363	20,32719	23	1	1,4
8,6657	561,29	21	7½	9,6174	20,15577	22	25	3,6
34,564	140,72	22	—	37,7056	5,14104	5	24	9,5
34,667	140,32	21	9	38,253	5,06748	5	22	3,5
133,40	36,46	21	6	148,910	1,30177	1	14	3,1
8,6409	562,90	21	6	9,6457	20,09664	22	23	3,4
34,564	140,72	21	6	38,583	5,02413	5	20	9,8
8,6671	561,20	21	5¼	9,7031	19,97775	22	19	2,9
8,6657	561,29	21	5¼	9,7015	19,98105	22	19	4,3
133,68	36,38	21	3	150,980	1,28392	1	13	7,8
8,6409	562,90	21	—	9,8753	19,62939	22	7	4,8
17,282	281,45	21	—	19,7506	9,81470	11	3	8,4
34,564	140,72	21	—	39,501	4,90735	5	16	10,2
69,127	70,36	21	—	79,003	2,45366	2	23	5,1
133,840	36,34	20	4½	157,652	1,22958	1	11	9,7
8,6671	561,20	20	10	9,9845	19,41471	22	0	1,2
8,6671	561,20	20	6	10,1468	19,10417	21	19	6,5
8,6552	561,97	20	9	10,0108	19,36370	21	28	4,4
8,624	564,00	20	8	10,0150	19,35558	21	28	1,1
28,998	167,73	21	7,2	32,2201	6,01631	6	24	6,6

Goldmünzen.

Südamerikanische Freistaaten.

Chile.

Onzas seit 1835, im Durchschnitt nach Nordamerik. Untersuchungen .

Columbien.

Onza de oro, 8 Escudos de oro (Bogota) vom J. 1822, befunden .

$\frac{1}{4}$ Onza de oro vom J. 1823 (Popayan), befunden . . . .

Onzas von 1823 bis 1837 (Bogota), im Durchschnitt nach Nordamerikanischen Untersuchungen . . . .

Onzas von 1823 bis 1836 (Popayan), im Durchschnitt nach Nordamerikanischen Untersuchungen . . . .

Ecuador (Quito).

$\frac{1}{2}$ Onzas von 1836, nach Nordamerik. Untersuchungen . . . .
$\frac{1}{4}$ und $\frac{1}{8}$ Onza, nach Verhältniß.

Mittel-Amerika.

Onza von 1833, nach Nordamerik. Untersuchungen . . . .

Peru.

Onzas aus der Münzstätte zu Lima, von 1826 bis 1833, nach Nordamerikanischen Untersuchungen . . . .

Onzas aus der Münzstätte zu Cuzco, von 1826 bis 1833, nach Nordamerikanischen Untersuchungen . . . .

Onza (Cuzco) von 1837, nach Nordamerik. Untersuchungen . . . . .

Toscana.

80 Fiorini, gesetzmäßig . . . .
Rusponi zu 40 Lire, 60 Paoli oder 24 Fiorini, gesetzmäßig . . . . .
Rusponi von 1746, 1754, 1760, 1798, Französische Proben . . . . .
= Englische Proben . . . .
Ruspone des Königreichs Etrurien, Englische Probe . . . .
Zecchini zu $13\frac{1}{3}$ Lire, 20 Paoli oder 8 Fiorini, gesetzmäßig . . . .
Zecchini von verschiedenen Jahren, Französische Proben . . . .
Zecchini, Englische Proben . . . .

Türkei.

Fonduk-Zechine vom Jahre 1773, Englische Probe . . . .

Auf 1 Köln. Mark Brutto gehen:	Gewicht von 1 Stück in	Feingehalt.		Auf 1 Köln. Mark fein Gold gehen:	Werth eines Stückes in gesetzmäßigen Preuß. Friedrichsd'or à 5 Thlr. Gold.	à 5⅔ Thlr. Courant.		
Stück.	Holl. Aß.	Kar.	Grän.	Stück.	Thlr. Gold.	Thl.	Sgr.	Pf.
8,655	561,99	20	11	9,931	19,51929	22	3	7,8
8,6425	562,80	20	8¾ G	10,0062	19,37260	21	28	8,0
		3	3¼ S	—	—	—	6	6,5
36,5715	133,00	15	¾ G	58,2716	3,32660	3	23	1,2
		8	3 S	—	—	—	3	10,8
8,660	561,66	20	10½	9,956	19,47028	22	1	11,9
8,666	561,27	20	7	10,104	19,18509	21	22	3,5
17,269	281,66	20	3	20,467	9,47115	10	22	0,2
8,655	561,99	20	—	10,386	18,66418	21	4	7,0
8,666	561,27	20	9½	10,003	19,37880	21	28	10,5
8,666	561,27	20	10¾	9,961	19,46053	22	1	7,9
8,666	561,27	20	9½	10,003	19,37880	21	28	10,5
7,1695	678,43	24	—	7,1695	27,03761	30	19	3,3
22,350	217,63	24	—	22,350	8,67321	9	24	10,7
22,462	216,54	23	11	22,540	8,60010	9	22	4,8
22,383	217,31	23	11¼	22,441	8,63804	9	23	8,3
22,383	217,31	23	11½	22,422	8,64536	9	23	11,4
67,050	72,54	24	—	67,050	2,89107	3	8	3,5
67,745	71,80	23	11½	67,915	2,85425	3	7	0,5
67,149	72,43	23	11¼	67,324	2,87930	3	7	10,7
67,149	72,43	19	4½	83,178	2,33050	2	19	2,8

Goldmünzen.

Türkei.

Fonduk-Zechine vom Jahre 1789, Englische Probe . . . .
" " desgleichen . . . .
½ Fonduk-Zechine von 1789, Französische Probe . . . .
Rebia, ¼ Fonduk, Englische Probe . . . .
Einige Rebias, befunden . . . .
Zermahbub-Zechine, Stambul, vom J. 1789, Englische Probe . . .
Zermahbub-Zechine, Stambul, vom J. 1789, Französische Probe . .
Zermahbub-Zechine von Cairo, Misri vom J. 1789, Englische Probe
Halber Misri (Cairo) vom Jahre 1818, Englische Probe . . . .
Jermibeshlek, Englische Probe . . . .
Onikilik zu 12 Piaster vom Jahre 1824, Holländische Probe . . . .
40-Piaster-Stücke aus dem Jahre 1827, Oesterreichische Proben . .
20-Piaster-Stücke aus dem Jahre 1827, Oesterreichische Proben . .
Neue dergleichen Stücke, im Jahre 1834, befunden . . . .
10-Piaster-Stücke, nach Verhältniß.
Ein Memduchieh Rubieh zu 5 Piaster vom Jahre 1834, Holländische Probe . . . .
20-Piaster-Stücke vom J. 1840, nach Nordamerik. Untersuchungen .
10-Piaster-Stücke vom J. 1840, nach Nordamerik. Untersuchungen .
5-Piaster-Stücke vom J. 1840, nach Nordamerik. Untersuchungen .

Neueste Münzen.

100-Piaster-Stücke, gesetzmäßig . . . .
100-Piaster-Stücke, aus dem J. 1845, 2 Stück befunden . . . . . .
50-Piaster-Stücke, gesetzmäßig . . . .
50-Piaster-Stücke, aus dem J. 1846, 2 Stück befunden . . . . . .

Ungarn, s. Oesterreich.

Venedig (ehemaliger Freistaat).

Scudo d'oro, Goldkrone, Französische Probe . . . .
Halber Scudo d'oro, desgleichen . . . .
Osella d'oro vom Jahre 1783, desgleichen . . . .
Zecchinen, desgleichen . . . .
Halbe Zecchinen, desgleichen . . . .
Viertel Zecchinen, nach Verhältniß.
Ducato d'oro, Goldducat, Französische Probe . . . .
Doppia oder Pistole . . . .
(Die neueren Münzen s. Lombard. Venetian. Königreich.)

Auf 1 Köln. Mark Brutto gehen:	Gewicht von 1 Stück in	Feingehalt.		Auf 1 Köln. Mark fein Gold gehen:	Werth eines Stückes in gesetzmäßigen Preuß. Friedrichsd'or à 5 Thlr. Gold.	à $5\frac{2}{3}$ Thlr. Courant.		
Stück.	Holl. Aß.	Kar.	Grän.	Stück.	Thlr. Gold.	Thl.	Sgr.	Pf.
67,149	72,43	19	$2\frac{1}{4}$	83,991	2,30794	2	18	5,6
68,100	71,42	19	3	84,904	2,28312	2	17	7,5
141,980	34,25	19	3	177,025	1,09502	1	7	2,8
288,742	16,84	19	$2\frac{1}{4}$	361,162	0,53645	—	18	3,0
292,571	16,62	19	2	366,350	0,52913	—	17	11,9
100,258	48,51	19	3	124,997	1,55081	1	22	9,5
100,067	48,60	19	3	124,759	1,55376	1	22	9,9
91,956	52,89	16	$4\frac{1}{2}$	134,775	1,43829	1	18	10,8
197,769	24,59	16	$1\frac{1}{2}$	297,117	0,65242	—	22	2,2
48,939	99,39	22	$10\frac{1}{2}$	51,346	3,77529	4	8	4,3
144,355	33,69	19	11	173,951	1,11437	1	7	10,7
65,016	74,81	21	—	74,304	2,60882	2	28	8,4
131,282	37,05	21	—	150,037	1,29199	1	13	11,1
130,280	37,33	20	$11\frac{1}{4}$	149,336	1,29804	1	14	1,6
581,007	8,37	20	—	697,209	0,27803	—	9	5
147,317	33,01	19	$11\frac{1}{2}$	177,150	1,09425	1	7	2,45
288,742	18,84	19	$11\frac{1}{2}$	347,214	0,55829	—	18	11,77
555,273	8,67	19	$11\frac{1}{2}$	667,718	0,29031	—	9	10,45
32,408	150,09	21	11,8	35,3810	5,47882	6	6	3,4
32,4478	149,90	21	$11\frac{1}{2}$	35,4647	5,46588	6	5	10,1
64,816	75,04	21	11,8	70,7620	2,73941	3	3	1,7
64,4667	75,45	21	$11\frac{3}{4}$	70,3940	2,75373	3	3	7,5
5,5802	871,65	23	10	5,6192	34,49711	39	2	10,8
11,1465	436,78	23	$11\frac{1}{4}$	11,1756	17,34548	19	19	9,0
16,741	290,54	23	$10\frac{1}{2}$	16,829	11,51858	13	1	7,6
67,745	71,80	23	$11\frac{1}{4}$	67,922	2,85395	3	7	0,4
137,562	35,36	23	$10\frac{3}{4}$	138,162	1,40304	1	17	8,4
107,372	45,30	23	$10\frac{3}{4}$	107,840	1,79753	2	1	1,4
34,671	140,29	21	9	38,258	5,06681	5	22	3,3

Goldmünzen.

Westphalen (ehemaliges Königreich).

10 Thalerstücke, doppelte Hieronimusd'or, in einer Valvation von 6000 Stück, befunden . . . .
5 Thalerstücke, nach Verhältniß.
20 Franken-Stücke, gesetzmäßig . . . .
10 Franken-Stücke vom Jahre 1813, desgleichen . . . .
5 Franken-Stücke vom Jahre 1813, desgleichen . . . .

Württemberg.

Aeltere Münzen:

Karolinen, gesetzmäßig . . . .
Halbe, nach Verhältniß.
Karolinen, befunden . . . .

Aeltere und neuere:

Ducaten, gesetzmäßig . . . .
Zehn-Guldenstück vom Jahre 1825, befunden . . . .

Würzburg, s. Bayern.

Auf 1 Köln. Mark Brutto gehen:	Gewicht von 1 Stück in	Feingehalt.		Auf 1 Köln. Mark fein Gold gehen:	Werth eines Stückes in gesetzmäßigen Preuß. Friedrichsd'or à 5 Thlr. Gold.	à 5⅔ Thlr. Courant.		
Stück.	Holl. Aß.	Kar.	Grän.	Stück.	Thlr. Gold.	Thl.	Sgr.	Pf.
17,6179	276,08	21	5¾	19,6855	9,84715	11	4	9,6
36,248	134,18	21	7,2	40,275	4,81305	5	13	7,7
72,496	67,09	21	7,2	80,550	2,40652	2	21	9,8
144,992	33,54	21	7,2	161,100	1,20326	1	10	10,9
24	202,67	18	6 G	31,135	6,22599	7	1	8 G
		3	6 S	—	—	—	2	8 S
24,453	198,91	18	6	31,723	6,11040	6	27	9,1
67	72,6	23	8	67,944	2,85303	3	7	—
35,026	138,87	21	5¼	39,213	4,94341	5	18	0,9

Silbermünzen.

Aegypten.

Nach Nordamerikanischen Untersuchungen:

20 Piasterstück (Real) vom Jahre 1839 . . . .
10 Piasterstück (Nusf) vom Jahre 1839 . . . .
5 Piasterstück (Ruba) vom Jahre 1836 . . . .
1 Piaster (Gersch) vom Jahre 1839 . . . .
½ Piaster (20 Paras) und ¼ Piaster (10 Paras), nach Verhältniß.
(Siehe auch die Türkei.)

Algier.

Von älteren Landesmünzen noch:

Buschus oder Budjuks . . . .
Neuere: Die Französischen.

Anhalt-Bernburg.

Aeltere Münzen, gesetzmäßig:

Species-Thaler im Convent.-Fuß . . . .
Halbe Species-Thaler à 16 Ggr. . . . .
Viertel Species-Thaler à 8 Ggr. . . . .
4 Ggr.-Stücke . . . .
2 Ggr.-Stücke . . . .
1 Ggr.-Stücke . . . .

Neuere Münzen, gesetzmäßig:

Vereinsmünze zu 2 Thlr. oder 3½ Fl. (1840), nach d. Convent. vom 30. Juli 1838 . . . .
Ausbeute-Thaler vom Jahre 1834. . . . .

Scheidemünze vom Jahre 1840:

Gute Groschen, $\frac{1}{24}$ Thlr. { Realwerth . . . .
Gute Groschen, $\frac{1}{24}$ Thlr. { Nominalwerth . . . .
Sechser, $\frac{1}{48}$ Thlr. { Realwerth . . . .
Sechser, $\frac{1}{48}$ Thlr. { Nominalwerth . . . .

Anhalt-Cöthen.

Vereinsmünze zu 2 Thlr. oder 3½ Fl. (1840), nach d. Convent. vom 30. Juli 1838 . . . .

Anhalt-Dessau.

Vereinsmünze zu 2 Thlr. oder 3½ Fl. (1839), nach d. Convent. vom 30. Juli 1838 . . . .

Auf 1 Köln. Mark Brutto gehen:	Feingehalt.		Auf 1 Köln. Mark fein Silber gehen:	Werth eines Stückes im 13⅓ Thlr. oder 20 Fl. Fuß.	24½ Fl. Fuß.			14 Thlr. Fuß oder in Pr. Courant.		
Stück.	Lth.	Grän.	Stück.	Thlr.	Fl.	Kr.	Pf.	Thl.	Sgr.	Pf.
8,394	13	5½	10,094	1,32092	2	25	2,5	1	11	7,30
16,787	13	4¼	20,292	0,65707	1	12	1,8	—	20	8,37
33,575	13	9½	39,711	0,33576	—	37	0,1	—	10	6,92
171,870	13	7	205,388	0,06492	—	7	0,6	—	2	0,54
—	—	—	28,87	0,46184	—	50	3,7	—	14	6,57
8⅓	13	6	10	1,33333	2	27	—	1	12	—
16⅔	13	6	20	0,66667	1	13	2	—	21	—
33⅓	13	6	40	0,33333	—	36	3	—	10	6
43⅓	8	12	80	0,16667	—	18	1,5	—	5	3
70	7	—	160	0,08333	—	9	0,7	—	2	7,5
117 7/9	5	16	320	0,04167	—	4	2,3	—	1	3,75
6,3	14	7,2 *	7	1,90476	3	30	—	2	—	—
10,5	12	— *	14	0,95238	1	45	—	1	—	—
144	6	— *	384	0,03472	—	3	3,3	—	1	1,1
—	—	—	—	0,03968	—	4	1,5	—	1	3
288	6	— *	768	0,01736	—	1	3,6	—	—	6,6
—	—	—	—	0,01984	—	2	0,7	—	—	7,5
6,3	14	7,2 *	7	1,90476	3	30	—	2	—	—
6,3	14	7,2 *	7	1,90476	3	30	—	2	—	—

Silbermünzen.

Baden.

Von 1819 bis 1827, gesetzmäßig:

2 Guldenstücke . . . .
1 Guldenstücke . . . .

Scheidemünze:

6 Kreuzerstücke { Realwerth . . . .
Nominalwerth . . . .
3 Kreuzerstücke { Realwerth . . . .
Nominalwerth . . . .

Vom Jahre 1828 an, gesetzmäßig:

1 Thalerstücke à 100 Kreuzer . . . .
$\frac{1}{2}$ dergleichen à 50 Kreuzer . . . .
$\frac{1}{4}$ dergleichen à 25 Kreuzer . . . .
$\frac{1}{10}$ dergleichen à 10 Kreuzer . . . .
$\frac{1}{20}$ dergleichen à 5 Kreuzer . . . .
$\frac{3}{100}$ dergleichen à 3 Kreuzer . . . .

Von 1831 bis 1837 und vor 1819:

Kronenthaler à 2 Fl. 42 Kreuzer, gesetzmäßig . . . .

Nach der Convention vom 25. August 1837:

Ein-Guldenstücke, gesetzmäßig . . . .
Halbe Guldenstücke, desgleichen . . . .

Scheidemünze, gesetzmäßig:

6 Kreuzerstücke { Realwerth . . . .
Nominalwerth . . . .
3 Kreuzerstücke { Realwerth . . . .
Nominalwerth . . . .

Nach der Convention vom 30. Juli 1838:

Vereinsmünzen à $3\frac{1}{2}$ Gulden oder 2 Thaler . . . .

Nach der Convention vom 27. März 1845:

Zweiguldenstücke . . . .

Bayern.

Aeltere Münzen:

Conv. Speciesthaler, auch Geschichtsthaler, gesetzmäßig . . . .
Halbe Conv. Speciesthaler, desgleichen . . . .
Kopfstücke à 24 Kreuzer { gesetzmäßig . . . .
Umlaufswerth . . . .
Halbe Kopfstücke à 12 Kreuzer { gesetzmäßig . . . .
Umlaufswerth . . . .

Auf 1 Köln. Mark Brutto gehen:	Feingehalt.		Auf 1 Köln. Mark fein Silber gehen:	Werth eines Stückes im 13⅓ Thlr. oder 20 Fl. Fuß.	24½ Fl. Fuß.			14 Thlr. Fuß oder in Pr. Courant.		
Stück.	Lth.	Grän.	Stück.	Thlr.	Fl.	Kr.	Pf.	Thl.	Sgr.	Pf.
$9\frac{3}{16}$	12	—	12,25	1,08844	2	—	—	1	4	3,4
$18\frac{3}{8}$	12	—	24,50	0,54422	1	—	—	—	17	$1\frac{5}{7}$
105	6	—	280	0,04762	—	5	0,4	—	1	6
—	—	—	—	0,05442	—	6	—	—	1	$8\frac{4}{7}$
$187\frac{1}{2}$	5	—	600	0,02222	—	2	1,8	—	—	8,4
—	—	—	—	0,02721	—	3	—	—	—	$10\frac{2}{7}$
$12\frac{39}{44}$	14	—	14,7273	0,90535	1	39	3,3	—	28	6,2
$25\frac{34}{44}$	14	—	29,4545	0,45267	—	49	3,6	—	14	3
$51\frac{24}{44}$	14	—	58,909	0,22634	—	24	3,8	—	7	1,5
84	8	—	168	0,07936	—	8	3	—	2	6
126	6	—	336	0,03968	—	4	1,5	—	1	3
210	6	—	560	0,02381	—	2	2,5	—	—	9
$7\frac{731}{792}$	13	17	$9\frac{1}{11}$	1,46667	2	41	2,8	1	16	2,4
22,05	14	7,2 *	24,5	0,54422	1	—	—	—	17	$1\frac{5}{7}$
44,10	14	7,2 *	49	0,27211	—	30	—	—	8	$6\frac{6}{7}$
90	5	6 *	270	0,04938	—	5	1,8	—	1	$6\frac{2}{3}$
—	—	—	—	0,05442	—	6	—	—	1	$8\frac{4}{7}$
180	5	6 *	540	0,02469	—	2	2,9	—	—	$9\frac{1}{3}$
—	—	—	—	0,02721	—	3	—	—	—	$10\frac{2}{7}$
6,3	14	7,2 *	7	1,90476	3	30	—	2	—	—
11,025	14	7,2 *	12,25	1,08844	2	—	—	1	4	$3\frac{3}{7}$
$8\frac{1}{3}$	13	6	10	1,33333	2	27	—	1	12	—
$16\frac{2}{3}$	13	6	20	0,66667	1	13	2	—	21	—
35	9	6	60	0,22222	—	24	2	—	7	—
—	—	—	61,25	0,21769	—	24	—	—	6	10,3
60	8	—	120	0,11111	—	12	1	—	3	6
—	—	—	122,5	0,10884	—	12	—	—	3	5,1

Silbermünzen.

Bayern.

Scheidemünze, gesetzmäßig:

6 Kreuzerstücke { Realwerth ....
6 Kreuzerstücke { Nominalwerth ....
1 Kreuzerstücke { Realwerth ....
1 Kreuzerstücke { Nominalwerth ....
Kronenthaler à 2 Gulden 42 Kreuzer, gesetzmäßig ....

Nach der Convention vom 25. August 1837:

Ein-Guldenstücke, gesetzmäßig ....
Halbe Guldenstücke, desgleichen ....

Scheidemünze, gesetzmäßig:

6 Kreuzerstücke { Realwerth ....
6 Kreuzerstücke { Nominalwerth ....
3 Kreuzerstücke { Realwerth ....
3 Kreuzerstücke { Nominalwerth ....
Seit 1839: Kreuzer { Realwerth ....
Seit 1839: Kreuzer { Nominalwerth ....

Nach der Convention vom 30. Juli 1838:

Vereinsmünzen à 3½ Gulden oder 2 Thaler ....
Hiernach auch Geschichtsthaler zu 3½ Gulden.

Nach der Convention vom 27. März 1845:

Zwei-Guldenstücke ....

Belgien.

Nach dem Gesetz vom 5. Juni 1832:

5 Franken-Stücke ....
2 Franken-Stücke ....
1 Frank-Stücke ....
½ Frank-Stücke, 50 Centimen ....
¼ Frank-Stücke, 25 Centimen ....

Nach dem Gesetz vom 31. März 1847:

2½ Franken-Stücke ....

(S. auch Niederlande.)

Bolivia, s. Südamerikanische Freistaaten.

Brasilien.

Piaster, neue Doppel-Crusaden (umgeprägte Spanische oder Amerikanische Piaster) à 960 Reïs ....
Doppel-Patacas à 640 Reïs, alte, Französische Proben ....

Auf 1 Köln. Mark Brutto gehen:	Feingehalt.		Auf 1 Köln. Mark fein Silber gehen:	Werth eines Stückes im 13⅓ Thlr. oder 20Fl.Fuß	24½ Fl.Fuß.			14 Thlr.Fuß oder in Pr. Courant.		
Stück.	Lth.	Grän.	Stück.	Thlr.	Fl.	Kr.	Pf.	Thl.	Sgr.	Pf.
$86\frac{2}{3}$	5	6	260	0,05128	—	5	2,6	—	1	7,4
—	—	—	—	0,05442	—	6	—	—	1	$8\frac{4}{7}$
$303\frac{3}{4}$	3	—	1620	0,00823	—	—	3,6	—	—	3,1
—	—	—	—	0,00907	—	1	—	—	—	$3\frac{3}{7}$
$7\frac{11}{12}$	13	17	$9\frac{21}{251}$	1,46784	2	41	3,3	1	16	2,8
22,05	14	7,2 *	24,5	0,54422	1	—	—	—	17	$1\frac{5}{7}$
44,10	10	7,2 *	49	0,27211	—	30	—	—	8	$6\frac{6}{7}$
90	5	6 *	270	0,04938	—	5	1,8	—	1	$6\frac{2}{3}$
—	—	—	—	0,05442	—	6	—	—	1	$8\frac{4}{7}$
180	5	6 *	540	0,02469	—	2	2,9	—	—	$9\frac{1}{3}$
—	—	—	—	0,02721	—	3	—	—	—	$10\frac{2}{7}$
280	2	12 *	1680	0,00794	—	—	3,5	—	—	3
—	—	—	—	0,00907	—	1	—	—	—	$3\frac{3}{7}$
6,3	14	7,2 *	7	1,90476	3	30	—	2	—	—
11,025	14	7,2 *	12,25	1,08844	2	—	—	1	4	$3\frac{3}{7}$
9,354	14	7,2 *	10,394	1,28284	2	21	1,7	1	10	4,91
23,386	14	7,2 *	25,984	0,51314	—	56	2,3	—	16	1,97
46,771	14	7,2 *	51,968	0,25657	—	28	1,1	—	8	0,98
93,542	14	7,2 *	103,936	0,12828	—	14	0,6	—	4	0,49
187,084	14	7,2 *	207,871	0,06414	—	7	0,3	—	2	0,24
18,708	14	7,2 *	20,787	0,64142	1	10	2,9	—	20	2,46
$8\frac{2}{3}$	14	6	9,674	1,37821	2	31	3,8	1	13	4,96
12,328	14	12	13,449	0,99139	1	49	1,2	1	1	2,7

Silbermünzen.

Brasilien.

Doppel-Patacas à 600 Reïs vom Jahre 1755, Französische Probe .
Dergleichen à 640 Reïs vom Jahre 1768, Französische Probe ....
Dergleichen à 640 Reïs vom Jahre 1801, Französische Probe ....
Neue Crusaden à 480 Reïs, Französische Proben ....
Dergleichen à 480 Reïs, Französische Proben ....
Patacas à 320 Reïs, Französische Probe ....
Halbe Crusaden à 240 Reïs, desgleichen................
160 und 80 Reïs-Stücke, nach Verhältniß.
80 Reïs-Stück vom Jahre 1816, befunden ....

Neuere Münzen:

1200 Reïs-Stück vom Jahre 1834, befunden ....
1200 Reïs-Stücke vom Jahre 1837, nach Nordamerikan. Unters. ..
800 Reïs-Stücke vom Jahre 1838, nach Nordamerikan. Unters. ..
400 Reïs-Stück vom Jahre 1834, befunden ....
400 Reïs-Stücke vom Jahre 1837, nach Nordamerikan. Unters. ..
200 Reïs-Stücke vom Jahre 1837, desgleichen.............
100 Reïs-Stück vom Jahre 1834, befunden ....
100 Reïs-Stücke vom Jahre 1837, nach Nordamerikan. Unters. ..

Braunschweig.

Aeltere Münzen:

Convent.-Speciesthaler, gesetzmäßig ....
⅔ Stücke nach dem Leipziger Fuß, gesetzmäßig............
½ Speciesthaler, Gulden, gesetzmäßig ....
¼ Speciesthaler à 8 Ggr., 12 Mariengroschen, gesetzmäßig ......
4 Ggroschen-Stücke, 6 Mariengroschen, gesetzmäßig..........
Dergleichen von 1764 bis 1804, befunden ....
Dergleichen vom Jahre 1814, befunden ....
2 Ggroschen-Stücke, 3 Mariengroschen, gesetzmäßig ....
Dergleichen von den Jahren 1764 bis 1806 und 1816 bis 1830, im Durchschnitt befunden...............
1 Ggroschen-Stücke, gesetzmäßig ....

Nach dem Münzgesetz vom 18. Dezember 1834:

Thalerstücke............................
⅙ Thalerstücke oder 4 Ggroschenstücke.................
Feine Gulden ....
Gulden.................................

Auf 1 Köln. Mark Brutto gehen:	Feingehalt.		Auf 1 Köln. Mark fein Silber gehen:	Werth eines Stückes im 13⅓ Thlr. oder 20 Fl. Fuß.	24½ Fl. Fuß.			14 Thlr. Fuß oder in Pr. Courant.		
Stück.	Lth.	Grän.	Stück.	Thlr.	Fl.	Kr.	Pf.	Thl.	Sgr.	Pf.
13,302	14	10	14,622	0,91187	1	40	2,1	—	28	8,7
13,182	14	9	14,546	0,91663	1	41	0,2	—	28	10,5
12,333	14	6	13,767	0,96850	1	46	3,1	1	—	6,1
16,127	14	6	18,002	0,74066	1	21	2,6	—	23	4
15,952	14	5½	17,841	0,74734	1	22	1,6	—	23	6,5
24,646	14	6	27,534	0,48425	—	53	1,5	—	15	3
32,376	14	6	36,141	0,36893	—	40	2,7	—	11	7,5
90	14	10½	98,743	0,13503	—	14	3,5	—	4	3
8,743	14	5 *	9,797	1,36096	2	30	0,2	1	12	10,4
8,718	14	4,5 *	9,789	1,36208	2	30	0,7	1	12	10,9
13,077	14	4,5 *	14,683	0,90806	1	40	0,5	—	28	7,2
26,186	14	5 *	29,344	0,45438	—	50	0,4	—	14	3,7
26,154	14	3 *	29,539	0,45138	—	49	3,1	—	14	2,6
52,308	14	3 *	59,077	0,22569	—	24	3,6	—	7	1,3
105,605	14	5 *	118,343	0,11266	—	12	1,7	—	3	6,6
104,616	14	3 *	118,155	0,11284	—	12	1,8	—	3	6,6
8⅓	13	6	10	1,33333	2	27	—	1	12	—
13½	12	—	18	0,74074	1	21	2,7	—	23	4
16⅔	13	6	20	0,66667	1	13	2	—	21	—
33⅓	13	6	40	0,33333	—	36	3	—	10	6
45	9	—	80	0,16667	—	18	1,5	—	5	3
45,88	8	17	82,07	0,16246	—	17	3,6	—	5	1,4
40,82	8	—	81,64	0,16332	—	18	—	—	5	1,7
70	7	—	160	0,08333	—	9	0,75	—	2	7,5
74,63	6	16	173,33	0,07692	—	8	1,9	—	2	5,1
120	6	—	320	0,04166	—	4	2,4	—	1	3,7
10½	12	— *	14	0,95238	1	45	—	1	—	—
43¾	8	6 *	84	0,15873	—	17	2	—	5	—
17⅞	15	16 *	18	0,74074	1	21	2,7	—	23	4
13½	12	— *	18	0,74074	1	21	2,7	—	23	4

Silbermünzen.

Braunschweig.

Scheidemünze:

1 Gutegroschen	Realwerth	. . . .
	Nominalwerth	. . . .
6 Pfennigstücke	Realwerth	. . . .
	Nominalwerth	. . . .

Bremen.

Nach der Verordnung vom Juli 1840:

36 Grotestücke oder halbe Gold-Thaler . . . .
12 Grotestücke oder $\frac{1}{6}$ Gold-Thaler . . . .
6 Grotestücke oder $\frac{1}{12}$ Gold-Thaler . . . .
1 Grotestücke oder $\frac{1}{72}$ Gold-Thaler . . . .

Chile,
Columbien, } s. Südamerikanische Freistaaten.

Dänemark.

Von den älteren Münzen kursiren noch:

$\frac{2}{3}$ Speciesthaler oder 40 Schillinge Courant . . . .
$\frac{1}{2}$ Speciesthaler oder 30 Schillinge Courant . . . .
$\frac{1}{3}$ Speciesthaler oder 20 Schillinge Courant . . . .
5 Stücke einen Thaler Species oder 4 Stücke einen Thaler Courant .
24 Schillinge Dänisch Courant . . . .
16 Schillinge Dänisch Courant, reducirt auf 15 Schillinge Courant .
12 Schillinge Dänisch Courant, reducirt auf 10 Schillinge . . . . . .
$\frac{1}{6}$ Thaler oder 1 Markstücke . . . .
8 Schillinge Dänisch Courant von verschiedenem Gehalt . . . .
2 Schillinge Dänisch Courant . . . .

Neuere Münzen seit 1813:

Ein Reichsthaler-Species, gesetzmäßig . . . .
$\frac{1}{2}$ Species oder 1 Reichsbank-Thaler, gesetzmäßig . . . .
$\frac{1}{6}$ Species oder 32 Reichsbank-Schillinge, gesetzmäßig . . . .
$\frac{1}{12}$ Species oder 16 Reichsbank-Schillinge, gesetzmäßig . . . .
$\frac{1}{24}$ Species oder 8 Reichsbank-Schillinge, gesetzmäßig . . . .

Scheidemünzen:

4 Reichsbank-Schillinge	Realwerth	. . . .
	Nominalwerth	. . . .
3 Reichsbank-Schillinge	Realwerth	. . . .
	Nominalwerth	. . . .

Auf 1 Köln. Mark Brutto gehen:	Feingehalt.		Auf 1 Köln. Mark fein Silber gehen:	Werth eines Stückes im 13⅓ Thlr. oder 20 Fl.Fuß.	24½ Fl.Fuß.			14 Thlr.Fuß oder in Pr. Courant.		
Stück.	Lth.	Grän.	Stück.	Thlr.	Fl.	Kr.	Pf.	Thl.	Sgr.	Pf.
120	5	— *	384	0,03472	—	3	3,3	—	1	1,13
—	—	—	—	0,03968	—	4	1,5	—	1	3
168	3	9 *	768	0,01736	—	1	3,6	—	—	6,56
—	—	—	—	0,01984	—	2	0,75	—	—	7,5
26⅔	15	14	27 3/71	0,49306	—	54	1,44	—	15	6,37
60	11	15	81 9/71	0,16435	—	18	0,48	—	5	2,12
120	11	15	162 18/71	0,08218	—	9	0,24	—	2	7,06
303¾	4	9	1080	0,01233	—	1	1,44	—	—	4,67
12 9/64	14	—	13,875	0,96096	1	45	3,8	1	—	3,3
16 3/16	14	—	18,5	0,72072	1	19	1,8	—	22	8,4
24 9/32	14	—	27,750	0,48048	—	52	3,9	—	15	1,6
31 51/64	11	—	46,250	0,28829	—	31	3,1	—	9	1
25½	9	—	45,333	0,29412	—	32	1,7	—	9	3,2
45	10	—	72	0,18518	—	20	1,7	—	5	10
60	9	—	106,667	0,12500	—	13	3,1	—	3	11,25
46 5/16	6	9	114	0,11696	—	12	3,5	—	3	8,2
—	—	—	136	0,09804	—	10	3,2	—	3	1
156	4	—	624	0,06006	—	2	1,4	—	—	8
8 3/32	14	— *	9,25	1,44144	2	38	3,68	1	15	4,86
16 3/16	14	— *	18,50	0,72072	1	19	1,84	—	22	8,43
38 5/32	11	— *	55,50	0,24024	—	26	1,95	—	7	6,81
55½	8	— *	111	0,12012	—	13	0,97	—	3	9,40
83¼	6	— *	222	0,06006	—	6	2,49	—	1	10,70
126	4	— *	504	0,02645	—	2	3,7	—	—	10,00
—	—	—	—	0,03003	—	3	1,2	—	—	11,35
147	3	9 *	672	0,01984	—	2	0,7	—	—	7,50
—	—	—	—	0,02252	—	2	1,9	—	—	8,51

Silbermünzen.

Dänemark.

Für Lauenburg:

⅔ Thaler nach dem Leipziger Fuß seit 1830, gesetzmäßig . . . .

England, s. Großbrittannien.

Etrurien, s. Toskana.

Frankfurt a. M.

Aeltere Münzen:

Conventions-Speciesthaler, gesetzmäßig . . . .

½ Conventions-Speciesthaler, Gulden, gesetzmäßig . . . .

¼ Conventions-Speciesthaler, 30 Kreuzer im 20 Fl.Fuß oder 36 Kreuzer im 24 Fl.Fuß, gesetzmäßig . . . .

Kopfstücke zu resp. 20 Kreuzer und 24 Kreuzer { gesetzmäßig . . . . . . / Umlaufswerth . . . .

½ Kopfstücke zu resp. 10 Kreuzer und 12 Kreuzer { gesetzmäßig . . . . / Umlaufswerth . . .

Nach der Convention vom 25. August 1837:

Ein-Guldenstücke zu 60 Kreuzer, gesetzmäßig . . . .

Halbe Guldenstücke, gesetzmäßig . . . .

Scheidemünze:

6 Kreuzerstücke { Realwerth . . . . / Nominalwerth . . . .

3 Kreuzerstücke { Realwerth . . . . / Nominalwerth . . . .

Nach der Convention vom 30. Juli 1838:

Vereinsmünzen à 3½ Fl. oder 2 Thaler . . . .

Nach der Convention vom 27. März 1845:

Zwei-Guldenstücke . . . .

Frankreich.

Alte Ecus, Louisblancs, von 1641 bis 1709 . . . .

Dergleichen mit 8 L (1690) . . . .

Alte ½ Ecus oder Louisblancs, im Durchschnitt befunden . . . . . .

Alte Ecus de Flandre, caramboles, von 1686 bis 1705, Franz. Probe

Alte Ecus, Kronenthaler, von 1709 bis 1718 . . . .

Dergleichen, Navarrathaler, von 1718 bis 1724. . . . .

Dergleichen, Bidetneuf oder JL Thaler, von 1724 bis 1726 . . . .

Laubthaler oder 6 Livres-Thaler seit 1726, gesetzmäßig . . . . . .

Auf 1 Köln. Mark Brutto gehen:	Feingehalt.		Auf 1 Köln. Mark fein Silber gehen:	Werth eines Stückes im 13⅓ Thlr. oder 20 Fl.Fuß.	24½ Fl.Fuß.			14 Thlr.Fuß oder in Pr. Courant.		
Stück.	Lth.	Grän.	Stück.	Thlr.	Fl.	Kr.	Pf.	Thl.	Sgr.	Pf.
13½	12	— *	18	0,74074	1	21	2,6	—	23	4
8⅓	13	6	10	1,33333	2	27	—	1	12	—
16⅔	13	6	20	0,66667	1	13	2	—	21	—
33⅓	13	6	40	0,33333	—	24	2	—	10	6
35	9	6	60	0,22222	—	24	2	—	7	—
—	—	—	61,25	0,21769	—	24	—	—	6	10,3
60	8	—	120	0,11111	—	12	1	—	3	6
—	—	—	122,5	0,10884	—	12	—	—	3	5,1
22,05	14	7,2 *	24,5	0,54422	1	—	—	—	17	1 5/7
44,10	14	7,2 *	49	0,27211	—	30	—	—	8	6 6/7
90	5	6 *	270	0,04938	—	5	1,8	—	1	6⅔
—	—	—	—	0,05442	—	6	—	—	1	8 4/7
180	5	6 *	540	0,02469	—	2	2,9	—	—	9⅓
—	—	—	—	0,02721	—	3	—	—	—	10 2/7
6,3	14	7,2 *	7	1,90476	3	30	—	2	—	—
11,025	14	7,2 *	12,25	1,08844	2	—	—	1	4	3 3/7
9	14	11	9,855	1,35295	2	29	0,7	1	12	7,42
9	14	10	9,893	1,34775	2	28	2,4	1	12	5,45
38,709	14	12	42,228	0,31575	—	34	3,2	—	9	11,35
6,272	13	13	7,313	1,82324	3	21	—	1	27	5,18
7,7	14	9	8,497	1,56918	2	53	—	1	19	5,15
9,593	14	10	10,545	1,26442	2	19	1,6	1	9	9,95
9,967	14	9	10,998	1,21234	2	13	2,6	1	8	2,26
7,930	14	12	8,651	1,54125	2	49	3,7	1	18	6,59

Silbermünzen.

Frankreich.

Laubthaler mit Benutzung des ganzen Remediums . . . .
Dergleichen ältere, nach mehreren Proben . . . .
Dergleichen neuere, im Durchschnitt nach mehreren Proben . . . . . .
Dergleichen einzelne Stücke seit 1784, nach mehreren Proben . . . . .
Königl. ½, ⅕, $\frac{1}{10}$, $\frac{1}{20}$ Thaler, nach Verhältniß.
Republ. 30 Sols-Stücke seit 1791 . . . .
Dergleichen, 15 Sols-Stücke, seit 1791. . . . .
Neuere Münzen seit 1795:
5 Frankenstücke, gesetzmäßig . . . .
Dergleichen vor 1830, befunden . . . .
Dergleichen von 1830 und 1831, befunden. . . . .
2 Franken-Stücke, gesetzmäßig . . . .
Dergleichen, Kaiserliche, befunden . . . .
1 Frank-Stücke, gesetzmäßig . . . .
Dergleichen, Kaiserliche, befunden. . . . .
½ Frank-Stücke (50 Centimen), gesetzmäßig . . . .
¼ Frank-Stücke (25 Centimen), gesetzmäßig . . . .
10 Centimen-Stücke (Billon), gesetzmäßig . . . .

Georgien (Tiflis).

Nach dem Ukas vom 21. October 1802:
Doppelte Abazes oder 40 Karthuli-Thetri . . . .
Abazes oder 20 Karthuli-Thetri . . . .
Halbe Abazes oder 10 Karthuli-Thetri . . . .

Griechenland.

Nach dem Münzgesetz vom 8. (20.) Februar 1833:
5 Drachmen-Stücke. . . . .
1 Drachma- oder 100 Lepta-Stücke . . . .
Halbe Drachma- oder 50 Lepta-Stücke . . . .
Viertel-Drachma- oder 25 Lepta-Stücke . . . .
Früher (1828): Phönix zu 100 Lepta, gesetzmäßig . . . .

Großbrittannien und Irland.

Aeltere Münzen:
Kronen, à 5 Schillinge Sterling, gesetzmäßig . . . .
Dergleichen, nach Französischen Proben . . . .
Dergleichen, nach gewöhnlicher Annahme. . . . .

Auf 1 Köln. Mark Brutto gehen:	Feingehalt.		Auf 1 Köln. Mark fein Silber gehen:	Werth eines Stückes im						
				13⅓ Thlr. oder 20 Fl. Fuß.	24½ Fl. Fuß			14 Thlr. Fuß oder in Pr. Courant.		
Stück.	Lth.	Grän.	Stück.	Thlr.	Fl.	Kr.	Pf.	Thl.	Sgr.	Pf.
7,991	14	9	8,818	1,51206	2	46	2,8	1	17	7,56
8,1	14	9	8,938	1,49176	2	44	1,9	1	16	11,75
8,06	14	7	8,962	1,48776	2	44	0,1	1	16	10,37
8	14	6	8,930	1,49309	2	44	2,4	1	17	0,39
23,057	10	10	34,950	0,38150	—	42	0,2	—	12	0,21
46,114	10	10	69,900	0,19075	—	21	0,1	—	6	0,10
9,354	14	7,2 *	10,394	1,28284	2	21	1,7	1	10	4,91
9,375	14	6½	10,445	1,27653	2	20	2,9	1	10	2,53
9,365	14	6	10,454	1,27543	2	20	2,5	1	10	2,11
23,386	14	7,2 *	25,984	0,51314	—	56	2,3	—	16	1,97
23,572	14	7	26,211	0,50869	—	56	0,3	—	16	0,29
46,771	14	7,2 *	51,968	0,25657	—	28	1,1	—	8	0,98
47,407	14	6½	52,817	0,25244	—	27	3,3	—	7	11,42
93,542	14	7,2 *	103,936	0,12828	—	14	0,6	—	4	0,49
187,084	14	7,2 *	207,871	0,06414	—	7	0,2	—	2	0,24
116,928	3	3,6	584,639	0,02281	—	2	2	—	—	8,62
37,325	14	12	40,718	0,32745	—	36	0,4	—	10	3,78
74,650	14	12	81,436	0,16372	—	18	0,2	—	5	1,89
149,300	14	12	162,872	0,08186	—	9	0,1	—	2	6,94
10,447	14	7,2 *	11,6078	1,14865	2	6	2,5	1	6	2,2
52,235	14	7,2 *	58,039	0,22973	—	25	1,3	—	7	2,8
104,470	14	7,2 *	116,078	0,11486	—	12	2,6	—	3	7,4
208,940	14	7,2 *	232,156	0,05743	—	6	1,3	—	1	9,7
52,242	14	7,2	58,046	0,22970	—	25	1,3	—	7	2,8
7,779	14	14,4	8,400	1,58730	2	55	—	1	20	—
7,795	14	13	8,475	1,57325	2	53	1,8	1	19	6,69
7,8	14	12	8,509	1,56696	2	52	3,0	1	19	4,31

Silbermünzen.

Großbrittannien und Irland.

Halbe Kronen à 2½ Schillinge Sterling, gesetzmäßig . . . .
Schillinge à 12 Pence Sterling, gesetzmäßig . . . .
Dergleichen, nach gewöhnlicher Annahme . . . .
½, ⅓, ¼, ⅛, $\frac{1}{12}$, nach Verhältniß.
Bankthaler vom Jahre 1801 zu 5 Schillingen, befunden . . . .
3 Schillingstücke, Bank token von 1812 und 1813, befunden . . . . .
1½ Schillingstücke, Bank token, nach Verhältniß.

Neuere Münzen seit dem 22. Juni 1816:

Kronen, à 5 Schillinge Sterling, gesetzmäßig . . . .
Halbe Kronen, à 2 Schillinge 6 Pence Sterling, gesetzmäßig . . . .
Schillinge à 12 Pence Sterling, gesetzmäßig . . . .
Halbe Schillinge à 6 Pence Sterling, gesetzmäßig . . . .
Groats à 4 Pence Sterling, gesetzmäßig . . . .
3 Pence Sterling, desgleichen . . . .
2 Pence Sterling, desgleichen . . . .
1 Penny Sterling, desgleichen . . . .

Hamburg.

Doppelte Markstücke à 32 Schillinge Lüb. Courant, gesetzmäßig . . .
Markstücke à 16 Schillinge Lüb. Courant, gesetzmäßig . . . .
Halbe Markstücke à 8 Schillinge Lüb. Courant, gesetzmäßig . . . . .
¼ Markstücke à 4 Schillinge Lüb. Courant, gesetzmäßig . . . .
⅛ Markstücke à 2 Schillinge Lüb. Courant, desgleichen . . . .

Scheidemünze (1840):

Ein-Schillingstücke { Realwerth . . . .
Ein-Schillingstücke { Nominalwerth . . . .
½ Schillingstücke { Realwerth
½ Schillingstücke { Nominalwerth . . . .
¼ Schillingstücke { Realwerth . . . .
¼ Schillingstücke { Nominalwerth . . . .

Hannover.

Nach dem Reichsfuß vom Jahre 1738:

Alte Kur-Hannövrische Speciesthaler, gesetzmäßig . . . .
Feine ⅔ Stücke oder Gulden, gesetzmäßig . . . .
Feine ⅔ Stücke oder Gulden, befunden . . . .
⅔ Stücke oder Gulden, gesetzmäßig . . . .

Auf 1 Köln. Mark Brutto gehen:	Feingehalt.		Auf 1 Köln. Mark fein Silber gehen:	Werth eines Stückes im						
				13⅓ Thlr. oder 20Fl.Fuß.	24½ Fl.Fuß.			14 Thlr.Fuß oder in Pr. Courant.		
Stück.	Lth.	Grän.	Stück.	Thlr.	Fl.	Kr.	Pf.	Thl.	Sgr.	Pf.
15,540	14	14,4	16,800	0,79365	1	27	2	—	25	—
38,850	14	14,4	42,000	0,31746	—	35	—	—	10	—
39	14	12	42,545	0,31339	—	34	2,2	—	9	10,46
8,70	14	6	9,712	1,37287	2	31	1,4	1	13	2,95
15,947	14	5½	17,836	0,74755	1	22	1,7	—	23	6,57
8,271	14	14,4 *	8,942	1,49111	2	44	1,6	1	16	11,64
16,542	14	14,4 *	17,884	0,74555	1	22	0,8	—	23	5,82
41,356	14	14,4 *	44,710	0,29822	—	32	3,5	—	9	4,73
82,713	14	14,4 *	89,419	0,14911	—	16	1,8	—	4	8,36
124,069	14	14,4 *	134,129	0,09941	—	10	3,8	—	3	1,57
165,425	14	14,4 *	178,839	0,07455	—	8	0,8	—	2	4,18
248,138	14	14,4 *	268,259	0,04970	—	5	1,9	—	1	6,78
496,276	14	14,4 *	536,517	0,02485	—	2	2,9	—	—	9,39
12,75	12	—	17	0,78431	1	26	1,9	—	24	8,47
25,50	12	—	34	0,39216	—	43	0,9	—	12	4,23
42,5	10	—	68	0,19608	—	21	2,5	—	6	2,12
76,5	9	—	136	0,09804	—	10	3,2	—	3	1,06
119	7	—	272	0,04902	—	5	1,6	—	1	6,53
216	6	—	576	0,02315	—	2	2,2	—	—	8,75
—	—	—	—	0,02451	—	2	2,8	—	—	9,26
304	4	—	1216	0,01096	—	1	0,8	—	—	4,14
—	—	—	—	0,01225	—	1	1,4	—	—	4,63
456	3	—	2432	0,00548	—	—	2,4	—	—	2,07
—	—	—	—	0,00613	—	—	2,7	—	—	2,32
8	14	4	9	1,48148	2	43	1,3	1	16	8
17¾	15	16	18	0,74074	1	21	2,7	—	23	4
17,868	15	16	17,992	0,74107	1	21	2,8	—	23	4,12
13,5	12	—	18	0,74074	1	21	2,7	—	23	4

Silbermünzen.

Hannover.

Nach dem Conventions-Fuß seit 1816:

Feine $\frac{2}{3}$ Stücke oder Gulden zu 16 Ggroschen, gesetzmäßig . . . . . .
Dergleichen, befunden . . . .
$\frac{1}{6}$ Thalerstücke, 4 Ggroschen oder 6 Mariengroschen, gesetzmäßig . . .
$\frac{1}{12}$ Thalerstücke, 2 Ggroschen oder 3 Mariengroschen, gesetzmäßig . .

Scheidemünze:

$\frac{1}{24}$ Thalerstücke oder 1 Ggroschen, gesetzmäßig { Realwerth . . . . . . / Nominalwerth . . . .

Nach dem Münzgesetz vom 8. April 1834:

Thalerstücke . . . .
Thalerstücke aus feinem Silber (bis 1842) . . . .
$\frac{1}{6}$ Thaler- oder 4 Ggroschen-Stücke . . . .
$\frac{1}{12}$ Thaler- oder 2 Ggroschen-Stücke . . . .

Scheidemünze:

$\frac{1}{24}$ Thaler- oder 1 Ggroschen-Stücke { Realwerth . . . . / Nominalwerth . . . .
$\frac{1}{48}$ Thaler- oder 6 Pfennig-Stücke { Realwerth . . . . / Nominalwerth . . . .
$\frac{1}{72}$ Thaler- oder 4 Pfennig-Stücke { Realwerth . . . . / Nominalwerth . . . .

Hessen (Cassel) Kurfürstenthum.

Aeltere Münzen:

Landgräfl. Thaler von den Jahren 1776 und 1778, befunden . . . . .
Halbe, nach Verhältniß.
Landgräfl. Thaler vom Jahre 1789, befunden . . . .
= halbe Thaler vom Jahre 1789, desgleichen . . . .
= $\frac{1}{4}$ Thaler von 1768 bis 1771, desgleichen . . . .
= $\frac{1}{8}$ Thaler von 1766 bis 1769, desgleichen . . . .
Conventions-Speciesthaler, gesetzmäßig . . . .
= Gulden, gesetzmäßig . . . .
= halbe Gulden, desgleichen . . . .
$\frac{1}{6}$ Thalerstücke, Landgräfl., desgleichen . . . .
$\frac{1}{12}$ Thalerstücke, Landgräfl., desgleichen . . . .

Neuere Münzen seit 1819:

Thaler, gesetzmäßig . . . .
Halbe Thaler, desgleichen . . . .
$\frac{1}{3}$ Thalerstücke von 1822 bis 1828, befunden . . . .
$\frac{1}{6}$ Thalerstücke von 1823 bis 1831, befunden . . . .

Auf 1 Köln. Mark Brutto gehen:	Feingehalt.		Auf 1 Köln. Mark fein Silber gehen:	Werth eines Stückes im 13⅓ Thlr. oder 20 Fl.Fuß.	24½ Fl.Fuß.			14 Thlr.Fuß oder in Pr. Courant.		
Stück.	Lth.	Grän.	Stück.	Thlr.	Fl.	Kr.	Pf.	Thl.	Sgr.	Pf.
19,861	15	16	20	0,66667	1	13	2	—	21	—
19,9	15	16	20,039	0,66537	1	13	1,4	—	20	11,51
40	8	—	80	0,16667	—	18	1,5	—	5	3
$72\frac{3}{16}$	7	—	165	0,08081	—	8	3,6	—	2	6,55
120	5	—	384	0,03472	—	3	3,3	—	1	1,13
—	—	—	—	0,03968	—	4	1,5	—	1	3
10½	12	— *	14	0,95238	1	45	—	1	—	—
$13\frac{65}{72}$	15	16	14	0,95238	1	45	—	1	—	—
43¾	8	6 *	84	0,15873	—	17	2	—	5	—
87½	8	6 *	168	0,07936	—	8	3	—	2	6
120	5	— *	384	0,03472	—	3	3,3	—	1	1,13
—	—	—	—	0,03968	—	4	1,5	—	1	3
168	3	9 *	768	0,01736	—	1	3,6	—	—	6,56
—	—	—	—	0,01984	—	2	0,7	—	—	7,5
252	3	9 *	1152	0,01157	—	1	1,1	—	—	4,38
—	—	—	—	0,01323	—	1	1,8	—	—	5,0
10	11	17	13,395	0,99540	1	49	2,7	1	1	4,26
12,275	14	1	13,973	0,95422	1	45	0,8	1	—	0,69
24,675	14	2	27,976	0,47660	—	52	2,2	—	15	0,16
30,298	9	2	53,206	0,25060	—	27	2,5	—	7	10,73
47,552	7	—	108,690	0,12267	—	13	2,1	—	3	10,37
8⅓	13	6	10	1,33333	2	27	—	1	12	—
16⅔	13	6	20	0,66667	1	13	2	—	21	—
33⅓	13	6	40	0,33333	—	36	3	—	10	6
40	8	—	80	0,16667	—	18	1,5	—	5	3
70	7	—	160	0,08333	—	9	0,7	—	2	7,5
10½	12	—	14	0,95238	1	45	—	1	—	—
21	12	—	28	0,47619	—	52	2	—	15	—
27,526	10	—	44,042	0,30274	—	33	1,5	—	9	6,4
44,444	8	—	88,888	0,15000	—	16	2,1	—	4	8,7

Silbermünzen.

Hessen (Cassel) Kurfürstenthum.

Nach der Convention vom 30. Juli 1838:

Vereinsmünzen zu 2 Thalern oder 3½ Gulden . . . .
Ein-Thalerstücke . . . .
⅙ Thalerstücke (seit 1839) . . . .

Scheidemünze seit 1841:

2 Silbergroschen oder $\frac{1}{15}$ Thalerstücke { Realwerth . . . . / Nominalwerth . . . .
1 Silbergroschen zu 12 Hellern { Realwerth . . . . / Nominalwerth . . . .
½ Silbergroschen zu 6 Hellern { Realwerth . . . . / Nominalwerth . . . .

Hessen (Darmstadt), Großherzogthum.

Aeltere Münzen, gesetzmäßig:

Conventions-Speciesthaler . . . .
Halbe Speciesthaler . . . .
Kopfstücke à 24 Kreuzer { im 24 Fl.Fuß . . . . / Umlaufswerth
Halbe Kopfstücke à 12 Kreuzer { im 24 Fl.Fuß . . . . / Umlaufswerth . . . .
6 Kreuzerstücke { im 24 Fl.Fuß . . . . / Umlaufswerth . . . .

Neuere Münzen, gesetzmäßig:

Kronenthaler à 2 Fl. 42 Kreuzer . . . .

Scheidemünze:

6 Kreuzerstücke { Realwerth . . . . / Nominalwerth . . . .
3 Kreuzerstücke { Realwerth . . . . / Nominalwerth . . . .
1 Kreuzerstücke { Realwerth . . . . / Nominalwerth . . . .

Nach der Convention vom 25. August 1837:

Ein-Guldenstücke . . . .
Halbe Guldenstücke . . . .

Scheidemünze:

6 Kreuzerstücke { Realwerth . . . . / Nominalwerth . . . .

Auf 1 Köln. Mark Brutto gehen:	Feingehalt.		Auf 1 Köln. Mark fein Silber gehen:	Werth eines Stückes im 13⅓ Thlr. oder 20 Fl. Fuß.	24½ Fl. Fuß.			14 Thlr. Fuß oder in Pr. Courant.		
Stück.	Lth.	Grän.	Stück.	Thlr.	Fl.	Kr.	Pf.	Thl.	Sgr.	Pf.
6,3	14	7,2 *	7	1,90476	3	30	—	2	—	—
10,5	12	— *	14	0,95238	1	45	—	1	—	—
$43\frac{3}{4}$	8	6 *	84	0,15873	—	17	2	—	5	—
90	6	— *	240	0,05556	—	6	0,5	—	1	9
—	—	—	—	0,06350	—	7	—	—	2	—
150	5	— *	480	0,02778	—	3	0,25	—	—	10,5
—	—	—	—	0,03175	—	3	2	—	1	—
240	4	— *	960	0,01389	—	1	2,13	—	—	5,25
—	—	—	—	0,01587	—	1	3	—	—	6
$8\frac{1}{3}$	13	6	10	1,33333	2	27	—	1	12	—
$16\frac{2}{3}$	13	6	20	0,66667	1	13	2	—	21	—
35	9	6	60	0,22222	—	24	2	—	7	—
—	—	—	61,25	0,21769	—	24	—	—	6	10,3
60	8	—	120	0,11111	—	12	1	—	3	6
—	—	—	122,5	0,10884	—	12	—	—	3	5,1
105	7	—	240	0,05555	—	6	0,5	—	1	9
—	—	—	245	0,05442	—	6	—	—	1	$8\frac{4}{7}$
7,927	13	17	9,096	1,46585	2	41	2,4	1	16	2,09
96,25	5	9	280	0,04762	—	5	1	—	1	6
—	—	—	—	0,05442	—	6	—	—	1	$8\frac{4}{7}$
168,75	4	9	600	0,02222	—	2	1,8	—	—	8,4
—	—	—	—	0,02721	—	3	—	—	—	$10\frac{2}{7}$
393,75	3	9	1800	0,00741	—	—	3,3	—	—	2,8
—	—	—	—	0,00907	—	1	—	—	—	$3\frac{3}{7}$
22,05	14	7,2 *	24,5	0,54422	1	—	—	—	17	$1\frac{5}{7}$
44,10	14	7,2 *	49	0,27211	—	30	—	—	8	$6\frac{6}{7}$
90	5	6 *	270	0,04938	—	5	1,8	—	1	$6\frac{2}{3}$
—	—	—	—	0,05442	—	6	—	—	1	$8\frac{4}{7}$

Silbermünzen.

Hessen (Darmstadt), Großherzogthum.

3 Kreuzerstücke { Realwerth . . . .
Nominalwerth . . . .

1 Kreuzerstücke { Realwerth . . . .
Nominalwerth . . . .

Nach der Convention vom 30. Juli 1838:

Vereinsmünzen à 3½ Fl. oder 2 Thaler . . . .

Nach der Convention vom 27. März 1845:

Zwei-Guldenstücke . . . .

Hessen (Homburg), Landgrafschaft.

Die neuesten Münzen nach den Conventionen vom 25. Aug. 1837, 30. Juli 1838 und 27. März 1845, wie vorstehend unter Großherzogthum Hessen.

Hohenzollern-Hechingen.

Aeltere Münzen:

Conventions-Speciesthaler, gesetzmäßig . . . .

24 Kreuzerstücke { gesetzmäßig . . . .
Umlaufswerth . . . .

12 Kreuzerstücke { gesetzmäßig . . . .
Umlaufswerth . . . .

Die neuesten Münzen nach den Conventionen vom 25. Aug. 1837, 30. Juli 1838 und 27. März 1845, wie vorstehend unter Großherzogthum Hessen oder wie Württemberg.

Hohenzollern-Sigmaringen.

Wie die neuesten Münzen bei Hechingen.

Japan.

Itaganne, Tjoo-gin oder Schuit ist eine Münze von verschiedenem Werth, nach Engl. Angabe . . . .
nach Holl. Angabe, circa . . . .

Jonische Inseln.

3 Pence- oder 30 Oboli-Stücke seit 1835, nach Oesterreich. Proben

Irland, s. Großbrittannien.

Isle de France, s. Mauritius.

Auf 1 Köln. Mark Brutto gehen:	Feingehalt.		Auf 1 Köln. Mark fein Silber gehen:	Werth eines Stückes im 13⅓ Thlr. oder 20 Fl. Fuß.	24½ Fl. Fuß.			14 Thlr. Fuß oder in Pr. Courant.		
Stück.	Lth.	Grän.	Stück.	Thlr.	Fl.	Kr.	Pf.	Thl.	Sgr.	Pf.
180	5	6 *	540	0,02469	—	2	2,9	—	—	9⅓
—	—	—	—	0,02721	—	3	—	—	—	10 2/7
281,25	2	9 *	1800	0,00741	—	—	3,3	—	—	2,8
—	—	—	—	0,00907	—	1	—	—	—	3 3/7
6,3	14	7,2 *	7	1,90476	3	30	—	2	—	—
11,025	14	7,2 *	12,25	1,08844	2	—	—	1	4	3 3/7
8⅓	13	6	10	1,33333	2	27	—	1	12	—
35	9	6	60	0,22222	—	24	2	—	7	—
—	—	—	61,25	0,21769	—	24	—	—	6	10,3
60	8	—	120	0,11111	—	12	1	—	3	6
—	—	—	122,5	0,10884	—	12	—	—	3	5,1
1,5242	14	12	1,6628	8,01860	14	44	2,0	8	12	7,03
3,480	14	6	3,118	3,83142	7	2	1,6	4	—	8,3
165,495	14	14¼	179,014	0,07449	—	8	0,8	—	2	4,08

Silbermünzen.

Kirchenstaat.

Aeltere Münzen:

Scudi romani zu 100 Bajocchi, gesetzmäßig . . . .
Dergleichen, nach Französischen Proben . . . .
Dergleichen, nach anderen Proben . . . .
Dergleichen, nach Mailänder Proben . . . .
Halbe Scudi zu 50 Bajocchi, gesetzmäßig . . . .
Testoni zu 30 Bajocchi, desgleichen . . . .
Papetti zu 20 Bajocchi, desgleichen . . . .
Paoli zu 10 Bajocchi, desgleichen . . . .
$\frac{1}{2}$ Paoli oder Grossi zu 5 Bajocchi, desgleichen . . . .
$\frac{1}{2}$ Grossi zu $2\frac{1}{2}$ Bajocchi, desgleichen . . . .

Münzen von Bologna:

Madonna-Thaler, nach Mailänder Proben . . . .
Halbe, nach Verhältniß.
Scudi zu 10 Paoli, nach Mailänder Proben . . . .
Halbe, nach Verhältniß.
Testoni, nach Mailänder Proben . . . .

Neue Münzen, nach dem Gesetz vom 10. Januar 1835:

Scudi zu 10 Paoli oder 100 Bajocchi . . . .
$\frac{1}{2}$ Scudi zu 5 Paoli oder 50 Bajocchi . . . .
$\frac{3}{10}$ Scudi (Testoni) zu 3 Paoli oder 30 Bajocchi . . . .
$\frac{2}{10}$ Scudi (Papetti) zu 2 Paoli oder 20 Bajocchi . . . .
$\frac{1}{10}$ Scudi (Paoli) zu 10 Bajocchi . . . .
$\frac{1}{20}$ Scudi ($\frac{1}{2}$ Paoli) zu 5 Bajocchi . . . .

Krakau.

Ein-Guldenstücke von 1835, gesetzmäßig . . . .
Ein Stück, befunden . . . .
10 Groschenstücke von 1835, gesetzmäßig . . . .
Ein Stück von 1835, befunden . . . .
5 Groschenstücke von 1835, gesetzmäßig . . . .

Lippe-Detmold.

Aeltere Münzen:

Speciesthaler, gesetzmäßig . . . .
Halbe Speciesthaler, desgleichen . . . .
Viertel-Speciesthaler, desgleichen . . . .
$\frac{1}{6}$ Thalerstücke von 1765 bis 1770, befunden . . . .
$\frac{1}{12}$ Thalerstücke vom Jahre 1765, befunden . . . .

Auf 1 Köln. Mark Brutto gehen:	Feingehalt.		Auf 1 Köln. Mark fein Silber gehen:	Werth eines Stückes im 13⅓ Thlr. oder 20Fl.Fuß.	24½ Fl.Fuß.			14 Thlr.Fuß oder in Pr. Courant.		
Stück.	Lth.	Grän.	Stück.	Thlr.	Fl.	Kr.	Pf.	Thl.	Sgr.	Pf.
8,849	14	12	9,653	1,38125	2	32	1,1	1	13	6,11
8,871	14	11	9,714	1,37259	2	31	1,3	1	13	2,84
8,730	14	9	9,633	1,38413	2	32	2,4	1	13	7,20
8,852	14	9	9,768	1,36500	2	30	2,0	1	12	11,97
17,697	14	12	19,306	0,69062	1	16	0,6	—	21	9,05
29,496	14	12	32,177	0,41437	—	45	2,7	—	13	0,63
44,243	14	12	48,265	0,27625	—	30	1,8	—	8	8,42
88,487	14	12	96,531	0,13812	—	15	0,9	—	4	4,21
176,975	14	12	193,063	0,06906	—	7	2,4	—	2	2,10
353,949	14	12	386,126	0,03453	—	3	3,2	—	1	1,05
8,059	13	6	9,671	1,37869	2	32	—	1	13	5,14
8,852	14	9	9,768	1,36500	2	30	1,9	1	12	11,97
29,583	14	11	32,395	0,41162	—	45	1,5	—	12	11,58
8,694	14	7,2 *	9,6602	1,38023	2	32	0,7	1	13	5,73
17,388	14	7,2 *	19,320	0,69012	1	16	0,3	—	21	8,86
28,981	14	7,2 *	32,201	0,41407	—	45	2,6	—	13	0,52
43,471	14	7,2 *	48,301	0,27605	—	30	1,7	—	8	8,35
86,942	14	7,2 *	96,602	0,13802	—	15	0,9	—	4	4,17
173,883	14	7,2 *	193,204	0,06901	—	7	2,4	—	2	2,09
75,121	14	—	85,853	0,15534	—	17	0,5	—	4	10,70
75,294	13	17½	86,221	0,15464	—	17	0,2	—	4	10,45
79,156	3	—	422,166	0,03158	—	3	1,9	—	—	11,94
80	2	17	434,717	0,03067	—	3	1,5	—	—	11,59
158,312	3	—	844,331	0,01579	—	1	2,9	—	—	5,97
8⅓	13	6	10	1,33333	2	27	—	1	12	—
16⅔	13	6	20	0,66666	1	13	2	—	21	—
33⅓	13	6	40	0,33333	—	36	3	—	10	6
39,767	7	11	83,598	0,15949	—	17	2,3	—	5	0,29
65,325	5	16½	176,653	0,07548	—	8	1,3	—	2	4,53

Silbermünzen.

Lippe-Detmold.

Neueste Münzen, nach der Convention vom 30. Juli 1838:

Vereinsmünzen à 2 Thaler oder 3½ Gulden (seit 1843) . . . .

Scheidemünzen (seit 1847):

2½ Silbergroschen oder $\frac{1}{12}$ Thalerstücke {Realwerth . . . . / Nominalwerth . . . .

1 Silbergroschen zu 12 Pfennigen {Realwerth . . . . / Nominalwerth . . . .

½ Silbergroschen zu 6 Pfennigen {Realwerth . . . . / Nominalwerth . . . .

Lippe-Schauenburg.

Speciesthaler und Gulden, wie Detmold.

Lombardisch-Venetianisches Königreich.

Nach dem Gesetz vom 1. November 1823.

Scudi zu 6 Lire austriache (= 1 Conventions-Speciesthaler) . . .

Halbe Scudi zu 3 Lire austriache (= 1 Conventions-Gulden) . . .

Lire austriache zu 100 Centesimi (= 20 Kreuzer Conventions-Geld)

½ Lire austriache zu 50 Centesimi (= 10 Kreuzer Conventions-Geld)

¼ Lire austriache zu 25 Centesimi (= 5 Kreuzer Conventions-Geld) .

Aeltere Münzen.

Für das Königreich Italien unter Napoleon:

Stücke von 5 Lire italiane, gesetzmäßig . . . .

" " 2 Lire italiane, desgleichen . . . .

" " 1 Lira italiana, desgleichen . . . .

" " ¾ Lira italiana, desgleichen . . . .

" " ½ Lira italiana, desgleichen . . . .

" " ¼ Lira italiana, desgleichen . . . .

Für die Cisalpinische Republik:

Scudo vom Jahre 8, Französische Probe . . . .

30 Soldi-Stück vom Jahre 9, desgleichen . . . .

5 Frankenstücke vom Jahre 10, Schweizer Proben . . . .

Für das Herzogthum Mailand unter Oesterreich:

Scudi zu 6 Lire von den Jahren 1778 und 1785, Französische Proben

½ Scudi von den Jahren 1778 und 1784, Französische Proben . . . .

Lira nuova vom Jahre 1780, Französische Probe . . . .

30 Soldi vom Jahre 1800, desgleichen . . . .

Auf 1 Köln. Mark Brutto gehen:	Feingehalt.		Auf 1 Köln. Mark fein Silber gehen:	Werth eines Stückes im 13⅓ Thlr. oder 20 Fl. Fuß.	24½ Fl. Fuß.			14 Thlr. Fuß oder in Pr. Courant.		
Stück.	Lth.	Grän.	Stück.	Thlr.	Fl.	Kr.	Pf.	Thl.	Sgr.	Pf.
6,3	14	7,2 *	7	1,90476	3	30	—	2	—	—
72	6	— *	192	0,06943	—	7	2,6	—	2	2,25
—	—	—	—	0,07936	—	8	3	—	2	6
150	5	— *	480	0,02778	—	3	0,25	—	—	10,5
—	—	—	—	0,03175	—	3	2	—	1	—
240	4	— *	960	0,01389	—	1	2,1	—	—	5,25
—	—	—	—	0,01587	—	1	3	—	—	6
9	14	7,2 *	10	1,33333	2	27	—	1	12	—
18	14	7,2 *	20	0,66667	1	13	2	—	21	—
54	14	7,2 *	60	0,22222	—	24	2	—	7	—
108	14	7,2 *	120	0,11111	—	12	1	—	3	6
144	9	10,8 *	240	0,05555	—	6	0,5	—	1	9
9,354	14	7,2	10,394	1,28284	2	21	1,7	1	10	4,91
23,386	14	7,2	25,984	0,51314	—	56	2,3	—	16	1,97
46,771	14	7,2	51,968	0,25657	—	28	1,1	—	8	0,98
62,361	14	7,2	69,290	0,19242	—	21	0,8	—	6	0,73
93,542	14	7,2	103,936	0,12828	—	14	0,6	—	4	0,49
187,084	14	7,2	207,871	0,06414	—	7	0,2	—	2	0,24
10,098	14	6	11,272	1,18287	2	10	1,6	1	7	3,13
31,904	10	17	46,641	0,28587	—	31	2,1	—	9	0,06
9,368	14	7	10,417	1,27996	2	21	0,4	1	10	3,82
10,121	14	6	11,298	1,18015	2	10	0,4	1	7	2,10
20,289	14	6	22,648	0,58872	1	4	3,6	—	18	6,54
37,634	8	14	68,598	0,19437	—	21	1,7	—	6	1,47
31,904	10	17	46,641	0,28587	—	31	2,1	—	9	0,06

Silbermünzen.

Lucca.

Aeltere Münzen:

Scudo zu $7\frac{1}{2}$ Lire, Englische Probe . . . .
$\frac{1}{2}$ Scudo zu $3\frac{3}{4}$ Lire, desgleichen . . . .
$\frac{1}{3}$ Scudo zu $2\frac{1}{2}$ Lire, desgleichen . . . .
$\frac{1}{5}$ Scudo zu $1\frac{1}{2}$ Lire, desgleichen . . . .
Barbone zu 12 Soldi, desgleichen . . . .

Aus den Jahren 1807 und 1808:

5 Franchi-Stücke, gesetzmäßig . . . .
1 Franco-Stücke, desgleichen . . . .

Neueste Münzen:

5 Lire-Stücke, gesetzmäßig . . . .
2 Lire-Stücke (1837), desgleichen . . . .
1 Lira-Stück (1838), desgleichen . . . .
10 Soldi-Stücke (1838), desgleichen . . . .

Lübeck.

Speciesthaler, gesetzmäßig . . . .
Courant-Thaler à 3 Mark, desgleichen . . . .
2 Markstücke, gesetzmäßig . . . .
1 Markstücke zu 16 Schillinge, desgleichen . . . .
8 Schillingstücke, desgleichen . . . .
4 Schillingstücke, desgleichen . . . .
2 Schillingstücke, desgleichen . . . .
1 Schillingstücke, desgleichen . . . .

Mailand,

s. Lombardisch-Venetianisches Königreich.

Malta.

Oncie zu 30 Tari, gesetzmäßig . . . .
Oncia von Emanuel Pinto (1759), Englische Probe . . . .
Oncia von Emanuel von Rohan (1781), Englische Probe . . . .
Oncia von Ferdinand von Hompesch (1798), Englische Probe . . . .
Scudi zu 12 Tari, Englische Proben . . . .
Dergleichen, nach Französischen Proben . . . .
24, 6, 4, 2, 1 Tari-Stücke, nach Verhältniß.
2 Tari-Stücke, nach Englischen Proben . . . .

Auf 1 Köln. Mark Brutto gehen:	Feingehalt.		Auf 1 Köln. Mark fein Silber gehen:	Werth eines Stückes im 13⅓ Thlr. oder 20Fl.Fuß.	24½ Fl.Fuß.			14 Thlr.Fuß oder in Pr. Courant.		
Stück.	Lth.	Grän.	Stück.	Thlr.	Fl.	Kr.	Pf.	Thl.	Sgr.	Pf.
8,846	14	11	9,687	1,37641	2	31	3	1	13	4,28
18,509	14	11	20,268	0,65785	1	12	2,1	—	20	8,67
25,966	14	11	28,434	0,46892	—	51	2,8	—	14	9,25
46,874	14	11	51,330	0,25976	—	28	2,5	—	8	2,19
81,565	10	10½	123,311	0,10813	—	11	3,7	—	3	4,87
9,354	14	7,2	10,394	1,28284	2	21	1,7	1	10	4,91
46,771	14	7,2	51,968	0,25657	—	28	1,1	—	8	0,98
9,354	14	7,2 *	10,394	1,28284	2	21	1,7	1	10	4,91
23,386	14	7,2 *	25,984	0,51314	—	56	2,3	—	16	1,97
46,771	14	7,2 *	51,968	0,25657	—	28	1,1	—	8	0,98
93,543	14	7,2 *	103,936	0,12828	—	14	0,6	—	4	0,49
8	14	4	9	1,48148	2	43	1,3	1	16	8
8,50	12	—	11⅓	1,17647	2	9	2,8	1	7	0,71
12,75	12	—	17	0,78431	1	26	1,9	—	24	8,47
25,50	12	—	34	0,39216	—	43	0,9	—	12	4,23
42,50	10	—	68	0,19608	—	21	2,5	—	6	2,12
76,50	9	—	136	0,09804	—	10	3,2	—	3	1,06
119	7	—	272	0,04902	—	5	1,6	—	1	6,53
216	6	—	576	0,02315	—	2	2,2	—	—	8,75
7,879	13	6	9,455	1,41019	2	35	1,9	1	14	5,05
7,884	11	14	10,710	1,24494	2	17	1,0	1	9	2,59
7,884	13	5	9,500	1,40351	2	34	2,9	1	14	2,53
7,884	13	6	9,461	1,40929	2	35	1,5	1	14	4,71
19,288	11	14	26,202	0,50887	—	56	0,2	—	16	0,35
19,311	11	14	26,234	0,50824	—	56	0,1	—	16	0,12
138,729	10	16	203,846	0,06541	—	7	0,8	—	2	0,72

Silbermünzen.

Marokko.

Miskal (Rial, Marokkanischer Piaster), nach Französischer Probe . . .
Stücke von 6 Musnua, 10 = 1 Spanischer Piaster . . . .
Dirhems (Silber-Unzen), 15 = 1 Spanischer Piaster . . . .
Musnuas (Blanquillas), 60 = 1 Spanischen Piaster . . . .

Mauritius (Insel).

Dollars (Piaster) zu 100 Cents . . . .
Halbe Dollars zu 50 Cents . . . .
Viertel-Dollars zu 25 Cents . . . .
Achtel-Dollars . . . .
$\frac{1}{16}$ Dollars . . . .

Mecklenburg-Schwerin.

Aeltere Münzen:

2 Markstücke zu 32 Schillingen, gesetzmäßig . . . .
1 Markstücke zu 16 Schillingen, gesetzmäßig . . . .
12 Schillingstücke seit 1774, desgleichen . . . .
8 Schillingstücke, gesetzmäßig . . . .
4 Schillingstücke, desgleichen . . . .
2 Schillingstücke, desgleichen . . . .

Neuere Münzen:

Neue $\frac{2}{3}$ Thalerstücke oder Gulden seit 1789, gesetzmäßig . . . .
Neue $\frac{2}{3}$ Thalerstücke oder Gulden aus feinem Silber seit 1830, gesetzm.
$\frac{2}{3}$ Thalerstücke von 1839 und 1845, im Durchschnitt befunden . . . .

Scheidemünze seit 1828:

4 Schillingstücke, gesetzmäßig { Realwerth . . . .
 { Nominalwerth . . . .
1 Schillingstücke, gesetzmäßig { Realwerth . . . .
 { Nominalwerth . . . .

Nach den Verordnungen v. 12. Januar u. 27. Febr. 1848:

Thalerstücke zu 48 Schillingen . . . .
$\frac{1}{3}$ Thalerstücke zu 16 Schillingen . . . .
$\frac{1}{6}$ Thalerstücke zu 8 Schillingen . . . .

Scheidemünze:

$\frac{1}{12}$ Thaler- oder 4 Schillingstücke { Realwerth . . . .
 { Nominalwerth . . . .
$\frac{1}{48}$ Thaler- oder 1 Schillingstücke { Realwerth . . . .
 { Nominalwerth . . . .

Auf 1 Köln. Mark Brutto gehen:	Feingehalt.		Auf 1 Köln. Mark fein Silber gehen:	Werth eines Stückes im 13⅓ Thlr. oder 20 Fl. Fuß.	24½ Fl. Fuß			14 Thlr. Fuß oder in Pr. Courant.		
Stück.	Lth.	Grän.	Stück.	Thlr.	Fl.	Kr.	Pf.	Thl.	Sgr.	Pf.
8,214	13	11	9,656	1,38083	2	32	0,9	1	13	5,95
—	—	—	96,744	0,13782	—	15	0,8	—	4	4,10
—	—	—	145,116	0,09188	—	10	0,5	—	2	10,7
—	—	—	580,464	0,02297	—	2	2,1	—	—	8,7
8,667	14	6	9,6744	1,37821	2	31	3,8	1	13	4,96
17,333	14	6	19,3488	0,68910	1	15	3,9	—	21	8,48
34,667	14	6	38,6976	0,34455	—	37	3,9	—	10	10,24
69,333	14	6	77,395	0,17228	—	19	—	—	5	5,12
138,667	14	6	154,790	0,08614	—	9	2	—	2	8,56
12,75	12	—	17	0,78431	1	26	1,9	—	24	8,47
25,50	12	—	34	0,39216	—	43	0,9	—	12	4,23
26,60	9	—	47,25	0,28219	—	31	0,4	—	8	10,67
42,50	10	—	68	0,19608	—	21	2,5	—	6	2,12
76,50	9	—	136	0,09804	—	10	3,2	—	3	1,06
119	7	—	272	0,04902	—	5	1,6	—	1	6,53
13,5	12	—	18	0,74074	1	21	2,6	—	23	4
17¾	15	14	18	0,74074	1	21	2,6	—	23	4
17,76	15	14	18,010	0,74033	1	21	2,3	—	23	3,8
76,50	8	—	153	0,08715	—	9	2,4	—	2	8,94
—	—	—	—	0,09804	—	10	3,2	—	3	1,06
210	5	—	672	0,01984	—	2	0,7	—	—	7,5
—	—	—	—	0,02451	—	2	2,8	—	—	9,27
10½	12	— *	14	0,95238	1	45	—	1	—	—
28	10	12 *	42	0,31746	—	35	—	—	10	—
43¾	8	6 *	84	0,15873	—	17	2	—	5	—
96	8	— *	192	0,06943	—	7	2,6	—	2	2,25
—	—	—	—	0,07936	—	8	3	—	2	6
180	3	6 *	864	0,01543	—	1	2,8	—	—	5,8
—	—	—	—	0,01984	—	2	0,7	—	—	7,5

Silbermünzen.

Mecklenburg-Strelitz.

$\frac{1}{6}$ Thaler- oder 4 Ggroschenstücke, gesetzmäßig . . . .
$\frac{1}{12}$ Thaler- oder 2 Ggroschenstücke, desgleichen . . . .
Scheidemünzen seit 1846:
$\frac{1}{12}$ Thaler- oder 4 Schillingstücke, gesetzmäßig { Realwerth . . . . . . / Nominalwerth . . . .
$\frac{1}{48}$ Thaler- oder 1 Schillingstücke, gesetzmäßig { Realwerth . . . . . . / Nominalwerth . . . .
Courant- und Scheidemünzen von 1848 an, wie Mecklenburg-Schwerin.

Mexico.

Pesos, Piaster auch Dollars, zu 8 Reales de Plata mexicana, gesetzm.
In großen Summen befunden . . . .
Piaster vom Kaiser Augustinus vom Jahre 1823, befunden. . . . . .
Piaster der Republik vom Jahre 1826, befunden . . . .
44 Piaster von den Jahren 1824 bis 1835, befunden . . . .
64 Piaster von den Jahren 1836 bis 1840, befunden . . . .
20 neue Piaster vom Jahre 1840, befunden . . . .
$\frac{1}{2}$, $\frac{1}{4}$, $\frac{1}{8}$ und $\frac{1}{16}$, nach Verhältniß.
Nach Nordamerikanischen Untersuchungen, im Durchschnitt:
Piaster aus der Münzstätte zu Mexico . . . .
" " " " " Zacatecas . . . .
" " " " " Guanaxuato . . . .
" " " " Durango . . . .
" " " " " Potosi . . . .
" " " " " Chihuahua . . . .
" " " " " Guadalaxara . . . .
Halbe Piaster von verschiedenen Münzstätten . . . .
Viertel Piaster von verschiedenen Münzstätten . . . .
(S. auch Spanien und Südamerikanische Freistaaten.)

Mittel-Amerika,

s. Südamerikanische Freistaaten.

Modena.

Scudo zu 15 Lire di Modena, 1739, Französische Probe . . . .
Scudo zu 15 Lire di Modena, 1782, Französische Probe . . . .
Scudo vom Jahre 1796, Französische Probe. . . . .

Auf 1 Köln. Mark Brutto gehen:	Feingehalt.		Auf 1 Köln. Mark fein Silber gehen:	Werth eines Stückes im 13⅓ Thlr. oder 20 Fl. Fuß.	24½ Fl. Fuß.			14 Thlr. Fuß oder in Pr. Courant.		
Stück.	Lth.	Grän.	Stück.	Thlr.	Fl.	Kr.	Pf.	Thl.	Sgr.	Pf.
40	8	—	80	0,16667	—	18	1,5	—	5	3
70	7	—	160	0,08333	—	9	0,7	—	2	7,5
72	6	— *	192	0,06943	—	7	2,6	—	2	2,25
—	—	—	—	0,07936	—	8	3	—	2	6
180	3	6 *	864	0,01543	—	1	2,8	—	—	5,8
—	—	—	—	0,01984	—	2	0,7	—	—	7,5
8,641	14	8	9,5715	1,39302	2	33	2,3	1	13	10,56
8⅔	14	6	9,6744	1,37821	2	31	3,8	1	13	4,9
8,625	14	5	9,665	1,37955	2	32	0,4	1	13	5,47
8,672	14	6	9,680	1,37741	2	31	3,4	1	13	4,66
8,665	14	5½	9,691	1,37585	2	31	2,7	1	13	4,07
8,696	14	6¼	9,698	1,37482	2	31	2,3	1	13	3,69
8,658	14	5½	9,684	1,37684	2	31	3,2	1	13	4,45
8,671	14	6½	9,661	1,38012	2	32	0,6	1	13	5,7
8,726	14	5	9,779	1,36347	2	30	1,3	1	12	11,4
8,692	14	5¼	9,731	1,37019	2	31	0,2	1	13	1,9
8,676	14	6¾	9,657	1,38069	2	32	0,9	1	13	5,9
8,661	14	6¼	9,659	1,38041	2	32	0,7	1	13	5,8
8,624	14	6¾	9,599	1,38903	2	33	0,5	1	13	9,0
8,666	14	—	9,904	1,34626	2	28	1,7	1	12	4,9
17,496	14	6¼	19,512	0,68334	1	15	1,3	—	21	6,3
35,212	14	5¼	39,421	0,33823	—	37	1,2	—	10	7,8
8,123	13	16	9,358	1,42481	2	37	0,3	1	14	10,57
8,434	14	11	9,236	1,44363	2	39	0,6	1	15	5,69
8,323	10	11	12,550	1,06242	1	57	0,5	1	3	5,59

Silbermünzen.

Modena.

Scudi nuovi von 5 Lire italiane, gesetzmäßig
Stücke von 2 Lire italiane, desgleichen
" " 1 Lira italiana, desgleichen
½ und ¼, nach Verhältniß.

Nassau.

Aeltere Münzen:

Kronenthaler à 2 Gulden 42 Kreuzer, gesetzmäßig
Conventions-Speciesthaler, gesetzmäßig
24 Kreuzerstücke
- gesetzmäßig
- Umlaufswerth

12 Kreuzerstücke
- gesetzmäßig
- Umlaufswerth

6 Kreuzerstücke von den Jahren 1808 und 1809
- gesetzmäßig
- Umlaufswerth

Scheidemünze, gesetzmäßig:

6 Kreuzerstücke
- Realwerth
- Nominalwerth

3 Kreuzerstücke
- Realwerth
- Nominalwerth

1 Kreuzerstücke
- Realwerth
- Nominalwerth

Nach der Convention vom 25. August 1837:

Ein-Guldenstücke
Halbe Guldenstücke

Scheidemünze:

6 Kreuzerstücke
- Realwerth
- Nominalwerth

3 Kreuzerstücke
- Realwerth
- Nominalwerth

1 Kreuzerstücke
- Realwerth
- Nominalwerth

Nach der Convention vom 30. Juli 1838:

Vereinsmünzen à 3½ Gulden oder 2 Thaler

Nach der Convention vom 27. März 1845:

Zwei-Guldenstücke

Neapel, s. Sicilien.

Auf 1 Köln. Mark Brutto gehen:	Feingehalt.		Auf 1 Köln. Mark fein Silber gehen:	Werth eines Stückes im 13⅓ Thlr. oder 20 Fl. Fuß.	24½ Fl. Fuß.			14 Thlr. Fuß oder in Pr. Courant.		
Stück.	Lth.	Grän.	Stück.	Thlr.	Fl.	Kr.	Pf.	Thl.	Sgr.	Pf.
9,354	14	7,2 *	10,394	1,28284	2	21	1,7	1	10	4,91
23,386	14	7,2 *	25,984	0,51314	—	56	2,3	—	16	1,97
46,771	14	7,2 *	51,968	0,25657	—	28	1,1	—	8	0,98
7,92	13	17	9,088	1,46714	2	41	3,0	1	16	2,57
8⅓	13	6	10	1,33333	2	27	—	1	12	—
35	9	6	60	0,22222	—	24	2	—	7	—
—	—	—	61,25	0,21769	—	24	—	—	6	10,3
60	8	—	120	0,11111	—	12	1	—	3	6
—	—	—	122,5	0,10884	—	12	—	—	3	5,1
105	7	—	240	0,05555	—	6	0,5	—	1	9
—	—	—	245	0,05442	—	6	—	—	1	8 4/7
105	6	—	280	0,04762	—	5	1	—	1	6
—	—	—	—	0,05442	—	6	—	—	1	8 4/7
169	4	9	600	0,02222	—	2	1,8	—	—	8,4
—	—	—	—	0,02721	—	3	—	—	—	10 2/7
440	3	12	1920	0,00694	—	—	3,06	—	—	2,62
—	—	—	—	0,00907	—	1	—	—	—	3 3/7
22,05	14	7,2 *	24,5	0,54422	1	—	—	—	17	1 5/7
44,10	14	7,2 *	49	0,27211	—	30	—	—	8	6 6/7
90	5	6 *	270	0,04938	—	5	1,8	—	1	6 2/3
—	—	—	—	0,05442	—	6	—	—	1	8 4/7
180	5	6 *	540	0,02469	—	2	2,9	—	—	9 1/3
—	—	—	—	0,02721	—	3	—	—	—	10 2/7
300	2	9 *	1920	0,00694	—	—	3,06	—	—	2,62
—	—	—	—	0,00907	—	1	—	—	—	3 3/7
6,3	14	7,2 *	7	1,90476	3	30	—	2	—	—
11,025	14	7,2 *	12,25	1,08844	2	—	—	1	4	3 3/7

Silbermünzen.

Niederlande.

Aeltere Münzen.

Für die Oesterreichischen Niederlande oder Brabant:

Ducatons, seit 1749, nach Französischen Proben . . . .
Dergleichen, nach gewöhnlicher Annahme . . . .
½, ¼ und ⅛, nach Verhältniß.
Kronenthaler, seit 1755, gesetzmäßig . . . .
Dergleichen, nach älteren Proben . . . .
Dergleichen, befunden . . . .
½ und ¼, nach Verhältniß.
Doppelte Schillinge oder Escalins, seit 1749, Französische Proben . .
Schillinge, Escalins, seit 1749, nach Englischen Proben . . . .
Halbe Schillinge, Plaquets, nach Englischen Proben . . . .
5 Stüverstücke, seit 1749 . . . .
Halbe, nach Verhältniß.
Belgische Löwenthaler zu 3½ Gulden, v. J. 1790, n. Französ. Proben .
Belgische Gulden à 20 Stüver, v. J. 1790, n. Französ. Proben . . . .
Belgische halbe Gulden, nach Französischen Proben . . . .

Für Holland:

Alte Thaler zu 1½ Gulden, aus d. 17. Jahrhund., im Durchschn. befund.
3 Guldenstücke aus dem 18. Jahrhundert . . . .
Einzelne dergleichen, befunden . . . .
Dergleichen, im Durchschnitt befunden . . . .
Ein=Guldenstücke . . . .
Dergleichen ohne Rand, befunden . . . .
Dergleichen mit Rand, befunden . . . .
½ und ¼, nach Verhältniß.
Ducatons, silberne Ruyder . . . .
Dergleichen, nach Französischen Proben . . . .
Halbe, nach Verhältniß.
Thaler, nach dem Fuß der Albertus=Thaler . . . .
Dergleichen, nach Französischen Proben . . . .
Dergleichen, im Durchschnitt befunden . . . .
½ und ¼, nach Verhältniß.
Thaler à 50 Stüver, unter Louis Napoleon vom J. 1808, befunden
Schillinge à 6 Stüver, ältere Angabe . . . .
Gestempelte Schillinge à 6 Stüver, aus dem 17. Jahrhundert, befund.
Sesthalfs, 5½ Stüver, ältere Angabe . . . .
Dergleichen, nach Englischen Proben . . . .

Auf 1 Köln. Mark Brutto gehen:	Feingehalt.		Auf 1 Köln. Mark fein Silber gehen:	Werth eines Stückes im 13⅓ Thlr. oder 20 Fl. Fuß.	24½ Fl. Fuß.			14 Thlr. Fuß oder in Pr. Courant.		
Stück.	Lth.	Grän.	Stück.	Thlr.	Fl.	Kr.	Pf.	Thl.	Sgr.	Pf.
7,022	13	16	8,089	1,64834	3	1	3,5	1	21	11,07
7,10	13	16	8,179	1,63019	2	59	2,9	1	21	4,21
7,917	13	17	9,084	1,46778	2	41	3,3	1	16	2,82
7,969	13	16	9,180	1,45243	2	40	0,5	1	15	9,02
7,990	13	16	9,204	1,44865	2	39	2,9	1	15	7,59
23,670	9	4	41,066	0,32468	—	35	3,2	—	10	2,72
47,335	9	3½	82,371	0,16187	—	17	3,4	—	5	1,18
85,935	7	11	180,652	0,07378	—	8	0,5	—	2	3,89
49,5	6	10	120,814	0,11036	—	12	0,7	—	3	5,72
7,125	13	17	8,175	1,63099	2	59	3,3	1	21	4,51
25,157	13	16	28,981	0,46007	—	50	2,9	—	14	5,91
50,607	13	16	58,299	0,22870	—	25	0,9	—	7	2,45
15,128	14	6½	16,854	0,79111	1	27	0,9	—	24	11,04
7,409	14	12	8,083	1,64956	3	1	3,5	1	12	11,53
7,420	14	11	8,125	1,64102	3	—	3,7	1	12	8,31
7,430	14	10	8,167	1,63259	2	59	3,9	1	21	5,12
22,217	14	10½	24,375	0,54701	1	—	1,2	—	17	2,77
22,576	14	9½	24,864	0,53625	—	59	0,5	—	16	10,70
22,349	14	9½	24,614	0,54170	—	59	2,9	—	17	0,76
7,170	15	—	7,648	1,74337	3	12	0,8	1	24	11
7,191	14	17	7,699	1,73180	3	10	3,7	1	24	6,63
8,326	13	16	9,592	1,39005	2	33	1,0	1	13	9,44
8,323	13	14	9,665	1,37955	2	32	0,1	1	13	5,47
8,380	13	15½	9,673	1,37841	2	31	3,9	1	13	5,04
8,888	14	10	9,770	1,36472	2	30	1,8	1	12	11,87
46,875	9	2½	82,067	0,16247	—	17	3,6	—	5	1,41
52,500	9	—	93,333	0,14286	—	15	3,0	—	4	6
50,156	9	—	89,167	0,14953	—	16	1,9	—	4	8,52
50,129	8	8½	94,670	0,14788	—	15	2,1	—	4	5,24

Silbermünzen.

Niederlande.

Dubbeltjes, 2 Stüver, ältere Angabe . . . .
Stüver, ältere Angabe . . . .

Neuere Münzen für das Königreich der Niederlande, nach dem Gesetz vom 28. September 1816.

a. Reichsmünzen:

Drei-Guldenstücke . . . .
Gulden zu 100 Cents . . . .
Halbe Gulden zu 50 Cents . . . .
Viertel-Gulden zu 25 Cents . . . .
$\frac{1}{10}$ Gulden oder 10 Cents . . . .
$\frac{1}{20}$ Gulden oder 5 Cents . . . .
Drei Guldenstücke von verschiedenen Jahren, befunden . . . .
25 Cents-Stücke von verschiedenen Jahren, befunden . . . .

b. Handelsmünzen:

Silber-Ducaten oder Thaler . . . .
Silber-Ruyders oder Ducatons . . . .

Neueste Münzen, nach dem Gesetz vom 22. März 1839.

a. Reichsmünzen:

$2\frac{1}{2}$ Guldenstücke, Thaler . . . .
Gulden zu 100 Cents . . . .
$\frac{1}{2}$ Gulden zu 50 Cents . . . .
$\frac{1}{4}$ Gulden zu 25 Cents . . . .
$\frac{1}{10}$ Gulden zu 10 Cents . . . .
$\frac{1}{20}$ Gulden zu 5 Cents . . . .

b. Handelsmünzen:

wie nach dem Gesetz vom 28. September 1816.

Nordamerikanische, vereinigte Staaten.

Nach dem Gesetz vom 8. August 1786:

Dollars zu 100 Cents . . . .
Halbe Dollars zu 50 Cents . . . .
$\frac{1}{5}$ Dollars zu 20 Cents . . . .
Dimes zu 10 Cents . . . .

Nach dem Gesetz vom 2. April 1792:

Dollars zu 100 Cents (Piaster) . . . .
Dergleichen im Durchschnitt von 8 Jahren, nach Englischen Proben .
Dollar vom Jahre 1798, nach Englischer Probe . . . .

Auf 1 Köln. Mark Brutto gehen:	Feingehalt.		Auf 1 Köln. Mark fein Silber gehen:	Werth eines Stückes im 13⅓ Thlr. oder 20 Fl. Fuß.	24½ Fl. Fuß.			14 Thlr. Fuß oder in Pr. Courant.		
Stück.	Lth.	Grän.	Stück.	Thlr.	Fl.	Kr.	Pf.	Thl.	Sgr.	Pf.
145,037	9	2	254,70	0,05235	—	5	3,1	—	1	7,79
290,07	9	2	509,40	0,02617	—	2	3,5	—	—	9,89
7,2413	14	5,18 *	8,109	1,64426	3	1	1,1	1	21	9,53
21,724	14	5,18 *	24,3270	0,54809	1	—	1,7	—	17	3,18
43,448	14	5,18 *	48,654	0,27404	—	30	0,9	—	8	7,59
55,37	9	1,87 *	97,308	0,13702	—	15	0,4	—	4	3,79
138,42	9	1,87 *	243,270	0,05481	—	6	0,2	—	1	8,72
276,85	9	1,87 *	486,540	0,02740	—	3	0,1	—	—	10,36
7,245	14	4½	8,135	1,63901	3	0	2,8	1	21	7,55
56,000	9	—	99,556	0,13393	—	14	3,1	—	4	2,62
8,3288	13	16 *	9,5948	1,38964	2	33	0,8	1	13	9,28
7,1792	14	17¾ *	7,6649	1,73953	3	11	3,1	1	24	9,54
9,3542	15	2,16 *	9,8986	1,34699	2	28	2,0	1	12	5,16
23,3856	15	2,16 *	24,7466	0,53880	—	59	1,6	—	16	11,66
46,771	15	2,16 *	49,493	0,26940	—	29	2,8	—	8	5,83
93,542	15	2,16 *	98,986	0,13470	—	14	3,4	—	4	2,91
233,856	15	2,16 *	247,466	0,05388	—	5	3,7	—	1	8,37
467,711	15	2,16 *	494,932	0,02694	—	2	3,9	—	—	10,18
8,808	14	12	9,608	1,38768	2	33	—	1	13	8,55
17,615	14	12	19,217	0,69384	1	16	2,0	—	21	10,27
44,038	14	12	48,042	0,27754	—	30	2,4	—	8	8,91
88,076	14	12	96,083	0,13877	—	15	1,2	—	4	4,45
8,676	14	$5\frac{1}{12}$	9,722	1,37146	2	31	0,8	1	13	2,41
8,677	14	4¼	9,752	1,36724	2	30	2,9	1	13	0,82
8,624	14	6	9,627	1,38499	2	32	2,8	1	13	7,53

Silbermünzen.

Nordamerikanische, vereinigte Staaten.

Halbe Dollars zu 50 Cents, gesetzmäßig . . . .
Ein Stück vom Jahre 1819, befunden . . . .
Viertel-Dollars zu 25 Cents, gesetzmäßig . . . .
Dimes zu 10 Cents, gesetzmäßig . . . .
Halbe Dimes zu 5 Cents, gesetzmäßig . . . .

Nach dem Gesetz vom 18. Januar 1837:

Dollars zu 100 Cents . . . .
Halbe Dollars zu 50 Cents . . . .
Viertel-Dollars zu 25 Cents . . . .
Dimes zu 10 Cents . . . .
Halbe Dimes zu 5 Cents . . . .

Norwegen.

Nach den Gesetzen vom 13. August 1818 u. 24. August 1824:

Speciesthaler . . . .
Halbe Speciesthaler . . . .
$\frac{1}{5}$ Speciesthaler oder 1 Reichsorte, bis 1824 . . . .
Dergleichen, seit 1825 . . . .
$\frac{1}{15}$ Speciesthaler oder 8 Schillinge Spec., bis 1824 . . . .
Dergleichen, seit 1825 bis 1845 . . . .

Nach dem Gesetz vom 5. April 1845:

$\frac{1}{10}$ Speciesthaler oder 12 Schillinge Spec. . . . .

Scheidemünze;
nach dem Gesetz vom 14. Juni 1816 bis in die neueste Zeit:

4 Schillingstücke { Realwerth . . . .
4 Schillingstücke { Nominalwerth . . . .
2 Schillingstücke { Realwerth . . . .
2 Schillingstücke { Nominalwerth . . . .

Oesterreich.

Nach der Convention vom 21. September 1753:

Speciesthaler, 2 Gulden, gesetzmäßig . . . .
Halbe Speciesthaler, Gulden, desgleichen . . . .
20 Kreuzerstücke, desgleichen . . . .
Dergleichen, von 1821 bis 1835, befunden . . . .
10 Kreuzerstücke, gesetzmäßig . . . .
5 Kreuzerstücke, desgleichen . . . .
3 Kreuzerstücke, desgleichen . . . .

Auf 1 Köln. Mark Brutto gehen:	Feingehalt.		Auf 1 Köln. Mark fein Silber gehen:	Werth eines Stückes im 13⅓ Thlr. oder 20 Fl. Fuß.	24½ Fl. Fuß.			14 Thlr. Fuß oder in Pr. Courant.		
Stück.	Lth.	Grän.	Stück.	Thlr.	Fl.	Kr.	Pf.	Thl.	Sgr.	Pf.
17,352	14	5$\frac{1}{52}$	19,444	0,68573	1	15	2,4	—	21	7,21
17,316	14	4½	19,443	0,68576	1	15	2,4	—	21	7,22
34,705	14	5$\frac{1}{52}$	38,888	0,34286	—	37	3,2	—	10	9,60
86,762	14	5$\frac{1}{52}$	97,220	0,13715	—	15	0,5	—	4	3,84
173,524	14	5$\frac{1}{52}$	194,440	0,06857	—	7	2,2	—	2	1,92
8,750	14	7,2 *	9,722	1,37146	2	31	0,8	1	13	2,41
17,500	14	7,2 *	19,444	0,68573	1	15	2,4	—	21	7,21
35,000	14	7,2 *	38,888	0,34286	—	37	3,2	—	10	9,60
87,500	14	7,2 *	97,220	0,13715	—	15	0,5	—	4	3,84
175,000	14	7,2 *	194,440	0,06857	—	7	2,2	—	2	1,92
8$\frac{3}{32}$	14	— *	9,250	1,44144	2	38	3,7	1	15	4,86
16$\frac{3}{16}$	14	— *	18,500	0,72072	1	19	1,8	—	22	8,43
31$\frac{51}{64}$	11	—	46,250	0,28829	—	31	3,1	—	9	0,97
40$\frac{15}{32}$	14	— *	46,250	0,28829	—	31	3,1	—	9	0,97
69$\frac{3}{8}$	8	—	138,750	0,09609	—	10	2,4	—	3	0,32
121$\frac{13}{32}$	14	—	138,750	0,09609	—	10	2,4	—	3	0,32
80$\frac{15}{16}$	14	— *	92,500	0,14414	—	15	3,6	—	4	6,48
78	4	— *	312	0,04273	—	4	2,8	—	1	4,15
—	—	—	—	0,04804	—	5	1,2	—	1	6,16
156	4	— *	624	0,02137	—	2	1,4	—	—	8,07
—	—	—	—	0,02403	—	2	2,6	—	—	9,08
8⅓	13	6 *	10	1,33333	2	27	—	1	12	—
16⅔	13	6 *	20	0,66667	1	13	2	—	21	—
35	9	6 *	60	0,22222	—	24	2	—	7	—
35,165	9	5	60,644	0,21989	—	24	1	—	6	11,1
60	8	— *	120	0,11111	—	12	1	—	3	6
105	7	— *	240	0,05555	—	6	0,5	—	1	9
137½	5	5,9 *	400	0,03333	—	3	2,7	—	1	0,6

Silbermünzen.

Oldenburg.

Seit 1816:

24 Grote, ⅓ Thaler, gesetzmäßig . . . .
12 Grote, ⅙ Thaler, desgleichen . . . .
6 Grote, $\frac{1}{12}$ Thaler, desgleichen . . . .
4 Grote, desgleichen . . . .
3 Grote, desgleichen, seit 1840 . . . .
2 Grote, desgleichen . . . .
1 Grote, desgleichen . . . .
1 Grote, desgleichen, seit 1836 . . . .

Für Birkenfeld.

Nach der Convention vom 30. Juli 1838:

3½ Gulden oder Zweithalerstücke (1840) . . . .

Nach dem Gesetz vom 10. Juli 1846.

Einthaler à 72 Grote . . . .
Halbe Thaler à 36 Grote . . . .
⅓ Thaler à 24 Grote . . . .
⅙ Thaler à 12 Grote . . . .

(½ und ⅓ Thaler sind bis Ende 1847 noch nicht geprägt.)

Scheidemünze:

(6, 4, 3, 2 und 1 Grotenstücke sollen, wie früher, auch künftig zu 16 Thalern aus der f. Mark geprägt werden.)

Ostindien.

Englische Besitzungen.

Allgemeine Company-Rupie seit dem 1. Septbr. 1835, gesetzmäßig .

Ahmedabad, in der Provinz Guprat.

Neue Sicca-Rupien, Ostindische Probe . . . .
Städtische Sicca-Rupie, desgleichen . . . .

Ahmednuggur, in der Provinz Aurungabad.

Tokaschi-Rupie, Ostindische Probe . . . .
Jyenuggi-Rupie, desgleichen . . . .
Mannaschi-Rupie, desgleichen . . . .
Delhi-Rupie, desgleichen . . . .

Anjar, in der Provinz Bhui.

Cutch-Kuri-Rupie, Ostindische Probe . . . .
Anksayi-Rupie, desgleichen . . . .

Auf 1 Köln. Mark Brutto gehen:	Feingehalt.		Auf 1 Köln. Mark fein Silber gehen:	Werth eines Stückes im 13⅓ Thlr. oder 20Fl.Fuß.	24½ Fl.Fuß.			14 Thlr.Fuß oder in Pr. Courant.		
Stück.	Lth.	Grän.	Stück.	Thlr.	Fl.	Kr.	Pf.	Thl.	Sgr.	Pf.
30	10	—	48	0,27778	—	30	2,5	—	8	9
48	8	—	96	0,13889	—	15	1,2	—	4	4,5
65⅓	5	8	192	0,06944	—	7	2,6	—	2	2,25
98	5	8	288	0,04630	—	5	0,4	—	1	5,5
120	5	—	384	0,03472	—	3	3,3	—	1	1,12
168	4	12	576	0,02315	—	2	2,2	—	—	8,75
240	3	6	1152	0,01157	—	1	1,1	—	—	4,37
252	3	9	1152	0,01157	—	1	1,1	—	—	4,37
6,3	14	7,2 *	7	1,90476	3	30	—	2	—	—
10½	12	— *	14	0,95238	1	45	—	1	—	—
21	12	— *	28	0,47619	—	52	2	—	15	—
28⅞	11	— *	42	0,31746	—	35	—	—	10	—
43³	8	6 *	84	0,15873	—	17	2	—	5	—
20,051	14	12	21,874	0,60955	1	7	0,8	—	19	2,41
19,968	13	11	23,473	0,56803	1	2	2,3	—	17	10,7
20,305	15	11½	20,774	0,67392	1	10	3	—	20	2,6
20,844	15	½	22,193	0,60079	1	6	0,9	—	18	11,1
20,902	14	7	23,242	0,57367	1	3	1	—	18	0,8
21,296	14	7	23,681	0,56304	1	2	0,3	—	17	8,8
20,683	15	11	21,196	0,62905	1	9	1,4	—	19	9,8
50,129	9	8	84,924	0,15700	—	17	1,2	—	4	11,3
21,154	15	2¾	22,337	0,59692	1	5	3,2	—	18	9,6

Silbermünzen.

Ostindien.

Bagulcota, in Duab.

Mullarschi-Rupie, Ostindische Probe . . . .

Baroda, im Distrikt von Broach.

Babasy-Rupie, Ostindische Probe . . . .
Walkersy-Rupie, desgleichen . . . .
Aschasy-Rupie, desgleichen . . . .
Mukunsy-Rupie, desgleichen . . . .
Wullubsy-Rupie, desgleichen . . . .
Siasy-Rupie, desgleichen . . . .

Batavia, s. Java.

Bengalen.

Sicca-Rupien vom Jahre 1793, gesetzmäßig . . . .
Halbe und Viertel, nach Verhältniß.
Lucknow-Rupien vom Jahre 1803, gesetzmäßig . . . .
Halbe und Viertel, nach Verhältniß.
Benares-Rupien vom Jahre 1812 an, gesetzmäßig . . . .
Halbe und Viertel, nach Verhältniß.
Neue Furruckabad-Rupien vom Jahre 1819 an, gesetzmäßig . . . .
Halbe und Viertel, nach Verhältniß.
Sicca-Rupien, seit 1818, gesetzmäßig . . . .
Halbe Sicca-Rupien, desgleichen . . . .
Viertel-Sicca-Rupien, desgleichen . . . .

Bhakri.

Rupie, Ostindische Probe . . . .

Bombay und Surate.

Rupien, seit 1800, gesetzmäßig . . . .
Rupien, seit 1824, desgleichen . . . .
Halbe Rupien, desgleichen . . . .
Viertel-Rupien, desgleichen . . . .

Broach, in der Provinz Guyrat.

Neue Rupie, Englische Probe . . . .
Neue Rupie, Ostindische Probe . . . .

Cambay.

Rupie, Ostindische Probe . . . .

Auf 1 Köln. Mark Brutto gehen:	Feingehalt.		Auf 1 Köln. Mark fein Silber gehen:	Werth eines Stückes im 13⅓ Thlr. oder 20Fl.Fuß.	24½ Fl.Fuß.			14 Thlr.Fuß oder in Pr. Courant.		
Stück.	Lth.	Grän.	Stück.	Thlr.	Fl.	Kr.	Pf.	Thl.	Sgr.	Pf.
20,948	14	4⅓	23,536	0,56651	1	2	1,8	—	17	10,1
20,391	13	10½	24,019	0,55512	1	1	0,8	—	17	5,8
20,347	14	¾	23,185	0,57508	1	3	1,6	—	18	1,4
20,449	13	15	23,652	0,56373	1	2	0,6	—	17	9,1
20,435	14	—	23,356	0,57087	1	2	3,8	—	17	11,8
20,559	13	10¼	24,192	0,55115	1	0	3,1	—	17	4,3
20,293	13	6½	24,301	0,54867	1	0	2	—	17	3,4
20,089	15	12	20,516	0,64990	1	11	2,6	—	20	5,66
20,863	15	5	21,849	0,61025	1	7	1,1	—	19	2,67
20,624	15	7,9	21,372	0,62387	1	8	3,1	—	19	7,82
20,026	14	12	21,847	0,61031	1	7	1,1	—	19	2,69
18,806	14	12	20,516	0,64990	1	11	2,6	—	20	5,66
37,612	14	12	41,032	0,32495	—	35	3,3	—	10	2,83
75,224	14	12	82,064	0,16247	—	17	3,6	—	5	1,41
20,507	15	¾	21,814	0,61123	1	7	1,6	—	19	3
20,164	14	13	21,914	0,60844	1	7	0,3	—	19	1,99
20,051	14	12	21,874	0,60955	1	7	0,8	—	19	2,41
40,102	14	12	43,748	0,30477	—	33	2,4	—	9	7,20
80,204	14	12	87,496	0,15239	—	16	3,2	—	4	9,60
20,277	14	2,4	22,955	0,58085	1	4	0,2	—	18	3,56
20,334	14	⅓	23,208	0,57451	1	3	2,	—	18	1,17
20,107	13	1¾	24,563	0,54282	—	59	3,4	—	17	1,19

Silbermünzen.

Ostindien.

Cananor.

Fanams, Englische Probe

Cursaney.

Rupie, Ostindische Probe

Deckan Puna, im südlichen Marattenlande.

Ankusi-Chinsori-Rupie, Ostindische Probe
Puna-Sicca-Rupie, desgleichen
Bellapuri-Rupie, desgleichen
Bhatori-Rupie, desgleichen

Furruckabad, s. Bengalen.

Goa.

Gemeine Pardos
Pardos-Xeraphim
Rupie, Ostindische Probe

Hyderabad.

Kora-Rupie, Ostindische Probe

Java.

Früher: Gulden, gesetzmäßig
Halbe Gulden (1834), desgleichen
Viertel-Gulden (1834), desgleichen
Seit 1839: Gulden, gesetzmäßig
Halbe Gulden, desgleichen
Viertel-Gulden, desgleichen

Lucknow, s. Bengalen.

Madras.

Arcot-Rupien, alte
Arcot-Rupien der letzten Münzung, gesetzmäßig
Halbe und Viertel, nach Verhältniß.
Neue Rupien, seit 1818, gesetzmäßig
Halbe Rupien, desgleichen
Viertel-Rupien, desgleichen
Doppel-Annas, desgleichen
Annas, desgleichen

Auf 1 Köln. Mark Brutto gehen:	Feingehalt.		Auf 1 Köln. Mark fein Silber gehen:	Werth eines Stückes im $13\frac{1}{3}$ Thlr. oder 20Fl.Fuß.	$24\frac{1}{2}$ Fl.Fuß.			14 Thlr.Fuß oder in Pr. Courant.		
Stück.	Lth.	Grän.	Stück.	Thlr.	Fl.	Kr.	Pf.	Thl.	Sgr.	Pf.
100,959	14	13	109,721	0,12152	—	13	1,6	—	3	9,93
21,138	11	$10\frac{3}{4}$	29,163	0,45720	—	50	1,6	—	14	4,8
20,923	14	$12\frac{1}{4}$	22,803	0,58472	1	4	1,9	—	18	5
20,654	15	$7\frac{1}{4}$	21,455	0,62146	1	8	2,1	—	19	6,9
21,006	13	$10\frac{3}{4}$	24,718	0,53942	—	59	1,4	—	16	11,9
21,012	13	$16\frac{1}{2}$	24,157	0,55194	1	—	3,4	—	17	4,6
—	—	—	15,763	0,84583	1	33	1,0	—	26	7,7
—	—	—	12,611	1,05729	1	56	2,3	1	3	3,7
21,420	13	$13\frac{1}{2}$	24,925	0,53494	—	59	—	—	16	10,21
21,181	11	$14\frac{1}{4}$	28,740	0,46393	—	51	0,6	—	14	7,4
21,724	14	5,18	24,327	0,54809	1	—	1,7	—	17	3,18
43,448	14	5,18	48,654	0,27404	—	30	0,9	—	8	7,59
57,586	9	1,58	101,383	0,13151	—	14	2	—	4	1,71
23,386	15	2,16 *	24,7466	0,53880	—	59	1,6	—	16	11,66
46,771	15	2,16 *	49,493	0,26940	—	29	2,8	—	8	5,83
93,542	15	2,16 *	98,986	0,13470	—	14	3,4	—	4	2,91
20,350	15	2	21,547	0,61880	1	8	2,7	—	19	5,90
20,461	15	1,8	21,680	0,61501	1	7	9,7	—	19	4,47
20,051	14	12	21,874	0,60955	1	7	0,8	—	19	2,41
40,102	14	12	43,748	0,30477	—	33	2,4	—	9	7,20
80,204	14	12	87,496	0,15239	—	16	3,2	—	4	9,60
160,408	14	12	174,992	0,07619	—	8	1,6	—	2	4,80
320,816	14	12	349,984	0,03810	—	4	0,8	—	1	2,40

Silbermünzen.

Ostindien.

Maldiven-Inseln.

Larin, Englische Probe . . . .

Malwah.

Bhilsa-Rupie, Englische Angabe . . . .
Bhopal-Rupie, desgleichen . . . .
Chandore-Rupie, Ostindische Probe . . . .
Indore-Rupie, Ostindische Probe . . . .
Jewry-Rupie, Englische Angabe . . . .
Kotah-Rupie, Ostindische Probe . . . .
Odeypur-Rupie, Englische Angabe . . . .
Ougien-Rupie, Ostindische Probe . . . .
Pertaubghur-Rupie, Englische Angabe . . . .
Dieselbe nach Ostindischer Probe . . . .

Mysore.

Mysore-Rupie, Ostindische Probe . . . .
Rajah-Pondicherry-Rupie, zu Mysore geprägt, Ostindische Probe . .
Sultan-Rupie, Englische Angabe . . . .

Pertaubghur, s. Malwah.

Pondicherry, s. Madras und Mysore.

Doppelter Fanam, Englische Probe . . . .
Einfacher Fanam, desgleichen . . . .

Siam.

Tical, nach Englischer Angabe { . . . .
. . . . }

Parma und Piacenza.

Ducati, tarifmäßig . . . .
½, ¼ und ⅛, nach Verhältniß.
3 Lire-Stücke, tarifmäßig . . . .

Seit 1815:

Stücke von 5 Lire italiane, gesetzmäßig . . . .
" " 2 Lire italiane, desgleichen . . . .
" " 1 Lira italiana, desgleichen . . . .
" " ½ Lira italiana zu 10 Soldi, desgleichen . . . .
" " ¼ Lira italiana zu 5 Soldi, desgleichen . . . .

Auf 1 Köln. Mark Brutto gehen:	Feingehalt.		Auf 1 Köln. Mark fein Silber gehen:	Werth eines Stückes im 13⅓ Thlr. oder 20 Fl. Fuß.	24½ Fl. Fuß.			14 Thlr. Fuß oder in Pr. Courant.		
Stück.	Lth.	Grän.	Stück.	Thlr.	Fl.	Kr.	Pf.	Thl.	Sgr.	Pf.
48,447	15	9	50,009	0,26662	—	29	1,6	—	8	4,78
21,548	13	4½	26,020	0,51243	—	56	2,0	—	16	1,70
21,388	14	4⅓	24,030	0,55486	1	1	0,7	—	17	5,74
20,954	14	11½	22,902	0,58219	1	4	0,7	—	18	4,1
20,904	14	13½	22,675	0,58802	1	4	3,3	—	18	6,3
21,420	13	2¾	26,057	0,51170	—	56	1,7	—	16	1,42
20,648	14	11,12	22,600	0,58997	1	5	0,2	—	18	7,0
21,548	11	8¼	30,089	0,44313	—	48	3,4	—	13	11,50
20,624	14	13½	22,372	0,59598	1	5	2,8	—	18	9,28
22,062	9	13¼	36,256	0,36776	—	40	2,2	—	11	7,01
21,181	13	17¼	24,279	0,54913	1	0	2,2	—	17	3,59
20,796	15	1½	22,060	0,60441	1	6	2,6	—	19	0,47
20,489	15	2¾	21,635	0,61629	1	7	3,8	—	19	4,96
20,391	15	0,6	21,702	0,61438	1	7	3	—	19	4,24
84,427	14	10,8	92,523	0,14411	—	15	3,6	—	4	6,47
147,317	15	3	155,411	0,08579	—	9	1,8	—	2	8,43
16	14	16,8	17,143	0,77777	1	25	3	—	24	6
16	15	8,4	16,552	0,80554	1	28	3,2	—	25	4,5
9,117	14	6	10,177	1,31014	2	24	1,8	1	11	3,23
65,875	13	4	79,714	0,16726	—	18	1,8	—	5	3,23
9,354	14	7,2*	10,394	1,28284	2	21	1,7	1	10	4,91
23,386	14	7,2*	25,984	0,51314	—	56	2,3	—	16	1,97
46,771	14	7,2*	51,968	0,25657	—	28	1,1	—	8	0,98
93,542	14	7,2*	103,936	0,12828	—	14	0,6	—	4	0,49
187,084	14	7,2*	207,871	0,06414	—	7	0,2	—	2	0,24

Silbermünzen.

Persien.

Rupien, doppelte, vom Schach Rokh, Französische Proben . . . . . .
" einfache, von Ismail, Französische Proben . . . .
" " von Iman Riza, Französische Proben . . . .
" " vom Jahre 1789, Englische Proben . . . .
" " ältere, Ostindische Proben . . . .
" " neuere, dergleichen . . . .
Huzar Dinar, Ostindische Probe . . . .
Mamudi von Avasa, Englische Angabe . . . .
Sahib-Koran vom J. 1808, nach Nordamerikanischen Untersuchungen
" " vom J. 1839, desgleichen . . . .
Halbe (Penebad), nach Verhältniß.

Peru,

s. Südamerikanische Freistaaten.

Polen.

Aeltere Münzen:

Speciesthaler zu 8 Gulden, von 1766 bis 1787, gesetzmäßig . . . . .
2 Guldenstücke, von 1766 bis 1787, desgleichen . . . .
1 Guldenstücke, von 1766 bis 1787, desgleichen . . . .
Halbe Guldenstücke, gesetzmäßig . . . .
Viertel-Guldenstücke, desgleichen . . . .
Speciesthaler zu 8 Gulden, von 1787 bis 1794, befunden . . . . . .
Halbe Speciesthaler zu 4 Gulden, von 1787 bis 1794, desgleichen . .
2 Guldenstücke, von 1787 bis 1794, desgleichen . . . .
1 Guldenstücke, von 1787 bis 1794, desgleichen . . . .
10 Groschenstücke, von 1787 bis 1794, ältere Proben . . . .
Thaler zu 6 Gulden, von 1794 und 1795, befunden . . . .
⅓ Thaler zu 2 Gulden, vom Jahre 1794, ältere Proben . . . .
⅙ Thaler zu 1 Gulden, vom Jahre 1794, befunden . . . .

Für das Herzogthum Warschau seit 1807:

Thaler zu 6 Gulden, von dem Jahre 1811 und 1812, befunden . . .
⅓ Thaler zu 2 Gulden, von den Jahren 1811 — 1814, befunden . . .
" " " " " von den Jahren 1813 und 1814, befunden . .
⅙ Thaler zu 1 Gulden, von den Jahren 1811 — 1814, desgleichen . .
10 Groschenstücke, nach Warschauer Proben . . . .
5 Groschenstücke, desgleichen . . . .
2 Guldenstücke, von 1813 (Zamoscia), befunden . . . .

Auf 1 Köln. Mark Brutto gehen:	Feingehalt.		Auf 1 Köln. Mark fein Silber gehen:	Werth eines Stückes im 13⅓ Thlr. oder 20 Fl. Fuß.	24½ Fl. Fuß.			14 Thlr. Fuß oder in Pr. Courant.		
Stück.	Lth.	Grän.	Stück.	Thlr.	Fl.	Kr.	Pf.	Thl.	Sgr.	Pf.
10,145	15	9	10,472	1,27324	2	20	1,5	1	10	1,28
20,767	14	16	22,316	0,59748	1	5	3,5	—	18	9,85
20,383	15	12	20,817	0,64050	1	10	2,5	—	20	2,11
20,277	15	11,4	20,753	0,64248	1	10	3,4	—	20	2,86
22,683	15	2	24,017	0,55516	1	1	0,8	—	17	5,85
25,543	15	2	27,047	0,49297	—	54	1,4	—	15	6,34
33,986	15	4,3	35,683	0,37366	—	41	0,8	—	11	9,24
70,274	6	7,2	175,685	0,07589	—	8	1,5	—	2	4,69
25,240	15	½	26,873	0,49616	—	54	2,8	—	15	7,55
43,485	15	6	45,376	0,29384	—	32	1,6	—	9	3,07
8⅓	13	6	10	1,33333	2	27	—	1	12	—
25	10	—	40	0,33333	—	36	3	—	10	6
43⅓	8	12	80	0,16667	—	18	1,5	—	5	3
70	7	—	160	0,08333	—	9	0,7	—	2	7,5
117 7/9	5	16	320	0,04167	—	4	2,3	—	1	3,75
8½	13	—	10,462	1,27445	2	20	2	1	10	1,74
17	13	—	20,924	0,63723	1	10	1	—	20	0,87
25,475	9	9	42,905	0,31076	—	34	1	—	9	9,47
45,073	8	7	85,967	0,15510	—	17	0,4	—	4	10,63
88⅓	5	11½	250,64	0,05320	—	5	3,5	—	1	8,11
9,756	11	1	14,119	0,94435	1	44	0,5	—	29	8,96
25,285	9	10	42,338	0,31492	—	34	2,9	—	9	11,04
44	8	4	85,622	0,15572	—	17	0,7	—	4	10,86
10,200	11	9	14,191	0,93956	1	43	2,3	—	29	7,15
27,250	10	1	43,359	0,30751	—	33	3,6	—	9	8,24
27,948	9	17½	44,841	0,29735	—	32	3,1	—	9	4,94
46,920	8	10½	87,462	0,15245	—	16	3,2	—	4	9,62
80,500	3	2	414	0,03221	—	3	2,2	—	1	0,17
122,917	3	5	600	0,02222	—	2	1,8	—	—	8,40
29,84	10	4	46,706	0,28547	—	31	1,9	—	8	11,91

Silbermünzen.

Polen.

Neuere Münzen,
nach der Ukase vom 19. November (1. Dezember) 1815:

10 Guldenstücke, seit 1820, gesetzmäßig . . . .
 5 Guldenstücke, desgleichen . . . .
Dergleichen, von 1816 — 1818, befunden . . . .
Dergleichen, von 1832, befunden . . . .
2 Guldenstücke, gesetzmäßig . . . .
1 Guldenstücke, desgleichen . . . .
Dergleichen, von 1816—1818, befunden . . . .
10 Groschenstücke, gesetzmäßig . . . .
 5 Groschenstücke, gesetzmäßig . . . .

Nach der Ukase vom 27. Januar 1833:

10 Guldenstücke (1½ Rubel), gesetzmäßig . . . .
Ein 10 Guldenstück vom Jahre 1837, befunden . . . .
5 Guldenstücke (¾ Rubel), gesetzmäßig . . . .
Ein 5 Guldenstück vom Jahre 1837, befunden . . . .

Nach der Ukase vom 15. October 1832:

1 Gulden (15 Kopeken), gesetzmäßig . . . .
Münzen vom Jahre 1842 an, wie Rußland.

Portugal.

Aeltere Münzen:

Neue Crusaden zu 480 Reïs, gesetzmäßig . . . .
Dergleichen, nach Gerhardt . . . .
Halbe und Viertel, nach Verhältniß.
Neue Crusade vom Jahre 1802, Englische Probe . . . .
" " vom Jahre 1809, desgleichen . . . .
" " vom Jahre 1802, Französische Probe . . . .
" " zu 400 Reïs, von Michael (1830), befunden . . . .
" " zu 400 Reïs, von Maria II. (1835), befunden . . . .
Halbe Crusade zu 200 Reïs, von Michael (1830), befunden . . . . . .
6 Vintems zu 120 Reïs, Französische Proben . . . .
6 Vintems zu 120 Reïs vom Jahre 1802, Englische Probe . . . .
3 Vintems, nach Verhältniß.
Teston vom Jahre 1802, Englische Probe . . . .
Halber Teston vom Jahre 1802, desgleichen . . . .

Auf 1 Köln. Mark Brutto gehen:	Feingehalt.		Auf 1 Köln. Mark fein Silber gehen:	Werth eines Stückes im 13⅓ Thlr. oder 20 Fl. Fuß.	24½ Fl. Fuß.			14 Thlr. Fuß oder in Pr. Courant.		
Stück.	Lth.	Grän.	Stück.	Thlr.	Fl.	Kr.	Pf.	Thl.	Sgr.	Pf.
7,525	13	16	8,669	1,53805	2	49	3,2	1	18	5,38
15,050	13	16	17,338	0,76902	1	24	3,1	—	24	2,69
15,093	13	16	17,387	0,76686	1	24	2,2	—	24	1,87
15,123	13	15½	17,457	0,76378	1	24	0,8	—	24	0,71
25,735	9	9	43,344	0,30761	—	33	3,6	—	9	8,28
51,471	9	9	86,688	0,15381	—	16	3,8	—	4	10,14
51,588	9	9	86,885	0,15346	—	16	3,7	—	4	10,01
80,500	3	2	414	0,03221	—	3	2,2	—	1	0,17
161	3	2	828	0,01610	—	1	3,1	—	—	6,09
7,520	13	16	8,663	1,53910	2	49	2,7	1	18	5,78
7,554	13	15½	8,720	1,52905	2	48	2,3	1	18	1,98
15,040	13	16	17,326	0,76955	1	24	3,4	—	24	2,89
15,123	13	16	17,423	0,76527	1	24	1,5	—	24	1,27
75,200	13	16	86,631	0,15391	—	16	3,9	—	4	10,18
15,973	14	12	17,425	0,76518	1	24	1,4	—	24	1,24
16,296	14	9	17,982	0,74148	1	21	2,9	—	23	4,28
16,041	14	3,6	18,074	0,73771	1	21	1,3	—	23	2,85
16,481	14	9,6	18,144	0,73486	1	21	0,1	—	23	1,78
15,952	14	5½	17,842	0,74730	1	22	1,6	—	23	6,48
16,194	—	—	—	—	—	—	—	—	—	—
16,244	14	11½	17,754	0,75100	1	22	3,2	—	23	7,3
32,520	—	—	—	—	—	—	—	—	—	—
68,801	14	6,9	76,531	0,17422	—	19	0,8	—	5	5,85
68,748	14	3,6	77,462	0,17213	—	18	3,9	—	5	5,06
75,193	14	3,6	84,724	0,15737	—	17	1,4	—	4	11,49
156,925	14	3,6	176,817	0,07541	—	8	1,3	—	2	4,50

Silbermünzen.

Portugal.

Neueste Münzen, nach dem Gesetz vom 24. April 1835:

Coroas, Kronen, zu 1000 Reïs, gesetzmäßig . . . .
Meias Coroas, Halbe Kronen, zu 500 Reïs, gesetzmäßig . . . .
200 Reïs-Stücke, desgleichen . . . .
100 Reïs-Stücke, desgleichen . . . .
Silber Krone (1000 Reïs) vom J. 1838, nach Nordamerik. Unters. .
Halbe, nach Verhältniß.
200 Reïs-Stück vom J. 1838, nach Nordamerik. Unters. . . . .
Halbe, nach Verhältniß.

Preußen.

Nach den Münzedikten v. 14. Juli 1750 u. 29. März 1764:

Reichsthaler zu 24 Ggroschen, gesetzmäßig . . . .
½ Thaler zu 12 Ggroschen, bis 1768 ausgemünzt, gesetzmäßig . . . .
¼ Thaler zu 6 Ggroschen, bis 1768 ausgemünzt, gesetzmäßig . . . .
⅓ Thaler zu 8 Ggroschen, bis 1809 ausgemünzt, gesetzmäßig . . . .
⅙ Thaler zu 4 Ggroschen, gesetzmäßig . . . .
1/12 Thaler zu 2 Ggroschen, bis 1772 ausgemünzt, gesetzmäßig . . . .

Für die Provinzen Preußen und Schlesien:

⅕ Thaler zu 18 Pr. Groschen oder 18 Kreuzer, gesetzmäßig . . . . .
1/15 Thaler zu 6 Pr. Groschen oder 6 Kreuzer, gesetzmäßig . . . .

Anmerkung. Die ½, ¼, ⅕, 1/15, alten ⅙ und 1/12 Thaler werden eingezogen, wovon die 4 ersten Sorten fast verschwunden sind.

Nach dem Münzgesetz vom 30. September 1821:

Reichsthaler zu 30 Silbergroschen à 12 Pfenninge, gesetzmäßig . . .
⅙ Thaler zu 5 Silbergroschen, gesetzmäßig . . . .

Scheidemünze:

Silbergroschen zu 12 Pfenningen { Realwerth . . . . / Nominalwerth . . . . }
Halbe Silbergroschen zu 6 Pfenningen { Realwerth . . . . / Nominalwerth . . . . }

Nach der Münzconvention vom 30. Juli 1838:

Vereinsmünzen od. Zweithalerstücke = 3½ Gulden (v. 1839 an), gesetzm.

Nach dem Gesetz vom 28. Juni 1843.

Scheidemünze:

2½ Silbergroschen oder 1/12 Thaler-Stücke (1842) { Realwerth . . . . / Nominalwerth . . }

Auf 1 Köln. Mark Brutto gehen:	Feingehalt.		Auf 1 Köln. Mark fein Silber gehen:	Werth eines Stückes im 13⅓ Thlr. oder 20 Fl. Fuß.	24½ Fl. Fuß.			14 Thlr. Fuß oder in Pr. Courant.		
Stück.	Lth.	Grän.	Stück.	Thlr.	Fl.	Kr.	Pf.	Thl.	Sgr.	Pf.
7,8983	14	12 *	8,6163	1,54746	2	50	2,4	1	18	8,94
15,797	14	12 *	17,233	0,77373	1	25	1,2	—	24	4,47
39,491	14	12 *	43,082	0,30949	—	34	0,5	—	9	8,99
78,983	14	12 *	86,163	0,15475	—	17	0,2	—	4	10,49
7,915	14	9¼	8,725	1,52818	2	48	1,9	1	18	1,65
39,662	14	11½	43,350	0,30757	—	33	3,6	—	9	8,26
10½	12	—	14	0,95238	1	45	—	1	—	—
21	12	—	28	0,47619	—	52	2	—	15	—
42	12	—	56	0,23809	—	26	1	—	7	6
28	10	12	42	0,31746	—	35	—	—	10	—
43¾	8	6	84	0,15873	—	17	2	—	5	—
63	6	—	168	0,07936	—	8	3	—	2	6
39⅜	9	—	70	0,19048	—	21	—	—	6	—
70	5	6	210	0,06349	—	7	—	—	2	—
10½	12	— *	14	0,95238	1	45	—	1	—	—
43¾	8	6 *	84	0,15873	—	17	2	—	5	—
106⅔	3	10 *	480	0,02778	—	3	0,2	—	—	10,5
—	—	—	—	0,03175	—	3	2	—	1	—
213⅓	3	10 *	960	0,01389	—	1	2,1	—	—	5,25
—	—	—	—	0,01587	—	1	3	—	—	6
6,3	14	7,2 *	7	1,90476	3	30	—	2	—	—
72	6	— *	192	0,06943	—	7	2,6	—	2	2,25
—	—	—	—	0,07936	—	8	3	—	2	6

Silbermünzen.

Reußische Fürstenthümer.

Aeltere Münzen:

Conventions-Speciesthaler, $\frac{2}{3}$, $\frac{1}{3}$, $\frac{1}{6}$, $\frac{1}{12}$ Stücke, wie Königreich Sachsen.

Nach der Münzconvention vom 30. Juli 1838:

Vereinsmünzen oder Zweithalerstücke = $3\frac{1}{2}$ Gulden (1840), gesetzmäßig

Scheidemünze:

Silbergroschen à 12 Pfennige { Realwerth . . . .
Silbergroschen à 12 Pfennige { Nominalwerth . . . .

Halbe Silbergroschen à 6 Pfennige { Realwerth . . . .
Halbe Silbergroschen à 6 Pfennige { Nominalwerth . . . .

Rußland.

Rubel, von 1704—1718 (mon. dobraja) . . . .
= von 1718—1731 (mon. novaja) . . . .
= von 1731—1762 . . . .
= von 1762—1797 à 100 Kopeken . . . .
$\frac{1}{2}$ Rubel, = = à 50 Kopeken . . . .
$\frac{1}{4}$ = = = à 25 Kopeken . . . .
$\frac{1}{5}$ = = = à 20 Kopeken . . . .
$\frac{3}{20}$ = = = à 15 Kopeken . . . .
$\frac{1}{10}$ = = = à 10 Kopeken (Griwen) . . . .
Rubel, von 1797 und 1798, gesetzmäßig . . . .
$\frac{1}{2}$ Rubel, = = = = gesetzmäßig . . . .
$\frac{1}{4}$ = = = = = = gesetzmäßig . . . .
10 Kopekenstücke von 1797, gesetzmäßig . . . .
5 Kopekenstücke von 1797, gesetzmäßig . . . .
Rubel von 1798, gesetzmäßig . . . .
= von 1799, befunden . . . .
= von 1802, Englische Probe . . . .
Halbe Rubel von 1804, desgleichen . . . .
Rubel von 1805, desgleichen . . . .

Neuere Münzen, nach den Ukasen vom 20. Juni und 29. August 1810:

Rubel à 100 Kopeken (Banco), gesetzmäßig . . . .
$\frac{1}{2}$ Rubel, 50 Kopeken = = ...
$\frac{1}{4}$ Rubel, 25 Kopeken (Scheidemünze), gesetzmäßig . . . .
$\frac{1}{5}$ Rubel, 20 Kopeken = = ...
$\frac{1}{10}$ Rubel, 10 Kopeken = = ...
Neue Rubel, befunden . . . .

Auf 1 Köln. Mark Brutto gehen:	Feingehalt.		Auf 1 Köln. Mark fein Silber gehen:	Werth eines Stückes im 13⅓ Thlr. oder 20 Fl. Fuß.	24½ Fl. Fuß.			14 Thlr. Fuß oder in Pr. Courant.		
Stück.	Lth.	Grän.	Stück.	Thlr.	Fl.	Kr.	Pf.	Thl.	Sgr.	Pf.
6,3	14	7,2 *	7	1,90476	3	30	—	2	—	—
106⅔	3	10 *	480	0,02778	—	3	0,2	—	—	10,5
—	—	—	—	0,03175	—	3	2	—	1	—
213⅓	3	10 *	960	0,01389	—	1	2,1	—	—	5,25
—	—	—	—	0,01587	—	1	3	—	—	6
8,293	13	14	9,631	1,38442	2	32	2,5	1	13	7,31
8,228	11	12	11,285	1,18151	2	10	1,0	1	7	2,61
9,052	12	15	11,285	1,18151	2	10	1,0	1	7	2,61
9,750	12	—	13,000	1,02564	1	53	0,3	1	2	3,69
19,500	12	—	26,000	0,51282	—	56	2,2	—	16	1,85
39,208	12	—	52,277	0,25505	—	28	0,5	—	8	0,41
49,017	12	—	65,356	0,20401	—	22	2,0	—	6	5,12
65,750	12	—	87,667	0,15209	—	16	3,1	—	4	9,49
98,625	12	—	131,500	0,10139	—	11	0,7	—	3	2,32
8	13	16	9,216	1,44676	2	39	2,0	1	15	6,87
16	13	16	18,432	0,72338	1	19	3,0	—	22	9,43
32	13	16	36,864	0,36169	—	39	3,5	—	11	4,72
80	13	16	92,160	0,14468	—	15	3,8	—	4	6,69
160	13	16	184,320	0,07234	—	7	3,9	—	2	3,34
11,285	13	16	13,000	1,02564	1	53	0,3	1	2	3,69
11,478	13	16	13,223	1,00834	1	51	0,7	1	1	9,15
11,513	13	16,8	13,220	1,00857	1	51	0,8	1	1	9,24
22,916	13	15,6	26,441	0,50427	—	55	2,4	—	15	10,61
11,139	13	13,2	12,977	1,02746	1	53	1,1	1	2	4,38
11,280	13	16	12,995	1,02607	1	53	0,5	1	2	3,85
22,560	13	16	25,989	0,51303	—	56	2,2	—	16	1,93
45,120	13	16	51,978	0,25652	—	28	1,1	—	8	0,96
56,400	13	16	64,973	0,20521	—	22	2,5	—	6	5,57
112,800	13	16	129,946	0,10261	—	11	1,2	—	3	2,78
11,364	13	16	13,091	1,01815	1	52	1,2	1	2	1,00

Silbermünzen.

Rußland.

Russisch-Polnische Münzen, nach der Ukase v. 1. Mai 1834:

$1\frac{1}{2}$ Rubel, 10 Polnische Gulden, gesetzmäßig . . . .
Ein Stück von 1837, befunden . . . .
$\frac{3}{4}$ Rubel, 5 Polnische Gulden, gesetzmäßig . . . .
$\frac{3}{4}$ Rubel von 1837, befunden . . . .
15 Kopeken, 1 Polnischer Gulden, gesetzmäßig . . . .

S. auch Georgien und Polen.

Sachsen, Königreich.

Aeltere Münzen seit 1763:

Speciesthaler zu $1\frac{1}{3}$ Reichsthaler, gesetzmäßig . . . .
Gulden oder $\frac{2}{3}$ Thaler, gesetzmäßig . . . .
Halbe Gulden oder $\frac{1}{3}$ Thaler, vor 1827, gesetzmäßig . . . .
Dergleichen seit 1827, gesetzmäßig . . . .
$\frac{1}{6}$ Thaler oder 4 Ggroschen, desgleichen . . . .
$\frac{1}{12}$ Thaler oder 2 Ggroschen, desgleichen . . . .
$\frac{1}{24}$ Thaler oder 1 Ggroschen, desgleichen . . . .

Scheidemünze, gesetzmäßig:

8 Pfennigstücke { Realwerth . . . .
8 Pfennigstücke { Nominalwerth . . . .
6 Pfennigstücke { Realwerth . . . .
6 Pfennigstücke { Nominalwerth . . . .

Nach der Münzconvention vom 30. Juli 1838:

Vereinsmünzen oder Zweithalerstücke = $3\frac{1}{2}$ Gulden (1839), gesetzmäßig
Reichsthaler zu 30 Neugroschen, gesetzmäßig . . . .
$\frac{1}{6}$ Thaler zu 5 Neugroschen, gesetzmäßig . . . .

Scheidemünze, gesetzmäßig:

Doppel-Neugroschen { Realwerth . . . .
Doppel-Neugroschen { Nominalwerth . . . .
Neugroschen à 10 Pfennige { Realwerth . . . .
Neugroschen à 10 Pfennige { Nominalwerth . . . .
Halbe Neugroschen à 5 Pfennige { Realwerth . . . .
Halbe Neugroschen à 5 Pfennige { Nominalwerth . . . .

Sachsen-Altenburg.

Nach der Convention vom 30. Juli 1838:

Vereinsmünzen oder Zweithalerstücke = $3\frac{1}{2}$ Gulden, gesetzmäßig . . .

Auf 1 Köln. Mark Brutto gehen:	Feingehalt.		Auf 1 Köln. Mark fein Silber gehen:	Werth eines Stückes im 13⅓ Thlr. oder 20 Fl. Fuß.	24½ Fl. Fuß.			14 Thlr. Fuß oder in Pr. Courant.		
Stück.	Lth.	Grän.	Stück.	Thlr.	Fl.	Kr.	Pf.	Thl.	Sgr.	Pf.
7,520	13	16	8,663	1,53910	2	49	2,7	1	18	5,78
7,554	13	15½	8,720	1,52905	2	48	2,3	1	18	1,98
15,040	13	16	17,326	0,76955	1	24	3,4	—	24	2,89
15,123	13	16	17,423	0,76527	1	24	1,5	—	24	1,27
75,200	13	16	86,631	0,15391	—	16	3,9	—	4	10,18
8⅓	13	6	10	1,33333	2	27	—	1	12	—
16⅔	13	6	20	0,66667	1	13	2	—	21	—
33⅓	13	6	40	0,33333	—	36	3	—	10	6
28⅓	11	6	40	0,33333	—	36	3	—	10	6
43⅓	8	12	80	0,16667	—	18	1,5	—	5	3
70	7	—	160	0,08333	—	9	0,7	—	2	7,5
117$\frac{7}{9}$	5	16	320	0,04167	—	4	2,4	—	1	3,75
180	4	—	720	0,01852	—	2	0,2	—	—	7
—	—	—	—	0,02778	—	3	0,2	—	—	10,50
240	4	—	960	0,01389	—	1	2,1	—	—	5,25
—	—	—	—	0,02083	—	2	1,1	—	—	7,87
6,3	14	7,2 *	7	1,90476	3	30	—	2	—	—
10½	12	— *	14	0,95238	1	45	—	1	—	—
43¾	8	6 *	84	0,15873	—	17	2	—	5	—
75	5	— *	240	0,05556	—	6	0,5	—	1	9,00
—	—	—	—	0,06349	—	7	—	—	2	—
110	3	12 *	480	0,02778	—	3	0,2	—	—	10,50
—	—	—	—	0,03175	—	3	2	—	1	—
220	3	12 *	960	0,01389	—	1	2,1	—	—	5,25
—	—	—	—	0,01587	—	1	3	—	—	6
6,3	14	7,2 *	7	1,90476	3	30	—	2	—	—

Silbermünzen.

Sachsen-Altenburg.

Einthalerstücke, gesetzmäßig
⅙ Thalerstücke, desgleichen

Scheidemünze, gesetzmäßig:

Neugroschen à 10 Pfennige { Realwerth
Nominalwerth

Halbe Neugroschen à 5 Pfennige { Realwerth
Nominalwerth

Sachsen-Coburg und Gotha.

Für Coburg.

Aeltere Münzen:

Kronenthaler, gesetzmäßig
Speciesthaler, desgleichen
Gulden, desgleichen

20 Kreuzerstücke { gesetzmäßig
Umlaufswerth

10 Kreuzerstücke { gesetzmäßig
Umlaufswerth

Scheidemünze, gesetzmäßig:

6 Kreuzerstücke { Realwerth
Nominalwerth

3 Kreuzerstücke { Realwerth
Nominalwerth

1 Kreuzerstücke { Realwerth
Nominalwerth

Neuere Münzen.

Nach der Convention vom 30. Juli 1838:

Vereinsmünzen zu 3½ Gulden oder 2 Thaler, gesetzmäßig

Nach der Aufnahme in die Münzconvention vom 25. August 1837:

Ein-Guldenstücke, gesetzmäßig
Halbe Guldenstücke, desgleichen

Scheidemünze, gesetzmäßig:

6 Kreuzerstücke { Realwerth
Nominalwerth

3 Kreuzerstücke { Realwerth
Nominalwerth

Auf 1 Köln. Mark Brutto gehen:	Feingehalt.		Auf 1 Köln. Mark fein Silber gehen:	Werth eines Stückes im 13⅓ Thlr. oder 20 Fl. Fuß.	24½ Fl. Fuß.			14 Thlr. Fuß oder in Pr. Courant.		
Stück.	Lth.	Grän.	Stück.	Thlr.	Fl.	Kr.	Pf.	Thl.	Sgr.	Pf.
10½	12	—*	14	0,95238	1	45	—	1	—	—
43¾	8	6*	84	0,15873	—	17	2	—	5	—
110	3	12*	480	0,02778	—	3	0,2	—	—	10,50
—	—	—	—	0,03175	—	3	2	—	1	—
220	3	12*	960	0,01389	—	1	2,1	—	—	5,25
—	—	—	—	0,01587	—	1	3	—	—	6
7,961	13	17	9,1345	1,45967	2	40	3,7	1	15	11,75
8⅓	13	6	10	1,33333	2	27	—	1	12	—
16⅔	13	6	20	0,66667	1	13	2	—	21	—
35	9	6	60	0,22222	—	24	2	—	7	—
—	—	—	61,25	0,21769	—	24	—	—	6	10,3
60	8	—	120	0,11111	—	12	1	—	3	6
—	—	—	122,50	0,10884	—	12	—	—	3	5,1
85 5/9	4	16	280	0,04762	—	5	0,4	—	1	6,00
—	—	—	—	0,05442	—	6	—	—	1	8 4/7
155 5/9	3	16	640	0,02083	—	2	1,2	—	—	7,87
—	—	—	—	0,02721	—	3	—	—	—	10 2/7
292½	2	—	2340	0,00570	—	—	2,5	—	—	2,15
—	—	—	—	0,00907	—	1	—	—	—	3 3/7
6,3	14	7,2*	7	1,90476	3	30	—	2	—	—
22,05	14	7,2*	24,5	0,54422	1	—	—	—	17	1 5/7
44,10	14	7,2*	49	0,27211	—	30	—	—	8	6 6/7
90	5	6*	270	0,04938	—	5	1,8	—	1	6⅔
—	—	—	—	0,05442	—	6	—	—	1	8 4/7
180	5	6*	540	0,02469	—	2	2,9	—	—	9⅓
—	—	—	—	0,02721	—	3	—	—	—	10 2/7

Silbermünzen.

Sachsen-Coburg und Gotha.

Für Gotha.

Aeltere Münzen seit 1761:

Speciesthaler, gesetzmäßig . . . .
$\frac{1}{2}$ und $\frac{1}{4}$, nach Verhältniß.
$\frac{1}{6}$ Thaler oder 4 Ggroschen, gesetzmäßig . . . .
$\frac{1}{12}$ Thaler oder 2 Ggroschen, desgleichen . . . .
$\frac{1}{24}$ Thaler oder 1 Ggroschen, desgleichen . . . .

Nach der Convention vom 30. Juli 1830:

Vereinsmünzen oder Zweithalerstücke = $3\frac{1}{2}$ Gulden, gesetzmäßig . . .
Ein-Thalerstücke, gesetzmäßig . . . .
$\frac{1}{6}$ Thalerstücke, desgleichen . . . .

Scheidemünze, gesetzmäßig:

Neugroschen à 10 Pfennige {Realwerth . . . .
Nominalwerth . . . .}

Halbe Neugroschen à 5 Pfennige {Realwerth . . . .
Nominalwerth . . . .}

Sachsen-Meiningen und Hildburghausen.

Aeltere Münzen:

Speciesthaler, gesetzmäßig . . . .

20 Kreuzerstücke {gesetzmäßig . . . .
Umlaufswerth . . . .}

6 Kreuzerstücke, gesetzmäßig {Realwerth . . . .
Nominalwerth . . . .}

Neuere Münzen:

Saalfelder Ausbeute-Gulden von 1829, gesetzmäßig . . . .
Gulden seit 1830, gesetzmäßig . . . .

Scheidemünze, gesetzmäßig:

6 Kreuzerstücke {Realwerth . . . .
Nominalwerth . . . .}

3 Kreuzerstücke {Realwerth . . . .
Nominalwerth . . . .}

1 Kreuzerstücke {Realwerth . . . .
Nominalwerth . . . .}

Nach der Convention vom 25. August 1837:

Gulden, gesetzmäßig . . . .
Halbe Gulden, desgleichen . . . .

Auf 1 Köln. Mark Brutto gehen	Feingehalt.		Auf 1 Köln. Mark fein Silber gehen:	Werth eines Stückes im 13⅓ Thlr oder 20 Fl. Fuß	24½ Fl. Fuß.			14 Thlr. Fuß oder in Pr. Courant.		
Stück.	Lth.	Grän.	Stück.	Thlr	Fl.	Kr	Pf.	Thl.	Sgr	Pf
$8\frac{1}{3}$	13	6	10	1,33333	2	27	—	1	12	—
$43\frac{1}{3}$	8	12	80	0,16667	—	18	1,5	—	5	3
70	7	—	160	0,08333	—	9	0,7	—	2	7,5
$117\frac{7}{9}$	5	16	320	0,04167	—	4	2,4	—	1	3,75
6,3	14	7,2 *	7	1,90476	3	30	—	2	—	—
$10\frac{1}{2}$	12	— *	14	0,95238	1	45	—	1	—	—
$43\frac{3}{4}$	8	6 *	84	0,15873	—	17	2	—	5	—
110	3	12 *	480	0,02778	—	3	0,2	—	—	10,50
—	—	—	—	0,03175	—	3	2	—	1	—
220	3	12 *	960	0,01389	—	1	2,1	—	—	5,25
—	—	—	—	0,01587	—	1	3	—	—	6
$8\frac{1}{3}$	13	6	10	1,33333	2	27	—	1	12	—
35	9	6	60	0,22222	—	24	2	—	7	—
—	—	—	61,25	0,21769	—	24	—	—	6	10,3
96	5	6	288	0,04630	—	5	0,4	—	1	5,5
—	—	—	—	0,05442	—	6	—	—	1	$8\frac{4}{7}$
$19\frac{19}{24}$	15	15	20	0,66667	1	13	2	—	21	—
18,225	12	—	24,3	0,54870	1	—	2	—	17	3,41
59,486	5	10	275	0,04848	—	5	1,4	—	1	6,33
—	—	—	—	0,05442	—	6	—	—	1	$8\frac{4}{7}$
$171\frac{1}{3}$	4	16	560	0,02381	—	2	2,5	—	—	9
—	—	—	—	0,02721	—	3	—	—	—	$10\frac{2}{7}$
320	2	12	1920	0,00694	—	—	3,1	—	—	2,63
—	—	—	—	0,00907	—	1	—	—	—	$3\frac{3}{7}$
22,05	14	7,2 *	24,5	0,54422	1	—	—	—	17	$1\frac{5}{7}$
44,10	14	7,2 *	49	0,27211	—	30	—	—	8	$6\frac{6}{7}$

Silbermünzen.

Sachsen-Meiningen und Hildburghausen.

Scheidemünze, gesetzmäßig:

6 Kreuzerstücke {Realwerth . . . .
{Nominalwerth . . . .

3 Kreuzerstücke {Realwerth . . . .
{Nominalwerth . . . .

Nach der Convention vom 30. Juli 1838:

Vereinsmünzen zu 3½ Gulden oder 2 Thaler (1841), gesetzmäßig . .

Nach der Convention vom 27. März 1845:

Zwei-Guldenstücke . . . .

Sachsen-Weimar und Eisenach.

Aeltere Münzen seit 1763:

Speciesthaler, gesetzmäßig . . . .
Gulden zu 16 Ggroschen, desgleichen . . . .
⅓ Thalerstücke, gesetzmäßig . . . .
⅙ Thalerstücke von 1763, desgleichen . . . .
Dergleichen, von 1763 und folgenden Jahren, desgleichen . . . . . .
1/12 Thalerstücke, desgleichen . . . .

Scheidemünze, gesetzmäßig:

Groschen à 12 Pfennige {Realwerth . . . .
{Nominalwerth . . . .

Halbe, nach Verhältniß.

Nach der Münzconvention vom 30. Juli 1838:

Vereinsmünzen oder 2 Thalerstücke = 3½ Gulden (1840), gesetzmäßig .
Ein-Thalerstücke zu 30 Silbergroschen (1841), gesetzmäßig . . . . .
⅙ Thalerstücke zu 5 Silbergroschen, gesetzmäßig . . . .

Scheidemünze, gesetzmäßig:

Silbergroschen zu 12 Pfennigen {Realwerth . . . .
{Nominalwerth . . . .

Halbe Silbergroschen zu 6 Pfennigen {Realwerth . . . .
{Nominalwerth . . . .

Sardinien, Königreich.

Aeltere Münzen:

Piemontesischer Scudo von 1755, Französische Probe . . . .
" Scudo von 1773, desgleichen . . . .
" ½ Scudo von 1770, desgleichen . . . .
" ½ Scudo von 1800, desgleichen . . . .

¼ und ⅛, nach Verhältniß.

Auf 1 Köln. Mark Brutto gehen:	Feingehalt.		Auf 1 Köln. Mark fein Silber gehen:	Werth eines Stückes im 13⅓ Thlr. oder 20 Fl. Fuß.	24½ Fl. Fuß.			14 Thlr. Fuß oder in Pr. Courant.		
Stück.	Lth.	Grän.	Stück.	Thlr.	Fl.	Kr.	Pf.	Thl.	Sgr.	Pf.
90	5	6 *	270	0,04938	—	5	1,8	—	1	6⅔
—	—	—	—	0,05442	—	6	—	—	1	8 4/7
180	5	6 *	540	0,02469	—	2	2,9	—	—	9⅓
—	—	—	—	0,02721	—	3	—	—	—	10 2/7
6,3	14	7,2 *	7	1,90476	3	30	—	2	—	—
11,025	14	7,2 *	12,25	1,08844	2	—	—	1	4	3 3/7
8⅓	13	6	10	1,33333	2	27	—	1	12	—
16⅔	13	6	20	0,66667	1	13	2	—	21	—
33⅓	13	6	40	0,33333	—	36	3	—	10	6
35	7	—	80	0,16667	—	18	1,5	—	5	3
43⅓	8	12	80	0,16667	—	18	1,5	—	5	3
70	7	—	160	0,08333	—	9	0,7	—	2	7,5
110	3	12	480	0,02778	—	3	0,2	—	—	10,50
—	—	—	—	0,04167	—	4	2,4	—	1	3,75
6,3	14	7,2 *	7	1,90476	3	30	—	2	—	—
10½	12	— *	14	0,95238	1	45	—	1	—	—
43¾	8	6 *	84	0,15873	—	17	2	—	5	—
106⅔	3	10 *	480	0,02778	—	3	0,2	—	—	10,50
—	—	—	—	0,03175	—	3	2	—	1	—
213⅓	3	10 *	960	0,01389	—	1	2,1	—	—	5,25
—	—	— *	—	0,01587	—	1	3	—	—	6
6,661	14	8	7,378	1,80717	3	19	0,9	1	26	11,11
6,661	14	9	7,350	1,81406	3	20	—	1	27	1,71
13,342	14	8	14,779	0,90218	1	39	1,9	—	28	5,02
13,302	14	8	14,735	0,90488	1	39	3,0	—	28	6,04

Silbermünzen.

Sardinien, Königreich.

Piemontesische 20 Soldi-Stücke, von 1794 bis 1796, befunden . . . .
" 10 Soldi, nach Verhältniß.
Genuesische Scudi von 8 Lire, von den J. 1792 u. 1796, Franz. Pr.
$\frac{1}{2}$, $\frac{1}{4}$ und $\frac{1}{8}$, nach Verhältniß.
Ligurisch-Republikanischer Scudo von 1798, Französische Probe . . .
Sardinischer Scudo von 1773, Französische Probe . . . .
" $\frac{1}{2}$ Scudo von 1774, desgleichen . . . .
$\frac{1}{4}$, nach Verhältniß.

Neuere Münzen seit 1816:

Neue Scudi zu 5 Lire, gesetzmäßig . . . .
" 2 Lire-Stücke, desgleichen . . . .
" 1 Lira-Stücke, desgleichen . . . .
" $\frac{1}{2}$ Lira oder 50 Centesimi, desgleichen . . . .
" $\frac{1}{4}$ Lira oder 25 Centesimi, desgleichen . . . .

Schwarzburg-Rudolstadt.

Aeltere Münzen seit 1763:

Speciesthaler, gesetzmäßig . . . .
Halbe Speciesthaler oder Gulden, desgleichen . . . .
$\frac{1}{6}$ Thalerstücke, gesetzmäßig . . . .

Neuere Münzen.

Nach der Convention vom 30. Juli 1838:

Vereinsmünzen, Zweithaler- oder $3\frac{1}{2}$ Guldenstücke (1841), gesetzmäßig

Für die Oberherrschaft insbesondere:

Nach den Conventionen vom 25. August 1837 und 27. März 1845, Courant- und Scheidemünzen, wie Sachsen-Meiningen.

Für die Unterherrschaft insbesondere:

Nach der Convention vom 30. Juli 1838, Courant- und Scheidemünzen, wie Königreich Preußen.

Schwarzburg-Sondershausen.

Aeltere Münzen seit 1763:

$\frac{1}{6}$ Thalerstücke, gesetzmäßig . . . .
$\frac{1}{12}$ Thalerstücke, desgleichen . . . .

Nach der Convention vom 30. Juli 1838:

Vereinsmünzen oder 2 Thalerstücke = $3\frac{1}{2}$ Gulden (1841), gesetzmäßig
Courant- und Scheidemünzen, wie Königreich Preußen.

Auf 1 Köln. Mark Brutto gehen:	Feingehalt.		Auf 1 Köln. Mark fein Silber gehen:	Werth eines Stückes im 13⅓ Thlr. oder 20Fl.Fuß.	24½ Fl.Fuß.			14 Thlr.Fuß oder in Pr. Courant.		
Stück.	Lth.	Grän.	Stück.	Thlr.	Fl.	Kr.	Pf.	Thl.	Sgr.	Pf.
44,713	4	10	157,041	0,08490	—	9	1,4	—	2	8,09
7,044	14	4	7,925	1,68244	3	5	2,0	1	22	11,96
7,033	14	3	7,943	1,67863	3	5	0,3	1	22	10,52
9,961	14	6	11,119	1,19915	2	12	0,8	1	7	9,28
19,921	14	7	22,152	0,60190	1	6	1,4	—	18	11,52
9,354	14	7,2 *	10,394	1,28284	2	21	1,7	1	10	4,91
23,386	14	7,2 *	25,984	0,51314	—	56	2,3	—	16	1,97
46,771	14	7,2 *	51,968	0,25657	—	28	1,1	—	8	0,98
93,542	14	7,2 *	103,936	0,12828	—	14	0,6	—	4	0,49
187,084	14	7,2 *	207,871	0,06414	—	7	0,2	—	2	0,24
8⅓	13	6	10	1,33333	2	27	—	1	12	—
16⅔	13	6	20	0,66667	1	13	2	—	21	—
43⅓	8	12	80	0,16667	—	18	1,5	—	5	3
6,3	14	7,2 *	7	1,90476	3	30	—	2	—	—
43⅓	8	12	80	0,16667	—	18	1,5	—	5	3
70	7	—	160	0,08333	—	9	0,7	—	2	7,5
6,3	14	7,2 *	7	1,90476	3	30	—	2	—	—

Silbermünzen.

Schweden.

Aeltere Münzen seit 1777:

Speciesthaler à 48 Schillinge, gesetzmäßig . . . .
$\frac{2}{3}$ Speciesthaler à 32 Schillinge, desgleichen . . . .
$\frac{1}{3}$ " à 16 Schillinge, desgleichen . . . .
$\frac{1}{6}$ " à 8 Schillinge, desgleichen . . . .
$\frac{1}{12}$ " à 4 Schillinge, desgleichen . . . .
$\frac{1}{24}$ " à 2 Schillinge, desgleichen . . . .

Neuere Münzen nach den Gesetzen vom 25. Juni 1830 und 23. Mai 1845.

Speciesthaler (48 Schillinge) oder 4 Reichsthaler . . . .
$\frac{1}{2}$ Speciesthaler (24 Schillinge) oder 2 Reichsthaler . . . .
$\frac{1}{4}$ " (12 Schillinge) oder Reichsthaler à 48 Schill. . . . .
$\frac{1}{8}$ " (6 Schillinge) oder $\frac{1}{2}$ Reichsthaler à 24 Schill. . . .
$\frac{1}{12}$ " (4 Schillinge) oder $\frac{1}{3}$ Reichsthaler à 12 Schill. . . .
199 Stück Speciesthaler von den Jahren 1831 bis 1837, befunden .

Schweiz.

Im Allgemeinen, als Helvetische Republik:

40 Batzenstücke vom Jahre 1798, Französische Proben . . . . }
4 Frankenstücke von 1799 und 1801, desgleichen . . . . }
20 Batzenstücke vom Jahre 1798, desgleichen . . . .
10 Batzenstücke vom Jahre 1799, desgleichen . . . .
5 Batzenstücke vom Jahre 1799, desgleichen . . . .

Nach dem Gesetz vom Jahre 1803:

4 Frankenstücke zu 40 Batzen . . . .
2 Frankenstücke zu 20 Batzen . . . .
1 Frankstücke zu 10 Batzen . . . .
5 Batzenstücke . . . .
1 Batzenstücke . . . .

Nach dem Münzgesetz v. J. 1818 und dem Münz-Concordat der Kantone Aargau, Basel, Bern, Freiburg, Luzern, Solothurn und Waadt, v. J. 1825:

Schweizer-Franken . . . .

Aargau.

Thaler zu 40 Batzen vom Jahre 1812, Deutsche Proben . . . .
20 Batzenstück vom Jahre 1809, Schweizer Probe . . . .
10 Batzenstück vom Jahre 1809, Deutsche Probe . . . .

Auf 1 Köln. Mark Brutto gehen:	Feingehalt.		Auf 1 Köln. Mark fein Silber gehen:	Werth eines Stückes im 13⅓ Thlr. oder 20 Fl. Fuß.	24½ Fl. Fuß.			14 Thlr. Fuß oder in Pr. Courant.		
Stück.	Lth.	Grän.	Stück.	Thlr.	Fl.	Kr.	Pf.	Thl.	Sgr.	Pf.
7,988	14	1	9,093	1,46633	2	41	2,7	1	16	2,27
11,982	14	1	13,640	0,97755	1	47	3,0	1	—	9,50
23,964	14	1	27,280	0,48878	—	53	3,5	—	15	4,75
37,725	11	1	54,597	0,24421	—	26	3,7	—	7	8,31
55,475	8	2	109,430	0,12184	—	13	1,7	—	3	10,06
84,325	6	2	220,778	0,06039	—	6	2,6	—	1	10,83
6,8768	12	—*	9,1690	1,45417	2	40	1,3	1	15	9,68
13,754	12	—*	18,338	0,72709	1	20	0,6	—	22	10,84
27,507	12	—*	36,676	0,36354	—	40	0,3	—	11	5,42
55,014	12	—*	73,352	0,18177	—	20	0,1	—	5	8,71
82,522	12	—*	110,028	0,12118	—	13	1,4	—	3	9,80
6,892	11	17	9,232	1,44425	2	39	0,9	1	15	5,82
7,980	14	7	8,873	1,50269	2	45	2,7	1	17	4,01
15,895	14	7	17,675	0,75436	1	23	0,7	—	23	9,15
29,349	13	4	35,515	0,37543	—	41	1,6	—	11	9,91
48,924	10	12	73,386	0,18169	—	20	0,1	—	5	8,68
7,781	14	7,2	8,646	1,54214	2	50	0,1	1	18	6,93
15,563	14	7,2	17,292	0,77107	1	25	0,0	—	24	3,46
31,125	14	7,2	34,583	0,38554	—	42	2,0	—	12	1,73
51,590	10	12	77,385	0,17230	—	19	0,0	—	5	5,13
76,438	2	12	458,628	0,02907	—	3	0,8	—	—	10,99
—	—	—	35,0787	0,38010	—	41	3,6	—	11	11,68
8,000	14	7	8,896	1,49880	2	45	1,0	1	17	2,55
16,070	14	8	17,800	0,74906	1	22	2,3	—	23	7,15
32,000	14	7	35,583	0,37470	—	41	1,3	—	11	9,64

Silbermünzen.

Schweiz.

Aargau.

5 Batzenstück vom Jahre 1811, befunden. . . . .
1 Batzenstück vom Jahre 1811, Deutsche Probe . . . .
½ Batzenstück vom Jahre 1811, desgleichen . . . .
2 Rappenstück vom Jahre 1814, desgleichen . . . .
1 Rappenstück, nach Verhältniß.

Appenzell.

Neuthaler zu 4 Schweizer Franken vom Jahre 1812, befunden. . . .
Halber Neuthaler zu 2 Schweizer Franken vom Jahre 1812, befunden
Halber Frank vom Jahre 1809, befunden . . . .
Batzenstück vom Jahre 1808, Deutsche Probe . . . .

Basel.

Thaler vom Jahre 1756, Französische Probe. . . . .
Thaler vom Jahre 1765, desgleichen . . . .
Halbe, nach Verhältniß.
Neu-Thaler vom Jahre 1795, Französische Probe. . . . .
⅓ Thaler zu 10 Batzen vom Jahre 1766, Französische Probe. . . . .
5 Batzenstück vom Jahre 1810, Deutsche Probe . . . .
3 Batzenstück vom Jahre 1809, befunden. . . . .
1 Batzenstück vom Jahre 1810, Deutsche Probe . . . .
½ Batzenstück vom Jahre 1809, Deutsche Probe . . . .
2 Rappenstück vom Jahre 1810, Deutsche Probe. . . . .
1 Rappenstück vom Jahre 1810, desgleichen . . . .

Bern.

Neu-Thaler (4 Schweizer-Franken) v. d. J. 1795 u. 1798, Franz. Pr.
Halbe, nach Verhältniß.
10 Batzen oder 1 Frank von 1797, Französische Probe . . . .
5 Batzen oder ½ Frank von 1798, Französische Probe . . . .
5 Batzenstück von 1810, befunden . . . .
2½ Batzenstück oder ¼ Frank von 1797, Französische Probe . . . . .
1 Batzenstück von 1798, Deutsche Probe . . . .
½ Batzenstück von 1798, desgleichen . . . .
In den Jahren 1814 bis 1830 gemünzt:
Neu-Thaler oder 4 Frankenstücke. . . . .
Halbe Neu-Thaler oder 2 Frankenstücke . . . .
Franken. . . . .

Auf 1 Köln. Mark Brutto gehen:	Feingehalt.		Auf 1 Köln. Mark fein Silber gehen:	Werth eines Stückes im 13⅓ Thlr. oder 20 Fl. Fuß.	24½ Fl. Fuß.			14 Thlr. Fuß oder in Pr. Courant.		
Stück.	Lth.	Grän.	Stück.	Thlr.	Fl.	Kr.	Pf.	Thl.	Sgr.	Pf.
56,437	10	11	85,099	0,15668	—	17	1,1	—	4	11,22
78,770	2	12	472,620	0,02821	—	3	0,4	—	—	10,66
115,380	1	6	1384,563	0,00963	—	1	0,2	—	—	3,64
186,182	—	11	4874,578	0,00274	—	—	1,2	—	—	1,03
7,812	14	7½	8,670	1,53787	2	49	2,2	1	18	5,31
15,610	14	7	17,358	0,76814	1	24	2,7	—	24	2,36
51,447	10	13	76,771	0,17368	—	19	0,6	—	5	5,65
89,043	2	9	569,878	0,02340	—	2	2,3	—	—	8,84
9,059	13	9	10,737	1,24181	2	16	3,6	1	9	1,40
10,083	13	6	12,100	1,10193	2	1	2,0	1	4	8,53
9,059	13	8	10,781	1,23674	2	16	1,4	1	8	11,49
27,010	12	—	36,013	0,37024	—	40	3,3	—	11	7,95
52,852	10	10	80,112	0,16643	—	18	1,4	—	5	2,91
58,824	7	3½	130,821	0,10192	—	11	0,9	—	3	2,53
91,022	2	11	557,753	0,02390	—	2	2,5	—	—	9,04
128,000	1	7	1474,560	0,00904	—	1	0,0	—	—	3,42
170,667	—	10½	4681,143	0,00285	—	—	1,3	—	—	1,08
381,023	—	10½	10450,924	0,00128	—	—	0,6	—	—	0,48
7,947	14	8	8,803	1,51463	2	47	—	1	17	8,53
29,349	13	6	35,219	0,37858	—	41	3,0	—	11	11,10
57,177	12	—	76,236	0,17490	—	19	1,1	—	5	6,11
51,282	10	13	76,524	0,17424	—	19	0,8	—	5	5,86
104,821	12	—	139,761	0,09540	—	10	2,1	—	3	0,06
89,043	2	11	545,628	0,02444	—	2	2,8	—	—	9,24
124,121	1	9	1323,960	0,01007	—	1	0,4	—	—	3,8
7,930	14	7½	8,801	1,51498	2	47	0,1	1	17	8,66
15,861	14	7½	17,602	0,75749	1	23	2,0	—	23	10,33
30,575	13	6	36,690	0,36340	—	40	0,2	—	11	5,35

Silbermünzen.

Schweiz.

Bern.

Fünf-Batzen-Stücke . . . .
Zehn-Kreuzer-Stücke . . . .
Batzen . . . .
Halbe Batzen . . . .
Kreuzer . . . .
Rappen . . . .

Freiburg.

$\frac{1}{4}$ Thaler vom Jahre 1797, Französische Probe . . . .
$\frac{1}{8}$ Thaler vom Jahre 1798, desgleichen. . . . .
$\frac{1}{16}$ Thaler vom Jahre 1787, desgleichen . . . .
$\frac{1}{32}$ Thaler vom Jahre 1795, desgleichen . . . .

Genf.

Patagon oder 3 Livres-Thaler vom Jahre 1723, Französische Probe
Halbe Livres zu 21 Sols, Französische Proben . . . .
Große Thaler von 1794 und 1796, dergleichen . . . .
Halbe Thaler von 1795, dergleichen . . . .
15 Sols-Stücke, dergleichen . . . .
6 Sols-Stücke, dergleichen. . . . .
25 Centimes-Stücke von den Jahren 1839 u. 1844, befunden . . . .
10 Centimes-Stücke von den Jahren 1839 u. 1844, befunden . . . .

Glarus.

Ein 15 Schilling- oder 45 Rappenstück von 1814, befunden . . . . .
Ein 3 Schilling- oder 9 Rappenstück von 1809, Deutsche Probe .

Graubündten.

Ein 4 Schweizer-Frankenstück vom Jahre 1842 (Eidgen. Freischießen), befunden . . . .
Ein 5 Schweizer-Batzenstück vom Jahre 1807, befunden . . . .
Ein 1 Schweizer-Batzenstück vom Jahre 1820, Deutsche Probe . . .
Ein $\frac{1}{2}$ Schweizer-Batzenstück vom Jahre 1807, desgleichen. . . . . .

Luzern.

Neu-Thaler zu 40 Batzen vom Jahre 1796, Schweizer Probe. . . .
Neu-Thaler zu 40 Batzen vom Jahre 1814, Schweizer Probe. . . .
Schweizer-Thaler zu 40 Batzen vom Jahre 1817, befunden . . . . .
Halber Thaler zu 20 Batzen vom Jahre 1795, Französische Probe. .

Auf 1 Köln. Mark Brutto gehen:	Feingehalt.		Auf 1 Köln. Mark fein Silber gehen:	Werth eines Stückes im 13⅓ Thlr. oder 20 Fl. Fuß.	24½ Fl. Fuß.			14 Thlr. Fuß oder in Pr. Courant.		
Stück.	Lth.	Grän.	Stück.	Thlr.	Fl.	Kr.	Pf.	Thl.	Sgr.	Pf.
51,595	10	12	77,392	0,17228	—	19	0,0	—	5	5,12
108,924	12	—	145,232	0,09181	—	10	0,5	—	2	10,70
85,993	2	12	515,958	0,02584	—	2	3,4	—	—	9,77
114,657	1	9	1223,008	0,01090	—	1	0,8	—	—	4,12
229,314	1	9	2446,016	0,00545	—	—	2,4	—	—	2,06
343,971	—	12	8255,304	0,00161	—	—	0,7	—	—	0,61
21,902	10	16	32,182	0,41431	—	45	2,7	—	13	0,61
47,862	10	14	71,053	0,18765	—	20	2,8	—	5	10,93
93,692	11	8	130,987	0,10179	—	11	0,9	—	3	2,48
176,096	10	9	268,337	0,04969	—	5	1,9	—	1	6,78
8,650	13	8	10,294	1,29525	2	22	3,2	1	10	9,60
49,000	11	16	65,944	0,20219	—	22	1,2	—	6	4,43
7,697	13	16	8,867	1,50370	2	45	3,1	1	17	4,40
15,502	13	16	17,858	0,74663	1	22	1,3	—	23	6,23
73,378	11	15	99,215	0,13439	—	14	3,3	—	4	2,80
84,67	3	14	358,60	0,03718	—	4	0,4	—	1	2,05
60,151	3	17	244,000	0,05464	—	6	0,1	—	1	8,65
78,431	1	16	664,356	0,02007	—	2	0,9	—	—	7,59
60,037	10	6	146,724	0,09087	—	10	0,1	—	2	10,35
105,026	2	10	657,552	0,02028	—	2	0,9	—	—	7,66
8,261	14	2	9,367	1,42344	2	36	3,7	1	14	10,06
48,781	10	12	73,172	0,18222	—	20	0,4	—	5	8,88
93,091	2	12	558,546	0,02387	—	2	2,5	—	—	9,01
122,269	1	8	1354,360	0,00984	—	1	0,3	—	—	3,72
7,976	14	7	8,869	1,50336	2	45	3,0	1	17	4,27
8,320	14	8	9,216	1,44676	2	39	2,0	1	15	6,87
7,952	14	2	9,016	1,47885	2	43	0,2	1	16	7,00
15,288	13	6	18,346	0,72677	1	20	0,5	—	22	10,72

Silbermünzen.

Schweiz.

Luzern.

Gulden zu 40. Schillingen vom Jahre 1793, Englische Probe ....
5 Batzenstück vom Jahre 1813, befunden. ....
1 Batzenstück vom Jahre 1813, Deutsche Probe ....

Neuenburg und Valendis.

21 Batzenstücke von den Jahren 1796 und 1799, Französische Proben
14, 10½ und 7 Batzenstücke, nach Verhältniß.

Sanct-Gallen.

Convent.-Speciesthaler, gesetzmäßig ....
Dergleichen vom Jahre 1780, Französische Proben ....
½ Speciesthaler, gesetzmäßig ....
Dergleichen vom Jahre 1782, Französische Proben ....
24 Kreuzerstücke, gesetzmäßig ....
6 Kreuzerstück, desgleichen ....
5 Batzenstück vom Jahre 1817, Deutsche Probe ....
1 Batzenstück vom Jahre 1814, desgleichen ....
½ Batzenstück vom Jahre 1813, desgleichen ....
1 Kreuzerstück vom Jahre 1813, desgleichen ....

Schaffhausen.

1 Batzenstück vom Jahre 1809, Deutsche Probe ....
½ Batzenstück vom Jahre 1809, desgleichen. ....

Schwyz.

4 Batzenstück vom Jahre 1811, befunden. ....

Solothurn.

4 Frankenstück vom Jahre 1813, befunden ....
20 Batzenstücke vom Jahre 1798, Französische Proben. ....
Dergleichen vom Jahre 1798, Schweizer Proben ....
Halbe, nach Verhältniß.
5 Batzenstücke, ältere Angabe ....
1 Batzenstück vom Jahre 1811, Deutsche Probe ....

Tessin.

Ein Franco vom Jahre 1813, befunden ....

Thurgau.

5 Schweitzer-Batzenstück vom Jahre 1808, Deutsche Probe ......

Auf 1 Köln. Mark Brutto gehen:	Feingehalt.		Auf 1 Köln. Mark fein Silber gehen:	Werth eines Stückes im 13⅓ Thlr. oder 20 Fl. Fuß.	24½ Fl. Fuß.			14 Thlr. Fuß oder in Pr. Courant.		
Stück.	Lth.	Grän.	Stück.	Thlr.	Fl.	Kr.	Pf.	Thl.	Sgr.	Pf.
30,587	13	2½	37,247	0,35797	—	39	1,9	—	11	3,31
54,795	10	13	81,767	0,16306	—	17	3,9	—	5	1,64
93,091	2	7	623,493	0,02138	—	2	1,4	—	—	8,08
15,288	12	13	19,227	0,69347	1	16	1,8	—	21	10,13
8⅓	13	6	10,000	1,33333	2	27	—	1	12	—
8,418	13	6	10,101	1,32000	2	25	2,1	1	11	6,96
16⅔	13	6	20,000	0,66667	1	13	2	—	21	—
16,677	13	6	20,012	0,66627	1	13	1,8	—	20	11,85
35	9	6	60,000	0,22222	—	24	2	—	7	—
105	7	—	240,000	0,05555	—	6	0,5	—	1	9
52,513	10	14	77,957	0,17103	—	18	3,4	—	5	4,65
89,043	2	9	569,878	0,02340	—	2	2,3	—	—	8,84
136,533	1	11	1355,917	0,00983	—	1	0,3	—	—	3,72
273,067	1	9	2912,711	0,00458	—	—	2,0	—	—	1,73
108,503	2	13	637,734	0,02091	—	2	1,2	—	—	7,90
115,380	1	9	1230,723	0,01083	—	1	0,8	—	—	4,08
46,921	7	16½	94,830	0,14060	—	15	2,0	—	4	5,15
7,877	14	8½	8,709	1,53098	2	48	3,2	1	18	2,71
15,448	13	6	18,539	0,71920	1	19	1,2	—	22	7,86
15,395	13	8	18,321	0,72776	1	20	0,9	—	22	11,09
55,000	12	—	73,333	0,18182	—	20	0,2	—	5	8,73
89,043	2	11	545,628	0,02444	—	2	2,8	—	—	9,24
31,250	14	8½	34,549	0,385 3	—	42	2,2	—	12	1,88
52,013	10	13½	77,414	0,17223	—	18	3,9	—	5	5,10

Silbermünzen.

Schweiz.

Thurgau.

1 Schweizer-Batzenstück vom Jahre 1808, Deutsche Probe . . . .
½ Schweizer-Batzenstück vom Jahre 1808, desgleichen . . . .
1 Kreutzerstück vom Jahre 1808, desgleichen . . . .

Waadt.

1 Batzenstücke von 1817 und 1818, befunden . . . .
½ Batzenstück vom Jahre 1810, Deutsche Probe . . . .

Zürich.

Thaler von den Jahren 1773 und 1776, Französische Proben. . . . .
Halbe, nach Verhältniß.
Thaler von den Jahren 1790 und 1794, Französische Proben . . . .
½ Thaler oder Gulden von 1786, dergleichen . . . .
Neu-Thaler zu 40 Batzen vom Jahre 1813, Deutsche Probe. . . . .
½ Gulden oder 20 Schillinge vom Jahre 1780, Französische Probe. .
½ Gulden oder 20 Schillinge vom Jahre 1798, Französische Probe. .
Desgleichen zu 8 Batzen vom Jahre 1810, Deutsche Probe . . . . .
10 Schillingstück oder 4 Batzen vom Jahre 1811, Deutsche Probe . .

Sicilien (Königreich beider).

Aeltere Münzen von Neapel:

Ducato zu 100 Grani von 1784, Französische Probe . . . .
½ Ducato zu 50 Grani von 1784, desgleichen . . . .
12 Carlini-Stücke zu 120 Grani von den Jahren 1786, 1796, 1799 und 1797, Französische Proben . . . .
Halbe, nach Verhältniß.
12 Carlini-Stück vom Jahre 1791, Französische Probe. . . . .
12 Carlini-Stück vom Jahre 1805, Englische Probe . . . .
12 Carlini-Stück vom Jahre 1807, Schweizer Probe. . . . .

Unter König Joachim (1809—1813):

5 Lire-Stücke, gesetzmäßig . . . .
1 Lira-Stücke, desgleichen . . . .
Doppelte und halbe, nach Verhältniß.

Aeltere Münzen der Insel Sicilien:

12 Tari-Stück von den Jahren 1785 und 1798, Französische Proben
6 Tari-Stück vom Jahre 1785, Französische Probe . . . .
40 Grani-Stück vom Jahre 1785, desgleichen. . . . .

Auf 1 Köln. Mark Brutto gehen:	Feingehalt.		Auf 1 Köln. Mark fein Silber gehen:	Werth eines Stückes im 13⅓ Thlr. oder 20 Fl. Fuß.	24½ Fl. Fuß.			14 Thlr. Fuß oder in Pr. Courant.		
Stück.	Lth.	Grän.	Stück.	Thlr.	Fl.	Kr.	Pf.	Thl.	Sgr.	Pf.
92,045	2	5½	638,770	0,02087	—	2	1,2	—	—	7,89
122,269	1	5½	1498,441	0,00890	—	—	3,9	—	—	3,36
240,941	1	4½	3084,047	0,00432	—	—	1,9	—	—	1,63
92,486	2	9	591,910	0,02253	—	2	1,9	—	—	8,51
113,778	1	6	1365,333	0,00977	—	1	0,3	—	—	3,69
8,805	13	10	10,393	1,28291	2	21	1,8	1	10	4,94
9,250	13	9	10,963	1,21621	2	14	0,3	1	8	3,73
18,344	13	8	21,831	0,61075	1	7	1,3	—	19	2,86
7,961	14	—	9,098	1,46552	2	41	2,3	1	16	1,97
31,500	12	—	42,000	0,31746	—	35	—	—	10	—
31,449	11	9	43,755	0,30473	—	33	2,4	—	9	7,18
31,752	10	17	46,419	0,28724	—	31	2,7	—	9	0,58
49,951	8	2	98,534	0,13531	—	14	3,7	—	4	3,15
10,287	13	8	12,242	1,08915	2	—	0,3	1	4	3,70
20,669	13	8	24,598	0,54205	—	59	3,0	—	17	0,89
8,500	13	6	10,200	1,30719	2	24	0,5	1	11	2,12
9,627	13	8	11,457	1,16377	2	8	1,2	1	6	7,91
8,467	13	6	10,160	1,31234	2	24	2,7	1	11	4,06
8,500	13	6	10,200	1,30719	2	24	0,5	1	11	2,12
9,354	14	7,2	10,394	1,28284	2	21	1,7	1	10	4,91
46,771	14	7,2	51,968	0,25657	—	28	1,1	—	8	0,98
8,566	13	4	10,365	1,28638	2	21	3,3	1	10	6,25
17,198	13	5	20,724	0,64338	1	10	3,7	—	20	3,19
25,597	13	6	30,716	0,43408	—	47	3,4	—	13	8,08

Silbermünzen.

Sicilien (Königreich beider).

Neuere Münzen des Königreichs nach dem Gesetz vom 20. April 1818:

Scudi oder Piaster zu 12 Carlini oder 120 Grani, gesetzmäßig . . .
1 Scudo von Neapel vom Jahre 1825, Oesterreichische Probe . . . .
Scudi von Sicilien, Oesterreichische Proben . . . .
Ducati zu 10 Carlini oder 100 Grani, gesetzmäßig . . . .
Ducato zu 10 Carlini vom Jahre 1818, Englische Probe . . . .
½ Scudi zu 6 Carlini oder 60 Grani, gesetzmäßig . . . .
½ Scudo von Neapel vom Jahre 1826, Oesterreichische Probe . . . .
½ Scudi von Sicilien, Oesterreichische Proben . . . .
2 Carlini zu 20 Grani, gesetzmäßig . . . .
Carlini zu 10 Grani, desgleichen . . . .

Spanien.

Aeltere Münzen von 1728 bis 1772:

Piaster zu 8 Reales de Plata mexicana, gesetzmäßig . . . .
½, ¼, ⅛ und $\frac{1}{16}$, nach Verhältniß.
Piaster mit 2 Globen von 1748, Französische Proben . . . .
Piaster mit 2 Globen von 1740 und 1765, dergleichen . . . .
Halbe, nach Verhältniß.
Peruanische Piaster vom Jahre 1744 . . . .
⅛ Piaster oder 1 Real, Französische Probe . . . .
2 Reales, nach Verhältniß.

Provinzialmünzen seit 1707:

Pesetas provinciales zu 4 Reales de Vellon, gesetzmäßig . . . . . .
Peseta provincial von 1770, Französische Probe . . . .
½ Pesetas provinciales, Reales de Plata nueva, zu 2 Reales de Vellon, gesetzmäßig . . . .
¼ Pesetas oder 1 Reales de Vellon, gesetzmäßig . . . .

Münzen, nach dem Gesetz vom 29. Mai 1772:

Piaster, Pesos duros zu 8 Reales de Plata mexicana oder 20 Reales de Vellon, gesetzmäßig . . . .
½ Piaster oder Escudos à 10 Reales de Vellon, desgleichen. . . . .
¼ Piaster oder Pesetas columnarias à 5 Reales de Vellon, gesetzmäßig
⅛ Piaster oder ½ Pesetas columnarias à 2½ Reales de Vellon, gesetzm.
$\frac{1}{16}$ Piaster ¼ Pesetas columnarias, desgleichen . . . .
Piaster, in großen eingeschmolzenen Summen durchschnittlich befunden . . . .

Auf 1 Köln. Mark Brutto gehen:	Feingehalt.		Auf 1 Köln. Mark fein Silber gehen:	Werth eines Stückes im 13⅓ Thlr. oder 20 Fl. Fuß.	24½ Fl. Fuß.			14 Thlr. Fuß oder in Pr. Courant.		
Stück.	Lth.	Grän.	Stück.	Thlr.	Fl.	Kr.	Pf.	Thl.	Sgr.	Pf.
8,494	13	6	10,193	1,30809	2	24	0,9	1	11	2,46
8,581	13	6	10,297	1,29484	2	22	3,0	1	10	9,48
8,475	13	4	10,255	1,30018	2	23	1,8	1	10	11,47
10,193	13	6	12,231	1,09013	2	—	0,7	1	4	4,07
10,196	13	6	12,235	1,08977	2	—	0,6	1	4	3,93
16,988	13	6	20,386	0,65404	1	12	0,4	—	20	7,23
17,163	13	6	20,595	0,64741	1	11	1,5	—	20	4,72
16,992	13	5	20,476	0,65117	1	11	3,2	—	20	6,14
50,963	13	6	61,156	0,21802	—	24	0,1	—	6	10,41
101,926	13	6	122,311	0,10901	—	12	0,0	—	3	5,20
8,641	14	12	9,427	1,41438	2	35	3,7	1	14	6,63
8,644	14	8	9,575	1,39251	2	33	2,1	1	13	10,37
8,667	14	9	9,565	1,39397	2	33	2,7	1	13	10,92
8,713	14	8	9,651	1,38155	2	32	1,3	1	13	6,23
69,891	14	9	77,121	0,17289	—	19	0,2	—	5	5,35
38,121	13	6	45,745	0,29147	—	32	0,5	—	9	2,17
40,030	13	—	49,268	0,27063	—	29	3,3	—	8	6,30
76,242	13	6	91,490	0,14574	—	16	0,3	—	4	7,09
152,484	13	6	182,980	0,07287	—	8	0,1	—	2	3,54
8,641	14	8	9,5715	1,39302	2	33	2,3	1	13	10,56
17,282	14	8	19,143	0,69651	1	16	3,2	—	21	11,28
34,564	14	8	38,286	0,34826	—	38	1,6	—	10	11,64
69,128	14	8	76,572	0,17413	—	19	0,8	—	5	5,82
138,256	14	8	153,145	0,08706	—	9	2,4	—	2	8,91
8⅔	14	6	9,6744	1,37821	2	31	3,8	1	13	4,96

Silbermünzen.

Spanien.

Piaster von den J. 1778, 1788, 1798, 1800 u. 1801, Französ. Proben .
Piaster neuerer Zeit, nach Englischen Proben ....
Halbe, nach Verhältniß.
Piaster vom Jahre 1815, befunden ....
Piaster vom Jahre 1821, befunden ....
$\frac{1}{4}$ Piaster oder Peseta mexicana von 1774, Französische Probe ...
$\frac{1}{8}$ Piaster oder Real de Plata mexicana von 1775, Französische Probe

Provinzialmünzen:

Pesetas provinciales zu 4 Reales de Vellon, gesetzmäßig ......
Dergleichen, nach Französischen Proben ....
$\frac{1}{2}$ Pesetas provincial., Reales de plata nueva oder 2 Reales de Vellon, gesetzmäßig ....
Dergleichen, nach Französischen Proben...............
$\frac{1}{4}$ Pesetas provinciales oder 1 Reales de Vellon, gesetzmäßig....
Dergleichen, nach Französischen Proben ....

Neueste Münzen, nach dem Gesetz vom 31. Mai 1847:

20 Realen-Stücke (Duros) ....
4 Realen-Stücke (Pesetas) ....
2 Realen-Stücke (medias Pesetas) ....
1 Real-Stücke ....

Südamerikanische Freistaaten.

Bolivia, Chile, Columbien (jetzt Ecuador, Neu-Granada, Venezuela), Mittel-Amerika, Peru, Nord- und Süd-Peru, Rio de la Plata.

Pesos, Piaster, zu 8 Reales mexic., gesetzmäßig ....
$\frac{1}{2}$, $\frac{1}{4}$ und $\frac{1}{8}$, nach Verhältniß.
Pesos oder Piaster, nach gewöhnlicher Annahme............
Große Summen gemischter Süd-Amerikanischer und Mexikanischer Piaster von den letzten Jahren bis zum Jahre 1841, befunden . .

Bolivia.

Ein Piaster vom Jahre 1827, befunden ....
9 Piaster von den Jahren 1834 bis 1838, befunden...........
20 Piaster vom Jahre 1840, befunden ....

Chile.

1 Piaster vom Jahre 1823, befunden.................
Piaster bis 1839, im Durchschnitt nach Nordamerik. Untersuchungen .

Auf 1 Köln. Mark Brutto gehen:	Feingehalt.		Auf 1 Köln. Mark fein Silber gehen:	Werth eines Stückes im 13⅓ Thlr. oder 20Fl.Fuß.	24½ Fl.Fuß.			14 Thlr.Fuß oder in Pr. Courant.		
Stück.	Lth.	Grän.	Stück.	Thlr.	Fl.	Kr.	Pf.	Thl.	Sgr.	Pf.
8,667	14	6	9,6748	1,37815	2	31	3,8	1	13	4,94
8,676	14	4,8	9,730	1,37033	2	31	0,3	1	13	1,98
8,600	14	6	9,600	1,38885	2	33	0,5	1	13	9,00
8,672	14	6½	9,662	1,37997	2	32	0,6	1	13	5,63
34,671	14	5	38,853	0,34318	—	37	3,3	—	10	9,72
69,891	14	5	78,321	0,17024	—	18	3,1	—	5	4,35
39,646	13	—	48,795	0,27325	—	30	0,5	—	8	7,29
40,770	12	16	50,611	0,26345	—	29	0,2	—	8	3,58
79,293	13	—	97,591	0,13663	—	15	0,3	—	4	3,64
80,060	12	16	99,385	0,13416	—	14	3,2	—	4	2,71
158,586	13	—	195,183	0,06831	—	7	2,1	—	2	1,82
163,991	12	16	203,575	0,06550	—	7	0,9	—	2	0,76
9,354	14	7,2*	10,394	1,28284	2	21	1,7	1	10	4,91
46,771	14	7,2*	51,968	0,25657	—	28	1,1	—	8	0,98
93,542	14	7,2*	103,936	0,12828	—	14	0,6	—	4	0,49
187,084	14	7,2*	207,871	0,06414	—	7	0,2	—	2	0,24
8,641	14	8	9,5715	1,39302	2	33	2,3	1	13	10,56
8⅔	14	6	9,6744	1,37821	2	31	3,8	1	13	4,96
8,6654	14	6	9,6730	1,37841	2	31	3,9	1	13	5,04
8,662	14	6½	9,651	1,38155	2	32	1,3	1	13	6,23
8,681	14	6	9,690	1,37599	2	31	2,8	1	13	4,12
8,660	14	6	9,667	1,37926	2	32	0,3	1	13	5,36
8,667	14	8½	9,582	1,39150	2	33	1,6	1	13	9,98
8,718	14	8	9,657	1,38069	2	32	0,9	1	13	5,91

Silbermünzen.

Südamerikanische Freistaaten.

Mittel-Amerika.

1 Piaster vom Jahre 1826, befunden . . . .
1 Piaster vom Jahre 1829, befunden . . . .
Piaster von 1824 bis 1836, im Durchschnitt nach Nordamerik. Unters.

Peru.

1 Piaster vom Jahre 1828, befunden . . . .
10 Piaster von den Jahren 1831 bis 1836, befunden . . . .
100 neue Piaster von den Jahren 1840 und 1841, befunden . . . . .
Nord-Peru: 250 Piaster vom Jahre 1840, befunden . . . .
18 Piaster von den Jahren 1837 bis 1840, befunden.
Süd-Peru: 50 Piaster von den Jahren 1839 bis 1840, befunden . .

Rio de la Plata oder Argentina.

1 Piaster vom Jahre 1813, befunden . . . .
7 Piaster von den Jahren 1838 und 1839, befunden . . . .

Columbien.

Piaster von 8 Reales de plata von 1819 bis 1821, nach Nordamer. Untersuchungen . . . .
Piaster von 8 Reales de plata (Cundinamarca) v. J. 1821, befunden
2 Realenstücke von 1815 bis 1821 (Carracas und Cundinamarca), nach Nordamerik. Untersuchungen . . . .
Piaster von 8 Reales de plata von 1835 bis 1836 (Bogota), nach Nordamerik. Untersuchungen . . . .

Neu-Granada.

Piaster von 8 R. d. pl. von 1839 (Bogota), nach Nordamer. Unters.

Toscana.

Neuere und ältere, gesetzlich bestehende, Münzen:

Dene (10 Lire), gesetzmäßig . . . .
Halbe Dene (5 Lire), desgleichen . . . .
10 Paoli oder 4 Fiorini (Francesconi), gesetzmäßig . . . .
Francesconi von den Jahren 1747, 1763, 1767 u. 1770, Franz. Proben
Francesconi v. d. J. 1769, 1780, 1784, 1786, 1790 u. 1795, Fr. Proben
Francescone vom Jahre 1826, befunden . . . .
5 Paoli (Franceschino), gesetzmäßig . . . .
Ein Stück vom Jahre 1820, befunden . . . .
2 Paoli, gesetzmäßig . . . .

Auf 1 Köln. Mark Brutto gehen:	Feingehalt.		Auf 1 Köln. Mark fein Silber gehen:	Werth eines Stückes im 13⅓ Thlr. oder 20 Fl. Fuß.	24½ Fl. Fuß.			14 Thlr. Fuß oder in Pr. Courant.		
Stück.	Lth.	Grän.	Stück.	Thlr.	Fl.	Kr.	Pf.	Thl.	Sgr.	Pf.
8,672	14	7	9,643	1,38269	2	32	1,8	1	13	6,66
8,667	14	3½	9,769	1,36486	2	30	1,9	1	12	11,92
8,697	14	4¾	9,755	1,36682	2	30	2,7	1	13	0,64
8,667	14	6	9,675	1,37812	2	31	3,7	1	13	4,93
8,505	14	6	9,494	1,40440	2	34	3,3	1	14	2,86
8,625	14	7	9,590	1,39033	2	33	1,1	1	13	9,55
8,636	14	6½	9,622	1,38571	2	32	3,1	1	13	7,80
8,744	14	6½	9,742	1,36864	2	30	3,6	1	13	1,35
8,695	14	7	9,669	1,37898	2	32	0,1	1	13	5,25
8,691	14	6	9,701	1,37443	2	31	2,1	1	13	3,53
8,700	14	8½	9,618	1,38629	2	32	3,4	1	13	8,02
9,943	11	10¾	13,718	0,97196	1	47	0,6	1	0	7,40
9,679	12	1	12,846	1,03794	1	54	1,7	1	2	8,34
48,774	10	17	71,304	0,18699	—	20	2,5	—	5	10,68
8,655	14	8¾	9,559	1,39484	2	33	3,1	1	13	11,25
10,138	10	14	15,050	0,88594	1	37	2,7	—	27	10,88
5,9284	15	6	6,186	2,15540	3	57	2,5	2	7	10,74
11,8717	15	6	12,388	1,07631	1	58	2,6	1	3	10,85
8,501	14	12	9,274	1,43771	2	38	2,0	1	15	3,45
8,562	14	11	9,376	1,42207	2	36	3,1	1	14	9,54
8,553	14	11	9,344	1,42694	2	37	1,3	1	14	11,38
8,556	14	11½	9,352	1,42572	2	37	0,7	1	14	10,92
17,002	14	12	18,548	0,71885	1	19	1,0	—	22	7,73
17,185	14	11½	18,738	0,70986	1	18	1,1	—	22	4,33
42,505	14	12	46,369	0,28755	—	31	2,8	—	9	0,70

Silbermünzen.

Toscana.

Paoli gesetzmäßig . . . .
Halbe Paoli, desgleichen . . . .
Lire ($1\frac{1}{2}$ Paoli), desgleichen . . . .
Lira vom Jahre 1823, befunden . . . .
Halbe Lire, gesetzmäßig . . . .
Fiorini zu 100 Quattrini, gesetzmäßig . . . .
Fiorino vom Jahre 1826, befunden . . . .
$\frac{1}{2}$ Fiorino, gesetzmäßig . . . .
$\frac{1}{4}$ Fiorino, gesetzmäßig . . . .
2 Crazie, desgleichen . . . .
Crazie, desgleichen . . . .
Soldi, desgleichen . . . .
Quattrini, desgleichen . . . .

Münzen des ehemaligen Königreichs Etrurien:

10 Paoli-Stück vom Jahre 1801, Französische Probe . . . .
10 Paoli-Stück vom Jahre 1803, desgleichen . . . .
10 Lire-Stück vom Jahre 1803, desgleichen . . . .
5 Lire-Stück, nach Verhältniß.
1 Lira-Stück vom Jahre 1803, Französische Probe . . . .

Tripolis.

Nach Nordamerikanischen Untersuchungen.

Unter Pascha Jussuf:

Gersch oder Piaster zu 100 Paras vom Jahre 1832 . . . .
$\frac{1}{2}$ Gersch vom Jahre 1832 . . . .
$\frac{1}{4}$ und $\frac{1}{8}$, nach Verhältniß.

Unter Pascha Nedgib:

Yuslik zu 120 Paras vom Jahre 1835 . . . .
Altmisch zu 60 Paras vom Jahre 1835 . . . .
Butletin zu 30 Paras vom Jahre 1835 . . . .
15 und $7\frac{1}{2}$ Paras-Stücke, nach Verhältniß.

Türkei.

$2\frac{1}{2}$ Piaster von 100 Paras, Yuslik oder Yuspara vom Jahre 1789, Englische Probe . . . .
2 Piaster von 80 Paras, Ikilik, vom Jahre 1789, Englische Probe .
Piaster von 40 Paras, vom Jahre 1801, Englische Probe . . . . . .

Auf 1 Köln. Mark Brutto gehen:	Feingehalt.		Auf 1 Köln. Mark fein Silber gehen:	Werth eines Stückes im 13⅓ Thlr. oder 20 Fl. Fuß.	24½ Fl. Fuß.			14 Thlr. Fuß oder in Pr. Courant.		
Stück.	Lth.	Grän.	Stück.	Thlr.	Fl.	Kr.	Pf.	Thl.	Sgr.	Pf.
85,403	14	12	93,167	0,14311	—	15	3,1	—	4	6,10
170,020	14	12	185,476	0,07188	—	7	3,7	—	2	3,18
57,356	14	12	62,570	0,21309	—	23	2,0	—	6	8,55
59,259	14	12	64,646	0,20625	—	22	3,0	—	6	5,96
116,111	14	12	126,667	0,10526	—	11	2,4	—	3	3,79
34,004	14	12	37,095	0,35943	—	39	2,5	—	11	3,86
34,261	14	12	37,376	0,35673	—	39	1,3	—	11	2,85
68,008	14	12	74,190	0,17971	—	19	3,3	—	5	7,93
136,016	14	12	148,380	0,08985	—	9	3,6	—	2	9,97
117,774	4	16	385,442	0,03459	—	3	3,3	—	1	1,08
56,476	—	16	1016,568	0,01312	—	1	1,8	—	—	4,96
101,933	—	16	1834,794	0,00727	—	—	3,2	—	—	2,75
237,614	—	6	11405,472	0,00117	—	—	0,5	—	—	0,44
8,562	14	10	9,412	1,41663	2	36	0,7	1	14	7,48
8,562	14	11	9,376	1,42207	2	36	3,1	1	14	9,54
5,950	15	5	6,231	2,13984	3	55	3,7	2	7	4,86
59,520	15	4½	62,447	0,21351	—	23	2,2	—	6	8,71
23,590	3	15½	97,754	0,13640	—	15	0,1	—	4	3,56
46,273	3	15	193,139	0,06903	—	7	2,4	—	2	2,09
15,900	3	16	65,417	0,20382	—	22	1,9	—	6	5,04
31,114	4	2½	120,280	0,11085	—	12	0,8	—	3	5,90
63,320	3	15	264,292	0,05045	—	5	2,2	—	1	7,07
7,400	7	9,6	15,717	0,84834	1	33	2,1	—	26	8,67
8,873	7	6	19,359	0,68874	1	15	3,7	—	21	8,34
18,229	7	13	37,769	0,35302	—	38	3,7	—	11	1,44

Silbermünzen.

Türkei.

½ Piaster, Jerimischlik, Englische Probe . . . .
Piaster, Grusch, vom Jahre 1818, Englische Probe . . . .
10 Paras-Stücke, Englische Proben . . . .
Beschlie, Englische Probe . . . .
Yuslik vom Jahre 1821 (Constantinopel), befunden . . . .
Yslik-melik vom Jahre 1829 (Bagdad), befunden . . . .
Onlik-yur-melik vom Jahre 1823 (Bagdad), befunden . . . .
Onlik vom Jahre 1836 (Istambul), befunden . . . .
Paras vom Jahre 1829 (Istambul), befunden . . . .
Halbe Piaster neuerer Zeit, Oesterreichische Proben . . . .
Viertel-Piaster neuerer Zeit, Oesterreichische Proben . . . .

6 Piasterstücke vom Jahre 1840, nach Nordamerikan. Untersuchungen .
3 Piasterstücke vom Jahre 1840, nach Nordamerikan. Untersuchungen .
1½ Piasterstücke vom Jahre 1840, nach Nordamerikan. Untersuchungen .
½ Piasterstücke vom Jahre 1840, nach Nordamerikan. Untersuchungen .

Neueste Münzen:

20 Piasterstücke, gesetzmäßig . . . .
20 Piasterstücke aus dem Jahre 1845, 2 Stück befunden . . . .
10 Piasterstücke, gesetzmäßig . . . .
10 Piasterstücke aus dem Jahre 1845, 2 Stück befunden . . . .
5 Piasterstücke, gesetzmäßig . . . .
5 Piasterstücke aus dem Jahre 1845, 2 Stück befunden . . . .
2 Piasterstücke, gesetzmäßig . . . .
1 Piasterstücke, gesetzmäßig . . . .

Tunis.

Nach Nordamerikanischen Untersuchungen:

Doppel-Piaster vom Jahre 1829 . . . .
Piaster von den Jahren 1838 und 1839 . . . .
½ Piaster von den Jahren 1828 und 1829 . . . .
¼ Piaster von den Jahren 1834 und 1835 . . . .
⅛ Piaster von den Jahren 1824 bis 1826 . . . .
1/16 Piaster von den Jahren 1835 bis 1839 . . . .

Ungarn, s. Oesterreich.

Venedig (ehemaliger Freistaat).

Scudo della croce zu 12⅘ Lire, Französische Probe . . . .

Auf 1 Köln. Mark Brutto gehen:	Feingehalt.		Auf 1 Köln. Mark fein Silber gehen:	Werth eines Stückes im 13⅓ Thlr. oder 20 Fl.Fuß.	24½ Fl.Fuß.			14 Thlr.Fuß oder in Pr. Courant.		
Stück.	Lth.	Grän.	Stück.	Thlr.	Fl.	Kr.	Pf.	Thl.	Sgr.	Pf.
37,209	5	16,8	100,339	0,13288	—	14	2,6	—	4	2,23
23,982	7	3,5	53,334	0,25000	—	27	2,2	—	7	10,50
215,48	7	3,5	479,210	0,02782	—	3	0,3	—	—	10,52
9,586	11	13,2	13,072	0,01999	1	52	4,5	1	2	1,56
17,700	7	12	36,214	0,36846	—	40	2,4	—	11	7,17
33,898	3	9	154,962	0,08604	—	9	1,9	—	2	8,52
200,000	8	1½	395,876	0,03368	—	3	2,8	—	1	0,73
289,331	2	12	1735,986	0,00768	—	—	3,4	—	—	2,90
1510,000	1	6	18120,000	0,00074	—	—	0,3	—	—	0,28
149,094	7	9	318,067	0,04192	—	4	2,5	—	1	3,85
286,661	7	9	611,542	0,02180	—	2	1,6	—	—	8,24
18,321	7	—	41,876	0,31840	—	35	0,4	—	10	0,36
38,396	6	15	89,903	0,14831	—	16	1,4	—	4	8,06
75,193	6	13	178,972	0,07450	—	8	0,8	—	2	4,16
153,586	2	11	941,123	0,01416	—	1	2,2	—	—	5,35
9,722	13	5 *	11,715	1,13814	2	5	1,9	1	5	10,2
9,733	13	4¾ *	11,740	1,13569	2	5	0,8	1	5	9,3
19,443	13	5 *	23,430	0,56907	1	2	3,0	—	17	11,1
19,249	13	4¾ *	23,220	0,57423	1	3	1,2	—	18	1,0
38,886	13	5 *	46,859	0,28453	—	31	1,5	—	8	11,5
39,032	13	4¾ *	47,083	0,28318	—	31	0,9	—	8	11,0
97,217	13	5 *	117,148	0,11381	—	12	2,2	—	3	7,0
194,434	13	5 *	234,297	0,05691	—	6	1,1	—	1	9,5
10,082	4	5	37,709	0,35359	—	38	3,9	—	11	1,65
20,507	4	3	78,747	0,16932	—	18	2,7	—	5	4,00
40,103	4	5¾	148,549	0,08975	—	9	3,6	—	2	9,92
80,206	4	5	299,991	0,04445	—	4	3,6	—	1	4,80
171,870	4	12½	585,781	0,02276	—	2	2,0	—	—	8,60
324,116	4	5	1212,277	0,01100	—	1	0,8	—	—	4,16
7,449	15	2½	7,873	1,69355	3	6	2,9	1	23	4,16

Silbermünzen.

Venedig (ehemaliger Freistaat).

Ducatone oder Giustina zu 11 Lire, Englische Probe ....
Halbe, nach Verhältniß.
Osella zu $3\frac{8}{10}$ Lire, Französische Probe ....
Ducati d'argento zu 8 Lire, im Durchschnitt nach Französischen Proben
$\frac{1}{2}$ und $\frac{1}{4}$, nach Verhältniß.
Talari zu 10 Lire, Französische Proben ....
10 Lire-Stück vom Jahre 1797, Französische Probe ....
Lirazza zu 30 Soldi (1778), desgleichen ....

Provinzialmünzen unter Oesterreich:

24 Kreuzerstücke zu 2 Lire vom Jahre 1800, Französische Proben ..
12 Kreuzer und 6 Kreuzer vom Jahre 1795, nach Verhältniß.
1 Lira-Stück vom Jahre 1800, Französische Probe ....
2 Lire-Stück vom Jahre 1801, Französische Probe ....
$1\frac{1}{2}$ Lire-Stück vom Jahre 1802, Französische Probe ....
1 Lira-Stück vom Jahre 1802, Französische Probe ....

Die neuern Münzen s. Lombardisch-Venetianisches Königreich.

Waldeck und Pyrmont.

Aeltere Münzen:

Speciesthaler vom Jahre 1811, gesetzmäßig ....
Kronenthaler vom Jahre 1813, gesetzmäßig ....
Kronenthaler oder Palmenthaler vom Jahre 1824, desgleichen ....
$\frac{1}{3}$ Thalerstück vom Jahre 1824, befunden...............

Neuere Münzen, nach der Convention v. 30. Juli 1838:

Vereinsmünzen oder Zweithalerstücke = $3\frac{1}{2}$ Gulden (1842), gesetzmäßig
$\frac{1}{6}$ Thalerstücke (1843), gesetzmäßig ....

Scheidemünze (seit 1843):

Silbergroschen zu 12 Pfennigen { Realwerth ....
Silbergroschen zu 12 Pfennigen { Nominalwerth ....

Westindien.

1. Für die Englischen Besitzungen, Essequibo und Demerary:

3 Gulden vom Jahre 1809, Englische Angabe ....
3 Gulden von 1809 und 1816, nach Nordamerik. Untersuchungen ...

Auf 1 Köln. Mark Brutto gehen:	Feingehalt.		Auf 1 Köln. Mark fein Silber gehen:	Werth eines Stückes im 13⅓ Thlr. oder 20 Fl. Fuß.	24½ Fl. Fuß.			14 Thlr. Fuß oder in Pr. Courant.		
Stück.	Lth.	Grän.	Stück.	Thlr.	Fl.	Kr.	Pf.	Thl.	Sgr.	Pf.
8,593	15	3	9,065	1,47085	2	42	0,6	1	16	3,98
23,926	15	2	25,333	0,52623	—	58	0,1	—	16	6,95
10,335	13	2	12,612	1,05719	1	56	2,2	1	3	3,62
8,153	13	5	9,824	1,35722	2	29	2,5	1	12	9,03
8,153	13	4	9,866	1,35144	2	29	—	1	12	6,84
31,449	6	4	80,869	0,16488	—	18	0,7	—	5	2,32
26	3	15	108,52	0,12286	—	13	2,2	—	3	10,44
49	3	14	207,53	0,06425	—	7	0,3	—	2	0,30
27,7	3	17	112,36	0,11867	—	13	0,3	—	3	8,86
19,4	3	16	79,81	0,16706	—	18	1,7	—	5	3,15
28,6	3	17	116	0,11494	—	12	2,7	—	3	7,45
8⅓	13	6	10	1,33333	2	27	—	1	12	—
7,923	13	16	9,127	1,46087	2	41	0,2	1	16	0,21
7,938	13	16	9,145	1,45799	2	40	3,0	1	15	11,12
26,578	9	15	43,245	0,30832	—	34	—	—	9	8,55
6,3	14	7,2 *	7	1,90476	3	30	—	2	—	—
43¾	8	6 *	84	0,15873	—	17	2	—	5	—
106⅔	3	10 *	480	0,02778	—	3	0,2	—	—	10,5
—	—	—	—	0,03175	—	3	2	—	1	—
10,026	13	1,2	12,277	1,08604	1	59	2,9	1	4	2,52
10,054	13	2	12,269	1,08675	1	59	3,3	1	4	2,79

Silbermünzen.

Westindien.

2 Gulden von 1809, nach Nordamerik. Untersuchungen . . . .
1 Gulden von 1846, nach Nordamerik. Untersuchungen . . . .
1 Gulden von 1832, nach Nordamerik. Untersuchungen . . . .
½ und ¼ Gulden, nach Verhältniß.

2. Für die Dänischen Besitzungen:

20 Schillingstücke von 1816—1840, Dänische Angabe . . . .
10 Schillingstücke von 1816—1840, desgleichen . . . .
2 Schillingstücke, desgleichen . . . .

3. Republik Haiti:

Dollars oder Gourdes zu 100 Cents.
Halbe Dollars zu 50 Cents.
Viertel-Dollars zu 25 Cents.
12 Cents-Stücke.
6 Cents-Stücke.

Diese Münzen zeigen eine so unglaubliche Verschiedenheit im Gehalt wie auch im Gewicht, daß gar keine Werthangaben möglich sind. Nach eigenen Untersuchungen fallen die Gehalte von 9 Loth bis 14 Loth und ohne Beziehung hierauf, das Gewicht von 100 Cents zu 19 bis 25 Stück aus einer Brutto-Mark.

Westphalen (ehemaliges Königreich).

Conventions-Speciesthaler, gesetzmäßig . . . .
⅔ Thalerstücke, Leipziger Fuß, desgleichen . . . .
Dergleichen von feinem Silber, desgleichen . . . .
⅙ Thalerstücke, gesetzmäßig . . . .

5 Frankenstücke, gesetzmäßig . . . .
2 Frankenstücke, desgleichen . . . .
1 Frankstücke, desgleichen . . . .
½ Frankstücke, desgleichen . . . .
20 Centimenstücke von 1808 bis 1812, befunden . . . .
10 Centimenstücke von 1808, 1810 und 1812, befunden . . . .

Württemberg.

Aeltere Münzen:

Conventions-Speciesthaler, gesetzmäßig . . . .

Auf 1 Köln. Mark Brutto gehen:	Feingehalt.		Auf 1 Köln. Mark fein Silber gehen:	Werth eines Stückes im						
				13⅓ Thlr. oder 20 Fl.Fuß.	24½ Fl.Fuß.			14 Thlr.Fuß oder in Pr. Courant.		
Stück.	Lth.	Grän.	Stück.	Thlr.	Fl.	Kr.	Pf.	Thl.	Sgr.	Pf.
15,123	13	2	18,455	0,72248	1	19	2,6	—	22	9,10
30,330	13	2	37,013	0,36023	—	39	2,9	—	11	4,17
30,120	13	—	37,071	0,35966	—	39	2,6	—	11	3,95
48	10	—	76,8	0,17361	—	19	0,6	—	5	5,62
96	10	—	153,6	0,08680	—	9	2,3	—	2	8,81
192	4	—	768	0,01736	—	—	3,8	—	—	3,28
8⅓	13	6	10	1,33333	2	27	—	1	12	—
13½	12	—	18	0,74074	1	21	2,6	—	23	4
17⅞	15	16	18	0,74074	1	21	2,7	—	23	4
40	8	—	80	0,16667	—	18	1,5	—	5	3
9,354	14	7,2	10,394	1,28284	2	21	1,7	1	10	4,91
23,386	14	7,2	25,984	0,51314	—	56	2,3	—	16	1,97
46,771	14	7,2	51,968	0,25657	—	28	1,1	—	8	0,98
93,542	14	7,2	103,936	0,12828	—	14	0,6	—	4	0,49
60,377	3	3	305,063	0,04371	—	4	3,3	—	1	4,52
118,740	3	3	598,740	0,02227	—	2	1,8	—	—	8,42
8⅓	13	6	10	1,33333	2	27	—	1	12	—

Silbermünzen.

Württemberg.

20 Kreuzerstücke zu 24 Kreuzer gesetzmäßig

20 Kreuzerstücke zu 24 Kreuzer Umlaufswerth

10 Kreuzerstücke zu 12 Kreuzer gesetzmäßig

10 Kreuzerstücke zu 12 Kreuzer Umlaufswerth

Kronenthaler, gesetzmäßig

Kronenthaler vom Jahre 1825, befunden

2 Guldenstücke (seit 1824), gesetzmäßig

1 Guldenstücke (seit 1824), desgleichen

Neuere Münzen, nach der Convention v. 25. August 1837:

Ein-Guldenstücke, gesetzmäßig

Halbe Guldenstücke, desgleichen

Scheidemünze:

6 Kreuzerstücke Realwerth

6 Kreuzerstücke Nominalwerth

3 Kreuzerstücke Realwerth

3 Kreuzerstücke Nominalwerth

Nach der Convention vom 30. Juli 1838:

Vereinsmünzen à $3\frac{1}{2}$ Gulden oder 2 Thaler, gesetzmäßig

Nach der Convention vom 27. März 1845:

Zwei-Guldenstücke

Auf 1 Köln. Mark Brutto gehen:	Feingehalt.		Auf 1 Köln. Mark fein Silber gehen:	Werth eines Stückes im 13⅓ Thlr. oder 20 Fl. Fuß.	24½ Fl. Fuß.			14 Thlr. Fuß oder in Pr. Courant.		
Stück.	Lth.	Grän.	Stück.	Thlr.	Fl.	Kr.	Pf.	Thl.	Sgr.	Pf.
35	9	6	60	0,22222	—	24	2	—	7	—
—	—	—	61,25	0,21769	—	24	—	—	6	10,3
60	8	—	120	0,11111	—	12	1	—	3	6
—	—	—	122,5	0,10884	—	12	—	—	3	5,1
7,946	13	$16\frac{1}{2}$	9,136	1,45943	2	40	3,6	1	15	11,66
7,972	13	16	9,184	1,45180	2	40	0,2	1	15	8,78
9,1875	12	—	12,250	1,08843	2	—	—	1	4	3,43
18,375	12	—	24,500	0,54422	1	—	—	—	17	1,71
22,05	14	7,2 *	24,5	0,54422	1	—	—	—	17	$1\frac{5}{7}$
44,10	14	7,2 *	49	0,27211	—	30	—	—	8	$6\frac{6}{7}$
90	5	6 *	270	0,04938	—	5	1,8	—	1	$6\frac{2}{3}$
—	—	—	—	0,05442	—	6	—	—	1	$8\frac{4}{7}$
180	5	6 *	540	0,02469	—	2	2,9	—	—	$9\frac{1}{3}$
—	—	—	—	0,02721	—	3	—	—	—	$10\frac{2}{7}$
6,3	14	7,2 *	7	1,90476	3	30	—	2	—	—
11,025	14	7,2 *	12,25	1,08844	2	—	—	1	4	$3\frac{3}{7}$

Platinamünzen.

Anhang.

Platina-Münzen.

Rußland.

Nach den Ukasen vom 24. April 1828, 30. November 1829 und 12. September 1830.

12 Rubelstücke (von 1830 an) . . . .
6 Rubelstücke (von 1829 an) . . . .
3 Rubelstücke (von 1828 an) . . . .

Die Ukase vom 22. Juni 1845 verordnet, daß die Ausprägungen von Platina-Münzen eingestellt und die Umlaufenden zurückgezogen werden sollen.

Anmerk. Die Werthangaben sind nach dem Pari des Silber-Rubels bestimmt. Die Preuß.-Köln. Mark Platina wird ausgebracht zu 67,7615 Silber-Rubel oder 73,0043 Thlr. Preuß. Courant. Das Werth-Verhältniß der Platina zum Silber ist also, wie 1 zu 5,2146 und das der Platina zum Golde, wie 3,0093 zu 1, nach dem Cours des Friedrichsd'or à 5⅔ Thlr.

...uf 1 Köln. Mark Brutto gehen:	Feingehalt.		Auf 1 Köln. Mark fein gehen:	Silberwerth eines Stückes im 13⅓ Thlr. oder 20 Fl. Fuß.	24½ Fl. Fuß.			14 Thlr. Fuß oder in Pr. Courant.		
Stück.	Lth.	Grän.	Stück.	Thlr.	Fl.	Kr.	Pf.	Thl.	Sgr.	Pf.
5,6468	16	—	5,6468	12,3128	22	37	2	12	27	10,24
11,2936	16	—	11,2936	6,1564	11	18	3	6	13	11,12
22,5872	16	—	22,5872	3,0782	5	39	1,5	3	6	11,56

III.

Tabelle verschiedener Längenmaße

von

Ländern und Orten,

die in der ersten Abtheilung dieses Taschenbuches nicht vorkommen.

A. Ellen= und B. Fuß= oder Schuhmaße,

mit Angabe ihrer Länge in alten Französischen Linien, von denen 144 auf den Pariser Fuß gehen.

Als Anhang:

Einige Ruthen= und Berglachtermaße, nebst den Abtheilungen der Polnischen Flächenmaße.

C. Meilen= oder Wegmaße,

mit Angabe, wie viele derselben auf einen Grad des Aequators von 15 Deutschen oder geogr. Meilen gerechnet werden.

Als Anhang:

Einige noch vorkommende Flächen= und Feldmaße nach Rheinländischen Ruthen.

A. Ellenmaße.

Ellenmaße in	Franz. Linien.	Ellenmaße in	Franz. Linien.
Altorf, Elle	311	Crema, Braccio	296,8
Amberg, Elle	370	Culm, Elle	255,4
Aschaffenburg, Elle	254,67	Culmbach, Elle	271,5
Asturien, Vara	387,5	nach Andern	295,7
Aubenas, Canna	881,7	Delft, Elle	306
Pan	110,2	Dortrecht, Elle	302,9
Aurich, Elle	297,2	Dornik, Elle	292,7
Bantam, Cobido	223	Duderstadt, Elle	257
Bautzen, Elle	255,3	Duisburg, Elle	295,6
Bergen op Zoom, Elle	307	Elbing, Elle, alte	250,5
Beyersdorf, Elle	292,4	Erlangen, Elle	292,4
Biel, Elle	250,2	Fermo, Braccio	291
Bonn, Elle	248,4	Ferrara, Seiden-Elle	
Brabant, Elle	306,5	0,634 Meter	281
Braunau, Elle	344,5	Woll.-Elle 0,674 M.	299
Breda, Elle	307	Flensburg, Elle	254
Brescia, Seiden-Elle		Forli, Braccio	272,7
0,640 Meter	283,7	Freiberg, Elle	251,2
Woll.-Elle 0,674 Meter	298,78	Freiburg im Breisgau,	
Bruchsal, Elle	247,9	Elle	238,5
Brügge, gewöhnl. Elle	307,8	Friedberg in der Wet-	
Elle zu Leinen	321,4	terau, Elle	248,6
Brüssel, große Elle	307,8	Gefrees, Elle	296,8
kleine "	303,4	Gent, gewöhnliche Elle	307,8
Budissin, Elle	255,3	Leinwands "	321,4
Burtscheid, Elle	307,29	Gera im Vogtlande, Elle	253,74
Carlsbad, große Elle	300,2	Gerolzhofen, Elle	264,6
kleine "	262,3	Gießen, Elle, alte	254,1
Carthagena, Vara	371	neue	243,58
Caschau, Elle	267,5	Glaz, Elle	259,8
Casale, Braccio	293,2	Görlitz, Elle	250
Chambery, Raso	254,7	Granada, Vara	307,3
Clausenburg, Elle	276,3	Gräz, Elle	380,8
Corsika, Palmo	110,9	Grave, Elle	307,3
Courtray, Elle	329,2	Greiz i. Vogtlande, Elle	260,88
Cremona, Braccio,		Guastalla, Braccio	302,1
gewöhnlicher	309,9	Guben, Elle	296,3
dgl. zu Leinwand	263,4	Gundelfingen, Elle	260,1

Ellenmaße in	Franz. Linien.	Ellenmaße in	Franz. Linien.
Haag, Elle	306	Madeira, Vara	486
Halle, kurze Elle . . .	253,2	Mahon, Canna	709,6
Hameln, wie Hannover.		Malacca, Cobido . . .	208,7
Hanau, Elle	241	Markbreit, Elle	259,9
Harburg, wie Hannover.		Mastricht, Elle	303
Harlem, gewöhnl. Elle	303	Mecca, Cobido	304,1
zu Leinwand .	329,2	Mecheln, Elle	303,4
Haßfurth, Elle	300	Meenen, Elle zu Leinen	
Heilbronn, Elle	264	und Kanten	316,1
Heiligenstadt, Elle . . .	251	Tischzeug	307,3
Herzogenbusch, Elle . .	307,3	Memmingen, Elle . . .	311
Hirschberg, Elle	255,3	Mindelheim, Elle . . .	280
Hof, Elle	282,5	Mochha, Ges	262,1
Hohenleuben im Vogt-		Cobido . . .	213,7
lande, Elle	252	Mons, Elle	307,3
Holstein, Elle	254	Montauban, Canne . .	790,2
Homburg von der Höhe,		Morges, Elle	497
wie Frankfurt a. M.		Münchberg, Elle	271,5
Jägerndorf, Elle . . .	252	nach Andern	291,4
Jerusalem, Pik	304,1	Namur, Elle	294
Ingolstadt, Elle	353	Navarra, Braccio, neuer	266,3
Inspruck, Elle	348,5	alter	261,8
Iphofen, Elle	265	Negroponte, Pik . . .	273,2
Island, Ale	253	Neuhof, Elle	292,4
Ispahan, Gueza . . .	421,5	Neustadt an der Aisch,	
Kaufbeuern, Elle . . .	261,5	Elle	299,9
Kempten, Elle	301,2	nach Andern	298,4
Kiel, Elle	255	Nienburg, Elle	258
Kirchenlamiz, Elle . . .	290	Nimwegen, Elle	294
Krembs, Elle	331,6	Nordhausen, Elle . . .	246
Lahr, Elle	241,6	Oberpfalz, Elle	368,6
Langensalza, Elle . . .	256,2	Ochsenfurth, Elle . . .	257,6
Lauban, Elle	249,9	nach Andern	259,9
Leyden, Elle	302,8	Oran, Vara	375,9
Lenezic, Elle, alte . . .	261,1	Pik	304,1
Lenzburg, Braccio . . .	276,6	Ostende, Elle	310
Leutkirchen, Elle	311,5	Osterode, Elle	258
Lindau, Elle	307	Oudenarde, Elle	296
Lithauer Elle	288	Paderborn, Elle	239,2
Lodi, Braccio	202,2	Pavia, Braccio	208
Löbau, Elle	250,6	Pegnitz, Elle	292,4
Löwen, Elle, große . .	307,8	Perugia, Braccio . . .	286,6
" kleine . .	303,4	Petrikau, alte Elle . .	263,5

Ellenmaße in	Franz. Linien.	Ellenmaße in	Franz. Linien.
Piemont, Raso	264	Siena, Braccio, z. Linnen	266,1
Pisa, Palmo.	132,3	Wolle	167,4
Plech, Elle.	292,4	Sochaczew, alte Elle .	266,9
Pontremola, Braccio .	306,1	Speier, Elle.	244
Posen, Elle, alte . . .	263,5	Stade, Elle	258
Queda, Cobido	202,7	Straubing, Elle. . . .	358,5
Ravenna, Braccio . .	298	Tauris, Gueze	421,5
Rawa, alte Elle. . . .	261,1	Teneriffa, Vara	379,5
Ratzeburg, Elle	258	Thorn, Elle	255,4
Recanati, Braccio . .	294,9	Tillemont, Elle	307,3
Redwitz, Elle	293,6	Toledo, Vara	364,3
Rhodis, Pik	335,1	Tortosa, Canna	705,6
Rimini, Braccio . . .	283,8	Trevigio, Braccio. . .	297,3
Rinteln, Elle	256	Trient, Elle zu Wolle .	300
Roth, Elle.	351¼	= zu Seide .	271,3
Rothenburg an der Tauber, Elle	259,9	Tripoli, Syrien, Pik .	280,2
		Troppau, Elle.	252
Roveredo, Seiden-Elle 0,643 Meter . . .	285	Uzez oder Usez, Canna	878
		Verden, Elle.	258
Woll.-Elle 0,699 M.	309,86	Warendorf, Elle. . . .	259,3
Rüremonde, Elle . . .	304,1	Wetzlar, Elle	248,11
Sagan, nach Chelius .	257,46	Windsheim, Elle . . .	292,4
Saragossa, Canna . .	918,4	Winterthur, Braccio .	269,3
Savoyen, Raso	243,3	Pariser Aune	526,8
Schleitz im Vogtlande, Elle	250,55	Wittenberg, Elle, alte .	298,5
		Worbis, Elle	254
Schmiedeberg, Elle . .	247,3	Xativa, Vara	394,7
Schwabach, Elle. . . .	335⅛	Ypern, Elle	310
Schweinfurt, Elle . . .	258,6	Zeulenroda im Vogtlande, Elle	257,11
nach Andern	259,9		
Scio, Pik, lang. . . .	304,1	Zittau, Elle	252,6
kurz	292,7	Zoffingen, Braccio, gemeine	269,3
Selb, Elle.	290		
Sidon oder Said, Pik	300	en detail	276,6

Um diese Zahlen in franz. Millimeter umzurechnen, bedarf es einer Division mit 0,443, eigentlich mit 0,443296.

B. Fußmaße.

Fußmaße in	Franz. Linien.	Fußmaße in	Franz. Linien.
Altorf, Fuß	104,7	Haag, Fuß	144
Aquila, Pied	152,4	Halle, Werkfuß (15 =	
Aschaffenburg, Fuß	127,45	1 Ruthe)	127,95
Bari, Ruthe v. 6 Palmi	701,2	Feldfuß (10 = 1 R.)	191,925
Brabant, Fuß	126,6	Harlem, Fuß	126,7
Brescia, gewöhnl. Fuß	210$\frac{7}{8}$	Heilbronn, Fuß	123,45
Briel, Fuß	148,6	Heiligenstadt, Fuß	125,5
Bruchsal, Fuß	123,97	Herford, Fuß	131
Brüssel, Fuß nach Kruse	129	Inspruck, Fuß	140,8
nach Andern	122,23	Kalenberge, Fuß	129
Cagliari, Palmo	89,8	Lahr, Fuß	135,4
Calenberg, Fuß (16 =		Leyden, F. (12 = 1 R.)	139,2
1 Ruthe)	129,9	Lindau, Schuh	136,4
Carrara, Palmo	108,1	Feld- und Werkschuh	128
Chiozza, Pied	153,7	Lithauer F. (15 = 1 R.)	144
Corsika, Palmo	110,9	Lodi, Fuß oder Brazze	202,2
Crema, Pied	207,4	Löwen, Fuß	126,6
Cremona, Fuß	212,9	Lothringen, Fuß	129,2
Culm, Fuß, alter	127,72	Mastricht, Fuß	124$\frac{1}{2}$
Dortrecht, Fuß	160	Mecheln, Fuß	124
Dresden, Fuß	125,5	Metz, Fuß	181
Duderstadt, Fuß (19 =		Middelburg, Fuß	133
1 Ruthe)	128,5	Mons, Fuß	129,5
Durlach, Fuß	129	Mümpelgard, Fuß	127,4
Eyderstädt, Fuß	131,3	Namur, Fuß	129,5
Ferrara, Fuß	177,9	Pisa, Palmo	132,3
Freiburg im Breisgau,		Ratzeburg, Fuß	129
Fuß	140,4	Rheinländischer Fuß	139$\frac{1}{8}$
Friedrichsstadt, Fuß	131,3	Rimini, Brazze, Werk-	
Friedberg in der Wet-		maß	241
terau, Fuß	129,22	Samos, Fuß	153,4
Gera, Fuß	126,87	St. Lambert, Fuß	129
Gießen, Fuß	129,2	Savoyen, Pied	120
Glatz, Werkfuß	127,6	Sedan, Fuß	123
Goes, Fuß	132,9	Stade, Fuß	129
Göttingen, Fuß	129	Thorn, Fuß	131,8
Griechischer Fuß	135,8	Toledo, Fuß	122,6
Gröningen, Fuß	130	nach Andern	125,3

Fußmaße in	Franz. Linien.	Fußmaße in	Franz. Linien.
Trient, Fuß	162,2	Wetzlar, Fuß	121,77
Urbino, Pied	157	Willna, Fuß	144
Utrecht, Fuß	121	Wittenberg, alter Fuß .	125,5
Verac, Palmo	102	Worbis, Fuß	127
Verden, Fuß	129	Zeulenroda, Fuß . . .	128,556
Wesel, Fuß	104,2	Zirckzer, Fuß	137,6

Anhang.

Ruthenmaße.	Franz. Linien.
Cüstrinische alte Kammerruthe	2121,732
Culmische, oder Westpreußische, oder alte à 15 Fuß . .	1915,82
Ostpreußische, oder neue	1945,73
Neumärkische alte große Landruthe	2226,08
Olezkoische alte à 15 Fuß	1848,45
Soldinische alte	1959,414

Berglachtermaße in

	Pariser Fuß.		Pariser Fuß.
Clausthaler	5,9222	Oberharzer	5,9270
Dänische	6,1923	Pfälzerische	6,5460
Eislebensche	6,1910	Preußische	6,4412
Freibergische	5,9800	Sächsische	6,0860
Idriasche	6,0260	Schemnitzische	6,2330
Joachimsthaler	5,9060	Schwedische	5,4830

Ober- und Unterabtheilung der Polnischen Flächenmaße.

Hufe. Wloka.	Morgen. Morgy.	□Ketten. □Sznuròw.	□Ruthen. □Pretòw.	□Ellen. □Lokci.	□Ruthchen. □Precikòw.	□Lawek.
1	30	90	9000	506250	900000	90000000
	1	3	300	16875	30000	3000000
		1	100	5625	10000	1000000
			1	$56\frac{1}{4}$	100	10000
				1	$1\frac{7}{9}$	$177\frac{7}{9}$
					1	100

C. Meilen= oder Wegemaße,
so viel deren auf einen Grad des Aequators gehen.

	Auf 1 Gr.
Amerikanische Meile . .	22
Arabien, Armenien, Aegypten, Asien und Persien, Meile . .	$66\frac{2}{3}$
Parasange	$22\frac{2}{9}$
Baiersche Meile	15
Batavia und Java, Pfahl . .	105,6
Stunde .	26,397
Meile . .	16,087
Böhmen, Meile	12
Brabant, Meile	20
1) Lieue	25
2) Lieue	19,486
Brasilien, Meile. . . .	17
Braunschweig=Lüneburg, Polizeimeile . . .	10,51
Burgundische Meile . .	19,7
China, Li	192,4
Dänische Meile	14,77
Deutschland, gr. Meile	12
gemeine od. geogr.	15
kleine Meile . . .	$17\frac{3}{4}$
Flandern, 1) Meile . .	14,761
2) Meile . .	25
Geometrische oder geographische Meile .	15
Hamburgische Meile . .	14,77
Hessen, Meile	$11\frac{7}{13}$
Holländ. Meile, 19 und	20
Indien, Meile.	30
Indostan, Cos od. Corn	42,75

	Auf 1 Gr.
Irland, Meile.	40
Italienische	60
Kanada, Meile	28,54
Koromandel, Gos oder Gau	11
Litthauen, Meile 12, 44	20
Lombardei, Meile . . .	67,25
Malabar, Gos od. Gau	10
Mecklenburg, Meile . .	12
Morea	90,12
Niederländische Stunde Gehens .	$19\frac{2}{3}$
Seemeilen	20
Norwegen, Meile . . .	10
Ocean, Seemeilen. . .	60
Oesterreich, Meile. . .	14,66
Polnische Meile, große	15
kleine	20
Portugal, Meile, 15 .	18
Preußen, Meile	15
Reisestunden	30
Rheinländische Meile .	14,761
Sächsische Meile. . . .	12,29
Schottland, Meile, 50	61,34
Schweiz, Meile, 15,063	13,3
Siam, Roé-ning . . .	28,942
Surate, Gos oder Gau	10
Surinam.	26,838
Türkische Berri	$66\frac{2}{3}$
Ukraine, Meile	12
Ungarn, Meile	$13\frac{1}{3}$
Westphalen, Meile . .	10

Anmerk. Eine Deutsche Post ist 2 Meilen oder 4 Stunden, 30 auf 1 Grad; eine Italienische Post 8 Miglien, 60 auf 1 Grad; eine Französische Post 2 Lieues, 25 auf 1 Grad; eine Niederländische Post 2 Lieues, 20 auf 1 Grad; eine Schweizer Post 2 Stunden, 23 auf 1 Grad; eine Kameelstunde in der Türkei ist eine starke Deutsche Meile.

Anhang.

Einige Flächen- und Feldmaße in Rheinländischen □Ruthen.

	□Ruthen.
Churmärkische große Landfläche	400
Cüstrinischer Kammermorgen	484,505
Culmischer alter Morgen	395,027
" neuer "	407,459
Holländischer Morgen	664,34
Litthauischer Morgen	502,14
Magdeburgischer Morgen	180
Mühlhäuser Acker	174,22
Neumärkischer großer Landmorgen	533⅓
Nordhäuser Acker	195,24
Oberreichsfeldscher Morgen	187,5
Olezkoischer Morgen	367,732
Ostfriesischer Kammerdiemat	400
Pommersche Hägerhufe	27709,8
" Tripelhufe	20782,3
" Landhufe	13854,9
" Priesterhufe	9236,6
" Hakenhufe	6927,4
Schlesischer Morgen	394,586
Soldinischer Morgen	431,21
Weimarscher Revisionsacker	140
" Forstacker, neuer	140

14 Pariser □Fuß = 15 Rheinländ. □Fuß.

IV.

Tabelle

verschiedener Körpermaaße

von

Ländern und Orten,

die in der ersten Abtheilung dieses Taschenbuchs nicht vorkommen,

mit

Angabe ihres Inhalts

nach Pariser Kubikzollen,

und zwar:

A. zu Getreide, Salz und andern trocknen Waaren;

B. zu Wein, Oel und andern flüssigen Waaren.

A. Körpermaaße

zu Getreide, Salz und andern trockenen Waaren.

Getreidemaaße.	Franz. Kubikzoll.
Alkmar, Sack	4087
Amersford, Mudd	9186
Apenrade, Tonne	7161
Apulien, Tomolo	2578
Arensburg, Last	154928
Arnstadt, Maaß à 4 Viertel	9052
und	8991
Aschaffenburg, Kornm.	7033,5
Hafermalter	8791
Azorische Inseln, Alqueire	604
Barendregt, Sack	5170
Bautzen, Scheffel, alter	5505
Benicarlo, Cahiz	10077
Bergen op Zoom, Sister	2330
Bingen, Malter	6975,9
Bischofsheim, an der Rhön, Metze Korn rc.	$1330\frac{1}{2}$
Hafer rc.	1774,4
Bischofsheim, an der Tauber, Metze Korn rc.	921,6
Becher Hafer	737,3
Böttichheim, Simra Korn rc.	1030,7
Hafer rc.	1314,3
Borken, Vierte	8995
Braubach, Kornmalter von 8 Simmer	10912
Hafermalter	13430
Braunau, Schaf schw. Getreide	42127
Gerste, Hafer	56168
Breda, Viertel	4392
Sack	4208
Briel, Sack	3622
Bruchsal, Simri	814,92
Brüssel, Korn=Rasière	2458
Hafer=Rasière	2594,6
Buchen, Simra Korn	$997\frac{3}{4}$
Hafer	$1076\frac{1}{8}$
Butzbach, Kornachtel	6034
Haferachtel	7423
Bückeburg, Himt	1600
Büdingen, Achtel	6636
Bürren, Mudd	6999
Calabrien, Tomolo	2579
Campen, Mudd	5902
Creuznach, Malter	7338
Culm, Scheffel	2766
Delft, Sac	5030
Deventer, Mudd	4083
Donauwerth, Schaf	20940
und	12170
Dortrecht, großer Sack	6130
kleiner „	4597
Duderstadt, Scheffel	1516
Eckenförde, Tonne	7165
Eglisau, Mudd	4606
Eisenach, Malter	14360
und	14800
Eisfeld, Kornsimmer	4776
Hafersimmer	5488
Enkhuisen, Mudd	6687
Sack	3344
Eschwege, Viertel	7196
Eyderstädt, Tonne	6478
Felsberg, Viertel	8995
Femern, Scheffel	2026
Ferrara, Moggio von 20 Staga oder Stari	1524
Flensburg, Tonne	6909
Fließingen od. Vließingen, Sack	3674

Getreidemaaße.	Franz. Kubikzoll.
Freiburg im Breisgau, Viertel von 6 Sester	5509
Friedberg in der Wetterau, Kornachtel	6402,4
Haferachtel	6793
Friedrichsstadt, Tonne	6537
Fritzlar, Viertel	7646
Geismar, Viertel	7196
Gelnhausen, Achtel	6415
Gent, Sac	5216
Halster	2625
und	2608
Gera, Scheffel	5352
Giefhorn, Himt	1769
Glückstadt, Tonne	6456
Himt	1638
Goslar, Himt	1853
Grebenstein, Viertel	7196
Grevelingen, Rasière	6681
Gröningen, Mudd	4454
Grossetto	27888
Grünstadt, Malter	5263
Gudensberg, Viertel	8396
Gundelheim, Malter	6234
Haag, Sack	5250
Hadersleben, Tonne	7078
Hailsbrunn, Malter	15222
Hamelburg, Malter	8648
Maaß Korn	1219,6
Hafer	1735,9
Harlem, Sack	3871
Heilbronn, Kornmalter	8090
Hafermalter	10109
Heiligenstadt, Scheffel	1632
Helmershausen, Viertel	7196
Hersfeld, Viertel	8569
Herzogenbusch, Mouvre	7170
Hildburghausen, Kornmalter	10432
Hafermalter	12064
Hirschhorn, Malter	5571
Hohen-Solms, Malter	11804
Holstein, Scheffel	1992
Homberg, Viertel	8995

Getreidemaaße.	Franz. Kubikzoll.
Husum, Tonne Roggen	7749
Tonne Weizen	7787
Jena, Scheffel	8072
Itzehoe, Tonne	6565
Kaiserslautern, Malter	6084
Kiel, Tonne	5976
Scheffel	1992
Kitzingen, Kornmalter	9189
Hafermalter	14019
Ladenburg, Malter	5192
Lahr, Getreideviertel	6023,8
Hafer "	7028
Laland, Tonne	6929
Landau, Schaf schweres Getreide	16851
Gerste u. Hafer	37445
Landshut, Schaf schw. Getreide	30425
Hafer	45871
Langensalza, Malter	9202
Scheffel	2807
und	2164
Lautereck, Malter	6684
Leer, Tonne	9638
Verps	2409
Leuwarden, Mudd	4454
Leyden, Sack	3293
und	3344
Lich, Achtel	4829
Liebenau, Viertel	7196
Lindau, Malter	8632
Viertel	1079
Lippe, Scheffel	2577,5
Löwen, Mudde v. 8 Halster	20832
Madeira, Alqueire	565
Mastricht, Setier	1143
Marburg, Mötte (4 = 1 Malter)	5232
Mähren, Metze	3400
Mecheln, Viertel	4260
und	4224
Meiningen, Maaß	1053
Middelburg, Sack	3487
und	3642

Getreidemaaße.	Franz. Kubikzoll.	Getreidemaaße.	Franz. Kubikzoll.
Mühlhausen, Scheffel	2022	Segeberg, Tonne Hafer	8786
Münden, Malter . . .	7812	Scheffel . .	2393
Münzenberg, Malter .	10960	Sonderburg, Tonne .	6991
Neckars-Elz, Malter .	6234	Schip . .	874
Neckar-Gemünd,		Speier, Simri	793,26
Malter .	5192	Stadelschwarzach,	
Negroponte, Killow .	1529	Metze Korn	1305,7
Neustadt an der Hardt,		= Hafer	1782,1
Getreidesimmer	4744	Stadtschwarzach,	
Hafersimmer . .	5832	Metze Korn	1258,9
Nimwegen, Mouvre .	6758	= Hafer	1788,5
Nordhausen, Malter .	9164	Stickhausen, Tonne . .	9638
Scheffel .	2291	Verps . .	2409
Oldesloe, Tonne schwe-		Straubing, Schaf	
res Getreide	7222	schwer Getreide	26213
Hafer . .	8845	Gerste .	28834
Oneglia, Mina	5976	Hafer . .	31454
Oppenheim, Viertel .	1530,3	Syrien, Garave . . .	73088
Piemont, Sacco . . .	5366	Tönningen, Tonne . .	6124
Puglia, Tomolo . . .	2759	Tondern, Tonne . . .	7742
Purmerend, Mudd . .	5449	Schip	930
Sack . . .	4087	Tornhout, Viertel . .	4220
Ravenna, Rubbo . . .	14044	Tortosa, Quarta . . .	4477
Rendsburg, Kgl. Tonne	6433	Tyrol, Star	1541
Scheffel .	2144	Unna, Scheffel	2575
Rheinfels, Malter . .	9445	Utrecht, Mudd	5879
Rimini, Rubbo	14044	Wertheim, Simm. Korn	997,3
Rinteln, Malter . . .	8427	Hafer	$1401\frac{3}{4}$
Romagna, Staro . . .	4553	Wetzlar, Kornachtel . .	6736,4
Salonichi, Killow . .	6752	Haferachtel .	7532,4
St. Goar, Malter . .	9713	Wimpfen, Simmer . .	840,57
St. Miguel, Alqueire	612	Windsheim, Metze Korn	1243
Schauenburg, Himt 1)	915	Hafer	1866
2) beim Kapitel	1093	Winterthur, Viertel .	1219
Schaumburg, Himt . .	1630,8	Getreide . .	1393
Schiedam, Sack	5030	Haferviertel	1393
Schleusingen, Malter .	11047	Witgenstein, Malter .	10946
Schmalkalden, Malter	7968	Worms, Viernsel . . .	1404,36
Schweinfurt, Metze		Zeulenroda, Viertel	
Korn	$1249\frac{3}{4}$	nach Chelius circa	1630
Hafer	1874,6	Zweibrücken, Malter .	9492
Segeberg, Tonne schw.		Zwickau, Scheffel . . .	3381
Getreide	7179	Zwingenberg, Malter .	6234

B. Körpermaaße
zu Wein, Oel und andern flüssigen Waaren.

Maaße zu Wein, Oel 2c.	Franz. Kubikzoll.	Maaße zu Wein, Oel 2c.	Franz. Kubikzoll.
Apulien, Salma . . .	7766	Lindau, Quart	116⅔
Stajo	777	Maaß	58⅓
Aschaffenburg, Aichmaaß	100	Lucca, Coppo zu Oel	5034
Zapfmaaß	91,94	und	6170
Bari, Salma Oel . . .	8340	Marburg, Maaß . . .	93,324
Brescia, Pinte		Marktbreit, Eimer à 64	
à 2 Boccali	69½	Maaß	3877
Bruchsal, Maaß . . .	83,13	Massa, Oel-Barile .	1786
Brüssel, Wein-Pot. .	68,278	Mochha, Menecda . .	72
Bier-Pot . .	65,546	Nordheim, Eimer à 64	
Clausenburg, Sieben-		Maaß	3003
bürgener Eimer .	570,6	Obernbreit, Eimer à	
Crema, Brenta	2011	56 Maaß	3507
Culm, Stof	70	Ochsenfurt, Eimer à	
Duderstadt, Weinmaaß	47	60 Maaß	3475
Biermaaß	56	Oneglia, Oel-Barile .	3128
Ferrara, Mastello von		Oppenheim, Maaß . .	98,803
8 Secchini	4128	Puglia, Oel-Salma .	7604
Freiburg im Breisgau,		Rheinländischer Ohm .	7436
Saum von 20 Vier-		Stückfaß 7⅛ Ohm	52981
tel à 4 Maaß . . .	6659,7	Rinteln, Maaß	76,296
Friedberg in der Wet-		Schwabach, Eimer à	
terau, Zapfmaaß .	84,975	60 Maaß	3510
Gera, Eimer zu 72		Sommerhausen, Eimer	
Kannen à	46,454	à 48 Maaß	3397
Heydingsfeld, Eimer à		Speier, Maaß	113,74
64 Maaß.	3668	Wetzlar, Ohm von 100	
Itzehoe, Tonne zu 32		Maaß	7856,6
Stübchen	5844	Wiesenbach, Schenkm.	55½
Kitzingen, Eimer à 64		Wiesenbronn, Eimer .	3861
Maaß	3877	Winterthur, Maaß . .	66⅓
Kleinlankheim, Eimer	3861	Worms, groß Maaß .	99,92
Lahr, Maaß	94,775	klein Maaß .	84,02
Lenezic, Quart	35,04	Zoffingen, Pot	66½
Lenzburg, Pot	67½	Zeulenroda, Kanne . .	40,78

Um diese Zahlen in Liter umzurechnen, bedarf es nur einer Division mit 50,4, eigentlich mit 50,4124378.

V.

Tabelle
verschiedener Handelsgewichte

von

Ländern und Orten,

die in der ersten Abtheilung dieses Taschenbuchs nicht vorkommen,

mit

Angabe ihrer Schwere

nach Holländischen Troy-As.

Handelsgewicht.	Holl. As.	Handelsgewicht.	Holl. As.
Agra, Pfund, großes . .	10188	Golderonach, Pfund . .	10793
gemeines	7641	Granada, Pfund schwer	10391
Aurich, Pfund, Hausgewicht	10336	leicht .	9248
Waaggewicht	11370	Gröningen, Pfund . . .	10182
Bergen op Zoom, Pfund	9900	Guinea, Rottolo	9420
Biel, Pfund	9811	Haag, Pfund	10280
Boitzenburg	10056	Haarburg. Pfund	10127
Bonn, Pfund	9730½	Harlem, Pfund	10280
nach Tillet die Mark	4862	Haßfurth, Pfund	10608
Brescia, Lira	6059	Herzogenbusch, Pfund .	9702
nach Andern	6810	Hof, Pfund, groß . . .	13260
Bruchsal, Pfund	9693,2	klein . . .	11934
Calenberg, Pfund . . .	10127	Kramergewicht . .	10608
Camenz, Pfund	9687	Jaroslaw, Pfund	8400
Capua, Pfund	5902	Kiel, Pfund	9916
Civita Vecchia, Pfund .	7101	Kitzingen, Pfund	10608
Como, Pfund	6456	Krembs, Pfund	11787
Crema, Lira grossa . .	12986	Krim, Oka	31838
Liretta	5566	Lacedemon, Rottolo . .	9408
Delft, Pfund	10280	Lahr, Pfund (670,62 Grammen)	13954,6
Dieppe, Pfund	10280	Lauban, Pfund	8719
Dinkelsbühl, Pfund . .	10200	Leyden, Pfund	9754
Dixmuyden, Pfund . . .	8951	Lenezic, Pfund	8429,6
Dortrecht, Pfund	10280	Lenzburg, Pfund	10907
Dornick, Pfund	8201	Lindau, Pfund, schwer .	12010
Duderstadt, Pfund . . .	9714,7	leicht . .	9608
Eger, Pfund	12839	Linz, Pfund	11787
Erlangen, Pfund	10608	Lithauen, Handelspfund	7798
Fano, Pfund	6934	Löbau, Pfund	9716
Ferrara, Lira	7060	Löwen, Pfund	9754
nach Andern	7146	Lublin, Pfund	8288
Fetz, Rottolo	9787	Madeira, Pfund	9066
Flensburg, Pfund . . .	10059	Mahon, Pfund	9255
Forli, Pfund	6854	Mansfeld, Pfund	9716
Freiberg, Pfund	11166	Massa, Pfund	7258
Gaeta, Pfund	6138	Mecca und Medina,	5788
Gefrees, Pfund	10770	Rottolo	9632
Geldern, Pfund	9714	Mecheln, Pfund	9754
Gent, Pfund	9754	Meißen, Pfund, altes .	9822
Gessenay oder Sanen,		Memmingen, Pfund . .	10655
Pfund	11448	Mocha, Maund	27545
Görlitz, Pfund	9020	Monaco, Pfund	6894

Handelsgewicht.	Holl. As.	Handelsgewicht.	Holl. As.
Morea, Oka	24948	Noveredo, Pfund	7088
Mühlhausen, Handelspf.	9728	Salee, Pfund.	9728
Münchberg, Pfund . . .	10770	Saragossa, Pfund . . .	6485
Murcia, Pfund.	9047	Saumur, Pfund	10188
Namur, Pfund	9754	Sayd, Rottolo von Acre	49582
Negroponte, Rottolo . .	11138	von Damask	38768
Neuhof, Pfund	10608	Schweinfurth, Pfund. .	10608
Neustadt an der Aisch,		Scio, Pfund	10310
Pfund	10608	Siam, Catty	12768
Nimwegen, Pfund . . .	10299	Siena, Pfund	6690
Nordhausen, Pfund. . .	9716	Speier, Pfund	10608
Novi, Pfund	6894	Stade, Pfund	9886
Ochsenfurt, Pfund . . .	10608	Sumatra, Catty	26538
Oran, Rottolo	10483	Surinam, Pfund	10280
Ormus, Seyra	6304	Syracusa, Pfund. . . .	6800
Paderborn, Pfund . . .	9916	Tanger, Pfund	10011
Passau, Pfund	9996	Teneriffa, Pfund	9555
Pegu, Bis.	31981	Tetuan, Rotolo.	14756
Perugia, Pfund.	7257	Thorn, Pfund.	8766
Petrikau, Pfund	8429,6	Tortosa, Pfund.	6339
Petterlingen, Pfund . .	10522	Tripoli, Syrien, Rotolo	37800
Pisa, Pfund	6779	Oka .	25200
und	7127	Tyrol, Pfund.	11715
Pistoja, Pfund	6554	Vließingen, Pfund . . .	9692
Pontremola, Pfund. . .	7145	Windau, Pfund.	8598
Posen, Pfund.	8288	Windesheim, Pfund . .	10608
und	8693	Winterthur, Pfund . . .	10907
Queda, Catty	15299	Wunsiedel, Pfund . . .	14759
Ravenna, Pfund	6233	Ypern, Pfund	8960
Rawa	8741,8	Yverdun, Pfund	11232
Recanati, Pfund	6857	Yvica, Pfund.	9633
Reggio, Pfund	6866	Zirkzee, Pfund	9081
Rhodus, Rottolo	49778	Zittau, Pfund	9375
Rothenburg an der Tau-		Zoffingen, Pfund	10363
ber, Pfund.	10608	Zütphen, Pfund.	9787

Um diese Zahlen in Grammen umzurechnen, bedarf es nur einer Division mit 20,8, eigentlich mit 20,80592.

VI.

Tabelle.

Verwandlungsfactoren.

Verwandlungsfactoren.

Bairisches und Englisches Maaß.

1	Bairischer Fuß	=	0,958005	Englische	Fuß
1	Bairische Elle	=	0,911378	=	Yard
1	Bairischer Scheffel	=	0,764688	=	Quarter
1	Bairisches Maaß	=	0,235307	=	Gallon
1	= Pfund	=	1,234595	=	Pfund.

1	Englischer Fuß	=	1,043835	Bairische	Fuß
1	Englische Yard	=	1,0972388	=	Elle
1	Englischer Quarter	=	1,307721	=	Scheffel
1	= Gallon	=	4,249766	=	Maaß
1	Englisches Pfund	=	0,809982	=	Pfund.

Bairisches und Frankfurter Maaß.

1	Bairischer Fuß	=	1,025965	Frankfurter	Fuß
1	Bairische Elle..........	=	1,522017	=	Elle
1	Bairischer Scheffel	=	1,938106	=	Scheffel
1	Bairisches Maaß	=	0,596341	=	Maaß
1	= Pfund	=	1,196801	=	Pfund.

Bairisches und Französisches Maaß.

1	Bairischer Fuß	=	0,291859	Meter
1	Bairische Elle	=	0,833015	=
1	Bairischer Scheffel	=	222,357	Liter
1	Bairisches Maaß	=	1,06903	Liter
1	= Pfund	=	560	Grammen.

1	Französischer Meter	=	3,424658	Bairische	Fuß
1	= = ...	=	1,2004802	=	Elle
1	= Liter	=	0,000449	=	Scheffel
1	= = ...	=	0,935454	=	Maaß
1	= Kilogramme ..	=	1,785714	=	Pfund.

Bairisches und Hamburger Maaß.

1 Bairischer Fuß	=	1,018842	Hamburger Fuß
1 Bairische Elle	=	1,453752	" Elle
1 Bairischer Scheffel	=	4,216578	" Faß
1 Bairisches Maaß	=	0,590608	" Kanne
1 " Pfund	=	1,157025	" Pfund.

1 Hamburger Fuß	=	0,9815068	Bairischer Fuß
1 " Elle	=	0,687875	Bairische Elle
1 " Faß	=	0,237159	Bairischer Scheffel
1 " Kanne	=	1,693171	Bairisches Maaß
1 " Pfund	=	0,865373	" Pfund.

Bairisches und Oesterreichisches Maaß.

1 Bairischer Fuß	=	0,924051	Wiener Fuß
1 Bairische Elle	=	1,069319	" Elle
1 Bairischer Scheffel	=	3,615619	" Metzen
1 Bairisches Maaß	=	0,755477	" Quart
1 " Pfund	=	0,999979	" Pfund.

1 Wiener Fuß	=	1,082192	Bairischer Fuß
1 " Elle	=	0,935174	Bairische Elle
1 " Metze	=	0,276577	Bairischer Scheffel
1 " Quart	=	1,323667	Bairisches Maaß
1 " Pfund	=	1,000021	" Pfund.

Bairisches und Preußisches Maaß.

1 Bairischer Fuß	=	0,932371	Preuß. Fuß
1 Bairische Elle	=	1,249063	" Elle
1 Bairischer Scheffel	=	4,045796	" Scheffel
1 Bairisches Maaß	=	0,933624	" Quart
1 " Pfund	=	1,197299	" Pfund.

1 Preußischer Fuß	=	1,040582	Bair. Fuß
1 Preußische Elle	=	0,8006002	" Elle
1 Preußischer Scheffel	=	0,24717009	" Scheffel
1 Preußisches Quart	=	1,071094	" Maaß
1 " Pfund	=	0,8351982	" Pfund.

Bairisches und Russisches Maaß.

Bairischer Fuß	=	0,958005	Russ. Fuß
Bairische Elle	=	1,1712598	= Arschin
Bairischer Scheffel	=	8,480434	= Tschetwerik
Bairisches Maaß	=	0,869176	= Kruschka
= Pfund	=	1,367481	= Pfund.

Russ. Fuß	=	1,043836	Bair. Fuß
= Arschin	=	0,85375	= Elle
= Tschetwerik	=	0,1179184	= Scheffel
= Kruschka	=	1,150514	= Maaß
= Pfund	=	0,7312714	= Pfund.

Englisches und Französisches Maaß.

Englischer Fuß	=	0,304794	Franz. Mètre
Yard	=	0,914382	= =
Quarter	=	290,781	= Litre
Gallon	=	4,543458	= =
Pfund av. d. p.	=	0,4535976	= Kilogramme.

Französischer Mètre	=	3,28090	Englische Fuß
= =	=	1,09363	= Yard
= Litre	=	0,003439	Quarter
= =	=	0,220097	Gallon
= Kilogramme	=	2,20463	Pfund av. d. p.

Englisches und Hamburger Maaß.

Englischer Fuß	=	1,06359	Hamburger Fuß
= Yard	=	1,59538	= Elle
= Quarter	=	5,51412	= Faß
= Gallon	=	2,509585	= Kanne
= Pfund	=	0,93599	= Pfund.

Hamburger Fuß	=	0,94021	Englische Fuß
= Elle	=	0,62681	= Yard
= Faß	=	0,18135	= Quarter
= Kanne	=	0,397297	= Gallon
= Pfund	=	1,068387	= Pfund.

Englisches und Oesterreichisches Maaß.

1	Englischer Fuß	=	0,964227	Wiener Fuß
1	Yard	=	1,17350	„ Ellen
1	Quarter	=	4,72915	„ Metzen
1	Gallon	=	3,21154	„ Quarter
1	Pfund av. d. p.	=	0,80997	„ Pfund.

1	Wiener Fuß	=	1,037099	Engl. Fuß
1	„ Elle	=	0,852160	„ Yard
1	„ Metzen	=	0,211563	„ Quarter
1	„ Quarter	=	0,311538	„ Gallon
1	„ Pfund	=	1,234746	„ Pfund av. d. p.

Englisches und Preußisches Maaß.

1	Engl. Fuß	=	0,971136	Preußische Fuß
1	„ Yard	=	2,9134	„ „
1	„ „	=	1,371015	„ Ellen
1	„ Acre	=	1,58494	„ Morgen
1	„ Quarter	=	5,29064	„ Scheffel
1	„ Bushel	=	0,66133	„ „
1	„ Gallon	=	3,96798	„ Quart
1	Pfund av. d. p.	=	0,96981	„ Pfund.

1	Preuß. Fuß	=	1,029722	Engl. Fuß
1	„ „	=	0,34324	„ Yard
1	„ Elle	=	0,7293863	„ „
1	„ Morgen	=	0,630938	„ Acres
1	„ Scheffel	=	0,189013	„ Quarter
1	„ Quart	=	0,25202	„ Gallons
1	„ Pfund	=	1,03113	„ Pfund av. d. p.

Englisches und Russisches Maaß.

1	Engl. Fuß	=	1	Ruff. Fuß
1	„ Yard	=	1,28571	„ Arschin
1	„ Quarter	=	1,38537	„ Tschetwert
1	„ Gallon	=	3,69417	„ Kruschka
1	„ Pfund av. d. p.	=	1,10764	„ Pfund.

1	Ruff. Fuß	=	1	Engl. Fuß
1	„ Arschin	=	0,777778	„ Yard
1	„ Tschetwert	=	0,72185	„ Quarter
1	„ Kruschka	=	0,27070	„ Gallon
1	„ Pfund	=	0,902823	„ Pfund av. d. p.

Frankfurter und Französisches Maaß.

1 Frankfurter Fuß	=	0,28461	Mètre
1 " Elle	=	0,547297	"
1 " Malter	=	114,729	Liter
1 " Maaß	=	1,7926	"
1 " Pfund	=	0,467914	Kilogramme.

1 Franz. Mètre	=	3,51358	Frankfurter Fuß
1 " "	=	1,82715	" Elle
1 " Liter	=	0,0087150	" Malter
1 " "	=	0,557759	" Maaß
1 " Kilogramme	=	2,13714	" Pfund.

Frankfurter und Hamburger Maaß.

1 Frankfurter Fuß	=	0,99316	Hamburger Fuß
1 " Elle	=	0,95491	" Elle
1 " Malter	=	2,17561	" Faß
1 " Maaß	=	0,98966	" Kanne
1 " Pfund	=	0,965811	" Pfund.

1 Hamburger Fuß	=	1,006887	Frankfurter Fuß
1 " Elle	=	1,04672	" Elle
1 " Faß	=	0,459396	" Malter
1 " Quartier	=	0,504844	" Maaß
1 " Pfund	=	1,035681	" Pfund.

Frankfurter und Hannöversches Maaß.

1 Frankfurter Fuß	=	0,974377	Hannöv. Fuß
1 " Elle	=	0,93685	" Elle
1 " Malter	=	3,68292	" Himten
1 " Maaß	=	1,84145	" Quartier
1 " Pfund	=	1,000397	" Pfund.

1 Hannöverscher Fuß	=	1,02635	Frankfurter Fuß
1 Hannöversche Elle	=	1,06740	" Elle
1 Hannöverscher Himten	=	0,271486	" Malter
1 Hannöversches Quartier	=	0,54305	" Maaß
1 " Pfund	=	0,999559	" Pfund.

Frankfurter und Oesterreichisches Maaß.

1	Frankfurter	Fuß .... =	0,90044	Wiener	Fuß
1	"	Elle .... =	0,70244	"	Elle
1	"	Malter ...... =	1,86617	"	Metzen
1	"	Maaß ...... =	1,26730	"	Quart
1	"	Pfund ...... =	0,835542	"	Pfund.

1	Wiener	Fuß .... =	1,11065	Frankfurter	Fuß
1	"	Elle.......... =	1,42371	"	Elle
1	"	Metzen .... =	0,53604	"	Malter
1	"	Quart .... =	0,78936	"	Maaß
1	"	Pfund .... =	1,19683	"	Pfund.

Frankfurter und Preußisches Maaß.

1	Frankfurter	Fuß........ =	0,906825	Preußische	Fuß
1	"	Elle........ =	0,82061	"	Elle
1	"	Malter ...... =	2,08773	"	Scheffel
1	"	Eichmaaß ..... =	1,56580	"	Quart
1	"	Pfund Handelsgew. =	1,000434	"	Pfund.

1	Preußischer	Fuß......... =	1,10275	Frankf.	Fuß
1	Preußische	Elle .... =	1,21860	"	Elle
1	Preußischer	Scheffel ..... =	0,47899	"	Malter
1	Preußisches	Quart ...... =	0,63865	"	Eichmaaß
1	"	Pfund ...... =	0,999566	"	Handelspfd.

Frankfurter und Russisches Maaß.

1	Frankfurter	Fuß .... =	0,93378	Russische	Fuß
1	"	Elle .... =	0,76954	"	Arschin
1	"	Malter....... =	0,54659	"	Tschetwert
1	"	Malter....... =	1,45765	"	Stoof
1	"	Pfund .... =	1,13997	"	Pfund.

1	Russischer	Fuß .... =	1,07092	Frankfurter	Fuß
1	"	Arschin....... =	1,29945	"	Elle
1	"	Tschetwert ..... =	1,82929	"	Malter
1	"	Kruschka ...... =	0,68598	"	Maaß
1	"	Pfund .... =	0,875196	"	Pfund.

Französisches und Hamburger Maaß.

1	Französischer Mètre	=	3,51358	Hamburger Fuß
1	= = ...	=	1,74477	= Elle
1	= Litre	=	0,0189942	= Faß
1	= = ...	=	0,552351	= Kanne
1	= Kilogramm . . .	=	2,06408	= Pfund.

1	Hamburger Fuß	=	0,28657	Franz. Mètre
1	= Elle	=	0,57314	= =
1	= Faß	=	5,2734	= Litre
1	= Viertel	=	7,2418	= =
1	= Pfund	=	0,484609	= Kilogramme.

Französisches und Hannöversches Maaß.

1	Französischer Mètre	=	3,42355	Hannöversche Fuß
1	= = ...	=	1,71177	= Elle
1	= Litre	=	0,032101	= Himten
1	= = ...	=	0,513616	= Kanne
1	= Kilogramm . . .	=	2,13807	= Pfund.

1	Hannöverscher Fuß	=	0,292095	Franz. Mètre
1	Hannöversche Elle	=	0,584189	= =
1	Hannöverscher Himten	=	3,11517	= Litre
1	Hannöversche Kanne	=	1,94698	= =
1	Hannöversches Pfund	=	0,467711	= Kilogramme.

Französisches und Oesterreichisches Maaß.

1	Französischer Mètre	=	3,16345	Wiener Fuß
1	= = ...	=	1,28335	= Elle
1	= Litre	=	0,0162590	= Metzen
1	= = ...	=	0,706648	= Quart
1	= Kilogramm . . .	=	1,78568	= Pfund.

1	Wiener Fuß	=	0,316102	Franz. Mètre
1	= Elle	=	0,779192	= =
1	= Metzen	=	61,4995	= Liter
1	= Quart	=	1,41582	= =
1	= Pfund	=	0,560012	= Kilogramme.

Französisches und Preußisches Maaß.

1	Mètre	=	3,18620	Preußische Fuß
1	Pariser Fuß	=	1,035	= =
1	Hectare	=	3,91662	= Morgen
1	Hectolitre	=	1,81946	= Scheffel
1	Litre	=	0,873339	= Quart
1	Kilogramm	=	2,13807	= Pfund.

1	Preußischer Fuß	=	0,3138535	Mètre
1	= =	=	0,96618	Pariser Fuß
1	= Morgen	=	0,25532	Hectaren
1	= Scheffel	=	0,54962	Hectolitre
1	Preußisches Quart	=	1,14503	Litres
1	= Pfund	=	0,467711	Kilogramme.

Französisches und Russisches Maaß.

1	Französischer Mètre	=	3,28090	Russische Fuß
1	= =	=	1,40610	Arschin
1	= Litre	=	0,004764	Tschetwert
1	= =	=	0,813076	Kruschki
1	= Kilogramm	=	2,44194	Russische Pfund.

1	Russischer Fuß	=	0,304794	Franz. Mètre
1	= Arschin	=	0,711187	= =
1	= Tschetwert	=	209,902	Litres
1	= Kruschka	=	1,22989	= =
1	Russisches Pfund	=	0,409512	= Kilogramm.

Hamburger und Hannöversches Maaß.

1	Hamburger Fuß	=	0,981404	Hannöv. Fuß
1	= Elle	=	0,981164	= Elle
1	= Faß	=	1,692818	= Himten
1	= Kanne	=	8,927139	= Kanne
1	= Pfund	=	1,036129	= Pfund.

1	Hannöverscher Fuß	=	1,018948	Hamburger Fuß
1	Hannöversche Elle	=	1,019197	= Elle
1	Hannöverscher Himten	=	0,5907308	= Faß
1	Hannöversche Kanne	=	1,07859	= Kanne
1	Hannöversches Pfund	=	0,965131	= Pfund.

Hamburger und Oesterreichisches Maaß.

1 Hamburger Fuß	=	0,90664	Wiener Fuß
1 " Elle	=	0,73561	" Elle
1 " Faß	=	0,85765	" Metzen
1 " Viertel	=	5,1188	" Maaß
1 " Pfund	=	0,865355	" Pfund.

1 Wiener Fuß	=	1,103053	Hamburger Fuß
1 " Elle	=	1,359514	" Elle
1 " Metze	=	1,166212	" Faß
1 " Maaß	=	1,563536	" Quartier
1 " Pfund	=	1,155596	" Pfund.

Hamburger und Preußisches Maaß.

1 Hamburger Fuß	=	0,91307	Preußische Fuß
1 " Elle	=	0,85936	" Elle
1 " Faß	=	0,95947	" Scheffel
1 " Quartier	=	0,790393	" Quart
1 " Pfund	=	1,03519	" Pfund.

1 Preußischer Fuß	=	1,0958	Hamburger Fuß
1 Preußische Elle	=	1,16443	" Elle
1 Preußischer Scheffel	=	1,04395	" Faß
1 Preußisches Quart	=	0,63260	" Kanne
1 " Pfund	=	0,96539	" Pfund.

Hamburger und Russisches Maaß.

1 Hamburger Fuß	=	0,940288	Russische Fuß
1 " Elle	=	0,805681	" Arschin
1 " Faß	=	2,011213	" Tschetwerik
1 " Kanne	=	1,479967	" Kruschka
1 " Pfund	=	1,183382	" Pfund.

1 Russischer Fuß	=	1,063503	Hamburger Fuß
1 " Arschin	=	1,241187	" Elle
1 " Tschetwerik	=	0,497212	" Faß
1 " Kruschka	=	0,756906	" Kanne
1 Russisches Pfund	=	0,845036	" Pfund.

Oesterreichisches und Preußisches Maaß.

1 Wiener Fuß	= 1,007175	Preußische Fuß
1 " Elle	= 1,168376	" Ellen
1 " Metze	= 1,118977	" Scheffel
1 " Maaß	= 1,235808	" Quart
1 " Handelspfund	= 1,197346	" Pfund.

1 Preußischer Fuß	= 0,99295	Wiener Fuß
1 Preußische Elle	= 0,85599	" Ellen
1 Preußischer Morgen	= 0,44368	Oesterr. Joch
1 " Scheffel	= 0,89387	Wiener Metzen
1 Preußisches Quart	= 0,80936	" Maaß
1 " Pfund	= 0,83518	" Pfund.

Oesterreichisches und Russisches Maaß.

1 Wiener Fuß	= 1,03708	Russische Fuß
1 " Elle	= 1,095599	" Arschin
1 " Metzen	= 0,292759	" Tschetwert
1 " Maaß	= 1,15050004	" Kruschki
1 " Pfund	= 1,367516	" Pfund.

1 Russischer Fuß	= 0,964226	Wiener Fuß
1 " Arschin	= 0,91270	" Ellen
1 " Tschetwert	= 3,41279	" Metzen
1 " Kruschka	= 0,86910	" Quart
1 Russisches Pfund	= 0,731255	" Pfund.

Preußisches und Russisches Maaß.

1 Preußischer Fuß	= 0,102972	Russ. Fuß
1 Preußische Elle	= 0,93778	" Arschinen
1 " Meile	= 7,0609	" Werst
1 Preußischer Morgen	= 0,2337	" Dessätinen
1 " Scheffel	= 0,26185	" Tschetwert
1 Preußisches Quart	= 0,9310	" Kruschka
1 " Pfund	= 1,14212	" Pfund.

1 Arschin	= 1,066345	Preußische Ellen
1 Werst	= 0,141624	" Meilen
1 Dessätine	= 4,2789	" Morgen
1 Tschetwert	= 3,8191	" Scheffel
1 Kruschka	= 1,07411	" Quart
1 Russisches Pfund	= 0,875565	" Pfund.

Druck von G. Reimer.

www.ingramcontent.com/pod-product-compliance
Lightning Source LLC
La Vergne TN
LVHW092113300926
849161LV00002B/120